J.W. Hanne

Anti-Hengstenberg

Drei protestantische Briefe nebst einem Anhang protestantischer Thesen

J.W. Hanne

Anti-Hengstenberg
Drei protestantische Briefe nebst einem Anhang protestantischer Thesen

ISBN/EAN: 9783743432581

Hergestellt in Europa, USA, Kanada, Australien, Japan

Cover: Foto ©Lupo / pixelio.de

Weitere Bücher finden Sie auf **www.hansebooks.com**

Anti-Hengstenberg.

Drei protestantische Briefe

nebst einem Anhang

protestantischer Thesen.

Von

Dr. J. W. Hanne,
ordentlichem, öffentlichem Professor der Theologie und Prediger
zu St. Jacobi in Greifswald.

Elberfeld, 1866.
Verlag von R. L. Friderichs.

Gedruckt bei R. L. Friderichs u. Comp. in Elberfeld.

Vorwort.

Bei der Herausgabe dieser drei Briefe über das Treiben des Herrn Dr. Hengstenberg, sowie gegen dessen unsaubere Angriffe auf den deutschen Protestantenverein und mehrere seiner Mitglieder habe ich nur die Bemerkung vorauszuschicken, daß sie sich als Vorläufer einer längeren Reihe protestantischer Briefe über das Christenthum und die Kirche verhalten, in welchen ich auf die schwere Krankheit der evangelischen Staatskirche, auf die Genesis dieser Krankheit und auf die Aussichten für ihre bevorstehende Genesung noch näher eingegangen bin. Ich habe in denselben zugleich mehrere der wichtigsten anthropologischen, christologischen und schöpfungstheoretischen Probleme der gegenwärtigen Philosophie und Theologie mit Rücksicht auf die neueren Naturwissenschaften in Betracht gezogen. Ich habe außerdem auch die Resultate der neuesten Evangelienkritik übersichtlich darzulegen, namentlich die Eigenthümlichkeit des vierten Evangeliums nach den wichtigsten Beziehungen hin kurz zu entwickeln und zu würdigen und auf Grund der sichersten kritischen Ergebnisse dann ein Lebensbild Jesu Christi des Heilandes der Menschheit von meinem Standpunkte aus in großen Umrissen hinzuzeichnen versucht. Dabei bin ich zugleich in die Fragen nach der göttlichen und menschlichen Seite der Person des Erlösers, nach seiner echt menschlichen Entwickelung, nach seiner Stellung zur allgemeinen Sündhaftigkeit der menschlichen Natur, nach der Wir lichkeit und Eigenthümlichkeit der aus seinem Leben berichtete Wunder, so wie nach dem Wesen des Wunders überhaupt etwa tiefer eingegangen. Zum Schluß folgen dann noch ein paar Be trachtungen über die Verfassung der evangelischen Kirche, über ihre geschichtlichen Ursprung und Entwickelungsverlauf, so wie über ihr gegenwärtige Beschaffenheit und über die Nothwendigkeit einer Um gestaltung und Verjüngung derselben aus dem Gemeineprincip d. i aus dem allgemeinen christlichen Priesterthum vermittelst einer voll kommnen Durchführung der Presbyterialen- und Synodalverfassung

Das Ganze in Rede stehende Werk liegt bereits zum Dru fertig und wird, so Gott will, demnächst in die Oeffentlichkeit gehen

Was nun die gegenwärtigen drei Briefe wider Herrn Prof Dr. Hengstenberg betrifft, so können dieselben nebst den beigefügte protestantischen Thesen im gewissen Sinne als Einleitung zu jene größeren Reihe angesehen werden, bilden aber auch zugleich ein fü sich bestehendes Ganzes. Sie sind schon während des letzten Winter monats entstanden und nur durch die beim Frühlingsanfange bereits in Aussicht stehenden Kriegsereignisse am Druck behindert worden Die in ihnen enthaltene Polemik habe ich hauptsächlich im Interesse des Protestantenvereins unternommen und will sie daher den Glie dern desselben hiermit besonders gewidmet haben.

Sollten diese drei Briefe nebst den angehängten Thesen etwas mit dazu beitragen können, den einen oder andern Leser aus weitern Kreisen, dem sie etwa in die Hände fallen, zum Anschluß an diesen heilsamen Verein und zur Förderung seiner Interessen zu bewegen: so würde ihr Verfasser darin den schönsten Lohn finden.

Greifswald, im October 1866.

Erster Brief.

Also von Hengstenberg soll ich meinen Ausgang nehmen? Ueber seine diesjährige Allocution wünschen Sie das Nähere von mir zu erfahren, was für Männer er hauptsächlich darin bedacht und wie mir selbst die Zornschaale bekommen, die er angesichts des hereinbrechenden jüngsten Tages über mein armes Haupt ergossen? — Das ist eine harte Zumuthung, mein Freund, und sie erfüllen, könnte fast heißen, dem gehässigen Treiben dieses Mannes etwas zu viel Gewicht beilegen. Dennoch will ich auf Ihren Wunsch eingehen aber nur darum, weil sich in dem Gebahren Hengstenberg's eins der wesentlichsten Symptome der schweren Erkrankung unserer armen evangelischen Kirche kund giebt, deren Charakteristik ich mir eben vorgesetzt habe.

So wollen wir ihn denn seiner widerevangelischen Bestrebungen wegen und weil er die fanatische Masse der ihm ergebenen orthodoxen Geistlichkeit bei jeder Gelegenheit zu tumultuarischen Ausfällen in das Gebiet der evangelischen Lehr- und Gewissensfreiheit aufreizt, einmal vor dem Forum des protestantischen Gewissens etwas schärfer ins Verhör nehmen.

Indem ich mich aber anschicke, diesen Rädelsführer der lärmenden Bekenntnißwühler beim Kragen zu nehmen, kann ich das Geständniß nicht unterdrücken, daß mich sein Treiben in mancher Beziehung, namentlich so weit er mich selbst zum Gegenstande seines Grimmes macht, mehr und mehr komisch zu berühren anfängt. Zwar beruht dasselbe durchweg auf unsittlichem Grunde und muß in dieser Hinsicht, zumal da es sich auf eine so breite Basis in der evangelischen Geistlichkeit stützt, jeden ernster gesonnenen Mann mit Unwillen erfüllen und zugleich mit tiefem Schmerz über den kläglichen Zustand unserer Kirche, die noch immer weit und breit unter solchen Einflüssen steht. Auch hat er in Betreff meiner geringen Persönlichkeit wirklich eine starke Dosis von Bosheit aufgeboten, um mir recht gründlich zu schaden. Nicht nur auf die Herbeiführung meiner Absetzu hat er es abgesehen, wie er wiederholt ausspricht, sondern er sucht m durch seine Griffe und Kniffe auch noch dazu persönlich bitter zu kränk und in aller Weise empfindlich zu verletzen. Selbst meine gelegentl ausgesprochene Klage, daß ich mich öfter durch Kränklichkeit in mein wissenschaftlichen Bestrebungen gehemmt gesehen, so wie auch mein Eing ständniß einer durch Lebensgang und Temperament bedingten übergroß Erregbarkeit hat er böslich wider mich ausgebeutet. Ja in seinem arg und gehässigen Sinne insinuirt er mir, wegen meiner Schrift, die unt dem Titel „Bekenntnisse" ausgegangen ist, die abgeschmackt eitle und lächerlic Absicht, mich dem heil. Augustin an die Seite stellen zu wollen. Ab diese Böswilligkeit ist ihm bereits so sehr zur andern Natur geworden, d man sich kaum noch über sie zu ärgern vermag, sondern man fühlt si aufgelegt, sie als ein unvermeidliches Uebel hinzunehmen, indem man überwiegend aus dem Gesichtspunkte eines Naturphänomens betrachtet. (muß nun einmal verdächtigen, verleumden, verketzern, aufhetzen und dab vorlieb nehmen mit allerlei lügenhaften Zuträgereien, die er dann in seine Blatte zu Markte bringt, ohne zu merken, wie sehr er selbst der Angeführte i

Solche Verstocktheit ist nun zwar an sich nicht lächerlich, sondern widri aber sie wird komisch, soweit sie begleitet und theilweise verursacht ist v einer damit verbundenen, eigenthümlichen Kurzsichtigkeit und Verblendun Die zeigt sich bei Meister Hengstenberg in der ganzen Argumentationsweis wodurch sich seine Theologie charakterisirt und zwar sowohl bei ihren pol mischen Ausfällen auf Personen und Richtungen, wie auch bei ihrer Arbe für die Begründung und den Ausbau der orthodoxistischen Lehre. Den daß ein Mann, der, wie er, doch wirklich mit viel Gelehrsamkeit ausg rüstet, mit viel Verstand begabt, in aller Weise schlau und gerieben ist un in seinen jungen Jahren sogar die Metaphysik des Aristoteles übersetzt ha daß der, sage ich, mit siegesgewisser Miene solche Argumente reiten un wie weiland Ritter Don Quixote für wirkliche Schlachtrosse halten kan von denen das eine buglahm, ein anderes stockblind, ein drittes ga kollerig, jedes aber klapperdürr ist, so daß er bei jedem Ritte in irgen einen Graben zu liegen kommt oder im märkischen Sande stecken bleib oder sich in Moor und Sumpf verreitet: das macht in der That eine komischen Effekt. Zugleich läßt er sich in seiner theologischen Officin vo solchen Handlangern bedienen, die ihm häufig nur nasses Pulver auf di Pfanne seiner evangelischen Kirchenzeitung schütten, oder ihm schlecht wurmstichige Waare für den Verbrauch seiner orthodoxen Garküche liefern Durch diese seine theologische Wirthschafterei und Windbeutelei ist er bereit weithin anrüchig geworden, ausgenommen etwa bei seinem allerdings wei verbreiteten Anhang von orthodoxen Pastoren und feudalistischen Bundesgenossen, welche sich noch immer abwechselnd durch die Kost der Kreuzzeitung und der Evangelischen Kirchenzeitung regaliren lassen. Für das allgemeine sittliche Zeitbewußtsein aber ist er durch dieses Alles nach und nach zu einer derartigen Figur geworden, daß man die Bedeutung irgend einer Erscheinung auf theologischem und kirchlichem Gebiete bereits danach abmißt, ob und wie stark Herr Hengstenberg sein Zeter dagegen erhebt.

An diese halb und halb dem Gebiet des Komischen verfallene Gestalt seines theologischen und kirchlichen Wesens, wonach er, wo er Fluch beabsichtigt, meist nur Segen erzielt, und wo er segnen will, doch wieder dem Naturdrange des Fluchens unterliegt, hat mich auch sein neuestes, größeres theologisches Werk über das Evangelium Johannes gemahnt.[1]) Während er nämlich bis jetzt das Ziel und den Ruhm seines Lebens darin gesetzt hat, die heilige Schrift durch und durch als untrügliches Gotteswort geltend zu machen, und den Verfassern der einzelnen biblischen Bücher absolute Irrthumlosigkeit und göttliche Glaubwürdigkeit zu vindiciren, ist ihm mit einemmal seine Natur auch auf diesem Gebiete durchgegangen und er muß auch hier anfangen zu verdächtigen und zu lästern. Diese Verdächtigung trifft sowohl die Evangelisten selbst als auch einige von ihnen geschilderte fromme Persönlichkeiten. Jene sollen die Welt in Betreff dieser absichtlich hinter's Licht geführt und das so schlau ins Werk gesetzt haben, daß man achtzehn Jahrhunderte hindurch nicht hinter ihre Schliche gekommen ist, bis es endlich Herrn Dr. Hengstenberg gelang, den Nebel zu lichten. Es handelt sich nämlich um die bis jetzt in so hohem Ansehn dagestandene Familie in Bethanien, jenes erste evangelische Haus in der Nähe Jerusalems, wo Maria dem Heilande die letzten Tage seines Lebens durch ihre zarte und innige Theilnahme an seinem bevorstehenden Leiden zu versüßen suchte und wo er schon früh ein tieferes Verständniß gefunden hatte. Hengstenberg nun wittert mit seiner in solchen Dingen viel geübten Spürkraft heraus, daß etwas faul gewesen sein müsse in dieser urchristlichen Familie und er weiß uns auf das genaueste anzugeben, worin das bestanden habe. Die Bethanische Maria, so belehrt er uns, war gar nicht, wie man „sich gewöhnt sie zu betrachten," „eine stille, in sich gekehrte Seele," die ihr reines Herz dem Heilande aufgeschlossen hatte, sondern sie wird unter seinen Händen zu einem „Weibe wild und unbändig," das erst in Christo „die Stillung des Aufruhrs ihrer Leidenschaften gefunden hat und das krampfhaft an ihm festhält, um nicht wieder aus einem stillen Meere ein

[1]) Das Evangelium des heiligen Johannes erläutert von E. W. Hengstenberg, Dr. und Professor der Theologie in Berlin. Drei Bände. 1861, 1862 und 1863.

wildes zu werden."[1]) Mit einem Worte, er identificirt sie mit der Mar Magdalena, die von sieben bösen Geistern und zwar „im moralischen Sinn als eine sittlich versunkene Persönlichkeit[2]) besessen gewesen sein soll, so d sie nicht „im Hause sitzen konnte", sondern daß von ihr galt, was Sprüchw. 4, 11 geschrieben steht: Lärmend war sie und unbändig; in ihre Hause wohnten nicht ihre Füße.[3]) Und was wird aus Martha, frage Sie, und dem vom vierten Evangelisten genannten Bruder der beide Schwestern? Martha kommt noch am besten weg, aber auch sie entgel nicht dem schnödesten Makel. Denn sie hatte nach Hengstenberg einem de nichtswürdigsten, schmutzigsten Pharisäer als Gattin die Hand gereicht Das war jener „garstige" Simon der Aussätzige, der „keine übernatür liche Gnade an seinem Herzen erfahren hatte."[4]) Vom körperlichen Aussat war er geheilt worden, aber mit dem moralischen blieb er behaftet Zei seines Lebens. Denn „von solcher schimpflichen Krankheit wird man, nachdem er von ihr geheilt worden, nur einen solchen bezeichnen, dessen geistiges Wesen mit ihr eine gewisse Analogie darbietet."[5]) Seine garstige unwiedergeborne Natur brach besonders in seinem persönlichen Verhalten gegen den Heiland recht auffällig hervor, indem er demselben als dieser Gast bei ihm auf seinem Landsitze war, selbst die gewöhnlichsten Höflichkeiten versagte. Ja er faßte einen tödtlichen Haß gegen denselben, so daß von seinem Hause wahrscheinlich die erste Veranlassung zu Jesu Tode ausging. Freilich ist er für diese Nichtswürdigkeit schlimm genug angelaufen, denn Christus hat, wie Hengstenberg herausbringt, die Parabel vom reichen Manne, die nun erst ihr rechtes, historisches Licht bekommt, recht eigentlich persönlich auf ihn gemünzt. Was mußte aber die arme Martha an seiner Seite aushalten, namentlich bei seinen Schwelgereien mit seinen Kumpanen. Als solche sind nämlich die in der Parabel genannten fünf Brüder des reichen Mannes zu fassen. — „Die Originale saßen wohl mit bei Tische."[6]) Simon hatte auf einer ihrer Festreisen von Galiläa, dem Heimathsorte der Maria und Martha, ihre Bekanntschaft gemacht und sie war seine Gattin und eben damit eine „Herrin" geworden, denn das will eben der Name Martha besagen.[7]) Aber was half es ihr, daß sie sich, noch dazu in solcher Nähe von Jerusalem, eines reichen Landsitzes erfreuen

---

1) A. a. O. Bd. II. S. 200.
2) A. a. O. S. 216 f.
3) A. a. O. S. 205.
4) A. a. O. S. 210.
5) A. a. O. S. 211.
6) A. a. O. S. 212.
7) A. a. O. S. 204.

durfte. Mußte sie doch ihrem Gemahl, „dieser überaus widrigen Persönlichkeit" vielfach zu Gefallen leben.[1]) Und Lazarus? Ach, der hatte „wahrscheinlich eine ähnliche Entwicklung durchgemacht," wie seine tief versunkene Schwester Maria. Er „ißt, nachdem er das Leben des verlornen Sohns geführt, im Hause seines Schwagers das Gnadenbrod" und „Christus liebt ihn nicht wegen seiner natürlichen Liebenswürdigkeit, nicht als das Vorbild solcher, die in der Taufgnade beharrt haben, sondern als derjenige, der gekommen ist, das Verlorene zu suchen und „sich freut, wenn er es gefunden.[2]) Mit einem Worte es war ein durch und durch schmutziges und gräuelvolles Haus, dieses bis jetzt so hoch geehrte Haus zu Bethanien, in welchem Jesus sich so tief verstanden fühlte. Aber es wurde, „da es voll geworden von dem Geruche der Salbe Marias, desinficirt von den übeln Dünsten, mit denen es vorher der elende Jude Simon angefüllt hatte." „Hatte es früher die keimende Synagoge Satans abgebildet, so wurde es jetzt ein Vorbild der Kirche Christi."[3])

Was für eine Entdeckung! Und wie läßt sich diese biblische Erzählung nun von diesem gewonnenen Gesichtspunkte aus erst so recht im Geschmack des modernen Pietismus und dessen eigenthümlicher Erweckungstendenz verwenden! Ganz besonders aber wird sie in dieser Gestalt nun erst den Bedürfnissen einer „großen Anzahl von Pastoren" zu gute kommen, von denen man, da sie „von der Last des Amtes schwer gedrückt werden, nicht verlangen kann, daß sie Exegese neben ihrem Amte treiben."[4]) Nur eine gründliche Vorbereitung in der Schriftauslegung, wie sie „die Würde des Wortes Gottes erfordert," muthet Hengstenberg ihnen zu. Und die Anleitung dazu bietet er ihnen mit diesem seinen dreibändigen Commentar. Denn für solche Vorbereitung sind, wie er versichert, „viele der jetzt gangbaren exegetischen Werke, namentlich der Commentar von Lücke, der entschiedenen Glauben an die heil. Schrift als das Wort Gottes vermissen läßt und worin sich der Kampf mit dem Zweifel breit macht, weniger geeignet." Sie beeintächtigen die Stimmung, aus der die Predigt hervorgehen soll.[5]) Was für einen Trost dagegen können sie sich nun holen „für das Drückende in ihren eigenen Verhältnissen, für schmerzliche Erinnerungen aus ihrer persönlichen Lebensentwicklung"[6]), wenn sie das Bethanische Haus mit den Augen Hengstenberg's betrachten. Und bekommen

[1]) A. a. O. S. 200.
[2]) A. a. O. S. 200 ff.
[3]) A. a. O. S. 220 ff.
[4]) A. a. O. Bd. I. Vorwort S. IV.
[5]) A. a. O. Bd. Vorwort.
[6]) A. a. O. Bd. II. S. 201.

sie es nicht recht eigentlich von ihm zum Geschenk? Ist dieses Bethanische Landgut nicht eigentlich ganz allein seine Schöpfung? — Aber die armen Evangelisten, höre ich Sie einwenden, die uns von dem allen nichts oder just das Gegentheil berichtet haben: wie fahren die als inspirirte Schriftsteller? O, die leuchten den orthodoxen Pastoren fortan im Lichte der Hengstenbergschen Exegese nun auch auf solchen dunklen Pfaden als willkommene Vorbilder voran, auf denen der Mensch sich sonst leicht von Gott verlassen fühlt, nämlich auf den Pfaden der Zweideutigkeit und Unwahrhaftigkeit. Die guten Pastoren können nun von den Hengstenberg'schen Evangelisten lernen, was Hengstenberg schon immer gewußt und auch geübt hat, daß es nämlich zur Ehre der Kirche bisweilen nothwendig sein kann, nicht ganz bei der Wahrheit zu bleiben, sondern die Welt recht gründlich hinter's Licht zu führen. Die Evangelisten mußten nach Hengstenberg sehr „bedenklich finden, den Lebensgang Marias offen darzulegen." Es hätte „das geheißen, eine der ersten christlichen Hauptpersonen und damit die Sache des Christenthums selbst dem rauhen Spotte der Heiden preisgeben," „Angemessener erschien es, bloße Winke zu geben, so daß nur die tiefer Forschenden den ganzen Zusammenhang verfolgen konnten, der den oberflächlichen Lesern verborgen blieb.[1]) Also Winke, die kein Mensch verstanden hat,. die kein Mensch verstehen kann, als nur Dr. Hengstenberg. Item, daß die Evangelisten durchweg inspirirt sind, hindert sie nicht, aus Menschenfurcht und aus Rücksicht auf Menschen an der Wahrheit zu deuteln und halb oder ganz das Gegentheil von dem zu sagen, was sie meinen. Bekommen wir da nicht eine gar charmante Rechtfertigung der Lüge, der Heuchelei und jener gewissenlosen und vernunftwidrigen Schriftauslegung, die in gewissen Kreisen im Schwange geht? Denn gelogen haben diese Hengstenberg'schen Evangelisten ganz offenbar, da sie ja gewußt haben, was nur noch Hengstenberg weiß und sie wissen läßt, und da sie gesagt haben, was alle Welt nothwendig für das Gegentheil von dem nimmt, was sie sollen gewußt haben. Sie waren also entweder sehr einfältige Menschen, was nicht anzunehmen steht, da sie ja die Geschöpfe Hengstenberg's sind, und also ihrem Vater und Schöpfer nicht zu unähnlich sein können, oder sie mußten wissen, mußten als inspirirte Schriftsteller klar voraussehen, daß durch die von ihnen beliebte Darstellung nothwendig eine Vorstellung von dem Bethanischen Hause aufkommen werde, die der Wahrheit nicht entspreche. Die Moral von der Geschichte ist also für die Hengstenberg'schen Pastoren, daß es für einen Verkünder des Evangeliums auch noch höhere Forderungen giebt als die, in allen

[1]) A. a. O. S. 200.

Stücken, zumal wo es sich um die Verkündigung des Evangeliums handelt, streng bei der Wahrheit zu bleiben.

Wenn nun ein solcher Herz und Nieren prüfender Kritiker, der auch die Lüge göttlich zu beschönigen weiß, wenn der, trotzdem daß ihm so sehr daran liegt, mich aus meinen Aemtern zu bringen und meine bürgerliche Existenz zu vernichten, nur sehr Weniges über mich zusammengedichtet hat; wenn er, der nicht Anstand nimmt, bis dahin von keinem Menschen geahnte Sünde und Schmach, selbst auf Kosten der gefeiertsten biblischen Namen, an's Tageslicht zu ziehen, in Betreff meiner Vergangenheit nichts weiter enthüllt, als daß ich von weiblichen Vorfahren abstamme und leicht zu intimidiren, leicht zum Widerruf meiner Ansichten zu bestimmen sei; wenn er weiter, trotz seiner Erboßung gegen mich, die gar zu schreckhaften Ausbrüche seiner durch beständiges Verdammen ordentlich rauh gewordenen Stimme in seiner diesjährigen Encyklika mir und meinen Mitschuldigen zu Liebe in die weiche, elegische Tonart der Klagelieder des Jeremias abgedämpft hat: o, wie müssen wir ihm das danken!

Um nun meinerseits diesen Dank abzutragen, will ich es versuchen, mit Ihnen, mein Freund, zunächst einen Blick in den eigentlichen Kern seines Wesens zu thun. Das ist nun freilich nicht ganz leicht. Aber nein doch; es ist eigentlich sehr leicht. Denn wenn man auch nicht anzugeben vermag, was denn eigentlich das Ansich, den positiven Kern dieses Proteus ausmacht, da man zweifeln kann, ob er überhaupt einen Kern hat, so läßt sich doch leicht angeben, was er wesentlich nicht ist und warum es ihm durchaus nicht zu thun ist. Er will aber durchaus nichts Substanzielles und Anundfürsich Seiendes, in das man sein individuelles Ich täglich untertaucht, um als neugebornes, wesenhaftes Ich daraus hervorzugehen. Es ist ihm durchaus nicht zu thun um die Durchführung eines allgemeinen Princips, das, wie es die volle Hingabe der Persönlichkeit für sich in Anspruch nimmt, zugleich jeder anderen Persönlichkeit Raum und Freiheit gewährt für naturfrische und eigenthümliche Selbstentfaltung, sondern er will mit seiner Persönlichkeit über den Principien stehen. Niemals hat er sich mit ganzer Seele in irgend eine Geistesrichtung der Zeit selbstlos und zum Werden versenkt, sondern er hat sich der jedesmaligen Richtung, welcher er huldigte, sofort als ein Fertiger zu bemächtigen gesucht und hat sie dann, je nach den Umständen, fest gehalten oder wieder abgestoßen. So ist er proteusartig durch sie alle hindurch- und über sie alle hinausgeschlüpft, um hoch über allen Richtungen der Zeit lediglich mit sich selbst zusammen zu gehen. Daher kommt es denn auch, daß er sie, ungeachtet seiner sauren, capucinerhaften Schriftstellermiene, am Ende alle lächerlich findet. Wenn er zwar schon öfter den Versuch gemacht hat, seine Augen zu Thränenquellen zu machen, um Tag und Nacht zu weinen über die Zerschlagenheit seines Volks: so wandelt ihn doch in der neuesten Capucinade alle Augenblick eine Hinneigung zum Lachen an. Lächerlich findet er die ernstesten und heilsamsten Bestrebungen der Zeit nicht minder, wie die abgeschmacktesten und verderblichsten, wenn er sein Fiat nicht dazu gegeben hat. Sogar den Oberkirchenrath bedroht er mit dem Schicksale der Lächerlichkeit, dafern derselbe sich weigern sollte, dem Andrängen der pommerschen Bekenner nachzugeben und mich, trotz der Hengstenberg'schen Absetzungsdekrete, nicht meiner Aemter zu entheben.

Lassen Sie uns jetzt, mein Freund, erst einen allgemeinen Blick werfen sowohl auf den theologischen wie auch auf den confessionellen Charakter unseres Mannes.

Was nun zunächst das theologische Gepräge desselben betrifft, so gehört er weder zu den Orthodoxen, noch zu den Nationalisten. Wollte man ihn wirklich des Nationalismus bezüchtigen, was hin und wieder schon geschehen ist, so würde er mit Triumph darauf hinweisen, wie er es sich ja von jeher zu seiner wesentlichen Aufgabe gemacht den Nationalismus auf alle Weise zu verfolgen, und wenn auch nicht mit den Waffen der Wissenschaft, so doch durch Denunciationen und Verdächtigungen bei den Behörden zu schlagen.

Gleichwohl ist er doch andererseits wieder viel zu sehr rationalistisch inficirt, als daß man ihn mit Recht den orthodoxen Theologen beizählen könnte. Denn wiewohl er ein Feind alles Menschlichen und Natürlichen ist und als Kriterium der göttlichen Offenbarung nur das Uebermenschliche und Widernatürliche gelten läßt, was die Kirchenlehre aus dem Schriftinhalte gemacht hat, so fühlt er sich doch nicht selten gedrungen, die gar zu starken Uebernatürlichkeiten seiner Theologie schamhaft zu verhüllen mit Lappen rationalistischer Natürlichkeiten oder mit den Feigenblättern, die er gelegentlich vom Baume der modernen Kritik gebrochen. Daß er aber ein Mann der modernen Vermittelungstheologie sein sollte, wird der Herausgeber der Evangelischen Kirchenzeitung ebenso wenig Wort haben wollen als die Neue evangelische Kirchenzeitung. Denn daß es bereits zu einem gegenseitigen Zärtlichkeitsverhältnisse zwischen beiden gekommen sei, hat man noch nicht in Erfahrung gebracht, wenn auch die Neue evangelische, als Hauptrepräsentantin der modernen Vermittelungstheologie, alle Erscheinungen, die von ihr aus weiter nach rechts liegen, mehr und mehr in Affektion nimmt, während sie sich dagegen allen Bestrebungen, die über das von ihr beliebte Maß freier Forschung und kirchlicher Organisation hinausgehen, sehr ungnädig zeigt.

Fassen wir nun zum Andern auch unseres Mannes confessionelle Stellung in's Auge: so ist er in dieser Hinsicht weder reformirt noch lutherisch. Ein Reformirter von Geburt, hat er dem Glauben seiner Väter gar bald den Rücken gekehrt, um sich zum echten Lutherthum zu bekehren. Er hat dann aber auch die Lutheraner gar bald im Stich gelassen. Als sie wegen ihrer Ungefügigkeit in die Unionsbestrebungen Friedrich Wilhelm III. das Märtyrerthum zu übernehmen hatten, wurde Hengstenberg ihnen gegenüber der Advokat der damaligen unirten Staatskirche. Ein der Union von Herzen ergebener Mann ist er aber erst recht nicht. Niemand hat auf die Unterwühlung derselben so eifrig hingearbeitet, wie gerade er.

Auch auf politischem Gebiet hat er, wie Sie bei Dr. C. Schwarz, in dessen Geschichte der neuesten Theologie, näher nachgewiesen finden, dieselbe Proteusnatur bekundet. Zwar ist er für gewöhnlich conservativ im echt feudalistischen Sinne und er kann auch absolutistisch sein bis zur tiefsten Devotion. Niemand weiß das vierte Gebot so zu Gunsten des Absolutismus zu deuten, wie er. Sein Herz wallte ihm von warmen Sympathien für das Recht der amerikanischen Sklavenbesitzer und die göttliche Ordnung der Sklaverei hat Keiner scharfsinniger gerechtfertigt, als er und seine Partei. Nichtsdestoweniger spielt er gelegentlich auch den Demagogen. Wie er sein Wohlgefallen an der Rebellion der Südstaaten des nordamerikanischen Bundesstaats bei jeder Gelegenheit an den Tag legte, so schrickt er bei vorkommenden Fällen auch nicht zurück vor demokratischen Agitationen, vor Aufwiegelung zu Massendemonstrationen gegen die eigene Obrigkeit, ja selbst nicht vor Demonstrationen wider die Intentionen des Landesherrn. Als der Prinz-Regent die Entwickelung des Staates und der Kirche in neue Bahnen lenken zu wollen schien, da gellten Flüche und Signale zum Widerstande aus seiner Neujahrsposaune. „Verflucht", rief er, „ist der Mann, der sich auf Menschen verläßt und hält Fleisch für seinen Arm." „Verlaßt euch nicht auf Fürsten, denn sie sind Menschen und können nicht helfen." „Man muß Gott mehr gehorchen, denn den Menschen." „Seit Salomo sein Herz andern Göttern zugeneigt und damit den Giftkeim in sein Volk gelegt, bietet das Verderben unter demselben den Anblick einer stetigen Entwickelung dar." Er hauptsächlich war es, der sich den Bestrebungen des Ministeriums der sogenannten neuen Aera für Verfassung und Fortentwickelung der evangelischen Kirche in aller Weise widersetzte; der die ihm anhangende Geistlichkeit massenhaft zu Agitationen dagegen aufhetzte.

Gleicherweise stand er auch mit Herz und Mund zu der Sache der rebellischen Südstaaten der Union. Gegen den hochherzigen Präsidenten

Lincoln ging er im vorjährigen Vorworte zu seiner auch in Nordameri einflußreichen Kirchenzeitung in einer Weise vor, daß ihm jetzt von dc her, wie er nicht Hehl haben kann, der Vorwurf einer „moralischen Mi schuld“ an der Ermordung desselben gemacht worden ist. Zwar verwah er sich auf das bestimmteste dagegen, als habe er durch seine vorjährige ominöse Psalmverse gekleidete Hinweisung auf den nahe bevorstehend blutigen Untergang des Tyrannen zur Ermordung des Präsidenten ermu tern wollen. Er verdammt diesen Meuchelmord auf das entschiedens Aber wohlgemerkt, nur vom menschlichen Standpunkte aus. Er weiß dei selben auch eine göttliche Seite abzugewinnen und stellt erbauliche Betrac tungen darüber an, was Gott damit gewollt, daß der mörderische Dol das Haupt der Republik gerade an einem Charfreitage getroffen.

Wohl sagen Sie: wenn er also weder ein Rationalist noch ein S pernaturalist, weder ein Reformirter noch ein echter Lutheraner, am alle wenigsten aber ein Unirter ist, so ist er gewiß ein Papist, ein Ultramo taner, wenigstens ein Anhänger der römischen Kirche, oder ist wohl ga zumal er auch dem politischen Meuchelmord eine göttliche Seite abzugewinn versteht, ein Jesuit? — — Nein, Freund, er ist auch das nicht. Er h in seinem neuesten Schlachtrufe auch zum Kampf gegen Rom aufgeblase Ungeachtet seiner Vorliebe für die päpstlichen Institutionen, und obglei ihm sein Herz in Freude ausbricht über die Entschiedenheit, mit welch die Allocution des heiligen Vaters gegen die Freimaurer vorgegangen is ja, trotz der Schamröthe, die ihn überkommt bei der Wahrnehmung, dc die protestantische Kirche in dieser Beziehung hinter der römischen so schmac voll zurück geblieben ist, so daß „noch vor kurzem unter uns die Rede d von sein konnte, einen Meister vom Stuhle zum Mitgliede der höchst Behörde der Landeskirche zu erheben,“ trotz dem und alledem hat er si doch nicht entbrechen können, auch gegen den Jesuitismus und die römisc Kirche zu Felde zu ziehn und den Bannstrahlen der Encyklika und d Syllabus noch kräftigere aus seiner eigenen Hand entgegen zu schleuder Und — o Wunder! — der römischen Kirche gegenüber wird er plötzli zum besten Protestanten. Wie? — Hat ihn etwa ein starkes Vorgefü angewandelt, daß die Delilah-Scheere, mit welcher der Syllabus jeglichen dem Boden der modernen Cultur autonom entsproßten Gewächs zu Lei geht, demnächst auch ihm an seine ungebundenen, alttestamentlichen Sir sonslocken gerathen werde? Sei dem, wie ihm wolle; genug, er wirft si mit eins in die ganze Stärke des protestantischen Princips und lä folgende gewichtige Sätze als echt protestantische Bomben in die Befestigun der römischen Kirche platzen. „Wer den Irrthümern der Ze entgegentreten will, bei dem muß, Hand in Hand mit d unbedingtesten Entschiedenheit in Festhaltung der göttlichen Wahrheit, die größte Sorgfalt in Ausscheidung der Irrthümer gehen; die größte Behutsamkeit, daß man nicht unhaltbare Positionen festzuhalten und veraltete Prätensionen aufrecht zu erhalten suche. Auch muß man auf das gewissenhafteste alle Schroffheiten vermeiden. Das ist nicht bloß eine Forderung der Klugheit, sondern ein Gebot der Frömmigkeit. Die auf allen Seiten von Feinden umringte Kirche soll nach Gottes Willen Alles ausscheiden, was ihr im Verlauf der Zeit von ungöttlichen Momenten beigemischt worden, und was ihr die Vertheidigung erschwert oder unmöglich macht. Die Kirche hat schon schwer genug zu tragen an der Gewalt, die sie so reichlich in der Vergangenheit geübt und wodurch sie sich bei Gott und Menschen verhaßt gemacht hat." Wer solche harte, unwissenschaftliche und lächerliche Sätze aufstelle wie der h. Vater in seinem Syllabus, wer insonderheit Kirche und moderne Civilisation einander so entgegensetze wie er, müsse sich gefallen lassen, mit Lächeln bei Seite geschoben zu werden. „**Der Gegensatz der Civilisation,**" ruft er aus, „**ist die Barbarei.** Die Kirche hat sich gegen den **Aberglauben** nicht weniger, als gegen den Unglauben, gegen den **Pharisäismus** nicht weniger, als gegen den **Sadducäismus** zu wenden. **Gerade mit den pharisäischen Schäden hat man es, nach dem Vorbilde des Herrn, besonders ernst zu nehmen.**" Das sei aber, fährt er fort, das sei eben der Fluch, der auf dem Systeme der Unfehlbarkeit ruhe, daß man gleichsam wider Willen verurtheilt sei, solche die **Gewissensfreiheit** verletzende, den wirklichen Verhältnissen mit seltsamen und veralteten Prätensionen entgegentretende Sätze aufzustellen. Ein katholischer Schriftsteller habe mit Recht gesagt, daß eine unmittelbare göttliche Autorität, ein Papstthum, das göttliche Unfehlbarkeit für sich in Anspruch nehme, zuletzt in eine Sackgasse gerathen müsse, wo es nicht mehr vorwärts noch rückwärts könne. „Die wahre Kirche müsse es verstehen, ihre Stimme zu wandeln, müsse biegsam sein in Allem, was nicht zu den ewigen, im Worte Gottes klar gelehrten Ordnungen Gottes gehört. Sie müsse sich nicht bloß den Umständen fügen, sie müsse in diesen Umständen selbst Gottes Wege erkennen und mit freudigem Geist in ihnen ihre Mission zu vollbringen suchen. Wenn sie diese Stellung einnehme, so habe sie selbst in dem **Gewissen ihrer Gegner** einen Bundesgenossen."

So Herr Dr. Hengstenberg Satz für Satz und Wort für Wort. Denn ich habe es mit seinen Sätzen nicht gemacht, wie er neulich mit meinen protestantischen Thesen in seiner Kirchenzeitung. Er hat diese auf's schn beste verstümmelt, verdreht, verdächtigt, ja zum Theil geradezu in den en gegengesetzten Sinn verkehrt oder verkehren lassen. Er hat mir dann, a meine Remonstration dagegen, nach seiner bekannten Weise, weiß zu mache gesucht, als ob das nicht seine eigene That oder das Werk einer seine Handlanger, sondern ein ganz unschuldiges Versehen des Setzers sei. I aber habe seine Sätze in ihrer ganzen Kraft überall ganz genau und zugleic mit wahrem Vergnügen zu Worte kommen lassen. Und jetzt frage ich Sie Kann man das Bekenntniß zum vollen Wesen des Protestantismus strah lender und unumwundener auf seine Fahne schreiben, als mit diesen Sätzen — Nun sind das aber eben dieselben Wahrheiten, die der deutsche Pro testantenverein innerhalb der protestantischen Kirche zur vollen und allge meinen Anerkennung zu bringen strebt. Wie also? Muß Hengstenberg, der so trefflich der „vollen, ehrlichen Consequenz" das Wort zu reden versteht, muß er sich nicht mit religiös sittlicher Nothwendigkeit gedrungen fühlen, zur Verwirklichung seiner Forderungen dem Protestantenverein mit beizutreten? — Vielleicht kann man ihm dabei ein wenig behülflich sein. Davon das Weitere in meinem nächsten Brief.

Zweiter Brief.

Auch ich, mein Freund, traute meinen Augen nicht, als ich die Ihnen mitgetheilten protestantischen Sätze Hengstenbergs zum erstenmale las. Ich habe sie wieder und immer wieder durchgedacht und konnte gar nicht darüber hinaus. Mein Herz wurde mir ordentlich leicht. Denn nun, sprach ich bei mir selbst, nun kann doch der gute Mensch, nachdem er sich zu meinen eigenen Grundsätzen bekehrt hat, unmöglich noch einen Streich im Schilde führen gegen mich und meine protestantischen Thesen; obgleich er mir denselben, zu meinem nicht geringen Schrecken, schon ein Vierteljahr im voraus in Aussicht gestellt hat. Nun wird er gewiß schon unterweges sein, um mir Abbitte zu thun wegen der gehässigen Anklagen und Proteste, die er gegen mich erregt hat. Er ist wohl darum noch nicht hier, weil er zuvor erst bei Dr. Schenkel und dem badischen Oberkirchenrath sich sein Herz erleichtern und Vergebung erbitten will wegen seiner unverzeihlichen Aufhetzereien und wegen seines bisherigen widerprotestantischen Gebahrens.

Ich nahm mir vor, ihm auf halbem Wege entgegenzukommen, ihm unter die Arme zu greifen nach einer solchen Geburt, die ihn gewiß sauer angekommen, kurz, ich beschloß, ihm in aller Weise mit Hebammendiensten zur Seite zu stehen, damit nun auch die Nachgeburt möge glücklich von Statten gehen.

Doch lassen Sie mich ernstlich reden, mein lieber Freund, indem wir denselben Ernst einmal auch bei dem guten Hengstenberg voraussetzen. Er sei also kein bloßer Aal und habe uns auch nicht diesmal wieder schmählich zum besten. Lassen Sie uns das wirklich einmal annehmen. Es ist ja denkbar und kommt hier und da auch wirklich einmal vor, daß selbst der verhärtetste Sünder endlich der Wahrheit die Ehre giebt, wie sollten wir also eine solche Möglichkeit nicht vielmehr bei einem so ausgezeichneten

Vorkämpfer der Orthodoxie voraussetzen dürfen! Wohlan; was würden r uns also in diesem Falle für eine Stellung zu ihm zu geben und wie wi den wir, nachdem wir uns des Hirten bemächtigt, uns gegen das grimmi Wächterchor seiner Heerde zur Wehr zu setzen haben?

Ich denke, wir hätten ihm selber und denjenigen seiner Getreuen, nicht einer gar zu verbissenen Race angehören, zunächst die ganze und vo protestantische Forderung der unbedingten Freiheit der evangelischen Schri forschung, und zwar sowohl nach ihren Prämissen wie nach ihren Cons quenzen, zu Gemüthe zu führen. Denn da liegt der eigentliche wunde Fle und zwar nicht nur bei den orthodoxen, sondern auch bei den Vermittlung theologen der Gegenwart.

Ich kenne das aus mannigfacher Erfahrung, mein theurer Freund; au Erfahrung an Andern und an mir selber. Denn ich selbst habe in dies Hinsicht die schwersten Kämpfe und Wandelungen durch zu machen gehab Zwar über die völlige Unhaltbarkeit des orthodoxen Systems und der mo dernen Restauration desselben bin ich schon früh zur Klarheit gelangt, sowol auf theoretischem wie auf praktischem Gebiet. Als ich mich nun aber mi meinem Denken und religiösem Leben in einen schweren Kampf mit de theologischen und kirchlichen Gegensätzen der Zeit verwickelt sah, in eine Kampf mit der confessionellen Exclusivität und hierarchischen Animosität de modernen Orthodoxismus auf der einen und mit der destructiven Kritik und den atheistischen Bestrebungen des Pantheismus und Materialismus unsre Zeit auf der andern Seite: da gerieth ich während meiner zehnjährige vereinsamten Pfarramtswirksamkeit auf dem Lande, damals, als es zu eine näheren, für kirchliche Zwecke wirksamen Verbindung unter den wahrhaft liberalen Theologen des echten Protestantismus nur erst sehr sporadisch gekommen war, mehr und mehr in die Strömung einer gewissen Vermittlungstheologie. Das passirte mir um so leichter, da diese zu jener Zeit in der theologischen Fakultät der hannoverschen Landeskirche eine frische und energische, dem aufstrebenden Pfaffenthum kräftig entgegen arbeitende, eine volksthümliche Verjüngung der evangelischen Kirche in Aussicht stellende Vertretung fand.*) Leider sah ich mich in meinen Erwartungen für die Fortentwickelung der freieren theologischen und kirchlichen Richtung von jenem Kreise aus nach und nach gar schmerzlich enttäuscht. Ich mußte es mit ansehen, daß die Vertreter der freieren Richtung den Repräsentanten des umsichgreifenden Hierarchismus der Geistlichkeit und des betreffenden Kirchenregiments eine Concession nach der anderen machten.

*) Vgl. die betreffende Streitschrift der Göttinger theologischen Fakultät wider die neu aufstrebende „Pastorenkirche" und Dr. J. A. Dorner: Abwehr ungerechter Angriffe des Herrn Dr. Hengstenberg u. s. w. Göttingen 1854.

Unterdessen rang ich mich auf wissenschaftlichem Gebiet durch weitere Vertiefung in die Idee der göttlichen und menschlichen Persönlichkeit, sowie an der Hand der geschichtlichen Entwickelung des Dogmas und der Speculation immer klarer zu dem Standpunkte hindurch, auf welchem man den strengsten Forderungen der modernen Kritik und der wissenschaftlichen Vernunft gerecht zu werden vermag, ohne dem evangelischen Kern des Glaubens und den Aussagen des christlichen Bewußtseins das Geringste zu vergeben. Fortan trat mir das gottmenschliche Offenbarungsprincip des Christenthums in eine Helle und Klarheit, wie noch nie zuvor. Ich gelangte von nun an dahin, Kern und Schaale der Schrift, sowie den ewigen, evangelischen Wahrheitsgehalt der Kirche und die wandelbare zeitliche Erscheinungsform derselben immer sicherer zu unterscheiden. Wie fühlte ich mich dadurch in meinem innersten Glaubensleben gekräftigt. Ich fand den Beweis des Geistes und der Kraft für die vollendete Offenbarung Gottes im Stifter des Christenthums fortan gerade in dem, was kein Zweifel anzutasten vermag, was immer wieder mit überwältigender Kraft auf jedes fromme Gemüth wirkt. Ich fand ihn in der echten, unverkürzten Menschheit des Erlösers, in der geschichtlich, psychologisch und religiös-sittlich gesicherten Einzigkeit seiner Lehre und seines himmlischen Vorbildes. Wie kleinlich erschien mir fortan gegenüber diesem, in der sittlich-religiösen Vollendung Jesu sich offenbarenden Abglanz der göttlichen Liebe, diesem Wunder aller Wunder, das unmittelbar durch sein Dasein für seine Wahrheit und Wirklichkeit spricht, wie kleinlich und fast kindisch erschien mir dem gegenüber ein ängstliches Fragen nach der Möglichkeit und geschichtlichen Wirklichkeit gewisser einzelnen, der rein sinnlichen Sphäre angehörigen Wunderbegebenheiten seines Lebens. Und was für quälerische Sorgen hatten mir gerade diese Fragen von neuem wieder bereitet! Fortan lenkte ich den Blick vor Allem auf das menschliche Werden des Erlösers und erkannte immer klarer, wie eben in seiner echt menschlichen Entwickelung sich das Ringen, Kämpfen, Siegen der gottverwandten Menschheit, d. i. des in allen Menschen nach Gestaltung strebenden, idealen Menschensohnes, wahrhaft vorbildlich und erlösungskräftig abspiegeln. Mit solcher Ehrfurcht und zugleich so freudig hatte ich mich noch nie vor ihm beugen, mit solcher Gewißheit hatte ich mich noch nie der Wahrheit des in ihm verkörperten Princips bemächtigen können. Ich erkannte in ihm von nun an die Blüthe des geschichtlichen Entwicklungsprocesses der Menschheit auf religiösem Gebiete, die innerste centrale Selbsterschließung des gotterfüllten Menschengeistes. Aber auch die Aufgabe des Protestantismus trat mir damit in ein helleres Licht. Die Zukunft des Menschensohnes in jedem Menschen zu verwirklichen und zu dem Ende jede menschliche Seele mit unbedingter

Achtung vor der gottdurchwirkten Menschheit, mit heiliger Liebe zu dem Menschlichen zu erfüllen, mit Einem Worte, die Menschen groß von selbst, von ihrer gottmenschlichen Bestimmung denken lehren, sie aufkl über das in Christo Jesu verkörperte Ideal und sie durch Hinweisung sein herrliches Vorbild mit Begeisterung dafür durchglühen: das ers mir von nun an als die größeste pädagogische Zeitaufgabe. Und di Ziel auf directestem Wege zu erstreben, das, sagte ich mir, sei die Mi der protestantischen Kirche und des evangelischen Protestantismus. D der letztere könne wesentlich in nichts Anderem bestehen, als in dem bewußten Streben, die Reformation zu ihrem Ziele zu führen, d. h. völlige Reinigung des Christenthums von allen Trübungen desselben d jüdische und heidnische Elemente herbeizuführen. Ich überzeugte mich, der evangelische Protestantismus erst durch Männer wie Lessing, Herd Kant, Fichte, Schleiermacher in diese directe Bahn gelenkt wor und daß es fortan gelte, auf diesem Wege die volle Entfaltung sowohl formalen wie der materiellen Seite seines Wesens zu erzielen.

Das materielle Princip, die substanzielle Wurzel des Protestantism welcher bereits die Reformatoren des 16. Jahrhunderts mit ihrer Le von der Rechtfertigung durch den Glauben auf der Spur waren, sie l im Evangelium von Christo, in dem Glauben an die, mit dem Chris thum ermöglichte, religiös=sittliche Vollendung des im Menschengeiste henden Keimes der göttlichen Sohnschaft. Sie liegt objectiv in der I der göttlichen Ebenbildlichkeit und subjectiv im zuversichtlichen Vertra auf die unendliche Entwicklungsfähigkeit der menschlichen Persönlichkeit der Einigung mit Gott. Aus diesem Vertrauen geht das frohe, beselige Gefühl der Vergebung der Sünden, geht das Bewußtsein der Bestimm zum ewigen Leben hervor, und dieser Glaube an die Möglichkeit des Gu führt zugleich zur echten Begeisterung für dasselbe und bethätigt sich da in kräftiger Sittlichkeit.

Die entsprechende Atmosphäre aber für die völlige, ungetrübte E wicklung seines gottmenschlichen Gehalts, die könne der Protestantism mußte ich mir sagen, einzig und allein nur in der unbedingten Selbst digkeit des vernünftigen Denkens gewinnen und darin vollende sich Entwickelung der formalen Seite des protestantischen Princips. Die letz nun ist eben durch jene Männer ins Selbstbewußtsein der Zeit erhoben, erst von ihnen, namentlich von Lessing, Kant und Fichte in unumwund ster Weise als klarer Zielpunkt der protestantischen Wissenschaft hingest worden. Und es ist nicht, wie ich immer klarer erkannte, Folge ei starken, sondern eines schwachen und kleinlichen Glaubens, wenn man für tet, die unbedingte Autonomie der Vernunft und des wissenschaftlich

Gedankens laufe nothwendig auf einen inhaltsleeren Subjectivismus hinaus und führe somit consequenter Weise zum Unglauben, zur Leugnung der Offenbarung oder gar der Persönlichkeit Gottes, führe zum Rationalismus oder Pantheismus. Nein, sagte ich mir weiter, wer an die göttliche Natur und Kraft der Wahrheit und ihrer Offenbarung glaubt, der muß auch groß und göttlich von ihr denken; der muß ihr auch zutrauen, daß sie sich selbst zu behaupten vermag, daß sie also nicht der gebrechlichen Stützen menschlicher Autorität bedarf; der wird sich Geister wie Leibniz und Lessing zum Vorbilde nehmen, welcher letztere von dem ersteren sagt, seine Begriffe von Wahrheit seien so beschaffen gewesen, daß er nicht habe vertragen können, wenn Jemand ihr zu enge Schranken setzte.

O wenn unsre Theologen doch endlich frei würden von dieser engherzigen Furcht vor der unbedingt freien Forschung nach Wahrheit. Aber noch immer haben sich nur erst sehr wenige zu dieser vollen Geistesfreiheit erhoben. Die meisten evangelischen Theologen und Geistlichen, und zwar nicht bloß die von der streng orthodoxen, sondern auch so viele höchst achtbare Männer von einer gewissen vermittelnden Richtung laboriren noch immer irgendwie an der alten Furcht- und Angsttheologie. Sie würden Recht haben mit ihrer Furcht, wenn das Dogma von der gänzlichen Verderbtheit der menschlichen Natur auf Wahrheit beruhte. Allein dann würden sie auch zugestehen müssen, daß man Wahrheit und Irrthum überhaupt nicht mit Sicherheit von einander zu unterscheiden, daß man also auch nicht gewiß darüber zu werden vermöge, ob das Christenthum auf göttlicher Offenbarung oder auf menschlicher Dichtung beruhe. Sie würden auch dann Recht haben, wenn die Vernunft dasselbe wäre, wie der bloß sinnliche Verstand, wenn man mit den Sensualisten und Materialisten dafür zu halten hätte, daß alle höheren Ideen nur wesenlose Abschattungen sinnlicher Wahrnehmungen seien, ja daß die Seele selber sich nur als die selbstlose Summe sinnlicher oder materieller Nervenfunktionen verhalte.

Die Vernunft ist sich unmittelbar durch sich selbst als einer gottmenschlichen Kraft, ja als der gottmenschlichen Urkraft des Geistes bewußt. Wir werden ihrer mit derselbigen Gewißheit inne, wie unsers eignen höhern Ichs. Sie offenbart sich in unserm innersten Selbstbewußtsein als das Vermögen der ewigen Ideen und Principien. Sie begreift, als die vereinheitliche, harmonische Grundwesenheit aller geistigen Kräfte und Richtungen der Persönlichkeit, auch das fromme Gefühl sammt dem Gewissen als wesentliche Momente, als Bestimmtheiten ihres Denkens und Erkennens in sich, wodurch ihre Ideen sich einerseits zu religiösen Wahrheiten, andererseits zu moralischen Forderungen gestalten. Der wahrhaft vernünftige Mensch respectirt daher nicht nur den Inhalt und die Aussage des überwiegend sinnlich bestimmten Weltbewußtseins, sondern er achtet mit derselben Gewiss haftigkeit auch auf die religiösen Lebens- und Offenbarungsmomente frommen Gefühls, das sich im Glauben zum Gottesbewußtsein e faltet. Er wendet sich in letzter Hinsicht, zur Reinigung und Befruchtu seines religiösen Lebens, immer wieder mit innigster Hingebung den ed sten geschichtlichen Trägern des gottmenschlichen Offenbarungsgeistes, al vor allem der Erscheinung des Stifters der christlichen Religion zu. U von welchem Gewicht die christliche Bestimmtheit des Gottesbewuß seins ist, das könne, sollt ich meinen, nach den großartigen Impulsen, d von Schleiermacher für die Fortentwickelung des protestantischen Pri cips auf religiösem Gebiete ausgegangen sind, keinem Theologen mehr ve borgen bleiben.

Lassen Sie uns also einmal annehmen, mein Freund, auch Hengsten berg sei endlich des Verständnisses dieser Voraussetzungen für das protestan tische Princip fähig geworden und er habe mit seinen Sätzen gegen di Auctorität nicht wieder ein muthwilliges Scheinmanöver aufgeführt. Wa meinen Sie, wie wir dann weiter mit ihm und seinen Anhängern z fahren hätten? — Ich denke, man müßte ihm zu Gemüthe führen, wi gerade er dem Subjectivismus, den er mit Seinesgleichen immer so leidenschaftlich verfolgt, in schlimmster Weise verfallen gewesen sei. Er gerade habe sich, würde man ihm zu bedenken geben müssen, immer wieder auf die allersubjectivsten und zufälligsten Capricen gesteift und sei niemals herausgekommen aus dem Zauberkreise der bloß formellen Subjectivität und des inhaltslosen, abstracten Denkens. Von der wahren Subjectivität aber habe er bis jetzt ebensowenig eine Ahnung, geschweige denn einen Begriff gehabt, wie von der wahren Objectivität. Denn die letztere komme nur da zum immer vollkommneren Durchbruch, wo sich ereigne, was gerade er mit Seinesgleichen bis jetzt in aller Weise zu verhindern gesucht, wo sich nämlich die verschiedenen Geistesrichtungen, in welchen der Protestantismus den unendlichen Reichthum des christlichen Geistesinhalts entfaltet, sich zur gegenseitigen Wechselwirkung mit einander vereinen und einander gegenseitig ergänzen im Geist der freien Liebe, als die mancherlei Lebensäußerungen Einer und derselben allseitig vergliederten evangelischen Kirche. Es komme jetzt Alles darauf an, daß er sammt den Seinen mit dem protestantischen Princip endlich einmal vollen Ernst mache; daß er sich endlich einmal gründlich in das volle und innerste Wesen der Vernunft vertiefe. O steiget doch, würde ich ihm und Seinesgleichen zurufen, steiget endlich einmal an der Hand der allgemeinen, der gebildeten Vernunft recht tief in euch selbst hinab, in den innersten Urgrund der Persönlichkeit; dort hin, wo die tiefste Quelle alles Glaubens und aller Liebe, aller wahren Religion und

Sittlichkeit sprudelt. Ihr werdet finden, daß das Subjective, sowol in seiner tiefsten Wurzel, wie auch in seiner reinsten Blüthe, sich durch sich selbst in das Objective, das Menschliche sich durch sich selbst in das Göttliche aufhebt. Denn Gott selber ist bei der Menschheit gottmenschlich darinnen und durchwässert die von ihm gegründete heilige Stätte im Herzen mit dem Strome seines ewigen Lebens (Ps. 46, 5—6, vgl. Ps. 36, 10.) Er ist der allgegenwärtige, persönliche Urgeist der Wahrheit, der Freiheit und heiligen Liebe, der sich als solcher vernehmlich im Herzen und Gewissen jedes fromm bewegten, jedes sittlich geläuterten und wahrheitsliebenden Menschen bezeugt. Und was man so durch innere Vernehmung vernünftig in sich selber erschaut und erlebt, das wird bestätigt durch die Wahrnehmungen seiner Offenbarung in Natur und Geschichte. Versucht es nur einmal recht ernstlich nichts zu wollen, als die reine Wahrheit allein und euer Herz ganz der vollen Liebe zu öffnen, die sie selbst ist: und ihr werdet Wunder erleben, viel herrlicher als eure der Vergangenheit angehörigen Ausnahmswunder, und die dabei zugleich über jeden Zweifel erhaben sind. Reißt euch nur erst die letzte Wurzel eures alten Unglaubens aus der Seele. Die liegt in dem unseligen Mißtrauen und Haß gegen das Vernünftige und rein Menschliche und sie offenbart sich vorzüglich in der von euch immer wiederholten Verdächtigung, Verketzerung und Verfolgung der freien Wissenschaft und namentlich ihrer kritischen und philosophischen Bestrebungen. Schlimmeres fürwahr kann einem Menschen Gottes nicht begegnen, als in solcher Weise dem Vernunfthasse zu verfallen und alle diejenigen zu verdächtigen und zu verfolgen, welche der wahren Vernunft allgemein zum Siege zu verhelfen suchen. Vernunfthaß ist, wie schon der platonische Sokrates gesagt hat, noch viel ärger als Menschenhaß, obgleich ihr es auch an dem nie habet fehlen lassen. Die Menschen nämlich, als sinnliche Erscheinungsmenschen, sind in der That noch vielfach in das Häßliche verstrickt und darum hassen sie sich gegenseitig und auch das kann zum Guten führen, wenn nur Jeder, wie Jesus Christus es fordert, dadurch endlich dahin gelangt, vor allen sich selbst zu hassen, nämlich sein widergöttliches, unvernünftiges Wesen und Gebahren oder, was dasselbe ist, sein fleischliches und selbstsüchtiges Ich. Aber die Vernunft selber hassen und bekämpfen, — nein, wer sich das beigehen läßt, der kann auch Gott und seine Wahrheit nicht lieben und heilig halten. Denn in der Vernunft allein liegt die Wurzel der geistigen Empfänglichkeit für jenes ewige Gotteswort in der Menschheit, das sich im Erlöser als die gottmenschliche Heilsquelle der Erlösung und eben damit als die Kraft und Fülle des heiligen Geistes erschlossen hat. Bedenkt es also wohl, ihr tapfern Männer, daß ihr mit eurem bisherigen Vernunfthaß schon auf dem Wege waret, die Sünde wider den heiligen Geist zu begehen, die nicht vergeben wird, weder dieser noch in jener Welt.

Euer bisheriges Pochen auf den Schriftglauben und besonders [illegible] Einbildungen eures Meisters Hengstenberg auf seine eigene Schriftauslegu[illegible] waren, würde ich weiter reden, immer sehr unvernünftig und haben e[illegible] daher zu nichts geholfen. Ihr täuscht euch, wenn ihr meinet, an der h[illegible] ligen Schrift, so wie ihr sie behandelt, das wahre Gotteswort zu habe[illegible] Wie oft habt ihr doch das Wort der heiligen Schrift im Dienste eur[illegible] Gehässigkeit gemißbraucht und wie seid ihr dadurch der rechten Wirku[illegible] desselben an euren eignen Herzen so gänzlich verlustig gegangen! Dah[illegible] habt ihr denn auch so wenig nachhaltig und so fast gar nicht zur wirkliche[illegible] Heiligung auf die Ueberzeugung und das Gewissen der Gemeinden einz[illegible] wirken vermocht. Das eigentliche Gotteswort, das sich als himmlisch[illegible] Flamme der Wahrheit und Liebe im Herzen und Gewissen verbreite[illegible] wenn man sich von seinem hellen Widerschein im Worte der Schrift ein mal recht tief hat durchdringen lassen: ach das ist euch nie in seiner eigene[illegible] Herrlichkeit aufgegangen, sonst hättet ihr nicht immer wieder so viel Wesen machen können aus dem erstorbenen Buchstaben der Vergangenheit. Nein ihr habt den Silberblick der reinen Wahrheit immer wieder gedämpft unte[illegible] den Schlacken eurer Dogmatik und haßathmenden Polemik und habt euc[illegible] dadurch den Segen einer echten Schriftforschung so gar kläglich verkümmert. Ihr meint an der heiligen Schrift das Wort Gottes zu haben und dasselbe so mir nichts dir nichts ergreifen zu können. Aber woher wißt ihr denn überhaupt mit wirklicher Gewißheit, daß die Schrift wahrhaftig Gottes Wort ist? Ihr beruft euch auf die göttliche Eingebung, auf die durchgängige Inspiration derselben. Die soll ja aber eben erst erwiesen werden und die habt ihr nicht bewiesen und könnt sie von eurem bisherigen Standpunkte nicht beweisen. Am wenigsten ist Hengstenberg dazu angethan. Denn seine Beweise für die Echtheit und Glaubwürdigkeit der Schriften des alten und neuen Testaments laufen, so weit sie historischer Natur sind, zumeist auf Verkennung der historischen Zeitverhältnisse, auf subjective Gewaltstreiche, auf rationalistische und supernaturalistische Sophistik, auf Einlegung statt auf Auslegung hinaus. Wo er aber anfängt zu dogmatisiren und zu diviniren, wie wenn er Jesus und Jehovah einander völlig gleichsetzt, oder wenn er herausbringt, daß der Apocalyptiker mit dem Namen „Gog“ und „Magog“ bereits auf die Demagogen der Gegenwart angespielt habe, da ist es nun gar erst zum Davonlaufen. Doch gesetzt auch, der Beweis, daß z. B. der Pentateuch von Mose herrühre, daß das Buch Daniel zur Zeit Nebucadnezars entstanden sei, daß unsere vier Evangelien sämmtlich, wie sie vor uns liegen, von Augen- und Ohrenzeugen verfaßt worden, gesetzt, dieser Beweis sei euch wirklich gelungen, was euch kein Kenner auf diesem Gebiet zugeben wird: — habt ihr denn mit diesem Nachweise der historischen Echtheit der biblischen Schriften auch schon die in denselben vorkommenden vielen Widersprüche beseitigt, wodurch der eine Schriftsteller die Aussage des andern aufhebt? Habt ihr damit schon dargethan, daß die biblischen Schriftsteller nicht ebenfalls sündliche und irrthümliche Menschen waren, wie wir alle; daß sie nicht unter dem Einflusse der abergläubigen Vorstellungen ihrer Zeit standen; daß sie das Thatsächliche nicht gröblich entstellt und den reinen Selbstlauter der göttlichen Wahrheit durch die Einfassung in den stummen Buchstaben ihrer eigenen sündlichen Subjectivität nicht stark verunreinigt haben? Habt ihr zugleich auch schon das Lessing'sche Axiom umgestoßen, daß, weil keine historische Wahrheit demonstrirt werden kann, auch nichts durch sie könne demonstrirt werden, daß es also unmöglich sei, durch zufällige Geschichtswahrheiten den Beweis für nothwendige Vernunftwahrheiten zu führen. [1]) O ihr habt diesen „garstigen und breiten Graben," über den, seit Lessing, Niemand mehr hat kommen können, „so oft und ernstlich er auch den Sprung versucht," ihr habt ihn wahrlich weder überbrückt noch ausgefüllt, ihr habt ihn nur noch immer mehr angefüllt mit dem Schlamm eurer dogmatischen Confusionen! Mit euren Beweisen für die Inspiration der Bibel kann man wahrlich ebenso gut auch die Göttlichkeit des Korans, auch die Inspiration des Talmud erhärten.

Das wesentliche und schlechthin gewisse Gotteswort, so würde ich fortfahren, welches allein den unerschütterlichen Glaubens- und Heilsgrund abzugeben vermag sowohl für jeden Einzelnen, wie auch für den Bau einer allgemeinen und einigen Kirche, das muß sich unmittelbar durch sich selbst als solches erweisen. Man muß seiner unmittelbar in sich selber, im eigenen Herzen und Gewissen mächtig und gewiß werden, muß seiner so gewiß werden können, als des besten Gehalts der eigenen Persönlichkeit. Man muß es in sich erfahren und erfassen können als den Ewigkeitsgehalt des eigenen, unsterblichen Geistes, als die Macht und Kraft, die uns befähigt, ein göttliches Leben zu führen und selbst den Tod für nichts zu achten, für deren Wahrheit das Beste und Edelste in uns selber zeugt. Wie kann man das aber, wenn man die Vernunft verachtet! Denn eben sie ist die Befähigung zum Innewerden der Harmonie aller innern und äußern Erfahrungen. Zeiget uns, daß die Schrift der reinste und vollendetste Ausdruck dieser Selbstbezeugung Gottes im Geiste der Menschheit ist,

---

[1]) Lessings sämmtliche Schriften. 5 Bde. Berlin 1825. Ueber den Beweis des Geistes und der Kraft. S. 80.

daß sie uns den Geist der göttlichen Wahrheit, den wir in unserer flei lichen Verdumpfung, in unserer sündhaften Verwicklung mit der Un nunft so selten ganz klar verstehen und noch weniger völlig beherzig zeiget uns, daß sie uns den auf das lauterste enthüllt, daß sie uns Herrlichkeit Gottes und die Größe unserer Bestimmung so klar und erg fend zu Gemüthe führt, wie kein anderes Buch: und ihr habt für Göttlichkeit ihres Ursprungs den Beweis des Geistes und der Kraft gefüh

Und man kann diesen Beweis führen. Es bleibt ohne Frage die schön Aufgabe der christlichen Theologie, diesen echten Schriftbeweis zu liefern. A sie kann es nur, wenn sie klar und überzeugend nachweist, daß die heil Schrift, soweit sie für den frommen Gebrauch in Betracht kommt, die hö sten, zweifellosesten Wahrheiten in sich birgt; Wahrheiten, auf deren A eignung sich die menschliche Seele mit innerer Nöthigung hingewiesen füh Sie muß nachweisen, daß der religiöse Schriftgehalt im tiefsten Sinne ve nünftig ist, daß die Schrift die allmählige Entwickelung sowie die endlic Vollendung der Vernunft nach der Seite der religiösen Ahnung und d göttlichbewegten Gottesbewußtseins hin, wie kein Buch der Völker, in si abspiegelt. Die Bibel ist, wie sich in der That darthun läßt, das reins und allgemeinste Urkundenbuch der göttlichen Offenbarung; sie ist dah das eigentliche Menschheitsbuch. Sie ist als solches zwar ganz mensch lich entstanden und konnte nicht anders entstehen wie in Menschen un durch Menschen. Auch läßt sich nicht verkennen, daß sie, was ihren mensch lichen Ursprung und ihre allmählige geschichtliche Fortentwickelung betriff vielfach vom Gewölk menschlicher Irrungen sowie vom Dämmerlich des Mythus überschattet und durchzogen erscheint. Ebenso bestimmt abe läßt sich andrerseits darthun, daß sowohl ihre eigene Entwickelungsgeschicht wie nicht minder auch der immer breiter und tiefer sich ergießende Stron ihrer Auslegung das herrlichste Zeugniß liefert von der Offenbarung Got tes in der Menschheit.

Um aber diesen Beweis in sein volles Licht zu setzen, um denselben dem gesammten Bewußtsein unserer Zeit mehr und mehr zugänglich zu machen, hat die Kirche sowohl auf wissenschaftlichem wie auch auf erbaulichem Gebiete Schritt zu halten mit der Fortentwickelung sämmtlicher inneren und äußeren Erfahrungen des Menschengeistes. Sie hat sich vor nichts so sehr zu hüten, als in irgend einer Hinsicht zurück zu bleiben hinter den Culturbestrebungen der Gegenwart. Sie muß im Stande sein, allen Zweifeln und Bedenken des Zeitgeistes Rede und Antwort zu stehen. Sie muß zu dem Ende eingehen auf alle individuellen und volksthümlichen Bedürfnisse. Sie muß sich lebendig betheiligen an allen bewegenden Ideen der Zeit. Sie muß sich jedem

Standpunkte einer allgemeinen Weltanschauung gewachsen zeigen, und darf am wenigsten die allgemeinen Ergebnisse der immer reicher aufblühenden, immer mächtiger ins Leben eingreifenden, modernen Natur- und Geschichtsforschung ignoriren oder deutelnd umgehen. Sie hat, mit einem Worte, die Radien der Erweisung des Geistes und der Kraft von allen bedeutsamen Punkten des gesammten, menschlichen Erfahrungskreises aus bis zum christologischen Centrum des Reiches Gottes zu ziehen, um in alle Wege darzuthun, daß das christliche Gottesreich sich sowohl thatsächlich, wie auch der Idee nach, als der höchste Zielpunkt der gesammten, gesetzmäßigen Menschheitsentwickelung verhält, daß daher ein Mensch, der Christum und das Christenthum von sich abweist, sein tiefstes Menschenwesen verleugnend sich in Widerspruch setzt mit sich selbst, mit dem innersten Zuge und Verlangen seiner höheren Natur.

Laßt nur die christliche Kirche einmal wieder die allgemein verständliche Pfingstsprache reden, die Sprache der innersten Menschheit die hervorbrechend aus dem Wahrheitsborn des Herzens und überquellend vom Lebenswasser einer Alles sühnenden Liebe, jedem Menschen Gottes zu Herzen geht: und es werden ihr die Völker von neuem zufallen. Laßt vor allem das allgemeine Priesterthum der Gemeinden lebendig werden, so daß die Geistlichen, als die kräftigsten und lautersten Organe desselben, in der Vollkraft der Gemeinen selber, und nicht im Namen eines draußenstehenden, mechanischen Kirchenregiments, die höchsten Güter der Menschheit verwalten, und die Kirche wird das Amt der Schlüssel des Himmelreichs mit einem Erfolg handhaben wie noch nie. Sie wird, gestützt auf die lebendigen Kräfte des Gemeindegeistes und sich wendend an das gebildete Gewissen der Gemeinden, ein Tribunal der Wahrheit aufrichten, vor dem jede Seele in freier Nöthigung sich beugt. Sie wird eben damit Macht und Gewalt empfangen, alles zuchtlos Schweifende zu binden und alle höheren Kräfte der Menschheit von ihren Hemmungen zu lösen. Das ist jene wahrhaft lösende und bindende Schlüsselgewalt, die Jesus Christus im Sinne hat (Matth. 16, 19. Cap. 18, 15 ff.). Sie liegt in dieser göttlichen Liebespädagogie, wodurch die Kirche mittelst ihres Appells an Vernunft und Gewissen dem höheren Zuge im Volksgeist entgegenkommt, um demselben den Himmel des wahren Glaubens und Hoffens immanent in ihm selber aufzuthun durch Zuleitung der höheren Kräfte, wodurch er befähigt wird, die falschen Extreme des Zeitgeistes zu überwinden von innen heraus.

Daß das moderne Denken immer wieder auf der einen Seite dem falschen Idealismus, auf der andern einem ebenso einseitigen Realismus zuneigt, daß der Zeitgeist somit hin- und herwogt zwischen Pantheismus und Materialismus: wie kann euch das nur so Wunder nehmen, wunderlichen Leute! Aber meinetwegen zürnet darüber von ganzer Se Nur zürnet dann vor Allen euch selbst und derjenigen Gestalt der Ki die ihr mit so viel Eifer vertretet. Denn sie trägt den größesten T der allgemeinen Schuld. Sie eben hat es nicht verstanden, das ge wärtige Bewußtsein innerlich, durch geistige Gründe und Gedanken der Kraft des heiligen Geistes zu überführen (ἐλέγχειν Joh. 16, und dasselbe so über seine Verweltlichung, sowie über den falschen S jectivismus der Zeit hinauszuführen. Sie ist in diesen Fehler gerat theils in Folge ihrer gesetzlichen Gebundenheit, theils durch die E fremdung ihrer kirchlichen Organe von den humanen Interessen Gegenwart und durch die dadurch verursachte Erlahmung ihres eigen selbständigen Denkens und Lebens. Diese Entfremdung ist zumeist Folge ihrer mangelhaften Verfassung und der dadurch herbeigeführ Isolirung des geistlichen Standes. Man kann es nur als einen Ri schlag gegen diese Abwendung der Geistlichkeit vom Volksleben u dessen humaner Fortentwicklung ansehen, wenn die Träger der moder Bildung, wenn alle Kreise, in welchen die letztere zur Herrsch gelangt ist, sich weit und breit immer zahlreicher von der Kir zurückziehen.

O hört doch endlich auf, diesem verderblichen Zustande derselben ein seits durch euer hierarchisches Verhalten und durch dieses thörichte Ankämpf gegen den Fortschritt der Zeit noch immer mehr Vorschub zu leisten, u laßt euch diese meine Rede zu Herzen gehen. Statt die Andersdenkenden a Welt- und Teufelskinder zu brandmarken oder doch mit der stolzen Demu mitleidigen Bedauerns auf sie herabzuschauen, tretet zu uns herüber in d Reihen des deutschen Protestantenvereins. Denn soll der Krebsschaden i Volksleben nicht unheilbar um sich fressen, so thut hoch noth, daß alle no vorhandenen Freunde der Kirche, kraft der freien, aus dem wahren Gla ben geborenen Liebe, sich immer enger und allseitiger miteinander ve binden.

Wir werden euch wahrlich nicht zurückstoßen, ob ihr auch ferner fi die altkirchliche Auffassung der kirchlichen Glaubenssubstanz mit Wärm eintretet. Ja gerade je wärmer und inniger ihr dafür eintretet, desto her licher sollt ihr uns willkommen sein. Denn ein warmes, inniges Herz kan ja nicht ohne Liebe sein, und die echte Liebe ist immer auch ein Zeiche und eine Frucht des rechten Glaubens. Schon hat der erste deutsche Pro testantentag am Fuße der Wartburg in erhebender Weise gezeigt, wie si auch Männer von orthodoxer Richtung wohl und heimisch unter uns fühle und fröhlich mit uns zusammenwirken können, wenn ihr Herz voll Lieb ist. Kommt nur, und was ihr uns im Dienste der Wahrheit und des echten Glaubenslebens ergänzend zubringt, es soll gewiß nicht auf unfruchtbaren Boden fallen!

Sehen Sie, mein Freund, mit solchen und ähnlichen Gründen würde ich dem guten Hengstenberg und seinen Gesinnungsgenossen zu Diensten sein, wenn ich Ernst und Wahrheitssinn bei ihnen voraussetzen dürfte. Und weil nicht zu erwarten steht, daß man dem bessern Ich des erstern schon durch bloße Vernunftgründe zum Siege würde verhelfen können, da er bereits zu lange unter Gewalten gestanden hat, die aller Vernunft widerstreben: so würde ich auch nicht verschmähen, ihm noch etwas stärker zu Leibe zu gehen mit Mitteln, wie sie ihm mehr mundgerecht sind. Mit einem eigens für ihn zugerichteten scharfen Bußsermon also würde ich ihn antreten und etwa folgendermaßen auf ihn eindringen: Nieder mit Dir, Du Sünder, würde ich ihn andonnern, und thue Buße im Staube und in der Asche, damit Du nicht immer nur Andern geprediget habest, und doch selber verwerflich erfunden werdest! Du hast es fürwahr zu arg getrieben mit deinem Frevel wider unsere theure, evangelische Kirche. Du vor Allen hast das Unglück und Verderben über sie herauf beschworen nun schon seit fast vierzig Jahren. Oder bist nicht gerade Du es gewesen, der die Bestrebungen für die Wiederaufrichtung einer „unmittelbaren göttlichen Autorität", für ein „Papstthum" mitten im Schooß der evangelischen Kirche so angelegentlich befürwortet und gepflegt hat? Hast nicht gerade Du Alles aufgeboten, um alle Ansätze zu einer heilsamen Entwickelung der Presbyterial- und Synodalverfassung im Keim zu ersticken und den heiligsten Forderungen des Zeitgeistes gegenüber „Positionen festzuhalten," die längst unhaltbar geworden, und „Prätensionen aufrecht zu erhalten," die nicht sowohl lächerlich, als vielmehr äußerst verderblich sind?

So kehre denn das Schwert des heiligen Propheten, das zweischneidige, das Du so freventlich wieder entblößt hast, kehre es endlich einmal gegen Dein eigenes hartes Herz. Dir vor Allen gilt der ernste Mahnruf des Propheten (Jer. 4, 4) womit er auf Hinwegthun der Herzensvorhaut durch die rechte Beschneidung bringt. Du vor Allen hast seine Strafreden wider die falschen Propheten zu Herzen zu nehmen. Noch mehr aber thut Dir noth eine gründliche Beherzigung der Reden des Heilandes wider die Pharisäer und Schriftgelehrten, damit nicht das Wehe, das der Herr über sie ruft (Matth. 23, 11 ff.), endlich siebenfältig über Dein Haupt komme.

Wohlan, so steige herunter, Du Mann aus Juda, von dem Mosesstuhle Deiner pharisäischen Einbildung (Matth. 25. 2), ehe er unter Dir

zusammenbricht, und gieb auf Deinen geistlosen und unwissenschaftlichen
4, 22) Höhendienst auf Garizim, Du Kind von Samaria. Siehe,
mühen uns ab im Namen des lebendigmachenden Geistes (Joh. 4,
6, 63. 64) mit allen Kräften des positiven Protestantismus, um n
herzustellen die zerfallenen Mauern Zions, nach dessen schönen Gottesdi
die Gefangenen an Babels Strömen weinen (Ps. 137). Schon begi
die Lebensquellen des heiligen Berges von Neuem zu fließen, und
sende machen sich auf, um Wasser zu schöpfen aus seinen Heilsbrunnen
Freuden (Jes. 12, 13). Schon regt sich wieder ein lang unterdrü
höheres Sehnen in den Bewohnern der Wüste. Sie kommen vom A
und vom Morgen, angelockt durch die reiner und heller erklingenden z
tischen Töne, die von einem Frieden singen, den die Welt nicht zu g
vermag. Du aber spielst noch immer den tückischen Saneballat, wie
schrieben steht: Da aber Saneballat, Tobia, die Araber und Ammo
hörten, daß die Mauern zu Jerusalem hergestellt würden und daß die
anfingen, geschlossen zu werden, wurden sie sehr zornig und machten
sammt einen Bund, daß sie kämen und stritten wider Jerusalem und
Schaden thäten (Nehem. 4, 7. 8). O stehe endlich ab von solchem Fr
und hilf uns vielmehr bauen und ackern, wie abermals geschrieben ste
Pflügt Neubruch und säet nicht unter die Dornen! (Jer. 4.) 1
ist Dir das einfache Schriftwort noch nicht genug, so laß Dich auch
Luther ein wenig am Ohr zupfen, der, als hätte er es auf deine Art
Schriftauslegung gemünzt, hinzusetzt: „Es soll ein Neubruch sein, weil so
Göttliches und Fleischliches untereinander gemischt wird und nichts Gu
heraus kommt.“ Ach, diesen unseligen Mischmasch, der seit den vierzig
Jahren durch eine unerquickliche Verquickung des Veralteten und Neuen
Scene gesetzt wurde: Du hast ihn am meisten mit zu verantworten. W
aber, die wir zum deutschen Protestantenvereine zusammengetreten sind, w
suchen den Acker der evangelischen Kirche nicht nur zu reinigen von de
Dornengestrüpp des alten dogmatischen Aberglaubens, das nur Giftpflanz
des Unglaubens in seinem Schatten aufkommen läßt, sondern wir habe
auch den Neubruch bereits in Angriff genommen, Theologen und Nich
theologen, Weltliche und Geistliche im schönsten Bunde. Es stehen Theo
logen in unsern Reihen, die durch geniale Geistestiefe, Wahrheitssinn, Ge
lehrsamkeit und männlichen Muth Anerkennung und Bewunderung gewinne
bei den Glaubenden nicht minder, wie bei den Wissenden. Und Hand i
Hand mit ihnen gehen Männer von politischem Gewicht, bei denen sic
staatsmännische Weisheit und moderne Bildung im besten Einklang finde
mit ungeschminkter, evangelischer Frömmigkeit. Schon reihen sich un
begeisterte Mitarbeiter an aus allen Ständen. Schon sind Pflug und Kars

in Bewegung in allen deutschen Landen. Die frische Scholle duftet, der rechte Säemann geht mit uns und streut den goldenen evangelischen Weizen. Selbst das unheimliche, schwarze Gewölk, das mit seinen Blitzen nach unsern Köpfen züngelt: o es muß doch immer wieder zergehen in Wind und Regen, und das kommt dem jungen Saatfelde gar trefflich zu Statten. Immer von neuem durchbricht die Sonne von oben siegreich den Nebel und jedes finster aufsteigende Gewölk, und durch die hin und wieder dicht und kräftig aufsprießenden Halme geht ein Wehen und Weben, wie in Maientagen. Kann ein Menschenkind das sehen, ohne mit uns gerührt den Vater zu preisen? Kannst Du solchen Erscheinungen gegenüber noch fortfahren mit Deinem Witzeln und Höhnen? Gewahrst Du nicht den Engel des Herrn, der Dir zu wehren sucht, so oft Du, wie einst Bileam mit seinem Esel, ausziehst wider Israel, um ihm zu fluchen? Höre doch auf, uns noch weiter den Lolch Deiner giftigen Verdächtigungen unter den Weizen zu streuen, und steure zugleich dem fanatischen Trosse, der Dich lärmend umkreist, daß er uns nicht ferner in die frischen Saaten falle; heiß ihn auch einhalten mit dem freventlichen Versuche, das neugepflügte Ackerland wieder mit plumpen Füßen zum unfruchtbaren Wege zu verhärten. Die Stunde des Gerichts rückt näher und immer näher. O schlage endlich einmal gründlich in Dich, so lange es noch Zeit ist, und kehre um, ja kehre um, Du unselig Verblendeter!

Da haben Sie also, mein Freund, sowohl die Rede, wie auch den Bußsermon, die ich mir ausgedacht, als sich mir beim Lesen der in meinem ersten Briefe Ihnen mitgetheilten protestantischen Auslassungen Hengstenbergs der Gedanke an die Möglichkeit aufdrängte, daß mir einmal, wegen ihrer offenbaren Verwandtschaft mit meinen protestantischen Thesen, die Pathenschaft bei denselben zugemuthet werden könne.

Sagen Sie mir nun, was Sie von diesem meinen Anlaufe halten, und ob Sie eine Wirkung davon erwarten?

Dritter Brief.

Nein, mein lieber Freund, ich theile Ihre Hoffnung nicht und irren gewaltig, wenn Sie sich einbilden, als ob eine, auf solche Gri basirte und mit solchem Schlußsermon gekrönte Rede, wie mein zwe Brief sie gebracht, selbst die Seele eines Hengstenberg nicht unber lassen werde, wenn man sie nur zur guten Stunde an ihn heranbri Zwar sagen Sie, man dürfe dem Manne doch nicht den Sinn für Wa heit, auch wenn sie ihn noch so einschneidend berühre und noch weni das Gewissen absprechen. Er werde sich daher meine Rede und Anspra an ihn gewiß recht gründlich zu Herze nehmen und in Folge davon endl einmal, wie ich es gewünscht, ernstlich seiner selbst wahrnehmen und sei eigenen Seelenschadens. Dazu komme, wie Sie weiter argumentiren, d ich ihm ja nur die Früchte entgegengebracht, die ich aus dem Saam seiner eigenen protestantischen Sätze gezogen hätte. Und diese hinwiederu sagen Sie, wären sie nicht mit meinen protestantischen Thesen in ein und demselben Garten gewachsen und durch dieselbige neue Frühlingsson des Protestantismus der Gegenwart gezeitigt worden? Es könne also g nicht fehlen, sein Gewissen, das sich schon zu regen begonnen, werde n endlich ganz erwachen, und wir hätten uns dann demnächst seines An schlusses an den deutschen Protestantenverein zu erfreuen.

Aber gemach, mein Freund, gemach! Sie bauen Luftschlösser, sa ich Ihnen, und Ihre artigen Anspielungen dienen nur, mich selbst gar schamroth zu machen. Nein, mein Bester, so leicht ist einem Hengstenber nicht beizukommen, und ebenso wenig er selbst, wie seine tapferen Partei genossen, werden sich aus meinen Vernunft- und Gewissensgründen da Geringste machen. O sie haben schon ganz andere Männer, wie mich, z Schanden gemacht in dem Bestreben, sie zu überführen und zur Buße z reizen. Lesen Sie doch nur ein wenig weiter im Text der Hengstenbergschen Encyklika, und Sie werden Ihres Irrthums gar bald innewerden. Sie werden sich überzeugen, daß Dr. Hengstenberg sämmtliche von ihm so nachdrücklich geltend gemachte protestantische Grundsätze sofort wieder verleugnet, wenn es gilt, in der evangelischen Theologie und Kirche selber Ernst damit zu machen und daß er dann noch obenein alle Diejenigen verhöhnt, welche für die Durchführung derselben mit ganzer Seele eintreten. Jene Sätze und Wahrheiten sind ihm eben gut genug, um sich durch sie seiner eigenen Haut zu wehren, so oft die Consequenzen seines Traditionalismus zu Stricken für ihn selbst zu werden drohen, die ihn an das römische Joch fesseln. Er trompetet aber sofort Encyklika und Syllabus um die Wette mit dem heil. Vater, wo er sei es auf politischen sei es auf kirchlichem Gebiete auf Erscheinungen stößt, in denen er die Fortentwicklung des protestantischen Princips ernstlich vertreten sieht. Denn er will sich eben ein Terrain sichern, wo er ungenirt selber den Papst spielen kann. Lesen Sie weiter, sage ich! Vergleichen Sie mit der Fortsetzung und dem Ende seines Rundschreibens zugleich auch den Anfang desselben, und Sie werden in aller Weise bestätigt finden, was ich schon in meinem ersten Briefe zu seiner allgemeinen Charakteristik gesagt habe, daß er weder Protestant noch Katholik ist, weder ein Mann des schlichten, frommen Glaubens, noch ein Freund der Wissenschaft und Kritik, weder ein ehrlicher Anhänger und Vertreter der altprotestantischen Rechtgläubigkeit, noch ein Mitarbeiter an den großen protestantischen Aufgaben der Gegenwart. Ach er ist eben kein Freund der Wahrheit. Darum ist sein Herz auch ohne Demuth und Liebe; darum ist er auch nicht zugänglich für vernünftige Gründe und ernstliche Vorstellungen. Er würde daher alle meine Versuche, ihn und seine Gesinnungsgenossen zur Verleugnung ihres bisherigen ungöttlichen und widerprotestantischen Wesens zu bewegen, ganz ebenso wie auch meine früheren Mahnungen, die ich in meinen drei Büchern vom Glauben an die orthodoxe Geistlichkeit der hannoverschen Landeskirche ergehen ließ, nur wieder verhöhnen und für hohle Declamationen erklären. Darum soll mir das Gesagte in Bezug auf ihn ungesagt sein. Wenn Sie aber irgend einen andern Mann wüßten, einen geistlichen oder weltlichen, einen jungen oder ältern, der sich noch nicht hätte völlig gefangen nehmen lassen unter irgend ein knechtisches Joch orthodoxer oder halborthodoxer Denkweise, und wenn Sie einem solchen dann mit den von mir vorgeführten Gründen beikommen und ihn herüber ziehen könnten in die volle Strömung des protestantischen Geistes: ei das wäre ja herrlich und dann könnten wir uns doch einigermaßen trösten über unser vergebliches Bemühen um den Dalai-Lama der preußischen Landeskirche. Denn dem ist nun einmal mit Gründen der Vernunft und des Gewissens nicht mehr beizukommen. Darum ich auch kein Wort mehr für ihn, sondern nur noch über ihn. Den der christlichen Liebe, von welcher er in all seinem schriftstellerischen T keine Spur mehr zeigt, fehlt ihm auch alles, was der Apostel vo Liebe zu rühmen weiß (1 Cor. 13.). Sie treibet nicht Muthwillen, er, sie blähet sich nicht, sie suchet nicht das Ihre, sie freuet sich nich Ungerechtigkeit, sie freuet sich aber der Wahrheit, sie glaubet Alles träget Alles, sie hoffet Alles, sie duldet Alles. Wann aber wäre stenberg wohl jemals duldsam gewesen! Wann hätte er sich jemal dem Glauben erhoben, daß der lebendige Christus, als Geist und L unendlich mehr ist, als ein schattenhafter dogmatischer Begriff; daß Kraft und sein Reich daher unendlich weiter reicht, als das Wirken ir einer beschränkten kirchlichen Partei? Wann wäre es ihm jemals unbed um Wahrheit und Gerechtigkeit zu thun gewesen; wann hätte er nen Muthwillen sowie seine Bläh- und Schmähsucht nur ein einz mal zu unterdrücken gewußt?

Auch in seinem diesjährigen Rundschreiben treten alle diese li widrigen Eigenschaften auf das stärkste wieder hervor. Zwar weiß er se Worte überall in biblische Wendungen zu kleiden. Selbst die erhabens Aussagen der Schrift über Gott und göttliche Wahrheit sind ihm geläu So hebt er gleich im Anfang seines Vorworts beide Hände feierlich dem Gott empor, „der wahrhaftig Gott und als solcher die persönli Wahrheit ist". Nur in Gemeinschaft mit ihm, ruft er aus, könne die The nahme an der Wahrheit gewonnen werden, „außer ihm aber sei nur Lüge u Schein, nur Tod und Vernichtung." Allein, obgleich er keine Offenbaru Gottes und der göttlichen Wahrheit gelten läßt, als lediglich im alten u neuen Testament, so entblödet er sich dennoch nicht, selbst die markigsten Au sprüche und Wahrheiten der heiligen Schrift nur als Stoff für seine gehässig Parteizwecke zu verwenden. Er präparirt sie eben zu handlichen Gefäßen, d er dann, angefüllt mit dem kochenden Gebräu seiner eigenen, verketzerungs süchtigen Herzensgedanken gelegentlich über jedes ihm widrige Haupt schütte

Die Präparate zu seinem diesjährigen Scheiterhaufen muß ihm de herrliche Palmen- und Cedernwald der Jeremianischen Weissagungen liefern Er haut rechts und links darin herum, fällt und zerklöbet was ihm fü seine Zwecke zu passen scheint und dörrt die Scheiter so lange, bis er sie zur Speisung seines grimmigen Feuers geeignet findet. Und dann hinein in die Flamme mit jedem frischen Bäumchen, das von protestantischen Säften strotzt! Wie er sich diesmal abmüht, dem gewaltigen, aus dem reinsten Sinne für Wahrheit und Gerechtigkeit entquollenen, von Demuth, Mitleid und Hoffnung getränkten Aussprüchen und Strafpredigten dieses erhabenen Propheten wider das tief gefallene Israel seine eigenen argen Intentionen unterzuschieben! Zu dem Ende deutelt und preßt er an den prophetischen Worten so lange, bis sie in seinen Händen triefen und tröpfeln von orthodoxer Galle.

Der Prophet wendet sich in tiefem Schmerz über das Verderben seiner Zeit mit seinen Strafreden vor allen an die Haupturheber desselben. Die Herrscher tritt er an, und ihre Räthe, die Fürsten und Gewalthaber im Volk, sammt den Priestern und Propheten. Er scheut sich nicht, selbst königlichen Sünden zu Leibe zu rücken. So züchtigt er namentlich die beiden Könige Jojakim und Zedekia, von denen der erste ein prachtliebender, verschwenderischer, gewaltthätiger Despot, der zweite ein Spielball in den Händen seiner Großen war. Der Prophet nun führt ihnen zu Gemüthe, wie sie statt dem Geiste Jahvehs, dem Geiste der Wahrheit und Gerechtigkeit, Raum zu geben, sich mit ihrer Herrschermacht auf Lüge stützen, auf Unrecht und Gewalt, auf Fleisch und Arm von Fleisch (Jerem. 19, 5 ff; Cap. 9, 23 ff; Cap. 5, 5 ff; Cap. 22, 13 ff; Cap. 24, 8). Er zürnt auch den Großen und Vornehmen, daß sie durch ihr üppiges und gewaltthätiges Leben das Volk aussaugen und durch ihren Einfluß auch die Geringen mit sich ins Verderben reißen. Fast noch stärker aber straft er die Priester und falschen Propheten. Den letzteren macht er insonderheit ihre kriecherischen Schmeichelreden und ihre lügnerische Bemäntelung der verderblichen Zustände zum Vorwurf, daß sie Friede, Friede (Gesundheit) rufen, wo das ganze Zeitalter in Todeswehen liegt. Die ersteren weist er auf die Aeußerlichkeit und Eitelkeit ihrer Opfer und Gottesdienste hin. Er wirft ihnen vor, daß sie zwar viel Gewicht legen auf den äußeren Buchstaben- und Tempeldienst (Cap. 7, 4), daß sie aber ihre vorgebliche Frömmigkeit durch ihren eigenen Wandel Lügen strafen. Wie möget ihr euch doch des Gesetzes und eurer Erkenntniß der heil. Schrift rühmen, ruft er Allen insgesammt zu. Fürwahr, zur Lüge hat der Griffel der Schriftgelehrten das Gesetz gemacht (Cap. 8, 8). Bessert euren Wandel; pflüget Neubruch (Cap. 4, 3 ff), d. i., reformirt euren religiös-sittlichen Gesammtzustand; und statt auf die äußere Beschneidung zu pochen, beschneidet euch innerlich (für Jahveh) und thut hinweg die Vorhaut des Herzens.

Just den entgegengesetzten Sinn schiebt Hengstenberg den Strafreden des Propheten unter. Verlangt derselbe Erneuerung und Verjüngung des gesammten kirchlichen und politischen Wesens, so läßt unser Meister in der Schriftauslegung ihn sagen: suchet die alten Zustände in aller Weise zu conserviren. Dringt der Prophet auf innere Herzensfrömmigkeit, die sich, im Gegensatz zu der bloß äußerlichen Gesetzlichkeit und dem Halten am Buchstaben, in kräftiger Sittlichkeit und Tugend bethätigt: so muß er nach Hengstenberg gerade dem Buchstabenglauben das Wort geredet haben.

Sind falsche Propheten im Sinne des Jeremias alle die feigen S
die um selbstischer Zwecke willen den Bestrebungen der Machthabei
Wort reden, indem sie die verderblichen Zustände zu rechtfertigen,
innern Reformen zu hemmen, die wahren Propheten zu verdächtigen su
so brandmarkt Hengstenberg umgekehrt gerade diejenigen als selbstsü
Lügengeister, die mit Gefährdung ihrer amtlichen Stellung, und ohne
auf entgegenkommendes Verständniß in weitern Kreisen rechnen zu kör
für die freie, evangelische Wahrheit eintreten.

Das Widerlichste dabei aber ist, daß er nicht undeutlich verm
läßt, wie er in seiner eigenen vierzigjährigen Wirksamkeit ein getr
Spiegelbild der ebenso langen Thätigkeit des Propheten erblicke.
entblödet sich nicht, seine Partei und sich selbst an ihrer Spitze öfter
der kleinen Heerde wahrheitsmuthiger Zeugen auf eine Linie zu stel
in deren Mitte der Prophet dem Verderben seiner Zeit kämpfend entge
trat. Und doch weiß Jedermann, daß Hengstenberg allerdings zwar
vierzig Jahre hindurch ein gar wichtiges öffentliches Amt bekleidet hat,
er aber in dieser ganzen Zeit sich nichts so sehr angelegen sein ließ,
von seiner sicheren Stellung aus, unter beständigem Wohlleben und Behag
die Vertreter der freieren kirchl. Richtungen in aller Weise zu verdächti
und der Verfolgung preis zu geben, während dagegen Jeremias zu sei
Zeit vierzig Jahre hindurch eben selber der Verdächtigte und Verfolgte w
Oder wann hätte denn Herr Dr. Hengstenberg jemals den Muth geh
sich um des Gewissens willen irgend einer ernsten Gefahr zu unterzieh
er, der sich zwar sofort auf das unzweideutigste gegen die Union erklä
und sie in aller Weise zu unterwühlen suchte, als er die herrschende Ma
auf seiner Seite wußte, der es aber für angemessen gehalten hatte, auf j
als ein Factum hinzuweisen und sich, den Confessionellen gegenüber, ihr
anzunehmen, als er sie „so mächtig vom Kirchenregiment beschützt sah, da
ein unbedingtes Auftreten gegen sie," wie er sich selbst ausdrückt, „eine
Verzichten auf die Wirksamkeit in der Landeskirche gleich gekommen sein würde."
Zu solchem Verzichten verspürte er natürlich, wie das Vorwort vom Jahr
1847 entwickelt, keine Neigung. Ach seine Neigung ging von jeher nu
dahin, Andere zu meistern. Und ein Verehrer des Kreuzes ist er zwar
aber nur in dem Sinne, daß er Andere daran zu bringen sucht.

In seinem diesjährigen Vorworte verschmähet er selbst die ungesalzen-
sten Witzeleien nicht, so oft es ihm darum zu thun ist, die heiligen Zorn-
ausbrüche des Propheten auf Männer zu münzen, die er haßt, wie namentlich
die hervorragenden Mitglieder des deutschen Protestantenvereins. So muß der
Prophet jene starken Worte (Cap. 23, 9 ff.), worin er die Lügenpropheten seiner
Zeit als Ehebrecher bezeichnet und sie für die gräuelvolle Verwüstung des einst

so herrlich blühenden Garten Gottes verantwortlich macht, „nicht anders geredet haben, als wenn er verurtheilt gewesen wäre, Rothesche Reden auf dem protestantischen Kirchentage oder Sydowsche Leichenpredigten zu lesen."

Sie staunen ob solcher Verunglimpfung. Ist es möglich, hör' ich Sie fragen, daß ein Mensch, dem noch irgend ein Tröpflein Wahrheit und Liebe im Herzen fließt, die heil. Schrift so schnöde verdrehen kann; daß er nicht lieber die Feder unter die Füße tritt, als sie zu mißbrauchen zu gehässigen Verunglimpfungen von Männern, denen er nicht werth ist die Schuhriemen aufzulösen! Wie? rufen Sie kopfschüttelnd aus, und dazu sollte ein Professor der evangelisch-protestantischen Theologie und noch dazu in der Metropole Preußens fähig sein? — O, ich sage Ihnen, er ist noch zu Aergerem fähig. Er wendet sich mit seinen ehrabschneiderischen Griffen und Praktiken nicht bloß wider diesen und jenen Einzelnen, der ihm besonders verhaßt ist; nein, die protestantischen Theologen insgesammt, ohne Unterschied ihrer Richtungen müssen herhalten, wenn sie seiner Schriftauslegung nicht beistimmen oder wenn sie seine politische Ueberzeugung nicht theilen. Nur Kliefoth, sein päpstlicher Confrater in Mecklenburg, findet Gnade in seinen Augen, wiewohl er auch den nicht ganz ungeschoren läßt, wie es denn billig ist, daß er ihm wenigstens eine kleine Platte am Hinterhaupt beibringt.

Der schnödesten Dinge klagt er Rothe, C. Schwarz, Schenkel und mich an. Wir sind die größesten Attentäter wider alles Heilige. Wir müssen daher vor Allen abgethan werden. Und er thut das mit der vollkommensten Gelassenheit; ganz im Style klassischer Objectivität. Mit der Affectlosigkeit eines Scharfrichters, der sein Amt im vierzigsten Jahre verwaltet, holt er aus, nachdem er zuvor aus dem Jeremias dargethan, daß der religiöse Ehebruch, der im Abfall vom kirchl. Dogma bestehe, unendlich schlimmer sei, als der fleischliche und daß wir daher zu der ärgsten Sorte von Ehebrechern zählen. Und dann weist er mit kunstgerechter Seelenanatomie ein Stück Gräuel nach dem andern an unserm inwendigen Menschen auf, das hält er den Lesern unter die Nase und läßt sie schaudern! „Sie setzen", ruft er, und meint damit Rothe, Schenkel, Schwarz und mich, „sie setzen an die Stelle des festen Gotteswort den eigenen, von Lüsten, Leidenschaften, Interessen bestimmten Geist; suchen die Ehre bei Menschen, statt bei Gott; predigen um jenen zu gefallen Evangelium ohne Gesetz, Heil ohne Buße, streicheln den Zeitgeist und stacheln die Welt auf gegen die kleine Heerde, verwandeln den gräulichsten Abfall in löblichen Fortschritt." „Daher," fügt er hinzu, „können sie keinem der edlen Geister der Vergangenheit ins Angesicht schauen, ohne einen Blick zu empfangen, wie Saul durch den hinaufbeschworenen Geist Samuels."

Und nachdem er uns so anatomirt und abgethan, überläßt er die

Beseitigung und Einscharrung der luftverpestenden Ketzerleichen der S nität der kirchlichen und politischen Behörden, um sich mit seinem G fröhlich zum Leichenschmause zu wenden. Doch nein, dazu ist es noch an der Zeit. Er muß erst noch größere Arbeiten verrichten. Er muß noch hinauf an der Leiter seiner Fluchreden. Nicht bloß einzelne Persönlichk unserer Zeit hat er zu denunciren und dem geistigen Feuerstoße zu überlie — Nein, er muß dem ganzen Zeitalter und dessen gesamm Culturentwicklung mit seinem Verdammungsurtheil zu Leibe gehen Schon steht er auf dem Gipfel und hält seine flucherfüllten Eimer bereit, sie dem protestantischen Genius des Jahrhunderts über das Haupt zu stü

Aber er hat ja selbst gesagt, hör' ich Sie einwenden, „daß der Gege der Civilisation und Culturentwicklung die Barbarei sei, daß es d nicht nur von Unklugheit, sondern von Unfrömmigkeit zeuge, wenn die Wege Gottes in den Umständen der Gegenwart verkenne und nich dem Gewissen des Zeitgeistes selber einen Bundesgenossen für die Kirch gewinnen suche!" — Schadet nichts, Freund! Er hat schon grö Widersprüche verdaut. Er weiß den Glauben an den Gott, der die Li ist und nichts als Liebe fordert (1 Joh. 4, 16), in seinem Herzen Einklang zu setzen mit dem Haß gegen Vernunft und Menschh Wie sollte er also in seinem Urtheil über das Verhältniß des Christ thums zu der modernen Cultur vor einem vollkommnen Widerspru zurückbeben? Es ist ganz seinem Wesen entsprechend, wenn er, während dem Papst gegenüber mit Triumph darauf hinweist, daß ein Christe thum, welches sich der Civilisation entfremdet, nothwendig mit der Barba Hand in Hand gehen müsse, dem Protestantenvereine gegenüber ausruft, da „die Anforderung, die Kirche in Einklang zu setzen mit der Culturentwicklu der Zeit, im Rath der Aeltesten der Kirche einstimmig verworfen un verdammt werde!" Doch still Freund! Blitzt und grollt es da nicht abe mals? — Das wird noch einen starken Guß geben. Wenn es nur nic wieder ein arger Schlammregen wird! Und siehe da, Herr Hengstenber besteigt unter Blitz und Donner den Weltrichterthron, auf dem er scho oft gesessen. Diesmal aber hat er es abgesehen auf das Gericht übe unser ganzes Zeitalter. Lassen Sie uns, um die Bedeutung dieses Gerichte einigermaßen zu würdigen, noch schnell zuerst einen Blick werfen sowohl au die Eigenthümlichkeit unsers Zeitalters, wie auch auf den Charakter des Propheten, dem Bruder Hengstenberg die Gerichtsposaune aus den Händen windet.

Das Eigenthümliche unsers Zeitalters nun liegt darin, daß dasselbe zu einer Erkenntniß Gottes und seiner Werke, zu einer Wissenschaft von Natur und Geschichte, zu einer Sicherheit des allgemeinen Rechtsbewußtseins und zu einer versittlichenden Macht der öffentlichen Meinung gelangt ist, wie kein Zeitalter jemals zuvor. Der Prophet aber, in dessen Namen Hengstenberg unser Zeitalter vermalebeiet, ist so angethan, daß man schon protestantische Luft in seiner Atmosphäre athmet. Denn er weissagt von einer Zukunft, wo kein Priesterstand und Pfaffenthum mehr herrschen, kein Gesetz des Buchstabens mehr walten werde. Er stellt die Zeit eines neuen Bundes in Aussicht, in welcher alle von Gott erleuchtet sein und das Gute lediglich um des Guten willen, der innern Stimme der Vernunft und des Gewissens folgend, vollbringen werden. (Jer. 3, 16 ff.; C. 31, 29. ff.)

Wohl, sagen Sie. Wird aber ein solcher Prophet sich dingen lassen, wie weiland Bileam zum Fluch über ein solches Zeitalter und zum Verdammungsurtheil über ein solches Volk; über ein Volk, das, wie unser deutsches, der Hauptträger des protestantischen Geistes ist? — Ich sage Ihnen, Freund, er muß; denn unser großer Magier wills, und dem sind auch die Geister der Propheten unterthan. Doch hören Sie, was das Orakel weiter spricht. „Seit Friedrichs des Großen Zeiten," so hebt es an, „greife ganz ebenso, wie in Israel seit der Zeit Salomons," der sich bis auf dem Namen herab (denn Salomon heiße Friedrich,) als ein Prototyp Friedrich's des Großen verhalte, greife ganz ebenso „eine abgrundmäßige Macht des Verderbens immer weiter um sich." Schon zeigen sich die grauenerregenden Wirkungen derselben auf allen sittlichen Lebensgebieten, in allen Schichten der Gesellschaft. Die gesammte Literatur der Gegenwart stehe in ihrem Dienst und man könne die verschiedenen Gebiete derselben nur noch mit Ekel durchwandern. Im Familienleben herrsche weit und breit Zerrüttung; die Masse sei in Fühllosigkeit versunken und in den gebildeten Kreisen setze man sich geradezu über alle Ordnungen Gottes hinweg und huldige den Lehren der Teufel.

Was ist sonach die eigentliche Signatur unserer Zeit? Antwort: Allgemeine Versunkenheit in den Schlamm der gemeinsten sinnlichen Genußsucht. „Der Cultus des Genius" so orakelt es weiter, „gehört schon der Vergangenheit an. Schiller, Göthe, Kant, Hegel sind bereits verblichne Gestalten." Aus der schnell verwelkten Blüthe des Geniencultus ist — o schauderhaft, höchst schauderhaft — ist endlich die häßliche, alles zerfressende Raupe des Mammons- und Bauchdienstes hervorgekrochen. Das Gräuelvolle dieser Abgötterei tritt ganz besonders an den vielen Festen zu Tage, die das Volk alljährlich bei den verschiedensten Veranlassungen in gottvergessener Weise begeht. Man lasse sich ja nicht täuschen durch die ostensiblen Zwecke als da sind: „Schützenthum, Gesangfreude, einiges Deutschland u. s. w." Das ist alles Dunst und eitel Blendwerk. Die eigentliche Meinung ist: „Lasset uns essen und trinken und fröhlich sein, denn morgen sind wir todt." — Pfui doch, o pfui über dieses Gewebe von Lügenreden! höre ich Sie schon jetzt losbrechen. Aber es kommt noch besser. Horch neuer Posaunenstoß. „Die Zeit der schönen Götzen," ruft es „ist vo Der wahre Fichte, Schiller, Uhland, Winkelried unserer Tage ist der und Gerstensaft." Da haben Sie es. Und nun nur geschwind zur denn es folgt noch ein ärgerer Erguß. „Biersaufende Religionsverachti wie Dulon in seinem neuesten Werke: „Aus Amerika," den dort her den Molochdienst bezeichnend charakterisirt habe, das, sagt er, sei „da dem wir auch im Mutterlande mit Riesenschritten entgegeneilen."

Also Bauchdienst, Mammonsdienst, Zerrüttung aller sittl Verhältnisse, ekelhafte Zustände unserer gesammten Liter Fühllosigkeit der Massen, Verführung der Gebildeten durc Lehren der Teufel, biersaufende Religionsverachtung und weiß ich sonst. Hat man je ein widerlicheres, theologisches Gemisch Cynismus und Pharisäismus erlebt? Und mit solchem Verläumdungssch beladen setzt der Mensch sich auf den höchsten Richterstuhl, mitten im der Aeltesten, und besudelt das Kleid des Jahrhunderts von oben bis u derweil er seine eigenen Hände in Unschuld wäscht?

O über diesen Pharisäismus! Gerade er trägt mit die Hauptschuld, Atheismus, Materialismus und Indifferentismus weit und breit wiede frech das Haupt erheben konnten. Gerade er und Seinesgleichen haben 2 aufgeboten, um Kirche und Schule den Interessen des modernen Junker- Pfaffenthums und nebenbei auch dem Absolutismus dienstbar zu mac Um die sittliche Kraft eines frisch aufblühenden fröhlichen Gottes- Selbstvertrauens und eben damit das Streben nach Abwerfung der let Fesseln des mittelalterlichen Feudalismus und Hierarchismus zu dämp haben sie, seit den Freiheitskriegen und der dreihundertjährigen Refori tionsfeier, überall wieder Dornen und Disteln unter den Weizen ges Und jetzt, wo die verderbliche Saat aufgegangen ist und bereits so v hoffnungsvolle Keime des Jahrhunderts erstickt hat, jetzt, wo sich ein gro Theil des Volks mit Ekel von einer Kirche abwendet, die ihm, statt gesun evangelischer Glaubenskost, das verschimmelte Brod und das abgestand Wasser der alten Dogmatik vorsetzt: jetzt wirft man sich in die Rolle i sittlichen Entrüstung, und predigt Haß und Verfolgung gegen alle Die nigen, welche dem Verderben zu steuern, den religiösen Sinn des Volks v neuem zu beleben und den edleren Triebkräften des Jahrhunderts endlich zu b von ihnen erstrebten sittlichen und kirchlichen Organisation zu verhelfen suche

Es ist wahr, mein lieber Freund, der Widerwille des Volks geg das moderne Pfaffenthum und dessen Verwendung im Dienst des Ultr montanismus auf der einen und der politischen Reaction auf der ande Seite hat sich vielfach mit völliger Glaubenslosigkeit und hier und d sogar mit Unsittlichkeit, Frivolität und sinnlicher Genußsucht vergesellschaftet. Es steht auch nicht zu leugnen, daß der Zeitgeist überhaupt und zwar bis in die höchsten Kreise der Gesellschaft hinauf, vorwiegend den materiellen Interessen zuneigt. Aber abgesehen davon, daß der mit der steigenden Fortentwicklung der Naturwissenschaften Hand in Hand gehende Aufschwung der materiellen Interessen dem Geist des Christenthums ganz neue Bahnen eröffnet, ist nicht andererseits auch eben so unleugbar, daß die Sittlichkeit im Großen und Ganzen, sowie der Sinn für alles Edle und Schöne, namentlich für die großen nationalen Güter und das echt Menschliche überhaupt, in unserem Zeitalter sich höher und allgemeiner entwickelt hat, als jemals zuvor? Dazu kommt, daß solche widerliche Auswüchse des Unglaubens und Aberglaubens, sowie der durch beide genährten Unsittlichkeit zu allen Zeiten vorgekommen sind. Ja, wucherten sie nicht gerade am üppigsten und allgemeinsten in jenem christlich-germanischen Zeitalter, das Hengstenberg als die Verkörperung der apokalyptischen Idee des tausendjährigen Reichs betrachtet? Ist nicht neuerdings durch einen Mann wie Tholuck aktenmäßig nachgewiesen worden, daß sittliche Fühllosigkeit, Völlerei und wüstes Leben niemals stärker im Schwange gingen, als in jener vielgepriesenen Blüthezeit der lutherischen Orthodoxie während des siebzehnten Jahrhunderts, also gerade in der Periode, nach deren süßen Früchten man im Lager der Rechtgläubigkeit wieder so lüstern ist? War das nicht die Zeit, wo unter dem Vortritt der theologischen Fakultäten, zu deren Privilegien es gehörte, öffentliche Bierschenken zu halten, die verschiedensten Stände sich dem Trunk, der Unzucht, der Rauferei, der Ruchlosigkeit ergaben? Was für Rohheit und Gemeinheiten begegnen da dem Blick des Historikers in allen socialen und bürgerlichen Verhältnissen, ja, namentlich auch im Familienleben der Häupter der orthodoxen Geistlichkeit! Und auf den lutherischen Universitäten, wie sind es da, nach Spener's und der Zeitgenossen Klagen und nach dem von Tholuck zum Verdruß der gegenwärtigen Häupter der Orthodoxie gegebenen Nachweisungen, gerade die Theologen und Theologie Studirenden, die sich durch gehässige Streitsucht, durch Verödung des Herzens, durch innerliche Unerfahrenheit und barbarische Sitten auf das Schierste auszeichnen?[1])

Dennoch ist es unserm Ehrenmann noch nicht genug, gewisse Auswüchse der modernen Cultur, die hier und da vereinzelt zu Tage treten, als die Symptome eines allverbreiteten, sittlichen Verderbens, als die allgemeine Signatur unseres Zeitalters zu charakterisiren, sondern er muß sich auch noch weiden an der Aussicht auf das furchtbare Ende, das er unserm

[1]) Vgl. auch Dr. E. L. Th. Henke: Spener's Pia desideria etc. Eine Festrede. Marburg 1862.

ganzen Volke ankündigt. Löwen, Wölfe, Pardel, so weissagt er im N
des von ihm so arg mißhandelten Propheten, werden binnen kurzer
mit Grimm und Wuth als Vollstrecker der göttlichen Zorngerichte wü
über unser gottloses Volk herfallen. Sie werden sich aus dem ei
gottlosen Wesen desselben entwickeln, wie einst in der französischen
lution. Und schon ist diese umgekehrte Transmutation im besten
Sie werden sich aber am Ende gegenseitig vernichten und nichts wird
bleiben, als die kleine Heerde der Auserwählten, die natürlich nur
der theokratisch-feudalistischen und hierarchischen Sippschaft besteht, welch
würdigt ist, das Manna der Evangelischen Kirchenzeitung und die Wa
(2 Mose 16, 13; 4 Mose 11, 31 ff.) der Kreuzzeitung zu genießen. „Löwen, W
u. s. w.", sagt unser schriftgelehrter Ausleger, „repräsentiren eben die verthi
Weltmächte." „Es ist billig", fügt er in seiner gewohnten Gottgelasse
hinzu, „daß das Verthierte auch erwürgt und gefressen werd

Also für bestialisch und eines bestialischen Unterganges würdig er
Hengstenberg das Volk der Reformation. Ich denke, Freund, damit h
wir genug. Und jetzt sage noch Einer, daß diese Berlinische Encyklik
römischen in irgend einem Stücke nachstehe!

Doch ich hab' es satt, den Schmutzwegen dieser garstigen Sch
reden noch weiter nachzugehen. Ich will Sie nicht mehr damit unterha
wie Hengstenberg auf seinem diesjährigen Rundgange sämmtliche,
Boden der theologischen Gegenwart entsprossenen Gewächse des vergang
Jahres sammt deren Urhebern zur Rechten und zur Linken mit seinem
ligen Koth bespritzt. Nicht nur die Genossen des Protestantenvereins
kommen es mit vollen Händen, sondern über ganze theologische Fakult
bricht er den Stab. Ja selbst die Erlanger müssen diesmal herhal
und das lediglich deshalb, weil sie im echt christlichen Geiste dem Gr
satz huldigen, daß dem Theologen, wie jedem Christen überhaupt auch
nationalen Güter sammt den Aufgaben der Zeit auf dem Gebiete der
litik und der öffentlichen Sittlichkeit nicht gleichgültig sein dürfen.

Daß ihm bei solcher Gesinnung auch meine protestantischen Th
viele Unruhe gemacht haben, und daß er, um mich der Last meines Dop
amts unter feierlichem Bekenntnißgeläut entheben zu lassen, eben diesel
pommerschen Staats- und Kirchenengel in Bewegung zu setzen sucht, die
vorigen Jahre die Virtuosität ihrer massiven Beine und Arme gegen Do
Schenkel manifestirten, werden sie ganz in der Ordnung finden. Der g
Pater! Er stimmt mir gegenüber ordentlich einen kindlichen Ton an u
läßt zu meiner Information eine Stelle aus den symbolischen Büchern ü
die große Wichtigkeit des Artikels von der Rechtfertigung aus dem Gl
ben abdrucken! In ein derartiges kindliches Lallen verfällt er jedesm

und auch sein übriges Benehmen artet sich dann ganz wie das eines Kindes, wenn er, statt Personen, denen gegenüber er insgemein krallig wird, den Sachen und namentlich Ideen zu Leibe geht. O wie er da in der naivsten Weise das Nächste und Fernste, das Irdische und Himmlische, das Sinnliche und Uebersinnliche, das Geschichtliche und Mythische, das Wort Gottes und seine Phantasien über dasselbe ganz harmlos mit einander verwechselt! Wie ungenirt er sich da mit seinem Denken und Urtheilen über alle logischen und geschichtlichen Schranken hinwegsetzt! Bei diesen kindlichen Sprüngen fällt er freilich nicht selten gar jämmerlich auf die Nase, zumal wenn er mitspricht über solche theologische Probleme, die für ihre Lösung, außer der gewissenhaften Würdigung des Verhältnisses von Idee und sinnlicher Vorstellung, von objectiver und subjectiver Geschichte, auch eine ernste Beachtung der ewigen Gesetze der Natur sowie einen tieferen Einblick in das Verhältniß von Substanz und Materie, von Seele und Leib, von sinnlichen und übersinnlichen Realitäten erfordern. Da kann man durch sein Gebahren, namentlich wenn er dabei auf Widerspruch stößt, auch wohl noch an eine andere Weise des Lallens und Taumelns gemahnt werden. Einen derartigen Anblick gewährt insonderheit sein Verhalten zu dem großen theologischen Problem der Auferstehung Jesu vom Tode und zu der Frage nach der religiösen Bedeutung desselben. Es geht ihm da wie dem Scarabäus. Gleichwie dieser, wenn er einmal einen Dämmerflug versucht, blind und taub anfährt gegen alle Personen und Gegenstände, die ihm in die Quere kommen und froh ist, wenn er die feineren Luftschichten wieder verlassen und sich, angezogen durch irgend einen starken Modergeruch, wieder in Staub und Dunsthaufen ergehen kann: so fühlt auch unser realistisch gesinnter Theolog sich unheimlich in den Regionen der übersinnlichen Realitäten, rennt sich an allen idealistischen Problemen den Kopf ein und klammert sich daher bei der Frage nach dem Wesen der Auferstehung und des ewigen Lebens mit seinem Denken und Hoffen immer wieder an die Verwesungsprodukte des Fleisches und der Knochen. Er hat keine Ahnung von dem immateriellen Wesen der Persönlichkeit und von der fortschreitenden Entwickelung desselben nach Abtrennung der Seele von der irdischen Leiblichkeit. Er erschrickt ordentlich wie vor einem Gespenst vor der Idee, daß das Verwesliche nicht erben wird das Unverwesliche (1 Cor. 15, 50). Er möchte mit den Seinigen aus den hierarchischen und feudalistischen Kreisen dieselbe Wirthschaft auch im Himmel wieder beginnen, die hienieden ach sobald ein klägliches Ende nimmt. Er möchte mit ihnen dort wieder eingesetzt werden in den Posseß ebenderselben Dinge, ebenderselben theologischen und politischen Dictatur, ebenderselben steinernen Paläste und harten Stirnbeine, die man hier zurücklassen muß. Denn der Wunsch Hamlet's

— to shuffle of this mortal coil,
— — — — to — end
The heart-ache and the thousand natural shocks,
That flesh is heir to —,

war nichts als die Eingebung eines schon damals in verkappter Weise umherspukenden Rationalismus.

Ich komme zum Schluß. Und hier erheben Sie sich, um das Bild vom Scarabäus wieder los zu werden, noch einmal sammt mir mit einem gewissen Aufschwunge zu der Höhe, wo der Großinquisitor der lutherischen Kirche hoch über alle Gegensätzen des Protestantismus und Katholicismus, des Rationalismus und Supernaturalismus, sein Tribunal errichtet hat. Da thront er, unerreichbar von allen Protesten, welche Vernunft und Geschichte wider ihn erheben und orakelt ab über alle Phänomene des Himmels und der Erde und über alle Erscheinungen in Kirche und Staat. Von dort herab schleudert er seine Blitze und zieht alle Ereignisse der Zeit und alle wichtigeren Träger der Zeiterscheinungen vor seinen Richterstuhl. Es ist, seit den vierzig Jahren, daß er dieses Amt verwaltet, keine einigermaßen bemerkenswerthe Erscheinung aufgetreten, über die er nicht, namentlich wenn er protestantischen Odem darin witterte, Zeter geschrien hätte. So macht sein Geist in jeder Neujahrsnacht die Runde durch das ganze Gebiet der evangelischen Christenheit, um sich als ein Alp auf jede Brust zu legen, in der protestantische Ideen im Werden sind und den besten protestantischen Geisteserzeugnissen des hingeschiedenen Jahrs vampyrartig das Blut auszusaugen. Selbst dem edelsten Genius der protestantischen Kirche der Gegenwart, dem Geiste des großen Theologen Schleiermacher hat er sich in dieser Weise neulich, im letzten Heft seiner vorjährigen Kirchenzeitung, wieder an die Fersen gehängt. O er hat das schon öfter gethan. Kaum hatte das strahlende Auge des großen theologischen Reformators, dessen Blitze keiner so sehr zu fürchten hatte, wie unser Dunkelmann, sich im Tode geschlossen, so erhob er sich zum Lästern wider ihn, suchte selbst seine letzte heilige Stunde und sein letztes glaubensinniges Bekenntniß zum Erlöser zu verdächtigen. Er hat damit freilich zugleich auch seine schon oft bewährte Schlangenklugheit an den Tag gelegt; er hat ihm diesen Stich in die Ferse erst dann versetzt, als er sich sicher fühlte, nicht mehr zertreten zu werden von diesem Schlangentreter des neunzehnten Jahrhunderts. Auch mit dem Anfang des letzten Jahres hat er sich wieder aufgemacht, um die lebensfrischesten Geburten des vorhergehenden Jahres innerhalb seines weiten, literarischen Wirkungskreises zu verdächtigen und sie für seine Leser in blasse Gespenster zu verwandeln, in mark- und glaubenslose Gestalten, die dem Abgrund des Atheismus und Pantheismus zuwanken. Nur die neuesten Produkte von D. Fr. Strauß finden Gnade in seinen Augen. Strauß ist „der offene, ehrliche und consequente Mann, der die Gegensätze nicht vertuscht und in einander mengt.“ Er ist dahin gekommen, wo allein die Möglichkeit der Umkehr zum echten, kirchlichen Glauben liegt. Aus ihm kann noch ein A. H. Franke werden, „der auch erst dann zu seiner Bekehrung gelangte, als er mit seinen Zweifeln zum Aeußersten fortgeschritten und selbst an Gottes Dasein irre geworden war.“ „Denn der vollendete Irrthum steht der Wahrheit näher als der halbe.“ Herrliche Aussicht! Darum hat er ihn auch bereits in dem Wächteramte bestätigt, in das Dr. Strauß, um solche Theologie, die ihm für Falschmünzerei gilt, im Hause des Herrn zu beseitigen, sich — neuerdings selber installirt hat[1]). So kann ja die Hoffnung auf seine demnächstige Bekehrung nur wachsen. Aergerlich freilich, wenn Strauß dann auch, gleich andern bekehrten Ungläubigen, sich lieber zu den Füßen des heil. Vaters in Rom, als zu denen des Papstes in der Metropole Preußens niederlegen sollte. Aber dem sei wie ihm wolle: genug, Strauß ist ein ganzer Mann und Strauß läßt umgekehrt auch seinerseits nicht undeutlich merken, daß er Hengstenberg für einen Ganzen halte. Wir übrigen aber, Rothe, Schenkel, die berliner Unionsfreunde, Keim u. s. w. und auch meine Wenigkeit, sind nur Halbe. Wir bilden das unselige Mittelgeschlecht, dem es in jeder Weise an Muth und Kraft gebricht, so daß wir weder zum vollen Glauben noch zum vollen Unglauben fähig sind. Es fehlt uns an Consequenz des Denkens und an Ehrlichkeit der Gesinnung, um mit Strauß in den Abgrund der Verleugnung des persönlichen Gottes und des ewigen Lebens hineinzutauchen und uns zu begnügen mit einem Christenthum, das an religiösem Gehalt zurücksteht hinter dem Deismus eines Sokrates. Es fehlt uns auch zu sehr an dem Sinne für den rechten Realismus, um uns zu einer Theologie zu erheben, in welcher der Teufel mit seinen Engeln eine fast wichtigere Rolle spielt, als der persönliche Gott und welche dem Fleische und dem Christus nach dem Fleische (2 Cor. 5, 16) eine größere Realität zuschreibt, als dem persönlichen Geiste und dem Christus, der als persönlicher Geist auferstanden ist.

Schade nur, daß Strauß trotz einer gewissen Zärtlichkeit, die ihn immer wieder gegen Hengstenberg anwandelt, sichs doch nicht ganz hat versagen können, auch ihm dann und wann einmal die Spitze seines Speeres, wenn auch nicht zum tödtlichen Durchbohren, so doch zum prickelnden Berühren, entgegenzukehren. Aber nein, nicht Schade! Denn dieses Prickeln hat nur Gefühle des angenehmsten Kitzels in der Seele unsers Helden erregt, hat ihm so überaus wohlgethan und sein Selbstgefühl dermaßen geschwellt, daß er nun zum Schlusse den Pfauenschweif seiner Eitelkeit noch einmal in seiner ganzen Breite vor uns entfaltet. Hören Sie nur, wie er

[1]) Vgl. Die Halben und die Ganzen von D. Fr. Strauß. 1865. S. 64.

sich selber als den Retter Israels glorificirt, indem er zu verstehen giebt, daß er mit dem Wurfe seiner Schleuder auch den mächtigsten Riesen der modernen Kritik zum Taumeln und Stürzen gebracht. „Strauß's scharfe Schneide, versichert er mit der Miene gründlicher Selbstbefriedigung, sei ihm gegenüber mit einmal stumpf geworden." Während sich im Kampf wider Schenkel „etwas von dem Bewußtsein einer göttlichen Mission in dem gewaltigen Kritiker rege," „schwinde ihm," dem rechten Helden und Wächter Zions gegenüber, „dieses Bewußtsein und eben damit auch die sieggewohnte Kraft, plötzlich in nichts dahin und es trete Ermattung ein." Darum sei aber auch eine Widerlegung der von Strauß wider ihn vorgebrachten Argumente durchaus überflüssig.

Was sagen Sie, Freund, zu dieser schließlichen Selbstverherrlichung unsres Helden? Bekommen wir damit nicht eine gar treffliche, dem gesammten Verlauf des bisherigen Drama's aufs beste entsprechende Schlußscene? Er hat auf seinem Schlächtergange Akt für Akt eine theologische Größe nach der andern abgethan; er hat keinen unserer edelsten Zeitgenossen ungehöhnt gelassen; er hat sein absolutes Verdammungsurtheil nicht nur dem deutschen Protestantenverein sondern dem ganzen protestantischen Zeitalter ins Angesicht geschleudert; und jetzt, nachdem er alle diese Großthaten vollbracht, schwingt er sich vor unserm staunenden Blick auf die höchste Zinne der Selbstberäucherung. Kann das ganze Schauspiel würdiger abschließen?

Ich denke, wir lassen ihn dort ein für allemal stehen und mit den Flügeln klappen, bis er den jüngsten Tag heraufgekräht hat über sich und seine Brut. Wir aber, mein Freund, wollen uns unterdessen noch enger zusammenschaaren mit allen Genossen und Freunden des echten Protestantismus diesseits und jenseits der Mainlinie, um, so Gott Gnade giebt, unter dem mächtigen protestantischen Schilde Preußens und seines politischen Rechtsschutzes, die Elemente zu dem Bau einer allgemeinen deutsch-protestantischen Nationalkirche noch eifriger als bisher mit einander vorzubereiten. Erst jetzt bricht der Morgen ihrer vollen Zukunft verheißungsvoll an, nachdem das jüngste Gericht bereits wirklich angehoben und jene stolze, bislang noch immer so trotzig aus der Nacht des Mittelalters herüber drohende, die Entwickelung des protestantischen Deutschlands mit allen Künsten der List und Gewalt hemmende Burg des Feudalismus, Hierarchismus und Particularismus gebrochen hat, auf deren Wiederaufbau nur noch lichtfeindliche Priester sammt verblendeten Anhängern und Berathern blinder Fürsten harren und hoffen können.

Gott schirme, Gott fördere die segensreiche Entwickelung des glorreich erstarkten Preußens, dieses Hortes unseres deutschen Protestantismus, und durch das constitutionelle Preußen die Zukunft des einigen Deutschlands und einer großen protestantischen Nationalkirche. Leben Sie wohl!

Anhang.

Protestantische Thesen.

Da es vorzüglich meine im vorigen Jahrgange der Protestantischen Kirchenzeitung (Nr. 30, 1865) veröffentlichten protestantischen Thesen gewesen sind, welche Herrn Dr. Hengstenberg und mehrere von ihm beeinflußte Synoden Hinterpommerns zu Agitationen und Verketzerungen wider mich erregt haben, so theile ich dieselben zum Schluß noch in ihrer ganzen Ausdehnung mit. Folgendermaßen lauten sie:

§. 1.

Zwei Dinge thun der protestantischen Kirche zur Erneuerung aus ihrem gegenwärtigen Verfall, sowie für ihre gesunde Fortentwicklung im freien, evangelischen Geiste, hoch noth, und beide hängen auf das engste mit einander zusammmen, nämlich:

1) Gestaltung ihres Glaubensbewußtseins und Bekenntnisses innerhalb der Theologie und des volksthümlichen, kirchlichen Unterrichts im Einklange mit der gesammten Culturentwickelung unserer Zeit;

2) volksthümliche Organisation des gesellschaftlichen Körpers der Kirche nach den Grundsätzen der echten Presbyterial- und Synodal-Verfassung auf Grund des Gemeindeprincips oder des allgemeinen evangelischen Priesterthums.

Es soll im Folgenden nur der erste dieser beiden Punkte etwas näher beleuchtet werden.

§. 2.

Die erste der beiden aufgestellten Forderungen ist mehr theoretischer Art, indem sie überwiegend auf die lehrhafte Entwicklung des christlichen Glaubens und auf die davon abhängige Gestaltung des evangelischen Bekenntnisses hinzielt, während die zweite überwiegend eine praktische Tendenz verfolgt. Die Entwicklung einer gesunden kirchlichen Praxis hat aber die gesunde Lehrentwickelung zu ihrer Voraussetzung, während sie selbst ihrerseits die Bedingung für jene bildet.

§. 3.

Die in Rede stehende Forderung umschließt folgende drei Sätze. Sie besagt nämlich:

I. Daß einerseits der christliche Glaube selber, sofern er sich zur Glaubenslehre, und weiter zum kirchlichen Bekenntniß fortbestimmt, sich in Einklang zu setzen und zu erhalten habe mit den sicher erkannten Grundwahrheiten der allgemeinen Bildung;

II. daß andererseits aber auch die allgemeine Culturentwicklung sich nicht in Widerspruch setzen dürfe mit den Grundvoraussetzungen der Religion im Allgemeinen und des Christenthums, als der vollendeten Verwirklichung der Idee der Religion im Besondern;

III. daß endlich beide, sowohl das protestantische Glaubensbewußtsein und kirchliche Bekenntniß, wie auch die moderne Culturentwickelung (vermöge einer volksthümlichen Organisation der evangelischen Kirche) mit einander in das Verhältniß gegenseitiger Wechselwirkung zu treten haben.

Das erste Glied der Forderung.

§. 4.

Um sich im Einklang zu erhalten mit der Gesammtcultur der Zeit, muß die kirchliche Glaubenslehre sammt dem aus derselben hervorwachsenden Bekenntnisse sich in Uebereinstimmung entwickeln sowohl mit den zweifellosen Grundsätzen und Ideen der speculativen als auch mit den sichern Ergebnissen der empirischen Vernunft.

I. Die Forderungen der speculativen Vernunft an die Glaubenslehre und das Bekenntniß.

§. 5.

Die speculative Vernunft unterscheidet sich von der empirischen dadurch, daß die letztere es überwiegend mit sinnlichen Wahrnehmungen zu thun hat, die sie mittelst des Verstandes und der Reflexion auf dem Wege der Induction und Analogie zu allgemeinen Erfahrungserkenntnissen zu erweitern sucht, während jene sich als das Vermögen der übersinnlichen Ideen verhält.

Anmerk. Solche Ideen sind: Unendliches und Endliches; Geist und Stoff; der absolute Geist und der endliche Geist, sowie ihr gegenseitiges Verhältniß; Religion und Offenbarung u. s. w.; ferner die Ideen der Wahrheit, der Freiheit, der Seligkeit, der Liebe und Gerechtigkeit, des Reiches Gottes, der Bestimmung des Menschen in demselben, der Immaterialität und Unsterblichkeit der Seele; des zukünftigen Gerichts u. s. w.

Alle diese Ideen kommen dem Menschen zwar erst auf dem Wege der sinnlich vermittelten Erfahrung zum Bewußtsein, und er fühlt sich zufolge seiner sinnlichen, an die Schranken von Raum und Zeit gebundenen Natur gedrungen, sich dieselben in sinnlichen, dem Gebiet der äußeren Anschauung und Erfahrung entnommenen Hüllen und Bildern zu vergegenständlichen. Allein sie entstammen nicht bloß sinnlichen Eindrücken, sondern sie erweisen sich theils als übersinnliche Denkformen (Kategorien) z. B. die allgemein gültigen Denkbestimmungen der Quantität, Qualität, Modalität und Relation, die der gottentstammten Natur des Denkens innewohnen und die, sammt den beiden innern, psychischen Nöthigungen, wonach wir uns alles Endliche als räumlich und zeitlich bestimmt vergegenständlichen, sich als die übersinnlichen Voraussetzungen für alles sinnliche Anschauen, Vorstellen, Begriffbilden (Abstrahiren), Urtheilen und Schliessen verhalten; theils geben sie sich als innere, auf das Walten einer schlechthin allgemeinen, unendlichen Urvernunft (Urgeist, Urbewußtsein, Logos) zurückweisende Offenbarungen und Schauungen im Wesen des Ichs zu erkennen, die sich freilich zunächst nur als dunkle Ahnungen im Geiste regen, deren wir aber so gewiß sind, wie des Daseins unseres eigenen Ichs, unsers höheren Selbstbewußtseins.

§. 6.

Es giebt dreierlei Arten von Ideen, nämlich: 1) theoretische, d. h. solche, welche sich als höchste (logische und metaphysische) Erkenntnißprincipien verhalten; 2) praktische, d. h. solche, welche sich als die Principien und leitenden Gesichtspunkte des sittlichen Willens für das Handeln darbieten; 3) ästhetische, d. h. solche, die dem Gefühl und Urtheil über das Schöne, Edle und Schickliche sowohl auf dem Gebiete der Kunst, als auch des darstellenden, sittlichen Handelns zu Leitsternen dienen. Danach besondert sich die allgemeine Forderung, daß Lehre und Bekenntniß der Kirche sich im Einklang mit der speculativen Vernunft zu entwickeln habe, in drei Arten von Vernunftforderungen, nämlich in theoretische, praktische und ästhetische.

§. 7.

1) Die Grundsätze und Wahrheiten der **theoretischen** Vernunft, welche auf allen Erkenntnißgebieten maßgebend sind und daher auch von der Kirche in Lehre und Bekenntniß im Interesse der Wahrheit selber auf das Gewissenhafteste inne gehalten werden müssen, sind theils metaphysischer, theils logischer Art, d. h. sie betreffen entweder mehr den Inhalt oder die Form des menschlichen Denkens.

1. Anmerkung. Eine **metaphysische** Wahrheit der theoretischen Vernunft ist es z. B., daß Gott, oder das Absolute, als unendlicher, durch

sich selbst seiender Geist, näher als absolute Persönlichkeit (als ein Wesen, das seiner selbst schlechthin mächtig und gewiß ist) gedacht werden muß und daß er demnach nicht nach Menschart (anthropopathisch) zu denken ist. Daraus folgt, daß Gott keine sinnliche Gestalt hat, daß er daher auch nicht räumlich und zeitlich erscheinen kann; daß also die Theophanien des alten Testaments nicht als objective Thatsachen zu fassen sind, sondern als subjective Visionen oder als Mythen, als poetische und symbolische Einkleidungen. Daraus folgt ferner, daß die Gottheit frei zu denken ist von allen sinnlichen Affecten; daß also nur uneigentlich von einem Zorne Gottes u. s. w. die Rede sein kann. Ebenso ist es eine unabweisliche Folgerung aus metaphysischen Sätzen, daß die Gestalt und Entwicklung des menschlichen Geistes nach dem Tode des Leibes, sofern die Entwicklung der menschlichen Persönlichkeit als eine in's Unendliche hin fortschreitende, dem Urbilde der göttlichen Vollendung von Stufe zu Stufe sich annähernde gedacht werden muß, frei zu denken ist von materieller Leiblichkeit; daß also auch die Seele Jesu nach dem Hingang in die übersinnliche Welt durch den Tod des Leibes nicht wieder in einen materiellen Leib zurückkehren, sondern sich nur in der Form einer immateriellen oder verklärten Leiblichkeit als auferstandene Persönlichkeit offenbaren konnte; daß überhaupt die Analogien des irdischen Lebens für das Leben im Himmel, d. h. für den Zustand der abgeschiedenen Seelen, nur bildliche Bedeutung haben können.

2. Anmerkung. Von den logischen Grundsätzen der theoretischen Vernunft sind die beiden wichtigsten der Satz des Widerspruchs und der Satz des zureichenden Grundes. Von ihrer richtigen Anwendung hängt auch die Wahrheit sämmtlicher Urtheile in Glaubenssachen ab, so daß, was ihnen zuwider läuft, der Wahrheit selbst widerspricht und daher auch nicht geglaubt werden kann. So kann z. B. nach dem Satz des Widerspruchs, Gott, sofern er als das eine, selbe und ganze (absolute) persönliche Subjekt gedacht werden muß, nicht als aus drei persönlichen Subjecten bestehend gedacht werden. Denn bestände er aus drei Personen, so wäre seine Einheit als unpersönliche Wesenheit zu fassen, was dem Begriff der absoluten Persönlichkeit zuwider läuft. Giebt es aber nur Einen Gott, und ist dieser als absolute Person zu denken, so können sich die Selbstunterscheidungen seiner mit sich identischen Persönlichkeit nur als unpersönliche Wesenheiten, d. h. als Grundkräfte und Wesensrichtungen seiner inneren Lebendigkeit und Selbstvermittlung in sich selber verhalten; es sei denn, daß Gott gewisse Kräfte oder Substanzen seines ewigen Wesens zu werdenden, d. h. zu endlichen und abhängigen Selbstwesen (Monaden) aus sich entläßt, was aber zu dem Begriff der Schöpfung führt. In gleicher Weise kann nach dem Satze des Widerspruchs Jesus Christus nicht zugleich als persönlicher

Gott gedacht werden, wenn er als wirklicher und wahrer Mensch gedacht werden soll. Denn es widerspricht dem Begriff des Menschen, daß demselben, sofern er sich in seiner Selbstentwickelung auf Erden erst allmählig aus dem Zustande der Bewußtlosigkeit zum persönlichen Selbst- und Gottesbewußtsein hinaufringt, ein vorweltliches Selbst- und Gottesbewußtsein oder gar eine wesentliche, sein werdendes Ich durchtönende, selbstbewußte Theilnahme an der ganzen Fülle und Vollkommenheit der göttlichen Eigenschaften zugeschrieben wird. Daher würde die geschichtliche Erscheinung Jesu Christi, gegen das bestimmteste Zeugniß der Schrift und selbst gegen die Absicht der Kirche, nothwendig zum leeren Schein (Doketismus), zum wesenlosen Phantom herabsinken und jede sittliche Bedeutung verlieren, wenn man, wie das die Orthodoxie noch immer versucht, Ernst machen wollte mit dem Gedanken, daß Jesus als wahrer Mensch zugleich wahrer Gott gewesen sei, daß er demnach, während seines irdisch beschränkten Daseins in Palästina, ja daß er selbst während seiner bewußtlosen Kindheit, sowie im Zustande seines Schlafes und während er festgenagelt am Kreuze hing, die Welt mit Allmacht und Allwissenheit regiert und allgegenwärtig durchwirkt habe. Umgekehrt widerspricht es dem Begriffe der Gottheit, wenn gelehrt wird, daß Christus, als ewiger Gott (als zweite Person in der Trinität) sich in einen Menschen, ja, in eine bewußtlose Keimzelle verwandelt (Kenotiker), und daß er sich dann erst allmählig wieder auf seine ewige Gottheit besonnen und zum göttlichen Sein und Wissen hindurchgerungen habe; oder wenn gelehrt wird, daß Christus, als zweite Person der Gottheit, um die Menschheit von der Gewalt des Teufels und von dem Zorne Gottes zu erlösen, mit dem Teufel zeitlebens gekämpft habe, von demselben versucht worden und endlich durch dessen Machinationen getödtet worden sei. Denn der Begriff der Gottheit schließt unabweislich die Begriffe (Prädikate) der Unwandelbarkeit, Ewigkeit, Unendlichkeit, Allgegenwart, der Erhabenheit über Versuchung und Tod in sich. Die entgegengesetzten Begriffe der Wandelbarkeit aber, der allmähligen Entwickelung, der räumlichen und zeitlichen Schranken, der Endlichkeit u. s. w. und gar der Versuchung und des Todes, widersprechen der göttlichen Wesenheit auf das direkteste. Was den Satz des zureichenden Grundes betrifft, so sind die Gründe und Ursachen entweder Wesensgründe (causae efficientes) oder Zweckgründe (causae finales). Nun können Erscheinungen oder Wirkungen, die innerhalb einer Gattungssphäre allgemein und ausnahmslos vorkommen, z. B. die Sünde des menschlichen Geschlechts als Erbsünde, nur aus der Natur der Wesen dieser Sphäre begriffen werden und so muß auch die Sünde einen allgemeinen, in der Endlichkeit der menschlichen Natur liegenden Grund (wirkende Ursache) haben. Oder aber die constanten Wirkungen innerhalb gewisser Sphären sind auf eine, in

4*

ihrem letzten Ursprunge übernatürliche Zweckthätigkeit, also auf göttliche Absichten zurückzuführen, wie alle Erscheinungen, die aus bloßen (blindwirkenden) Naturkräften nicht erklärt werden können. — Hiernach ist es undenkbar und daher auch nicht zu glauben, daß die Sünde, in ihrer, innerhalb der menschlichen Gattung stattfindenden Allgemeinheit und Unvermeidlichkeit, die Folge einer einzelnen, zufälligen und willkürlichen Handlung der ersten Stammeltern sei. Denn sonst müßte Gott das, was für die ersten Menschen reine Zufälligkeit war, für ihre Nachkommen in eine Naturnothwendigkeit verwandelt, d. h. er müßte die Natur der Menschheit selbst wesentlich umgeschaffen und ihre ursprüngliche Veranlagung zur Freiheit damit vernichtet, oder er müßte die individuelle Schuld und Sünde der ersten Menschen, die nur sie persönlich anging, auf alle übertragen haben. Aber weder von dem einen noch von dem andern läßt sich ein zureichender Grund einsehen und zwar so wenig aus dem Wesen des Menschen als aus göttlichen Zwecken. Es ist daher eine willkürliche, dem Satz vom zureichenden Grunde widersprechende Annahme, wenn die orthodoxe Kirche lehrt, daß es nur an dem freien Willen des ersten Menschenpaares gelegen habe, sich sündlos zu entwickeln und der ganzen Menschheit die Noth der Sünde zu ersparen; daß dagegen die Nachkommenschaft Adams, um der Sünde der Stammeltern willen, der ewigen Verdammniß verfallen sei und nur durch die, auf das Wunder der Menschwerdung Gottes zurückzuführende Zurechnung des Verdienstes Christi davon erlöst werden könne. Nicht minder ist der Glaube an eine ewige Höllenstrafe, worin die Strafe nicht mehr den Zweck der Besserung hat, mit dem Satze des zureichenden Grundes, nämlich mit dem zu postulirenden Erziehungszwecke der göttlichen Weisheit und Liebe, unvereinbar. Ebenso undenkbar ist die Annahme, daß Gott in seiner unendlichen Liebe und Weisheit ein Wesen ins Dasein gerufen haben sollte, von dem er voraus sah, daß es zum Teufel werden und als solcher den bei weitem größten Theil des menschlichen Geschlechts auf ewig mit sich ins Verderben reißen würde. Denn auch für diese Annahme fehlt der zureichende Grund im christlichen Gottesbegriff. Zugleich aber kommt der Begriff des Teufels, als eines ursprünglich vollkommenen Engels, der, trotz seiner anerschaffenen Liebe zum Guten und ungeachtet seiner klaren Einsicht in die absolute Verderblichkeit des Hochmuths und der Sünde, sich dennoch dem Hochmuth ergab und in die Sünde stürzte, auch in Collision mit dem Satze des Widerspruchs, denn es ist offenbar ein vollkommener Widerspruch und ist zugleich wider den Satz des zureichenden Grundes, daß ein Wesen von schlechthin reiner Veranlagung und ohne alle innere und äußere Reizung zur Sünde, dennoch von der Sünde versucht und vom Hochmuth gefangen genommen worden sein soll. In Wahrheit setzt man auf diese Weise das Böse überall schon voraus, statt seinen Ursprung durch den Fall Adams und zuhöchst des Teufels zu erklären. Die Allgemeinheit der Sünde ist daher nicht mit der orthodoxen Kirche aus bloßer Willkür, sondern aus dem ursprünglichen, nur allmählig erst zu besiegenden Uebergewicht der sinnlichen (fleischlichen) Natur des Menschen über den zu entwickelnden Geist abzuleiten. Dem Satz des zureichenden Grundes laufen auch einzelne biblische Wunder zuwider, z. B. die jungfräuliche Geburt Christi, die Verwandlung des Wassers in Wein, die zauberartige Brodvermehrung bei der Speisungsgeschichte und sonst. Hier können daher die Berichterstatter keine wirkliche Geschichte geben.

§. 8.

2) Die kirchliche Lehre darf ebenfalls nicht in Widerspruch kommen mit den Grundsätzen der praktischen Vernunft d. i., mit den Forderungen des Gewissens und der Moral einerseits, sowie mit den Postulaten des auf sittlichen Grundlagen ruhenden Rechtsbewußtseins andererseits. In dieser Beziehung sind nun besonders die Postulate der unbedingten Gewissens- und Glaubensfreiheit, sowie die daraus sich ergebenden Grundsätze der religiösen Toleranz von Wichtigkeit sammt allen Folgerungen daraus für Kirche, Schule, Erziehung und Staat.

1. Anmerkung. Die praktischen Grundsätze der speculativen Vernunft betreffen einerseits die **Moral**, d. h. die innere, auf das höchste Gut gerichtete, heilige Gesinnung und deren Maximen, so wie die tugendhafte Entwickelung des Charakters und die gewissenhafte Ausübung der Pflicht; sie betreffen andererseits das **Recht**, und zwar das allgemeine Vernunftrecht (das sogenannte Naturrecht), als Inbegriff aller derjenigen Rechte, welche schlechthin allgemeiner Natur sind, indem sie aus der Idee der sittlichen Persönlichkeit und ihrer Entwicklung mit Vernunftnothwendigkeit direct folgen. Die moralischen Handlungen beruhen schlechthin auf freier, subjectiver Selbstbestimmung im Gewissen und können nicht erzwungen werden. Die Rechtshandlungen umfassen dagegen die objectiven Bedingungen der sittlichen Entwickelung der Persönlichkeit, sofern dieselben vom gemeinsamen Willen, also vom Willen einer Gesellschaft, eines Volks, eines Staats und von der gesetzlichen Sanction des öffentlichen Willens abhängig sind; sie können daher erzwungen werden und müssen es, wo der Einzelwille sich gegen den Gesammtwillen und dessen objective Berechtigung mit List oder Gewalt u. s. w. auflehnt.

2. Anmerkung. Alle Lehren einer positiven Religion und also auch alle Lehren einer christlichen Confession, welche sich in Widerspruch setzen mit der praktischen Vernunft und dem Gewissen, sind schlechterdings verwerflich, denn alle Forderungen der praktischen Vernunft sind schlechthin verbindlich

und also heilig. Die Kirche irrt also und fällt in schwere Sünde, wenn sie im Interesse der Orthodoxie Sätze aufstellt, die der allgemeinen (philosophischen) Moral widersprechen, die also z. B. nicht im Einklange stehen mit den Forderungen der persönlichen Selbstachtung, der unbedingten Wahrheitsliebe, der Billigkeit, der Nachsicht und der allgemeinen Menschenachtung, wie dies z. B. im Jesuitismus, aber auch bei der Verdammungssucht der protestantischen Orhodoxie der Fall ist. Eben so verwerflich sind solche Lehren und Forderungen, wodurch sich die Kirche in Widerspruch setzt mit den Forderungen des allgemeinen Rechts. Das ist z. B. der Fall, wenn die protestantische Orthodoxie sich, gegenüber der Idee der sittlichen Freiheit, der Gleichheit aller Stände vor dem Recht, der politischen Selbstbestimmung der Völker u. s. w., zur Vertheidigerin des Despotismus, des Feudalismus, der Sclaverei, der Unterdrückung der Nationalitäten u. s. w. aufwirft; oder wenn umgekehrt gewisse schwärmerische Secten keine mit Macht und Gewalt bekleidete Obrigkeit, kein Recht des Krieges, kein Eigenthum ꝛc. anerkennen; oder wenn die römische Kirche die Unabhängigkeit des Staats und seiner Institute von der Kirche bekämpft. In sehr verderblicher Weise macht sich die evangelische Kirche des Widerspruchs mit den heiligen Forderungen der Moral und des Rechts zugleich und eben damit einer schnöden Entwürdigung des Christenthums selber schuldig, so oft sie sich beigehen läßt, im Namen der christlichen Religion eine widerrechtliche, durch Recht und Verfassung untersagte Anwendung der politischen Gewalt zu befürworten; oder wenn sie das Zwangsverfahren der weltlichen Obrigkeit auch in Betreff solcher Objecte anräth und im Namen des christlichen Glaubens vertritt, die, wie Religion, Confession, Moralität, Wissenschaft und Cultus lediglich dem innern Gebiete des Gewissens und der freien Ueberzeugung angehören, die also nur dann das Recht und dessen physische Gewaltmittel gegen sich herausforderu, wo sie, bei ihrer Bethätigung auf dem Gebiete des äußeren Handelns, die Rechtssphäre berühren und dabei das Recht Anderer oder das öffentliche Recht verletzen.

3. Anmerkung. Es widerspricht dem Wesen der wahren Religion selber, sofern dieselbe der freien Innerlichkeit angehört und in dem Glauben besteht, der sich als dienende Menschenliebe bethätigt, wenn irgend eine kirchliche Gemeinschaft oder deren Regiment unter irgend einem Vorwande und gegen irgend welche andere Religionsgesellschaften und deren Glauben ketzermacherisch, verdammungs- und verfolgungssüchtig auftritt. Wohl aber muß eine religiöse Gemeinschaft im Stande sein, im Vertrauen auf ihre göttliche Siegesmacht selbst das Märtyrerthum über sich ergehen zu lassen und sich im Feuer desselben erst recht zu bewähren. (Matth. 16, 19.)

§. 9.

3) Die kirchliche Lehr- und Bekenntnißgestaltung darf endlich auch nicht in Widerspruch kommen mit den ästhetischen Ideen der Vernunft. In diesen Fehler aber verfällt auch die evangelische Kirche, so oft sie auf dem Gebiete ihres Cultus, also bei Gesang, Gebet, Lied, Predigt und Sakramentsfeier, oder auch bei ihren Ceremonien gegen den weiter entwickelten, durch die fortgeschrittene Erkenntniß und künstlerische Ausprägung der ästhetischen Vernunftideen geläuterten Geschmack unserer Zeit verstößt, wie z. B. durch die Einführung veralteter Kirchenlieder und Agenden, durch die Repristination der Predigt und Gebetsweise des 16. und 17. Jahrhunderts u. dergl. Freilich ist die in der Zeit der Aufklärung versuchte, so vielfach von Flachheit des Urtheils und falscher Geschmacksbildung eingegebene Umbildung und Verwässerung der alten kirchlichen Kernlieder nicht minder verwerflich; und dasselbe gilt von der Verdrängung der frischen volksthümlichen (rhythmischen) Gesangsweise des reformatorischen Zeitalters durch die schleppenden Weisen der späteren Zeit.

II. Die Forderungen der empirischen Vernunft an die Glaubenslehre und das Bekenntniß.

§. 10.

Die Lehr- und Bekenntnißentwickelung der protestantischen Kirche hat sich auch mit der **empirischen** Vernunft im Einklang zu erhalten. Der kirchliche Unterricht hat daher, auf Grund einer gebildeten Theologie, in allen seinen Aussagen und Schriftauslegungen, und zwar ohne die sophistischen Deuteleien und vermittelnden Halbheiten des Rationalismus und rationalisirenden Supernaturalismus, den sicheren Ergebnissen der Erfahrungswissenschaften Rechnung zu tragen.

§. 11.

1) Es handelt sich in dieser Beziehung einerseits um den Einklang der kirchlichen Lehre mit den modernen Naturwissenschaften und deren unabweislichen Consequenzen auf kosmologischem, geologischem und anthropologischem Gebiete.

Anmerkung. Man denke z. B. an die Consequenzen des Copernicanischen Systems für den Begriff des Himmels und der Hölle (Scheol, Hades unter der Erde, der Himmel über den Wolken Phil. 2, 11); ferner für den Begriff der Himmelfahrt Christi, des Thrones der Gottheit, des Aufenthaltes der Seligen u. s. w. Ebenso sind von Wichtigkeit für die Theologie und religiöse Bildung, besonders in Betreff des Begriffs von der göttlichen Weltregierung und vom Wunder, die Schlußfolgerungen, welche sich ergeben und welche bereits vielfach gezogen worden sind, aus der unerschütterlich fest stehenden Thatsache der stufenweis fortgeschrittenen, von der schlechthin gesetzmäßigen Wirksamkeit allgemeiner Naturkräfte abhängigen, alle willkürlichen Eingriffe Gottes von außen her ausschließenden Entwicklung des Weltganzen. Endlich sind nicht außer Acht zu lassen für die Theologie sowohl wie auch für den populären Religionsunterricht die freilich noch immer schwankenden Ergebnisse der Naturforschung in Betreff des Verhältnisses von Leib und Seele, woraus sich indessen soviel schon jetzt mit Gewißheit ergiebt, daß das Dogma von der Auferstehung des Leibes nicht wörtlich genommen werden kann, da das leibliche Leben im beständigen Stoffwechsel besteht.

§. 12.

2) Es handelt sich andererseits um den Einklang der kirchlichen Lehrentwickelung mit den sicheren Ergebnissen der Geschichtsforschung und historischen Kritik.

Anmerkung. Aus denselben folgt unter Anderem mit Evidenz die allmählige Entstehung des alten und neuen Testaments auf rein menschlichem Wege; die historische Unsicherheit oder auch die Ungeschichtlichkeit mehrerer einzelnen biblischen Erzählungen, namentlich mancher Wundererzählungen, sowie die unverkennbare Einwirkung der Sage und des Mythus in beiden Testamenten. Daraus folgt ferner, daß die heilige Schrift nicht direkt und unmittelbar als Gottes Wort betrachtet werden kann, da dieses erst auf dem Wege menschlicher Vermittelung und durch kritische und exegetische Befreiung von seiner sinnlichen Beimischung und zeitlichen Vorstellungshülle aus ihr zu schöpfen ist. Sie ist daher nicht als das ewige Gotteswort selber, wohl aber als die auf dem Wege providenzieller Geschichtsentwickelung menschlich und allmählich entstandene ehrwürdigste Offenbarungsurkunde zu betrachten.

Das zweite Glied der Forderung.

§. 13.

Der Inhalt des zweiten Gliedes lautet dahin, daß die gesammte Culturentwickelung, in Anerkennung der Schranken des menschlichen Verstandes, sich nicht in Widerspruch setzen dürfe mit der religiösen Natur des Menschen und mit den durch die Erfahrung bewährten, in Gewissen und Vernunftahnung sich bezeugenden Grundwahrheiten des Christenthums.

§. 14.

Diese Grundwahrheiten des christlichen Glaubensbewußtseins haben ihren allgemein gültigen, der Substanz nach unwandelbaren und nur in

Betreff der accidentiellen Nebenvorstellungen und Consequenzen wandelbaren, kirchlichen Ausdruck gefunden in den drei Artikeln des sogenannten apostolischen Symbolums, das den Glauben an Gott den Vater, an Jesum Christum den Sohn Gottes und an den heiligen Geist zu seinem Inhalt hat. Der ewige, immer wieder mit ursprünglicher religiöser Wahrheitskraft durchbrechende Kern dieser drei Artikel liegt in folgenden drei Grundanschauungen.

§. 15.

I. Die erste, den christlichen Theismus selbst begründende kirchliche Grundanschauung besagt, daß es einen persönlichen Schöpfer des Himmels und der Erde, der sinnlichen und übersinnlichen Welt giebt. Als nähere Hauptbestimmungen dieser christlichen Grundanschauung von der Urpersönlichkeit Gottes ergeben sich folgende:

1) Gott durchwirkt und durchwaltet als ewig vollendeter, selbstbewußter und schöpferisch lebendiger Urgeist das ganze Universum ungetheilt und allgegenwärtig mit unendlicher Macht, Weisheit, Heiligkeit und Gerechtigkeit nach unverbrüchlichen Gesetzen.

2) Gott bezeugt sich als der unendlich Eine und selbige Urgeist immanent-transcendent in allen werdenden Geistern, also auf Erden im menschlichen Geiste, und zwar dergestalt, daß sich der Mensch schon früh zum göttlichen Ebenbilde veranlagt fühlte. (1 Mos. 1, 26.)

3) Gott will den menschlichen Geist von Stufe zu Stufe, sowohl in der allgemeinen Menschheitsentwickelung, wie in der Entwickelung des Einzelnen, immer völliger in seine Gemeinschaft hinaufziehen, damit derselbe ins Unendliche hin immer mehr werde, was Gott selber ewig ist, selbstbewußte, sittlich freie, in Liebe selige Persönlichkeit.

Anmerkung. Die Summe und Blüthe des ersten Artikels liegt daher in dem Glauben, daß Gott, indem er alle Menschen zur Sohnschaft bei sich und zur Brüderschaft untereinander bestimmt hat, mit Recht und im tiefsten, urbildlichsten Sinne, Gott der Vater heißt.

§. 16.

II. Die zweite christliche Grundwahrheit liegt in dem Glauben an Jesum Christum, als den Sohn Gottes. Dieser Glaube umschließt folgende Hauptaussagen:

1) Es kann und muß, zufolge der Idee der Einheit und Vollendung des menschlichen Geschlechts, einen Menschen in der Menschheit geben, der die Veranlagung derselben zur Sohnschaft bei Gott in primitiver und vorbildlich vollendeter Weise auf Erden in sich verkörpert; der daher im vollkommenen Sinne heißt und ist, was alle Menschen auf Erden für den Himmel werden sollen, Gottes wahrhaftiger Sohn. Denn das die ganze Menschheit durchwaltende,

gottmenschliche Princip, das sich auf den verschiedenen Stufen der religiös-sittlichen Menschheitsentwickelung immer vollständiger zu verkörpern gesucht, mußte endlich in seiner ganzen Vollkraft, als persönliche Verwirklichung des göttlichen Ebenbildes, in der Menschheit zum Durchbruch kommen.

2) Dieser vollendete Menschen- und Gottessohn ist in Jesu von Nazareth, dem Stifter des Christenthums, thatsächlich erschienen, so daß daher Jesus wirklich der Christus der Menschheit ist, und zwar in dem Sinne, daß das die Menschheit transcendent-immanent durchwaltende, gottmenschliche Princip, nämlich das Princip der religiös-sittlichen Gemeinschaft Gottes und des Menschen, sich in den Hauptwendepunkten seiner Lebensentwickelung, also vor allen in den beglaubigten, herrlichen Thatsachen seines Wirkens, Leidens, Sterbens und Auferstehens, als die wirksame Vollkraft der Erlösung, Heiligung und Vollendung für den Glauben der Christenheit verkörpert hat.

3) Christus oder der Sohn Gottes, d. h. eben jenes gottmenschliche Princip selber strebt aber dahin, fortan von Jesu Christo und den Aposteln aus in allen gläubigen Persönlichkeiten Gestalt zu gewinnen, damit alle Menschen, als wahre Christen, echte Söhne Gottes und eben damit untereinander Brüder werden.

§. 17.

III. Die dritte christliche Glaubensgrundwahrheit endlich besagt, daß das Christenthum seinem praktischen Wesen nach ein religiös-sittliches Gemeinschaftsleben ist für den Zweck der fortschreitenden Verwirklichung des Reiches Gottes. Dies Gemeinschaftsleben hebt an in der Seele des Einzelnen durch den Glauben als geistliche Wiedergeburt, d. h. als religiös-sittliche Umwandlung des (fleischlichen) Menschen der Selbstsucht und Sünde in den (geistlichen) Menschen der Wahrheit und Gerechtigkeit; dasselbe entfaltet sein innerstes Wesen, als volle christliche Sittlichkeit, in der Liebe, und weist auf seine übersinnliche Vollendung im Reiche der zukünftigen Herrlichkeit durch die christliche Hoffnung hin. (1 Cor. 13, 13.)

§. 18.

Die Hauptmomente der dritten christlichen Grundwahrheit liegen in folgenden Aussagen und Postulaten des christlichen Bewußtseins:

1) Es giebt ein objektives, von Gott (durch Christum) ausgehendes, die christliche Gemeinde durchwirkendes, einheitliches Glaubens- und Lebensprincip, das vermittels der Verkündigung des göttlichen Worts in jedem gläubigen Herzen lebendig zu werden und die menschliche Seele in die Gemeinschaft mit Gott und Christo aufzunehmen strebt. Dies christliche Gemeinschaftsprincip umschließt die Fülle aller christlichen Heilskräfte und

wird von der Schrift der heilige Geist genannt. Seine Mittheilung und Verbreitung aber ist an die Verkündigung des göttlichen Worts geknüpft.

Anmerkung. Begriff des göttlichen Worts im Geist des Protestantismus. Wahrer Sinn des formalen Princips der evangelischen Kirche, zufolge dessen das Wort Gottes die alleinige Richtschnur und Norm (lapis Lydius) des christlichen Denkens und Handelns ist.

Wort Gottes ist jede höhere, auf das Reich Gottes bezügliche, religiös-sittliche Wahrheit, die sich, wie und wodurch das Gefühl und Bewußtsein von ihr auch geweckt werden möge, als lebendige Selbstbezeugung Gottes in der innersten Persönlichkeit des Menschen bekundet. Aber nur wenige Menschen sind so gottinnig und rein, daß sie als echte Propheten das Wort Gottes als solches vernehmen und ungetrübt wieder geben. Seinen reinsten der religiösen Substanz nach ewiggültigen Ausdruck hat dasselbe im Alten und Neuen Testament gewonnen, vorzüglich in den Worten und Thaten Jesu Christi. Dies äußere (biblische) Gotteswort muß aber seine Bewährung beständig am innern Worte finden (durch Zeugniß des heiligen Geistes, d. h. an der fortdauernden Selbstbezeugung Gottes in Vernunft, Herzen und Gewissen jedes Einzelnen: sonst todter Buchstabe (wächserne Nase nach Lessing). Das innere Wort dagegen muß sich zugleich (dem Wesen nach) in der heiligen Schrift, als der objektiven Offenbarungsurkunde des ewigen Worts, nachweisen lassen und darf dem Bewußtsein der christlichen Urzeit nicht im Princip widersprechen: sonst falscher Subjektivismus (Schwarmgeisterei).

Lessing: „Die Religion ist nicht wahr, weil die Evangelisten und Apostel sie lehrten, sondern sie lehrten sie, weil sie wahr ist.“ Aehnlich Schleiermacher über das Schriftwort.

§. 19.

2) Die zweite Aussage in Betreff der dritten Grundanschauung lautet dahin, daß jeder, wer ein Christ werden und sein will, sich jenes objective Princip, das die christliche Gemeinschaft als Geist der göttlichen Gnade und Wahrheit heiligend durchwaltet, subjectiv anzueignen habe, um sich von demselben, unter Buße und Reue, (negativ) mit dem Bewußtsein und Gefühle der Vergebung der Sünden, sowie (positiv) mit Freudigkeit und Kraft zum Leben im Geist, (dessen Anfang die Wiedergeburt ist) durchdringen zu lassen.

Anmerkung. Wahrer Begriff des materialen Princips der evangelischen Kirche, d. h. des Grundsatzes der Rechtfertigung allein durch den Glauben und nicht durch die Werke. Der rechtfertigende Glaube ist, wie schon die Reformatoren erkannten, nicht „Historienglaube,“ also auch nicht Vertrauen auf das Verdienst Christi im historischen und dogmatischen

Sinn, sofern darunter ein vergangenes, von der Dogmatik der Kirche bald so, bald anders zurechtgelegtes Factum zu verstehen ist. Die rechtfertigende Kraft des Glaubens liegt vielmehr in der vollständigen Hingabe des Herzens und Willens an das, im innersten Ich sich bekundende reale, schöpferisch wirksame christliche Heilsprincip, d. h. an den innern Christus. Denn nachdem Gott, als ewiger Christus, seine gottmenschliche Versöhnungs- und Erlösungsthat in der Erscheinung des historischen Christus, besonders in dessen Liebestode und Auferstehung heilskräftig verkörpert und darauf im Bewußtsein und Gefühl der christlichen Gemeinde als Geist eines neuen Menschheitslebens (heiliger Geist) erschlossen hat; so kann jeder Christ, der sich vom äußeren Worte ergreifen und leiten läßt, des ewigen Christus auch unmittelbar in den Tiefen der eigenen Persönlichkeit mächtig werden und sich mit ihm im Geist persönlich vereinen. Der Glaube wird so, als das Werk des heiligen Geistes, des Menschen eigenste, tiefste Persönlichkeitsthat, wodurch er sich mit Gott in Christo eint, und darin liegt seine rechtfertigende Kraft. Denn es kommt mit ihm das höchste, d. i. das in Jesu Christo offenbar gewordene gottmenschliche Heilsprincip als Geist und Leben zum Durchbruch in der menschlichen Seele (vgl. Luthers Wort vom Glauben in der Vorrede zum Römerbriefe.)

§. 20.

3) Die dritte Aussage des christlichen Bewußtseins vom Geiste Gottes endlich lautet dahin, daß es eine allgemeine Werkstätte des heiligen Geistes giebt, in die Jedermann eintreten muß, wer ein wahrer Christ werden will, um sich daselbst durch den heiligen Geist mittels des göttlichen Wortes im **Fühlen, Denken und Wollen berufen, erleuchten und heiligen**, und dadurch zum Glauben und im Glauben zur Wiedergeburt aus dem göttlichen Geiste führen zu lassen. Diese Werkstätte des heiligen Geistes ist die christliche **Kirche**, die den Leib des Geistes Christi bildet und als deren Glied daher jeder Christ in Wechselwirkung zu treten hat mit Christo dem Haupte und mit allen Gliedern. (Eph. 4, 15. 16.)

Das dritte Glied der Forderung.

§. 21.

Der dritte und letzte Punkt besteht in der Forderung der gegenseitigen, unaufhörlichen Wechselwirkung zwischen der evangelischen Kirche und der Culturentwickelung vermittels einer volksthümlichen Organisation der ersteren. Nun ist es aber eine leidige Thatsache, daß diese Wechselwirkung noch immer nicht in völliger Weise zu Stande gekommen ist, da einerseits die evangelische Kirche öfter und so auch wieder in unserer Zeit, namentlich im geistlichen Stande, sich gegen die allgemeine Culturentwickelung isolirt hat, während andererseits dem gegenüber auch die moderne Bildung vielfach von der Kirche abstrahirt und in Opposition mit dem christlichen Glauben allerlei verderbliche Richtungen eingeschlagen hat.

§. 22.

Daß die evangelische Kirche, namentlich im geistlichen Stande, und in Folge davon auch in einzelnen kirchlichen Volkstheilen, sich der allgemeinen Culturentwickelung entfremdet hat, zeigt sich hauptsächlich in folgenden Erscheinungen:

1) in der weit verbreiteten, durch die moderne Restauration der Orthodoxie verschuldeten Verknöcherung der kirchlichen Glaubenslehre und infolge davon des christlichen Glaubens selber zu einem geistlosen Buchstabenglauben, welcher, weil er die Bezeugung des göttlichen Geistes in der Vernunft und dem Gewissen des gegenwärtigen Zeitalters mißachtet, sich unvermögend zeigt, den ewigen Schriftinhalt im Bewußtsein und Gefühle unserer Zeit lebendig zu machen;

2) in einer mit der Orthodoxie häufig Hand in Hand gehenden, kränkelnden Frömmigkeit (moderner Pietismus), welche, während sie, in Verzicht auf die immanente sittliche Gotteskraft, auf äußerliche, stark sinnliche Erregungen des frommen Gefühls in Conventikeln und auf allerlei aparten Wegen sowie durch allerlei forcirte Mittel ausgeht, sich den großen, allgemeinen sittlichen Aufgaben der Zeit auf dem Gebiete des Rechts, der politischen Freiheitsentwickelung und in den übrigen volksthümlichen Kreisen immermehr quietistisch entzieht;

3) in der mit beiden Richtungen engverbundenen Hinneigung eines großen Theils der Geistlichkeit und ihres frömmelnden Anhangs zur Anwendung theils hierarchischer, theils bureaukratischer Gewaltmittel für die Erhaltung und Ausbreitung der Orthodoxie, sowie zur Unterdrückung der freien Theologie und der volksthümlichen kirchlichen Verfassungsbestrebungen.

§. 23.

Dieser Verzerrung des kirchlichen Wesens in Buchstabenglauben, Pietisterei, Pfaffenthum und unvolksthümlichem Consistorialreglement entspricht, als Kehrseite, eine fortschreitende Entkirchlichung des Volks, theils in Folge der Unwirksamkeit der kirchlichen Erziehung, des kirchlichen Cultus und der Erlahmung des allgemeinen evangelischen Priesterthums, theils als Wirkung einer grundsätzlichen Opposition gewisser entarteter Richtungen der modernen Culturentwickelung, indem die letzteren nicht nur gegen die restaurirte Orthodoxie der Kirche, sondern auch gegen die christliche Kirche und das christliche Princip selbst ankämpfen.

§. 24.

In einer solchen grundsätzlichen Opposition gegen das Wesen des Christenthums und der christlichen Kirche erscheint die moderne Cultur hauptsächlich in folgenden drei Entartungen:

1) wo sie sich als theoretischer Materialismus gestaltet, indem dieser den Geist überhaupt und damit das Princip aller Religion und wahrer Sittlichkeit leugnet;

2) wo sie sich als Pantheismus formirt, indem dieser zwar die geistige Grundlage des Universums anerkennt, aber durch Leugnung der Persönlichkeit des absoluten Geistes auch die Idee der menschlichen Persönlichkeit verletzt;

3) wo sie sich entweder unter dem Einfluß des Realismus und praktischen Materialismus der Zeit als sinnliche Genußsucht ausprägt, oder wo sie, in Folge der Verdrängung der kirchlichen Interessen durch das einseitige Uebergewicht der ästhetischen und politischen, zum kirchlichen Indifferentismus führt.

§. 25.

Dieser Verkümmerung und Entartung sowohl des kirchlichen Glaubens und Lebens auf der einen, wie auch der allgemeinen Bildung auf der anderen Seite kann nur durch eine neu erzeugte, immer allgemeiner sich verbreitende Wechselwirkung beider abgeholfen werden und diese Abhülfe ist bedingt durch eine volksthümliche, vermittels freier, kirchlicher Vereine vorzubereitende Organisation der evangelischen Kirche.

§. 26.

Eine solche gegenseitige Wechselwirkung der evangelischen Kirche und der Gesammtcultur der Zeit kommt einerseits der letzteren selbst zu Gute. Die weltliche Bildung bedarf nämlich der Religion zu ihrer nothwendigen Ergänzung, wenn sie sich gesund entwickeln soll. So weiset sie auch in allen ihren Hauptmomenten auf ihre Zusammengehörigkeit mit der Religion und ihre Bedingtheit durch dieselbe zurück. Das zeigt sich besonders in folgenden Punkten:

1) die Menschheit ist, wie auf Wissenschaft, Kunst und Sittlichkeit, so vor Allem auch auf Religion veranlagt, und das religiöse Gefühl hat, mit seinen übersinnlichen, auf das Uebernatürliche (Offenbarung und Wunder) zurückweisenden Vernunftahnungen, so wie mit seinem Verlangen nach Gnade und Rettung von Sünde und Tode mindestens eben so viel Berechtigung, als das Streben, alles natürlich zu begreifen und das menschliche Leben, im Einklange mit den natürlichen Kräften und deren Gesetzen, verständig, sinnlich angenehm und schön zu gestalten.

2) Selbst die natürliche Weltentwickelung weist durch ihren stufenweisen Fortschritt vom Niederen zum Höheren, von der bewußtlosen Natur zum selbstbewußten Geiste, auf ein entsprechendes, stufenweis immer tieferes Eintreten und Offenbarwerden übernatürlicher Gotteskräfte im Natur- und Weltzusammenhange hin. So enthüllt sich in der Entwickelung der irdischen Natur und Menschheit eine aufsteigende Reihe wunderbarer, aus bloßen allgemeinen Naturkräften nicht zu erklärender Thatsachen und Erscheinungen, die in der einzigartigen aber sicher beglaubigten Thatsache des vollendeten religiös-sittlichen Lebens Jesu Christi sowie in seiner himmlischen Verklärung nach dem Tode des Leibes nur ihren einstweiligen, auf noch bevorstehende Enthüllungen der Zukunft hinweisenden Abschluß gefunden haben.

3) Ohne wahre Religion auch keine wahre Sittlichkeit, weil ohne Glauben an den Gott der Liebe und ohne Hingabe an das göttliche Liebesprincip keine Möglichkeit, die Schranken der natürlichen Selbstsucht zu überwinden. Daher ohne gesunde Entwickelung der Kirche auch keine gesunde Entwickelung des sittlichen Familien- und Volksgeistes. Ja, die Forderung sittlicher Vollkommenheit von Seiten des Sittengesetzes im Gewissen wird für das vom Gefühle der Sünde und Schuld ergriffene menschliche Herz auf immanente Weise zu einem, nur durch Sophistik und sittliche Verhärtung zu dämpfenden Antriebe und Stachel, sich dem Glauben an eine übernatürliche Gnade zuzuwenden, die sich fähig und geneigt zeigt, die Schuld zu vergeben, die Seele in Nöthen zu trösten und von den Schrecken des Todes zu erlösen.

§. 27.

Andererseits kommt die Wechselwirkung des christlichen Glaubens mit der modernen Culturentwickelung auch dem christlichen Glauben selber zu Gute. Denn

1) hat sich derselbe seinem Kern nach in der bisherigen Wechselwirkung mit der Wissenschaft durch alle kritischen Prozesse hindurch nur immer siegreicher bewährt und insonderheit haben sich die vorhin genannten drei Kernpunkte des christlichen Glaubensbekenntnisses immer wieder als die unabweislichen Forderungen des gebildeten Menschengeistes geltend gemacht.

2) Was hinfällig geworden ist durch Vernunft und Erfahrung in der kirchlichen Lehre vom Glauben betrifft nicht den Kern, sondern nur die zeitlichen Formen und Hüllen, worin derselbe, durch Accommodation an die jedesmalige allgemeine Bildungsstufe, in den verschiedenen christlichen Zeitaltern sich dargebildet hat.

3) Auch die jetzt überlebten Glaubensvorstellungen sind einmal zur Zeit ihres kirchlichen Ursprungs nicht ohne wichtige Bedeutung für die Fortentwickelung des christlichen Bewußtseins gewesen und sie sind daher nicht

bloß als Produkte des Aberglaubens zu betrachten, sondern kirchlich zu verwerthen. Die Aufgabe der gegenwärtigen Theologie besteht so in einer eben so frischen als besonnenen, durch die Wechselwirkung von Glauben und Cultur zu vermittelnden, beständigen Um- und Fortbildung der kirchlichen Glaubenswahrheiten in Continuität mit der gesammten kirchlichen Vergangenheit. Diese Fortbildung bewahrt das gebildete Bewußtsein ebenso sehr vor den inhaltslosen Negationen des Unglaubens, als sie das kirchliche Bewußtsein sichert vor starrem Festhalten am Buchstaben der Schrift- und Kirchenlehre. Sie versöhnt die gegenwärtige Bildung mit der religiösen Bildung der Vergangenheit, indem sie zeigt, wie fast allen kirchlichen Dogmen ewige göttliche Glaubenswahrheiten zu Grunde liegen und wie dieselben hervorgegangen sind aus großartigen und tiefsinnigen Versuchen, die christlichen Wahrheiten dem Bewußtsein des jedesmaligen Zeitgeistes begreiflich oder doch zugänglich zu machen.

Der
Geist des Christenthums,

seine

Entwickelung und sein Verhältniß

zu

Kirche und Cultur der Gegenwart.

Protestantische Briefe

von

Dr. J. W. Hanne.

Elberfeld 1867.
Verlag von R. L. Friderichs.

Gedruckt bei R. L. Friderichs u. Comp. in Elberfeld.

Dem

theuren Freunde

Herrn Dr. th. H. Krause,

Redacteur der Protestantischen Kirchenzeitung,

zur Erinnerung an

herzerquickende Stunden der Gemeinschaft

gewidmet

am neunundneunzigsten Geburtstage Schleiermacher's

vom

Verfasser.

Greifswald, 21. November 1866.

Inhalt.

Erster Brief.

Zweiter Brief.

Dritter Brief.

Vierter Brief.

Fünfter Brief.

Sechster Brief.

Siebenter Brief.

Seite

Siebzehnter Brief.

Achtzehnter Brief.

(Fortsetzung.)

Neunzehnter Brief.

(Fortsetzung.)

Zwanzigster Brief.

(Fortsetzung.)

Einundzwanzigster Brief.

Zweiundzwanzigster Brief.

Dreiundzwanzigster Brief.

Vierundzwanzigster Brief.

Seite

Fünfundzwanzigster Brief.

Sechsundzwanzigster Brief.

Siebenundzwanzigster Brief.

Achtundzwanzigster Brief.

Neunundzwanzigster Brief.

Dreißigster Brief.

Einunddreißigster Brief.

Zweiunddreißigster bis vierunddreißigster Brief.

Erster Brief.

Von ganzer Seele, mein lieber Freund, theile ich Ihre schönen Hoffnungen, daß nach einem so herrlich gelungenen Schritte zur Erzielung der Einheit Deutschlands unter der Führung unseres protestantischen Preußens und nachdem der norddeutsche Protestantismus seinem alten Erbfeinde durch unser Königliches Volksheer eine ebenso verständliche als gründliche Lection auf politischem Gebiet ertheilt, die Reihe der Verjüngung nun bald auch an unsere theure evangelische Kirche kommen werde. Ich bin fest überzeugt, daß dieser Zeitpunkt sofort eintreten muß, wenn nur erst noch einige der wichtigsten politischen Fragen und Aufgaben durch das in Aussicht gestellte deutsche Parlament gelöst sein werden, und ich gebe mich dieser frohen Erwartung mit Ihnen um so zuversichtlicher hin, da ich ebenfalls, wie auch Sie, ein Mitglied des deutschen Protestantenvereins bin.

Unterdessen befinden wir uns bis jetzt in kirchlicher Beziehung noch in einem gar schweren Nothstande, und es kommt zunächst Alles darauf an, daß die echten Freunde der evangelischen Kirche und wir mit ihnen das gegenwärtige Verderben derselben recht gründlich erkennen und würdigen. Zuvor müssen erst die bislang so weit verbreiteten Illusionen über den Zustand unserer Kirche sammt der tief eingewurzelten Gleichgültigkeit und Fühllosigkeit gegen das in ihr grassirende Uebel mehr und mehr in unserem protestantischen Volke verschwinden, und man muß erst mittelst einer gründlichen Erkenntniß der Beschaffenheit und Ursache der bedenklichen Krankheit das schmerzliche Bewußtsein und Gefühl von der Größe derselben, namentlich in den gebildeten Kreisen, zu verstärken und dadurch ein allgemeineres Sehnen und Streben nach kirchlicher Reform zu erzielen suchen, ehe diese selbst in durchgreifender Weise eintreten kann. Und dazu möchte ich durch diese protestantischen Briefe nach meinem geringen Theil ein wenig mitwirken.

Lassen Sie mich anheben mit einer kurzen Charakteristik der Bedeutung des Rationalismus für unsere Kirche, den wir selbst in unsern jungen Jahren hier und da noch am Ruder gesehen. Das wird uns allmählich in die Erkenntniß des Wesens und der Genesis der bösen Krankheit unserer Kirche einführen, denn wir werden dadurch zugleich auch einen Einblick in die Bedingungen und Ursachen der Entstehung des modernen Orthodoxismus und seiner ungesunden Bestrebungen gewinnen.

Dem Rationalismus gebührt das große Verdienst, daß er die religiös-sittliche Selbstbestimmung im christlichen Glaubensleben, das persönliche Dabeisein, oder was man mit einem Worte das subjective Moment des Glaubens, die freie, lebendige Subjectivität nennt, noch entschiedener hervorgehoben und noch von einer andern Seite her geltend gemacht hat, als der ihm geschichtlich vorausgegangene Spener-Francke'sche Pietismus. Der Rationalismus verhält sich in der That nur als die weitere Fortentwickelung der in der lutherischen Kirche durch die Melanchthon'sche Schule, später besonders durch Calixt vertretenen, auf reformirter Seite aber durch die Arminianer angeregten freieren theologischen Richtung des Protestantismus. Er suchte die bereits vom Pietismus ernstlich und allgemeiner angestrebte Entfesselung des protestantischen Principes von der starren Objectivität der kirchlichen Satzungen zu vollenden. Der eben so innig fromme als nüchtern verständige Semler, den man gewöhnlich als Vater des Rationalismus bezeichnet, hatte selbst sehr stark unter pietistischen Einflüssen gestanden.[1]) War der Pietismus im Interesse des praktischen Christenthums und zur Erzeugung einer lebendigen Herzensfrömmigkeit vorwiegend auf das fromme Gefühl zurückgegangen, hatte er insonderheit auf stark erschütternde Bußempfindungen gedrungen, auf Erweckung des schmerzlichen Gefühls der eigenen Sündhaftigkeit und Ohnmacht und des dadurch bedingten sehnsüchtigen Verlangens nach übernatürlicher Gnade: so ging der Rationalismus vorwiegend auf das verständige Element der Religion und Sittlichkeit zurück. Er drang in theoretischer Beziehung auf verständig begründete Ueberzeugung; er ließ keine Lehre und Thatsache als Glaubenswahrheit gelten, die er nicht denkbar zu machen wußte. Das führte ihn zur Kritik und zu der zu seiner Zeit üblichen natürlichen Erklärung des Schriftinhaltes, namentlich der biblischen Wundererzählungen. Die Folge davon war die allgemeine Erschütterung des bisherigen blinden Autoritätsglaubens. All sein Streben ging somit auf religiöse Aufklärung hinaus. Zugleich gewann er dadurch auch einen großen Einfluß auf praktischem und sittlichem Gebiete.

---

[1]) Vgl. über ihn den meisterhaften Aufsatz meines lieben Freundes und Collegen Dr. Diestel: Zur Würdigung Semlers. Jahrbücher für deutsche Theologie. 1867. 2. oder 3. Heft.

hatte der Pietismus sich in seiner Vorliebe für Alles, was das religiöse Gefühl stark erregt, häufig bis zu krampfhaften Bußstimmungen, und in seinem Begnadigungsjubel bis zu süßlichen Verzückungen verstiegen, hielt er sich besonders gern an die Leidensgeschichte Christi, indem er sich dabei in stark sinnlichen Ausmalungen der äußern Leidensscenen, sowie in tändelnden Spielereien über die Bedeutung und Wirkung der Wunden und des Blutes Christi behufs der Tilgung des göttlichen Zornes gefiel: so wollte dagegen der Rationalismus vom göttlichen Zorne in dem Sinne, daß Gott erst der Sühne durch das Blut und der Genugthuung eines Unschuldigen bedurft habe, nichts wissen. Und wie er sich einer nüchternen und verständigen Auffassung des religiösen Inhalts der Schrift befleißigte, so drang er in sittlicher Beziehung auf freie, moralische Selbstbestimmung und appellirte den Armensündergefühlen des Pietismus gegenüber an die dem Menschen angeborene Tüchtigkeit zum Guten. Sein Hauptverdienst liegt so auf sittlichem Gebiete. Er leitete namentlich in seiner späteren Periode, nachdem er durch die Aufnahme tieferer, ethischer Elemente aus der Kant'schen Philosophie sich mehr und mehr über seine anfängliche, oberflächliche Glückseligkeitstheorie (Eudämonismus) erhoben hatte, eine heilsame Fortentwickelung der christlichen Pflichten- und Tugendlehre ein und erwarb sich dabei zugleich ein großes Verdienst um eine weitere Ausbildung der Erziehungslehre, namentlich auch der Katechese. Die von Immanuel Kant proklamirte Autonomie der praktischen Vernunft gelangte durch ihn in mehr populärer Weise, nämlich als unbedingte Achtung vor dem im Gewissen sich ankündigenden sittlichen Gesetze und als Glaube an die Befähigung des Menschen zum Guten, immer mehr zur allgemeinen Anerkennung, und so reinigte er die christliche Moral von den falschen Motiven der religiösen Furcht und Lohnsucht. Auch hat er sich nicht ohne Erfolg darum bemüht, echte Humanität und Sittlichkeit als die volle Consequenz des christlichen Glaubens selber aufzuweisen, indem er für seine Darstellung des wahrhaft Christlichen am liebsten auf die Lehre und das Vorbild Jesu selber zurückging und sich besonders gern an die Bergpredigt hielt.

Freilich läßt sich nun andererseits nicht leugnen, daß er bei dieser Appellation an den gesunden Verstand und an die natürliche Willensfähigkeit noch nicht tief genug in die innerste Wesenheit der Religion und Sittlichkeit eindrang. Aus Furcht, in falsche, mystische Tiefen oder wohl gar in den Abgrund des Pantheismus zu gerathen, verkannte er immer wieder das Innewohnen (die Immanenz) des Göttlichen in dem Menschlichen und eben damit den tieferen, gottmenschlichen Lebensgrund der werdenden Persönlichkeit. Daher konnte er weder der Idee der Religion und Offenbarung im Allgemeinen noch dem ewigen Offenbarungsgehalt der heil. Schrift und den Aussagen des christlichen Bewußtseins von der Offenbarung Gottes in Christo im Besonderen, noch endlich der tiefen, christlichen Idee der Wiedergeburt theologisch gerecht werden. So lebendig er von den Grundvoraussetzungen des christlichen Bewußtseins, von dem Glauben an den persönlichen Gott und die göttliche Weltregierung, sowie von der Hoffnung des ewigen Lebens und vom Respekt vor den sittlichen Anforderungen des Gewissens durchdrungen und bewegt war: so faßte er das Wesen des Menschen und dessen Verhältniß zu Gott, sowie die Bedeutung des Christenthums, doch immer wieder vorherrschend aus derartigen äußerlichen Gesichtspunkten, wie sie durch den englischen und französischen Deismus geläufig geworden waren. Der Rationalismus war seinem historischen Ursprunge nach ein Zweig jener allgemeinen Aufklärung, die seit dem Ende des 16. Jahrhunderts auf Grund der sich allmählich emporarbeitenden sinnlichen Erfahrungswissenschaften, namentlich seit Bacon von Verulam (blühte um 1600), ihre ersten Sprossen in England getrieben hatte. Sie gestaltete sich dort bekanntlich als Deismus, d. h. als eine Denkweise, die bei Festhaltung der wichtigsten Wahrheiten der christlichen Religion, nämlich des Glaubens an Gott, an ewiges Leben und an sittliche Verantwortlichkeit, den höheren, übernatürlichen Offenbarungscharakter der Religion überhaupt und des Christenthums im Besonderen verneinte. Das hing zusammen mit der sensualistischen Richtung jener Aufklärungsbestrebungen, namentlich seit John Locke (1632—1704). Der Deismus verwarf zufolge dieser seiner sensualistischen Bestimmtheit immer allgemeiner die Annahme übersinnlicher, der Vernunft, dem Gewissen und dem religiösen Gemüth ursprünglich innewohnender, durch sich selbst gewisser Ideen. In Frankreich schlug diese sensualistische Denkweise sehr bald eine dem Materialismus zuneigende Richtung ein, namentlich seit ihrer weiteren Ausbildung durch Condillac (geb. 1714). In Deutschland vergesellschaftete sie sich durch das Medium der Wolff'schen Philosophie mit gewissen tieferen Elementen, welche besonders von Leibniz in das Bewußtsein der Zeit gehoben worden waren, die aber der Philosoph Wolff durch Popularisirung bereits nach und nach verflacht hatte. So gab der Rationalismus, dieser deutsche Zweig der beginnenden, modernen Aufklärung auf theologischem Gebiete, sich immer mehr der Neigung zu einer sinnlich verständigen Auffassung der religiösen Gegenstände hin, die er auch später, nachdem er sich namentlich in ethischer Beziehung manche Elemente der Kant'schen Moralphilosophie angeeignet hatte, nicht völlig überwand. In Folge dieser sensualistischen Bestimmtheit widersetzte er sich von Anfang an den tieferen, idealistischen Bestrebungen, welche nach und nach, namentlich durch Fichte, Schelling, Hegel, v. Baader und Krause aus den von Kant gegebenen Impulsen hervorgegangen waren. Daher blieb ihm insonderheit die bedeutendste Errungenschaft des Idealismus, die Idee der Immanenz des göttlichen Geistes im menschlichen Geiste ein verschlossenes Siegel. Er witterte in allen philosophischen und theologischen Bestrebungen dieser Art sofort Pantheismus,

Mysticismus und Schwärmerei und präoccupirte sich daher auch gegen die mächtigen Impulse, welche auf theologischem Gebiete von Schleiermacher im Zusammenhange mit dem philosophischen Idealismus der Zeit ausgingen.

Mit der Verwerfung der Idee der Immanenz des göttlichen Geistes im menschlichen Geiste verlor er nun aber auch den speculativen Gesichtspunkt für eine tiefere Würdigung der Eigenthümlichkeit des gottmenschlichen Principes der christlichen Religion und des christlichen Gottesbewußtseins. Aus diesem Mangel an idealem Tiefsinne gingen dann auch alle seine übrigen Mängel hervor. Er neigte in Folge davon auf sittlichem Gebiete zum Pelagianismus und auf religiösem zur Verkennung und Verflachung des gottmenschlichen Gehaltes der heiligen Schrift und des idealen Sinnes der Kirchenlehre hin. Indem er sich nämlich aus Furcht vor Pantheismus und Mysticismus nicht in die speculative Idee der Immanenz, d. i. des Innewohnens und der Selbstoffenbarung des göttlichen Geistes im menschlichen, zu finden wußte und dabei gleichwohl, vermöge seines religiös-sittlichen Ernstes, die Idee der Persönlichkeit und Ueberweltlichkeit Gottes nicht preisgab, hielt er Gott und Welt in seinem Denken so einseitig auseinander, daß sich ihm auf der einen Seite das natürliche und sinnliche Wesen des Menschen mit sammt der ganzen endlichen Natur und deren Gesetzen der Gottheit gegenüber zu sehr verselbständigte, während er andererseits alle unmittelbare Wirksamkeit Gottes in der Welt, in der Natur und Geschichte wesentlich verkannte und damit auch den Boden für das rechte Verständniß der Offenbarung Gottes in Christo verlor.

Die Folge jener einseitigen Verselbständigung der menschlichen Naturseite war eben seine pelagianisirende Tendenz. Denn nun mußte ihm die Zumuthung einer völligen Umgestaltung des natürlichen Menschen durch den übernatürlichen, des sinnlichen Adams durch den übersinnlichen, durch den inneren Christus, als verwerflicher Mysticismus erscheinen. Wie er somit die tiefe, christliche Idee der Wiedergeburt nicht zu würdigen vermochte, so entzog er dadurch auch der Sittlichkeit die wahre religiöse Grundlage. Damit hing zusammen seine in gewisser Weise laxe Auffassung des Wesens der Sünde und der Macht des Bösen. Er wußte in dieser Hinsicht nicht einmal die bedeutungsvolleren Elemente der Kantischen Religions- und Sittenlehre recht zu verwerthen. Obgleich nämlich schon Kant, im Gegensatze zu der sittlichen Laxheit seiner Zeit, vermöge welcher man die Moral zu einer Dienerin der sinnlichen Glückseligkeit machte, auf reine, rückhaltslose Vertiefung in die Idee des Guten, auf unbedingten Gehorsam gegen den kategorischen Imperativ gedrungen und der Majestät des sittlichen Gesetzes gegenüber auf ein dem Menschen von Natur innewohnendes, radicales Böse, das nur durch eine totale Wiedergeburt überwunden werden könne, hingewiesen hatte: so machte der Rationalismus sich doch auch in der Nachkantischen Periode immer wieder einer zu oberflächlichen

Auffassung der Idee des Guten, sowie demzufolge einer **Unterschätzung** der Macht der Sünde, einer **Ueberschätzung** der bloß natürlichen Kräfte des Menschen, und eben damit einer Verkennung des Wesens der göttlichen Gnade und des Processes der Wiedergeburt schuldig.

Im unmittelbaren Zusammenhange mit diesen ethischen Mängeln und als die Voraussetzung für dieselben stand seine oberflächliche Auffassung der Religion im Allgemeinen und der christlichen Gottesoffenbarung im Besonderen. Für die inhaltsschwere Idee des Reiches Gottes als eines Reiches der Sohnschaft, das seinen persönlichen Mittelpunkt in der Erscheinung des Erlösers der Menschheit gefunden, ging ihm mit der Verkennung der Idee der Immanenz und des gottmenschlichen Principes die Möglichkeit jedes tieferen Verständnisses ab. Daraus folgte dann weiter seine Verkennung und Mißdeutung des eigentlichen Kernes der heiligen Schrift, sowie seine häufige Ungerechtigkeit gegen den idealen Gehalt der kirchlichen Glaubenslehre. Auf exegetischem Gebiete führte das zu jener theils sehr oberflächlichen, theils verkehrten und oftmals geradezu abgeschmackten Auslegung der heiligen Schrift, welche ihren klassischen Vertreter in dem gelehrten, in mancher Beziehung sehr verdienten Heidelberger Professor Dr. Paulus fand. Diese verkehrte Exegese war aber auch zugleich eine Folge des dem Rationalismus eigenen Mangels an historischem Sinn. In seinem wohlberechtigten Bestreben, die biblischen Thatsachen unter die allgemeinen Naturgesetze zu subsumiren, verkannte er nicht nur das beständige Ineinander des Natürlichen und Uebernatürlichen in allen bedeutsamen Ereignissen und Wendepunkten der Natur- und Menschheitsentwickelung, sondern er suchte auch solche biblische Erzählungen in natürliche Geschichte umzuwandeln, die aller natürlichen Erklärung auf das Entschiedenste widerstreben. Statt diese Erzählungen darauf anzusehen, ob und wie weit man sie etwa auf Sagen und Mythen zurückzuführen habe, und statt dann die religiöse Idee zu Tage zu fördern, die sich, sei es sagenhaft oder mythisch, sei es bloß schriftstellerisch oder sei es zugleich auf Grund historischer Thatsachen, darin abspiegeln: deutete er sie, um sie nach seinem bereits zum Vorurtheile gewordenen Kanon verständlich zu finden, vielfach in die trivialsten Natürlichkeiten um, und das nicht selten auf Kosten des sittlichen Charakters der biblischen Persönlichkeiten.

Dennoch aber, trotz aller dieser Mängel, bahnte der Rationalismus einen großen Fortschritt an, sowohl in der Theologie, als auch in der religiösen Aufklärung des Volkes. Durch sein Drängen auf Natürlichkeit und Verständigkeit gab er den Impuls zu einer Verjüngung des gesammten Wesens der Erziehung. Ebenso leitete er auch auf dem Gebiet der Homiletik und Katechetik zu manchen glücklichen Reformen über. Die Reinbeck, Teller, Spalding, Zollikofer, Henke, Niemeyer, Dinter u. s. w. haben das entschiedene Verdienst, dem Scholasticismus der alten Orthodoxie eben so sehr, wie den abgeschmackten Spielereien des Pietismus ein Ende gemacht, den Geschmack in Predigten aufgeklärt, der Jugend gesundere Kost dargeboten und die Praxis der Kirche mehr in Einklang mit der fortgeschrittenen Bildung gesetzt zu haben. Blieb der Rationalismus dabei noch zu sehr auf halbem Wege stehen, vertiefte er sich innerhalb seiner Glaubens- und Sittenlehre nicht gründlich genug in den Gehalt der Schrift und des kirchlichen Glaubens: so hing das mit dem gesammten Charakter des Zeitalters der Aufklärung zusammen.

Das Eigenthümliche seiner Zeit lag darin, daß sie sich in ihrem Streben zu den neuen reformatorischen Zielen noch auf jedem Schritt und Tritt durch die, aus früheren Perioden herstammenden, immer noch stark reagirenden Vorurtheile des allgemeinen Bewußtseins gehemmt sah, daß sie daher noch alle ihre Kraft in der Herbeiführung eines endlichen, vollständigen Bruches mit denselben erschöpfen mußte. In Folge davon blieb die gesammte Bildung, mit Ausnahme der klassischen Erzeugnisse der schönen Literatur und der reformatorischen Leistungen eines Lessing, Kant, Herder, Jacobi, Fichte u. A. noch überwiegend im Negativen oder in der Hervorbringung von bloßen Mittel- und Uebergangsgattungen stecken. Ganz dem analog verhielt sich auch der Rationalismus als eine noch unsicher zwischen dem Alten und Neuen hin und her schwankende Uebergangsgestalt. Seine Aufgabe war zunächst eine mehr negative, eine aufräumende und eben damit überall nur eine vorbereitende. Das innere, tiefere Wesen des Neuen, das er anzubahnen berufen war, blieb ihm noch fast ganz verschlossen. Daher konnte sich das protestantische Bewußtsein bei fortschreitender Vertiefung in sein reformatorisches Princip nicht länger durch ihn befriedigt fühlen und suchte seine Schranken gar bald in aller Weise zu durchbrechen.

Der Hauptrepräsentant dieser neuen, epochemachenden Vertiefung wurde Schleiermacher. Er ist der theologische Reformator des 19. Jahrhunderts, der die durch Lessing, Kant, Herder, Jacobi, Fichte und Schiller dem Selbstbewußtsein der Zeit vindicirten Elemente des modernen Protestantismus auf das Tiefste in sich concentrirte. Nicht nur den kritischen und speculativen Forderungen der durch Lessing und Kant zum Bewußtsein ihrer Autonomie erwachten Vernunft, sondern auch den positiven Aussagen des frommen Gefühls und der christlichen Erfahrung suchte er gerecht zu werden, und ging durch die Kraft und Universalität seines Geistes auf diesem Wege sowohl über den Rationalismus wie auch über den gegen denselben reagirenden Supernaturalismus der damaligen Zeit als Bahnbrecher der evangelischen Zukunftskirche weit hinaus. Allein bei Weitem die meisten seiner theologischen Zeitgenossen folgten dem großen Manne nur nach der Richtung hin, in welcher er den Rationalismus bekämpfte, und wußten ihn nach dieser Seite sogar noch auf das Stärkste zu überbieten; das andere Moment der Schleiermacher'schen Theologie aber, wodurch sie auch den Supernaturalismus und Orthodoxismus im Princip überwand, eigneten sich nur sehr wenige unverkürzt an. Dadurch war es mitbedingt, daß der neue Aufschwung des religiösen Lebens, welcher mit der Periode der deutschen Freiheitskriege eintrat, zur theologischen und kirchlichen Restauration führte. Man fühlte sich durch die vielfach auf dürre Moral und inhaltsleere Verstandesabstractionen hinauslaufenden Erzeugnisse des Rationalismus nicht mehr befriedigt; man sehnte sich wieder nach evangelischer Glaubensfülle. Aber die theologischen und geistlichen Vertreter dieses neuerwachten frommen Geistes waren sich des rechten Zieles der evangelischen Kirche der Zukunft, mit Ausnahme Schleiermacher's und der Wenigen, die sich ihm näher anschlossen, nur erst sehr unklar bewußt. Und daraus begreift sich, wie es in dem damals heranreifenden Geschlechte der Theologen und sonstigen frommen Kreise gar leicht zu einer überspannten Reaction gegen den Rationalismus, sowie gegen Alles, was mit den bisherigen Aufklärungstendenzen zusammenhing, kommen konnte. Auch muß man sich erinnern, wie dem zwar warmen, aber noch sehr unklaren Drange der religiösen Sehnsucht, worin man des Höchsten und Tiefsten in unmittelbarster Weise, ohne sich mit den Instanzen der historischen und philosophischen Kritik auseinander zu setzen, mächtig zu werden und dasselbe zum Gegenstande einer sinnlich gefühlvollen Vorstellung zu machen suchte, der damals auch auf anderen Gebieten herrschende, durch Schelling bereits beim Beginn des Jahrhunderts auch in der Philosophie zur Geltung gebrachte Hang des Zeitalters zum Romantischen auf das Förderlichste entgegen kam. Wie dem zufolge die Poesie und ästhetische Literatur sich mit Vorliebe dem Wunderbaren und Phantastischen zugewandt hatten, indem sie ihre Vorbilder in den Zeiten des Mittelalters suchten, so nahm fortan auch das religiöse Denken und Glauben eine vom verständigen Begriff zur Fülle der sinnlichen Anschauungsweise, aus der Region des kritischen Selbstbewußtseins in das Gebiet der stofflichen Traditionen zurücklenkende Richtung, und fortan klammerte man sich mit erneuertem Interesse besonders an derartige Momente des historischen Glaubensbewußtseins, die vor Allem der sinnlichen Phantasie zusagen, wie insonderheit die Wunder und Uebernatürlichkeiten der Schrift und des kirchlichen Dogmas. Einzelne fromm erregte Gemüther wurden von dieser romantischen Strömung so stark ergriffen, daß sie mit derselben zuletzt im Hafen der allein seligmachenden Kirche anlangten. Diejenigen aber, welche sich nicht entschließen konnten, mit dem Protestantismus gänzlich zu brechen und sich völlig wieder dem mittelalterlichen Glauben und seiner Verkörperung in der neu wiederhergestellten römischen Kirche zuzuwenden, gingen zufolge ihrer Reactionen gegen die verständige Nüchternheit des modernen Bewußtseins wenigstens bis ins 16. und 17. Jahrhundert zurück, um in den kirchlichen Zuständen jener Zeit das Ideal für die Erneuerung der protestantischen Kirche zu suchen.

Niemand hat den Ursprung und Hergang dieser verhängnißvollen Rückkehr zum alten Wunderglauben der Vergangenheit und die damit Hand in Hand gehende leidenschaftliche Bekämpfung aller Bestrebungen für die Fortentwickelung des Protestantismus anschaulicher und ergreifender dargestellt, als mein hochverehrter, innig theurer Freund R. Rothe, welcher jene merkwürdige Zeit selbst mit durchlebt hat. Ich kann mir nicht versagen, Ihnen aus seiner meisterhaften Schilderung des gewaltigen romantischen Gährungsprocesses, der sich damals der frommen Kreise unter den Theologen und Nichttheologen bemächtigte, einige der sprechendsten Züge mitzutheilen. „Das war," schreibt er, „ein neuer Frühling unseres evangelischen Glaubens nach langer Winterkälte, ein Auferstehungsmorgen, wie es schien, der evangelischen Kirche. Die zunächst vorangegangenen Menschenalter waren in unserem Deutschland in religiöser und kirchlicher Beziehung eine Zeit der Ermattung und Erkältung gewesen. Nicht, daß das Christenthum oder auch nur die christliche Frömmigkeit ihre Kraft völlig verloren gehabt hätte, nein, es war nur das Bewußtsein um sie als solche tief verschattet und damit natürlich auch der Trieb nach kirchlicher Gemeinschaft erlahmt. Da hoben sich allmählich wieder die Schatten vom Bewußtsein der Zeit; in vielen Gemüthern flammte das Licht des religiösen Glaubens wieder auf, und zwar bestimmt das Licht des Glaubens an den Erlöser, und es öffnete sich ihnen das Auge für seine Herrlichkeit. Diese neue christliche Erweckung war nicht sowohl das Werk der Kirche, die deshalb auch gar keine recht freundliche Stellung zu ihr einnahm, — sie war vielmehr das Werk vor Allem der erschütternden weltgeschichtlichen Geschicke, die nach Gottes Vorsehung über unser Volk hereingebrochen waren, und im Zusammenhange damit der herrlichen patriotischen und überhaupt moralischen Erhebung, durch welche es in den Befreiungskriegen sein Haupt wieder erhob aus der Sclaverei, — zum Theil allerdings auch des höheren Aufschwunges, den die Wissenschaft unter uns genommen hatte, besonders die Philosophie. Aber nichtsdestoweniger mußte der neu anbrechende religiöse Morgen auch der Kirche zu Gute kommen, um so gewisser, da die deutliche Unterscheidung von Christenthum und Kirche jener Zeit noch weniger geläufig war, als der unsrigen. Eine Erneuerung der evangelischen Kirche wurde bald die Losung, und zahlreiche Entwürfe für sie traten ans Licht. Auch der Gedanke und Versuch der Union der evangelischen Schwesterkirchen entsprang aus diesem Aufschwunge. Die Theologie insbesondere entfaltete ihre Schwingen von Neuem mit frischem Muth. Neben Schleiermacher ließen Neander und Lücke die Zeitgenossen vom Standpunkte der neuen Zeit aus die unvergängliche Herrlichkeit des alten Glaubens schauen. O, wie schlug damals der theologischen Jugend das Herz so hoch, und dabei so frei und so unbefangen, in der arglos freudigen Zuversicht, daß ihr Alles gehöre, wenn anders sie selbst Christi sei! Es war eine Neugeburt des deutschen

Volkes durch die Kraft des wieder lebendig gewordenen Evangeliums, eine Neugestaltung seines gesammten Lebens, also namentlich auch des öffentlichen und politischen, durch den reinigenden und belebenden Geist des Glaubens an den Erlöser, und mit dem Allen einer wahren deutschen evangelischen Volkskirche, was dieser ersten Begeisterung als der Gegenstand ihrer Hoffnungen vorschwebte und als das Ziel ihrer Bestrebungen; dies und nichts geringeres. Aber diese Hoffnungen waren leider voreilige. Der Zauber der ersten Morgenfrühe zerrann nur allzu schnell. Es stellte sich bald ein verhängnißvolles Mißtrauen ein — das natürlich sofort ein gegenseitiges wurde — zwischen den Regierungen und den Regierten. Das öffentliche Leben wurde dem neu erwachten christlichen Glauben bald verschlossen. Auf seinem Felde sich zu bethätigen, drängte es den jungen christlichen Geist. In seiner frischen, gesunden Luft würde er sich zu einem tapferen, männlichen Charakter erkräftigt, sich zu einer rüstigen, thatkräftigen, ins wirkliche Leben, es versittlichend, eingreifenden, zu einer nicht auf müßige Grübeleien und leere Formen, sondern auf praktische Ziele gerichteten Art gestählt haben, wie sie das englische Christenthum, das sie von eben daher hat, so wohl und so ehrfurchtgebietend kleidet. Aber das wurde ihm versagt; er konnte seine Lebensfülle nicht ausströmen in große sittliche Ideen und Aufgaben. Statt eines christlichen nationalen Lebens, das wir im ersten Morgenroth des neuen Tages aufsteigen gesehen, fanden wir die in uns erweckte religiöse Kraft in die Enge der rein privatlichen Lebenskreise confinirt. Daher flüchtete die Frömmigkeit, weil sie keinen Anhalt im staatlichen Gemeindewesen fand, sich in die Kreise der wenigen noch übrig gebliebenen Stillen im Lande, die eben daher von nun an mit plötzlicher Schnelligkeit sich weit ausbreiteten. Die junge christliche Gläubigkeit wurde weitaus dem größeren Theile nach P i e t i s m u s. Der Pietismus aber ist das ausschließend religiöse, also nicht religiös-sittliche, das ausschließend persönliche oder private, kein christliches Gemeindewesen stiftende Christenthum. Diese beklagenswerthe Wendung der Dinge konnte nicht ohne störende Wirkung auf die Entwickelung der sich neu gestaltenden Theologie bleiben. S c h o n d a s w a r v o m U e b e l, d a ß i n F o l g e d e r H i n w e g d r ä n g u n g d e r c h r i s t l i c h e n F r ö m m i g k e i t v o n d e r M i t a r b e i t a n d e n A u f g a b e n d e s n a t i o n a l e n L e b e n s d a s c h r i s t l i c h e I n t e r e s s e u n d d i e B e t r i e b s a m k e i t d e r v o n i h m E r g r i f f e n e n s i c h m i t g a n z u n v e r h ä l t n i ß m ä ß i g e r S t ä r k e a u f d i e T h e o l o g i e w a r f e n. Die Meinung, die ja ohnehin schon herüber kam aus der früheren Periode, daß es für das Christenthum und insbesondere für die christliche Frömmigkeit in erster Linie auf die Herstellung einer christlich correcten Religionslehre ankomme und auf die Erwirkung einer möglichst allgemeinen und lebhaften Anerkennung dieser Lehre, mußte unter den gegebenen Verhältnissen noch gesteigert werden. Diese so ganz über das gebührende Maß hinaus gepflegte Theologie neigte sich nun überdies sehr früh zum Repristiniren, und dies war ein zweiter leidiger Uebelstand. Ihre Hauptaufgabe glaubte sie in der Restauration derjenigen theologischen Anschauungs- und Vorstellungsweisen zu finden, welche die voraufgegangene Periode der Aufklärung und des Rationalismus umgestoßen hatte. Wie wir so die Bibel, wie sie vorliegt, unbesehen frischweg wieder für das nahmen, was sie unserer älteren Theologie ebenso unbesehen gewesen war, so griffen wir in gleicher Arglosigkeit auch wieder nach der alten kirchlichen Dogmatik. Es dünkte uns ganz selbstverständlich, daß mit dem alten evangelischen Glauben auch die alte evangelische Theologie wieder auferstehen müsse. Anfangs ging es dabei wirklich auf völlig unbefangene Weise zu; aber bald mußten wohl im Fortgange der theologischen Arbeit Thatsachen genug zu Tage kommen, welche die Täuschung ans Licht stellten, die in jener naiven Voraussetzung lag; und wenn man sie auch jetzt noch festhielt, so hatte es freilich ein Ende mit der unschuldigen Unbefangenheit. Es ist notorisch, daß gleichwohl viele Theologen wirklich auf dem anfänglichen Standpunkte beharrten und grundsätzlich — nun aber freilich in einem gar viel anderen Geiste, als es von vornherein geschehen war — daran arbeiteten, die alte Theologie in ihren ehemaligen Besitzstand wieder einzusetzen, und sie als die allein legitime proclamirten, sowie daß in einem großen Theile des protestantischen Deutschlands eben diese Theologie je länger desto ausgesprochener die eigentlich officielle wurde." [1])

Unterdessen hatte sich auch bereits eine tiefere Entwickelung der deutschen Theologie im echten Geist des Protestantismus angebahnt. Die ausgezeichnetsten Theologen hatten schon längst erkannt, daß das Heil der Kirche nicht in der Vergangenheit, sondern in der Zukunft liege; daß es daher eine neue, noch viel mehr als bisher im Geist der christlichen Wahrheit und Frömmigkeit zu Stande zu bringende allseitige Vermittelung der echten christlichen Gläubigkeit mit der Vernunft und Wissenschaft der Zeit gelte. Fortan setzten die gründlichsten und tiefsten theologischen Denker, an ihrer Spitze Männer wie Schleiermacher, De Wette, Daub, Schwarz, Marheineke, Lücke, Neander, Nitzsch, Gieseler, Winer, Hase u. A. alle ihre Kraft an die Aufgabe, den vollen Gehalt des christlichen Glaubens nicht nur der Verkümmerung und Verseichtigung des Rationalismus gegenüber wieder unverkümmert aus der heiligen Schrift zu schöpfen, sondern ihn auch in Formen des Gedankens und des Bewußtseins zur Darstellung zu bringen, die lebendig aus dem Geiste der Gegenwart hervorquellen. Galt es im Gegensatz zu dem oberflächlichen und unhisto-

[1]) Zur Orientirung über die gegenwärtige Aufgabe der deutsch-evangelischen Kirche. Von Dr. R. Rothe. In Schenkel's Allg. kirchl. Zeitschrift. 3. Jahrgang. 1. Heft. 1862.

rischen Kriticismus der rationalistischen Periode eine klare und möglichst objective Sicherstellung des von dem letzteren so vielfach verflüchtigten oder depotenzirten, göttlichen Offenbarungsgehalts der Schrift, so handelte es sich, dem neu verstärkten, nach den abgelebten Formen des kirchl. Dogmas zurückgreifenden Supernaturalismus gegenüber, wesentlich um den Nachweis, daß die Quelle der Religion und Offenbarung nicht bloß in der Vergangenheit, sondern in dem ewig lebendigen, im Herzen und Gewissen der Gegenwart sich unmittelbar bezeugenden, den Menschengeist immanent-transcendent durchwirkenden Gottesgeiste liege. In letzterer Beziehung mußte man also den Offenbarungsgehalt der Schrift auch zugleich als immanentes Object des christlich bestimmten Selbstbewußtseins, in völliger Unabhängigkeit von den zufälligen Zeitvorstellungen, womit ihn schon die Verfasser der einzelnen biblischen Bücher, und noch mehr die Kirchenväter umkleidet, und wovon ihn die Reformatoren noch lange nicht völlig befreit hatten, zur Geltung und Darstellung zu bringen suchen. Das that vorzüglich Schleiermacher.[1]) Und so entstand die freie evangelische Theologie der Gegenwart. Ein großes Verdienst um die Fortbildung derselben hat sich, außer Männern wie Hase, Al. Schweizer, Rothe, Ewald, Weiße u. A., der erst jüngst verstorbene große Tübinger Theologe, F. Chr. Baur, durch seine eben so kenntnißreiche als scharf und gründlich eindringende Kritik der Geschichte des Urchristenthums, sowie durch seine geschichtliche Darstellung der Entwicklung der christlichen

[1]) Schleiermacher (sagt Zeller, Vorträge und Abh. Leipzig 1865. S. 179 und 200.) war nicht allein der größte Theologe, welchen die protestantische Kirche seit der Reformationszeit gehabt hat, nicht allein der Kirchenmann, dessen große Gedanken über die Vereinigung der protestantischen Bekenntnisse, über eine freiere Kirchenverfassung, über die Rechte der Wissenschaft und der religiösen Individualität, trotz alles Widerstandes sich durchsetzen werden und eben jetzt aus tiefer Verdunkelung sich aufs Neue zu erheben begonnen haben, nicht allein der geistvolle Prediger, der hochbegabte, tief wirkende, das Herz durch den Verstand und den Verstand durch das Herz bildende Religionslehrer, Schleiermacher war auch ein Philosoph, der ohne geschlossene Systemform doch die fruchtbarsten Keime ausgestreut hat, ein Alterthumsforscher, dessen Worte für die Kenntniß der griechischen Philosophie von epochemachender Bedeutung sind, ein Mann endlich, der an der staatlichen Wiedergeburt Preußens und Deutschlands redlich mitgearbeitet, der im persönlichen Verkehr auf Unzählige anregend, erziehend, belehrend eingewirkt, der in Vielen ein ganz neues geistiges Leben wachgerufen hat. — Schleiermacher ist der Erste, welcher das eigenthümliche Wesen der Religion gründlicher erforscht und dadurch auch der praktischen Bestimmung ihres Verhältnisses zu anderen Gebieten einen unberechenbaren Dienst geleistet hat; er ist einer der bedeutendsten unter den Männern, welche seit mehr als einem Jahrhundert daran arbeiten, das allgemein Menschliche aus dem Positiven heraus zu arbeiten, das Ueberlieferte im Geiste unserer Zeit umzubilden, einer der Vordersten unter den Vorkämpfern des modernen Humanismus.

Kirche und Lehre erworben. Wie sehr er auch in einzelnen Punkten geirrt haben mag, und obgleich er über den Hegel'schen Pantheismus und Begriffsschematismus nicht völlig hinausgekommen ist, so verdankt ihm doch die neuere protestantische Theologie einen ihrer kräftigsten Impulse. Ja selbst das Werk von David Fr. Strauß über das „Leben Jesu" hat, trotz seiner destructiven Tendenz, viel mit dazu beigetragen, das kritische Bewußtsein zu schärfen und die Bahn frei zu machen für die Fortentwicklung einer wahrhaft positiven Theologie.

Die letztere hat fortan sicheren Schrittes und mit klarem Bewußtsein die gesunde Mitte zu halten zwischen den einseitigen Gegensätzen der Zeit, indem sie sowohl die rationalistische und pantheistische Verirrung der Vertreter der freien theologischen Wissenschaft, als auch die restaurative und repristinirende Tendenz der Repräsentanten kirchlicher Gläubigkeit durch eine immer gründlicher anzustrebende Versöhnung von Glauben und Wissen zu überwinden sucht. Sie hat sich, in Wechselwirkung mit allen Culturbestrebungen der Zeit, immer tiefer hineinzuleben in die Idee des christlichen Theismus und in das wesentliche Princip der evangelischen Kirche, ohne dabei zu übersehen und unbenutzt zu lassen, was die beiden genannten Richtungen, während ihrer jeweiligen Zeitberechtigung, im Interesse der Kirche bleibend erwirkt, und auf welche Schäden derselben sie hingedeutet haben und noch hindeuten.

Sie werden nun leicht erkennen, mein lieber Freund, daß zur Erfüllung dieser großen Aufgabe nur eine solche Theologie befähigt ist, die das von Lessing, Kant, Herder und Schleiermacher überkommene Erbe nicht nur zu bewahren, sondern noch immer tiefer zu begründen, noch immer erfolgreicher zum wahrhaft positiven Ertrage sowohl für die christliche Bildung des Volks überhaupt, wie für die kirchliche Praxis insonderheit zu verwerthen weiß. Von ihr hängt die Zukunft der evangelischen Kirche, die Genesung derselben von ihrer schweren Erkrankung auf theoretischem und praktischem Gebiete ab. Sie muß daher am Steuerruder der Kirche sitzen, wenn es gelingen soll, das Schiff derselben auf den bewegten Wogen des Zeitgeistes ungefährdet hindurch zu lenken zwischen der Charybdis des Unglaubens auf der einen und der Scylla des Aberglaubens auf der anderen Seite. Aber sie kann es nur auf Grund des christlichen Gemeindeprincips oder des allgemeinen christlichen Priesterthums, dessen Entfeßlung und Verlebendigung sich unser Deutscher Protestantenverein zu seiner Aufgabe gemacht hat. Lassen Sie uns beten und mit dahin arbeiten, daß es ihm durch Gottes Gnade gelingen möge, diese große Aufgabe im echt evangelischen Geiste zu lösen.

Zweiter Brief.

Ja, es muß in der That eine gar schöne Zeit gewesen sein, die Zeit nach den Freiheitskriegen und in den Tagen der dreihundertjährigen Reformationsfeier, und ich freue mich, daß die im vorigen Briefe mitgetheilte Charakteristik derselben aus der Feder eines der größten und würdigsten Theologen der Gegenwart auch Sie tief angesprochen hat. Ach, daß doch die Schirmherren und Lenker der Kirche auf den deutschen Thronen und an der Spitze der einzelnen Landeskirchen es damals über sich vermocht hätten, den Forderungen der neuen Zeit zu entsprechen! Daß sie doch mit der Einführung des Constitutionalismus auf politischem Gebiete vollen Ernst gemacht und mit diesem zugleich auch die schon öfter verheißene Verfassung der evangelischen Kirche hätten endlich zur Entwickelung kommen lassen. Wie viel heilsamerer Wirkungen würden Fürsten und Völker sich davon zu erfreuen gehabt haben! Es würde durch eine volksthümliche Verfassung der Kirche nach und nach eine allseitige Vermittelung der Kirche mit den Elementen der modernen Cultur angebahnt worden sein, es würden sich damit eine Menge geistiger Kanäle gebildet haben, wodurch es immer mehr ermöglicht worden wäre, die belebenden Kräfte des evangelischen Geistes auch in die rohen Massen hinüberzuleiten.

Es sollte leider ganz anders kommen! Dem verheißungsvollen Morgen der neuen Zeit folgte ein nebelgrauer Tag, folgte bald die Periode der Reaction und Restauration. Wie die Regungen des in Verjüngung begriffenen deutschen Volksthums fast überall kein rechtes Verständniß und noch weniger ein vertrauungsvolles Entgegenkommen fanden in den höheren und höchsten Regionen; wie man sie besonders auf politischem Gebiete, namentlich in Folge des damals neu auflebenden, erst durch den jüngsten großartigen Krieg hoffentlich für immer gebrochenen verderblichen Einfluß Oesterreichs, in aller Weise zu verdächtigen, zu beschränken, zu verkümmern oder gar gewaltsam zu unterdrücken suchte, weil man sich zu dem Glauben an den göttlichen Ursprung des neuen Geistes nicht zu erheben vermochte: so betrachtete man auch das immer mehr aufkommende Verlangen nach Synoden und nach einer dadurch zu erzielenden Verjüngung der Kirche aus den Elementen des Volksgeistes mit mißtrauischen Blicken. Und so geschah es, daß trotz der Union der beiden evangelischen Schwesterkirchen, die sich in mehreren deutschen Landeskirchen Bahn brach, nach und nach eine kirchliche Restauration sich geltend machte, die Hand in Hand mit der politischen Reaction das neue Geistesleben zu dämpfen, ja endlich ganz zu ersticken drohte.

Für die Fortentwickelung des Princips der Union sollte es bald verhängnißvoll werden, daß sie, statt die Bedingungen für ihre lebendige Einwurzelung und Fortbildung in der sehnlich erwarteten und schon mehrfach vorbereiteten Synodal- und Presbyterialverfassung zu gewinnen, ihren Abschluß innerhalb der preußischen Landeskirche mit der Agende empfing! Die ganze Art der Einführung der letzteren war ebenso bezeichnend, als die mehrfache scharfe Polemik des größten Theologen des Jahrhunderts wider sie. Mit ihr hatte der kirchliche Versteinerungsproceß, der von nun ab immer stärker um sich griff, seine ersten, festen Krystallisationspunkte angesetzt.

In den für das Leben und Bestehen der unirten Staatskirche maßgebenden Kreisen hatte schon längst die Ansicht Raum gewonnen, daß in der Kirche Alles recht uniform und unbeweglich sein müsse, sowohl in der Lehre, wie im Cultus. Man glaubte, daß sie nur in dieser Gestalt zur festen Stütze für Staat und Gesellschaft dienen könne. Der schon an sich bedenklichen Forderung, daß der Geist der Kirche sich in festen Institutionen, sowie in gewissen objectiven, von den Oscillationen des subjectiven Denkens und Meinens möglichst unabhängigen Lehrnormen verkörpern müsse, glaubte man nicht besser entsprechen zu können, als durch einfaches Zurückgehen auf die alten kirchlichen Bekenntnisse und Agenden. Aber damit gerieth man immer mehr in die Bahn, die, consequent verfolgt, ins Lager der römischen Kirche hinüberführt. Schon wurden hier und da in den Kreisen der Theologen Stimmen laut, welche trotz Schleiermacher die längst zusammengestürzten und unter altem Schutt begrabenen Satzungen der altkirchlichen Lehre und Praxis als die allein sicheren Fundamente anpriesen, die man im Anschluß an die Agende wieder zu errichten habe. So wurde es allmählich bei den neuen Gläubigen zum ordentlichen Axiom, daß man die evangelische Kirche vor nichts so sehr zu wahren habe, als vor dem Umsichgreifen des mit der freien protestantischen Schriftforschung Hand in Hand gehenden Princips der freien Subjectivität, der Autonomie der Vernunft und des Gewissens. Statt dem überall im Aufstreben begriffenen, durch Schleiermacher mit den Elementen der christlichen Frömmigkeit getränkten Geiste der evangelischen Freiheit, der nach dem Ableben des alten Rationalismus neue Knospen trieb, mit dem vollen Spielraum auf theoretischem Gebiet zugleich auch den rechten fruchtbaren Boden innerhalb der kirchlichen Praxis durch die Entfesselung des Priesterthums der Gemeinde zu bereiten und ihm so die großen praktischen Aufgaben der kirchlichen Organisation zu stellen, für deren Lösung er genöthigt gewesen wäre, sich immer völliger und glaubensinniger mit allen seinen theoretischen und praktischen Bestrebungen in den objectiven Gehalt der göttlichen Offenbarung, in den ewigen Kern des Evangeliums zu vertiefen: suchte man eine kirchliche Objectivität zu sanctioniren, die nichts war als ein Mischprodukt aus den abgelebten Gebilden bereits längst überschrittener Phasen des protestantischen Subjectivismus. Das konnte nur dazu dienen, das Streben des Protestantismus nach Fortentwickelung immer mehr in die Stimmung einer leidenschaftlichen Opposition zu versetzen.

Der Geist eines geistig kräftigen, durch den siegreich vollzogenen Eintritt für seine Freiheit und für das Gedeihen seiner edelsten Güter zum Bewußtsein seiner Rechte und Pflichten erwachten Volkes läßt sich nicht so ohne Weiteres wieder zur bloßen Passivität auf irgend einem seiner sittlichen Lebensgebiete herabdrücken. Am Wenigsten läßt er sich diesen Druck ohne kräftige Opposition auf dem Gebiete des religiösen Glaubens gefallen, da das Wesen des Glaubens schon von Natur nach der Atmosphäre völliger Freiheit verlangt. Und schon hatte sich, gegenüber der, in der Gestalt der Romantik erscheinenden ersten Phase der kirchlichen und politischen Reaction, die neuere Philosophie Bahn gebrochen. Schon war sie in ihrer, durch Kant, Fichte, Schelling, Hegel und die Hegel'sche Schule eingeschlagenen, auf vollständige Durchführung der Vernunftautonomie hinzielenden Richtung von einer Consequenz zur andern fortgeschritten. Selbst Männer wie Göschel und die andern speculativen Vermittlungstheologen, konnten diesen Consequenzen späterhin nur für kurze Zeit die Spitze abbrechen. Es bahnte sich unter der Führung der neueren Philosophie eine ähnliche Revolution auf den wichtigsten Gebieten des geistigen Lebens an, wie einst in Frankreich auf politischem Boden. Diese Aehnlichkeit war, wie ein jüngst verstorbener großer Theologe sich ausdrückt, nicht bloß die allgemeine, die alle Revolutionen, von welcher Art sie sein mögen, mit einander gemein haben, sondern sie bestand in der Einheit desselben Princips. „Dasselbe, die Zeit bewegende Princip, durch welches in Frankreich eine politische Revolution entstand, brach sich in Deutschland in der Welt des Gedankens eine neue Bahn. Die alte Monarchie mit ihrem Absolutismus war ein ebenso transcendentes System abstracter, traditioneller und dogmatischer Begriffe, wie der Dogmatismus der alten Metaphysik. Das eine Gebäude wie das andere fiel in sich selbst zusammen, sobald man nach dem Grunde fragte, auf welchem es beruhe; dort, als das nationale Bewußtsein sich in sich selbst erfaßte; hier, als der denkende Geist in sein eigenes Bewußtsein zurückging. Hier wie dort war es ein Zurückgehen des Geistes in sich selbst, eine Vertiefung des Geistes in sich selbst, das Hervortreten eines allgemeinen Princips, in welchem er sich als die souveräne Macht über Alles, was er nicht selbst ist, weiß." [1])

Durch Schleiermacher vorzüglich war dieser neue Schößling des protestantischen Princips zugleich mit der für seine gesunde Fortentwicklung nothwendigen, evangelischen Glaubenssubstanz im Geist der wahren Freiheit getränkt worden. Und so würde die Fortentwicklung des modernen Geisteslebens, im Gegensatz zur französischen Revolution, im deutschen Volke immer mehr nach den Normen einer gesunden Evolution verlaufen sein, wenn man dem neuerwachten Geiste nur rechtzeitig die Bedingungen für die weitere Assimilation positiver Erfahrungs- und Lebenselemente gewährt hätte. Allerdings wohnte ihm eine gewisse negative und revolutionäre Tendenz inne, und diese hatte auch, den noch übrig gebliebenen Resten falscher Positivität, und namentlich der aufstrebenden Reaction gegenüber, ihre volle Berechtigung. Allein sie würde nur zu einer allmählichen Umbildung der Theologie und Kirche, sowie des Rechts und der Formen des Staats im Geist der wahren, christlichen Freiheit geführt haben, und wir würden vor allen derartigen gewaltsamen Erschütterungen, wie sie in Frankreich um sich gegriffen hatten und noch immer mit neuen Ausbrüchen drohen, sichergestellt geworden sein, wenn die neuen Triebkräfte des protestantischen Princips Veranlassung gefunden hätten und sittlich genöthigt gewesen wären, sich sowohl auf kirchlichem wie auf politischem Gebiet den Tiefen der inneren und äußern Erfahrung zuzuwenden. Es hätte sich dann in der evangelischen Kirche eine Theologie entwickelt, die sich, als die höchste Blüthe der modernen Culturentwicklung, nach Schleiermachers Vortritt, nicht nur immer tiefer in den ewigen Schriftgehalt, sondern auch in das Verständniß des in den Tiefen des religiösen Bewußtseins waltenden, christlichen Offenbarungsgeistes hineingelebt haben würde.

Nun bildet sich aber die rechte Fülle religiös-sittlicher Erfahrungen, an denen das neue Princip die Correction für seine zunächst nur abstrakte Gestaltung gefunden haben würde, nur im Bewußtsein und Leben eines volksthümlich organisirten, religiös-sittlichen Gesammtgeistes, und der fruchtbarste Schooß für ihre Erzeugung ist jedenfalls eine volksthümliche, in allseitige Wechselwirkung mit dem freien Staate und mit der gesammten Culturentwicklung gesetzte Kirche. Dagegen laufen vereinzelt stehende religiöse oder philosophische Persönlichkeiten, sowie die von ihnen ausgehenden Schulen und Sonderrichtungen immer leicht Gefahr, in allerlei überspannte Zustände und hohle Abstractionen zu gerathen. Gerade aber die Bildung einer derartigen, allseitig vergliederten

[1]) Kirchengeschichte des neunzehnten Jahrhunderts von Dr. F. Chr. Baur. 1862. S. 58.

Kirche wußte die kirchliche Restauration, vermöge ihrer Verbindung mit der politischen Reaction, durch alle Mittel zu verhindern. Und hier liegt nun der Grund, mein lieber Freund, daß der neuerwachte Bildungstrieb des protestantischen Geistes, bei seinem Hinüberstreben in die neueste Entwickelungsphase, in eine überreizte Spannung gerieth. Je mehr man ihn durch Zurückweisung aus dem Felde der politischen und kirchlichen Praxis auszuhungern suchte, desto einseitiger und heftiger entwickelte sich sein Drang und Hunger nach Freiheit und eingreifender Thätigkeit auf theoretischem Gebiet, und er nahm von da aus immer mehr eine erbitterte Stellung gegen die bestehende Kirche.

Sie sehen so, mein Freund, wie es geschehen konnte, daß sich der modernen Wissenschaft immer mehr eine Stimmung bemächtigte, die sich, namentlich bei den philosophisch gebildeten Vertretern derselben, um so entschiedener und feindseliger von aller religiösen Glaubenssubstanz abkehrte, je mehr diese durch die Theologie der Restauration eine falsche Färbung annahm, und, je mehr die Theologie selbst dazu fortging, allen Forderungen der Wissenschaft Hohn zu sprechen.

Schon um die Zeit der Julirevolution und auch bereits vor derselben war es zu einer solchen Spannung zwischen beiden Richtungen gekommen, daß Schleiermacher bereits den vollen Bruch voraussah. Ich werde diese Zeit nicht mehr erleben, schrieb er damals (im Jahre 1829) an Lücke, sondern kann mich ruhig schlafen legen. Aber Sie, mein Freund, und Ihre Altersgenossen, so viele deren mit uns gleiches Sinnes sind, was gedenken Sie zu thun? Wollt ihr euch dennoch hinter diesen Außenwerken verschanzen, und euch von der Wissenschaft blokiren lassen? Das Bombardement des Spottes, welches dann auch von Zeit zu Zeit erneuert werden wird, will ich für nichts rechnen; denn das wird auch euch, wenn ihr nur Entsagung genug habt, wenig schaden. Aber die Blokade! Die gänzliche Aushungerung, die dann, nothgedrungen von euch, eben weil ihr euch so verschanzt, die Fahne des Unglaubens aufstecken muß! Soll der Knoten der Geschichte so auseinander gehen; das Christenthum mit der Barbarei, und die Wissenschaft mit dem Unglauben? Viele freilich werden es so machen; die Anstalten dazu werden schon stark genug getroffen, und der Boden hebt sich schon unter unsern Füßen, wo diese düstern Larven auskriechen wollen von enggeschlossenen, religiösen Kreisen, welche alle Forschung außerhalb jener Umschanzungen eines alten Buchstaben für satanisch erklären. [1])

---

[1]) Schleiermacher: Ueber seine Glaubenslehre an Dr. Lücke. Sämmtliche Werke. Erste Abtheilung: Zur Theologie. Bd. II, S. 614.

Wie gar bald doch sollte der Sturm losbrechen, den der große theologische Seher bereits im Anzuge sah. Je mehr nämlich die von oben her begünstigten Bestrebungen für die Wiederherstellung der Orthodoxie immer unverkennbarer auf die Errichtung eines, dem Volke verhaßten Pfaffenthums innerhalb der evangelischen Kirche hinzielten, desto stärkere Sympathien entwickelten sich fortan in den Kreisen, wo moderne Bildung im Schwange ging, für alle solche Bestrebungen, die dazu angethan schienen, demselben einen tüchtigen Stoß zu versetzen.

Und ein solcher Stoß, der die ganze bisherige Theologie über den Haufen zu werfen drohte, ließ nicht lange mehr auf sich warten. Schon inmitten der dreißiger Jahre ging er von dem gewaltigen Manne aus, der von da ab der Hauptvertreter der negativen und destructiven Tendenz der Kritik auf theologischem Gebiete geworden ist. Das war der damalige Repetent am theologischen Seminar zu Tübingen, Dr. David Friedrich Strauß. So einschneidend war der Eindruck, den das Werk dieses hochbegabten Mannes über das Leben Jesu im Gefühle der Zeit hervorrief, daß es Manchen scheinen konnte, als ob der Geist Lessing's noch einmal zurückgekehrt sei, um den, bereits vor mehr als einem halben Jahrhundert entbrannten Kampf gegen den Buchstabenglauben und das Pfaffenthum der protestantischen Rechtgläubigkeit von Neuem aufzunehmen und zum letzten Ziele zu führen. Dem tiefer Blickenden freilich konnte nicht verborgen bleiben, daß Strauß zwar, was die Schärfe der kritischen Spürkraft, die Plastik und Anmuth der Darstellung, die Feinheit treffender Pointen, so wie namentlich den schneidenden Witz, die stechende Ironie und die Gewandtheit der Dialektik auf polemischem Gebiete betrifft, die Höhe eines Lessing fast erreichte, da er in dieser Hinsicht auch Schleiermacher'sche Elemente in sich aufgenommen hatte; daß er dagegen hinsichtlich der Befähigung, dem christlichen Glaubensinhalte selber gerecht zu werden, hinter beiden großen Männern bedeutend zurückstand.

Um noch etwas näher auf den Vergleich mit Lessing einzugehen, so war dieser ein Protestant im vollen Sinne des Wortes, ein ächter Fortbildner und Reformator des protestantischen Princips selber. Seine Kritik endigte niemals, endigte am Wenigsten auf religiösem und theologischem Gebiete in bloßen Verneinungen. Er wußte den Kern des christlichen Glaubens unverletzt aus der Schale der Tradition und des Dogmas hervorzulangen, um ihn dem Bewußtsein der Zeit in kräftig ansprechender Weise zugänglich zu machen. Ueberall ist, wie C. Schwarz in seiner allgemeinen Charakteristik des Lessing'schen Genius treffend hervorhebt, bei demselben das Streben bemerkbar, nicht allein die Irrthümer zu zerstören, die falschen Autoritäten von ihrem Thron zu stoßen, sondern zugleich durch diese Hinwegräumung des ganzen Schuttes der Vorurtheile und Verirrungen, Raum zu gewinnen für die Keime des Bessern, neue und festere Gedankengrundlagen zu legen, auf Ideale hinzuweisen, Fernsichten zu eröffnen in bis dahin unbekannte Räume. [1]) Strauß dagegen verirrte sich nur zu häufig bis zur Verletzung der christlichen Glaubenssubstanz selber. Wenn er sich auch fern hielt von aller Frivolität im Voltaire'schen Geschmack, so liefen doch die durch seine Speculation an die Stelle der positiven christlichen Glaubenssätze gesetzten sogenannten Ideen nach rückwärts und vorwärts auf lauter unerquickliche Abstractionen hinaus.

Gleichwohl weckte die Strauß'sche Kritik bereits die stärksten Sympathien weit und breit in gebildeten Laienkreisen, wie die (vom Jahre 1835 an) schnell hinter einander vergriffenen vier starken Auflagen des Leben Jesu beweisen. Während sie unter den Theologen Schrecken und Entsetzen verbreitete, erschien sie dem gebildeten Publikum mehr als ein der Wahrheit selber geleisteter guter Dienst, was sie in gewisser Hinsicht auch war, nicht aber als ein Angriff auf das Heiligthum des christlichen Glaubens. Je mehr man sich von dieser Seite indignirt fühlte über die Machinationen eines neu wieder aufstrebenden Aberglaubens, um so weniger konnte man sich einer gewissen Schadenfreude erwehren über die Verwüstungen, die dieser Sturm gegen das mit so viel Aufwand von Kraft mühsam wieder hergestellte Bollwerk der altkirchlichen Rechtgläubigkeit anrichtete. Man acceptirte die von Strauß neu präparirten, von Jahr zu Jahr weiter um sich fressenden und endlich seit dem Angriff auf die gesammte kirchliche Glaubenslehre stromweis sich ergießenden, scharfen Säuren der Kritik als die wirksamsten Mittel gegen den Krebs des religiösen Obscurantismus.

Am Nachhaltigsten griff das Strauß'sche Leben Jesu in das Bewußtsein der Zeit; so nachhaltig, daß die Folgen davon noch jetzt, nach mehr als dreißig Jahren, in starken Nachschwingungen fortdauern. Selbst das Leben Jesu von Renan ist mehr oder weniger nur ein ins Romantische hinüber schillernder Nachhall desselben auf dem Resonanzboden romanischer Nationalität. Auch die von Strauß selbst in den letzten Jahren veröffentlichte Bearbeitung seines Lebens Jesu für das deutsche Volk bringt, mit Ausnahme einzelner, durch Berücksichtigung besonders der Tübinger Schule erfolgten Abänderungen der kritischen Voraussetzungen, im Wesentlichen nur dieselben Gesichtspunkte und Resultate wieder, nur ohne den früheren, gelehrten Apparat. Man kann wohl behaupten, daß die weitgreifenden Folgen der Kritik des Leben Jesu von Strauß erst jetzt vollständig zu Tage treten, sowohl die heilsamen wie die verderblichen. Die letzteren haben die rechten, entsprechenden Bedingungen für ihre Einwirkung auf den deutschen Volksgeist erst im Zusammentreffen mit den

---

[1]) Lessing als Theologe, von C. Schwarz. 1854. S. 3.

atheistischen Doctrinen des unterdessen immer allgemeiner aufgekommenen Materialismus gefunden.

Nichts ist so geeignet, die Krankheit der evangelischen Kirche und den fortschreitenden Entwickelungsproceß derselben mehr offenbar zu machen, als die Ohnmacht ihres orthodoxen Glaubensbewußtseins gegenüber dem fortschreitenden Umsichgreifen der negativen Kritik und des derselben zu Grunde liegenden, widerchristlichen Princips. Ich will daher auf diesen Punkt noch etwas genauer eingehen. Lassen Sie mich den Anlauf dazu bis auf den folgenden Brief versparen.

Dritter Brief.

Es wird zweckmäßig sein, mein Lieber, daß wir uns zuvörderst erst die allgemeine philosophische Grundlage der Strauß'schen Kritik vergegenwärtigen, um sodann den Fortschritt der zerstörenden Wirkungen des mit ihr in das innere Leben der protestantischen Kirche eingedrungenen feindlichen Princips bis zu seinem Culminiren im modernen Materialismus zu verfolgen.

Es war der, mit der Schelling-Hegel'schen Philosophie zum systematischen Abschluß gelangte, moderne Pantheismus, auf dessen Boden Strauß die Hebel seiner negativen Kritik ansetzte. Und hier tritt uns nun sofort in recht auffallender Weise der damals bereits verkommene Zustand der orthodoxen Kirche und Theologie entgegen. Denn obgleich der Pantheismus, auf dessen Voraussetzungen die fortan immer allgemeiner hervortretenden Angriffe auf Kirche und Christenthum sich stützten, in sich selber durchaus unhaltbar ist, wie das von der unterdessen weiter fortgeschrittenen Philosophie schon damals auf das Bestimmteste nachgewiesen worden war: so eignete sich doch die Kirche die tieferen Culturelemente nicht an, und daher gebrach es ihr an jeder durchschlagenden Widerstandskraft. Sie fand mit ihren althergebrachten apologetischen Bestrebungen keinen Anklang mehr im gebildeten Zeitbewußtsein und vermochte daher nicht zu verhindern, daß sich in demselben immer mehr Sympathien für den Pantheismus entwickelten. Als ob die evangelische Kirche gar nicht mehr vorhanden sei, griff damals in allen Klassen der Gebildeten und besonders der Halbgebildeten, „widerlich", um mit Gervinus zu reden, „wie ein Wurmfraß, der Atheismus um sich, und ein ätzender Menschenhaß verbreitete sich durch die Negation und Verflüchtigung alles Religionsgefühls in eine herzlose Speculation." [1])

[1]) Gervinus, die Mission der Deutschkatholiken, 3. Aufl., S. 47.

Die Strauß'sche Kritik ist also, wie schon gesagt, ein Gewächs aus dem Boden des neueren philosophischen Pantheismus, und dieser selbst hing in seiner Entwickelung näher zusammen mit der Weltanschauung des jüdischen Denkers Benedict von Spinoza (gest. 1644). Man kann daher den Pantheismus, den Strauß mit vertreten half, als modificirten Spinozismus betrachten. Wenn nämlich das Eigenthümliche des Pantheismus in einer völligen Vereinerleiung Gottes und der allgemeinen Wesenheit der Welt besteht, so kann diese Einheit des Endlichen und Unendlichen entweder so gefaßt werden, daß die Welt mit ihren wandelbaren Erscheinungen zum bloßen Schein am Wesen Gottes herabsinkt, oder so, daß umgekehrt Gott nur als Weltgeist gedacht wird.

Die erste Art des Pantheismus sehen wir durch Spinoza, die zweite durch Hegel vertreten, und den Uebergang von jenem zu diesem machte Schelling durch seine eigenthümliche Verbindung des Spinozismus mit Elementen der Theosophie Jacob Böhm's (gest. 1624) und mit naturphilosophischen Ideen des Giordano Bruno (geb. zu Nola im Neapolitanischen, verbrannt als Ketzer 1600).

Spinoza wird im Grunde mit Unrecht des Atheismus geziehen, da er Gott in der That als das alleinige Sein betrachtet. Er leugnet nicht die Existenz Gottes, sondern die Wirklichkeit einer zum Fürsichsein entlassenen, von Gott unterschiedenen Welt. Freilich widerspricht auch dieser Gottesbegriff der christlichen Gottesidee auf das Entschiedenste. Denn der Gott Spinoza's ist nicht Gott im wahren Sinne, ist nicht der persönliche Urgeist, der sich dem werdenden Geiste liebend offenbart, sondern er ist nichts weiter als die unendliche, mit den Attributen des Denkens und der Ausdehnung versehene, aber des unendlichen Selbstbewußtseins und Willens ermangelnde, unendliche Substanz. Gott ist, nach Spinoza, als ewige Ursache seiner selbst, das bewußtlose, unendliche Wesen, dem zwar auch das Denken inhärirt, aber als selbstbewußtlose, blind nothwendige Bethätigungsweise, so daß es als das eine der Attribute Gottes unterschiedslos mit dem zweiten Attribut desselben, mit der blind nothwendigen Verkörperung der absoluten Substanz in der Form der unendlichen Ausdehnung, zusammenfällt. Denken und Ausdehnung erscheinen nur vom Standpunkte des endlichen Verstandes als zwei verschiedene Wesenheiten Gottes, an sich sind sie eins und dasselbe. Die Welt mit ihren unzähligen Existenzen und individuellen Gebilden ist darnach nur der wesenlose Widerschein der Gottheit im Spiegel des endlichen Verstandes. Denn weil Gott, nach Spinoza, an sich selbst ohne persönliches Fürsichsein ist, so ist er auch nicht im Stande, eine Welt realer Existenzen, geschweige denn ein Reich werdender, zu unendlicher Fortentwickelung bestimmter Persönlichkeiten aus sich zu erzeugen. Wenn Spinoza gleichwohl den Satz aufstellt, daß Unendliches auf unendliche Weise aus Gott folge:[1])

[1]) Spinoza's Ethik I, Prop. XVI.

so läuft auch das nur auf bloßen subjectiven Schein hinaus, indem es sich nur für den endlichen Verstand, für das menschliche Denken, so darstellt, während in Wahrheit jedes besondere Dasein, und also auch die individuelle Menschenseele, immer wieder unterschiedslos in Gott zerfließt, wie die einzelne Woge in das unterschiedslose Gewässer des Oceans.[1]) Ja, selbst diese Bewegung des Entstehens und Vergehens ist nur leerer Schein, indem sie nur vorgeht in der subjectiven Vorstellungsweise des endlichen Verstandes. Wie es aber in der absoluten Substanz zu einem endlichen Verstande kommt, der solchen Schein aus sich erzeugt, ja das, mein Freund, ist eben der dunkle, kitzlige Punkt in diesem System, der das nähere Licht der Vernunft nicht verträgt und von wo aus der Spinozismus sich daher an seinem eigenen Widerspruche aufzehrt.

Der im Anschluß an Spinoza und Jacob Böhm zuerst von Schelling ausgegangene und dann von Hegel zu einem großartigen System des absoluten Wissens verarbeitete, moderne Pantheismus unterscheidet sich von dem Spinozismus nur dadurch, daß er jenen kitzligen Punkt zu beseitigen sucht. Diese Aufgabe zu lösen, übernahm der wirklich tiefsinnige Denker G. W. Fr. Hegel. Gott, oder die absolute Idee, ist nach ihm nicht als die starre, unterschiedslose Substanz, sondern als Leben und Bewegung, als unendlicher Proceß zu fassen. Es kommt Alles darauf an, sagt Hegel in der Phänomenologie des Geistes (Vorrede), die absolute Substanz ebenso sehr als Subject zu bestimmen. Damit ist nun aber in Wahrheit nichts gewonnen, und der Hegel'sche Gottes- und Weltbegriff widerspricht nicht minder dem christlichen, als der Spinozistische. Denn die Subjectivität, die Hegel der Gottheit vindicirt, ist nicht die absolute Persönlichkeit, sondern nur das ewige Streben des Unendlichen, sich in seiner Verendlichung auf sein Ansichsein, auf seinen bewußtlosen Begriff mit Bewußtsein zu besinnen. Gott kommt erst im Menschengeiste zu sich und zwar nur vorübergehend. Hiernach ist Gott also nicht ein Wesen, das sich in sich selbst in ewiger Weise als absolute Persönlichkeit verhält, dem das unendliche Selbstbewußtsein jenseits alles endlichen Werdens schon an und für sich zukommt, und das die Welt aus freier schöpferischer Liebe zu seinem Ebenbilde erschafft; sondern nur in der Welt und durch die Welt kommt Gott zur Persönlichkeit und zum Selbstbewußtsein, und die Persönlichkeit ist selbst nur ein steter Durchgangspunkt im Processe seiner absoluten Negativität. So zieht Hegel die absolute Substanz zwar in den Strom der Bewegung hinein, und rühmt sich, Spinoza gegenüber, eines lebendigen Gottesbegriffs. Aber das Leben, welches er in dem Gotte Spinoza's erweckt hat, ist eben nur das Leben der Eitelkeit und Negativität selber, das nichts Ewiges und Unsterbliches aus seinem Schooße zu gebären vermag. Hegel hat also den Gott Spinoza's

---

[1]) A. a. O. Defin. IV. Vgl. Prop. XIV—XXV.

zwar wirklich in die Welt herabgeholt, aber nicht, um die Welt durch das Leben Gottes von ihrem Jammer zu heilen und zu erlösen, sondern um den Jammer der Welt und die Negativität ihrer Eitelkeit im Leben Gottes selber zu verewigen. Die Welt ist demnach nun zwar nicht mehr ein bloßer Schein, sondern eine wirkliche Erscheinung und Offenbarung Gottes. Allein das Trostlose ist, daß Gott selbst nun in die fortdauernde Eitelkeit der Welt, ja in ihren Tod selber, mit herabgezogen worden ist, ohne daß er in sich die Kraft besäße, den Tod in unvergängliches Leben zu verwandeln. In Wahrheit ist also mit diesem Fortschritt über den Begriff der Substanz zu dem Begriff der absoluten Idee, worin sich die Substanz zur Subjectivität aufgeschlossen haben soll, nichts gewonnen, weil der Begriff der Subjectivität selber im System Hegel's durchaus nicht zu seiner vollen Wahrheit, welche allein in der Idee der absoluten Persönlichkeit liegt, hinaufgehoben worden, sondern in der Region der Negativität, und eben damit unter dem Fluch der weltlichen Nichtigkeit geblieben ist. [1])

Von dieser philosophischen Grundlage aus unternahm nun Strauß seinen Angriff auf das Wesen des Christenthums und die christliche Kirche. Zuerst machte er das Leben Jesu zum Gegenstande seiner auflösenden Kritik, indem er die evangelischen Berichte über dasselbe, mit Ausnahme eines dürftigen Restes historischer Thatsächlichkeit, zu wesenlosen, aus der dichtenden Phantasie der Urgemeinde hervorgewachsenen Mythengebilden verflüchtigte. Das Resultat war eine vollständige Vernichtung der bisherigen kirchlichen Lehre von Christo. Ja, nicht nur die kirchliche Lehre, sondern auch die rationalistische Auffassung des Evangeliums wurde abgewiesen, und es machte sich schon damals, nach der Schlußabhandlung des Werkes, ziemlich allgemein der Eindruck geltend, daß es um die Beseitigung des christlichen Glaubens selber, um die Verdrängung des christlichen Theismus durch den Pantheismus zu thun sei; daß die Person des Erlösers fortan alle religiöse Bedeutung für das moderne Bewußtsein verlieren solle. An die Stelle der, durch Jesum Christum im Namen der ganzen Menschheit persönlich vollzogenen, und durch seine Auferstehung von den Todten für den Glauben der Christenheit göttlich besiegelten Liebesgemeinschaft zwischen Gottheit und Menschheit, deren Ziel in der Ewigkeit liegt, sollte fortan die unpersönliche Idee treten, sie, die als dieser endlose Proceß sich setzender und wieder aufhebender Individuen das Leben jeder werdenden Persönlichkeit auf der Höhe ihrer irdischen Entwickelung wieder in Nichts auflöst. Das sei ja gar nicht die Art, sagte Strauß, wie die Idee sich realisire, in Ein Exemplar ihre ganze Fülle auszuschütten, und gegen alle anderen zu geizen; in jenem Einen sich vollständig, in allen übrigen aber immer nur unvollständig abzudrücken; sondern in einer Mannigfaltigkeit von Exemplaren, die sich gegenseitig

---

[1]) Vgl. mein Werk: Die Idee der absoluten Persönlichkeit. II. Bd. 1865. S. 195 ff.

ergänzen, im Wechsel sich setzender und wieder aufhebender Individuen, liebe sie ihren Reichthum auszubreiten. Die Menschheit sei die Vereinigung der beiden Naturen, der menschgewordene Gott, der zur Endlichkeit entäußerte unendliche und der seiner Unendlichkeit sich erinnernde endliche Geist; sie sei das Kind der sichtbaren Mutter und des unsichtbaren Vaters: des Geistes und der Natur; sie sei der Wunderthäter: sofern im Verlauf der Menschengeschichte der Geist sich immer vollständiger der Natur, im Menschen wie außer demselben, bemächtige, diese ihm gegenüber zum machtlosen Material seiner Thätigkeit heruntergesetzt werde; sie sei der Unsündliche: sofern der Gang ihrer Entwickelung ein tadelloser sei, die Verunreinigung immer nur am Individuum klebe, in der Gattung aber und ihrer Geschichte aufgehoben sei; sie sei der Sterbende, Auferstehende und gen Himmel Fahrende: sofern ihr aus der Negation ihrer Natürlichkeit immer höheres, geistiges Leben, aus der Aufhebung ihrer Endlichkeit als persönlichen, nationalen und weltlichen Geistes, ihre Einigkeit mit dem unendlichen Geiste des Himmels hervorgehe. [1])

Zwar konnte es gar bald scheinen, als sei der Kritiker nachgehends selbst in ein Stadium der Wandlung getreten, worin er endlich ganz über den pantheistischen Standpunkt hinausgehen und zu den Grundvoraussetzungen des christlichen Theismus zurückkehren werde. Das ins Niveau der gewöhnlichen Menschheit herabgedrückte historische Bild des Erlösers, dem selbst ein Spinoza sich in tiefer Ehrfurcht gebeugt hatte, [2]) begann auch unter der Hippe dieser Kritik wieder neue Knospen zu treiben. Mit jeder folgenden neuen Auflage des „Leben Jesu“ bis nach der dritten, besonders aber in den Streitschriften, und vorzüglich in der gemüthvollen Abhandlung über Vergängliches und Bleibendes im Christenthume, die zuerst im Freihafen erschien, nahm es mehr religiöse Elemente in sich auf, und so wuchs es in der Gestalt des höchsten religiösen Genius endlich zu einer solchen Höhe und mächtigen Verzweigung wieder heran, daß ihm nicht viel mehr fehlte, der entsprechende Ausdruck für die Idee des Gottmenschen im echt christlichen Sinne zu sein. Ja, auch das specifische innerliche Verhältniß zwischen der gläubigen Gemeinde und diesem König aller religiösen Genien sollte nicht abgebrochen sein, wie es nach der Schlußabhandlung zum „Leben Jesu“ scheinen wollte. Denn Christus sollte „bleiben als das Höchste, was wir in religiöser Beziehung kennen und zu denken vermögen, als derjenige, ohne dessen Gegenwart im Gemüthe keine vollkommene Frömmigkeit möglich ist“. „So wenig die Menschheit jemals ohne Religion sein wird,

[1]) Das Leben Jesu. Von Dr. D. Fr. Strauß. 2. Aufl. 1837.

[2]) Vgl. Spinoza's Tractatus theologico-politicus, cap. I. Ich glaube nicht, heißt es da, daß irgend ein Mensch zu einem so hohen Grade der Vollkommenheit gelangen werde, wie Christus, dem der Wille Gottes, der die Menschen zur Seligkeit leitet, ohne Worte und Gesichte unmittelbar offenbart worden ist.

hieß es zum Schlusse des kleinen Aufsatzes über Vergängliches und Bleibendes im Christenthum, so wenig wird sie je ohne Christenthum sein; denn Religion haben wollen ohne Christum, wäre nicht minder widersinnig, als der Poesie sich erfreuen wollen ohne Bezugnahme auf Homer, Shakespeare u. s. f. Und dieser Christus, sofern er unzertrennlich ist von der höchsten Gestaltung der Religion, ist ein historischer, kein mythischer, ein Individuum, kein Symbol."

Es ließ sich eine große Berechtigung der Strauß'schen Kritik nach mancher Seite hin nicht verkennen. Ich selbst, mein Freund, konnte mich schon damals nicht entbrechen, und zwar selbst nach der von Strauß im Jahre 1841 vollzogenen vollständigen Auflösung aller christlichen Glaubenswahrheiten, diese Berechtigung unumwunden anzuerkennen. Die Kritik der bisherigen Dogmatik durch Strauß, wie nicht minder seine Kritik der Evangelien schien mir, wie ich schon damals aussprach, von sehr heilsamer Bedeutung werden zu können. Man habe es, meinte ich, ihr Dank zu wissen, daß durch sie alle die vielen Schmarotzergebilde vom Baume der christlichen Erkenntniß mit scharfem Messer hinweggeschnitten worden, die demselben bisher die besten Säfte entzogen. Diese Kritik, sagte ich wörtlich, sei nicht ohne tiefe, sittliche Bedeutung. Das müsse heilsam einwirken auf Theologen und Nichttheologen, müsse Tausende aus ihren indifferentistischen, dogmatischen und pietistischen Träumen aufrütteln. Klar machen werde dies Werk, wie kein anderes, daß für die Rettung der christlichen Wahrheit, oder vielmehr für die Rettung der gebildeten Menschen für diese Wahrheit und ihre Erkenntniß, Alles auf ein gründliches, von echter Sittlichkeit und Freiheit durchdrungenes Denken und Speculiren ankomme; daß der Kirche freie wissenschaftliche Streiter Noth seien, Streiter, die mit ebenso viel speculativer Tüchtigkeit und philosophischer Durchbildung, als mit historischer Gelehrsamkeit, so für das Christenthum, wie das Strauß'sche Werk gegen dasselbe zu kämpfen vermöchten. Welch eine Mahnung ist dasselbe, sagte ich weiter, an die gegenwärtige Theologie! Denn sehen wir auf die meisten bisherigen Gegner von Strauß, auf die meisten Apologeten des Christenthums, so haben die orthodoxen unter denselben, die recht im Centrum des christlichen Glaubens zu sitzen meinen, noch nicht einmal ein Bewußtsein von den geheimen Schäden ihres theologischen Grundes und Bodens. Von dem Principe und der inneren Stärke aber, von der Weltstellung und Bedeutung, von dem inneren Rechte der angreifenden Partei haben sie keine Ahnung! Und so haben sie bislang der Strauß'schen Kritik nur Verketzerungen, Versicherungen, oder höchstens ein Partikelchen Geschichte entgegengesetzt. Vom Eingehen ins Princip ist da keine Rede. Selbst die Versuche der auch zu jener Zeit schon mehrfach vertretenen Vermittelungstheologie, wie namentlich von Ullmann und Jul. Müller, schienen mir nicht ausreichend.[1])

[1]) Vgl. mein Buch. Der moderne Nihilismus und die Strauß'sche Glaubenslehre. Bielefeld 1842.

Indessen sollte der zerstörende Strom der Kritik sich erst noch viel breiter und verderblicher ergießen, bevor die herrschende Theologie merkte, um was es sich eigentlich handele. Nur sehr Wenige gelangten schon damals zu der Einsicht, wie nothwendig es sei, daß sich die christliche Theologie sammt der evangelischen Kirche auf einen festeren Felsen der Wahrheit gründe, als auf die bisherigen dogmatischen Vorstellungen, um ihren göttlichen Bau in der Menschheit zu vollenden.

Zugleich mit dem Werke des Dr. Strauß über die christliche Glaubenslehre erschien das Werk Ludwig Feuerbach's über das Wesen des Christenthums. Und damit trat der Bruch der pantheistischen Kritik mit dem christlichen Princip nun in der nacktesten Weise, ja selbst nicht ohne eine gewisse Frivolität zu Tage. In diesem letzteren Buche kündigt sich bereits der Uebergang des Pantheismus in den Materialismus in mehr oder weniger unverhüllter Weise an.

Unterdessen hatte der Pantheismus mit dem Samen seiner widerchristlichen Denkweise nach und nach das Feld des modernen Schriftthums auf weite Strecken hin überwuchert. Er wurde immer mehr das offener oder versteckter ausgesprochene Bekenntniß aller schönen Geister. Schon hatten Männer, wie Heinrich Heine und die Genossen des jungen Deutschlands, die Sympathien dafür in allen gebildeten oder gebildet scheinen wollenden Kreisen geweckt. Fortan fanden die Sirenentöne von der Emancipation des Fleisches, sowie die Proteste gegen die Religion des Jenseits, weit und breit den lautesten Wiederhall. Besonders die jüngere Generation sog die religiösen Zweifel schon mit der Muttermilch in sich. Und was für Zweifel! Wenn der Rationalismus sich damit begnügt hatte, nur den Glauben an Wunder und an die dem Zeitbewußtsein widerstrebenden Lehren der alten Kirche von den drei Personen in der Gottheit, von der Persönlichkeit des Teufels, von der Ewigkeit der Höllenstrafen, von der gänzlichen Verdorbenheit der menschlichen Natur seit Adams Falle, von der Gottheit Christi, von dem zornbüßenden und stellvertretenden Leiden des Gottmenschen und von dem Gerechtsein allein durch den Glauben in den kritischen Schmelztigel zu thun, um sie, nach den Forderungen des Zeitbewußtseins, deistisch umzubilden: so kam nun eine Umbildungs- und Verflüchtigungstendenz zur Herrschaft, welche auf nichts Geringeres hinauslief, als auf Vertilgung der Wurzel alles religiösen Lebens, ja, auf Verneinung der Religion selber, auf Vernichtung der großen Ideen: Gott, ewiges Leben, sittliche Vergeltung.

Was half es nun, daß man von gewissen Kreisen des Staats- und Kirchenregiments aus durch allerlei äußerliche Maßregeln und Regulative dagegen reagirte? Was frommte dieser, so angelegentlich betriebene, weitere Ausbau des altkirchlichen Gebäudes durch Anbringung von allerlei Nischen und Verzierungen, und dies eifrige Sinnen auf kunstgerechte Vollendung und alterthümlichen Anstrich der liturgischen Ueberwölbungen desselben? Hatte man doch die Fundamente preisgegeben, seitdem man die Einwurzelung der Kirche im Volksgeiste zu verhindern gesucht! Was half es, daß Schelling den Aufbau und Umsturz der Potenzen deducirte und selbst von Neander als der Herakles begrüßt wurde, der die Hyder des philosophischen Unglaubens unfehlbar tödtlich treffen werde? Ach! man hatte schon allgemein den Glauben an die eigene Potenz des großen Philosophen verloren und zählte ihn schon längst zu den Geistern der Vergangenheit. Was endlich konnte es fruchten, daß Stahl, dieser vielgewandte, allezeit spruchfertige, zu jeder Art juristisch-theologischer und theologisch-juristischer Beweisführung fähige und aufgelegte Anwalt der modernen Verquickung des kirchlichen Hierarchismus mit dem politischen Absolutismus eine gründliche Um- und Rückkehr der Wissenschaft zu den Fahnen der absoluten Autorität anzubahnen suchte? Diese von einem so begabten Manne und gewiß nicht ohne gute Absicht angestrebte, widernatürliche Vermischung von frömmelnder Politik und politischer Frömmigkeit; dieses Gewebe von juristischer Theologie und theologischer Rechtsphilosophie konnte weder dem frommen, der göttlichen Wahrheit in Einfalt unmittelbar gewissen Glauben, noch der wahrheitsuchenden, über jede Autorität hinausstrebenden Wissenschaft zu Gute kommen, sondern diente nur, den Riß zwischen Glauben und Wissen noch ärger zu machen. Und, was das Schlimmste war, es wurde dadurch die dem Glauben geschlagene Wunde in sehr bedenklicher Weise verunreinigt. O, diese Verunreinigung der tief eiternden Wunde durch allerlei romantisch düstelnde Einreibungen während der Blüthe der kirchlichen Restauration: sie trug am meisten mit dazu bei, die letzten Tropfen gesunden Glaubensblutes in so vielen Herzen zu vergiften und den Volksgeist, bei dem Ekel, der ihn vor all dem gefärbten Frömmigkeitsdecoct überfallen hatte, nach der naturalistischen Kost eines recht massiven Unglaubens hungrig zu machen. Und diese wurde ihm bereits in allerlei Gefäßen vorgesetzt. Es war der moderne Materialismus, der dem Volke seine Radicalmittel wider alle Pietisterei bei jeder Gelegenheit feilbot. Hatte der Pantheismus mit seiner Doctrin meist nur die gebildeten Klassen der Gesellschaft ins Auge gefaßt, so wandte sich der Materialismus fortan an die große Masse. Doch die nähere Besprechung dieses Uebergangs des Pantheismus in den Materialismus lassen Sie mich auf den nächsten Brief versparen.

Vierter Brief.

Der Pantheismus, mein Freund, bildet eine durch und durch zweideutige Mittelgattung zwischen dem wahren Theismus und dem nackten widerchristlichen Atheismus. Tritt der letztere endlich ganz unverhüllt in der Gestalt des Materialismus hervor, so erscheint der Pantheismus eben als Uebergangsgebilde zu demselben. Zufolge dieser seiner Amphibiennatur ist er auch noch mit Merkmalen versehen, welche an die tiefsten Ideen der christlichen Religion erinnern und wodurch er so anziehend auf manche sinnige Gemüther wirkt. Aber andererseits liegt es doch eben so sehr in seiner Natur begründet, daß er alle positiven Ahnungen und Aussagen des frommen Gefühls, vermöge seiner Hinneigung zu leeren Allgemeinheiten, immer wieder in wesenlose Schemen auflöst. Der Pantheismus hat in dieser Uebergangsstellung eine gewisse Aehnlichkeit mit dem Rationalismus. Er unterscheidet sich von dem letzteren aber dadurch, daß, während der Rationalismus den wahren Theismus noch vor sich hat, noch nicht vollständig erreicht hat, der Pantheismus bereits darüber hinaus ist, oder sich doch wenigstens einbildet, den Theismus bereits hinter sich zu haben. Gleichwohl wendet er doch bei seinen Sympathien für alles Ideale, seine Augen noch je zuweilen zu den Höhen und Bergen zurück (Ps. 121.), wo die Quellen des göttlichen Friedens strömen, obgleich er mit den Füßen schon am Abgrunde des Atheismus steht.

Wegen dieser seiner Zwitterhaftigkeit kann sich der Pantheismus immer nur zeitweilig behaupten. Denn entweder entwickelt sich immermehr das in ihm noch mitgesetzte religiös-sittliche Moment, wofern er sich nämlich in einem gewissen Zusammenhange mit dem Leben der Kirche oder mit dem Geist des Evangeliums erhält; und dann kann es leicht geschehen, daß er sich mit wachsender Entschiedenheit wieder zum Glauben an den persönlichen Gott sowie zu den weiteren Consequenzen des christlichen Theismus zurückwendet. Oder er läßt diesen idealen Zug des höhern Ahnens und Sehnens immermehr verkommen, indem er demselben, durch Abwendung von der Kirche, allen nährenden Zufluß entzieht; und so geschieht es, daß nun umgekehrt das im Pantheismus bereits mitgesetzte naturalistische Element durch immer weiteres Umsichgreifen sich allmählich des gesammten geistigen Lebens der Persönlichkeit bemächtigt.

Leider entbehrte der deutsche Volksgeist zur Zeit jener, durch die Herrschaft des Hegel'schen Pantheismus bezeichneten Uebergangsperiode nur zu sehr der entsprechenden religiös-sittlichen Anregungen von Seiten der Kirche. Denn während nur eine wahrhaft vom Geist erfüllte Kirche im Stande ist, heilsame Einwirkungen auf denkende Persönlichkeiten auszuüben, so stand ja die damalige Staatskirche, mit Ausnahme einzelner lebensvoller Kreise, schon längst nicht mehr auf der Höhe der Zeitbildung und war dadurch, so wie in Folge ihrer mangelhaften Organisation, schon längst alles nachhaltigen Einflusses auf den allgemeinen Zeitgeist verlustig gegangen. Daher gewannen denn die im Pantheismus bereits latenten Keime des Atheismus von Tag zu Tag mehr ergiebigen Boden für ihre Einwurzelung und Entwickelung im deutschen Volksleben. Dazu kam, daß die ganze Zeitstimmung, vermöge eines eingetretenen Rückschlages gegen die von der neueren Philosophie ausgegangene, besonders vom Pantheismus genährte, einseitig idealistische Tendenz, sich mehr und mehr einem gewissen, sinnlichen Realismus zuneigte. Besonders waren es die neueren Naturwissenschaften, die in ihrem Streben nach exacten, auf das Experiment begründeten Forschungen, durch ihre, auf sinnliche Anschauung und Erfahrung gestützte Opposition gegen das, von der Naturphilosophie ausgegangene, aprioristische Nebeln und Schwebeln, diese realistische Stimmung in aller Weise verstärkten. Durch die brillanten Resultate ihrer Forschungen und Bestrebungen auf dem Gebiete der modernen Industrie, im Dienst des Nützlichen und Praktischen und im Interesse des feineren Lebensgenusses, erweckten sie überall die lebendigste Theilnahme und verdrängten die bisherigen mehr idealistischen Gesichtspunkte durch die Forderungen der Meßbarkeit, Wägbarkeit, Handgreiflichkeit und mathematischen Bestimmtheit.

In Folge davon machte sich auch auf den übrigen Gebieten der Wissenschaft immer mehr der Hang geltend, Alles und Jedes aus naturwissenschaftlichen Gesichtspunkten aufzufassen, an alle Phänomene den Maßstab der sinnlichen Anschaulichkeit und mathematischen Exactheit zu legen, an die Phänomene des Seelen- und Geisteslebens nicht minder, wie an die sinnlichen Naturerscheinungen. Schon war auch die Philosophie, namentlich durch Herbart und seine Schule, diesem realistischen Zuge der Zeit mehr oder weniger entgegen gekommen, und die kirchliche Orthodoxie trug ihm durch ihre Hinneigung zu völlig materieller Substanziirung gewisser Glaubensobjecte, wie namentlich durch ihre Lehre von der leiblichen Gegenwart Christi im Brod und Wein des

Abendmahls und von der materiellen Auferstehung des Fleisches, in aller Weise Rechnung. Nun ist es eigentlich nur die unorganische Natur, die mit ihren mechanischen Bewegungen, mit ihren physikalischen Qualitäten, stöchiometrischen Gesetzen und mathematischen Gestaltungsnormen das Gebiet des Meßbaren und Wägbaren, sowie die Objecte des mathematischen Calculs umschließt und wo das sogenannte exacte Wissen mit seinen Endlichkeits- und Aeußerlichkeitsgesichtspunkten einigermaßen ausreicht; wiewohl auch immer nur einigermaßen. Denn die letzten vorauszusetzenden Punkte, die sogenannten Atome, sind dann doch nur in Gedanken zu erfassen, und umschließen, als nicht darzustellende Größen, ein übersinnliches X mit einem unsagbaren mystischen Inhalte, der, noch so oft zurückgedrängt, sich dem ahnenden Gefühle immer wieder unabweislich aufdrängt, und zu dessen exacter Bestimmung man noch nicht einen einzigen Schritt gethan hat, wenn man ihn als Einheit von Stoff und Kraft bezeichnet. Indem man aber an jenen vorausgesetzten Atomen so wie an gewissen, den Atomen innewohnenden mathematischen Kraftverhältnissen ein Letztes oder Erstes, ein Ursprüngliches, nicht weiter Abzuleitendes gefunden zu haben meinte, so konnte man, trotz der naturwissenschaftlichen Forderung, daß nicht über das Gebiet der sinnlichen Anschaulichkeit und der Analogie der sinnlichen Erfahrung hinaus zu gehen sei, sich des metaphysischen Hanges nicht erwehren, das Besondere, dessen Thatsächlichkeit man nur in einzelnen, engumgrenzten Gebieten und fast nur innerhalb der unorganischen Natur nachzuweisen vermag, zu verallgemeinern. Demnach machte man auch in Betreff solcher Stoffe, Kräfte und Gesetze, die nur für die Erklärung der untersten und allgemeinsten Grundlagen der Natur ausreichend zu sein scheinen, die Voraussetzung, als ob sie auch auf den höheren Lebensgebieten die allein maßgebenden sein müßten. Man ging also immer allgemeiner dazu fort, auch die Phänomene der organischen Natur, ja selbst die innerlichen Hergänge und Wesenheiten des Seelen- und Geisteslebens lediglich aus den Kräften und Gesetzen der unorganischen Natur abzuleiten und zu erklären. Um aber gewisse Grundkräfte der unorganischen Natur schlechthin zu verabsolutiren, um das bewußtlose Walten derselben als ein ewiges, auf blinder Nothwendigkeit beruhendes zu setzen, mußte man vor Allem den Begriff des Zwecks, sowie dann weiter alle Gesichtspunkte, die an transcendentale Vernunftfactoren gemahnen, aus den verschiedenen Gebieten der Naturforschung zu verbannen suchen. Und siehe da, bald schmeichelte man sich, dies zu erstrebende Ziel bereits im Wesentlichen erreicht und alle gedankenartigen Principien nicht nur auf dem Gebiete der unorganischen, sondern auch für die empirische Erkenntniß der organischen Natur vollkommen überflüssig gemacht zu haben. Man wurde jenen Grundsätzen und Postulaten der Teleologie um so mehr abhold, als dieselben, namentlich während der Periode der Aufklärung, wie selbst von einem Reimarus, zeitweilig nicht nur sehr kleinlich gehandhabt, sondern der exacten Forschung häufig sogar als Schlagbäume im Namen gewisser Vorurtheile in den Weg geworfen worden waren. Indem man aber so allen Scharfsinn aufbot, das Höhere ohne jeglichen Recurs auf übersinnliche Causalitäten lediglich aus dem Niederen, den Ursprung des organischen Lebens, mit Beseitigung des specifischen Lebensprincips, lediglich aus dem Unorganischen abzuleiten; indem man also z. B. die organische Zellenbildung nach Analogie des unorganischen Krystallisationsprocesses zu erklären suchte; indem man im weitern Verfolg dieser Bahn sich, wenn auch nur auf Grund sehr zweideutiger und höchst dürftiger Naturanalogien, immer mehr überredete, daß auch die höheren Thierarten sich lediglich durch die Länge der Zeit und durch zufällige, günstige Umstände ganz von selbst, ohne die schöpferische Einwirkung transcendentaler Kräfte, aus den niedereren, und daß endlich die ersten Menschen sich in eben solcher Weise aus dem Affengeschlecht oder aus einer andern von den höhern Thiergattungen hervorgebildet hätten: so mehrte sich von Tag zu Tag die Zahl derer, welche bestochen und geblendet durch den Schein vereinzelter Analogien, derartige Deductionen für das unwiderlegliche Ergebniß naturwissenschaftlicher Exactheit hielten. Die wollten denn auch vom Wesen der Seele und des Geistes, so wie in Betreff aller übersinnlichen Lebensgebiete, nur noch eine Naturwissenschaft gelten lassen.

Diese einseitig der sinnlichen Erfahrung zugewandte, von allen übersinnlichen, dem Experiment entzogenen Factoren abstrahirende Richtung blieb nun auch auf die übrigen Wissenschaften nicht ohne entsprechende Rückwirkung. Und wie sie, trotz ihrer vorgeblichen Unabhängigkeit von jeglicher Art philosophischer Ideen, doch überall gewisse allgemeine Ansichten über das Wesen der Natur, über Stoff und Kraft, über den allgemeinen Zusammenhang von Ursache und Wirkung, über das durchweg herrschende Gesetz des Gleichgewichts der Kräfte u. s. w. zu ihrer Voraussetzung hatte: so begünstigte sie ihrerseits eine ganz bestimmte, philosophische Weltanschauung und diente zur Stabilirung derselben. In dieser Weise kam es immer allgemeiner dahin, daß man auch zur christlichen Weltanschauung vom Standpunkt des sogenannten exacten Wissens aus eine bestimmte Stellung einzunehmen und sich mit derselben aus einander zu setzen suchte. Bei der eigenthümlichen Lage der Dinge war es natürlich, daß diese Stellung im Verhältniß zur Religion und Theologie immermehr eine feindselige wurde. Denn da die herrschende Theologie als gehässige Feindin jeder freien Forschung auftrat, konnte sie dafür nur ein Object des Hasses oder der vollständigen Verachtung von Seiten der philosophirenden und theologisirenden Naturwissenschaft werden.

Der Mann nun, der dieser feindseligen Stellung des naturwissenschaftlich getränkten Zeitbewußtseins zur Religion und Theologie ihre allgemeinste, philosophische Unterlage zu verschaffen suchte, ist L u d w i g F e u e r b a c h. Er übernahm damit zugleich auch die Mission, den bisherigen philosophischen Pantheismus in den Materialismus überzuführen. Lassen Sie uns jetzt diesen Uebergang näher ins Auge fassen, indem wir dabei besonders das bereits genannte Werk über das Wesen des Christenthums berücksichtigen.

Ludwig Feuerbach veröffentlichte dasselbe fast ganz zu derselben Zeit (1841), als D. F. Strauß mit seiner Kritik der christlichen Glaubenslehre hervortrat, aber jener nahm sofort von vornherein eine noch viel schnödere Stellung zum Christenthum und zur christlichen Theologie ein, als dieser. Nach Feuerbach ist die Zeit der Religion und Theologie vorüber, und die letztere ist, da sie mit der Religion ihren Inhalt verloren hat, in Anthropologie zu verwandeln; d. h. man hat die Erkenntniß geltend zu machen, daß es keinen Gott gibt, daß der Glaube an Gott, als überweltliches Wesen, als ein Wesen außer und über der Menschheit, nur so lange berechtigt, d. h. ein Bedürfniß für die Menschheit war, als sie sich noch von der Religion beherrscht fühlte, d. h. als sie noch in einem traumartigen Zustande dahin lebte. Denn die Religion ist der Traum des menschlichen Geistes. Im Traume befinden wir uns zwar nicht im Nichts, oder im Himmel, sondern auf Erden, im Reiche der Wirklichkeit. Aber wir erblicken in diesem Zustande die wirklichen Dinge nicht im Lichte der Wirklichkeit und Nothwendigkeit, sondern im entzückenden Scheine der Willkür und Imagination.[1]) So verhält es sich auch mit dem religiösen Bewußtsein. Dasselbe verwechselt seine unwillkürlichen und willkürlichen Imaginationen mit wirklichen Objecten. Seine specifische Eigenthümlichkeit aber besteht darin, daß es die eigenen Zustände und Thätigkeiten des Menschen, daß es die menschlichen Eigenschaften, sei es vereinzelt, sei es in ihrer Gesammtheit und Allgemeinheit, in der Weise vergegenständlicht, als ob sie, losgelöst vom menschlichen Wesen, eine Realität und Existenz an sich selbst hätten. Mit einem Wort, in der Religion verlegt der Mensch sein eigenes Wesen aus sich selbst heraus und vergegenständlicht dasselbe als für sich seiende Gottheit. Gott ist daher in Wahrheit nichts weiter als das Wesen des Menschen.

Nach Feuerbach ist nun die Zeit gekommen, daß die Menschen sich immer allgemeiner über den Zustand ihres bloßen Traumlebens erheben, daß sie die Religion und eben damit auch die Theologie gründlich abthun. Er selbst will ihr dazu behülflich sein, will ihr die Augen öffnen oder vielmehr nur ihre einwärts gekehrten Augen auswärts richten.[2]) Im Grunde ist der religiöse Glaube nach Feuerbach, thatsächlich unter den gebildeten Völkern schon allgemein geschwunden. Es ist eigentlich, wie versichert wird, für das gebildete Bewußtsein unserer Zeit schon längst ein ausgemachtes Ding, daß Gott nichts weiter ist,

---

[1]) Das Wesen des Christenthums. 2. Aufl. 1843. Vorwort S. XV.

[2]) A. a. O. S. XVI.

als das allgemeine Wesen der Menschheit, daß er daher nicht als Persönlichkeit, ja auch nicht als allgemeiner Geist, wie noch nach Hegel, an sich selbst existiren kann, sondern daß ihm eine solche Existenz nur von der Religion, d. i. von der Menschheit in der Periode ihres geistigen Traumlebens, geliehen worden ist. Sucht man aber jene eingebildete, aparte Existenz Gottes dennoch festzuhalten oder wieder geltend zu machen, nachdem sie dem Selbstbewußtsein der Zeit längst abhanden gekommen, nachdem sie für das geöffnete Auge längst verschwunden ist: so tritt an die Stelle der Religion, deren Wesen auf unbewußter Selbsttäuschung ruht, die Illusion, die bewußte Selbsttäuschung, die **Heuchelei.** Und das ist die Signatur unserer Zeit. Verschwunden ist die Religion und an ihre Stelle getreten selbst bei den Protestanten der **Schein** der Religion — die **Kirche**, um wenigstens der unwissenden und urtheilslosen Menge den Glauben beizubringen, es bestehe noch der christliche Glaube, weil heute noch die christlichen Kirchen, wie vor tausend Jahren, dastehen und heute noch, wie sonst, die äußerlichen Zeichen des Glaubens im Schwange sind. Der Glaube der modernen Welt ist nur noch ein scheinbarer Glaube, ein Glaube, der nicht glaubt, was er zu glauben sich einbildet, ein schwachsinniger Unglaube. [1])

Feuerbach nun will besonders dieser Heuchelei zu Leibe gehen und ihr ein gründliches Ende machen.

Sie sehen also, wie er auch noch über Strauß hinausgeht, gleichwie auch Bruno Bauer damals, wenn auch nicht in so genialen Sprüngen, sondern in seiner groben cynischen Manier, die Strauß'sche Kritik noch weit zu überbieten suchte. Zwar auch Strauß hatte die religiösen Vorstellungen in seiner Kritik der Glaubenslehre bereits als die Erzeugnisse einer untergeordneten Stufe der geistigen Menschheitsentwicklung bezeichnet, auf welcher das Selbstbewußtsein seines geistigen Gehalts noch nicht völlig in sich selber mächtig zu werden vermocht habe. Aber er hielt doch noch immer fest an der Idee des absoluten Geistes und vindicirte der Religion im Wesentlichen, nach der Grundanschauung des Hegel'schen Pantheismus, noch denselben Gehalt wie der Philosophie. Es gibt darnach auch eine absolute Religion und der Unterschied derselben von der Philosophie läuft nur darauf hinaus, daß die erstere den geistigen Gehalt überwiegend in der Form der sinnlich bestimmten Vorstellung, die letztere aber in der Form des reinen Begriffs vergegenständlicht. Nach Feuerbach aber beruht auch die Idee des absoluten Geistes auf Illusion und trägt noch ein theologisches Gepräge, während es eben die Aufgabe unsrer Zeit sein soll, mit aller Religion und Theologie, sofern beide den menschlichen Geist über sich selbst hinausweisen an den göttlichen Geist, vollständig zu brechen. Die Religion, sagt

---

[1]) A. a. O., S. XVI.

er, ist die erste, und zwar indirecte Selbsterkenntniß des Menschen. Sie geht daher überall der Philosophie voran, wie in der Geschichte der Menschheit, so in der Geschichte des Einzelnen. Der Mensch verlegt sein Wesen zuerst außer sich, ehe er es in sich selbst findet. Das eigene Wesen ist ihm zuerst als ein anderes Wesen Gegenstand: die Religion ist das kindliche Wesen der Menschheit; aber das Kind sieht sein Wesen, den Menschen, außer sich; als Kind ist der Mensch sich als ein anderer Mensch Gegenstand. Der geschichtliche Fortgang in den Religionen besteht deßwegen darin, daß das, was der früheren Religion für etwas Objectives galt, jetzt als etwas Subjectives, was als Gott angeschaut und angebetet wurde, jetzt als etwas Menschliches erkannt wird. Das göttliche Wesen ist somit nichts Anderes, als das menschliche Wesen, oder besser: das göttliche Wesen ist das Wesen des Menschen, aber gereinigt, befreit von den Schranken des individuellen Menschen. Man objectivirt, man schaut und verehrt in ihm nur sich selbst, aber als ein anderes, als ein vom Menschen unterschiedenes, eigenes Wesen. Alle Bestimmungen des göttlichen Wesens sind darum Bestimmungen des menschlichen Wesens.[1]) Nur der sinnliche Gegenstand ist, nach Feuerbach, außer dem Menschen da. Der religiöse dagegen ist lediglich nur in ihm, ist ein intimer, ja der intimste Gegenstand, und folglich ist Gott nichts als der wesenlose Reflex des Menschen. Denn, sagt Feuerbach, um diese seine Behauptung zu begründen, denn wenn wirklich das göttliche Wesen, welches Gegenstand der Religion ist, ein anderes wäre, als das menschliche, so könnte ein Zwiespalt, eine Entzweiung gar nicht stattfinden. Ist Gott wirklich ein anderes Wesen, was kümmert mich seine Vollkommenheit? Entzweiung findet nur statt zwischen Wesen, welche mit einander zerfallen sind, aber Eins sein sollen, Eins sein können, und folglich im Wesen, in Wahrheit Eins sind.[2])

Gewiß wird auch Sie, mein Freund, bei diesen Sätzen so etwas wie vom Schwindel anwandeln. Denn müßte nach denselben nicht auch jede andere menschliche Persönlichkeit mit unserer eigenen schlechthin in Eins zusammenfallen und die Menschheit eigentlich nur als Ein Mensch existiren, da ja sonst keine Entzweiung zwischen den einzelnen menschlichen Persönlichkeiten stattfinden könnte? — Sie sehen schon hieraus, wie leicht Feuerbach es sich mit den principiellsten Fragen macht. Er stellt seine Grundvoraussetzungen eben als kühne, atheistische Behauptungen hin, und kümmert sich nicht im Geringsten um ihren Widerspruch mit Logik und Erfahrung. Dennoch darf er mit Sicherheit gewärtigen, daß ihm die „exacte" Forschung von gewissen Seiten her bewundernd zujauchzt, ja daß selbst einer gewissen Gattung der modernen Lyrik von

[1]) A. a. O. S. 21.
[2]) A. a. O. S. 37 ff.

seinen Offenbarungen begeisterungsvoll der Busen schwillt. Hören Sie indessen weiter. Daß Gott in der Religion als besondere Persönlichkeit objectivirt wird, ist nach ihm wesentlich die Folge der Eigenthümlichkeit des menschlichen Herzens. „Das Herz ist der Quellpunkt der Liebe, der besondern Interessen. Objectivirt sich nun das Herz, so wird auch sein Gott zu einem solchen liebevollen, für das Besondere, die Herzensangelegenheiten, sich interessirenden Wesen, und die Liebe ist so der Terminus medius, das substantielle Band, das Vermittelungsprincip zwischen dem Vollkommenen und Unvollkommenen, dem sündlosen und sündhaften Wesen" u. s. w.[1]) Als die Liebe ist Gott genöthigt, sich des Menschen anzunehmen, im Besonderen anzunehmen, und aus diesem Postulat der Liebe geht auf dem religiösen Standpunkte der Glaube an die Nothwendigkeit der Incarnation Gottes hervor. „Die Anschauung, das Bewußtsein der göttlichen Liebe oder, was eins ist, Gottes als eines selbst menschlichen Wesens — diese Anschauung ist das Geheimniß der Incarnation." — „Die Liebe überwindet Gott. Und was war das für eine Liebe? Eine andere als die unsrige? War es die Liebe zu sich als Gott? Nein, die Liebe zum Menschen. Liebt also Gott nicht so den Menschen, wie der wahre Mensch den Menschen liebt? — Ist die Liebe zum Menschen nicht menschliche Liebe? Ist also nicht die Liebe unser Erlöser? Indem wir nun aber diesen Text aus der Incarnation gewonnen haben, so haben wir zugleich das Dogma in seiner Unwahrheit und Nichtigkeit dargestellt."[2])

Bewundern Sie nur hübsch diese tiefsinnige Argumentation, mein Freund, und noch mehr den Mann, der das als Philosophie auftischt. Denn welche Schlußfolgerung erhöbe sich wohl kühner und genialer über alle Schranken der gemeinen Logik als diese, nach welcher die Liebe und das vernünftige Erkennen, weil sie auch Acte und Zustände des menschlichen Wesens sind, eben nur Erzeugnisse des menschlichen Herzens und Geistes sein können. Oder darf man nun nicht mit derselben Bündigkeit schließen, daß die Sonne nur ein Erzeugniß des menschlichen Auges, ein pures subjectives Bild, daß ihre Licht- und Wärmestrahlen nur Effulguration des menschlichen Gehirns, an sich selbst aber nichts sind, da das Sehen ja doch ebenso wie die Wärmeempfindung zugleich auch ein Akt der menschlichen Nerventhätigkeit, eine Aeußerung der menschlichen Natur und ihres angebornen Verlangens nach Licht und Wärme ist?

Weiter macht der große Denker sich über das Gemüth her. Das Gemüth, sagt er, ist „das kranke, leidende, mit der Natur zerfallene, mit der Welt

---

[1]) A. a. O. S. 47.

[2]) A. a. O. S. 48, 53, 51.

entzweite Herz, die Sehnsucht nach Gott und Unsterblichkeit, der überschwängliche Genuß himmlischer Seligkeit, die Entzückung bis in den Himmel". „Das Herz anerkennt auch, was dem Herzen widerspricht, z. B. die Macht des Schicksals, den Tod der Geliebten; aber das Gemüth duldet nichts Widersprechendes, es ist das intolerante, sich allein als das absolute Wesen setzende Herz." Durch das Gemüth wird Gott so zu einem Gegenstande der Empfindung, ja, der sinnlichsten, der raffinirtsten Wünsche. Die Religion wird so die eitele Spiegelung des Menschen in sich selbst. Gott, als Gegenstand des Gemüths, ist der Jabruder der menschlichen Wünsche, Hoffnungen, praktischen Bestrebungen. Er muß sie alle befriedigen. [1]) Aus diesem Gesichtspunkte betrachtet Feuerbach denn das Gebet, das Wunder, die persönliche Unsterblichkeit, und weist nach, wie das alles auf puren Illusionen beruht.

Trotz alledem gesteht er, worauf er sich viel zu Gute thut, der Religion auch eine gewisse Wahrheit zu. Diese besteht aber in nichts Weiterem, als daß sie ein Naturphänomen ist, ein Durchgangsstadium für die Entwickelung der Menschheit. Wahr ist der Inhalt der Religion und des Christenthums soweit, als er gewisse wesentlich menschliche Kräfte und Gemüthszustände symbolisch in sich reflectirt. Falsch aber ist die Religion und insonderheit die christliche, sofern sie diesen Wesenheiten ein, vom menschlichen Denken und Fühlen unabhängiges, reales Bestehen in sich selbst zuschreibt. Zu einer bewußten Lüge aber wird sie, sofern sie, als Theologie und Kirche, diesen Glauben auch noch jetzt, wo er seine Kraft verloren hat, zur Täuschung der Menge aufrecht zu erhalten sucht.

Darin trafen also beide Männer, Strauß und Feuerbach, auf das Schierste zusammen, daß der allgemeine Inhalt und Gegenstand der Religion etwas an sich selbst Unpersönliches sei, daß es also keinen persönlichen Gott gebe. Allein während Strauß bei diesen Resultaten noch an den idealistischen Voraussetzungen und Bestimmungen des Pantheismus festhält, während es also nach ihm noch scheinen kann, als sei der Geist, wenn auch nicht als persönlicher Gottesgeist, so doch als geistiges, allgemeines Princip, im Hegel'schen Sinne, das Prius der Materie, die Macht über alles Sinnliche, so läßt Feuerbach bereits alle übersinnlichen Voraussetzungen fahren und steuert mit vollen Segeln zu den materialistischen Consequenzen und Prämissen hinüber. Ich verwerfe, sagt er in der Vorrede zur zweiten Auflage des betreffenden Werks, ich verwerfe überhaupt unbedingt die absolute, die immaterielle, die mit sich selbst zufriedene Speculation. Ich bin himmelweit unterschieden von den Philosophen, welche sich die Augen aus dem Kopf reißen, um besser denken zu

---

[1]) A. a. O. S. 65 ff., S. 386.

können; ich brauche zum Denken die Sinne, gründe meine Gedanken auf Materialien, die wir uns stets nur vermittelst der Sinnenthätigkeit aneignen können; ich erzeuge nicht den Gegenstand aus dem Gedanken, sondern diesen aus dem Gegenstande. Aber Gegenstand ist nur, was außer dem Kopfe existirt. [1])

Wohl! Aber woher, so fragen Sie gewiß ganz unwillkürlich mit mir, woher weißt Du denn, Du Mann des exactesten Wissens, daß Objecte außer Dir, außer Deinem Ich und dessen sinnlichen Projectionen und Effulgurationen realiter sind, sachlich an sich selbst und für sich selbst existiren, da sie Dir doch nur in Deinen sinnlichen Functionen, in Deinem Sehen, Hören, Tasten u. s. w. und zwar vermöge Deines fühlenden, anschauenden und denkenden Bewußtseins erscheinen? Und wie kommst Du dazu, den Aussagen Deines sinnlich bestimmten Bewußtseins und Gefühls über das Wesen und Dasein endlicher Dinge unbedingten Glauben zu schenken, die Aussagen des religiösen Gefühls und Gewissens aber über das Wesen und Dasein Gottes und der übersinnlichen Dinge unbedingt zu verwerfen? Oder sind denn jene Aussagen gewisser als diese? Kann der Mensch in Bezug auf die Sinnenwelt wirklich aus seinem Ich heraus, um die Dinge an sich selbst zu erfassen? Hat er sicheren, zwingenden Grund zu der Annahme, daß Alles, was sich als materielle Objectivität, als sinnliche Erscheinung im Bewußtsein präsentirt, und noch mehr als dieses, wirklich und wesentlich existirt und zwar so an sich selbst beschaffen ist, wie es im Focus der sinnlichen Wahrnehmung auftritt? Woher ist denn ein materialistisches Bewußtsein, da es nicht an die Selbstbezeugung eines göttlichen, in alle Wahrheit leitenden Urgeistes im Menschengeiste glaubt, zu dem Schlusse berechtigt, daß die Sinne, die den Menschen eingestandenermaßen so oft täuschen, ihn nicht gerade dann am Aergsten äffen, wenn sie ihn zu der Annahme von realen Stoffen, von materiellen Qualitäten, von ewigen Atomen und dergleichen Suppositionen induciren? Existiren alle diese Dinge anderswo als im Selbstbewußtsein? — Merke doch endlich, so würde ich dem philosophischen Meister des modernen Materialismus noch weiter zusetzen, daß Du mit Deinem blinden Glauben an die Realität der sinnlichen Objecte und an die Wahrheit der sinnlichen Wahrnehmung völlig wieder in die Geleise des alten Vor-Kant'schen Dogmatismus zurückgelenkt bist. An der Hegel'schen Philosophie, welche dem subjectiven Idealismus Fichte's gegenüber durch einen salto mortale die Realität der Idee, die Objectivität der subjectiven Begriffe, die Einheit von Denken und Sein dargethan zu haben wähnte, bist Du irre geworden und das mit Recht. Solchen leeren Denkallgemeinheiten des

[1]) A. a. O. S. IX f.

Pantheismus gegenüber ist die sinnliche Wahrnehmung für den sinnigen Menschen ordentlich ein Brunnquell lebensvoller Offenbarung. Aber doch immer nur unter der Voraussetzung, daß er im Glauben an den allgegenwärtigen Gott mit ahnungsvollen Sinnen wirklichen Offenbarungsgehalt aus ihr schöpft, indem er sich der stufenweis fortschreitenden Enthüllung göttlicher Weisheit und Liebe bewußt zu werden sucht, die sich für das fromme Gemüth auch in den Erscheinungen der Sinnenwelt so tiefsinnig abspiegelt. Du aber hast den Glauben an die Offenbarung einer wesentlichen, zu immer höheren Stufen der Entwickelung leitenden Weisheit und Liebe in den Phänomenen der Natur und Geschichte schnöde verworfen, während Du nie und nirgends dargethan hast, daß die sinnliche Wahrnehmung als solche, losgelöst von dem höheren Glaubenssinn, uns irgend etwas Wesentliches und Beherzigenswerthes über die Natur in und außer uns offenbart. Niemals hast Du nachgewiesen, daß die Objecte der sinnlichen Wahrnehmung eben mehr sind, als bloße Reflexe der Sinnlichkeit und des durch die Sinne operirenden Ichs. Oder versteht sich ihre Realität etwa von selbst? — Keineswegs, sondern unmittelbar ist der Mensch nur des eigenen Ichs, und zwar lediglich durch die unerklärliche Thatsache des Selbstbewußtseins, als unzweifelhafter Realität gewiß. Beruht also die Annahme von realen Dingen außer seinem Ich, beruht die zuversichtliche Appellation an die allgemein gültigen Analogien der Natur, an die Gesetze der Gravitation, der Continuität und Theilbarkeit aller Stoffe, beruht die Voraussetzung, daß das subjective Denken und das objective Sein mit einander zusammenstimmen, auf etwas Anderem, als auf einem angeborenen, durch Ideen und Vernunftahnungen getragenen G l a u b e n? Und kann das gewordene Ich, das endliche Selbstbewußtsein, kann sein Ursprung sammt der vorausgesetzten, durch allgemeine Erfahrung bestätigten, vernünftigen Ordnung der Dinge, kann das Alles, nach den Forderungen der Logik und nach den Aussagen des höheren Selbstbewußtseins, anders begriffen werden, als wenn man beide, das Ich und Nicht-Ich, als die Erzeugnisse eines Ur-Ichs, eines unendlichen, selbstbewußten Geistes auffaßt und somit das Dasein eines persönlichen Gottes voraussetzt? — Doch was frommt uns, Freund, eine derartige Dialektik gegenüber einem Feuerbach? Er ist ebenso unwiderleglich, wie Hengstenberg, und Beide verhalten sich nur als die entgegengesetzten Pole des sensuellen Dogmatismus. Unbeirrt durch solche Zwischenfragen und ohne sich von denselben in seinen Orakelsprüchen irgendwie unterbrechen zu lassen, fährt er fort, wie folgt: „Auf dem Gebiete der eigentlichen theoretischen Philosophie gilt mir, in directem Gegensatze zur Hegel'schen Philosophie, nur der R e a l i s m u s, der M a t e r i a l i s m u s in dem angegebenen Sinne. Ich bin nichts, als ein geistiger Naturforscher. Aber der Naturforscher vermag nichts ohne Instrumente, ohne materielle Mittel. Meine Schrift ist so wenig ein in die Kategorie der Speculation zu stellendes

Product, daß sie vielmehr die Auflösung der Speculation ist, insofern sie nicht das Ich Kant's und Fichte's, nicht den absoluten Geist Hegel's, kurz, kein nur gedachtes, sondern ein wirkliches Wesen, den Menschen, zu ihrem Principe hat und insofern sie den Gedanken aus seinem Gegentheil, aus dem Stoffe, dem Wesen, den Sinnen erzeugt, sich zu ihrem Gegenstande erst sinnlich, d. i. leidend, receptiv verhält, ehe sie ihn denkend bestimmt." [1])

Das heißt doch nun wohl, das Denken, den Geist, von vornherein, also doch durch den Geist selbst, aber freilich nicht in Folge gedankenartiger, aus dem Geiste selbst geborener Nöthigungen (Ideen), sondern auf Antrieb sinnlicher Eindrücke und auf Grund lediglich sinnlicher, d. i. geistloser Entschließung; das heißt also im Widerspruche mit dem Wesen, mit den logischen, sittlichen und religiösen Forderungen des Geistes und der Vernunft, das Denken und den Geist als das Secundäre, als bloßen Effect, den Stoff aber als das Prius, als das Absolute setzen und zwar lediglich durch ein sic volo voraussetzen, das heißt also, ein Materialist sein, weil man es eben sein will.

Sie sehen also, mein Freund, wie Feuerbach sich seines Sensualismus und der materialistischen Voraussetzung für denselben bereits vollkommen bewußt ist. Nur darüber, daß er das, was er den Stoff, das Objective, nennt, selbst durch ein sehr subjectives Denken gesetzt und in seiner vorausgesetzten Absolutheit aus sich selbst projicirt hat, daß er daher selber in der völligsten Illusion über das Wesen des Stoffs befangen ist, scheint er, seit die ihm eigene übermäßige Hinneigung zur Versinnlichung des Gedankens sich seines Geistes immer mehr auf Kosten der nüchternen Denkoperation bemächtigt hat, nach und nach völlig bewußtlos geworden zu sein. Der weitere Fortgang auf dieser eingeschlagenen Bahn mußte nun immer entschiedener zum vollen Materialismus hinüberführen. Es mußte sich ja immer wieder die Frage aufdrängen, woher denn der menschliche Geist selber seinen Ursprung genommen, wenn er seine Wurzel nicht im absoluten Geiste habe, wenn es überhaupt keinen absoluten Geist gebe? — Die Antwort konnte für ein auf der eingeschlagenen Fährte fortschreitendes Denken nur dahin lauten, daß der Geist nur das seelenlose Product blindwirkender Naturkräfte, daß die Natur selbst aber nur das Erzeugniß eines ewigen Zufalls oder einer ewig blindwirkenden Nothwendigkeit sei. Damit suchte man fortan auch die letzten Anklänge an höhere Ideen, die der Pantheismus in seiner idealistischen Richtung noch gepflegt hatte, aus dem Gefühl und Bewußtsein der Zeit zu beseitigen. Man nannte das die theologischen Reste, die auch die Hegel'sche Philosophie nicht zu überwinden vermocht

[1]) A. a. O., II. Aufl., S. IX ff.

habe. Vor Allem waren es die von A. Ruge herausgegebenen deutschen und nachmaligen deutsch-französischen Jahrbücher, die fortan im Anschluß an Feuerbach und Bruno Bauer auf diese Tilgung der letzten Wurzeln eines dem Uebersinnlichen zustrebenden Glaubens hinarbeiteten. Und so wurde in aller Weise der Boden bereitet, auf welchem man im Namen der Naturwissenschaft, die man fortan für die allein wahre Wissenschaft erklärte, ein System des Atheismus etablirte, das es an Frechheit und Frivolität selbst noch den Bestrebungen der französischen Encyclopädisten und eines Système de la nature zuvor zu thun suchte.

Fünfter Brief.

Man kann es nicht leugnen, mein Freund, der Uebergang vom Pantheismus in den Materialismus war in aller Weise folgerecht, obgleich man sagen muß, daß sich die Chorführer der materialistischen Denkweise aus den Forderungen und Consequenzen des logischen Denkens, so oft dieselben nicht in ihren Kram passen, eben so wenig machen, als aus den Voraussetzungen und übersinnlichen Nöthigungen des frommen Gefühls und des autonomen Gewissens. Jener Uebergang lag aber in der Natur des Pantheismus selber begründet, und er entwickelt sich jedesmal mit Nothwendigkeit, so oft man nicht Ernst macht mit dem, im Pantheismus noch mitgesetzten, höheren Ideengehalt. Der letztere kommt nur bei denen einigermaßen zum Austrage, die ihre pantheistischen Sympathieen irgendwie durch Aufnahme gesunder, christlicher Glaubenselemente in ihr religiöses Gemüthsleben theistisch rectificiren.

Indessen unterscheidet sich der Pantheismus vom Materialismus wesentlich dadurch, daß er als Grund und belebendes Princip alles Gewordenen den absoluten Geist, wenn auch nicht als persönlich selbstbewußtes Wesen betrachtet, während der Materialismus das Wesen des Geistes schlechthin leugnet, indem er denselben als bloße Wirkung des Stoffes auffaßt. Der Pantheismus ist daher mit einem gewissen, idealen Schimmer behaftet, wie er denn auch stets an den Geist und die ewigen Ideen der Vernunft appellirt. Vermöge dieser idealistischen Tendenz hat er, zumal bei der frisch anmuthenden und oft auch sittlich kräftigen Ausprägung seiner Richtung, im Gebiet der jüngeren schönen Literatur und ihrer Lyrik so viel Anklang im Herzen der deutschen Jugend gefunden. Durch sie hat er sich hier und da sogar auch der Sympathieen mancher edlen Frauenkreise bemächtigt, namentlich, wo er es verstand, seine antichristlichen Tendenzen ästhetisch zu verhüllen. Niemand ist darin geschickter und mehr geübt, als Berthold Auerbach und nächst ihm auch Fanny Lewald.

Sprößlinge aus dem Boden des durch spinozistisch-hegel'schen Pantheismus genährten modernen Judenthums, lassen Beide die von ihnen gezeichneten Lieblingscharaktere bald verhüllter, bald ganz offen über den Glauben an den persönlichen Gott und das ewige Leben hinaus sein. Aber trotz dieser Entfremdung vom Wesen der christlichen Frömmigkeit, ja, wie nicht undeutlich zu verstehen gegeben wird, gerade in Folge ihrer Emancipation von aller christlichen Frömmigkeit und Kirchlichkeit, zeichnen sich die jedesmaligen Hauptfiguren in bestechender, anziehender Weise aus durch geistreiches Wesen, durch schöne, gebildete Humanität oder, wie besonders in Auerbach's Dorfgeschichten, durch naturwüchsige Sittlichkeit. Gleichwohl läßt sich nicht verkennen, mein Freund, daß es mit all dieser idealischen Herrlichkeit der pantheistischen Denkweise, sofern dieselbe nicht etwa unter dem Einfluß höherer, theistischer Ahnungen und Ideen die Schranken ihrer Grundvoraussetzungen bereits bewußt oder unbewußt durchbrochen hat, gar zweideutig und bedenklich bestellt ist. Denn dieses ganze Gepränge und Vornehmthun mit dem Geist und mit der stoffverklärenden Macht des Geistes, sammt all dem Glorienschein einer höheren, von jeder Autorität emancipirten, über die Motive der persönlichen Furcht und Lohnsucht erhabenen Sittlichkeit, womit man die selbstlos resignirende Hingabe des individuellen Geistes an den allgemeinen und das unpersönliche Aufgehen des ersteren in den letzteren präconisirt: worauf anders doch läuft es hinaus, als auf phantastische Illusionen und worauf beruht es, als auf einem Pathos, das bei seiner pantheistischen Unterlage jedes wesentlichen, erhebenden Gehaltes entbehrt? Oder kann man sich in Wahrheit begeistern für einen vorgeblichen Geistesinhalt, für einen sogenannten Gott, der nicht die Kraft hat, die von ihm erfüllte und begeisterte Persönlichkeit zum bleibenden Gefäße des ewigen Lebens zu verklären? Kann man sich vernünftiger Weise gedrungen fühlen, sein Leben, sein Alles für ein Princip einzusetzen, das jedes geschichtliche und persönliche Dasein in leere Schattenbilder aufzehrt? Muß sich nicht für Jeden, welcher den persönlichen Gott und die ewige Fortentwickelung der individuellen Persönlichkeit leugnet, der sinnliche Genuß und die irdische Glückseligkeit, wie spröde man auch solche Consequenzen ablehnt, immer wieder als höchstes Lebensziel aufdrängen? Kann ein solches Selbstbewußtsein sich noch vernünftiger Weise zu Tugend und Sittlichkeit genöthigt finden, so oft die sittliche Pflicht in Widerspruch kommt mit den Bedingungen des irdischen Wohllebens der eigenen Persönlichkeit? Was sind Tugend und Sittlichkeit, trotz Spinoza's Ethik, denn anders, als nur ein vorübergehender Schmuck der vergänglichen Lebensverhältnisse, den man wechseln kann nach Mode und Belieben, wenn das persönliche Ich sich nicht zum ewigen Leben veranlaßt fühlt, wenn dasselbe den erfüllenden und beseelenden Inhalt, wodurch es sich auf sich selbst bezieht und sich in sich selbst bejaht, nur im Irdischen und Sinnlichen findet, wenn man überzeugt ist, mit dem

Hinwelken der Sinnlichkeit, mit dem Vergange des irdischen Leibes und Lebens, selbst für immer zu vergehen? — Wo läge denn bei solcher Voraussetzung noch eine vernünftige Nöthigung im Bewußtsein und Gefühl für das menschliche Ich, dem Idealen, dem Wahren, Schönen und Guten um seiner selbst willen zu huldigen, und zwar selbst im Widerspruch mit den Forderungen des sinnlichen Selbstgefühls?

Zwar redet auch Feuerbach noch von einer Idee und von einem Glauben an die geschichtliche Zukunft, an den Sieg der Wahrheit und Tugend.[1]) Und Strauß weist auf eine durch das Christenthum nach und nach ins Bewußtsein gehobene, mittelst Vernunft und Erfahrung approbirte Macht des sittlichen Geistes hin, wodurch die Menschheit sich über die sinnliche Religion der Griechen auf der einen und die jüdische Gesetzesreligion auf der andern Seite erhoben habe. Er bekennt sich zu dem Glauben, daß es eine geistige und sittliche Macht ist, welche die Welt beherrscht, und huldigt der Einsicht, daß der Dienst dieser Macht, in den wir uns zu stellen haben, wie sie selbst, nur ein geistiger und sittlicher, ein Dienst des Herzens und der Gesinnung sein könne.[2]) Er verweist die Menschheit für ihr Seelenheil zwar nicht an den geschichtlichen, aber doch an den idealen Christus, auf jenes sittliche Musterbild, das als Anlage ebenso zur allgemeinen Mitgift unserer Gattung gehöre, wie seine Weiterbildung und Vollendung nur die Aufgabe und das Werk der ganzen Menschheit sein könne.[3]) Aber indem Strauß die Unsterblichkeit der Seele von seinem pantheistischen Standpunkte aus nicht minder leugnet, wie Feuerbach das im Namen des Materialismus thut, indem er eine Weltanschauung zur Geltung zu bringen sucht, die mit „Ablehnung aller übernatürlichen Hülfsquellen, den Menschen lediglich auf sich selbst und die natürliche Ordnung der Dinge stellt,“ indem er den eigenen, leiblichen Bruder dafür verherrlicht, daß derselbe auch in solchen Augenblicken, wo jede Lebenshoffnung erloschen war, niemals der Versuchung nachgegeben, durch Anlehen beim Jenseits sich zu täuschen:[4]) worauf doch kann bei solcher Denkweise diese an und für sich achtungswerthe Begeisterung für das Sittliche und Ideale, die sich durch den Strauß'schen Pantheismus leuchtend hindurchzieht, hinauslaufen, als auf eine liebenswürdige Selbsttäuschung, als auf einen Widerspruch des Herzens mit den eigenen philosophischen Grundvoraussetzungen? Denn ist das Ich nur ein vergänglicher Durchgangspunkt für die absolute Idee; erschöpft sich seine Aufgabe vollständig innerhalb der Spanne dieses irdischen Lebens, und vermag die Idee den, der sich ihrem Dienste

[1]) A. a. O. S. IX.

[2]) Das Leben Jesu für das deutsche Volk von D. F. Strauß. 1864. S. XVII.

[3]) A. a. O. S. 627.

[4]) A. a. O. Die Dedication an seinen Bruder.

opfert, nicht durch einen ewigen Gehalt zu entschädigen, so ist es in Wahrheit doch unverständig, noch von einem sittlichen Gesetze zu reden, für dessen Erfüllung man allenfalls selbst das Leben dran zu setzen habe. Der Apostel behält Recht, wenn er mit der Beseitigung des christlichen Glaubens an die Auferstehung der Todten, d. i. an die ewige Verjüngung und Fortentwickelung der individuellen Persönlichkeit, auch die Principien der höheren Sittlichkeit und die religiöse Forderung des täglichen Sterbens mit Christo für aufgehoben ansieht; wenn er ausruft: was hilft es mir, mit wilden Thieren zu kämpfen, d. h., das Thier im Menschen, mit Gefahr der eigenen, persönlichen Sicherheit, unter beständigen Collisionen mit der angeborenen Selbstsucht zu bändigen, zu civilisiren, zu christianisiren, so die Todten nicht auferstehen? „Laßt uns essen und trinken, denn morgen sind wir todt."

Oder will man sich etwa für seinen eigenen, persönlichen Untergang durch den Gedanken an die Zukunft des Menschengeistes, durch die Aussicht auf den fortschreitenden Sieg der allgemeinen Wahrheit und Freiheit im Leben kommender Geschlechter entschädigen? Soll gar das erst im rechten Sinne edel gedacht und wahrhaft sittlich gehandelt heißen, wenn jemand sein Ich, seine ganze Persönlichkeit in dem Sinne aufgibt und selbst in den Tod dahin opfert, daß es ihm gleichgültig ist, was in und nach dem Tode aus ihm wird, ja daß er den Glauben hegt, im Dienste der sittlichen Idee als vergängliches Werkzeug verbraucht zu werden und der ewigen Vernichtung zu verfallen? Was heißt dann aber noch, das Gute um des Guten willen zu vollbringen, wenn das höchste Gut zuletzt die Vernichtung aller individuellen Persönlichkeiten in sich schließt? Und ist es denn wirklich edler, ist es für die Umgebung erbaulicher und dem innersten Wesen der Menschennatur entsprechender, zeugt es wirklich von mehr positiver Stärke des Charakters, von mehr Größe des Geistes und Herzens, wenn Jemand in Noth und Leiden und angesichts des nahen Todes in kalter, stoischer Resignation allen höheren Trost, alle Erhebung des Gemüthes durch den Gedanken an Gott und das ewige Leben verschmäht? Nun muß aber doch irgend eine sittlich gehaltvolle Idee den menschlichen Geist beseelen, wenn er Freudigkeit und Muth, Ruhe und Seelenfrieden in sittlicher Weise der hereinbrechenden Macht des Todes gegenüber behaupten will. Kann das nun für ein pantheistisch gesinntes Gemüth eine andere Idee sein, als der Gedanke und die Hoffnung, daß die idealen Güter, für deren Verwirklichung der Einzelne alles dran setzt, auch nach ihm und ohne ihn sich immer herrlicher verwirklichen werden? Allein das würde doch erst recht heißen, „sich durch ein Anlehn beim Jenseits täuschen," denn man würde auf diese Weise sich seinen sittlichen Halt und Trost verschaffen durch den Glauben an ein Jenseits, das sich nicht als Affirmation und organische Fortentwickelung des Diesseits, sondern lediglich als die absolute Negation desselben verhält, das daher für das menschliche Ich und seine sittliche Selbstbestimmung durchaus von wesenloser Bedeutung ist. Dazu kommt, daß es auf pantheistischem Standpunkte mit dem in Aussicht gestellten Fortschritt der Menschheit, dessen Beförderung der sittliche Mensch sich mehr, wie sein eigenes zeitliches Leben angelegen sein lassen soll, sowie mit der ganzen Zukunft des Menschengeistes ein sehr mißliches, ja geradezu ein nichtssagendes Ding ist. Denn ein pantheistisches Bewußtsein muß sich ja sagen, daß auch aller künftige Fortschritt der Menschheit am Ende auf Nichts hinausläuft. Oder lautet sein Bekenntniß nicht eben dahin, daß jede Individualisation des Unendlichen nur ein vorübergehender Durchgangspunkt des absoluten Processes sei; daß also auch die Erde sich einmal wieder in denselben Dunst und Nebel auflösen müsse, woraus sie hervorgegangen; daß demnach auch von dem Geiste der gesammten Menschheit, sowie von allen geistigen Errungenschaften, für deren Erzielung ein Geschlecht nach dem andern sich hingemordet hat, am Ende nichts übrig bleiben werde, als Dunst und Nebel? — Aber der absolute Geist, sagt man, wird doch bleiben, wenn auch der allgemeine Menschheitsgeist einmal ebenso dahinfahren muß, wie der individuelle Menschengeist. Und er, der absolute Geist, wird in Ewigkeit fortfahren, sich in immer anderen Verkörperungen darzubilden, gleichwie er schon von Ewigkeit her in dieser Darbildung begriffen gewesen ist. Immerdar von Neuem wird er Leben aus dem Tode hervorrufen. Allein, abgesehen von dem Widerspruch und der Trostlosigkeit, die in dem Gedanken eines anfangs- und ziellosen Processes liegen, bei dessen ewiger Fortbewegung immer nur dasselbe schale Nichts herauskommt: was ist denn ein Geist und was kann man sich machen aus einem Geiste, der sich selbst nicht inne hat, dem es in seinem innersten Grunde gerade an dem gebricht, was ihn allein zum absoluten Geiste machen würde, am absoluten Selbstbewußtsein und Willen, mit einem Worte, an aller persönlichen Selbständigkeit, und zu dem man daher in gar kein wahrhaft geistiges Verhältniß treten kann? Oder kann man sich in Wahrheit für einen Gott begeistern, der alles, was ihm geistige Wirklichkeit verleiht, erst vom Menschen empfängt und durch den Menschen wird, durch den aber der Mensch nichts wird, als Staub für Staub? Kann man einen Gott lieben, von dem man sich immer wieder mit Spinoza sagen muß, daß es ein unvernünftiges, absurdes Begehren sein würde, von ihm wieder geliebt zu werden? [1]) Kann man sich also gedrungen und ohne der moralischen Heteronomie zu verfallen, verpflichtet fühlen, sein innerstes Denken und Streben einem solchen Wesen zum Organ hinzugeben und sein Pathos einer Macht zuzuwenden, die als unpersönliche, inhaltsleere Substanz oder als zweckloser Proceß, als leere Negativität

[1]) Spinoza, Ethic. V. 14. Qui Deum amat, conari non potest, ut Deus ipsum contra amet. Si homo id conaretur, cuperet, ut Deus, quem amat, non esset Deus.

der menschlichen Persönlichkeit kein ewiges Gut zu communiciren, keinen Inhalt, worin sich die Seele als ewiger Selbstzweck affirmirt, zu vermitteln vermag? Sich ohne Rückhalt, mit der ganzen Energie der sittlichen Persönlichkeit hinzuopfern an den persönlichen Gott der Liebe, der sich vor allem durch die Stiftung des Christenthums als Heiland der Welt offenbart hat, der sich auch im Gewissen und frommen Gefühl als der lebendig machende Geist ankündigt, durch den wir uns von Stufe zu Stufe zu immer höherer Freiheit und Seligkeit hinangehoben fühlen: ja darin werden Sie Sinn und Verstand finden, mein Freund! Aber für einen zwecklosen Proceß, der im endlosen Wechsel entstehender und wieder vergehender Individuen jede werdende Persönlichkeit dem ewigen Tode überliefert, für einen solchen Moloch in Liebe erglühen, aus den Gedanken an diese öde, leere Allgemeinheit, an dies alles verzehrende Nichts, Antriebe zum sittlichen Handeln schöpfen und dabei auch noch vom Gewissen reden: nein, das können wir nur Phantasterei nennen. In Wahrheit verdient ein solches Princip gar nicht mehr den Namen Geist, weder in seinem sogenannten Ansichsein, in seiner unpersönlichen Allgemeinheit, noch in seinem An- und Fürsichsein, in seiner geschichtlichen Explication. Mag man ihm als Menschheitsgeist oder als Weltgeist huldigen: seine eigentliche Wesenheit besteht überall nur im widerspruchsvollen Schweben zwischen Sein und Nichtsein, zwischen Entstehen und Vergehen. Er ist niemals und nirgends wahrhaft er selbst und wesentlich in sich selbst, sondern er ist immer nur im Anderen und am Anderen. Wie er sich selbst erst in und mit dem sterblichen Leibe entwickelt, so büßt er mit dem Untergange desselben auch seine geistige Persönlichkeit wieder ein. Somit ist er im Grunde nichts weiter, als die unpersönliche Blüthe des individuellen Leibes, als der selbstlose Effect des Blutes und der Nerven, und statt Princip und Zweck des leiblichen Lebens zu sein, ist er nur eine vorübergehende Wirkung desselben und der demselben zu Grunde liegenden, allgemeinen Materie.

Demnach ist, bei Licht besehen, das Erste und Letzte auf pantheistischem Standpunkte nicht der Geist, als das schöpferische Princip der Materie, sondern die Materie, als Grund und Trägerin des Geistes. Der Begriff des Geistes hat daher dem Begriffe der chemischen und physikalischen Kräfte Platz zu machen. Aber damit stehen wir bereits mitten im Bereiche des Materialismus, und es ist nicht abzusehen, was noch für ein wirklicher Unterschied stattfinden sollte zwischen dem Pantheismus und Materialismus.

In der That, mein Freund, der Unterschied hebt sich auf theoretischem Gebiet völlig auf und besteht nur noch praktisch in der Gesinnung. Die letztere nun wollen wir durchaus in Ehren halten, und es ist immerhin erfreulich, wenn Männer von solchem Geist, wie Dr. Strauß, die atheistischen Consequenzen des Pantheismus auf sittlichem Gebiete mit Unwillen zurückweisen.[1]) Es gibt ja in der That auch einen derartigen Pantheismus, der, wie ich bereits gesagt habe, die theistische oder, was dasselbe ist, die christliche Grundlage nicht verleugnet. Einen solchen Geist athmet der Göthe'sche Pantheismus, den deshalb auch Gervinus hochhält. Und einer der edelsten Repräsentanten dieser pantheistischen Weltanschauung im christlichen Sinne ist der Lothringische Dichter Carl Candidus, der Sänger des deutschen Christus und Verfasser des Evangelium aeternum. Aber ein christliches Gepräge mit christlichem Inhalt bewahrt der Pantheismus nur so lange, als er die Idee des ewigen Lebens nicht mit Bewußtsein oder grundsätzlich aufhebt. Wo aber diese Leugnung des theistischen Kernpunktes eintritt, da kann die christliche Gesinnung in sittlicher Hinsicht nur noch im Widerspruch mit der logischen Consequenz fortbestehen, denn letztere führt dann unabweislich zum Atheismus und Materialismus.

Darum hatten Leute, wie L. Feuerbach, Moleschott, Büchner u. A., so leichtes Spiel und waren vom logischen Standpunkte aus im vollkommenen Recht, wenn sie den Pantheismus in Materialismus auflösten, wenn sie damit dem Gerede von einem Geiste, der kein Geist und von einem Gott, der kein Gott ist, ein Ende machten.

Fortan erklang das Evangelium des offenkundigen, des confessionellen Atheismus. Es gibt keinen Gott; es gibt auch keine Seele, so lautet der Inhalt desselben.

Vom starren Gestein der Erdrinde an, das als Resultat der planetarischen Schlackenbildung das Feuer des Erdinnern umschließt, bis zur miniaturartigen Wiederholung dieser starren Hülse in der Form des Gehirnschädels ist Alles und Jedes nur das Product der zufälligen Verbindungen seelenloser, den endlosen Raum im blinden Drange geistloser Nothwendigkeit ziellos durchirrender, ewiger Stoffatome. Mögen die Zusammenballungen des Stoffes als starre Gebilde der Krystallisation oder als flüssige Pflanzen- und Thiersäfte auftreten, mögen sie hier und da unter günstigen Umständen in Empfindungen, Trieben und Gedanken aufblühen, wie z. B. in den Gebilden der Hirnganglien: sie sind überall nur die ewig wandelbaren Phänomene des Stoffwechsels. Nichts existirt ursprünglich, als der ewige Stoff, und nichts ist nothwendig und bleibend, als der Stoffwechsel selber. Der Mensch ist, nach Moleschott, „die Summe von Eltern und Amme, von Ort und Zeit, von Luft und Wetter, von Schall und Licht, von Kost und Kleidung. Sein Wille ist die nothwendige Folge aller jener Ursachen. Rede und Styl, Versuche und Schlußfolgerungen, Wohlthätigkeit und Verbrechen, Muth, Halbheit und Verrath: sie alle sind Naturerscheinungen und nothwendige Folgen unerläßlicher Ursachen, so gut

[1]) Vgl. die Halben und die Ganzen. S. 17.

wie das Kreisen des Erdballs selbst, und das Bewußtsein ist die Eigenschaft des Stoffs." [1]) Die Menschheit, welche, nach L. Büchner, schon Millionen von Jahren auf der Erde gelebt hat, gehört mit dem Affen ursprünglich derselbigen Gattung an und unterscheidet sich von demselben nur durch etwas mehr Gehirn und durch eine von den Umständen herbeigeführte feinere Organisation desselben. Eine vom Leibe verschiedene, selbständige Substanz, die man als Seele bezeichnet, läßt sich im Gehirn des Menschen ebenso wenig nachweisen, wie im Gehirn des Affen oder wie in der einfachen Zelle, die als Infusionsthierchen umherschwimmt. In Wirklichkeit besteht, was man Seele und Geist nennt, aus nichts Weiterem, als aus einem Erzeugnisse der Eindrücke, welche die Außenwelt auf die Sinne und durch diese in den Endungen der Hirn- und Rückenmarksnerven, d. i. in den sogenannten Ganglien hervorruft. Die letzteren sind es, welche durch die Bearbeitung der Eindrücke, mittelst ihrer organischen Processe, Gefühle und Gedanken, Geist, Bewußtsein, Selbstbewußtsein, Willen, Gewissen und Religion in blind nothwendiger Weise erzeugen. [2]) Thorheit daher, was man noch von Freiheit des Willens, von sittlicher Verantwortlichkeit vor einem höheren Richterstuhle redet, und ausgemachte Narrheit, was man von einem Leben nach dem Tode faselt! Es gibt an sich weder Gutes noch Böses, weder Tugend noch Laster, denn es gibt kein höheres, sittliches Gesetz über dem Gesetze des Stoffwechsels und der physischen Nothwendigkeit, und es kann ein solches Gesetz nicht geben, weil es keinen absoluten Geist gibt, der in und über der Natur waltet, und weil es keinen werdenden Geist gibt, der sich mit Vernunft und Freiheit über die blind wirkende Naturnothwendigkeit zu erheben vermöchte. Gut ist daher, was den natürlichen Trieben des Leibes entspricht, und erlaubt ist Alles, wozu Deine Triebe Dich drängen, was Du, ohne Dich durch die Furcht vor körperlichen Gefahren gewarnt und durch die Voraussicht derselben gehemmt zu sehen, mit Sicherheit zur Befriedigung Deiner natürlichen und künstlichen Bedürfnisse thun kannst. Zwar redet Moleschott auch von sittlichen Forderungen der Gattung, und nennt gut, was auf einer gegebenen Stufe der Entwickelung den Bedürfnissen der Menschheit, den Forderungen der Gattung entspricht. Aber das Verhältniß der Individuen einer und derselbigen Gattung zu einander bethätigt sich, nach demselben Gesetz der blinden Naturnothwendigkeit, nicht minder durch Haß, Grimm und Mord, wie in der Form der sinnlichen Liebe. Darum sind Liebe

---

[1]) Vgl. Moleschott's Kreislauf des Lebens.

[2]) Vgl. besonders die angezogenen Werke von Moleschott und Büchner. Ferner Vogt: Bilder aus dem Thierleben; Köhlerglaube und Wissenschaft; ebenso dessen neuestes Werk über den Menschen, sowie auch seine Briefe über die Physiologie. Auch Czolbe und Dubois-Reymond vertreten diese und die folgenden Aeußerungen.

und Haß, Edelmuth und Verrath, Mord, Verbrechen und Heuchelei, nach L. Büchner, nur die nothwendigen Folgen der Combination des Gehirns,[1]) und die Begriffe Sünde und Schuld sind ein Unding, sind nichts als Inventionen der Theologen.[2]) Wenn Einer, vom Drange des Hungers oder von irgend einem andern Triebe ergriffen, den Nächsten bestiehlt oder gar ermordet und verspeist, so folgt er derselben Naturnothwendigkeit, und ist eben so unschuldig und berechtigt, als wenn er, vom Triebe des Mitleids beherrscht, Barmherzigkeit an ihm übt. „Der Arme, der einem Mehrbesitzenden etwas nimmt, um sein natürliches Anrecht an den materiellen Besitzstand der Menschheit geltend zu machen, denkt damit nicht im Entferntesten, ein Unrecht zu thun," und die Abtreibung der Leibesfrucht ist eben so sehr ein vernünftiges Recht der Eltern, als die Ehe ein zufälliges Institut und das Verbot des Ehebruchs eine willkürliche Satzung ist. Es kann dem Einzelnen überhaupt ganz gleichgültig sein, wie er handelt, vorausgesetzt, daß er die Conflicte mit der menschlichen Gesellschaft und ihren Gesetzen vermeidet.[3])

Der Egoismus ist, nach L. Feuerbach und Max Stirner, das einzige universelle Gesetz des menschlichen Geschlechts, und die Sünde ist nur ein eingebildeter Zwiespalt des Menschen mit seinen angewöhnten und anerzogenen Vorurtheilen. Dem Menschen ist daher, nach Feuerbach, Alles erlaubt, was thunlich ist zur Befriedigung seiner natürlichen Triebe. Thorheit ist's, diese Befriedigung, wo es die Klugheit gestattet, zu versäumen. Aber diese Thorheit und Dummheit ist doch auch wieder nur eine Folge blinder Nothwendigkeit. „Der Staatsverband kann, nach Arnold Ruge, nur den vernünftigen Zweck haben, allen Staatsbürgern den höchst möglichen Genuß zu verschaffen. Da dieser nun, bei der jetzigen Staatseinrichtung, der großen Masse versagt ist, so ist es für dieselbige ein vernünftiges Naturgesetz, das Bestehende um jeden Preis niederzureißen, um ein anderes System herzustellen." Allein, da das Vernünftige, nach dem Materialismus, nichts weiter ist, als was aus Naturnothwendigkeit und den Antrieben der Selbstsucht folgt, so muß man von diesem Standpunkte aus es ebenso vernünftig finden, wenn das alte System sich um jeden Preis zu behaupten sucht; und zuletzt kommt Alles nur auf die Macht an, von Recht und Pflicht aber kann nicht mehr die Rede sein. Der blutigste Despot und der unmenschlichste Tyrann ist also, nach diesem Gesetze der geistlosen Naturnothwendigkeit, ganz ebenso berechtigt, wie der Communist, der Alles gleich zu machen sucht.

Die Hauptsache ist, vom Standpunkte des Materialismus aus, daß man sich das irdische Leben so viel möglich angenehm zu machen sucht, ohne sich um

---

[1]) L. Büchner: Kraft und Stoff. 1. Aufl. S. 245 ff.

[2]) Ebendaselbst. 3. Aufl. S. 207.

[3]) Ebendaselbst. 1. Aufl. S. 160, 245—248.

die Moralität oder Unmoralität der Mittel zu bekümmern, durch welche man zum Genusse kommt. Denn jedes Mittel ist erlaubt; es kommt nur darauf an, daß es zum Ziele führt; und zum Ziele führt es, wenn man sich dadurch den sinnlichen Lebensgenuß erhöht, einerlei, ob im Einklange oder im Widerspruche mit dem Gewissen; denn das letztere ist nur eine theologische Einbildung und man muß es sich auszutreiben suchen. Die praktische Lebensmaxime des Materialisten faßt sich also, bei voller Consequenz, immer wieder in dem alten Satze zusammen: „Lasset uns essen und trinken und fröhlich sein, denn morgen sind wir todt.“ Mit dem Tode nämlich ist Alles aus und ein Thor daher, wer das Leben nicht als der Güter höchstes auszubeuten sucht, da es keine Schuld gibt.

Daß mit dem Tode wirklich Alles aus ist, ist nach C. Vogt die evidenteste Thatsache, da die allmähliche Entwickelung und Abnahme aller der Lebensäußerungen und Kräfte, die das Bewußtsein und was man Seele nennt, mit einander ausmachen, durchaus parallel läuft mit der Entwickelung und Abnahme des Gehirnlebens.[1])

Das geistige Leben des Individuums wird, nach L. Büchner, mit dem Tode des Leibes für ewig vernichtet, und der einzelne Mensch ist, nach Moleschott, ein verschwindender Theil des Ganzen, worin er sich wieder auflöst. Nach Vogt ist die Seele, weil kein materielles, vom Körper abtrennbares Princip, nur der Collectivname für die verschiedenen Functionen, die ausschließlich dem Centralnervensystem, dem Gehirn zukommen. Sie stirbt daher zugleich mit dem Körper, und das Bewußtsein erlischt für ewig.

Das ist der Materialismus, mein Freund, der die nothwendige Consequenz des Pantheismus bildet. So spricht er sich selbst aus. Und wo er sich in seiner ganzen nackten Folgerichtigkeit enthüllt, da bebt er, wie Sie sehen, nicht davor zurück, auch die Grundlagen des Rechts, der Moral und Sittlichkeit über den Haufen zu stoßen, und mit Helvetius und Max Stirner als Maxime alles Denkens und Handelns die Selbstsucht zu proclamiren.

Daß diese Denkweise bereits weit und breit ein Echo im deutschen Volk gefunden hat, kann man sich nicht mehr verhehlen. Es ist das eine Wahrnehmung, die ihre Bestätigung auf allen religiösen Standpunkten findet. Nicht nur Hengstenberg und die Vertreter der orthodoxen Denkweise, sondern auch die Blätter und Organe der Vermittelungstheologie strömen über von Klagen über den immer weiter um sich greifenden Abfall des Volks von der Kirche und vom religiösen Glauben. Selbst die Vertreter der liberalen Theologie, denen man doch nicht nachsagen kann, daß sie nur schwarz sehen, und daß sie kein Herz haben für das, was unsere Zeit wirklich auszeichnet, stimmen ein in diese

---

[1]) C. Vogt: Köhlerglaube und Wissenschaft. 3. Aufl. 1855. S. 117.

Klagen über den Auflösungsproceß der evangelischen Kirche, wenn sie über die Ursachen des Zerfalls auch wesentlich verschieden denken. Noch nie, sagt der Herausgeber der „Protestantischen Flugblätter" in den ersten Nummern derselben (Januar 1866), sei ein fanatischer Unglaube, welcher Gott und Menschengeist, Gewissen und ewiges Leben leugne, mit solcher Wuth über Christenthum und Kirche hergefallen, wie in unseren Tagen. Die kirchlichen Banden seien, in Folge der immer weiter um sich greifenden Religionsverachtung, sehr gelockert worden. Das zeige sich nicht blos in einer großen Gleichgültigkeit gegen den Kirchenbesuch und gegen die Theilnahme an dem h. Abendmahl, sondern viel mehr noch darin, daß überhaupt in sehr vielen Protestanten das Bewußtsein, daß sie Glieder einer religiösen Gemeinschaft seien, so sehr zurückgetreten sei, daß diese für sie nur noch dem Namen nach bestehe. Es gehöre schon seit längerer Zeit zum Tone unter den Gebildeten unseres Volkes, besonders den Männern, es als einen sogenannten überwundenen, eines gebildeten Menschen nicht mehr würdigen Standpunkt zu betrachten, für Kirche und kirchliche Dinge ein Interesse zu zeigen. Aus diesen Kreisen aber sei das Uebel mehr und mehr in die untern Klassen, besonders der großen Städte, gedrungen, und man habe es hier dahin gebracht, insbesondere die Arbeiter theilweise mit dem wildesten Haß gegen Religion und Kirche zu erfüllen.[1])

Woher soll denn da nun Hülfe kommen, mein theurer Freund? Oder sollen wir an dieser Hülfe verzagen? Ich wenigstens möchte dann am Liebsten gar nicht geboren sein. Denn was das irdische Leben noch für Werth haben könnte, wenn das Höchste, worauf die Menschheitsentwickelung hinzielt, darin bestände, daß auf Kosten von Millionen einzelne Bevorzugte durch die Civilisation zu einem etwas feineren sinnlichen Lebensgenusse gelangten, bei dem sie sich dann doch häufig innerlich so leer und elend fühlen, während die große Masse unter der Ueberlast der täglichen Arbeit und Sorge in eine Stumpfheit des Geistes und in eine Misere des Lebens versinkt, zu welcher das sorglose Hinträumen der Thierwelt sich wie paradiesischer Genuß verhält: das geht wenigstens über mein Fassungsvermögen. Doch vielleicht hilft uns die neuerdings von orthodoxer Seite her männiglich empfohlene, hier und da auch schon nach Wunsch erzielte Verstärkung des bisherigen Kirchenregiments?

Wir wollen sehen.

---

[1]) Ich kann es mir nicht versagen, die Lectüre dieser „Flugblätter" (sie erscheinen, jährlich 10 Nummern, bei dem Verleger dieses Werkes, Herrn R. L. Friderichs in Elberfeld, seit 1866) jedem Gebildeten aufs Dringendste zu empfehlen, da dieselben äußerst gediegene und beherzigenswerthe wie instructive Aufsätze bringen.

Sechster Brief.

Für den Tieferblickenden, mein Freund, liegt schon in der Thatsache, daß der Materialismus, wo er sich zu seiner vollen Consequenz entwickelt, die höchste Steigerung des Unglaubens darstellt, der Hinweis auf die beginnende Aufhebung desselben. Wenn nur die evangelische Kirche es verstehen wollte, den Moment der Krise zu benutzen, und dem Volksgeiste die nothwendige, sittliche Energie für den Proceß der beginnenden Ausscheidung des ihm eingeflößten atheistischen Giftes aus den rechten Lebensquellen zuzuführen!

In der Gestalt, wie der Pantheismus dasselbe verbreitet, ist ihm nur schwer beizukommen, indem es die geistige Atmosphäre wie ein feiner, kaum merklicher Dunst durchdringt, und überall die engste Verbindung und eine schwer zu scheidende Mischung mit den besseren Elementen und Bestrebungen des modernen Geistes eingegangen ist. In der Gestalt des Materialismus aber hat es sich mehr und mehr zur Handgreiflichkeit verdichtet, so daß die evangelische Kirche daher viel sicherer auf die Beseitigung desselben hinarbeiten und dabei zugleich viel entschiedener auf eine kräftige, religiös-sittliche Reaction in den Kreisen der echten Bildung rechnen kann. Nur darf sie freilich nicht länger versäumen, auch aus ihrer eigenen Mitte alle derartigen Elemente auszuscheiden, die als Niederschläge eines alten Aberglaubens dem Unglauben immer von Neuem wieder zur Stärkung dienen. Und das dürfte ihr doch jetzt, nachdem der deutsche Protestantismus durch Preußens siegreiche Erfolge endlich dahin gelangt ist, die seiner weltgeschichtlichen Mission entsprechende staatliche Selbstständigkeit, nach Beseitigung Oesterreichs und seiner mittelalterlichen Einflüsse auf Deutschland, geltend machen zu können, noch viel leichter werden, als vorher, namentlich wenn, wie zu erwarten ist, der betreffende Paragraph unserer Verfassung über die Kirche nun bald ungehemmt, was Gott geben möge, zur vollen, ehrlichen Ausführung gelangen wird.

Wenn die unsittlichen Consequenzen des Materialismus, gegen die jedes noch einigermaßen sittliche Gefühl sich empört, nicht überall ganz nackt zu Tage treten, ja wenn mehrere seiner angesehensten Vertreter den Nachweis derselben als böswillige Consequenzmacherei zurückweisen; wenn Carl Vogt sogar von sittlichen Ergebnissen zu sagen und zu rühmen weiß, die aus der Fortentwickelung des Materialismus erblühen würden, indem er hinweist auf die in demselben gegebenen „Bürgschaften einer gesellschaftlichen Ordnung, die sich auf Gleichberechtigung aller Menschen, auf gleichmäßige Freiheit Aller, auf die Herstellung des möglichst großen zeitlichen Glücks für Alle gründe,“ [1]) wenn in demselben Geiste ein Uhlich u. A. den nackten Unglauben als die sittliche Voraussetzung für eine gesunde Regeneration der ganzen Menschheit im Geist des Socialismus anpreisen; und wenn manche Materialisten noch immer in wirklichem Ernst von Pflicht, Gewissen und Humanität reden: so ist das nur ein Zeichen, mein Freund, wie man selbst von dieser Seite sich genöthigt sieht, trotz des Widerspruchs, worin man dadurch mit dem Princip des Materialismus geräth, doch wenigstens noch den Schein der Anerkennung einer höheren, übersinnlichen Geistesmacht, die sich allgemein im Innern des Menschen ankündigt, zu wahren. Oder es liegt darin sogar ein Zugeständniß und Zeugniß, wie selbst das materialistische Bewußtsein die Stimme des Gewissens, die Regungen eines höheren Gefühls in seinen Trägern nicht völlig zu bemeistern vermag. So dürfte auch mancher Anhänger dieser trostlosen Weltanschauung zuweilen von jenem geheimnißvollen Wurm, der nie stirbt, und von jenem Feuer, das nie verlöscht, etwas im eigenen Herzen verspüren.

In einer sehr würdigen, ja achtunggebietenden Weise spricht sich das Gefühl dieser innern Unbefriedigtheit durch die Ergebnisse des Materialismus bei dem verdienstvollen, von wahrhaft sittlichem Ernst durchdrungenen Naturforscher Burmeister aus. Auch nach ihm ist es eine Consequenz des erfahrungsmäßigen Denkens, nur die Materie für ewig und unsterblich zu halten, die Seele dagegen nur als eine unselbständige Eigenschaft jener zu fassen. Die Naturwissenschaft, sagt er, wird sich des empirischen Materialismus, als Fundament des exacten Wissens, nicht entschlagen können. Trotzdem entschlägt doch dieser Forscher selbst sich eines gewissen höheren Glaubens nicht und spricht mit Ehrerbietung von demselben. Sich beugend vor den Consequenzen des empirischen Forschens, wie sie sich ihm aufdrängen, schließt er mit Luther: Gott helfe mir, ich kann nicht anders. [2])

---

[1]) C. Vogt: Köhlerglaube und Wissenschaft. S. 123.

[2]) Burmeister: Geologische Bilder rc. Leipzig 1851. Vgl. besonders den Abschnitt: Die Seele und ihre Behälter. Bd. I. S. 247 ff.

Wie man daher getrost behaupten darf, daß kein Materialist aus voller Seele an seine eigene Theorie glaubt, so steht es auch keinem der keckſten und zuversichtlichsten unter denselben an der Stirn geschrieben, was ihm noch innerlich bevorstehen mag. Wenn Heine seine Gotteslästerungen im Angesichte des Todes zurückzunehmen und wieder zum Glauben an den persönlichen Gott zurückzukehren sich gedrungen fühlte; wenn ein Daumer, Gfrörer u. A. sich aus der Oede ihres windigen Skepticismus in den Schooß der allein seligmachenden Kirche hinüber zu retten suchten: so läßt sich nicht sagen, was auch noch anderen Helden des Unglaubens begegnen kann.

Die Hauptsache für eine gründliche und allgemeine Ueberwindung des Materialismus und Pantheismus wird freilich immer die bleiben, daß die evangelische Kirche durch eine gründliche Reform in Lehre, Verfassung und Cultus die Krankheitsstoffe, welche das gesammte Zeitbewußtsein durchschwimmen, nach und nach zersetzt und entweder ausscheidet oder umbildend resorbirt.

Oder sollte sie ohne eigene Umbildung und Verjüngung dazu fähig sein? Sollte sie durch die neuerdings so angelegentlich angestrebte Vermehrung ihrer disciplinarischen Einflüsse, denen sie weit und breit auch die von oben her eingeleitete Bildung eines gewissen Analogons der Presbyterial- und Synodalverfassung dienstbar zu machen sucht, sollte sie durch diese und ähnliche Mittel, als z. B. durch Kirchenvisitation, Verstärkung des Einflusses der Superintendenten und Generalsuperintendenten, wieder zu hinreichender Kraft und geistiger Macht gelangen, um den Strom des Verderbens einzudämmen? Ach, sie kann nicht einmal im Stande der Volkslehrer das krebsartige Umsichfressen des materialistischen Unglaubens verhindern, trotz der dressurartigen Bildung, die sie diesem Stande jetzt in manchen Gegenden angedeihen läßt.

Und was hat denn die restaurirte Orthodoxie, obgleich sie sich immer wieder als der allein zu Recht bestehende Ausdruck der evangelischen Kirche proclamirt, und in dieser ihrer Prätension sich weit und breit wieder auf den Arm der weltlichen Macht stützen und sogar auf die Unterdrückung oder Beschränkung der freieren Richtung hinwirken durfte, was hat sie bisher dem Materialismus gegenüber im Volke selber geleistet? Ging sie dem verführten Theil desselben in treuer Liebe suchend und überführend nach, wie einst, nach der Sage, der heilige Johannes dem unter die Räuber verlockten Lieblinge seines Herzens? Zeigt sie sich wirklich beseelt von jener Kraft der eingehenden Liebe, die Allen Alles, den Juden ein Jude, den Heiden ein Heide zu werden vermag? Stieß sie das Bewußtsein und Herz des Volkes nicht zurück durch Zumuthungen, die ihm unverständlich bleiben, mit Drohungen und zelotischen Bestrebungen, welche es erbittern und noch mehr verhärten? Machte sie es sich zur Aufgabe, die auch vom Materialismus nicht zu bewältigenden Elemente bürgerlicher Ehrenhaftigkeit und humaner Bildung in den von demselben angefressenen Persönlichkeiten anerkennend zu pflegen und weiter zu entwickeln, und auf alle Weise zu verhüten, daß das verglimmende Döchtlein der höhern Sehnsucht und Ahnung nicht vollends erlösche, daß die letzten jeweiligen Regungen des Gewissens nicht vollends verhallen? Trug sie dem in der Wüste Verirrten das Brot des Lebens nach, oder wußte sie ihm nur das zu Stein verhärtete Brot eines geistlosen Buchstabens anzubieten? — Ach, sie hat sich leider nicht im Stande gezeigt, das mit den Träbern des Materialismus überschüttete, in einem großen Theile des Volkes bereits dem Erlöschen nahe Bewußtsein über die dem Menschen angeborne göttliche Bestimmung kräftig wieder anzufachen. Sie hat dies um so weniger vermocht, da sie ja, soweit sie sich von Neuem wieder auf das alte Dogma gestellt hat, durch ihre Lehre von dem gänzlichen Verderben der menschlichen Natur, dem Glauben an die Immanenz des göttlichen Geistes und an die göttliche Anlage und Würde der menschlichen Persönlichkeit, schnurstracks entgegenwirkt und in dieser Hinsicht dem materialistischen Princip selber geradezu Vorschub leistet. Bei dieser ihrer Eingenommenheit durch einen Glauben und eine Lehre, die dem Menschen in seinem angebornen Wesen allen Werth und alle natürliche Entwickelungsfähigkeit abspricht, wie könnte sie sich dabei zu jener Liebe erheben, die Alles glaubt und Alles hofft, die es sich zur Aufgabe macht, in naturgemäßer Weise, anknüpfend an die Denkweise und eingehend in die Bedürfnisse der Zeit und jeder besonderen Individualität, den Keim des Göttlichen und die idealen Triebe zu beleben, welche ihre Befruchtung besonders von der evangelischen Kirche erwarten? Wie könnte sie dabei jenen Duft des Lebens zum Leben (2. Cor. 2, 16.) ausströmen, der wie ein erquicklicher Gottesthau auf die dürren Herzen fällt? Fühlen sich die Vertreter der herrschenden Orthodoxie doch so dürr und geistesleer in sich selber, sprechen sie sich doch so völlig alle eigene, persönliche Potenz ab, verdächtigen sie doch den Glauben an die Immanenz des göttlichen Geistes im menschlichen so entschieden als pantheistische Ketzerei, daß sie wesentlich von demselben Unglauben an das Dasein und die Allgegenwart des göttlichen Geistes beherrscht sind, wie der Materialismus. Für sie gehört das Dasein und die Offenbarung des göttlichen Geistes nur noch der Vergangenheit an; daher glauben sie das belebende Princip der Wahrheit völlig außer sich suchen zu müssen, und nur in den abgelebten Vorstellungen vergangener Zeiten finden, sowie nur mit Mitteln der weltlichen Gewalt und auf mechanische Weise, d. h. im materialistischen Sinne, aufrecht erhalten zu können. Und denselben Unglauben suchen sie auch in der evangelischen Kirche zur Herrschaft zu bringen, suchen sie durch diese im ganzen

Volk zu verbreiten. Nichts ist ihnen verhaßter als der Glaube des Menschen an seine angeborene höhere Natur. So eifrig sie eintreten für das Dogma von der Gottheit Christi, so völlig stimmen sie doch mit dem Materialismus zusammen in der Verwerfung des lebendigen Christus und seiner Weltregierung, d. i. in der Leugnung der Immanenz des gottmenschlichen Princips, des idealen Gottes- und Menschensohnes in jeder werdenden Persönlichkeit. In dieser Verzweiflung an der allgegenwärtigen Wirksamkeit des Geistes Christi im Geiste der Gegenwart, in der Entwickelung der Geschichte, im Leben der Völker und Gemeinen, verlangen sie nun natürlich immer wieder nach einem Stellvertreter Christi auf Erden. Sie glauben denselben in einem mechanisch angelegten, weltlichen Kirchenregiment zu finden und vertrauen demselben um so mehr, je stärker und einheitlicher es ist, d. h. je entschiedener es in der Gestalt des Cäsareopapismus auftritt. So bieten sie Alles auf, um die evangelische Kirche, in der Meinung, sie stark und einflußreich zu machen, zu einer der römischen Kirche ähnlichen Anstalt zu degradiren, zu einer Anstalt, die in ihrer doppelten Abhängigkeit vom geistlosen Buchstaben der Vergangenheit einerseits und von der oberbischöflichen Kirchengewalt andererseits, unvermögend ist, mit dem Geist der Gegenwart, mit dem gebildeten Gemeindeleben in Wechselwirkung zu treten und sich eingehend und befruchtend in die verschiedenen Denkweisen sowie in die geistigen Bedürfnisse des gegenwärtigen Zeitalters zu versetzen. Sie wollen die evangelische Kirche an Normen des Glaubens und Denkens gebunden wissen, die sich dem Geiste der Gegenwart nicht in ihm selber als die Gesetze des eignen höheren Wesens und Werdens bezeugen; durch ihre Schuld vorzüglich ist die evangelische Kirche in ihrem Streben, sich den Fesseln der heteronomen Mächte und Gewalten zu entbinden, die ihrem Wesen fremd sind, immer wieder gehemmt worden. Ach, wie schwerfällig und kläglich keucht die letztere unter diesem Doppeljoche des Dogmatismus und des Cäsareopapismus einher, wo es gelungen ist, dasselbe vollständig wieder zu restauriren, wie vorzüglich in Mecklenburg. In einer solchen Kirche kann Niemand mit ganzer Persönlichkeit, aus eigenster, unmittelbarster Ueberzeugung für den christlichen Glauben eintreten, denn er hat ja immer erst zu fragen, ob er sich mit seiner Ueberzeugung auch in Uebereinstimmung findet mit dem zufällig herrschenden Kirchenregiment, sowie mit den symbolischen Büchern und der Auslegung derselben durch die competenten Behörden. In solcher Kirche müssen die Geistlichen daher, nicht minder wie die Weltlichen, ihr besseres höheres Selbst möglicherweise erst verleugnen, um sich den vorgeschriebenen Glaubenssatzungen zu unterwerfen. Wie sollte eine derartige Richtung im Stande sein, wahres religiös-sittliches Leben außer sich zu erzeugen, da sie so wenig Lebenssamen in sich selber hat? Wo sie am Ruder sitzt, kann daher auch das Werk der Mission nur schlecht gelingen und ist nur durch allerlei künstliche Mittel aufrecht zu erhalten.[1]) Wo sie die Herrschende ist, verwandeln sich die bedeutungsvollsten kirchlichen Handlungen, welche, wie die Taufe und die Einsegnung der Ehen, nur als Ausflüsse der innersten Ueberzeugung von Werth und Wirksamkeit sind, in materielle Zwangsacte, und selbst der Einfluß des geistlichen Amtes kann da zuletzt nur noch durch den Arm der weltlichen Macht, also auf dem Wege des Zwanges und mittelst materieller Factoren, aufrecht erhalten werden.

Man kann sich nicht verbergen, mein Freund, und die Vertreter der Orthodoxie beklagen es auf das Stärkste, daß das Ansehen des geistlichen Amtes in unserer Zeit weit und breit sehr gesunken ist. Zeugt das aber nicht von einer sehr tiefen und weitverzweigten Erkrankung unserer evangelischen Kirche? Dieser Schaden in Betreff des geistlichen Amtes hängt auf das Unmittelbarste zusammen mit der mangelhaften Verfassung unserer Kirche.

Das geistliche Amt soll sich, seiner Idee nach, als der centrale Lebenssitz des kirchlichen Gesammtgeistes, als die Vertretung des Geistes der Universalkirche an der Localkirche verhalten. Das orthodoxe Kirchenthum aber hat in kirchenpolitischer Beziehung vom Anfang seiner Restauration an eine Ausprägung angestrebt, welche keineswegs geeignet ist, das ohnehin schon durch das frühere, büreaukratisch geartete Kirchenregiment der rationalistischen Aufklärungsperiode so tief gesunkene Ansehen des geistlichen Standes wesentlich wieder zu heben. Zwar haben manche der einflußreichsten Organe dieses Standes, als Mitglieder der obersten kirchlichen Behörden der einzelnen Landeskirchen, neuerdings Alles aufgeboten, um das Kirchenregiment von seinen büreaukratischen Fesseln zu lösen und den gesammten geistlichen Stand dadurch zu heben und zu kräftigen. Allein man hat diese, durch die Idee der Kirche gebotene Befreiung derselben vom Staatsregimente und von allen territorialistischen, büreaukratischen und sonstigen politischen Einflüssen, man hat sie, unter dem Vortritt eines Kliefoth und Genossen, in einer Weise zu verwirklichen gesucht, welche der Idee der Kirche geradezu widerspricht. Man hat weit und breit ein Kirchenregiment erzielt, das mit der Zuspitzung seiner Hierarchie in der obersten Bischofsgewalt des weltlichen Fürsten erst recht dazu angethan ist, die freie, sittliche Selbstbestimmung der einzelnen Ortsgeistlichen, die Freudigkeit und Unmittelbarkeit ihrer Einwirkung auf den Gemeindegeist zu trüben, zu lähmen und ihr Ansehen bei dem Volke immer mehr zu untergraben. Oder können sich die Geistlichen wohl die Liebe, das Vertrauen und die Achtung der Gemeinden erwerben, wenn sie nicht volle Freiheit haben, sich in aller Weise und durch alle

---

[1]) Vgl. E. Fr. Langhans: Pietismus und Christenthum im Spiegel der äußeren Mission. 1864. Ferner dessen neuestes Werk: Pietismus und äußere Mission vor dem Richterstuhle ihrer Vertheidiger. 1866.

sittlich gebotenen Mittel der Gemeinschaft mit den Gemeinden in Wechselwirkung zu setzen und auf diesem Wege alle diejenigen Reformen des Cultus und des kirchlichen Gemeindelebens vorzubereiten oder ohne Umstände ins Werk zu setzen, die sich dem entwickelteren Gemeindebewußtsein als heilsam aufdrängen? Eben diese Freiheit aber, eben die Möglichkeit dieser heilsamen Wechselwirkung, sowie alle etwaigen Ansätze zu einer Organisation derselben, hat das moderne Kirchenthum, zufolge seiner hierarchischen Centralisationsbestrebungen, den Geistlichen wie nicht minder den Gemeinden verkümmert. Je mehr es den Häuptern der modernen Orthodoxie gelungen ist, trotz des politischen Constitutionalismus, einen kirchlichen Absolutismus zu erzielen, vermöge dessen sich das Kirchenregiment mit seiner hierarchischen Zuspitzung in einer, nur dem absoluten Fürsten verantwortlichen Oberbehörde, der Wechselwirkung mit dem Geist der Gemeinden, sowie der volksthümlichen Befruchtung durch den letzteren entzogen hat; je mehr auf diese Weise das hierarchische Gewicht der Superintendenten und der Generalsuperintendenten gewachsen ist, desto mehr hat das Ansehen des geistlichen Amts in den Gemeinden durch diese verstärkte Bevormundung der Pastoren von Seiten der kirchlichen Behörden gelitten. Denn diese, in mehreren Landeskirchen an die Stelle des büreaukratisch gearteten Kirchenregiments getretene hierarchisch-absolutistische Ausstattung desselben zeigt sich zwar ganz dazu angethan, die Herausbildung eines lebendigen Wechselverhältnisses zwischen den Geistlichen und Gemeinden in aller Weise zu hemmen, die völlige Entfaltung der freien, persönlichen Einwirkung des Geistlichen auf das Gemeindeleben zu beschränken, die organisatorischen Bestrebungen des Gemeindegeistes durch Rescripte und Visitationen, durch Gebote und Verbote, durch väterliche Ermahnungen und Drohungen, sowie durch allerlei Maßregelungen lahm zu legen, und allen denjenigen, welche sich dennoch gedrungen fühlen, nach eigener Ueberzeugung durch Beseitigung zeitwidriger Einrichtungen, heilsam auf das kirchliche Gemeindeleben einzuwirken, die Amtsfreudigkeit zu verkümmern und das Leben zu verbittern, wie davon manche Geistliche, und zwar nicht nur im Mecklenburgischen und Hannover'schen, manch bittres Lied zu singen wissen: — daß aber eine solche hierarchische Bevormundung positiv förderlich auf den geistlichen Stand selber einzuwirken und die todten Glieder desselben, welche sich mit einer blos mechanischen Ausrichtung des Vorgeschriebenen begnügen, mit Geist und Leben zu erfüllen vermöchte; daß sie im Stande wäre, die Heuchler zu entlarven, die Schwachen und Zaghaften zu stärken, denjenigen dagegen, welche im Kampfe mit Unbildung und Rohheit noch sehr vereinzelt stehen, das Bewußtsein und Gefühl des Getragenseins von einer, den Volksgeist lebendig bewegenden, religiös-sittlichen Lebensmacht der Kirche zu vermitteln, davon soll der Nachweis erst noch geführt werden. Die Gemeinden aber bekommen im Verkehr mit ihren Geistlichen vielfach nur den Eindruck, daß sie es mit sehr untergeordneten Persönlichkeiten, mit dependenten Charakteren, mit abhängigen und willfährigen Werkzeugen einer veralteten Anstalt zu thun haben, einer Anstalt, die nicht nur den freieren Bestrebungen der einzelnen Gemeinden, sondern dem gesammten Volksgeiste fremd gegenübersteht. Die Gemeinden gewöhnen sich so immer mehr, die Pastoren in Bausch und Bogen als unfreie, unselbständige Leute anzusehen, die nicht den Muth und die Kraft haben, als Männer sich nach eigenem besten Wissen und Gewissen zu entscheiden und für ihre religiös-sittliche Ueberzeugung männlich einzutreten. Sehen sie doch täglich, wie ihre Geistlichen entweder gar nicht geneigt, oder doch nicht im Stande sind, das Mißbräuchliche und Abgelebte im Cultus und kirchlichen Leben im freien Einverständniß mit den Gemeinden ohne Umstände zu beseitigen und die nothwendigen Reformen aus dem inneren Geist der Gemeinden selber zu erzielen. Sie kommen denselben daher vielfach von vornherein mit Mißtrauen und Widerwilligkeit entgegen; sie erblicken in ihnen die willfährigen, untergeordneten Werkzeuge einer unvolksthümlichen, wenn nicht gar volksfeindlichen Macht, welche kein Verständniß hat für den Geist der Zeit und kein Herz für die geistigen Bedürfnisse und großen Aufgaben der Gegenwart. So betrachten die Gemeinden die ihnen ohne ihr eigenes Mitwirken, oder auf Grund eines derartigen Wahlrechts, das nichts als ein leerer Schein ist, von oben her gesetzten Pastoren vielfach nur als ihre gesetzlichen Treiber und Zuchtmeister, nicht aber als ihre evangelischen Hirten, nicht als die Gehülfen ihrer Freude. (2. Cor. 1, 24.)

Nun frage ich Sie, mein Freund, kann ein solches Verhältniß zwischen Gemeinde und Geistlichkeit von rechtem Segen sein? Kann das ohnehin schon so tief erschütterte Ansehen des geistlichen Standes durch eine solche widerspruchsvolle Stellung desselben zwischen den kirchlichen Gemeinden und den kirchlichen Behörden irgend wieder erstarken?

Wenn man neuerdings dem gesunkenen Ansehen des geistlichen Standes in einzelnen geistlichen Kreisen dadurch wieder aufzuhelfen gesucht hat, daß man den Begriff des geistlichen Amts widernatürlich und in romanisirender Weise überspannte, daß man eine Theorie vom Amt der Schlüssel und von der magischen Gewalt gewisser geistlicher Functionen auszubilden suchte, welche, wenn sie Wahrheit hätte, den Gemeinden die Pflicht auflegen würde, ihre Geistlichen als Wesen übermenschlicher Art, als Gewissensräthe und Vormünder in allen sittlichen und geistlichen Angelegenheiten zu betrachten, und sich ihrer Leitung blindlings zu unterwerfen: so ist das augenscheinlich nur eine Folge des dem geistlichen Stande sich immer mächtiger aufdringenden Gefühls, daß zur Beseitigung des gegenwärtigen, durch die gesammte Beschaffenheit des modernen Kirchenthums bedingten Mißverhältnisses zwischen Klerus und Volk, bei Festhaltung der bisherigen kirchenregimentlichen Principien, natürliche und vernünftige Mittel nicht mehr ausreichen, daß man daher an übernatürliche und magische Kräfte appelliren muß. Wie aber dieses romanisirende Bestreben einerseits dem Geist des wahren Christenthums schnurstracks zuwider läuft und sich nur als eine Nachwirkung heidnischer und jüdischer Tendenzen in der christlichen Kirche geltend gemacht hat, so dient es andererseits nur dazu, das für seine Fortentwickelung an die Kräfte der Civilisation und auf die Pflege gesunder Naturelemente gewiesene moderne Volksleben immer mehr mit Mißtrauen und Widerwillen gegen den geistlichen Stand zu erfüllen. Davon ist dann aber die weitere Folge, daß Unzählige im Volk sich gewöhnen, diese pfäffische Caricatur des geistlichen Amtes mit dem Wesen der Kirche selbst zu verwechseln, und das um so mehr, da die Geistlichkeit sich selbst so vielfach mit der Kirche identificirt und sich als wesentliche Verkörperung derselben angesehn wissen will.

Kann man sich wundern, mein Lieber, wenn nun häufig auch das Schlimmste und Beklagenswertheste eintritt, wenn nun Unzählige, in Folge dieses Mißtrauens und Widerwillens gegen die evangelische Kirche und weil diese, soweit sie unter der Herrschaft der Orthodoxie und des modernen Pietismus steht, keine eingreifende Einwirkung mehr auf sie zu üben vermag, dem christlichen Glauben selber den Rücken kehren? Ein Blick auf den, noch immer im Wachsen begriffnen Anhang Uhlich's in so vielen Gegenden des nördlichen Deutschlands, so wie die sich aufdringende Wahrnehmung, daß Tausende und aber Tausende aus den gebildeten und halbgebildeten Ständen, namentlich aus dem Handwerkerstande, nur darum nicht aus der Staatskirche scheiden und offen zu den sogenannten freien Gemeinden übertreten, weil sie sich den vielen, mit einem solchen Schritt verknüpften Plackereien nicht aussetzen mögen, macht es für Jeden, der sehen will, bis zum Erschrecken klar, welche Dimensionen der baarste Unglaube bereits gewonnen hat, und zwar meistens durch die Schuld der zweckwidrigen und unvolksthümlichen Einrichtung der evangelischen Kirche selber. Denn was für eine klägliche Gestalt bietet diese in manchen Gegenden auch selbst schon äußerlich dar. Von dem bei Weitem größten Theil des Volks verlassen, oder demselben geradezu als pfäffische Pastorenkirche verhaßt, erfreut sie sich nur eines kleinen Anhanges von Laienelementen, den sie nur noch sehr mühsam zu recrutiren vermag; die rohe Masse hängt meistens nur in Folge geistloser Gewohnheit mit ihr zusammen. In den pietistisch erregten Kreisen, die ihr mit Eifer zugethan sind, trägt die Frömmigkeit und Kirchlichkeit häufig ein sehr zweideutiges Gepräge; und ebenso zweideutig sind nicht selten auch die Motive, welche die Sympathien für die Kirche innerhalb der aristokratischen Regionen seit dem Jahre 1848 hier und da wieder in Schwung gesetzt haben.

Daß es unter diesem Anhange der orthodoxen Staatskirchen Deutschlands auch manche Persönlichkeiten von ächter Frömmigkeit gibt, wer wollte das leugnen! Aber eine Thatsache ist, daß der eigentliche Kern des Bürgerstandes, sammt einem großen Theile der Träger der öffentlichen Bildung und des allgemeinen Culturlebens der bestehenden Kirche sich schon völlig abgewendet hat.

Sie sehen also, mein Freund, wie wir bei unserm Fragen und Suchen nach der rechten Hülfe gegen den Unglauben der Zeit von Seiten des bisherigen Kirchenregiments nichts zu erwarten haben, am Wenigsten aber von einer Verstärkung desselben. Die Hülfe wird entweder ganz ausbleiben, oder sie kann nur aus der Gemeinde selbst kommen durch Entwickelung des Gemeindeprincipes.

Siebenter Brief.

Ich komme jetzt zur Frage nach dem eigentlichen Sitz der Krankheit. In welchem von den verschiedenen Orten und Sphären des Organismus unserer evangelischen Kirche haben wir die Hauptwurzeln derselben zu suchen? — Nach manchen Symptomen zu urtheilen, scheinen sie vorzüglich im Verfassungsgebiet der Kirche zu liegen. Nun zeigt sich aber der Mangel einer heilsamen Verfassung der evangelischen Kirche am Stärksten in solchen Gegenden, wo die reformirten Elemente ohne durchschlagenden Einfluß geblieben sind. Allein es läßt sich doch einerseits nicht verkennen, daß sich auch der reformirte Theil der evangelischen Kirche mehr oder weniger im krankhaften Zustande befindet. Andererseits ist aber auf lutherischer Seite die mangelhafte Verfassung ohne Frage doch wieder nur mit die Folge der mangelhaften Lehrentwickelung oder einer einseitigen falschen Richtung derselben. Die Wahrheit ist, daß sich Beides immer gegenseitig bedingt, daß Lehre und Verfassung nur in Wechselwirkung miteinander gesund gedeihen können, daß daher mit der einen auch immer die andere verkümmert.

Lassen Sie uns, um uns das noch klarer zu machen, einen flüchtigen Blick auf den geschichtlichen Entwickelungsgang der evangelischen Kirche, namentlich ihres lutherischen Zweiges, werfen.

Schon zur Zeit der Reformation entstanden die Ansätze zur Erkrankung der lutherischen Kirche, und die Krankheit wurzelte sich von da ab immer tiefer ein, sowohl auf dem Gebiete der Lehre, wie auf dem Gebiete des Cultus und der Verfassung. Im Allgemeinen wird man sagen müssen, daß die Hauptursache des Uebels in der schon durch die Reformatoren auf lutherischer Seite verschuldeten Verkümmerung des Gemeindeprincips liegt, jedoch so, daß diese Verkümmerung zugleich eine Folge des mangelhaften Bewußtseins der Kirche über ihre wahre Idee und Bestimmung war.

Zwar ging durch Luther ein ganz neues Bewußtsein auf über das Wesen der Kirche und insonderheit über die Stellung des geistlichen Amts in derselben. Er kam der Idee des Gemeindeprincips schon ganz nahe auf die Spur. Wie großartig ist seine Anschauung vom Beruf der christlichen Gemeinde! Wie tief drang er in seinen ersten reformatorischen Schriften in die Region der freien Innerlichkeit, in den Brennpunkt der christlichen Subjectivität! Wie er den ewigen, allgegenwärtigen Christus, den Abglanz und Offenbarer des persönlichen Gottes, unmittelbar in seinem eignen Herzen und Gewissen lebendig und wirksam fühlte, so wollte er solche Diener des Wortes bilden, die innerlich befreit von aller falschen Objectivität der Tradition, das göttliche Object, die evangelische Wahrheit, innerlich in sich selbst zu erfahren, den Schriftgehalt lebensvoll in sich zu reproduciren und in der Gemeinde als Geist und Leben zu erzeugen und zu verbreiten vermöchten. Das war seine ursprünglichste Intention, nachdem er zum vollen Bewußtsein seines reformatorischen Berufs erwacht war. In diesem Streben trat das reformatorische Princip der evangelischen Kirche in der einfachsten und ursprünglichsten Weise an das Tageslicht. Bald aber ermattete dieser primitive Aufschwung der innersten Subjectivität, und zwar schon in der Seele Luthers selber, noch mehr aber bei seinen Nachfolgern.

Hören Sie zunächst einige der kräftigsten Aeußerungen, worin sich jene primitive Anschauung des großen Reformators vom Wesen der Kirche und vom Beruf der Gemeinden zur Mitwirkung an der Erbauung auf Grund des allgemeinen Priesterthums in ursprünglichster Weise ausspricht. Alle Christen, sagt er in der Schrift an den christlichen Adel deutscher Nation (1520), sind wahrhaft geistlichen Standes, und ist unter ihnen kein Unterschied, denn des Amts halben allein. Ein Schuster, ein Schmidt, ein Bauer, ein Jeglicher seines Handwerks Amt und Werk hat, und doch alle gleich geweihete Priester und Bischöfe. Ein Jeglicher soll mit seinem Amt oder Werk dem Andern dienstlich sein: daß also vielerlei Werke alle in eine Gemeinde gerichtet sind, Leib und Seelen zu fördern; gleichwie die Gliedmaßen des Körpers alle eins dem andern dienet.

Wir suchen, heißt es in dem Sendschreiben an den Rath oder die Gemeinde der Stadt Prag, wie man Kirchendiener wählen und einsetzen soll (1524), wir suchen die lautere und rechtschaffene Weise, die uns in der Schrift fürgebildet ist; bekümmern uns nicht viel, was der Brauch und die Väter in der Sache für eine Weise gegeben oder gehalten haben; dieweil wir längst zuvor genugsam gelernet haben, daß wir nicht schuldig sind, auch nicht müssen oder wollen den menschlichen Sätzen unterworfen sein; sondern wir wollen, wie es uns gefallen wird, aus christlicher Freiheit Herren darüber sein, wie geschrieben stehet: alle Dinge sind euer, es sei Petrus oder Paulus, aber ihr seid Christi. — Fürwahr, so zwei, oder drei, oder zehn Häuser, oder eine ganze Stadt, oder mehr, bei ihnen selbst der Sache übereinkämen, und übten unter ihnen selbst daheim durch das

Evangelium den Glauben und Liebe, obschon nimmer zu ihnen käme ein Geweiheter, Beschorener oder Gesalbeter, der ihnen des Altars und andere Sacrament' reichete: Christus ohn allen Zweifel würde unter ihnen sein und sie für seine Kirche erkennen, krönen und belohnen. — So soll uns nun am Ersten für einen unbeweglichen Felsen bestehen, daß im neuen Bunde keiner Priester ist oder sein mag, der auswendig gesalbet sei. Denn ein Priester wird nicht gemacht, sondern geboren; wird nicht geweihet, sondern geschaffen. Wird aber geboren, nicht durch die Geburt des Fleisches, sondern durch die Geburt des Geistes, aus Wasser und Geist, im Bade der Wiedergeburt. Deßhalb sind gar alle Christen miteinander Priester und alle Priester sind Christen! Und sei eine verfluchte Rede, wo man sagen wollte, ein Priester wäre ein ander Ding, denn ein Christ ist; denn solches wird geredet ohne Gottes Wort, nur auf Menschenlehre, auf alte Herkommen oder auf die Menge deren, die es also dafür halten.

Christus ist Priester, darum sind alle Christen Priester. Wir sind seine Brüder durch die neue Geburt. Darum wir auch Priester sind, wie er. Wir sind Söhne, wie er; König wie er. Denn er hat uns sammt ihm in das himmlische Wesen gesetzt, daß wir seine Genossen und Miterben sollen sein. (Eph. 2, 6; Tit. 3, 7; Röm. 8, 32.) So haben wir mit ihm alle Dinge gemein.

Leider blieb es dem großen Manne versagt, die Verwirklichung des Gemeindeprincips von dieser hohen idealen Conception aus im Leben der Gemeinde selber in praktischer Weise anzubahnen. Daran hinderten ihn theils seine bald eingetretene Verbitterung gegen die reformirte Schwesterkirche, theils seine schmerzlichen Erfahrungen in Betreff des rohen Zustandes der damaligen Gemeinden, wie auch die Angst vor den Auswüchsen des Strebens nach bürgerlicher Freiheit, die ihn nach dem Bauernkrieg überkam. Als er sich so den Weg aus der Idee in die Wirklichkeit theils durch die thatsächlichen Verhältnisse, theils durch Trübung seines eigenen freien Blicks verbaut sah, gab er die Idee des allgemeinen Priesterthums nach ihrer praktischen Seite mehr und mehr auf, wenigstens trat sie bei ihm gänzlich in den Hintergrund. In Folge davon entstand jene verhängnißvolle Uebertragung des Kirchenregiments an die Landesfürsten, womit man das einheitliche Princip für die Leitung der kirchlichen Lebensentwicklung, den Brennpunkt ihres Selbstbewußtseins und ihrer sittlichen Selbstbestimmung, aus der Kraftfülle der Gemeinden heraus in die Willkür einzelner, mächtiger Persönlichkeiten, in den so leicht durch außerkirchliche Motive bestimmbaren Willen der Fürsten, als landesherrlicher Bischöfe, und in deren berathende kirchliche Organe verlegte. Luther fühlte sich durch die von Franz Lambert auf der Homberger Synode (1526) im reformirten Geiste versuchte Organisation der Kirche von der Gemeinde aus widrig berührt, fand sie unpraktisch und neigte, namentlich in Folge des Bauernkrieges, immer mehr dazu hin, äußere, von der weltlichen Macht unterstützte Zuchtmittel herbeizuziehen. Er suchte fortan auch das Wort und Sacrament mehr äußerlich zu fixiren und zu formuliren, um dasselbe gegen alle Willkür der Subjectivität zu umzäunen. Damit gab er selbst den Impuls dazu, daß seine eigene Subjectivität fortan autoritätsartig und in gesetzlicher Weise maßgebend für einen großen Theil der evangelischen Kirche wurde. Von nun an betrachtete man, wie das dann von der Augsburg'schen Confession formulirt wurde, als Träger und Gefäß für den heiligen Geist nicht mehr die gegliederte Gesammtheit der Gemeinden, die doch allein den Leib Christi darzustellen vermögen, sondern allein das so und so gefaßte, der freien, durch Ueberzeugung und Gewissen bestimmten Auslegung entzogene Schriftwort. Demnach fiel nun alles Gewicht auf die rechte Lehre und auf das ebenso durch die Lehre formulirte, in eine äußere Vorstellung, in einen starren Buchstaben eingefaßte Sacrament. Die wahre Kirche ist, nach der Augsburg'schen Confession, nur da, wo Gottes Wort lauter und rein gelehrt und die Sacramente recht verwaltet werden, d. i. wo die formulirte Lehre waltet. Damit wurde der Heerd für die Wirksamkeit des Geistes Christi aus der stets im Werden begriffenen, lebendigen Subjectivität der Gemeinde heraus in die fertige und daher starre Objectivität der rechten Lehre und eben damit in die Meinungen des Lehrstandes, in jene traditionelle Denkweise verlegt, deren ein für allemal abgeschlossenen Typus fortan die symbolischen Bücher repräsentirten. In dem Wahne, als ob man das Lebensblut der evangelischen Kirche nur dadurch rein und kräftig zu erhalten vermöge, daß man seine Circulation durch den ganzen Körper der Kirche verhinderte, hemmte man durch die symbolische Fixirung der rechten Lehre nicht nur den Pulsschlag der Lehrfreiheit und freien Schriftforschung im geistlichen Stande und an den Universitäten und Schulen, sondern unterband zugleich auch die Adern des Gemeindeprincips. Das führte schon damals zur allmählichen Ertödtung des kirchlichen Geistes in den Gemeinden, oder ließ es vielmehr zu einem wahrhaft religiös-sittlichen Lebensaufschwunge in denselben gar nicht kommen. Aber auch das geistliche Amt selber wurde dadurch verderblich geschädigt. Indem dasselbe nämlich nicht in lebendige Wechselwirkung mit dem Geist der Gemeinden trat, so mußte es durch diese Absperrung von den frischen Lebensquellen, die sich nur durch allseitige Wechselwirkung sämmtlicher Geistesrichtungen eines freien Volkes zu fruchtbaren Strömen entwickeln, immer mehr alle Kraft und Wirksamkeit einbüßen. Um in dieser Isolirung sich dennoch das Bewußtsein und Gefühl göttlicher Kraftfülle zu bewahren, sah der geistliche Stand sich genöthigt, an außerordentliche Kräfte, an eine besondere Amtsgnade im mittelalterlichen und altkirchlichen Sinne zu appelliren und dem Amte somit magische Einflüsse zuzuschreiben. Um aber weiter mit diesen bloß eingebildeten Kräften, den rohen Zuständen der Gemeinden gegenüber, nicht doch zu kurz zu kommen, mußte man immer mehr dazu fortgehen, denselben sinnlichreale, d. i. mechanische Factoren zu substituiren. Daher griff man immer entschiedener auf die physische Gewalt des Kirchenregiments, auf die Autorität und Macht der Behörden und in letzter Instanz auf die in den Fürsten verkörperte Kirchengewalt zurück. Der einseitige Nachdruck, den man auf die rechte Lehre legte, wurde noch verstärkt seit dem Aufkommen der Eintrachtsformel (1580). Man hatte deren Annahme und Unterzeichnung von den Kirchen- und Schuldienern erzwungen, während die verheißene Generalsynode zu ihrer Prüfung nicht zusammenberufen wurde. Unter solcher Gesetzlichkeit eines aufgezwungenen Buchstabens mußte nothwendig die religiös befruchtende und sittliche Wirkung des Amtes immer mehr zur Nebensache werden, mußte die lutherische Geistlichkeit nach und nach zum Pfaffenthum entarten.

Nun erfolgte zwar, nach den bereits von dem großen Helmstädter Theologen Calixt und dessen Schule ausgegangenen, in mehr liberalem Geiste gehaltenen Anregungen zum Bessern, eine wohlthätige Reform durch den Spener'schen Pietismus. Allein die damalige Theologie verkannte immer mehr den Weg, der zur wirklichen Vertiefung in das reine, von aller menschlichen Autorität entfesselte Element der christlichen Wahrheit führt. Das ist der Weg der Kritik und des philosophischen Denkens, den schon damals einzelne hervorragende Geister anzubahnen begannen. Denken Sie z. B. an Spinoza, an dessen im Wesentlichen durchaus gesunde Auffassung der heiligen Schrift in seinem theologisch-politischen Tractat; denken Sie ferner an die gegen das Ende des 17. Jahrhunderts tief eingreifende Wirksamkeit eines Pierre Bayle (namentlich durch sein Dictionnaire critique vom Jahre 1695); denken Sie auch an die allseitigen Aufklärungsbestrebungen eines Thomasius (geb. 1655, gest. 1728), und an die freieren Gesichtspunkte, die um jene Zeit durch den englischen Deismus aufkamen; denken Sie vor Allen an den großen Leibniz, der bei seinem Streben, Vernunft und Offenbarung mit einander zu versöhnen und die erstere von den Fesseln eines todten Buchstabenglaubens zu befreien, zugleich dem aufkommenden Sensualismus seiner Zeit, sowie den Einseitigkeiten und der Verflachung des neuen Geistes mit so tiefer Einsicht und im milden Geiste universeller Bildung heilsam entgegentrat. Indem es aber die evangelische Kirche der damaligen Zeit, d. i. die damalige Verkörperung derselben im orthodoxen Lehrstande und im Kirchenregiment, verschmähte, auf diese Bestrebungen aneignend und sie vertiefend einzugehen, indem sie denselben vielmehr nur Mißtrauen und Verketzerung entgegensetzte, indem selbst auch der Pietismus, trotz seiner Opposition gegen den todten Buchstabenglauben, sich gegen die Einflüsse des neuen Geistes, mit einzelnen Ausnahmen, zumeist absperrte, so entfrembete sich dieser auch seinerseits immer mehr den kirchlichen Interessen, und so gerieth derselbe nach und nach in ähnliche Bahnen des Pantheismus und Deismus, des Sensualismus, Naturalismus und Scepticismus, die schon die mittelalterliche Opposition dem kirchlichen Traditionalismus und der Scholastik gegenüber eingeschlagen hatte.

Der Pantheismus entwickelte sich theils aus mystischen und theosophischen Elementen des 16. und 17. Jahrhunderts und schlug, in Folge des Unvermögens der damaligen Buchstabentheologie, das Bedürfniß tieferer Gemüther zu befriedigen, sowie namentlich im Gegensatz zu der in der protestantischen Kirche um sich greifenden dürren Scholastik und ihrer verketzerungssüchtigen Polemik, eine gewisse reformatorische, von tieferen aber unklaren Vernunftahnungen geleitete Richtung ein, wie vorzüglich durch Jakob Böhme (1575—1624) und dessen weit verbreitete Anhängerschaft; theils ging er aus der intellectualistischen Ueberspannung der mit Cartesius (gest. 1650) aufgekommenen idealistischen Richtung der neuern Philosophie hervor, wie vorzüglich durch Spinoza (geb. 1632, gest. 1677). Der Deismus dagegen, welcher den Glauben an das ewige Leben und den persönlichen Gott im Ganzen zwar festhielt, aber die christliche Glaubenssubstanz verflachte, entstand auf englischem Boden, im Anschluß an die von Baco von Verulam (gest. 1626) begründete realistische Richtung der Philosophie und gestaltete sich unter dem Einfluß der jugendlich aufstrebenden Naturwissenschaften, sowie besonders durch John Locke (1632—1704) zum Sensualismus, aus welchem dann, zufolge seiner Leugnung des übersinnlichen Ursprungs und der Wahrheit aller höheren Ideen in England (durch David Hume) der Scepticismus, in Frankreich der Materialismus (système de la nature) und die dem Unglauben zuneigende encyclopädistische Geistesrichtung entstand. Auch für den deutschen Geist blieben diese Bestrebungen nicht ohne tief eingreifenden Einfluß, indem sie die Aufklärungsperiode und den Rationalismus herbeiführten. Statt nun auf die Bestrebungen des freien Gedankens und der Welterfahrung entbindend und verklärend einzugehen, zog sich die Kirche seit der Mitte des 17. Jahrhunderts nur noch immer ängstlicher auf den Buchstaben ihrer Symbole zurück. Dennoch konnte sie nicht verhindern, daß die Aufklärung auch in ihre Thore eindrang, daß der starre, symbolische Buchstabenglaube schon mit dem Ausgang des 17. Jahrhunderts in geistlichen und Laienkreisen, unter Gelehrten und Ungelehrten in Mißglauben und Unglauben umzuschlagen anfing.

Schon Spener (geb. 1635) hatte vorausgesehen, daß es dahin kommen müsse. Bereits während seiner Studienzeit hatte er öfter gegen seine Genossen ausgesprochen, daß die Zeit bevorstehe, wo man, statt der Polemik gegen Papisten und Reformirte, die viel schwerere gegen den Atheismus werde führen müssen.[1]) Und Leibniz äußerte bereits in einem Briefe an Arnauld von 1671:

---

[1]) Spener's Bedenken III, 451. Vgl. Dr. A. Tholuck: Das kirchliche Leben des siebzehnten Jahrhunderts. Zweite Abtheilung. Berlin 1862. S. 61.

Les pires ennemis de l'Église sont dans l'Église. Il faut prendre garde que la derniere des hérésies soit, je ne dis l'athéisme, mais le naturalisme publiquement professé.

Auf theologischem Gebiet entstand so in Deutschland, nach dem Vorspiele des allmählich von England und Frankreich aus vordringenden Deismus und in Folge der besonders durch Thomasius und die Leibniz-Wolff'sche Philosophie geförderten Aufklärungsbestrebungen, der Rationalismus, zuerst der Vor-Kant'sche, vulgäre, und dann der philosophische. Fortan wurden selbst die durch das Kirchenregiment und die Verpflichtung auf die Symbole zu Hütern des kirchlichen Buchstabens bestellten protestantischen Theologen und Geistlichen an der Wahrheit der Kirchenlehre irre und machten die Kirche weit und breit in Predigt und Cultus zum Tummelplatz eines zügellosen, inhaltsleeren Subjectivismus.

Wie hiergegen nun der Rückschlag durch die moderne Restaurationstheologie erfolgte, haben wir uns schon früher näher vergegenwärtigt. Wir haben aber auch bereits gesehen, wie dieser kirchlichen Restauration und Repristination gegenüber der deutsche Volksgeist vielfach schon auf den Punkt gerathen ist, sich der Kirche, weil sie seinen Bedürfnissen so wenig Rechnung trägt, immer mehr zu entfremden. Durch und durch geschwängert mit den Elementen der modernen Bildung, namentlich mit den Resultaten der modernen Naturwissenschaften, die nicht ohne Verschuldung der Kirche und der kirchlichen Theologie in weiter Ausdehnung eine materialistische Tendenz eingeschlagen haben, opponirt er sich immer bewußter und allgemeiner dem kirchlichen Glauben. Ja, weil der Geist der Zeit sich in seinen liberalen Bestrebungen gerade durch die orthodoxe Kirche am Meisten gehemmt und der verderblichsten Tendenzen bezüchtigt sieht, so wird ihm dieselbe immer mehr ein Gegenstand des Widerwillens und Hasses. Viele von den angesehensten Trägern der modernen Cultur wittern in der gesammten Geistlichkeit nur noch ein mehr oder weniger verkapptes Pfaffenthum. So wendet sich ein großer Theil der Demokratie, weil sie von Jugend auf keine gesunde kirchliche Nahrung gefunden hat, immer entschiedener dem Unglauben zu, und es mehren sich von Jahr zu Jahr die Zeichen der Zeit, welche darauf hindeuten, daß wir mit unserem gesammten religiösen und sittlichen Leben bereits in die Anfänge einer allgemeinen Krise getreten sind.

Um sich die Gewißheit und Zuversicht zu bewahren, daß der Verlauf dieser Krise nicht zur Vernichtung, sondern zur Verjüngung der evangelischen Kirche führen werde, muß man sowohl die Thatsächlichkeit, als auch die Bedeutung und den Grund des Widerspruches, der jetzt bewußter als je obwaltet zwischen der gottgedachten Idee der Kirche und ihrer empirischen Erscheinung, scharf ins Auge fassen. Man darf sich der freimüthigen Anerkennung nicht verschließen, daß dieser Widerspruch, ungeachtet des im geschichtlichen Entwickelungsproceß der Kirche von Periode zu Periode kräftiger hervorbrechenden Triebes, seine Lösung immer tiefer und allseitiger herbeizuführen, auch in der evangelischen Kirche noch fortbesteht. Zwar ist die göttliche Idee der Kirche durch den Protestantismus viel angemessener zur Darstellung gekommen, sowohl innerhalb der Lehre und des Cultus, wie auch auf dem Gebiet des sittlichen Lebens, als durch die griechische und lateinische, ja selbst durch die apostolische Urkirche. In der letzteren befanden sich die kirchlichen Elemente noch sämmtlich im Zustande des embryonalen Werdens. Die protestantische Theologie, soweit sie auf der Höhe der Zeit steht, ist sich des christlichen Princips im paulinischen Geiste mit einer noch nie dagewesenen Klarheit bewußt geworden. Sie erkennt immer bestimmter, wie ihre Mission dahingeht, alle die heidnischen und jüdischen Culturelemente, die das Christenthum bei seinem Eintritt in die Welt schon vorfand, die sich schon damals krankhaft entwickelt hatten, und die noch überall die Atmosphäre der Gegenwart durchschwimmen, durch fortgesetzte kritische Zersetzung und organische Umbildung in den christlichen Geist aufzuheben.

Allein wie fern ist die protestantische Kirche der Gegenwart noch von diesem Ziele! Jener Widerspruch zwischen Idee und Erscheinung findet auch noch in ihr statt. Ja, er ist, nachdem die Reformation zur Lösung desselben einen starken Schritt gethan, in Folge der eingetretenen Reaction eines großen Theils noch unüberwundener jüdischer und heidnischer Elemente, jetzt wieder stärker hervorgetreten als seit Langem. Man darf daher nicht vergessen, daß es noch immer die nächste Aufgabe des Protestantismus ist, sich dieses Widerspruchs nach seiner ganzen Tiefe, bis auf seine, in die Schriften des alten und neuen Bundes zurückgreifenden Wurzeln, durch alle Mittel der modernen Bildung bewußt zu werden, um durch Bloßlegung und Zersetzung seiner letzten Voraussetzungen dem wahren Geist des Christenthums und der Kirche Raum für neue positive Entwickelungen im Boden der gegenwärtigen Weltbildung zu verschaffen.

Das Christenthum verlangt noch immer mehr Luft und Freiheit für die volle, ungehemmte Entfaltung seines wesentlichen Princips. Der Geist der echten Forschung hat noch beständig anzukämpfen gegen eine Menge heidnischer und jüdischer Vorurtheile, die, theils dem Aberglauben, theils dem Unglauben entstammend, bald zum falschen Idealismus und in Folge davon zum Pantheismus, bald zum falschen Realismus und in Folge davon zum Deismus oder gar zum Materialismus, sei es in der Form der Stoffvergötzung, sei es in der Form der Buchstabenvergötterung, führen. Es handelt sich jetzt mehr als je um die vollständige Durchführung aller Consequenzen des protestantischen Princips auch innerhalb der praktischen Lebenssphären, auf den verschiedenen

Gebieten des Rechts, der Politik, der socialen Bestrebungen, der Kunst, der Schule und der Erziehung. Es gilt noch mehr als bisher, alle die verderblichen Mächte des öffentlichen und Privatlebens, als da sind Willkürgewalt, Standesselbstsucht, Feudalismus, Hierarchismus, Particularismus jeglicher Art, sammt der Rohheit der ungebildeten Massen vom Geist der allgemeinen Bildung aus gründlich in Mißcredit zu bringen und dadurch zu beseitigen. Mit der allmählichen Zersetzung aller dieser verderblichen Elemente im allgemeinen Bewußtsein der Zeit, so daß sie keinen Anhalt mehr finden in der herrschenden Meinung und im allgemeinen Volksgeiste, hat es die protestantische **Kritik** zu thun, und sie hat seit hundert Jahren, namentlich in Deutschland, wo vorzüglich Lessing ihr eine neue Bahn gebrochen, bereits Großes geleistet. Ihre Aufgabe ist, die Atmosphäre immer von Neuem zu reinigen, damit sich die verderblichen Stoffe nicht häufen und zu gewaltsamen Explosionen führen. Hemmt man sie in ihrem stillen Gange, so tritt an die Stelle der Evolution die Revolution. Besonders der Kirche auch thut die **Kritik** noth. Sie muß sich, wie A. Schweizer in seiner meisterhaft ausgeführten christlichen Glaubenslehre treffend bemerkt, an den Satz der alten Orthodoxie nicht bloß erinnern, sondern ihn auch geltend machen: ecclesia semper reformari debet. „Je treuer die Kirche diesem nachkommt, desto sicherer vermeidet sie stoßweise Reformationen und Revolutionen; je mehr sie aber jenen Grundsatz vernachlässigt, desto unvermeidlicher kommen solche Erschütterungen. Die Reform ist das einzige Mittel gegen die Revolution, despotische Reactionen aber beschleunigen sie.“ [1])

Die Kritik hat die Mängel der gegenwärtigen Kirche, d. i. den zwischen der wahren, gottgedachten Idee derselben und ihrer dermaligen krankhaften Erscheinung gesetzten Widerspruch, immer allgemeiner zum Bewußtsein zu bringen, um dadurch einer neuen Evolution des protestantischen Princips freie Bahn zu machen und zugleich das Bedürfniß darnach allgemein zu erregen.

Haben wir nun Grund, mein Freund, zu der schönen Hoffnung, daß diese neue Evolution selbst nicht gar zu lange mehr auf sich warten lassen, und daß sie, durch positive Ueberwindung sowohl des abgelebten Buchstabenglaubens wie auch des weit verbreiteten pantheistischen und materialistischen Unglaubens eine allgemeine Verjüngung des echten evangelischen Glaubens in unserem Volke herbeiführen werde? Ich will mich darüber etwas weiter in den folgenden Briefen auslassen.

---

[1]) Die christliche Glaubenslehre &c., dargestellt von Dr. Alexander Schweizer. I. Leipzig 1863. S. 49. Vgl. S. 69.

Achter Brief.

Es wird zweckmäßig sein, daß wir uns bei Beantwortung der am Schluß meines letzten Briefes aufgeworfenen, wichtigen Frage, zunächst die Stellung des deutschen Volkes zu den beiden Arten des modernen Aberglaubens einigermaßen klar zu machen suchen, ich meine den geistleeren Stoffglauben einerseits und den geisttödtenden Buchstabenglauben andererseits. Da ist nun meine Ansicht, und ich glaube, sie läßt sich leicht erhärten, daß weder der Materialismus, noch der Orthodoxismus jemals dauernd tiefere Wurzeln im Geiste des deutschen Volkes schlagen werde. Der Pantheismus ohnehin wird sich immer nur in der engeren Umgrenzung gewisser philosophischer Schulen kurze Zeit behaupten können.

Was aber den modernen Materialismus betrifft, der sich als populäre Frucht des ihm vorausgegangenen Pantheismus herausgebildet und diesen geschichtlich zum bloßen Durchgangsgebilde herabgesetzt hat: so hat derselbe seine Rolle auf wissenschaftlichem Gebiete bereits vollständig ausgespielt.[1]) Suchte er seine Hauptstützen in den Ergebnissen der modernen Naturwissenschaften, besonders in den Thatsachen der Nervenphysiologie, so sind ihm diese sofort wieder durch die bedeutendsten und unbefangensten Forscher auf diesem Gebiete entzogen worden. Auch sind es meistens, statt wirklicher Thatsachen, nur luftige,

---

[1]) Das bei Weitem Gediegenste unter den vielen Broschüren wider den Materialismus findet sich, außer den geistvollen Schriften von Schaller, Fabri u. A., bei J. H. Fichte und H. Ulrici. Von Fichte, der als einer unserer größesten und verdienstvollsten Denker der Gegenwart bekannt ist, will ich hier nur seine treffliche Anthropologie anführen, besonders die 2. Auflage, 1860, S. 56—94. Von Ulrici besitzen wir jetzt zwei sehr gründlich eingehende und allen Wendungen der naturwissenschaftlichen Forschung bis ins Einzelne nachgehende, die rationelle und empirische Unhaltbarkeit des Materialismus überall zur Evidenz bringende Werke, nämlich: Gott und Natur. Leipzig 1862. — Gott und der Mensch. I. Bd. 1866.

in sich selber zerfließende Hypothesen, was der Materialismus als Unterlage seiner willkürlichen Schlußfolgerungen geltend macht.[1]) Selbst Virchow hat, trotz seiner Hinneigung zu materialistischen Voraussetzungen, die Unmöglichkeit einer Ableitung des Seelenlebens und der Thatsache des Selbstbewußtseins aus Molecularkräften und aus dem organischen Zellenprocesse mehr oder weniger zugestanden, und nur Männer wie C. Vogt, Czolbe, Büchner, Dubois-Reymond u. A. fahren noch fort, durch allerlei künstliche Deutungen und logische Gewaltstreiche die klare Ankündigung des teleologischen Principes im Entwickelungsprocesse der Natur, sowie den Hinweis desselben auf göttliche Ideen und einen das Universum durchwaltenden, denkenden Urgeist, in blinder Voreingenommenheit zu mißkennen. Gegen die so vielfach, namentlich von den englischen Säcularisten, im atheistischen und materialistischen Sinne ausgebeutete Darwin'sche Transmutationshypothese hat selbst der Frankfurter Naturforscher Spieß,[2]) im Interesse der christlichen Schöpfungsidee, Protest eingelegt, während andere bedeutende Forscher, wie z. B. der geistvolle Physiker C. Snell und selbst der leider nun auch bereits hinüber gegangene tiefsinnige Denker Weiße, dieselbe sogar im vollen Einklange mit der theistischen Weltanschauung fruchtbar zu machen wußten. Die angesehensten Naturforscher der Gegenwart, Männer wie Liebig, Mädler, Schleiden u. A., insonderheit die angesehensten Physiologen, wie Fechner, Bischoff und vor Allen der ebenso sehr als scharfsinniger philosophischer Denker, wie als gründlicher Naturforscher ausgezeichnete H. Lotze, finden die Schöpfung durch und durch auf das Werden eines Reiches gottähnlicher Geister angelegt, finden sie überall durchwaltet von den Spuren der unendlichen Macht und Weisheit des persönlichen Schöpfers.[3])

Ebenso treffen die Bestrebungen der neuesten Philosophie von den verschiedensten Seiten her in der Anerkennung des theistischen Principes zusammen. Die kenntnißreichsten und tiefsten philosophischen Denker, Männer wie Weiße,

---

[1]) Vgl. in dieser Beziehung besonders das scharfsinnige Werk von Ferd. Westhoff: Stoff, Kraft und Gedanke. Eine umfassende Erklärung des Seelen- und des leiblichen Lebens mit Hinblick auf die Unsterblichkeit. Münster 1865.

[2]) Ueber die Grenzen der Naturwissenschaft mit Beziehung auf Darwin's Lehre von der Entstehung der Arten im Thier- und Pflanzenreiche durch natürliche Züchtung. Festrede von Dr. G. A. Spieß. Frankfurt a. M. 1863.

[3]) Auffallend ist indessen, daß Lotze nicht nur das Dasein der Lebenskraft, sondern daß er, obgleich er für die Grundlage der Materie, in gewisser Aehnlichkeit mit Leibniz und Herbart, immaterielle Substanzen postulirt, die Unsterblichkeit und Ewigkeit der Seele für sehr precär hält. Hier meine ich den Schüler von Weiße wieder zu erkennen; denn dieser hält, indem er die Seele sich durch Vergeistigung der Materie entwickeln läßt, nicht alle, sondern nur die wiedergeborenen Seelen für ewig. Vgl. die betreffenden Abschnitte in Weiße's philosophischer Dogmatik und in Lotze's drittem Bande des Mikrokosmus.

J. H. Fichte, Hofmann, Ulrici, Ritter, Trendelenburg u. A., sowie die Anhänger der Krause'schen, Baader'schen und Herbart'schen Schule, wissen sich mit den Grundbestimmungen der christlichen Offenbarung im vollsten Einklange. Es hat sich so immer mehr herausgestellt, wie die materialistischen Hypothesen eines Feuerbach, Carl Vogt, Moleschott u. s. w. nur solchen Naturforschern acceptabel erscheinen können, welche die empirischen Thatsachen bereits anderweitig und unabhängig von der naturwissenschaftlichen Forschung, im Interesse des Unglaubens aufgefaßt haben, welche sich entschließen konnten, von den Thatsachen der höheren Lebensgebiete, von der Manifestation des göttlichen Geistes im Entwickelungsgange der Geschichte, in den Ahnungen des religiösen Gefühles, in den übersinnlichen Ideen der Vernunft und in den Bezeugungen des Gewissens von vornherein zu abstrahiren.

Somit ist die von der einen Seite herübertönende Behauptung, daß das wahre Christenthum für die moderne Bildung keine Anziehungskraft mehr besitze und daß es auf die Gebildeten auch da, wo es zu seiner entsprechenden kirchlichen Darstellung gelangt, nicht erbaulich mehr einzuwirken vermöge, ebenso sehr eine ungeschichtliche Fiction, als es auf der andern Seite geradezu auf Gotteslästerung hinausläuft, wenn versichert wird, daß die moderne Bildung im Princip auf Lüge und Selbstsucht beruhe, und daß die Vertreter und Anhänger derselben, sofern sie den altkirchlichen Glauben nicht mehr theilen, der Herrschaft des Teufels verfallen seien. Denn es ist ebenso gewiß falsch, daß alle diejenigen, welche im Namen der modernen Freiheit und Humanität, sowie bei der Wahrnehmung der Unverträglichkeit ihrer eigenen Bildungsbestrebungen mit den Bestrebungen der gegenwärtigen Staatskirche, letzterer den Rücken gekehrt haben, damit zugleich vom Christenthume selber abgefallen sind, als es unwahr ist, daß alle solche, welche mit Mund und Hand zu irgend einem kirchlich sanctionirten Bekenntniß stehen, schon darum für echte Christen gelten können. Sondern die Wahrheit ist, daß, wie es unter der großen Anzahl unkirchlicher Leute unserer Zeit neben wirklich Ungläubigen und grundsätzlichen Atheisten auch viele wahre Christen oder doch solche Menschen gibt, die wenigstens noch ein empfängliches Herz für den unverfälschten Christenglauben bewahrt haben, sich ebenso neben wirklich frommen und hochachtbaren Christenmenschen auch manche bloße Scheinchristen und Heuchler in den Reihen derer finden, welche für die Rechtgläubigen, Frommen oder specifisch Christlichen gelten wollen. Dabei ist freilich nicht zu leugnen, daß die Vertreter der Orthodoxie gerade durch das ihnen so häufig eigene Sichsteifen und Pochen auf ihre allein seligmachende Rechtgläubigkeit, sowie in Folge ihres ungebührlichen Haftens am äußeren Buchstaben, immer wieder Gefahr laufen, den duftigen Glaubensinhalt (die εὐωδία χριστοῦ 2. Cor. 2, 15) durch ihr eisernes Umherschlenkern mit den steinernen Gefäßen des Dogmas zu verschütten oder wirkungslos verrauchen zu lassen. Dr. M. Baumgarten hat ganz Recht, wenn er in seiner biblisch kräftigen Sprache mit Nachdruck darauf hinweist, daß es unter den Unkirchlichen, die man von orthodoxer Seite her als verlorene Weltkinder in mitleidigem Stolz über die Achsel ansieht, „Samariter gibt, die barmherziger sind, als die Priester und Leviten, welche nach Jerusalem eilen, um den Tempeldienst zu versehen, und wiederum Samariter, welche dankbarer sind, als die Juden, die den Söhnen Aarons ihre Opfergabe bringen; daß sich ferner unter denselben Zöllner finden, die gerechter und demüthiger sind, als die Pharisäer, welche laute und lange Gebete sprechen, und ausgestoßene Sünder, welche mehr verborgene Liebe haben, als die Heiligen, deren Liebesgaben allgemeiner Bewunderung sich erfreuen; und endlich sogar Heiden, welche kein einziges christliches Glaubensbekenntniß nachsprechen können, aber dabei dem Reiche Gottes näher stehen, als Viele, welche unter dem Titel ihrer Rechtgläubigkeit des Himmelreiches Schlüssel verwalten, als wären sie Niemand Rechnung schuldig.“ [1])

Daß unter denjenigen, welche dem Zuge der modernen Bildung folgen, unleugbar auch Viele dem Atheismus oder doch dem Pantheismus huldigen, ist zwar eine tief beklagenswerthe Thatsache. Aber die Ursache davon liegt eben so wenig im Princip der modernen Bildung an und für sich, als die Thatsache selbst für die Ohnmacht und Abgelebtheit des Christenthums spricht. Sondern darin allein hat diese leidige Erscheinung ihren Grund, daß das wahre Wesen des Christenthums für die religiös-sittliche Darstellung seiner einfachen Größe und prunklosen Herrlichkeit nur sehr selten schon jetzt die entsprechenden Organe findet. Denn es gibt auch jetzt noch immer erst wenige wahrhaft gereifte Menschenseelen, die sich schon des Maßes von Demuth, Vorurtheilslosigkeit, eingehender und selbstverleugnender Liebe erfreuen, welches für die volle Aneignung des christlichen Geistes erforderlich ist (Matth. 5, 3 ff). Die meisten Christen sind eben nur erst dürftige Anfänger im christlichen Wesen und ich denke, auch wir, mein Freund, Sie sowohl als ich, sind noch weit davon entfernt, uns schon der rechten christlichen Meisterschaft rühmen zu dürfen. Noch immer ist das Wort vom Kreuze den Juden ein Aergerniß und den Griechen eine Thorheit, und gibt es nicht noch überall manche Juden sowohl als auch griechisch eitle Heiden inmitten der Christenheit selber, jene unter den Vertretern der kirchlichen Satzungen, diese unter den Repräsentanten der modernen Bildung? Es bedarf erst noch vieler Krisen im Leben der Völker und einer noch viel tiefereren Durchsäurung des sittlichen Menschheitslebens durch das christliche Princip mittelst Erziehung und Bildung, bevor dieses seine ganze Gotteskraft entfalten, bevor aus dem kleinen Senfkorn des Reiches

[1]) Die Nothwendigkeit eines freien und allgemeinen deutschen Kirchentages. Von M. Baumgarten, Professor und Doctor der Theologie. 1863. S. 34 ff.

Gottes der mächtige Himmelsbaum werden kann, der im Keim desselben verborgen liegt. Was einer freundlichen Auseinandersetzung zwischen moderner Culturentwicklung und dem wahren Christenglauben bis jetzt noch im Wege steht, ist, wie einer der freidenkendsten und gelehrtesten theologischen Forscher der Gegenwart treffend bemerkt, zur Zeit noch der Mangel an gutem Willen, die Ueberspannung der Forderung auf Seiten der Vertreter der betreffenden Richtungen. Da sucht man den lebendigen Christus auf der einen Seite immer noch bei den Todten. Da will man nichts wissen von dem Geiste der Wahrheit, welcher in alle Wahrheit führt und dem Bewußtsein der Gegenwart vieles, was die Vorzeit noch nicht zu tragen vermochte, aufgeschlossen hat. Da will man auf der andern Seite an die Stelle der altkirchlichen Transcendenz eine reine Immanenz setzen, neben Aufklärung und Moralität von einem eigenthümlichen Gebiet der Religion nichts wissen, und im besten Einklange mit den altkirchlichen Eiferern an dem Christenthum die äußere Schale für den Kern erklären. Aber die Zeit selbst, sagt er schließlich, drängt mit Macht auf eine gegenseitige Verständigung der wahrhaft Frommen und der wahrhaft Gebildeten hin. Jene müssen immermehr inne werden, daß Christus ihnen noch heute zuruft: „Folge Du mir und laß die Todten ihre Todten begraben.“ Diese müssen immer mehr erkennen, daß das berechtigte Princip der Immanenz, nur tiefer erfaßt, von selbst auf eine Transcendenz, freilich eine geistige, zurückführt, oder daß die Welt und das geistige Leben nicht ein Heiligthum ohne ein Allerheiligstes sein können: die gotterfüllte Welt ist doch nicht zu denken ohne den lebendigen Gott, welcher sie erfüllt. Das geistige Leben würde in dem einseitigen Denken und Handeln sein Gleichgewicht verlieren, wenn es nicht immer wieder zu dem heiligen Heerde des Gemüths, wo die Religion zu Hause ist, zurückkehrte und hier nach der Arbeit des Denkens und des Handelns Ruhe und Frieden fände. Das deutsche Volk, von dessen Gesammtleben sich der Gebildete erst recht nicht losreißen darf, wird sich nie wieder in die altkirchlichen Fesseln zurückbringen, aber auch nicht sein Christenthum sich nehmen lassen. Und so wird unter den Töchtern der alten Kirche in Frieden und Eintracht mit der Mutter und den andern Schwestern auch eine andere Kirche erblühen und mehr und mehr an die Stelle der alten treten, eine Kirche, welche uns nicht die „ehrwürdige Nacht“ der Vergangenheit, aber auch nicht die kahlen Wände des Freigemeindethums bietet. Das ist die ebenso christliche als protestantische Kirche, deren Tag schon anbricht; die wahrhaft katholische Kirche, welche der Zeitbildung ihre Thüre gern aufschließt, aber allem Edlen und Hohen des geistigen Lebens, was sich frei und ohne Zwang in ihr vereinigt, erst die religiöse Weihe gibt. [1])

[1]) Hilgenfeld in seiner Zeitschrift für wissenschaftliche Theologie, 1866. Heft 1.

Neunter Brief.

Es ist für mich in der That jetzt außer allem Zweifel, mein lieber Freund, daß die evangelische Kirche sich nun gar bald, und zwar vom Kern unseres deutschen Volks aus, kräftiglich verjüngen und daß nach dieser Verjüngung der deutsche Protestantismus sich dann erst nach seiner ganzen positiven Vollkraft entfalten wird, um von der verjüngten Kirche aus auch die übrigen Gebiete des sittlichen Geisteslebens unseres Volkes von Neuem mit höheren Kräften zu durchfrischen. Lassen Sie nur erst mehrere der wichtigsten Folgen der durch Preußen im Namen des gesammten protestantischen Deutschlands und für die Zukunft desselben errungenen, völligen Emancipation von dem katholischen Oesterreich, hervortreten; lassen Sie die Beseitigung aller seiner antiprotestantischen Einflüsse und dämonischen Hemmungen nur erst auf politischem und socialem Gebiete zu ihrem vollen Austrage gelangen, und der Protestantismus wird sich unfehlbar endlich auch wieder tiefer, als bisher, auf seinen religiösen Kern besinnen, wird sich ganz gewiß auch kirchlich erneuern. Dann wird nicht nur das Pfaffenthum in unserer Kirche mehr und mehr absterben, sofern es ja, nach Abtrennung seiner letzten Nabelstränge von dem durch Oesterreich repräsentirten Mutterschooße des römischen Katholicismus, keine Verstärkung mehr von dort her zu gewärtigen hat, sondern statt seiner wird immer mehr die Entwicklung des schon von der Reformation angestrebten allgemeinen Priesterthums der Gemeinden sich geltend machen.

Es ist ja unverkennbar, daß die echte, im deutschen Volke, namentlich im bürgerlichen Kern desselben zu immer größerer Kraft und Verbreitung gelangte Bildung auf die Länge nicht vom wahren Christenthum abführen kann, da sie wesentlich aus dem Boden desselben hervorgewachsen ist. Zudem liegt der christliche Gottesgedanke zu tief in der menschlichen Vernunft begründet und der Zug des Herzens zu Gott, dem persönlichen, sowie die Ahnung vom ewigen Leben und von der unendlichen Zukunft der gotterfüllten Persönlichkeit ist zu unmittelbar mit der Natur des Geistes verwachsen, als daß ein so gebildetes Volk, wie das Volk der Reformation, sich jemals sollte befriedigt fühlen können durch die pantheistische oder materialistische Denkweise einer zeitweiligen Uebergangsperiode. Nein, eher gibt ein guter Mensch, d. i. ein Mensch, der dem Guten nachstrebt (Mc. 10, 18), alles Andere auf, als er sich den lebendigen Christenglauben und damit das edelste Kleinod der Seele rauben läßt! Man kann getrost behaupten, daß die edelsten Geister sowohl der Vergangenheit wie auch der Gegenwart, daß insonderheit die angesehensten Träger der deutschen Geistescultur wesentlich christlichen Geist athmen und nach christlicher Geisteskost verlangen. Schon haben sich die materialistischen Doctrinen von Neuem überlebt und der Widerwille gegen sie wird in solchen Kreisen, wo edle Sitte und Bildung zu Hause ist, immer allgemeiner. Schon ist die neuere Philosophie, trotz Strauß und dem Nachwuchs der Hegel'schen Linken, in den verschiedensten Richtungen auch über den Pantheismus hinausgeschritten, um sich immer mehr des wahren, theistischen Princips zu bemächtigen. Schon treten manche erfreuliche Anzeichen hervor, daß auch die sittlich begeisterten Vorkämpfer für Recht, Freiheit und sittliche Organisation des Volksgeistes auf politischem und socialem Gebiete, sowie nicht minder die kenntnißreichsten und geachtetsten Naturforscher dem religiösen und christlichen Interesse sich von Neuem wieder zuwenden. Obgleich sich die wahrhaft gebildete Denkweise der Zeit nur wenig oder gar nicht mit der alten und neuen Orthodoxie verträgt, so fühlen die Vertreter derselben sich doch in wesentlicher Uebereinstimmung mit dem Geist der heiligen Schrift, sowie mit den wichtigsten Grundsätzen der Reformatoren. In der That, mein Freund, die religiöse Ueberzeugung des gebildeten Zeitbewußtseins hat mit den Aposteln und Reformatoren noch immer denselben wesentlichen, objectiven Inhalt gemein, und nicht minder findet Uebereinstimmung statt zwischen der Gegenwart und Vergangenheit in Betreff der Ueberzeugung, daß der christliche Glaube als subjective Persönlichkeitsthat die tiefste Selbstentfaltung des menschlichen Wesens bezeichnet, daß der Mensch erst durch ihn im wahren Sinne eine sittliche Persönlichkeit wird; daß daher Alles, was nicht aus dem Glauben kommt, Sünde ist, oder daß der Glaube allein vor Gott rechtfertigt.

Lassen Sie uns zuerst auf diesen letzteren Punkt noch etwas näher eingehen. Da meine ich nun nicht zuviel zu behaupten, wenn ich ausspreche, daß jeder wahrhaft gebildete Mann, der von echter Frömmigkeit beseelt ist, oder doch einigermaßen Sinn für das reine Wesen derselben hat, den schönsten und kräftigsten Aussagen Luthers über die Bedeutung und Wirkung des evangelischen Glaubens von Herzen beistimmen werde. „Der Glaube, sagt Luther in seiner Vorrede zum Römerbrief, ist ein göttlich Werk in uns, das uns wandelt und neugebieret aus Gott, tödtet den alten Adam, macht uns zu ganz andern Menschen an Herz, Muth, Sinn und allen Kräften. O es ist, fügt er hinzu, ein schäftig, thätig, mächtig Ding um den Glauben, daß es unmöglich ist, daß er nicht ohne Unterlaß sollte Gutes wirken. Er fragt auch nicht, ob gute Werke zu thun seien, sondern ehe man fragt, hat er sie schon gethan und ist immer im Thun. Der Glaube, so schließt er, ist eine lebendige, wagende Zuversicht auf Gottes Gnade so gewiß, daß er tausendmal darüber stürbe. Und solche Zuversicht und Erkenntniß göttlicher Gnade macht fröhlich, trotzig und lustig gegen Gott und alle Creaturen, und das thut der heilige Geist durch den Glauben. Daher der Mensch im Glauben ohne Zwang willig und lustig wird, Jedermann zu dienen und allerlei zu leiden, Gott zu Liebe und Lob, der ihm solche Gnade gegeben hat. Also daß Werk vom Glauben ebenso wenig mag geschieden werden, wie Brennen und Leuchten vom Feuer."

Daß ein Glaube sittlichen Werth habe, der sich auf gewisse singuläre Vorstellungen steift und die Annahme derselben, bei Androhung der ewigen Verdammniß und gewisser bürgerlicher Nachtheile auch von Anderen fordert, das wird freilich kein Gebildeter unserer Tage sich mehr einreden lassen. Vielmehr regt sich in jeder männlichen Seele der Trieb zum entschiedensten Protestiren, wenn sie sich zugemuthet sieht, auf bestimmte Glaubensformeln zu schwören oder sich der Bevormundung einer Kirche zu fügen, die das Wesen des Glaubens in das Fürwahrhalten einzelner Dogmen setzt. Ja, die Gebildeten unserer Zeit interessiren sich für diese Dinge gar nicht mehr. Bleibt uns doch damit vom Leibe, antworten sie auf jede dogmatische Zumuthung; was kümmert uns euer theologischer und confessioneller Hader! Laßt die Todten ihre Todten begraben. Lieber doch, so lautet nicht selten das Bekenntniß auf dieser Seite, lieber doch wollen wir mit den edelsten Geistern unseres Volkes, mit einem Lessing, Goethe, Schiller und mit all den edlen Heiden, deren Weisheit und sittlicher Adel uns noch immer zu leuchtenden Vorbildern dienen, auf ewig aus eurem Himmel verbannt sein, als mit den drei Patriarchen Hengstenberg, Kliefoth und Vilmar zu Tische liegen, um dem Scandal mit beizuwohnen, wie sie sich — auch dort oben in schimpflichster Weise gegenseitig wieder der Lüge bezüchtigen und mit keinem Menschen Frieden halten. Sagen Sie ihnen dagegen, der Glaube im christlichen und protestantischen Sinne sei nichts weniger, als ein Haften an irgend einem Buchstaben, sondern tiefster Seelenaufschwung sei er und vertrauensvolle Hingebung des Herzens an den persönlichen Gottesgeist der Wahrheit und Liebe, und dieser entfalte die ganze Fülle seines himmlischen Wesens erst da, wo man in seinem Namen sich gegenseitig zu der edelsten Begeisterung errege, was eben die Aufgabe der kirchlichen Gemeinschaft sei: so werden sie schon aufhören zu widerstreben. Sagen Sie ihnen weiter: Glauben haben und ein Christ sein, das heiße gesinnt sein, wie Jesus Christus gesinnt war; das heiße, gleich wie Er von Kindheit an nach der innigsten Gemeinschaft mit dem Vater im Himmel verlangen und jede Gelegenheit zum Wachsthum in der Gnade bei Gott und den Menschen benutzen; das heiße: sich überall in den Geist Gottes, in den Geist der göttlichen Weisheit und Liebe versenken; heiße: diesen Geist der Wahrheit, der Freiheit, der Gerechtigkeit zum Odem, zur Triebfeder all seines Denkens, Fühlens und Handelns machen; heiße: in der Kraft dieses Geistes der Verwirklichung des höchsten Gutes in Staat und Kirche, im Hause und in der Gesellschaft, unter Freude und Leid, im Einklang und Widerspruch mit der Welt aus allen Kräften sich weihen; heiße: alle untergeordneten Güter der Ehre und des irdischen Wohlseins zu Mitteln des Einen höchsten Gutes adeln und alle Sonderinteressen, die Zwecke und Bestrebungen der Wissenschaft, der Kunst, der Rechtspflege, des Patriotismus, der materiellen Wohlfahrt mit dem Bewußtsein und Geist des höchsten Zweckes durchdringen und so in Allem und durch Alles dem Reiche Gottes dienen und seiner Gerechtigkeit: — treten Sie mit solchen und ähnlichen Zeugnissen vom wahren Glauben gelegentlich an sie heran, — es wird Ihnen aus manchem Herzen ein lebendiges Echo entgegen tönen. Ei ja doch, wird man Ihnen antworten, wir sind ja nicht ohne religiösen Sinn und verachten die rechte Frömmigkeit nicht. Und wenn ihr uns nur erst wirklich das Dasein einer Kirche nachweisen könnt, die in solchem Geist den Glauben verkündigt und sittlich bethätigt, so werden gewiß auch wir sammt unseren Kindern es nicht an uns fehlen lassen.

Doch lassen Sie mich, was der religiöse Glaube für das fromme Bewußtsein bedeutet, mit den Worten eines Mannes aussprechen, der dem Zeitalter das Wesen und die Idee der Religion im Allgemeinen und des Christenthums im Besonderen, wie kein Anderer, wieder erschlossen hat, und dessen Aussagen jeder denkende Geist zufallen wird, der auf diesem Gebiete Erfahrung gemacht oder sich doch nicht eigenwillig gegen dasselbe abschließt. Ich entnehme die Worte aus einer Predigt **Schleiermacher's** über das Thema (nach Röm. 14, 23): Wie Alles, was nicht aus dem Glauben kommt, Sünde sei.

Der Redner knüpft zunächst an diejenige Auffassung des Glaubens, wonach derselbe in der festen Ueberzeugung von dem besteht, was Recht sei und Unrecht. Und gewiß, sagt er dann, ist dieses das Nächste, woran wir zu denken haben. Denn dem Glauben wird hier der Zweifel entgegengesetzt, und was dem Zweifel gegenüber steht im Gemüthe, das ist eben die Sicherheit der Ueberzeugung. Aber laßt uns doch weiter fragen, fährt er fort, was denn dazu gehört, um diese zu haben. Einzelne Ueberzeugungen kann sich der Mensch wohl anlernen, wenn sie ihm von Anderen vorgetragen und mit Gründen unterstützt werden, denen er seinen Beifall nicht versagen kann; zu anderen kann er gelangen durch Gewöhnung, indem sein Gefühl sich anschließt an die Empfindungen Anderer, und was er immer mit Bewunderung oder Abscheu erwähnen hört, sich ihm einprägt als schön oder verwerflich. Allein ist es denn möglich, daß so erworbene Ueberzeugungen das ganze Leben beherrschen können? Nur dann kann Jemand seiner Ueberzeugung in einzelnen Fällen sicher sein, wenn sie in einer allgemeinen Ueberzeugung gegründet ist, deren sich der Mensch als seiner eigenen in seinem Innern bewußt ist, wenn er eine Wahrheit in sich hat, die ihm überall wieder im Einzelnen vor Augen tritt, oder, wo vornehmlich vom Handeln die Rede ist, wenn ihm ein Gesetz einwohnt, welches sich auf gleiche Weise in jedem einzelnen Fall in eine sichere Anweisung, was zu thun sei, gestaltet. Und dieses Gesetz muß er, eben wegen seiner Allgemeinheit und seiner immer regen Kraft, nothwendig als ein göttliches verehren. So können wir auch begreifen, wie doch die Schrift das Wesen und den ganzen Inbegriff der christlichen Gesinnung bald als Glaube bezeichnen kann, bald wieder eben dasselbige als Liebe. Denn sehen wir auf den Inhalt dieses Gesetzes, wozu es den Menschen treibt, daß er als ein thätiger Bürger eintrete in das große Reich Gottes, das Dasein dieser göttlichen Kraft in ihm allen Anderen fühlbar machend, indem er Alles zu einem Ausdruck derselben gestalte: so ist eben das Liebe; sehen wir darauf, daß es eine lebendige, sich immer gleiche Kraft in ihm ist, die als eine Festigkeit des Herzens, als ein nicht zu betäubendes Gefühl, als eine unwiderlegliche, wohl begründete Einsicht in ihm lebt: so ist das der Glaube. Und nur das ist die rechte Liebe, welche den Glauben beweiset und bewährt, nur das ist der rechte Glaube, welcher thätig ist durch die Liebe, und ohne diesen Glauben ist es nicht möglich, Gott zu gefallen.

Aber wenn der Mensch in einem solchen Sinne und aus einer solchen Kraft handeln soll, immer nur das ergreifend, was sich ihm darstellt als dasjenige Werk der Liebe, welches ihm gerade in diese Augenblickem obliegt: wie könnte er es wohl, wenn ihm eine eben so klare Einsicht sagte, daß er mit diesem Bestreben sich im Widerspruch befinde gegen die ganze Welt; daß das Gute, welches er will, nach dem natürlichen Lauf der Dinge, der Gegenwirkung aller dem Bösen gewidmeten Kräfte unterliegen müsse, daß Selbstsucht und Zwietracht bei Weitem mächtiger seien als die Liebe, kurz, daß das Gute und Göttliche sich zwar in Anregungen und Versuchen offenbare, daß es aber ein Reich und eine Macht immer nur gäbe für das Böse? Ja, wenn er auch nur annehmen müßte, das Ziel, dem sich Alles nähert, sei ein anderes, als das, welches ihm in seinem Innern vorgebildet ist, müßte er sich nicht auch dann schon, wiewohl traurig, zurückziehen in Unthätigkeit oder seine Kraft ebenfalls anderwärts hinwenden? Und ist dieses nicht eben die weit verbreitete Meinung, um deren willen so viele das Gute, wozu sich Lust und Liebe in ihnen regt, doch nur als einen schönen Traum ansehen, an dessen Ausführung der Verständige nicht müsse denken wollen? Darum ist der Glaube, aus welchem allein kommen muß, was nicht Sünde sein soll, nur bei Denen, welche inne geworden sind, daß das Gesetz, welches in ihnen gebietet, und die Kraft, welche das Ganze der menschlichen Angelegenheiten leitet, eines und dasselbige sind; daß das Göttliche außer ihnen eben so mächtig und zu demselben Ziele hinwirkend führe, wie das Göttliche in ihnen. Darum heißt es (Hebr. 11, 3): Durch den Glauben merken wir, daß die Welt nur durch das Wort Gottes, durch dasselbige, was wir in uns wahrnehmen, entstanden ist und nur durch dasselbige besteht. Darum ist der Glaube (Hebr. 11, 1) eine feste Zuversicht auf das Zusammenstimmen, auf das Gelingen, welches man nicht siehet. Darum muß der Glaube wissen, daß Ein Gott ist, der in Allem und über Alles gebietet, und in dem daher auch Alles Eines sein muß, und daß er Denen, die ihn suchen, ein Vergelter sein wird, Vergelter dadurch, daß er ihre in seinem Geiste gemachten Bestrebungen mit Erfolg krönt. Und ohne diesen Glauben ist es nicht möglich, Gott zu gefallen.

Aber wenn nun Gott in diesem Sinne Vergelter ist, und wir das Böse, welches uns in der Welt so stark entgegentritt, auch in uns selbst wiederfinden; und wenn wir schon selbst empfinden die Uebel, von denen unser heiligstes Gefühl uns sagt, daß sie nur auf irgend eine Weise Begleiterinnen und Folge des Bösen sein können: wie muß das nicht den Muth niederschlagen und die Kraft lähmen? Wie muß uns das nicht mit der Besorgniß erfüllen, an unserm Handeln könne doch Gott kein Wohlgefallen haben, uns könne doch der Heilige nichts anvertrauen und nichts gelingen lassen in seinem Reiche? Dem gegenüber dient nun zum Trost, daß der Glaube zugleich auch **Glauben an die Erlösung** ist, an die ewige Erlösung, vermöge deren eben durch den Muth, den Gesetzen Gottes zu folgen und dem Bösen überall zu widerstreben, indem wir die Uebel, welche die Folgen davon sind, geduldig ertragen, alles Böse in uns selbst aufgehoben wird und vernichtet. In diesem Glauben sind wir gewiß, daß von dem Augenblicke an, wo dieser **Entschluß** herrschend gewesen ist in uns, von Seiten Gottes nichts angesehen wird für unser Selbst, als eben dieser durch den Geist Gottes kräftige Wille, alles andere aber außer uns liegt, weil es ja das ist, dem wir widerstreben. Darum ist der Glaube zugleich auch Glauben an die Versöhnung, die Christus gestiftet hat, der Gehorsame bis zum Tode, in dem die Fülle der Gottheit auf menschliche Weise gewohnt hat, in dessen Tod wir alles Ungöttliche mit begraben sollen, an dessen Wirken sich jedes gottgefällige Dasein anschließt, und der Allen, die ihn aufnehmen, die Macht gegeben hat, geheiligte und begnadigte Kinder Gottes zu sein.

Daß nun, sagt der Redner schließlich, was aus diesem Glauben geschieht, nothwendig recht gethan sein muß und Gott wohlgefällig, darüber kann wohl kein Zweifel obwalten. Geschieht es doch Alles nach der Aufforderung des göttlichen Gesetzes der Liebe; geschieht es doch in festem Vertrauen auf Den, der der Herr ist über Alles, der Allem sein Ziel setzt und über Alles waltet; in heiliger Ehrfurcht vor Dem, der uns erforschet und kennt; geschieht es doch, indem wir Christi Beispiele folgen, das er uns zum Vorbilde gelassen hat, indem wir dem guten Hirten folgen, dessen Stimme nie irre leiten kann, indem wir ihm gehorchen, wie die Glieder dem Haupte, indem wir aus ihm unsere Kraft nehmen, wie die Reben aus dem Weinstock.[1])

Ich denke, mein Freund, das sind Worte vom Glauben, sowohl jenes erste von dem Reformator des sechzehnten, wie dieses letztere von den reformatorischen Theologen des neunzehnten Jahrhunderts, denen kein wahrhaft gebildetes Gemüth widerstreben kann; und ich meine, eine Kirche, die in solchem Geiste aus Glauben zum Glauben predigt, und sich selbst in der Kraft dieses Glaubens zu gestalten sucht, die müsse die Welt erobern, die Welt im besten Sinne des Worts, den sittlich gebildeten und in fortschreitender Entwickelung begriffenen Organismus der herrschenden Geistesmächte der gebildeten Menschheit.

Und das ist die Kirche, deren Verwirklichung der deutsche Protestanten-Verein anstrebt.

---

[1]) Schleiermacher's Predigten. 1. Band. (Sämmtliche Werke. Zweite Abtheilung. 1. Band.) S. 314 ff.

Zehnter Brief.

Wir müssen nun zum Zweiten auch den Inhalt des Glaubens etwas näher in Betracht ziehen, um uns darüber klar zu werden, ob und wie weit etwa die evangelische Kirche, ich meine die verjüngte, deren allgemeines Kommen wir anstreben, auch in dieser Beziehung auf ein allgemeines Entgegenkommen von Seiten der Gebildeten rechnen dürfe.

Hier befinden wir uns nun freilich auf einem Gebiet, wo sich die verschiedensten individuellen Denkweisen auf das Mannigfaltigste kreuzen. Denn wenn schon über jeden endlichen Gegenstand, sobald derselbe nach Grund, Entstehung und Zusammenhang erforscht wird, jeder Einzelne, von allen Uebrigen, zufolge seines besondern Standpunktes irgendwie verschieden denkt, so werden wir um so weniger zu erwarten haben, daß auch nur Wenige über die großen Gegenstände des Glaubens, deren jeder einzelne schon eine Unendlichkeit umschließt, in ihren Vorstellungen und Begriffen vollständig miteinander übereinstimmen. Und das ist auch nicht zu beklagen, mein Freund, denn es dient nur, die Gegenstände mehr und mehr in ihr volles Licht zu setzen, wenn es anders eine Kirche gibt, die es sich, nach dem Vorbilde des deutschen Protestantenvereins, zur Aufgabe macht, die verschiedenen Denkweisen liebend in sich zu hegen und zu pflegen und sie alle zu gegenseitiger Ergänzung miteinander in Wechselwirkung zu setzen. Denn wiewohl der Glaube nicht vor allem im Denken besteht; sondern seine erste Wurzel, sofern er sich als die aufnehmende Empfänglichkeit der menschlichen Seele im Verhältniß zu Gott bethätigt, hat er im Gefühle und Gemüth, und seine zweite, sofern er in sittliche Thatkraft übergeht und die ganze Persönlichkeit in freier Liebe unter das göttliche Gesetz stellt, liegt im Willen und Gewissen: so ist doch auch das Denken ein wesentliches Element im Glauben, indem es nicht nur als Vernunft und Verstand, sondern auch als bildende Phantasie alle Glaubenserfahrungen mit seinen Ideen und Begriffen begleitet und für die sinnliche Anschauung in tiefsinnigen Sinnbildern vergegenständlicht.

Es ist ja unleugbar, daß der Glaube, als mächtigster Seelenaufschwung, zugleich eine That des Bewußtseins ist; daß der Gläubige daher das innerlich Erlebte zugleich zum Gegenstande seiner Gedanken und Vorstellungen macht; daß der Glaube mithin, sofern er die Persönlichkeit antreibt, sich diesen Vorstellungen gemäß zu verhalten und für die Verwirklichung der denselben zu Grunde liegenden Wahrheiten einzutreten, in ganz bestimmten Ueberzeugungen besteht, in Ueberzeugungen, welche sowohl das Wesen Gottes und die Bestimmung des Menschen, wie auch das Verhältniß Gottes und des Menschen zu einander zum Inhalte haben. Ja, diese Ueberzeugungen und Vorstellungen bewegen sich nothwendig, als um einen ihrer wichtigsten Angelpunkte, um die Frage nach dem Wesen der Persönlichkeit des Stifters der christlichen Religion und um sein Verhältniß sowohl zur Gottheit wie zur Menschheit.

Nun wird die wahre Kirche aber in Hinsicht aller dieser Ueberzeugungen nichts erzwingen oder erkünsteln wollen, sondern sie wird des gewissen Vertrauens leben, daß auch auf diesem zart umgrenzten Gebiete die wahre Erkenntniß um so mehr gedeihen und zu ihrer gesunden Entfaltung gelangen werde, je mehr die verschiedenen Ansichten und Ueberzeugungen sich im Geiste der evangelischen Freiheit und Duldung gegenseitig tragen, ergänzen und befruchten. Und da meine ich nun, haben sich vom Anfang der christlichen Kirche an bereits gewisse Vorstellungen und Erkenntnisse entwickelt, die sich stets und überall, wo der christliche Glaube lebendig wird, wieder geltend machen und zweifelsohne auch die wahrhaft gebildeten Glieder eines aufgeklärten Volkes für sich gewinnen werden. Freilich können das nur solche Vorstellungen und Gedanken sein, die, indem sie immer wieder frisch aus dem Samen des Evangeliums hervorwachsen, sich zugleich auch fähig zeigen, kräftige Wurzeln im Boden des gegenwärtigen Geistes zu schlagen.

Lassen Sie uns jetzt erwägen, welche das etwa sind. Versetzen wir uns zu dem Ende sofort in den wesentlichen Kernpunkt des christlichen Glaubens, so liegt der offenbar in dem mit dem Stifter des Christenthums zum vollen Durchbruch gekommenen Gefühl und Bewußtsein der Bestimmung des Menschen zur Sohnschaft bei Gott. Dieses Bewußtsein spricht sich, auf Grund der allgemeinen christlichen Erfahrung, als der Glaube an die göttliche Liebe und Gnade aus, als die Zuversicht, daß diese Gnade Gottes schlechthin allgemein und in jeder menschlichen Persönlichkeit unausgesetzt wirksam sei, daß sie sich als eine die Menschheit allgegenwärtig durchwaltende Geistesmacht bethätige, welche nach eingetretener Offenbarung ihres innersten Brennpunktes im Stifter des Christenthums, durch die evangelische Verkündigung des Wortes von Christo nach und nach in allen Menschenkindern lebendig werden und jedes Herz mit ihrem Frieden, mit dem Trost der Sündenvergebung, mit der Kraft der Heiligung und Liebe und mit der Hoffnung des ewigen Lebens durchathmen will.

Wer sich nun als Glied der christlichen Gemeinde, angeregt durch ihre Verkündigung und dem Zuge des göttlichen Geistes im Herzen und Gewissen vertrauend, mit ganzer Seele in diese frohe Botschaft versenkt, indem er sich den Inhalt derselben zugleich sittlich anzueignen sucht: was ist es doch, mein Freund, was sich dem als tiefste innere Erfahrung aufdrängt? O, der erfährt noch immer, was alle wahren Christen von jeher erfahren und bezeugt haben!

Daß es einen persönlichen Gott gibt, der als Schöpfer und Regierer der Welt sich zugleich als liebender Vater im Herzen aller Gläubigen ankündigt, das ist die unmittelbarste Ueberzeugung seiner innersten Seele. Zugleich fühlt er sich auf das Innerlichste betheiligt an der durch den Stifter des Christenthums vollbrachten liebinnigen Vereinigung Gottes mit der Menschheit. Er fühlt und erfährt dieselbe in sich als einen Hergang, der sich, um mit der alten deutschen Mystik zu reden, noch immer wesentlich ganz ebenso vollzieht in jeder gläubigen Seele, wie er sich vollzogen hat im Herzen Jesu Christi und seiner Apostel; er erlebt es in sich selber, dieses beseligende Geheimniß der Zeugung des Sohnes vom Vater durch den Geist, welcher als Geist Gottes zum Menschen herabsteigt, um als Geist des Menschen zu Gott emporzusteigen. Denn darin besteht ja wesentlich der Inhalt des christlichen Glaubens und Lebens, in diesem Gefühl und Bewußtsein, daß wir nicht den Geist der Knechtschaft empfangen haben, wie der Apostel sagt, um uns wieder zu fürchten, sondern den Geist der Kindschaft, in welchem wir rufen: Abba, Vater! Der Geist selbst bezeugt es unserem Geiste, daß wir Gottes Kinder, daß wir seine Söhne und Erben, daß wir Miterben Christi sind, wenn wir nämlich mit ihm leiden, auf daß wir auch mit ihm verherrlicht werden (Röm. 8, 11 ff., Gal. 3, 26 ff., 1. Joh. 3, 2 ff., Ev. Joh. 17, 21 ff.).

Den Alles beherrschenden Grundton also, der das christliche Glaubensleben in jedem Momente, bald stärker, bald leiser durchklingt und der sich durch die Wechselwirkung des Gottesbewußtseins mit dem Weltbewußtsein immer volltöniger und reicher in der Seele eines Christenmenschen entbindet, den bildet der große Gedanke der Einheit, Unendlichkeit, Heiligkeit und Liebe des persönlichen Gottes, zu dessen Bilde sich der gottgezeugte Christenmensch geschaffen fühlt. Ich bin Geist von seinem Geist, so jauchzet es immer von Neuem im Herzen, und ich soll immer mehr durch ihn, durch seinen Geist, in Gemeinschaft mit allen Brüdern und Schwestern in seinem großen Reiche werden, was er selber, der Vater aller Geister, von Ewigkeit durch sich selber und in unendlicher Weise ist. Er ist der persönliche Urgeist, der die gesammte Welt, als das Erzeugniß seiner schöpferischen Liebe, mit unendlicher Macht, Weisheit und Güte allgegenwärtig durchwaltet. Gott ist die Liebe, und wer in der Liebe bleibet, der bleibet in Gott und Gott in ihm (1. Joh. 4, 8 u. 16). Er lässet seine Sonne aufgehen über Böse und Gute und lässet regnen über Gerechte und Ungerechte (Matth. 5, 48); sein Verhältniß zu den geschaffenen Geistern spiegelt sich am Entsprechendsten ab in dem Verhältnisse eines liebenden Vaters zu seinen Kindern.

Das, mein Theurer, ist noch immer der Grundton des christlichen Bewußtseins, der in jedem gebildeten Herzen, sofern sich dasselbe christlich fromm ergriffen fühlt, lebendig wiederhallt. Wir ahnen und erkennen den Wiederschein der unendlichen Weisheit und Liebe unseres Gottes auch schon in der vernunftlosen Schöpfung. Aber wir überzeugen uns, daß sie nach ihrer ganzen Fülle und Wahrheit erst im Stifter des Christenthums offenbar geworden ist, daß erst in seiner Persönlichkeit das väterliche Liebesverhältniß Gottes zur Menschheit sich gleichsam verkörpert hat. Wir erkennen zwar, daß Gott, kraft seiner heiligen Liebe, von Ewigkeit nur Rathschlüsse der Liebe und Weisheit, niemals aber Rathschlüsse des Zornes, der Rache und des Verderbens in Bezug auf unser Geschlecht gefaßt hat. Wir begreifen aber auch, daß er die Tiefe seines Wesens in der Erziehung des Menschengeschlechtes, wegen der nur langsam und schrittweise vor sich gehenden Fortentwickelung des menschlichen Geistes, nur allmählich zu enthüllen vermochte; daß sie daher nach ihrer vollen Wahrheit und Herrlichkeit erst in dem reinen Herzen Jesu von Nazareth strahlen konnte.

Eingepflanzt in diesen Gottesglauben von Kindheit an, finden wir uns in dem Bewußtsein und Gefühl der unerschütterlichen Wahrheit desselben bestärkt und befestigt durch die Erfahrung der besten Menschen aller Zeiten, durch alle schmerzlichen und frohen Ereignisse des eigenen Lebens, durch den Anblick der natürlichen und sittlichen Weltordnung, vor Allem aber durch das Zeugniß des eigenen Innern. Und was für eine Fülle von Trost und Erhebung liegt beschlossen in diesem Glauben an Gott, als unseren Vater! Können wir nicht all den Frieden aus ihm schöpfen, der uns das Leben erst lebenswerth macht und selbst dem Tode seinen Schrecken benimmt? Ueberkommen wir nicht aus seinen himmlischen Bronnen alle die heilsamen Kräfte, die zu einem wahrhaft sittlichen Leben und Wandel erforderlich sind und die uns zum Trost gereichen im Gefühl unserer Schwäche und Sünde? O! wir wissen nun, daß Gott, weil er unser Vater ist, auch selbst den tief gefallenen Sünder nicht für immer verwirft; daß er selbst den verlorenen Sohn, sobald derselbe nur reuig umkehrt, wieder zu Gnaden annimmt. Wir glauben und wissen, daß er, vermöge des heiligen Ernstes seiner Liebe und weil er sich allein durch die Idee des Guten bestimmt, die Sünde zwar und Alles, was seiner heiligen Liebe widerstreitet, mißbilligt und immer wieder dem Gerichte der Vernichtung unterwirft, daß ihm also ein heiliger Ernst innewohnt. Wir wissen aber auch, daß er die menschliche Schwäche kennt, daß er als der Vater des Lichtes, von dem nur gute und vollkommene Gaben herabkommen, zugleich unendlich barmherzig ist; daß er also zwar die Sünde, aber nicht den Sünder haßt; daß er ihn nicht um fremder Schuld und Sünde willen straft, daß er noch weniger darauf ausgeht, einen gewissen oder gar den größten Theil der Menschheit in der Sünde zu verhärten, um denselben dem ewigen Verderben zu überantworten. Nein, an einen Gott, der Rathschlüsse des ewigen Verderbens fassen, der auch dann noch strafen und in Ewigkeit fortpeinigen könnte, wo die Strafe nicht mehr den Zweck der Besserung in sich trägt und nur noch auf grausame Quälerei hinlaufen würde: an einen solchen Gott kann das gebildete Bewußtsein unserer Zeit nicht mehr glauben. Denn mit solchem Glauben würde es in Widerspruch treten mit allen tieferen Ideen der gebildeten Vernunft und des geläuterten Herzens, würde es sich selbst aufgeben müssen. Aber das ist auch nicht der echte Christenglaube, sondern wer in Christo Jesu ist, der fühlt sich im Dienste einer göttlichen Liebes- und Erlösungsmacht, welche jeden Sünder ohne Ausnahme durch alle Mittel ihrer Gnadenführung von der Sünde zu erlösen und zu reinigen sucht und sofort alle Sünden vergibt und dem Menschen nicht mehr zurechnet, sobald derselbe sich, seiner innersten Gesinnung nach, durch die Kraft des göttlichen Geistes, von ihr lossagt, von ihr scheidet und sie durch ein ernstes, sittliches Streben und Kämpfen immer mehr von sich ausscheidet.

Zugleich liegt in diesem einfachen Glauben an die vollendete Offenbarung der göttlichen Vaterliebe in Jesu Christo auch die Begründung der rechten Stellung unseres Herzens zu dem letzteren selber als unserm Erlöser. Ich bin überzeugt, mein Freund, daß eine christliche Gemeinschaft, sie führe einen Namen welchen sie wolle, mit ihrem Bekenntnisse von Christo lebendigen Wiederhall finden werde in vielen tausend evangelischen Herzen, und daß auch gebildete Glieder der katholischen Kirche ihren innersten Herzensglauben darin werden ausgesprochen sehen, wenn sie bekennt, daß sie Jesum von Nazareth als die persönlich vollendete Verkörperung des Christus der Menschheit verehrt. Denn das zu bekennen, hat die Christenheit in aller Weise Grund und Ursache. Oder haben ihn nicht von jeher die Weisesten und Besten unseres Geschlechts erkannt und geliebt als des himmlischen Vaters besten Sohn auf Erden? Haben sie nicht, je gründlicher sie sich immer von Neuem in sein herrliches Lebensbild vertiesten, um so reiner und vollendeter den vollen Abglanz der göttlichen Wahrheit und Liebe, oder was dasselbe ist, das göttliche Ebenbild, die Verkörperung des Geistes der Salbung und der Erlösung in ihm erblickt? Bezeugen sie es nicht aus innerster Erfahrung mit dem Apostel (1. Cor. 1, 30), daß ihnen Christus geworden ist zur Weisheit von Gott, zur Gerechtigkeit und zur Heiligung und zur Erlösung? — Auch die gegenwärtige Menschheit kann in Wahrheit nichts dagegen einzuwenden haben. Je mehr sie sich zu den höchsten Höhen der wahren Bildung erhebt, um so völliger und gewisser muß sie sich davon überzeugen, daß Jesus der Christus der Menschheit ist, daß diese durch ihn, durch den Anblick seiner herrlichen Erscheinung, durch die vollwesentliche Offenbarung der göttlichen Liebe in ihm, zu Gott ihrerseits erst in das rechte Verhältniß getreten ist, in das Verhältniß des Sohnes zum Vater. Darum erkannten und verehrten ihn auch von jeher die Weisesten und Frömmsten unseres Geschlechts als Den, wofür er sich selbst ausgegeben hat, als den wahren Menschensohn, als den persönlichen Vollender der gottgedachten Ideen des Menschen, und gegen diese Auffassung kann auch das gebildete Bewußtsein unseres Zeitalters nichts einzuwenden haben. Wenn wir aber Jesum Christum als den wahren Menschen erkennen, der sich im heißen Kampfe mit der Sünde zur sittlichen Vollendung des menschlichen Wesens hindurchgerungen und damit das göttliche Ideal der Menschheit persönlich in sich verwirklicht hat: so können wir uns auch nicht weigern, ihn anzuerkennen und zu verehren als den wahren Gottessohn. Denn wir finden uns durch ein tieferes Eindringen in das Wesen des menschlichen Geistes und dessen Stellung zur gesammten irdischen Weltentwickelung immer wieder zu dem Glauben gedrängt, der schon in den Schriften des alten Bundes seinen religiösen Ausdruck gewonnen hat, daß die Menschheit ursprünglich zum göttlichen Ebenbilde geschaffen (1. Mos. 1—26), daß sie also der Idee nach zum Sohn Gottes von Gott selber veranlagt ist. Nun ist sie das aber zunächst nur keimartig gewesen. Sie hat sich dann immer mehr entwickelt und diese Entwickelung ist endlich in der Erscheinung Jesu zu ihrer Höhe gelangt; so daß er daher als der Vollender der Menschheit und eben damit als der Anfänger ihres Vollalters dasteht.

Wegen seiner religiös=sittlichen Einzigkeit erblicken wir daher in Jesu Christo die reinste, ja die vollendete menschliche Verkörperung des ewigen Princips der Sohnschaft, nämlich jenes Geistes, in welchem Gottheit und Menschheit sich immer tiefer und inniger mit einander zu einigen streben, das also als wahrhaft gottmenschliches Princip die ganze Menschheit erlösend und heiligend durchwaltet. Wir schauen auf ihn hin als den Anfänger und Vollender unsers Glaubens, in dessen Nachfolge wir selber zu Kindern, zu Söhnen Gottes werden sollen, der uns den Weg zum Vaterhause gezeigt und durch sein Leben, Sterben und Auferstehen selber gebahnt hat.

Ich denke, auch mit dieser Aussage unseres christlichen Bewußtseins von Jesu Christo dürfen wir uns im tiefsten Einklange wissen mit der Vernunft und Erfahrung unseres Zeitalters. Selbst Dr. Strauß, der doch zufolge seiner pantheistischen Weltanschauung den christlichen Gottesglauben nicht theilt, der daher an Offenbarung im eigentlichen Sinne nicht zu glauben vermag, so daß er alle durch die biblischen Offenbarungsurkunden und auch sonst sporadisch bezeugten höheren Erlebnisse gottbegeisterter Seher auf Mythen, Visionen und Hallucinationen, d. i. auf schwärmerische Einbildung und krankhafte Sinnesüberspannung zurückführt, und demnach auch die höheren Erlebnisse des Apostels Paulus und der übrigen Jünger, namentlich ihren Geistesverkehr mit dem verklärten Erlöser, nicht für geschichtliche Wirklichkeit gelten lassen kann, selbst dieser scharfe Kritiker hat in seinem neuen Leben Jesu für das Volk bedeutsame Zugeständnisse gemacht. Er hat, vermöge des Respects seines hochgebildeten Geistes vor allem echt Sittlichen, sich nicht entbrechen können, in gewisser Weise die religiös-sittliche Einzigkeit Jesu anzuerkennen. Wer nun aber nicht, wie dieser hochbegabte Mann, an der theistischen Grundvoraussetzung des Christenthums irre geworden ist; wer dabei, im Bewußtsein der Dehnbarkeit des inneren und äußeren Erfahrungskreises, sowie im Hinblick auf die Beschränktheit und Unabgeschlossenheit des aus der gewöhnlichen Erfahrung abstrahirten Wissens und Dafürhaltens nicht von vornherein geneigt ist, Alles zu leugnen und lediglich für ein Erzeugniß der Einbildung zu erklären, was, wie z. B. das Leben nach dem Tode des Leibes, über den gewöhnlichen Horizont des endlichen Erfahrungskreises hinausliegt; wer den Zug der höheren Sehnsucht und Ahnung in Gefühl und Vernunft nicht mißachtend, die Möglichkeit jeweiliger Lichtungen und Erweiterungen der irdischen Schranken der Menschheit, namentlich in den religiösen Genien derselben, zuzugestehen sich gedrungen fühlt: der wird in Jesu noch mehr erblicken, als eine sittliche Größe von nur vorübergehender Bedeutung. Oder ist es denn von vornherein so ausgemacht, daß die wahre Idee des Menschen, wie dies die Voraussetzung von Strauß ist, in keiner einzigen Persönlichkeit auf Erden zu ihrer vollen Vollendung gelangen könne? Ich meine, wie es feststeht, daß es eine mannigfaltige Abstufung unter den Völkern und einzelnen Persönlichkeiten im Verhältniß zum sittlichen Ideale gibt, und daß fast jedes Volk gewisse Genien auf dem einen oder anderen Geistesgebiete aufzuweisen hat, die hoch über allen übrigen Persönlichkeiten stehen und in denen die Entwickelung des nationalen Geistes culminirt, so könne man begrifflich auch nichts gegen die Möglichkeit des Hervorgangs eines schlechthin höchsten Genius auf dem religiös-sittlichen Gebiete haben, in dessen Erscheinung die Entwickelung der Menschheit principiell und persönlich zur Vollendung gelangt ist. Die Geschichtsforschung hat zu zeigen, ob und in wem dies Höchste, die Einheit des Menschen mit Gott, die als eine vollendete an sich denkbar ist, wirklich geworden sei. Und ich denke, sie zeigt das deutlich genug. Wer daher die Geschichte der Menschheit nicht a priori pantheistisch construirt, der wird sich nicht weigern, nach Jesu eigenen und nach den Aussagen der Apostel, wirklich die persönliche Erscheinung des Christus der Menschheit in ihm zu verehren, der wird ihm als solchem, auf Grund der evangelischen Erzählung, auch die Begabung mit höheren Kräften, die Verrichtung wunderbarer Thaten und einen Ausgang des irdischen Lebens zugestehen, wie sonst Keinem. So aber stehen viele hochgebildete Denker der Vergangenheit und Gegenwart zu dem Evangelium, und so kann man zu demselben stehen in voller Uebereinstimmung mit der Gesammtcultur der Gegenwart.

Selbst die exacteste Forschung auf dem Gebiete der modernen Naturwissenschaften kann, trotz der Transmutationshypothese, nicht die Möglichkeit, ja, kann nicht die, während gewisser Epochen der Weltentwickelung, vorgekommene Wirklichkeit und Thatsächlichkeit von Wundern leugnen, sofern man darunter nur nicht willkürliche Unterbrechungen (Durchlöcherung) der Naturgesetze, sondern ein gesetzmäßiges, nach uns unbekannten Principien dann und wann in die Erscheinung tretendes Hereinwirken höherer, überirdischer Kräfte in den irdischen Weltlauf versteht. Und wir sollten uns sträuben, die heilsame Verkörperung höherer Kräfte in der herrlichsten Erscheinung der Menschheit, in Jesu Christo, dem höchsten, dem centralen Genius derselben, anzuerkennen? Wir sollten nicht vor Allem gern in der herrlichen Thatsache seiner Auferstehung, in der realen Hereinwirkung seiner, nach dem Tode des Leibes himmlisch verklärten Persönlichkeit in die religiöse Erfahrung seiner ersten Gläubigen, eine auf höheren Gesetzen, auf göttlicher Ordnung beruhende Erweiterung des irdischen Erfahrungshorizonts, sowie eine, für die christliche Hoffnung so tief bedeutsame Lüftung des Todesvorhangs begrüßen? — Wir glauben ja, sowohl auf seine eigenen Versicherungen und auf die Zeugnisse seiner Apostel hin, wie im Vertrauen auf den höheren Zug im eigenen Herzen, daß wir das, was er gewesen ist und in Ewigkeit sein wird, in seiner Nachfolge ebenfalls werden sollen. Wir leben ja der beseligenden Hoffnung, daß wir gleich ihm, nach dem Tode des Leibes, als verklärte Persönlichkeiten in eine höhere, den Schranken der irdischen Räumlichkeit entnommene Sphäre übergehen werden. Wodurch aber hätte diese köstliche Hoffnung zugleich mit dem Glauben an die durch Jesum Christum in die Erscheinung getretene Vollendung der menschlichen Persönlichkeit eine angemessenere und erhebendere Besiegelung finden können, als durch die Thatsache seiner Auferstehung? In seinem ganzen Lebensgange spiegeln sich in ergreifendster Weise die Kämpfe und Siege der idealen Menschheit. Vollkommen enthüllt tritt dem Glauben aber erst in seiner Auferstehung, in dieser überirdischen Verklärung seiner Persönlichkeit, das Ziel der vollendeten Menschheit entgegen.

Die Hauptsache wird freilich immer bleiben eine glaubensinnige Hingabe des Herzens an das durch den Stifter des Christenthums in die Geschichte der Menschheit, in die Gemeinde der Christenheit siegreich eingetretene göttliche Heilsprincip oder an den idealen Christus. Denn dadurch erst gelangt der Glaube an die Sendung Jesu zu seiner vollen Entfaltung. Erst so wird er zum Glauben an den heiligen Geist. Das ist der Glaube und die Gewißheit, daß Jeder ohne Ausnahme, und zwar Jeder in eigenthümlicher Weise, durch die Gnade Gottes in der christlichen Gemeinde immer mehr werden soll, was Jesus Christus, als ewiges Vorbild, in sittlich vollendeter Weise geworden ist, ein echter Gottessohn. Der Glaube im tiefsten Sinne besteht ja in der schon öfter bezeichneten Aneignung des Geistes Christi und in der dadurch bewirkten neuen Geburt. Diese nun geschieht nicht ohne die tiefsten Krisen und Wehen, geschieht nicht ohne fortgesetzte Ertödtung des alten und beständige Befruchtung des neuen Menschen. Die Wiedergeburt ist somit ein religiös-sittlicher Proceß, den die Taufe für das fromme Gefühl feierlich versinnbildlicht. Die der christlichen Taufe, als einer symbolischen Handlung, zu Grunde liegende heilkräftige Idee verwirklicht sich erst durch den allmählichen Verlauf der religiös-sittlichen Umwandlung der Menschen. Nur auf diesem Wege wird die Wassertaufe zur Feuer- und Geistestaufe. Die Voraussetzung dieses Processes ist aber die Wirksamkeit des heiligen Geistes innerhalb der christlichen Gemeinde. Und es gibt einen heiligen Geist. Der christliche Glaube besteht eben in dem frohen Bewußtsein, in der immer wiederkehrenden frommen Erfahrung, daß das gottmenschliche Princip, nachdem dasselbe sich in der Erscheinung Jesu in voller Heilskraft erschlossen und durch die Stiftung der Gemeinde einen bleibenden heiligen Heerd in der neuen Menschheit gewonnen hat, noch immer mit derselben Kräftigkeit und Stärke, wie zur Zeit der Apostel, vom Vater ausgeht, um den Keim der Sohnschaft in jeder menschlichen Seele zeugend zu befruchten.

Nach der Glaubensforderung der Apostel soll Christus oder der Sohn Gottes, nachdem er in Jesu von Nazareth völlig offenbar geworden, fortan in jeder gläubigen Seele Gestalt gewinnen, damit Jeder im Glauben mit dem Apostel sprechen könne: So lebe nun nicht ich, sondern Christus, d. h. der Geist der Sohnschaft, der das höhere Ich oder Selbstbewußtsein der Persönlichkeit ausmacht, lebt in mir (Gal. 2, 20; 3, 27; 2. Cor. 3, 18). Nach christlichem Bewußtsein liegt in jedem Menschen der unvertilgbare Keim zum göttlichen Ebenbilde, zu einem werdenden Christus. Wir glauben als Christen, daß Jesus, als der Christus der Welt, vor uns nichts vorausbehalten will. Er ist nur der Erstgeborene unter vielen Brüdern (Röm. 8, 29) und wir sollen ihm dereinst Alle ähnlich werden (1. Cor. 15, 24 ff.; 1. Joh. 3, 2). Wir sollen durch ihn miteinander zu einem vollkommenen Menschheitsganzen verwachsen, in dessen zu immer höheren Zielen der Entwickelung aufstrebendem Gliederbau jede wiedergeborene Persönlichkeit zugleich Mittel und Zweck für die Entwickelung des Ganzen, nämlich des Reiches Gottes sein soll (Gal. 3, 28; Eph. 4, 13—16).

Freilich wissen wir auch, daß uns an dieser Vollendung in Christo noch viel fehlt; daß die Menschheit noch eine lange Reihe von geschichtlichen Entwickelungen zu durchlaufen hat, bis daß sie Alle hinangelangen zur Einheit des Glaubens und der Erkenntniß des Sohnes Gottes (Eph. 4, 13). Aber dies Bewußtsein wirkt zugleich belebend. Wie es uns demüthigt, so erweckt es uns auch zu beständiger Erneuerung im Geiste, so daß wir, vergessend, was hinter uns liegt, dem vorgesteckten Ziele zustreben, dem Kleinode der himmlischen Berufung Gottes in Christo Jesu (Philipp. 3, 12 ff.).

Elfter Brief.

Die im letzten Briefe gegebene Darstellung der Hauptmomente des christlichen Glaubensinhalts dürfte durchschnittlich und nach den wesentlichsten Gesichtspunkten der Gestalt entsprechen, welche die ewige Substanz der christlichen Wahrheit als freies, an keinen Buchstaben gebundenes Bekenntniß im Bewußtsein der denkenden und gebildeten Christen unserer Zeit von Tage zu Tage mehr gewinnen wird. Freilich ist diese Gestalt eine durchaus flüssige und elastische. Sie muß das sein und bleiben, um sich, nach dem Vorbilde ihrer primitiven Entwickelung im neuen Testamente, den verschiedensten Standpunkten der Bildung und den individuellen Bedürfnissen der evangelischen Gemeinden anschmiegen zu können. Daher ist es im Geiste der rechten, evangelischen Freiheit und Besonnenheit gehandelt, wenn die erste These des Dr. Holtzmann über die Stellung des Protestantenvereins zur gegenwärtigen Frage nach dem historischen Christus, worüber der vorjährige wegen der Kriegsereignisse ausgefallene Protestantentag verhandeln sollte, dahin lautet, daß wir uns nicht in der Lage befinden, über die Person und Bedeutung des historischen Christus als Protestantenverein eine gemeinsame Auffassung kundgeben zu können, und daß vorauszusetzen sei, daß innerhalb des Vereins in diesem Stücke mancherlei verschiedene Auffassungen bestehen.

Was vom Protestantenverein gilt, wird auch gelten von der verjüngten evangelischen Kirche. Aber der Kampf, welcher über diese Fragen immer wieder neu entbrennen wird und daher, um mit Dr. M. Baumgarten zu reden, nach Verbannung des christologischen Haders aus unsern Räumen, auch innerhalb des Protestantenvereins offen gelassen bleiben muß, soll immer mehr dahin führen, daß die Gegensätze sich zu einer lebensvollen Mannigfaltigkeit erweichen und auflösen, in welcher die Wahrheit Christi ihre unendliche Fülle neu und zwar entsprechend den tiefsten Bedürfnissen des Zeitbewußtseins entfalten wird.[1])

[1]) Circular des Büreaus des deutschen Protestantenvereines an die Vorstände der Ortsvereine. Heidelberg den 19. Januar 1866.

Verwerflich ist es dagegen, und wird auch nie gelingen, wenn man das evangelische Bekenntniß immer wieder in starren, feststehenden Formen zu fixiren sucht, da diese sich doch immer nur als der entsprechende Ausdruck für die Denkweise sehr Weniger verhalten können.

Zwar wird die Kirche niemals sein wollen ohne ein Glaubensbekenntniß, welchem alle ihre Glieder einmüthiglich und von Herzen zustimmen können. Aber dieses Bekenntniß muß, wie ich schon öfter hervorgehoben, beständig frisch und frei und wie von selbst, aus ihrem Gesammtgeiste, aus der Wechselwirkung aller ihrer Glieder hervorwachsen. Diese lebendige Wechselwirkung aller Glieder der Kirche ist aber nur durch eine gesunde Verfassung derselben bedingt; ist nur durch eine solche Verfassung zu ermöglichen, welche das allgemeine Priesterthum aller Christen zur bewegenden Seele hat, welche sich also auf das Gemeindeprincip gründet, zufolge dessen sich alle mündigen Glieder der Gemeinde an allen kirchlichen Dingen selbstständig mit betheiligen. Die Entwickelung des rechten Bekenntnisses geht somit Hand in Hand mit der Presbyterial- und Synodal-Verfassung, während das Bekenntniß todt bleibt und mit dem gesammten Cultus zu einem äußerlichen und kraftlosen Formelwesen herabsinkt, wo es sich, bei einer mangelhaften Verfassung der Kirche, nicht beständig neugebieret aus dem Schooß des Gemeindelebens. Niemand, weder ein Einzelner, noch eine Behörde, und am Wenigsten solche Behörden, die außerhalb der Gemeinden stehend, nicht ihren Gesammtgeist lebendig in sich verkörpern, Niemand, sage ich, hat das Recht, der Kirche ein Bekenntniß aufzudrängen. Es gibt fürwahr keine Macht und Autorität der Erde, welche der Kirche oder irgend einem ihrer Glieder gebieten könnte: das sollst, das mußt du glauben. Denn wenn irgendwo, so gilt auf dem Gebiete des Glaubens das Wort Nathans des Weisen, daß Keiner müssen muß. Die Nöthigung, welche hier allein durchschlägt, beruht lediglich auf der unwiderstehlichen Macht der auf Wahrheit gegründeten Liebe.

Es wird aber der Kirche, wo nur irgend kräftiges Gemeindeleben in ihr lebendig wird, niemals an dem rechten, gemeinsamen Bekenntnisse fehlen. Und immer wieder wird dasselbe, kraft des frommen Geistes der Gemeinden, auf das Festhalten, d. i. auf die beständige Neubildung und weitere Durchbildung der bisherigen drei Artikel des christlichen Glaubens dringen. Kein wahrhaft gebildeter, vom Geist des Christenthums lebendig ergriffener Christ, wird sich weigern zur freudigen Zustimmung zu den religiösen Grundwahrheiten, die dem auf Grundlage eines Wortes vom Herrn nach und nach hervorgewachsenen und endlich im 5. Jahrhunderte in der jetzigen Gestalt zum Abschluß gekommenen, sogenannten apostolischen Bekenntniß zu Grunde liegen. Zwar enthält dasselbe schon manche Bestimmungen, die das Erzeugniß einer bereits stark dogmatisirenden und dabei vorwiegend auf das Sinnliche gerichteten Denkweise sind, die wir uns daher nicht mehr aneignen können. Aber der Kern desselben wird sich für immer behaupten. Der besteht eben in dem Glauben an den Vater, an den Sohn und an den heiligen Geist. Vater nennen wir, nach dem ersten Artikel, den Schöpfer des Himmels und der Erde, weil er den Menschen zu seinem Bilde geschaffen und eben damit zur ewigen Sohnschaft auf Erden und im Himmel in seinem allumfassenden Reiche bestimmt und berufen hat. Sohn Gottes nennen wir, nach dem zweiten Artikel, Jesum Christum im ausgezeichneten Sinn, weil er das göttliche Ebenbild, das als das allgemeine, gottmenschliche Princip die Menschheit von Anfang an immanent-transcendent durchwirkte, als höchster Genius der Menschheit, im fortgesetzten Kampfe mit der Sünde und im endlichen völligen Siege über dieselbe, vollkommen persönlich in sich verwirklicht hat. Und an den heiligen Geist glauben wir, nach dem dritten Artikel, weil das göttliche Heilsprincip, das durch Jesum Christum in die volle Wirklichkeit getreten ist, die Kraft und Bestimmung hat, nach und nach die ganze Menschheit zu durchdringen und alle Menschen zu Gottes Kindern wieder zu gebären.

In diesen christlichen Grundanschauungen, die in ihrer Einfachheit so unendlich ansprechend und beseligend sind, stimmt unsere Zeit mit den Reformatoren und mit den echten Gläubigen aller Zeiten auf das Einträchtigste zusammen. Und da dieser einfache Kern den wesentlichen göttlichen Offenbarungsinhalt des kirchlichen Glaubens ausmacht, so weiß sie sich mit dem, was göttlichen Ursprungs in der Kirche ist, im vollsten Einklange.

Nun hat aber jedes Zeitalter diesen ewigen Kern des Christenthums in eine eigenthümliche, seinen bestimmten Zeitbedürfnissen entsprechende Schale zu fassen gesucht. Schon die neutestamentlichen Schriften haben den urchristlichen Inhalt in verschiedenen Typen ausgeprägt; haben dabei zu jüdischen und heidnischen Vorstellungen gegriffen, um die christlichen Wahrheiten sich selbst und ihren Leserkreisen näher zu veranschaulichen. Sie haben sich dazu der damals weit verbreiteten, in ihrer eigenen Denkweise tief eingewurzelten Vorstellungen des spätern Judenthums vom Teufel, vom Sündenfall, von der Nothwendigkeit eines gottversöhnenden Opfers, von dem übermenschlichen Ursprung und Wesen des Messias, von seinem persönlichen Weltrichteramt, von dem nahe bevorstehenden Untergange der Welt, von der Auferstehung des Fleisches u. s. w. bedient. Sie haben dabei diese, den höheren christlichen Wahrheiten zur Anknüpfung und Versinnlichung dienenden Vorstellungen des jüdisch-heidnischen Zeitbewußtseins mit den christlichen Ideen, die sich immer mehr entwickelten, in aller Weise verwoben, indem sie gewisse Ideen, z. B. die Idee des göttlichen Geistes, zugleich personificirten und etwa als Engel oder als noch höhere Wesen, z. B. den Logos als einen Untergott oder zweiten Gott vorstellten. Späterhin hat fast jedes Jahrhundert weitere Ansätze zur Verstärkung dieser, um den flüssigen, christlichen Offenbarungsgehalt krystallisirten dogmatischen Schale geliefert. Man fühlte sich eben gedrungen, den christlichen Glaubensinhalt für die denkende Aneignung desselben mit derartigen Gedanken und Vorstellungen über Gott und Welt, über Natur und Geist, über Leib und Seele, über Staat und Kirche, über Gutes und Böses, über Diesseits und Jenseits, über Himmel und Hölle, die dem allgemeinen Bewußtsein schon sonst geläufig geworden oder in Bildung begriffen waren, in nähere Beziehung zu setzen. Nun waren diese bereits vorhandenen Vorstellungen und Gedanken bei den meisten zum Christenthum übertretenden Völkern durch und durch heidnisch geartet und standen im unmittelbarsten Zusammenhange mit ihrer heidnischen Sitte und Unsitte. Waren die Völker noch roh, wie die alten germanischen, slavischen und sonstigen Stämme, so bewegten sie sich auch in einer rohen und ungebildeten Denkweise. Hatte sich ihre Bildung bereits überlebt, befand sich dieselbe mit dem gesammten sittlichen, politischen, künstlerischen und wissenschaftlichen Geistesgehalt der Zeit bereit im Proceß der Fäulniß und Zersetzung, so konnte es auch nicht fehlen an trüben und verderblichen Rückwirkungen auf den christlichen Glaubensinhalt.

Zwar gelangte derselbe dann zu einer heilsamen Reinigung durch die Reformation, indem die gereinigten Theile der abendländischen Kirche sich fortan, nach ihrer Losreißung vom Papstthum, in den bekannten verschiedenen Abzweigungen, als für sich bestehende evangelische Kirchengemeinschaften auf Grund gewisser Sonderbekenntnisse constituirten. Allein die allgemeine Bildung der reformatorischen Zeit stand im Ganzen noch sehr niedrig. Sie war noch in allen Ständen und auf allen Gebieten mit vielen traditionellen Vorurtheilen und starkem Aberglauben behaftet. Namentlich die Naturwissenschaften lagen noch vollständig in ihren Kinderwindeln. Die Erde galt noch immer für den Mittelpunkt der sichtbaren Welt, gemäß dem ptolemäischen Systeme, und selbst ein so weitherziger und allen Bildungselementen zugänglicher, hoher Geist wie Melanchthon, blieb in dieser Hinsicht ein Kind seiner Zeit. Die damals zuerst von Kopernicus aufgebrachte und wissenschaftlich begründete astronomische Weltansicht, die bald außer allen Zweifel gesetzt werden sollte, beunruhigte ihn dergestalt und er konnte sie mit seinen übrigen Vorstellungen so wenig in Einklang bringen, daß er äußerte, wenn der Recht habe, so sei es um die Bibel geschehen. Nach dem alten System suchte und fand man den Himmel sammt dem Throne des dreieinigen Gottes und dem Aufenthaltsorte der Engel und seligen Geister noch immer jenseits der Wolken, und dachte sich die übersinnlichen Wesen und Dinge demzufolge mehr oder weniger in körperlicher Weise. Ueber den Ursprung der Welt, über das Wesen des Stoffes und der Naturkräfte, über die Einwirkung Gottes auf die Welt, über das Verhältniß von Leib und Seele u. s. w. herrschten noch allgemein die willkürlichsten und daher meist ganz falsche Ansichten, die theils dem Boden des Alten Testaments, theils den Abstractionen der Scholastiker und ihrer Auffassung des Aristoteles, theils geradezu dem Volksaberglauben entstammten, wie z. B. die phantastischen Vorstellungen der Astrologie, der Alchemie, ferner der Glaube an die Einflüsse böser Geister, an Hexen, Zauberei u. dgl. Selbst die ausgezeichnetsten Denkbestrebungen der mittelalterlichen Theologie und Philosophie hatten sich über diese verkehrten Ansichten von den natürlichen Dingen nicht zu erheben vermocht, da es dem Denken, bei dem noch völlig unentwickelten Zustande des Experiments und der wissenschaftlichen Behandlung der Erfahrung noch an allen sichern Anhaltspunkten gebrach. Erst Baco von Verulam drang im Gegensatz zu der bis dahin herrschenden Scholastik auf wissenschaftliche Methode in den sich allmählich herausbildenden Erfahrungswissenschaften und suchte dem bisherigen blinden Tappen durch Aufstellung des großen Grundsatzes der Induction ein Ende zu machen (um 1605). Bis dahin und noch längere Zeit nachher hatte man vom Verhältniß der verschiedenen Sphären der Natur und des Geistes zu einander, von der durch unverbrüchliche, immanente Gesetze bestimmten Eigenthümlichkeit jeder besondern Daseinssphäre, von den allgemeinen Naturkräften und deren Gesetzen eben so wenig schon irgend welchen Begriff, wie von der durch dieselben bestimmten Entwickelungsgeschichte des kosmischen und tellurischen Weltganzen und von den Entwickelungsgesetzen der Menschheit.

Auch die Reformatoren waren Söhne ihrer Zeit. So hoch sie auch über derselben standen rücksichtlich der Tiefe und Reinheit ihrer religiösen Begeisterung und vermöge ihrer evangelischen Glaubenskraft, da sie in dieser Beziehung, in Folge eines neuerwachten Aufschwungs des frommen Gefühls und auf Antrieb des tief erregten Gewissens, auf den neutestamentlichen Offenbarungskern der Schrift zurückgingen, so theilten sie doch selbst in Betreff der religiösen Vorstellungsform mit ihren Zeitgenossen noch manche abergläubige, von den Nachwirkungen des Heidenthums und Judenthums herrührende Vorurtheile. Das machte sich denn auch in den Bekenntnißschriften der neu gebildeten kirchlichen Gemeinschaften, namentlich aber in den dogmatischen Bearbeitungen der Glaubenslehre, zumal seit der Einführung der Concordienformel (um 1580), deren Grundsätze auch da, wo man nicht auf sie verpflichtet wurde, wesentlich zur Herrschaft gelangten, stark geltend. Und so gingen auch in die evangelische Kirche eine Menge Vorstellungen über, welche die wahre Einsicht in das Wesen des Glaubens und in die Bestimmung der Kirche schwer beeinträchtigen mußten. Die Nachfolger der Reformatoren bildeten aus dieser Verschmelzung des Wahren mit dem Falschen, des echt Christlichen mit dem Heidnischen und Jüdischen, jenes altkirchliche dogmatische System des 16. und 17. Jahrhunderts, worin das Heidnische und Jüdische noch so häufig auf Kosten des Christlichen betont, ja oft zur Hauptsache gemacht wird. Aus den dogmatischen Systemen der Zeit flossen diese Elemente des Aberglaubens dann auch in den religiösen Volksunterricht, in Predigt und Jugendunterweisung über, und gewannen ihren typischen Ausdruck für die populär-kirchliche Vorstellung in sämmtlichen Katechismen, Agenden und Gesangbüchern.

Bei Luther selbst zwar finden wir die kirchliche Ausprägung des christlichen Glaubens noch am Reinsten geartet, namentlich in der ersten Periode seiner reformatorischen Wirksamkeit, vor seiner Verbitterung im Streit mit der reformirten Kirche. Auch sein kleiner Katechismus zeigt sich von reformatorischer Kraft tief durchdrungen und wird immer für eine schätzenswerthe Frucht aus der Zeit der Reformation gelten. Allein von der ersten Höhe des gereinigten Glaubensbewußtseins ist er in seiner volksthümlichen Auslegung der fünf Hauptstücke bereits wieder herabgesunken. Nicht nur die Sacramente erklärt er in einer zu sinnlichen und zu sehr durch den äußern Buchstaben bestimmten Weise, sondern auch die drei Glaubensartikel legt er nicht im einfachen, christlichen Sinne aus, indem er sie mit gewissen Vorstellungen seiner Zeit verbrämt, die den wahren christlichen Gehalt theils verhüllen, theils verkümmern. Selbst die Auslegung des ersten Artikels, die noch am reinsten gehalten ist, klebt mehr an der Schale, als daß sie in das Wesen dränge, und hebt fast nur solche Dinge und Beziehungen hervor, in denen sich der Widerschein der Vaterliebe Gottes und die Herrlichkeit seines geistigen Wesens am Wenigsten abspiegelt, wie Kleider und Schuh, Haus und Hof, Acker und Vieh u. s. w., während er den Gedanken, daß Gott ein Geist ist, und worin seine reine Geistigkeit und seine geistige Persönlichkeit besteht, eben so wenig berührt, als die Offenbarung der göttlichen Herrlichkeit im Werke des unendlichen Schöpfungsganzen, in der Einrichtung des gestirnten Himmels, in den Gesetzen der Weltentwickelung, in der Stellung des Menschen zu den drei Reichen der Natur, in der Erschaffung des Menschen zum göttlichen Ebenbilde. Keine Andeutung in dieser Auslegung über das wichtige Verhältniß von Leib und Seele. Das Nachdenken über die genannten Punkte lag den Zeiten Luthers noch durchaus fern, während unsere Zeit auf das Allgemeinste davon bewegt wird.

In der Erklärung des zweiten Artikels spiegeln sich in aller Weise die für unser Bewußtsein vollständig unhaltbar gewordenen Vorstellungen der damaligen Zeit über die Gottheit Christi. Am dürftigsten aber ist die Auslegung des dritten Artikels und eben damit auch die Behandlung des Ethischen berathen. Statt als die Blüthe und Frucht des wahren Glaubens aufgewiesen zu werden, erscheint es, als bloßer Uebergang zur Glaubenslehre, an die zehn Gebote geknüpft. Doch haec hactenus.

Zwölfter Brief.

Sie wird gewiß kommen, die schöne Zeit einer allgemeinen Verjüngung unserer evangelischen Kirche, so gewiß die Kirche den Geist hat, der sie in alle Wahrheit leitet. Lange kann es nicht mehr währen, und das bereits von innen her, durch die Entwickelung einer freien, evangelischen Theologie nach und nach gekräftigte protestantische Princip wird sich von den Gemeinden aus der letzten mechanischen Hemmungen in organischer Weise entledigen. Ueberall weht Frühlingsodem durch der Völker geistige Lebensatmosphäre, und das deutsche Volk ist noch immer das Volk der Idealität, dem es gebührt, in den Bestrebungen für die höheren Wahrheiten und deren Verwirklichung den Reigen zu führen. Was hat sich nicht Alles verjüngt im deutschen Geistesleben während des letzten Jahrhunderts! Welch ein anderer Geist hat sich entwickelt in Poesie und Prosa, in Wissenschaft und Kunst! Was für elektrische Schläge sind, hier zersetzend oder zerschmetternd, dort neue Lebensbildungen anregend, von der deutschen Philosophie und der mit ihr zu immer engerer Gemeinschaft verbundenen wissenschaftlichen Kritik ausgegangen! Welche Entdeckungen sind gemacht und werden von Tage zu Tage mehr gemacht auf den verschiedenen Gebieten der Naturwissenschaft; welche neuen Blicke sind noch jüngst wieder eröffnet in das Universum, in den gestirnten Himmel und das universelle Gesetz der kosmischen Bildungen durch die von Kirchhof und Bunsen erfundene Spectralanalyse! Wie hat der menschliche Geist in Folge aller dieser heilsamen Anregungen und Bestrebungen sich immer edler geartet und wird sich noch immer edler arten in Bildung und Sitte! Wie hat sich so, unter der stillen Einwirkung des Christenthums selber, durch die Wechselwirkung desselben mit der allgemeinen Culturentwickelung, der Sinn für Wahrheit, das Gefühl für alles Schöne, Gute und echt Humane immer mehr gekräftigt! Selbst die Art und Weise, wie der jüngst vollbrachte große, deutsche Krieg von preußischer

Seite geführt worden, legt Zeugniß davon ab. Man darf sich nur ein Jahrhundert zurückversetzen, um sich zu überzeugen, was für einen Riesenschritt die geistige Entwickelung und Veredelung unseres Volks seitdem gethan hat. Auf politischem Gebiete und aus dem Boden der öffentlichen Sittlichkeit sind ganz neue Keime hervorgesproßt, namentlich seit dem Untergange der Uebergangsgebilde aus der Zeit Friedrichs des Großen. Welch ein anderes Gefühl für öffentliches und persönliches Recht, welch ein Aufschwung der bürgerlichen Gesellschaft in allen Ständen, und zugleich welche Kräftigung des nationalen Selbstbewußtseins! Es zeigt sich auf allen sittlichen Gebieten ein Geist im Kommen, der bei fortgehender Steigerung des Gefühls seiner Würde und sittlichen Autonomie sich auch seiner großen, sittlichen Aufgaben für das Reich Gottes immer klarer und dringlicher bewußt wird und überall schon daran geht, die mancherlei Reste geistloser Gewohnheiten hinweg zu organisiren. Schon sehen wir die Axt den noch stehengebliebenen Gewächsen des mittelalterlichen Hierarchismus und Feudalismus an die Wurzel gelegt, trotzdem daß auch der Absolutismus der modernen Uebergangszeit sich von Neuem auf diese alten Stümpfe zu stützen, sie daher angelegentlichst zu conserviren, ja sogar wieder zu neuem Ausschlagen zu bringen gesucht hat. Aber gleichwie der geistliche Absolutismus des Mittelalters nur noch eine mumienartige Forterxistenz im gegenwärtigen Bestande des Papstthums fristet, während selbst die Bevölkerung der katholischen Länder sich durch keinen Bannstrahl und keine Encyklika in ihren modernen Geistesbestrebungen mehr einschüchtern läßt, so hat die kritische Macht des Protestantismus auch bereits die letzten Voraussetzungen des weltlichen und geistlichen Absolutismus im Bewußtsein der evangelischen Völker trocken gelegt.

Sollte das Alles nicht endlich auch der evangelischen Kirche zu Gute kommen, mein Freund? Sollten daraus nicht immer mehr die kräftigsten Anregungen zu einer volksthümlichen Organisation derselben hervorgehen? Auf die letztere zielen jetzt alle lebensfrischen Bewegungen auf dem Gebiete der evangelischen Kirche hinaus; namentlich die überall auftauchenden Bildungsansätze des kirchlichen Gemeindeprincips. Sie werden, sie müssen zu einem glücklichen Ziele führen, wenn nur die freie Theologie fortfährt, wie sie seit Kurzem angefangen, nicht bloß einseitig theoretisch zu wirken, sondern sich zugleich mit ganzer Seele an den praktischen Bestrebungen der evangelischen Kirche zu betheiligen.

Um das aber in fruchtbarer Weise zu können, muß sie ihre Kräfte noch mehr, als bisher, concentriren im lebensvollen Brennpunkt des evangelischen Glaubensbewußtseins, in dem Gedanken des persönlichen Gottes und seiner in der Erscheinung Jesu Christi verkörperten, ewigen Erlöserthat. Und sie wird das. Wie sie sich befreit hat von den falschen Voraussetzungen des im alten und neuen Supernaturalismus wieder zur Herrschaft strebenden judaisirenden Gottesbewußtseins, das die Welt aus einseitigem Interesse an den Begriff der Transcendenz Gottes zum unselbständigen, in sich selber wesen- und gesetzlosen Schöpfungsproduct einer übernatürlichen Willkürmacht herabsetzte, so wird sie sich auch endlich ganz frei machen von den Banden jenes heidnisch gearteten, zum Atheismus führenden Naturalismus, der aus der einseitigen Betonung des Begriffs der Immanenz hervorgeht.

Die freie, evangelische Theologie, besonders die philosophische oder speculative, hat die Aufgabe, den Zwiespalt, der sich seit der Entwickelung der neueren Philosophie zwischen Glauben und Wissen herausgebildet hat, noch gründlicher zu lösen, als bisher. Sie hat bei dieser Lösung die Rechte des religiösen Glaubens nicht minder, wie die Anforderungen des independenten, philosophischen Gedankens gewissenhaft zu wahren. Bisher ist bald das Eine, bald das Andere versäumt worden. Hatte die Theologie während des ganzen Mittelalters und nicht minder während der ersten Periode der evangelischen Kirche, bis über den dreißigjährigen Krieg hinaus, das philosophische Denken in ein unwürdiges Magdverhältniß zu sich herabgedrückt, so rächte die Philosophie sich späterhin dadurch, daß sie, seit ihrer selbständigen Entwickelung, allmählich bis zur äußersten Opposition gegen die christliche Theologie und Kirche fortschritt, indem sie hier und da selbst die allgemeinsten Grundlagen aller wahren Religion in Frage stellte. Die bestehende kirchliche Theologie aber war dem gegenüber zumeist so kümmerlich geartet, daß sie den glaubensfeindlichen Bestrebungen der neueren Philosophie mehr nur ohnmächtige Autoritätszeugnisse und verketzernde Machtsprüche, als eingehende Widerlegungen entgegen zu setzen wußte.

Schon längst aber haben die edelsten Geister seit Leibniz, Lessing, Herder, Schleiermacher, Schelling, Krause, und namentlich die Hauptträger des philosophischen Geistes der Gegenwart, wie J. H. Fichte, Ch. H. Weiße, Ritter, Braniß, Franz Hoffmann, Ulrici u. A., anerkannt und nachgewiesen, daß weder die Theologie ohne die Philosophie, noch die Philosophie ohne die wahre Theologie und den von ihr näher zu erhärtenden Glauben an göttliche Offenbarung zu einer gedeihlichen Entwickelung zu gelangen vermag. So hat sich immer mehr eine heilsame Wechselwirkung zwischen beiden herausgebildet, die aber gerade für unsere Zeit noch einer allseitigeren Pflege und Durchbildung bedarf. Denn nichts ist verderblicher gewesen, als die Verabsäumung dieser Pflege von Seiten der meisten Theologen der gegenwärtigen Generation, und nichts wird unfehlbarer zum Bankerott der herrschenden Staatstheologie führen, als wenn die jüngeren Theologen, auf dem jetzt eingeschlagenen Wege fortwandelnd, der Philosophie und einer philosophischen Behandlung der Theologie, aus Furcht, sich durch ein ernstliches Einlassen mit den Vernunftwissenschaften in den maßgebenden Kreisen mißliebig zu machen, den Rücken kehren.

Wir bedürfen einer Theologie und befinden uns, gottlob, trotz aller reactionären Bestrebungen, bereits in der Entwickelung einer solchen, die im innigsten Zusammenwirken mit den Bestrebungen des vertieften Geistes der neueren Philosophie, den Glauben in allen Beziehungen mit dem Wissen auszusöhnen sucht, ohne die religiöse Wurzel des Glaubens durch die Wissenschaft zu beeinträchtigen, und ohne dem Wissen durch den Glauben äußerlich Gewalt anzuthun.

Schon hat dies besonders von Schleiermacher tiefer als bisher begründete freie Wechselverhältniß zwischen Glauben und Wissen manche edeln Früchte getragen. Soweit die neuere Philosophie die nähere Vermittelung desselben übernommen, hat sich immer klarer und unzweideutiger herausgestellt, daß nur eine solche Philosophie, welche sich einseitig an das Denken hält, welche abstract denkt, indem sie von den Aussagen des frommen Gefühls und des religiös bestimmten Gewissens abstrahirt, zum Pantheismus oder aber zum Materialismus führt, und daß der letztere, weil er den Geist und die allgemeine Vernunft selbst leugnet, nur als Abfall des Geistes von sich selbst betrachtet werden kann. In philosophischen Kreisen bricht sich immer allgemeiner das Bewußtsein Bahn, daß das philosophische Denken, wenn es sich redlich an die Erfahrung hält, sowohl an die innere, durch das höhere Gefühl und die Stimme des Gewissens vermittelte, als an die äußere, welche ihren Inhalt aus Natur und Geschichte schöpft, nothwendig zu der Anerkennung von solchen Ideen und Wahrheiten führt, welche dem christlichen Glauben sammt der christlichen Theologie zur tiefsten Bestätigung dienen. Die neueste Philosophie huldigt in weiten Kreisen in und außerhalb Deutschlands einem Theismus, der seine schönsten Blüthen in dem Glauben an die Möglichkeit und Wirklichkeit einer immanent-transcendenten göttlichen Offenbarung entfaltet. Selbst ein Renan steht dieser philosophischen Weltanschauung nicht so fern, wie es, nach seinem Leben Jesu, zunächst scheinen konnte. In beherzigenswerther Weise hat ein angesehener und ehrwürdiger Veteran unserer deutschen Philosophie dies neuerdings, mit näherer Beziehung auf den von Renan über die Zukunft der Naturwissenschaften in der Revue des Deux Mondes (XXVII. Band, October 1863) gebrachten geistreichen Aufsatz, nachgewiesen, zur Warnung für die Theologen, daß sie nicht überall sofort Pantheismus und Materialismus wittern. [1])

---

[1]) Ernest Renan über die Naturwissenschaften und die Geschichte, mit den Randbemerkungen eines deutschen Philosophen. Von Dr. H. Ritter. 1865. Vgl. besonders S. 52 ff.

Andererseits hat durch jenes freie Wechselverhältniß von Glauben und Wissenschaft die allmähliche Entwickelung einer Theologie der Neuzeit ihren Anfang genommen, die bei vollem Einklang mit allen gesicherten Resultaten der modernen Natur- und Geschichtsforschung und unabhängig von jeder menschlichen Autorität, also auch unabhängig von dem dogmatischen Ansehen der heiligen Schrift, von Tage zu Tage in der Erkenntniß und Gewißheit wächst, daß das Evangelium von Christo sich als göttliche Kraft und göttliche Wahrheit, daß es sich als die lauterste und einfachste Verkörperung der geschichtlichen Gottesoffenbarung bewährt. Man gelangt auf diesem Wege immer mehr zu der Einsicht und Ueberzeugung, daß Alles, was am Inhalte der christlichen Offenbarung den Forderungen der gebildeten Vernunft wirklich und nicht bloß scheinbar widerspricht, nicht dem Princip der christlichen Religion selber, sondern nur gewissen fremdartigen, noch nicht vollständig vom Geist des Christenthums durchsäuerten Elementen einer verlebten Weltanschauung entstammt. Die neuere, wissenschaftliche Theologie ist zur vollen Gewißheit darüber gelangt, daß die heilige Schrift alten und neuen Testaments, daß insonderheit die Evangelien und apostolischen Briefe einen Stock religiöser Wahrheiten und Thatsachen enthalten, der allen Zweifeln der historischen und philosophischen Kritik Trotz bietet.

Zwar kann man sich vom Standpunkte einer Theologie, welche sich der gesicherten Ergebnisse der historischen und philosophischen Kritik nicht durch dogmatische Machtsprüche und sophistische Künste entschlägt, nicht verbergen, daß die heilige Schrift alten und neuen Bundes, indem sie sich als die directeste Urkunde des geschichtlichen Entwickelungsganges der dem menschlichen Geschlechte immanenten göttlichen Offenbarung verhält, auch eine menschliche Seite an sich hat, wodurch sie in jeder neuen Offenbarungsepoche mit den in derselben noch fortwirkenden menschlichen Irrungen verwickelt wurde. Die ältesten Zeugnisse und Documente von der Entstehung und allmählichen Entwickelung des alttestamentlichen Monotheismus, der, als Grundlage der wahren Religion, endlich durch das Christenthum zum Siege kam, finden sich in den nach Mose genannten, aber erst im Verlauf eines Jahrtausends durch immer wiederholte Bearbeitung und Hinzufügung in ihre gegenwärtige Form gebrachten fünf Büchern des Pentateuch. Nur einige kurze Stücke, namentlich die Grundlage der zehn Gebote, reichen in die Zeit Mose's zurück. Bei näherem Einblick in die Composition dieser Schriften treffen wir in denselben überall noch auf Spuren und Nachklänge, die sicheres Zeugniß davon ablegen, wie das hebräische Gottesbewußtsein sich erst sehr allmählich der reinen Gottesidee bemächtigt hat. Die späteren Bearbeiter des Pentateuch trugen dann ihr höher entwickeltes Bewußtsein schon bis in Abraham und die Patriarchen, ja bis in die vom Dämmer des Mythus umwobene Zeit vor Abraham idealisirend zurück.

Es hat sich durch die neuere Kritik immer bestimmter als sicheres Ergebniß herausgestellt, daß die ersten Anfänge des jüdischen Monotheismus allerdings auf Abraham zurückzuführen sind, daß dieser nicht bloß eine mythische Person ist, sondern daß dem mythischen Gewebe, womit die spätere Zeit ihn verherrlichend umkleidete, ein gewisser historischer Kern zu Grunde liegt. Es steht fest, daß Abraham sich zuerst der großen Wahrheit der Einheit Gottes bemächtigt hat. Aber ebenso fest steht auch, daß ihm dies nur in der Form dunkeler, noch überall mit polytheistischen Elementen ringender Ahnungen gelang. Es war die Idee der Erhabenheit Gottes über die sichtbare Welt und der naturbeherrschenden Macht des einigen höchsten Gottes, die als Reflex der göttlichen Offenbarungsthat zuerst in seiner tiefbewegten Seele aufdämmerte. Abraham steht so als der erste geschichtlich bekannte religiöse Genius der Menschheit da.

Noch höher erhob sich später Mose, der Stifter des Jehovahthums. Er erkannte Gott schon mehr in geistiger Weise, als den heiligen Gesetzgeber auf moralischem und sittlichem Gebiet. Seine Hauptbedeutung liegt darin, daß in ihm zuerst die große Idee einer religiösen Gemeinde, eines gottgeweihten Volks aufging und daß er für die Verwirklichung derselben und eben damit für die Anfänge eines religiös-sittlichen Gottesreichs die ersten folgenreichen Schritte that. Aber auch Mose faßte das Wesen Gottes noch überwiegend aus anthropopathischen und particularistischen Gesichtspunkten. Jehovah ist ihm nur erst der Gott des Volkes Israel, das er sich als ein Volk des Eigenthums aus allen Völkern erwählt und zu einem heiligen Priesterthum zu erziehen sucht. Daß diese Erziehung dahin geht, von Israel aus sich nach und nach über alle Völker zu verbreiten, ist ein Gedanke, der erst den späteren Propheten nach und nach ins Bewußtsein trat.

Mit dem Prophetismus nämlich beschreitet die Entwickelung des Jehovahthums ihre höchste Stufe, hat aber auch in diesem Stadium noch nicht alle beengenden Schranken abgeworfen, indem ihm ein noch unentwickeltes Weltbewußtsein zur Seite geht. Der dem Jehovahthum zu Grunde liegende universelle Geist der Religion entpuppte sich erst sehr allmählich. Dies geschah besonders in Folge der immer stärker und allgemeiner eintretenden Wechselwirkung des jehovistischen Gottesbewußtseins mit dem Weltbewußtsein des gebildeten Heidenthums.

Von jeder höheren Stufe aus, die das Jehovahthum in seiner Fortentwickelung beschritt, fiel dann von seinem heller durchleuchteten Gottesbewußtsein aus auch ein helleres Licht auf die Vergangenheit zurück, und so fing man an, die über die Vorzeit schon früh, theils nach historischen Erinnerungen bewahrten, theils frei gebildeten Sagen und Traditionen immer mehr zu idealisiren und auch die Anfänge der Schöpfung und der ursprünglichen Menschheitsentwickelung vom Gedanken Gottes und seines schöpferischen Offenbarungsgeistes aus zu beleuchten. Aber immer wieder umwob das erst im Werden begriffene, nur stufenweis zur Erahnung der höchsten Wahrheit fortschreitende Gottesbewußtsein die von innen aus, durch die That der göttlichen Offenbarung in dasselbe hineinstrahlenden höheren Wahrheiten unwillkürlich mit solcherlei Vorstellungen und sinnlichen Gedankenhüllen, wie sie ihm vom Standpunkte der jedesmaligen allgemeinen Bildung aus sich aufdrängten. Immer wieder erhielt so der innere Aufzug des göttlichen Offenbarungsgehalts, der die prophetisch erregten Gemüther göttlich durchgeistete, einen Einschlag von Vorstellungen und Versinnlichungen, die, dem Boden einer beschränkten, sinnlichen Weltanschauung entstammend, auch allerlei Vorurtheile und falsche Ansichten der Zeit in sich reflectirten. So entstanden nach und nach jene sinnigen Gebilde des alten Testaments, in welchen sich zwar die tiefsten, aus ursprünglicher prophetischer Begeisterung, aus dem Geiste Gottes selber geflossenen religiösen Ideen und Wahrheiten verkörpern, die aber, als wirkliche Geschichte genommen, wie sie vor der Entwickelung der biblischen Kritik aufgefaßt worden sind und noch vielfach aufgefaßt werden, der weiter entwickelten Gottes- und Welterkenntniß widersprechen. Dahin gehören die sinnigen Erzählungen über das sechstägige Schöpfungswerk, über die Entstehung des ersten Menschenpaares, über den Stand der Unschuld und den Sündenfall, über die Sündfluth, die Entstehung der verschiedenen Völker, über den unmittelbaren Verkehr Gottes mit den Patriarchen, über die Mose zu Theil gewordenen sinnlichen Theophanien u. s. w.

Dieser sinnlichen, zur Erzeugung von Mythen führenden Auffassung des Verhältnisses Gottes zum Menschen und der Art und Weise der göttlichen Offenbarung haben sich selbst die Schriften des neuen Testaments noch nicht überall zu entschlagen vermocht. Auch in ihnen zeigen sich die tiefsten religiösen Wahrheiten noch vielfach in sinnliche Einkleidungen gefaßt, wodurch die Auffassung des Hergangs der göttlichen Offenbarung in ihnen mehrfach die Gestalt religiöser Mythen annimmt. Indessen sind auch derartige mythische Darstellungen ein Zeugniß von dem unendlich tiefen Eindrucke, der von der Erscheinung Jesu Christi ausgegangen war. Sie bildeten sich unwillkürlich, sie wuchsen gleichsam von selbst hervor aus dem Boden des neuen religiösen Glaubensbewußtseins, der noch stark mit den sinnlichen Elementen der messianischen Zeitvorstellungen des spätern Judenthums geschwängert war. Sie waren für jene Zeit, nach dem Standpunkte der damaligen allgemeinen Bildung, Bedürfniß, ja sie waren für das Zeitbewußtsein von wirklich religiöser Bedeutung, wie z. B. die sinnreichen Erzählungen von der wunderbaren Geburt Christi, vom Stern der Weisen, von der wunderbaren Rettung des Kindes Jesu, von der materiell-körperlichen Auferstehung und Himmelfahrt des

Heilandes, von seiner magischen Wunderkraft u. s. w. Auf dem gegenwärtigen Standpunkt der Erkenntniß nehmen sie überwiegend nur noch ein kritisch-historisches Interesse in Anspruch, ein religiöses dagegen nur in untergeordneter Weise und nur so weit, als man sie für die kirchliche Erbauung durch eine gewisse allegorische oder sogenannte symbolische Behandlungsweise zu durchsichtigen Sinnbildern solcher religiösen Wahrheiten gestaltet, die ihnen mehr oder weniger verhüllt zu Grunde liegen. Niemand hat das so meisterhaft verstanden, als Schleiermacher.

Allein, trotz dieser menschlichen Schattenseiten der heiligen Schrift bricht sich doch durch die mit der negativen Kritik Hand in Hand gehende, zu immer klareren Zielen fortschreitende theologische Vertiefung in den göttlichen Offenbarungskern immer sicherer die Ueberzeugung Bahn, daß letzterer durch jene temporäre menschliche Einkleidung und theilweise Verezung seinem innersten Wesen nach nicht alterirt worden ist. Immer klarer wird erkannt, wie sich in den Aussagen der wesentlich religiösen Schriften des alten Testaments ein in fortschreitender Entwickelung begriffenes Bewußtsein von Gott und von dem Verhältniß Gottes zur Menschheit, so wie von dem kommenden Reich Gottes ausspricht, das seinem tiefsten Ursprunge nach nur auf göttliche Offenbarung zurückgeführt werden kann.

Was das neue Testament betrifft, so stehen die religiös-bedeutsamen Grundthatsachen desselben so fest und die apostolischen Aussagen sammt den evangelischen Ueberlieferungen von der religiös-sittlichen Einzigkeit der Lehre und des Lebens Jesu erweisen sich so durch und durch glaubwürdig und den Anforderungen jeder tiefer eindringenden, theistischen Auffassung des Christenthums so conform, daß sie jetzt mehr denn je die unerschütterliche Basis der evangelischen Theologie und Kirche abzugeben vermögen. Es stellt sich daher jetzt klarer und zweifelloser als je das Resultat heraus, daß das göttliche Offenbarungswort, welches die ganze Menschheit immanent-transcendent durchgeistet und welches, indem es sich den jedesmaligen Bildungszuständen der Völker anschmiegte, überall unter Juden und Heiden aufnehmende und aneignende Organe für seine lebendige Mittheilung hervorbildete und zu gewinnen suchte, seinen reinsten, dem religiös-sittlichen Grundgehalt nach ewig gültigen Ausdruck im alten und neuen Testament, vorzüglich in den Worten, Thaten und Schicksalen Jesu Christi gewonnen hat.

„Auch and're Schrift mag Gottes Wort wohl heißen;
Wie aber in vergilbten Jugendbriefen
Ein Etwas wohnt, was heilig man verehret,
So von ureigner Lebensfrische triefen,
Und einfach treuer Innigkeit, die weißen
Pfingstblumen, wie die Bibel sie bescheeret.

Auch wird, so lang man lehret,
Dies Buch, was Lüge sammeln mag, zerstreuen,
Und, auf den Weinstock zeigend, niederschlagen
Der Dornen stolzes Wagen,
Die Weinberg sich zu nennen sich nicht scheuen.
Als Prüfstein liegt es auf dem Altar oben,
Daß sich der Lehre Gold dran mag erproben."

Dreizehnter Brief.

Die herkömmlichen Ansichten über die Entstehung der biblischen Schriften im Allgemeinen, sowie über die Verfasser, die Abfassungszeit und Glaubwürdigkeit unserer Evangelien im Besonderen, haben durch den Aufschwung der biblischen Kritik seit der zweiten Hälfte des vorigen Jahrhunderts allerdings eine derartige Umwandlung erlitten, daß die Thaten der Kritik eine vollkommene Parallele zu den gewaltigsten und fruchtbarsten Revolutionen liefern. Man blickt daher auch noch immer von manchen Seiten mit Schrecken und Abscheu auf sie hin. Dennoch verhält sich die Kritik zugleich als das beste Sicherheitsventil am Körper des Staats und der Kirche und Sie haben Recht, mein Freund, wenn Sie den in orthodoxen und halborthodoxen Kreisen noch immer gepflegten Wahn, als ob man den Angaben der biblischen Schriften ohne Weiteres, d. h. auf das Zeugniß der ältesten kirchlichen Schriftsteller hin, unbedingten Glauben zu schenken, die Evangelisten für inspirirt zu halten und jeden noch so begründeten Zweifel an der Echtheit und durchgängigen Glaubwürdigkeit derselben zu den frevelntlichsten Attentaten des Unglaubens zu rechnen habe, als eines der auffallendsten Symptome des ungesunden Zustandes der gegenwärtigen Kirche und der in ihr herrschenden Theologie betrachten.

Sie nun möchten gern einen freien, orientirenden Einblick gewinnen in die Stellung des wissenschaftlichen Bewußtseins der Gegenwart zu den neutestamentlichen Schriften und vorzüglich zu den Berichten über die Persönlichkeit, das Leben und die Entwickelungsgeschichte des erhabenen Stifters unserer Religion. Gern will ich Ihnen dazu, nach Ihrem Wunsche, in den nächsten Briefen, soweit es die Oekonomie dieser Schrift gestattet, nach Kräften behülflich sein.

Die ältesten Nachrichten über den Stifter unserer Religion und über den Ursprung des Christenthums besitzen wir in den dahin zielenden geschichtlichen

Andeutungen der Briefe des Apostles Paulus, die zumeist schon in den Jahren zwischen 50 bis 60 unserer Zeitrechnung entstanden sind. Von besonderem Gewicht sind die Zeugnisse des Apostels von den himmlischen Erscheinungen Jesu nach seinem Tode (besonders 1. Corinth. 15). Denn die wichtigsten paulinischen Briefe, vorab die Briefe an die Galater, Corinther und Römer, aber in zweiter Linie auch die Briefe an die Thessalonicher, Philipper und Colosser, sind über allen Zweifel an ihrer Echtheit erhaben. Der Apostel Paulus ist zwar kein Augen- und Ohrenzeuge der Thaten und Lehre Jesu gewesen, aber er stand doch im engsten Verkehr mit den angesehensten Aposteln und durfte sich ihnen, kraft der ihm zu Theil gewordenen Offenbarung des verklärten Erlösers, vollständig gleich setzen. Ja, an Freiheit des Geistes, an Weitherzigkeit der Gesinnung, an Tiefe und Großartigkeit der Auffassung übertrifft er sie alle, während absichtliche Verfälschung der Geschichte oder unabsichtliche Selbsttäuschung von Seiten dieses großen Apostels durch die strenge Sittlichkeit, tiefe Innerlichkeit und Wahrhaftigkeit seines Charakters, sowie durch die Klarheit und Besonnenheit seines Selbstbewußtseins ausgeschlossen sind. Sie sind das wenigstens für diejenigen, die nicht von vornherein alle über die Schranken der gemeinen Erfahrung hinausliegenden Erlebnissen zu leugnen und die Aussagen glaubwürdiger, welthistorischer Persönlichkeiten über solche Gegenstände auf Schwärmerei und leeres Phantasiespiel zurückzuführen geneigt sind.

Was nun die weiter ins Einzelne gehenden Nachrichten unserer vier Evangelien über das Leben Jesu betrifft, so hat es lange Zeit gedauert, ehe sich, nach der Erschütterung und Beseitigung der althergebrachten orthodoxen Vorstellungsweise über den Ursprung, die Echtheit und unbedingte Glaubwürdigkeit derselben, eine einigermaßen klare, durch objective Gründe unterstützte und allgemeiner anerkannte Ansicht über ihren historischen Werth oder Unwerth Bahn gebrochen. Das hängt damit zusammen, daß sich das Verhältniß so äußerst schwer aufklären läßt, worin die drei ersten Evangelien einerseits gegenseitig untereinander und sodann andererseits zu dem eine ganz besondere Art für sich repräsentirenden vierten Evangelium stehen. Was setzt außerdem diese Untersuchung für eine gründliche Durchforschung der Zustände und Gesammtverhältnisse des urchristlichen Zeitalters und der demselben zunächst vorhergehenden und folgenden Menschheitsentwickelung voraus; was für eine genaue Erkenntniß des Eigenthümlichen der biblischen Literatur, der alttestamentlichen sowohl wie der neutestamentlichen, in ihrem Unterschiede von der klassischen Literatur des Heidenthums! Und nun die mancherlei Gesichtspunkte, die sich einer nach dem anderen für die Erklärung jenes Verhältnisses aufdringen, und die wegen ihrer Gegensätzlichkeit ein Schwanken der Untersuchung selber, ein Hin- und Herwogen der kritischen Fragen und Ergebnisse zwischen den äußersten Extremen der Kritik unvermeidlich machen!

Haben die Verfasser der drei ersten Evangelien unabhängig von einander geschrieben, oder hat einer den anderen berücksichtigt und benutzt und in welcher Weise ist dies geschehen? Welcher von ihnen ist der Zeit nach als der erste und ursprünglichste zu setzen, welcher als der zweite oder dritte? Stammt das erste, nach dem Matthäus benannte Evangelium wirklich von diesem Apostel her? Lassen sich die beiden folgenden mit Sicherheit auf den Marcus und Lucas als Apostelschüler zurückführen; standen diesen Männern zuverlässige Quellen zu Gebote und waren sie befähigt, dieselben in rechter Weise zu benutzen und die etwa in der Ueberlieferung schon stattgehabte Vermischung des Wahren mit dem Falschen zu erkennen und zu scheiden? Wie ist bei so vieler Uebereinstimmung zwischen allen dreien der gleichwohl so häufig auftretende Widerspruch zu erklären, worin sie stets wieder mit einander gerathen? Wie steht, bei den starken Abweichungen seiner Berichte über den Charakter Jesu, über den Schauplatz und die Zeitdauer seiner öffentlichen Wirksamkeit, über seine Festreisen, über die Reihenfolge der Begebenheiten, über den Tag der Kreuzigung u. s. w., der vierte Evangelist zu den drei ersten? Hat er sie ergänzen und berichtigen wollen, oder hat er sie vielleicht gar nicht gekannt? — Sieht man sich nach so manchen fehlgeschlagenen Versuchen, den directen apostolischen Ursprung der Evangelien zu vertheidigen, nicht immer wieder genöthigt, wegen des schwankenden, widerspruchsvollen Charakters der einzelnen Berichte und namentlich wegen der überall in denselben herrschenden Hinneigung zum Wunderbaren und Magischen, eine vage mündliche Ueberlieferung als die Hauptquelle der evangelischen Geschichten anzunehmen? Wie lange Zeit mochte die dann aber schon geflossen und was mochten sich schon für mancherlei trübe Elemente der so leicht in Dichtung und märchenhafte Auswucherungen übergehenden mündlichen Sage beigemischt haben, als die Verfasser unserer gegenwärtigen Evangelien sie schriftlich fixirten? Und wie ist da nun zu scheiden? Wo liegt in ihnen die Grenze zwischen dem echt Geschichtlichen, dem sagenhaft Entstellten und dem mythisch Erdichteten? Sind nicht vielleicht alle Wundererzählungen durch und durch mythisch und märchenhaft? Und wenn immer allgemeiner anerkannt worden, daß man in die evangelische Geschichte „durch das Prachtthor des Mythus hinein und eben durch dasselbige auch wieder herausfährt", wird dann nicht auch das mitten zwischen inne Liegende bis auf wenige Reste als Erzeugniß des dichtenden Mythus zu fassen sein? (Strauß.) Oder wenn auch die mythische Auffassungsweise ihre Achillesferse hat, soll man dann etwa denjenigen Kritikern (Tübinger Schule) beistimmen, die überall schriftstellerische Tendenzen einer späteren Zeit in den evangelischen Berichten wittern, die es daher wahrscheinlich zu machen suchen, daß unsere gegenwärtigen Evangelien erst kurz vor und nach der Mitte des zweiten Jahrhunderts entsprungen sind, und daß sie demnach als Geschichtsbücher wenig oder gar keinen Werth haben?

Oder hat die negative Kritik sich damit endlich selbst überboten und lassen sich dagegen wirklich sichere Spuren nachweisen, daß unseren Evangelien, auch wenn keins von denselben in seiner gegenwärtigen schriftstellerischen Gestalt auf einen Apostel zurückzuführen ist, doch eine oder mehrere, von glaubwürdigen Augenzeugen des Lebens Jesu verfaßte schriftliche Urkunden zu Grunde liegen?

Solcherlei und ähnlicher Art sind die Fragen, mein Freund, die sich der modernen Kritik in wachsender Menge aufgedrängt haben und zu deren fortgesetzter, immer von Neuem wieder aufgenommener Erörterung sich der Geist des Jahrhunderts wahrlich nicht bloß aus Fürwitz, sondern durch ein im Interesse der heiligsten Wahrheiten und ihrer Scheidung von menschlichen Irrthümern geschärftes religiös-sittliches Wahrheitsgefühl, also mit einem Wort, durch Pflicht und Gewissen, sowie andererseits durch die Schwierigkeit und Vieldeutigkeit der vorliegenden Probleme selbst hingedrängt sieht.

Wiewohl nun noch Vieles in diesen Dingen problematisch bleibt, so haben sich doch nach und nach gewisse feste Ausgangs- und Grenzpunkte für die Untersuchung ergeben, und ebenso haben sich innerhalb dieses näher umgrenzten Umkreises mehrere wichtige Ergebnisse herausgestellt, über die es immer mehr zu einer wesentlichen Uebereinstimmung unter den gründlichsten Forschern gekommen ist. In mancher Hinsicht lassen sich diese Ergebnisse schon jetzt bis zu einer großen historischen Wahrscheinlichkeit erhärten.

Welches die wichtigsten dieser Resultate sind und durch welche Methode die neueste Kritik zu denselben gelangt ist, erlaube ich mir Ihnen mit den Worten meines eigenen Sohnes zu veranschaulichen, der sich in einem Vortrage kurz und übersichtlich folgendermaßen darüber ausgesprochen hat: „Den ersten drei Evangelien liegt eine gemeinschaftliche Quelle zu Grunde, die dann vom ersten und dritten noch mit einer zweiten in eins zusammengearbeitet worden ist. Das ergibt sich augenscheinlich aus folgenden Thatsachen. Zuerst daraus, daß manche Complexe von Erzählungen, deren einzelne Stücke offenbar nur durch den Sammler zusammengestellt wurden, da sie an und für sich nicht zu einander gehören, in allen drei Evangelien sich auf dieselbe Weise zwischen einer ganz verschiedenen Umgebung vorfinden. Ferner stimmen alle Augenblicke gewisse Erzählungen fast bis auf's Wort bei allen dreien überein, besonders was die Reden Jesu betrifft, eine Congruenz, die um so auffallender ist, als Jesus nicht griechisch, sondern aramäisch sprach. Dabei finden sich höchst eigenthümliche, ja selbst völlig einzige, nirgends anders so vorkommende, grammatische Formen in jedem Evangelium an derselben Stelle, und zwar nicht öfter, sondern nur ein einziges Mal, so daß man sie nicht etwa der eigenthümlichen grammatischen Bildung der Verfasser, sondern Einer gemeinsamen Quelle, aus der alle geschöpft, zuschreiben muß. Wo ferner ein Evangelium ein Stück ausgelassen, das die anderen beiden enthalten, da geschieht dies nie ohne erkennbaren Grund und selten ohne Ersatz durch eine andere Erzählung. Häufig finden sich in allen dreien Citate aus dem alten Testament, die weder mit dem hebräischen Urtext, noch mit der damals allgemein gebräuchlichen Uebersetzung der sogenannten siebenzig Dolmetscher übereinstimmen, dennoch aber unter einander bis auf's Wort harmoniren. Durch alles dies und durch noch viele andere von den theologischen Forschern mit großem Fleiß gemachte Beobachtungen ergibt sich, daß den Evangelien eine gemeinschaftliche, und zwar näher eine schriftliche Quelle zu Grunde lag, die dann jeder Evangelist auf seine Weise bearbeitet hat. Denn daß dieselbige verarbeitet worden ist, geht daraus hervor, daß keins der drei Evangelien dem anderen völlig gleicht, daß vielmehr jedes einzelne vor den übrigen Manches voraus hat, indem jedes Abweichungen und Zusätze in Menge bietet. Wo ist denn nun aber diese Quelle zu finden? Und ist es überhaupt nur Eine Quelle? Oder sind wir etwa genöthigt, eine Mehrzahl derselben anzunehmen? Um diese Frage zu beantworten, um überhaupt das Verhältniß der drei Evangelien zu einander aufzuklären, ist eine Anzahl von Hypothesen aufgestellt und von den bedeutendsten Männern mit dem größesten Scharfsinn begründet und ausgeführt worden. Man ist endlich zu dem Resultate gelangt, daß es hauptsächlich Eine Quelle sei, die den geschichtlichen Stoff aller drei Evangelien liefert und in allen dreien verarbeitet worden ist. Den Bestand derselben bildet der Inhalt des zweiten Evangeliums, das nach Marcus benannt wird. Dasselbe hat sich fast ausschließlich an besagte Quelle gehalten und nur Weniges aus der Tradition zu derselben hinzugefügt, oder, wie Andere wollen, Mancherlei aus ihr weggelassen, so daß die ursprüngliche Quelle entweder kürzer oder länger als unser jetziger Marcus war. Aus diesem Grunde nennt man jene erste Urkunde den Ur-Marcus. Dieselbe liegt mithin uns nicht mehr in ihrer Urgestalt vor, aber das zweite Evangelium kommt ihr im Allgemeinen, hauptsächlich, was den Gang der Ereignisse betrifft, aber auch meistens in Bezug auf die Ursprünglichkeit der Darstellung, am Nächsten. Ueber die Erzielung dieses Resultates kurz Folgendes. Der Erste, welcher diese Hypothese, die seitdem immer mehr an Evidenz gewonnen, entdeckte und wissenschaftlich begründete, war der Leipziger Philosoph Weiße. Er wies nach, daß allein im Marcus der Gang der Ereignisse naturgemäß fortschreite, weil hier allein sich Spuren einer wirklichen Entwickelung des Bewußtseins Jesu über sich und seinen Messiasberuf, sowie über sein damit zusammenhängendes äußeres Schicksal finden, während alles dies bei den anderen Evangelisten entweder verwischt oder aber wirr durcheinander geworfen ist. So, um an das Wichtigste zu erinnern, stellt im Marcus Jesus sich erst auf der Höhe seines Wirkens in Galiläa (8, 27 ff.) und zwar zuerst nur vor seinen Jüngern, als der erwartete Messias dar, wovon vorher weder diese noch das Volk eine Ahnung hatten; und öffentlich zeigt er sich als solchen nur bei seinem feierlichen Einzuge in Jerusalem zur Zeit des Osterfestes, an dem er, wie er voraussah, in der Hauptstadt durch den Tod sein Werk besiegeln sollte. Bei Matthäus und Lucas hingegen tritt er von vornherein als der Messias auf und wird vom Volke als solcher mit dem Titel „Sohn Davids" begrüßt, so daß nachher seine Selbstoffenbarung als Träger dieses Amtes, die sich auch bei diesen Evangelisten findet, durchaus unnöthig und unmotivirt erscheint, weil ja schon von vornherein Niemand daran zweifelte. Dergleichen Beobachtungen wurden noch mehrere in großer Anzahl gewonnen. Dann fing man an, die einzelnen Texte nach den verschiedenen Recensionen der verschiedenen Evangelisten zu vergleichen, und hier zeigte sich ganz unabweislich, wie dem Marcus meist die Ursprünglichkeit zukomme. Dies tritt zunächst schon in der Ordnung der kleinen Stücke hervor, aus denen alle Evangelien mosaikartig zusammengesetzt sind. Sowie nämlich für den Matthäus und Lucas nicht eine durch die Anlage ihrer Bearbeitung gegebene Nöthigung vorlag, die Anordnung des Marcus zu verlassen, kehrten beide sofort zu derselben zurück. Ja, auch da, wo sie im Großen und Ganzen von ihr abweichen, bleiben doch einzelne Complexe von Erzählungen in derselben oder in einer wenig modificirten Folge wie beim Marcus stehen. Sodann aber auch, was die geschichtliche Ueberlieferung selbst betrifft, zeigte sich, daß Marcus dieselbe meist in der ursprünglichsten Form und Fassung wiedergibt. An manchen Stellen tritt dies ganz auffallend hervor. Wenn Jesus sich z. B. in Marcus das Prädicat „gut" nicht gefallen lassen will und dasselbe allein Gott vindicirt, so nimmt Matthäus schon daran, als an einer Degradation des Meisters, Anstoß, und verändert die Stelle mit einigen Federstrichen so, daß Jesus ganz etwas Anderes sagen muß. Wenn ferner nach Marcus Jesus sagt, daß auch er das Eintreten des jüngsten Tages nicht wisse, so haben die beiden Seitenreferenten dies einfach aus demselben Grunde wie vorher weggelassen. Oft auch verstehen Matthäus und Lucas den Marcus nicht recht oder geradezu falsch, wovon sich mehrere Beispiele aufführen ließen. Ich hebe nur eins hervor. In der Erzählung vom Seesturm, den Jesus durch sein Wort stillt, entsetzen sich die Jünger nach Marcus darüber, daß plötzlich Wogen und Wind sich legen, und sie weichen voll scheuer Furcht vor ihm zurück, so daß er sie schelten muß wegen dieser ihrer feigen Scheu vor dem Ueberwältigenden seiner Persönlichkeit und wegen ihres Unglaubens. Nach den anderen beiden Erzählern schilt Jesus von vornherein den Unglauben der Jünger deshalb, weil sie nicht die Zuversicht haben, daß er sofort ein Wunder verrichten werde. Hier hat offenbar Marcus den Vorzug; denn Jesus hat gewiß nicht gefordert, daß seine Jünger auf ein Wunder seinerseits hoffen sollten, da er ja überhaupt auf Wunder und besonders auf den Wunderglauben nicht viel gibt.

Diesen im jetzigen Marcus enthaltenen Ur-Marcus haben nun auch die andern beiden Evangelisten verarbeitet. Er ist unzweifelhaft eine von den Quellen gewesen, über die Lucas im Prolog seines eigenen Werkes spricht. Aber der Umfang der zwei andern Evangelien geht weit über den des Marcus hinaus, welcher bekanntlich der kürzeste ist. Das kann doch nur daher kommen, weil beide noch eine andere Hauptquelle benutzt haben, die Jeder in seiner Art in die erstere hinein arbeitete. Diese zweite Hauptquelle war eine Redensammlung, Logia genannt, gemäß einer alten Nachricht bei dem Apostelschüler Papias. Sie enthielt gesammelte Reden und Aussprüche, kurze Sentenzen und längere Parabeln, die sich von der Lehrthätigkeit Jesu her im frischen Gedächtniß der Jünger erhalten hatten, und späterhin, als das Bedürfniß darnach erwachte, von einem Apostel aufgezeichnet worden waren. Daß wirklich diese zweite schriftliche Quelle sowohl in unserm Matthäus als auch im Lucas enthalten ist, hat man wiederum durch eine höchst mühsame Detailuntersuchung nachzuweisen gesucht. Lucas hat diese sogenannten Logia meist in der ursprünglichen Folge und mit dem ursprünglichsten Texte auf nicht gerade kunstgemäße Art mit dem Ur-Marcus zusammengearbeitet. Es klaffen überall die Spalten zwischen den beiden Quellen und die Nähte sind höchst deutlich zu erkennen. Das legt freilich kein besonderes Zeugniß für die Fähigkeit des Redactors ab, bürgt aber dafür, daß er die Quelle gar nicht oder nur höchst unbedeutend alterirt hat und läßt deren Bestand um so leichter erkennen. Matthäus hat die Sache anders angefaßt. Er will ja auch nicht, wie Lucas, „geordnet" nach der vermeintlichen Zeitfolge schreiben. Vielmehr stellt er die Reden und Aussprüche Jesu nach gewissen leitenden Gedanken in Gruppen zusammen, die er dann, als echter Judenchrist, soviel es sich thun läßt, nach heiligen symbolischen Zahlen, wie 7, 10, 3, ordnet und an solchen Stellen unterbringt, wo ihm im Ur-Marcus, den auch er auf seine Weise umgestellt hat, ein passender Platz dafür zu sein scheint. Wir finden daher an fünf Stellen im ersten Evangelium größere Massen von Redenstoff zusammengestellt, an deren Ende dann jedesmal eine bestimmte Schlußformel gesetzt wird, die es noch verräth, daß nun wieder die Geschichtserzählung des Ur-Marcus weiter geht.

Außer diesen beiden Haupturkunden haben alle drei Evangelisten noch anderswoher kleinere Stücke entlehnt, die sich wie erratische Blöcke versprengt zwischen der Masse der übrigen zusammenhängenden Formationen vorfinden und leicht ausscheiden lassen. Sie tragen je nach dem Standpunkte und der Individualität der Sammler ihren verschiedenen Charakter. Am Wenigsten finden sie sich beim Marcus, am Meisten wohl beim Lucas. Bei diesem fallen vor Allem die Vorgeschichten im ersten und zweiten Capitel der Tradition anheim, außerdem aber noch eine ganze Anzahl anderer Anekdoten, die meist eine

Färbung von paulinischer Theologie an sich tragen, da ja Lucas ein Pauliner war.

Das sind die Quellen, aus denen die synoptischen Evangelien zusammengearbeitet worden sind. Hinsichtlich ihres Verhältnisses ergibt sich als höchst wahrscheinlich, daß, wie sie jetzt vorliegen, keiner der drei den andern benutzt oder ausgeschrieben hat. Nur jene Urquellen haben sie verwerthet. Andernfalls wäre ihr Verhältniß gar nicht erklärlich. Nehmen wir z. B. den Marcus, wie dies früher, seit Griesbach's berühmter Hypothese geschah und wie Bleek und die Tübinger größtentheils die Sache fassen, als Epitomator der beiden andern, oder setzen wir den Matthäus, wie Wilke und der Züricher Volkmar, als Epitomator des Marcus und Lucas: in keinem Falle können wir mit einiger Wahrscheinlichkeit erklären, warum Marcus so kurz geworden, warum er geflissentlich gerade die Redequelle fortwährend ausmerzt, oder warum Matthäus die Stücke, welche im Marcus und Lucas sich finden, bei ihm selbst aber fehlen, sich nicht angeeignet hat. Desgleichen kann Lucas keinen der andern Synoptiker benutzt haben, mögen sie immerhin von ihm gekannt, ja auch etwa gelesen sein; denn weshalb er bei der Zusammenarbeitung seiner Schrift aus diesen Quellen die kunstvollen Reden des Matthäus in Stücke geschlagen und versprengt, weshalb er eine Vorgeschichte Jesu gegeben haben sollte, die der im Matthäus direct zuwiderläuft, ohne doch einen Versuch zu machen, beide in irgend einer Art auszugleichen, wäre völlig räthselhaft. Es scheint sich also als ziemlich sicheres Resultat dieses herauszustellen, daß Marcus, wie er eben vorliegt, eine Ueberarbeitung des Ur-Marcus, wahrscheinlich eine Erweiterung desselben ist, während Matthäus und Lucas zugleich noch die Redequelle in sich enthalten und außerdem Manches aus der zum Theil noch unfixirten Tradition aufgenommen haben.

Noch könnte sich ein Einwand gegen die historische Glaubwürdigkeit unserer Quellen erheben. Haben denn nicht vielleicht, so könnte man fragen, die Bearbeiter des Ur-Marcus und des Ur-Matthäus diese Schriften alterirt oder geradezu gefälscht? Wir haben ja Spuren von Mißverständnissen entdeckt, es ist auch nicht zu leugnen, daß der eine judenchristliche, der andere paulinische Zuthaten beigemengt hat. Richtig ist ferner, daß ebenfalls auch Tradition und Sage bald hier bald dort den reinen geschichtlichen Gehalt der Urkunden theils mit allerlei Zuthaten behängt, theils anderweitig beeinträchtigt haben, so daß es daher, mag die Glaubwürdigkeit im Großen und Ganzen auch unumstößlich sein, stets der genauesten Kritik des Einzelnen bedürfen wird, wenn man den Inhalt der Quellen zu einem Leben oder Charakterbilde Jesu benutzen will. Richtig ist auch, daß in Folge des juden- oder heidenchristlichen Geistes, wovon die Bearbeiter sich beherrscht zeigen, sich mancherlei kleine Modificationen der historischen Wahrheit einschleichen mußten. Allein die Tübinger Schule geht viel zu weit, wenn sie meint, jedes Evangelium sei nur eine Tendenzschrift, in jedem sei das Ursprüngliche je nach dem Zwecke des Verfassers verändert und verkehrt. Dem widerspricht der Thatbestand zu auffallend. Man schreibt dem Matthäus schroffen Judaismus zu, starres Festhalten am Gesetz, Eingenommenheit gegen die Heidenmission, — und dennoch finden sich bei ihm eine Anzahl geradezu entgegengesetzt lautender Aussprüche. Dem Ausspruche über die ewige Gültigkeit des Gesetzes treten Handlungen Jesu gegenüber, in denen er geradezu das Gesetz aufhebt; der Gang des ganzen Evangeliums zeigt auf's Schlagendste, wie Jesus immer mehr den Heiden sich zuwendet und einen großartigen Universalismus predigt u. s. w. Umgekehrt verhält es sich beim Lucas, welcher der universalistische Tendenzschriftsteller genannt wird, und dennoch ebenfalls jenen berühmten Ausspruch über die unverbrüchliche Fortdauer des Gesetzes enthält. Auch manche sehr particularistisch-judenchristlich lautende, ja ebionitische Geschichten finden sich bei ihm, wie die vom armen Lazarus. — Im Marcus hingegen hat man nirgends eine tendenziöse Richtung aufweisen können, hat ihn daher den neutralen genannt. So bleibt von der Behauptung, daß die Berichte absichtsmäßig entstellt seien, wenig übrig. Nur am äußersten Saume und an den Fransen des Gewandes haben die einzelnen Evangelisten gekräuselt und ihren eigenen, leicht kenntlichen Besatz daran geheftet; das Kleid selbst haben sie nicht beschmutzt noch zerfetzt, den Kern der Sache nicht angerührt. Das zeigt sich auch, wenn man auf die Sprache genauere Rücksicht nimmt, was Zeller und Holtzmann am Umfassendsten gethan haben." [1])

Nach diesen orientirenden, allgemeinen Angaben über den Ursprung und Charakter der drei ersten Evangelien will ich in Betreff jedes einzelnen nur noch kurz Folgendes bemerken. Papias gibt an, daß Marcus der Begleiter des Apostels Petrus auf dessen Missionsreise nach Rom gewesen sei und nach den mündlichen Vorträgen dieses Apostels sein Evangelium niedergeschrieben habe. Indessen ist die Reise des Petrus nach Rom sehr zweifelhaft und damit auch diese Angabe. Nach Weizsäcker [2]) steht nur so viel fest, daß die Schrift des Ur-Marcus aus apostolischen Erinnerungen hervorgegangen ist. Gewiß ist, daß auch der Ur-Marcus schon Dies und Jenes aus der mündlichen Sage geschöpft hat. Was die Verdopplung der Speisungsgeschichte betrifft, so ist dieselbe, nach Weizsäcker's interessanten Nachweisungen, schon ein schriftstellerisches Product des Ur-Marcus, hervorgegangen aus dem Mißverständniß, als

---

[1]) Aus einem Vortrage über die Quellen zum Leben Jesu von Lic. J. R. Hanne, gehalten zu Greifswald 1865. Abgedruckt in: Neue Protestantische Blätter für das evangelische Oesterreich, Nr. 43, 44 und 45, Jahrgang 1866.

[2]) Untersuchungen über die evangelische Geschichte rc. Gotha 1864. S. 119.

ob Petrus, oder wer der mündliche Berichterstatter war, indem er dieselbe Geschichte bei wiederholten Gelegenheiten vortrug, zweierlei derartige Vorgänge im Sinne gehabt habe.[1]) Wie weit der mündliche Erzähler die Speisung der fünftausend Mann in der Wüste selbst schon als ein Wunder aufgefaßt, oder was für Elemente der Ueberarbeiter bereits aus der wundersüchtigen Sage geschöpft haben mag, darüber lassen sich sowohl in Betreff dieser wie auch anderer Wundererzählungen des zweiten Evangelisten nur Vermuthungen aufstellen. Daß aber mehrere Thaten und Ereignisse aus dem Leben Jesu nur in der subjectiven Auffassung, sei es des mündlichen Berichterstatters, sei es des Ueberarbeiters unsers Evangeliums, jenen magischen Charakter angenommen haben, der nicht nur allen Analogien der Erfahrung, sondern unwandelbaren Naturgesetzen schlechterdings widerspricht, daß also bei dem Speisungsberichte nur ein natürlicher Hergang zu Grunde liegen kann, ist für die historische Kritik keinem Zweifel unterworfen.

Außer dem Marcus gab es, wie schon erwähnt, noch ein zweites Ur-Evangelium, über welches der Apostelschüler Papias ebenfalls Bericht erstattet. Das war die in aramäischer Sprache verfaßte Spruchsammlung des Matthäus (τὰ λόγια; σύνταξις τῶν κυριακῶν λόγων). Nach Papias suchte jeder Leser, in dessen Hände sie fiel, sich dieselbe, so gut er konnte, zu verdolmetschen. Aus einer derartigen Verdolmetschung, welche meist darin bestanden zu haben scheint, daß man den knappen, historischen Rahmen, worin die Reden und Sprüche beim Ur-Matthäus vermuthlich eingefaßt waren, durch Benutzung der mündlichen Ueberlieferung erweiterte, indem man etwa auch noch andere Aussprüche Christi hinzufügte, scheint unser gegenwärtiges, griechisches Matthäus-Evangelium, jedoch so, daß dasselbe den erweiterten historischen Stoff zumeist dem Ur-Marcus entnahm, hervorgegangen zu sein. Denn dasselbe erweist sich den wesentlichsten Bestandtheilen nach als eine Verschmelzung des Ur-Matthäus mit dem historischen Stoff des Marcus-Evangeliums.

Daß der Ur-Matthäus die Quelle der meisten Reden und Aussprüche Jesu bildet, die sich in unserm jetzigen ersten Evangelium finden, wird immer mehr zur Gewißheit. Wir erfreuen uns an demselben in der That einer sehr reichhaltigen Quelle. Dieselbe bedarf indessen der Kritik. Denn dies Evangelium enthält meistens eine Zusammenstellung ursprünglich vereinzelter, zu verschiedenen Zeiten und bei verschiedenen Gelegenheiten stattgehabter Aussprüche Jesu zu größeren Reden, die in solcher Gestalt von Jesu nicht gehalten worden sein können. Das gilt besonders auch von der sogenannten Bergpredigt. Außerdem erscheinen mehrere andere Aussprüche und Reden, die der Evangelist unmittelbar auf Jesum zurückführt, zweifelhaft, oder sie haben vielleicht durch

[1]) Weizsäcker a. a. O. S. 119 f.

ihn erst eine judaistische Färbung erlitten, wie z. B. Matth. 5, 18. 19. Die Reden und Aussprüche über die Wiederkunft zum Weltgericht tragen jedenfalls zumeist ein Gepräge, das sie erst unter dem umbildenden Einflusse einer, dem tiefen Geist der Worte Jesu noch nicht gewachsenen, Bild und Idee mit einander verwechselnden, das Ende der Welt in nahe Aussicht stellenden Zeitstimmung gewonnen haben können. Auch in Betreff der einzelnen Lebensumstände hat unser erstes Evangelium nicht überall aus den lautersten Quellen geschöpft. Als dasselbe entstand, hatte die mündliche Ueberlieferung sich bereits mehrfach vom Boden der objectiven Geschichtlichkeit losgerissen. Die Sage nahm offenbar schon früh die Wendung, auch in Betreff solcher Momente aus der Entwickelungsgeschichte Jesu, die außerhalb des Umkreises des historischen Bewußtseins liegen, allerlei wunderbare Erzählungen auszubilden. So entstanden mancherlei Mythen und Märchengebilde, die im Geschmack der damaligen Zeit eine Versinnlichung des Uebersinnlichen und eine Veräußerlichung innerlicher Vorgänge anstrebten. Der Bildungsproceß derselben hatte ein verschiedenes Resultat, je nachdem die religiösen und idealen Elemente das Uebergewicht gewannen über die sinnlichen und phantastischen, oder diese über jene. War das Erstere der Fall, so entstanden Dichtungen und mythische Gebilde von mehr religiös-poetischem Gehalt; im zweiten Fall gewannen die Erzeugnisse mehr ein märchenhaftes, ja nicht selten ein groteskes, abenteuerliches Colorit. Ein wahrhaft sinniger, von den tiefsten religiösen Ideen bewegter Geist durchathmet diejenigen Mythen über die Kindheitsgeschichte, die uns vom ersten und dritten Evangelisten überliefert worden sind, während wir einer reichen Wucherung der zweiten Gattung in den Erzählungen der apokryphischen Evangelien begegnen, von denen die wichtigsten von R. Hofmann nach den Quellen erzählt und zusammengestellt worden sind. [1])

Trotz dieser Einwirkung der umbildenden Sage und des dichtenden Mythus, die sich auch in unserem ersten Evangelium, vorzüglich in der Vorgeschichte desselben, stark geltend gemacht, enthält dasselbe doch, außer so manchen herrlichen Sprüchen und Gleichnissen des Heilandes, die sich ohne Weiteres durch sich selbst als echt erweisen, auch eine Fülle wahrhaft geschichtlicher Züge, so daß es einen bleibenden geschichtlichen Werth hat. Von manchen Kritikern, z. B. von dem großen Theologen Baur, von der Tübinger Schule überhaupt, von dem trefflichen Keim, und namentlich von dem scharfsinnigen Forscher Hilgenfeld, wird es sogar am Höchsten gestellt.

In ähnlicher Weise, wie das erste, scheint auch das dritte Evangelium aus einer Verschmelzung der Spruchsammlung des Ur-Matthäus mit dem historischen Stoff des Marcus unter der Benutzung der mündlichen Tradition

[1]) Das Leben Jesu nach den Apokryphen, von Rudolf Hofmann. Leipzig 1858.

hervorgegangen zu sein. Dasselbe hat den Lucas, einen Schüler und Begleiter des Apostels Paulus, zu seinem Verfasser und ist wohl erst nach der Zerstörung Jerusalems niedergeschrieben worden. Es schöpft noch mehr, als bereits das erste, aus derartigen Sagen, die durch ihre Losreißung vom geschichtlichen Boden bereits ein durchaus mythisches Gepräge bekommen sollen. Auch verwechselt der Verfasser frühere und spätere Begebenheiten, z. B. bei dem Bericht über die Schatzung, die sich erst reichlich ein Decennium später ereignete. Mythisches und Ungeschichtliches tritt besonders in der Kindheitsgeschichte, aber auch in der Auferstehungs- und Himmelfahrtsgeschichte hervor. Die Erscheinungen des Auferstandnen sind beim Lucas zum Theil schon sehr sinnlicher Art (Cap. 24, 39).

Andrerseits zeichnet sich dieses Evangelium doch aber auch vortheilhaft aus. Dasselbe enthält mehrere derartige Erzählungen und gehaltvolle Gleichnisse, die ganz besonders einen heidenfreundlichen, universalistischen Geist athmen. Diese mußten für einen Schüler des Apostels Paulus eine ganz besondere Anziehungskraft besitzen, wie z. B. die Erzählung von der Aussendung der siebenzig Jünger, von dem Samariter unter den zehn Aussätzigen, ferner die Gleichnisse vom barmherzigen Samariter, vom Pharisäer und Zöllner, vom verlornen Sohn u. s. w. Lucas gibt auch einen eigenthümlichen Reisebericht, der auf mehrere Reisen Jesu nach Jerusalem hinzudeuten scheint, der aber kein klares Bild gibt, indem sich die Reminiscenzen von mehrern Reisen darin mit einander verwirren. Ebenso gelingt es ihm nicht, die intendirte chronologische Anordnung (Luc. 1, 1 ff.) auch nur einigermaßen zu realisiren. Was die allgemeinen Ergebnisse der bisherigen Kritik in Bezug auf den historischen Quellenwerth der drei ersten Evangelien betrifft, so hat einer der gründlichsten und besonnensten Forscher aus der Baur'schen Schule dieselben folgendermaßen kurz zusammengefaßt: „Die Geschichtserzählung der Synoptiker, sagt er, stammt aus einer Zeit, welche den von ihnen berichteten Thatsachen noch nahe genug stand, um dieselben noch in Erinnerung zu behalten und auch da mit dem geschichtlichen Thatbestande noch in Einheit zu bleiben, wo sich an einzelne Hauptmomente desselben, wie an den Anfang und das Ende der öffentlichen Wirksamkeit Jesu in Galiläa, bereits Versuche anknüpften, die Jesu als dem Messias zukommende Erhabenheit und Würde und die von ihm auf sein Volk ausgehende segensreiche Wirksamkeit nach alttestamentlichen Vorbildern durch ideale, seine irdische Person und Geschichte in dem Glanze der messianischen Herrlichkeit darstellende Erzählung in symbolisch-poetischer Weise zur Anschauung zu bringen. Die synoptische Erzählung ist eine solche, in welcher das reale und das ideale Element noch eines neben dem anderen hergehen, und zwar so, daß das erste immer noch das Uebergewicht über das andere behält, und sie unterscheidet sich eben hierdurch auf's Bestimmteste von Allem, was das zweite Jahrhundert mit seiner idealischen Transcendenz, sei es nun auf dem Felde der kirchlichen oder der apokryphischen oder der gnostischen Literatur, in diesem Gebiete hervorgebracht hat.“ [1])

Den allmählichen Ursprung unserer Evangelienliteratur schildert einer der tüchtigsten Forscher auf diesem Gebiet kurz folgendermaßen: „Wir denken uns, sagt er, die Entstehung dieser Bücher etwa so. Als in den sechziger Jahren mit Ausbreitung der Heidenmission das ahnende Gefühl sich aufdrängte, daß die Geschicke des Christenthums nicht mit denen des rasch seinem Untergang zueilenden Judenthums untrennbar verknüpft sein könnten, daß vielmehr das Christenthum eine über das Dasein Jerusalems hinausreichende völkergeschichtliche Zukunft haben werde, da regte sich auch mächtiger als zuvor das Bedürfniß, die überlieferten Stoffe der evangelischen Geschichte vor allmählicher Trübung und Verarmung zu sichern, und es kam zu den ersten zusammenhängenden Versuchen christlicher Geschichtschreibung. Wie aber das Interesse der Gemeinde sich in erster Linie an die Worte, in zweiter erst an die Geschicke Jesu knüpfte, so ist wohl auch in der Spruchsammlung des Apostels Matthäus das erste Schriftwerk zu erkennen. Die Form derselben haben wir als eine ziemlich lose, fragmentarische, aggregatähnliche zu denken, oft mit kleinen Ueberschriften versehn, wie wir sie in den mittleren Capiteln des Lucas noch antreffen, z. B.: „Einstmals sagten seine Jünger zu ihm: Lehre uns beten, gleichwie auch Johannes seine Jünger lehrte.“ Nun folgt das bekannte Gebet des Herrn, bei Lucas noch als ein abgerissenes Stück, bei Matthäus bereits in liturgisch abgeschliffenerer Gestalt und in die große Bergrede eingefügt.

Als nun dieser Redesammlung auch noch die erste zusammenhängende Gliederung der evangelischen Geschichtsgruppen von der Hand des Marcus an die Seite trat, verbreiteten sich beide Schriften rasch, und es lag nichts näher, als der Versuch, dieselben zu einem einheitlichen Ganzen zu combiniren. Der erste, zugleich glücklichste und geschickteste dieser Versuche wurde gemacht, als Jerusalem, die „heilige Stadt“, noch stand; es ist unser Matthäus-Evangelium, — mit Recht genannt „nach Matthäus“, da eben der Hinzutritt der matthäischen Redestoffe es ist, wodurch es sich von dem gemeinen synoptischen Bericht charakteristisch unterscheidet. Dasselbe ist für einen jüdischen nicht bloß, sondern speciell palästinensischen Leserkreis berechnet, trägt den entschiedensten alttestamentlichen Charakter und läßt insonderheit keine Gelegenheit vorübergehn, auf den organischen Zusammenhang der Entwickelung des alten und des neuen Bundes hinzuweisen und prophetische Stellen den christlichen Thatsachen anzupassen.

---

[1]) K. Friedr. Köstlin: Ursprung und Composition der synoptischen Evangelien. 1853. S. 397 f.

Schon mit der im Jahre 70 eingetretenen Zerstörung Jerusalems ging im Grunde der Schwerpunkt der christlichen Entwickelung über auf die Stadt Rom. Mit den Schicksalen der römischen Gemeinde hängt eine ganze Reihe unserer neutestamentlichen Bücher zusammen, namentlich aber auch unser zweites und drittes Evangelium. In Rom nämlich entstand, wie schon die alte Ueberlieferung weiß, zunächst unser Marcus, d. h. diejenige Abschrift der ursprünglichen Evangelienschrift, welche, im Einzelnen dem Verständnisse und der Auffassung des Heidenchristenthums angepaßt, späterhin die herrschende wurde. Ebendaselbst entstand aber zuletzt auch das dritte Evangelium, genannt „nach Lucas", jedenfalls geschrieben von einem Manne, der, wie Lucas, entschieden zu der Anhängerschaft des Apostels Paulus gehörte, dessen Eigenthümlichkeiten in Sprache und Denkart wir daher auch in unserm Werke an mehr als einer Stelle in auffallendster Weise begegnen.

So hebt unsere synoptische Evangelienliteratur kurz vor dem Jahre 70 an, um nicht lange nach 80 abgeschlossen zu sein. Dies ist nämlich der denkbar früheste Termin, den andere Forscher, viel weitergehend, erst um 110 nach Christi setzen. Auf jeden Fall aber begleitet diese Literatur die Entwickelung der christlichen Kirche von Jerusalem bis Rom. Das Matthäus-Evangelium stellt sie am einen, das Lucas-Evangelium am andern Pole ihrer Entwickelung dar." [1])

Soll ich Ihnen nun auch noch einen orientirenden Ueberblick über den Stand der gegenwärtigen Kritik in Betreff des vierten Evangeliums geben, so ist das nicht wohl möglich ohne ein etwas näheres Eingehn. Dazu will ich den folgenden Brief benutzen.

---

[1]) Holtzmann: Die Entstehung der Evangelien. In der Schrift: Aufgaben des Christenthums der Gegenwart. Vier öffentliche Vorträge von Dr. Bluntschli, Dr. Holtzmann, Dr. Rothe, Dr. Schenkel. Elberfeld, R. L. Friderichs. 1866.

Vierzehnter Brief.

Ich habe mich lange gesträubt, mein theurer Freund, den in der neueren Zeit immer stärker und allgemeiner hervorgetretenen Zweifeln am apostolischen Ursprunge des vierten Evangeliums Raum zu geben, nachdem ich dieselben schon einmal in meinen „Vorhöfen“ zurückzudrängen gesucht. Aber immer von Neuem haben sie bei mir angeklopft und ich habe mein Gewissen gegen sie nicht verhärten wollen, sondern habe ihnen aufgethan, um wieder und immer wieder zu prüfen, ob und wie weit sie berechtigt sind, oder nicht. Wie oft habe ich schon an mir selber und an Andern die Wahrnehmung gemacht, daß nicht nur der wahre Glaube, sondern auch der echte, besonnene Zweifel göttlichen Ursprungs ist, daß beide daher mit einander Hand in Hand gehen müssen, wenn das Glaubensleben sich gesund, sowohl in jedem Einzelnen wie im Ganzen der evangelischen Kirche, entwickeln soll. Auch durch den echten Zweifel spricht Gott selber zu uns Menschenkindern. Sein Geist der reinen Wahrheit hat noch zu Manchem sein Nein zu sprechen, was die Kirche voreilig und ohne gründliche Prüfung als Wahrheit angenommen und sanctionirt hat. Es gibt allerdings auch viele verderbliche Zweifel. Sie entstehen, wenn der Mensch fleischlichen Anwandlungen und den dieselben begleitenden sinnlichen, spitzfindigen, blendenden Einfällen oder sonstigen Gedanken und Ansichten Raum gibt, welche gegen das Gewissen und die allgemeine religiöse Erfahrung unter irgend welchen Vorwänden und Beschönigungen anstreben. Aber es gibt auch heilsame Zweifel, und sie entstehen, wenn der Geist der Wahrheit selber verneinend in unsere Vorurtheile hineinblitzt und durch wiederholte Erregung des Gewissens und religiösen Gefühls zu ernstlichen Bedenken sich neue Bahnen zu brechen sucht, um die Menschheit von den Vorurtheilen, durch die sie immer noch umstrickt wird, im Interesse des wahren Glaubens selber mehr und mehr zu befreien.

Welcher Natur nun die in Betreff irgend einer auf dem Gebiet der Religion und des christlichen Glaubens für Wahrheit geltenden Annahme sich immer wieder aufdrängenden Bedenken und Zweifel sind, ob sie aus dem Fleisch oder aus dem Geist stammen, oder ob, wie es gewöhnlich der Fall, Fleischliches und Geistiges in ihnen noch gemischt ist, und wie weit sie also berechtigt sind, wie weit nicht, das kann nur der fortschreitende Proceß der Wissenschaft entscheiden, sofern derselbe in seinem weltgeschichtlichen Verlauf die einzelnen Wahrheitsmomente in immer helleres Licht setzt und über jede Einseitigkeit des Zweifels und Gegenzweifels immer allseitiger und siegreicher hinausschreitet. In Betreff der Frage nach der Echtheit des vierten Evangeliums, näher nach dessen Verhältniß zu den geschichtlichen Thatsachen des Lebens Jesu, ist dieser Proceß noch lange nicht zu seinem Abschlusse gediehen. Ich für meine Person habe aber den Eindruck von dem bisherigen Verlauf dieses, erst in der jüngsten Zeit zu seiner vollen Entwickelung gekommenen Processes bekommen, daß sowohl die Gründe Derjenigen, welche die unbedingte Echtheit und historische Glaubwürdigkeit dieses Evangeliums behaupten und dasselbe in dieser Beziehung über die drei ersten Evangelien stellen, als auch die Argumente auf der entgegengesetzten Seite, welche demselben allen historischen Werth für das Leben Jesu absprechen, indem sie es für ein schriftstellerisches Product aus der zweiten Hälfte des zweiten Jahrhunderts erklären, gleich sehr an Einseitigkeit leiden. Unter jenen nimmt wohl der äußerst scharfsinnige und gründlich eingehende Versuch vom seligen Bleek,[1]) die Echtheit des Evangeliums zu erhärten, neuerdings den ersten Rang ein. Allein er ist nach meiner Ansicht mißlungen und macht nur recht offenbar, daß auf dieser Seite nicht die volle Wahrheit liegt. Andererseits halte ich aber auch viele von den Zweifeln auf der entgegengesetzten Seite nicht für völlig berechtigt, sondern sie scheinen mir in vieler Hinsicht an Uebertreibung und zu großer Künstlichkeit zu leiden.

Doch ich will Ihnen jetzt mit einigen Zügen diejenige Ansicht über den Geist und die Bedeutung dieses großartigsten Erzeugnisses der neutestamentlichen Literatur mittheilen, von der ich glaube, daß sie immer mehr den Sieg davon tragen wird. Ich will nur erst noch bemerken, wie ich in Betreff der noch nicht zum Abschluß gekommenen Untersuchung über den apostolischen oder nicht apostolischen Ursprung desselben aus ganzer Seele der Aeußerung des glaubenskräftigen, trefflichen Straßburger Theologen Ed. Reuß beitrete, wenn derselbe in seiner geistvollen Geschichte der heiligen Schriften des neuen

---

[1]) Einleitung ins neue Testament, von Friedrich Bleek. Berlin 1862. S. 160, 177—236, 292—309.

Testaments sagt, daß der Geist des Buchs von der Frage nach dem Verfasser nicht berührt werde.[1])

Ich beginne meine kurze Charakteristik des vierten Evangeliums sofort mit dem Bekenntniß, wie es mir jetzt fast außer allem Zweifel zu sein scheint, daß dasselbe in seiner gegenwärtigen Gestalt nicht vom Apostel Johannes herstammen und frühestens im Anfange des zweiten Jahrhunderts entstanden sein kann. Zugleich aber theile ich die Ansicht derjenigen Kritiker, welche dafür halten, daß demselben Erzählungen und Vorträge vom Apostel Johannes zu Grunde liegen, und daß es daher mit Recht von demselben den Namen führt.

Was zunächst die Bedenken betrifft, welche sich gegen die Verfassung des Werkes durch den vertrautesten Jünger Jesu erheben, und deren Gewicht auch ein so angesehener und im echten Sinne conservativer Forscher, wie C. Weizsäcker anerkennt,[2]) so verhält es sich damit im Wesentlichen folgendermaßen. Dasselbe ermangelt sowohl im Großen und Ganzen, wie auch in einer Menge einzelner Züge, des echten historischen Gepräges. Zu viele seiner Darstellungen tragen ein derartiges Colorit, das weit eher auf einen den Ereignissen aus dem Leben Jesu und dem Schauplatz der Begebenheiten von vornherein fernstehenden, als auf einen durch eigene Anschauungen und Erlebnisse beherrschten Schriftsteller schließen läßt. Es ist, wie Weiße zuerst treffend bemerkt und näher nachgewiesen hat, weniger ein Christus**bild**, als ein Christus**begriff**, was Johannes gibt. Sein Christus spricht nicht **aus** seiner Person **heraus**, sondern über seine Person.[3])

Was dann weiter manches Einzelne betrifft, so gehört zu den auffälligsten, die stärksten Bedenken gegen seinen unmittelbaren apostolischen Ursprung erweckenden Erscheinungen Folgendes. Der Verfasser läßt Johannes den Täufer ganz ebenso denken und reden, wie Jesum selber. Ja, er entwirft ein solches Gemälde von der geistigen Tiefe des Täufers und von dessen Stellung zu Jesu,

---

[1]) Ed. Reuß: Die Geschichte der heiligen Schriften neuen Testamentes. 4. Auflage. Braunschweig 1864. Auch Reuß, der die ideale und tief innerliche Auffassung, den speculativ mystischen Charakter des Evangeliums kurz aber treffend charakterisirt, gesteht zu, daß der Beweis für die Abfassung desselben durch den Evangelisten Johannes, dessen Aufenthalt in Ephesus auch ihm, nach Irenäus und Eusebius, unzweifelhaft ist, sich nicht auf durchaus stringente Weise führen lasse. Der Verfasser ist nach Reuß der erste Schriftsteller, welcher für apostolische Glaubenssätze Bezeichnungen aus der Sprache der Alexandriner entlehnte. Vgl. besonders §. 225 ff.

[2]) Untersuchungen über die evangelische Geschichte, ihre Quellen und den Gang ihrer Entwickelung. Gotha 1864. S. 298.

[3]) Die evangelische Geschichte &c. Von Chr. H. Weiße. Leipzig 1838. Band I. S. 115 ff.

welches im völligen Widerspruch steht mit den Thatsachen aus dem Leben desselben, die uns von den übrigen Evangelisten überliefert worden sind. Nun befindet sich aber die synoptische Darstellung des Täufers im besten Einklange mit den sonstigen historischen Verhältnissen, namentlich mit der Thatsache des späterhin zweifelhaften Verhaltens desselben, so wie auch mit der geschichtlichen Thatsache, daß selbst noch nach dem Tode Jesu eine Johannesschule forterxistirte, deren Anhänger den Messias erst noch erharrten. Das ist nun aber ein Umstand, aus welchem fast zweifellos hervorgeht, daß der Täufer sich nicht so entschieden und mit solcher Erhabenheit über den alttestamentlichen Standpunkt für die messianische Sendung Jesu erklärt, daß er also seine Schüler nicht so nachdrücklich auf ihn verwiesen haben kann, wie der vierte Evangelist es darstellt.

Dazu kommt, daß auch die Reden Jesu selber beim vierten Evangelisten ein ganz anderes Colorit tragen, wie bei den übrigen. Der Verfasser läßt Jesum ganz im Geiste seiner eigenen theosophischen Denkweise reden und das ist nicht die eines schlichten, galiläischen Jüngers, sondern die eines gebildeten alexandrinischen Hellenisten. Schon der Prolog spiegelt gewisse theosophische Gedanken und Ansichten, z. B. die Idee des Logos und der Menschwerdung desselben ab, die den übrigen Evangelien fremd sind, die überhaupt erst aus der Einwirkung des alexandrinischen Hellenismus auf die christliche Kirche hervorgegangen sein können. Sie stimmen durchaus nicht zu der galiläischen Bildung, welche beim Apostel Johannes vorauszusetzen ist, zumal wenn derselbe, wie sich nicht geradezu leugnen läßt, der Verfasser der Apokalypse sein sollte. Sodann aber läßt er Jesum selbst mehr im Geiste einer gewissen mystischen Theosophie, als im Geiste eines praktischen, vorherrschend auf sittlich-religiöse Lebensgestaltung, auf Gründung eines sittlichen Gottesreiches gerichteten Religionsstifters reden und wirken. Am Meisten aber muß es befremden, daß Jesus, während er nach den übrigen Evangelien, namentlich nach dem Marcus, sich durchaus menschlich entwickelt und sich erst allmählich der vollen Idee seiner Sendung bemächtigt, indem er erst gegen den Schluß seiner Laufbahn zum Bewußtsein von der Nothwendigkeit seines Todes gelangt, nach dem vierten Evangelisten von vornherein über alle menschliche Entwickelung erhaben und schon im Beginn seines Auftretens mit dem Kreuzesausgang seines Lebens vertraut ist. Ja, er macht seinen künftigen Tod bereits zum Gegenstand tiefsinniger, schwer verständlicher Reflexionen und mystisch-tropologischer Darstellungen, und er thut das selbst vor solchen Personen, die ihn zum ersten Male berühren und für dergleichen Ideen gar keinen Sinn haben, wie z. B. Nicodemus. Das sind doch sicherlich deutliche Anzeichen, daß der Verfasser nicht aus eigener Anschauung berichtet, daß er vielmehr dem Heilande seine eigenen Ideen in die Seele schiebt. Denn diese und andere Jesu in den Mund gelegten Ansichten erweisen sich offenbar als eine Frucht aus dem Schooße der christlichen

Gemeinde. Sie waren erst später und namentlich erst nach Einbürgerung der vom Apostel Paulus über die tiefe Heilsbedeutung des Todes Jesu, sowie über den übermenschlichen (metaphysischen) Hintergrund seiner Persönlichkeit in Umlauf gesetzten Ideen zur Entwickelung gekommen. Unser Verfasser aber verlegt sie in das Selbstbewußtsein Jesu, ja sogar in die Seele des Täufers (Joh. 1, 29. 36).

Nur von dieser Voraussetzung aus erklärt sich auch die mystische Redeweise, die dem Christus des vierten Evangeliums eigen ist. Es sind überall schon die Anfänge speculativer Doctrinen, wie solche erst mit dem zweiten Jahrhunderte aufkamen, nicht aber religiöse praktische Gesichtspunkte, wie sie Jesu eigenthümlich sind, aus denen heraus der Verfasser den Stifter des Christenthums reden und handeln läßt. Seine Tendenz geht überall dahin, Jesum als das Fleisch gewordene Wort darzustellen. Die Idee des Logos ist der eigenthümliche, große Gesichtspunkt, der sein ganzes schriftstellerisches Denken beherrscht. Und so läßt er nicht nur Jesum selbst, sondern auch bereits den Täufer aus diesem Gesichtspunkte denken und reden (Joh. 1, 29 ff., 3, 27 ff.). Jesus erscheint demnach in allen seinen Reden über sich selbst, sowie in seinen Wunderhandlungen, namentlich auch in seinem Gegensatz zu den ungläubigen Juden, die als Kinder des Teufels dargestellt werden, als ein zweiter Gott, als ein vorweltliches, schlechthin übermenschliches, Gott gleichartiges Wesen. Das eigentliche Subject seiner Persönlichkeit ist der ewige Logos, der sich für die Zwecke der Erlösung in einen Menschen verwandelt, um nach Vollendung seines Werkes wieder dahin zurückzukehren, woher er gekommen.

Außerdem müssen auch die Wunder Jesu in der Gestalt, wie sie vom vierten Evangelisten erzählt werden, z. B. das Wunder der Wasserverwandlung, die Heilung des Blindgebornen, die Auferweckung des Lazarus, sowie die noch mehr als bei dem ersten und dritten Evangelisten bis zur völligen Materialität verdichteten Erscheinungen des Auferstandenen (Joh. 20, 27; 21, 1—13), starke Bedenken erregen. Sie sind noch viel auffälliger im Widerspruch mit allen Naturanalogien, als die synoptischen Wunderberichte und laufen fast sämmtlich auf schlechthin magische Acte hinaus.

Nichtsdestoweniger wird das vierte Evangelium doch stets von der größesten Bedeutung für die christliche Kirche bleiben, und zwar mit Recht. Denn es steht in der Großartigkeit seiner Auffassung und Ausführung als eins der erhabensten Denkmale der überwältigenden, auch die tiefsten Geister zur Huldigung nöthigenden Wirkung da, welche die Erscheinung Jesu Christi und das in der Gemeinde gepflegte Bild seines Lebens bereits beim Ablaufe des apostolischen Zeitalters nach allen geistigen Richtungen hin auszuüben begonnen hatte. Auch enthält es mehrere sehr wichtige Beiträge für die geschichtliche Erkenntniß des Lebens und Wesens Jesu Christi.

Schon das ist von Wichtigkeit, daß es uns manchen tiefsinnigen Ausspruch des Herrn überliefert hat, dessen Echtheit durch sich selbst einleuchtet und den der Verfasser vermuthlich aus dem Munde des Lieblingsjüngers Jesu überliefert bekommen hatte. Denken Sie nur an Cap. 3, 3, von der Wiedergeburt, an Cap. 4, 24, von der geistigen Auffassung Gottes, an Cap. 6, 63, von der Nothwendigkeit in den Geist Jesu einzudringen und nicht bei der sinnlichen Erscheinung stehen zu bleiben, an Cap. 8, 32, von der befreienden Kraft der Wahrheit, und an viele andere Aussprüche.

Ferner erhalten wir durch dasselbe mehrere Nachrichten über einzelne Ereignisse und Situationen aus dem Leben des Erlösers, die sich nur als Mittheilungen aus dem Munde eines seiner vertrauten Jünger begreifen lassen. Die in denselben enthaltenen Angaben und näheren Zeitbestimmungen über verschiedene Festreisen Jesu nach Jerusalem gradezu für Dichtung zu erklären, ist ein Gewaltact der Kritik, der mir auch nach Baur's scharfsinnigen Ausführungen über das vierte Evangelium durchaus unhaltbar erscheint. Es würde schon an und für sich äußerst unwahrscheinlich sein, daß Jesus, nachdem er sich hatte taufen lassen und als er sich nun nach einem längeren Aufenthalte in der Einsamkeit den Anfängen oder Vorbereitungen seiner öffentlichen Wirksamkeit zuwandte, nicht sollte alsobald den Mittelpunkt des jüdischen Landes und Cultus näher kennen zu lernen gesucht haben. Umgekehrt muß es durchaus für sehr wahrscheinlich gelten, daß seine öffentliche Wirksamkeit mehr als Ein Jahr umfaßt hat und daß er während derselben die Stadt Jerusalem wiederholt zum Ziele seiner größern Wanderungen machte. Die Stelle Marc. 11, 11, wo es heißt, daß er nach seinem Einzuge in Jerusalem und nach dem Eintritt in den Tempel sich Alles besehen habe, widerspricht dem nicht, denn er besah sich nun noch einmal Alles in dem Bewußtsein seines herannahenden Endes und im geistigen Hinblick auf den Untergang, der dem jüdischen Cultus bevorstand. Ferner läßt sich kaum denken, daß die Kirche des zweiten Jahrhunderts das vierte Evangelium, trotz dessen offen hervortretender Absicht, mehrere einzelne Mittheilungen der drei ersten zu berichtigen, würde so allgemein und mit so entgegenkommender Liebe aufgenommen haben, wenn dasselbe gegenüber gewissen, schon früh erwachten Zweifeln an seiner Echtheit, sich nicht hätte in einem gewissen Sinne auf die Autorität eines unmittelbaren Jüngers mit Sicherheit für das damalige Bewußtsein zurückführen lassen. Alles dieses spricht dafür, daß der Grundstock desselben wirklich vom Apostel Johannes herstammt, daß er aber durch eine spätere Hand, etwa durch einen Mann aus dem Schülerkreise dieses Jüngers überarbeitet worden ist. Dieser Ueberarbeiter zeigt sich mit hellenistischer Bildung durchtränkt und erinnert an die Weise des Apollos. Vermuthlich hatte er sich dem Apostel Johannes in der Stadt Ephesus, wo derselbe, einer sichern Ueberlieferung zufolge, seit dem Abtreten des

Apostels Paulus vom Schauplatz der öffentlichen Wirksamkeit seinen Sitz aufgeschlagen, enge angeschlossen.[1])

Unter diesen oder ähnlichen Voraussetzungen läßt sich nun erst begreifen, wie der Verfasser des vierten Evangeliums so bestimmt lautende Nachrichten von mehreren Reisen Jesu nach Jerusalem geben und durch diese Angaben sowie auch durch seine Berichte über den Todestag Jesu mit den drei ersten Evangelien und mit der durch sie bereits fixirten Tradition in so offenbaren Widerspruch treten konnte.

Um mich noch etwas näher über die Eigenthümlichkeit des vierten Evangelisten zu verbreiten, bemerke ich, daß dieselbe wesentlich im Folgenden liegt. Der Verfasser zeigt sich entschieden von den christologischen Ideen des Apostels Paulus beeinflußt, sucht aber noch weiter als dieser bis zu den letzten theosophischen Voraussetzungen für die Entstehung des Christenthums und für die Würdigung seines Stifters zurückzugehen. Er richtet seinen Blick vorherrschend auf den göttlichen Hintergrund des Lebens Christi und sucht denselben noch entschiedener als Paulus ins Bewußtsein der Zeit zu heben. Er thut das in der Weise, daß er sich in die Gesichtspunkte der damals in Kleinasien mehr und mehr zur Verbreitung gelangten hellenistisch-alexandrinischen Theosophie versetzt. Oder vielmehr, diese Gesichtspunkte sind ihm bereits so geläufig, beherrschen sein Denken bereits so völlig, daß er unwillkürlich auch Jesum, ja selbst Johannes den Täufer aus denselben denken, reden und handeln läßt, indem er die historische Tradition schriftstellerisch umbildet.

Nimmt man in dieser oder ähnlicher Weise[2]) an, daß das vierte Evangelium sich hinsichtlich seines historischen Kernes auf apostolische Autorität, auf gewisse authentische Mittheilungen des Apostels Johannes stützt, daß es dagegen in seiner gegenwärtigen Gestalt das Werk eines hellenistisch gebildeten, von paulinischen Ideen bewegten Verfassers aus dem Anfang des zweiten Jahrhunderts sei, der außer den Mittheilungen des Apostels Johannes über das Leben Jesu zugleich auch die schon erweiterte Tradition benutzte, so lichtet sich manches bis jetzt über demselben ruhende Dunkel. Es wird dann völlig begreiflich, wie dasselbe, bei allem Bestreben, ein geschichtliches Bild vom Stifter des Christenthums zu entwerfen, immer wieder den Eindruck macht, von einem Manne herzurühren, der den Ereignissen des Lebens Jesu schon fern stand. Es erklärt sich dann auch andererseits, wie trotz der willigen Aufnahme, die es bei der damaligen Kirche fand, schon früh gewisse Zweifel an der Echtheit desselben

---

[1]) Weizsäcker a. a. O. S. 291: „Ephesus ist im zweiten Jahrhundert der Stammsitz einer christlichen Theologie, in welcher zwar allen Spuren nach verschiedene Richtungen vertreten waren, die aber ihr eigenthümliches Gepräge in ausgezeichneter Weise durch die Verbindung hellenischer Bildung mit dem christlichen Glauben erhielt."

[2]) Nach dem Vorangange von Weiße u. A.

aufkommen konnten (Aloger). Die Hauptsache ist aber, daß sich nur so die befremdliche Erscheinung aufhellen läßt, wie der Verfasser dazu kommen konnte, den überlieferten historischen Stoff weit mehr im Interesse von speculativen Ideen, als in wirklich historischer Weise zu verwerthen. Denn das läßt sich nun einmal nicht leugnen, mein Freund, daß so manche Darstellungen des vierten Evangeliums alle Augenblicke über die festen Grenzen des Geschichtlichen hinausschweben und sich in luftige Idealgebilde aufzulösen drohen. Die einzelnen vorgeführten Ereignisse aus dem Leben Jesu verhalten sich nach diesem Schriftsteller zum Theil weit mehr nur als symbolische Hüllen gewisser, im zweiten Jahrhundert allmählich aufgekommener, nachher durch den Gnosticismus ganz und gar ins Phantastische ausgearteter, religionsphilosophischer Ideen, als daß sie den Eindruck historischer, aus eigener Anschauung und Erfahrung berichteter Thatsachen machen sollten. Man fühlt es ihnen an, daß es dem Verfasser weit mehr zu thun ist um die Darlegung der bedeutsamen Ideen, die ihm über den göttlichen Hintergrund des Lebens Jesu aufgegangen waren, und die ihm den Erlöser schon in einem übermenschlichen Lichte erscheinen ließen, als um die genaue Mittheilung geschichtlicher Vorgänge. Die letzteren benutzt er, wie gesagt, zumeist nur als Symbole und Hüllen jener eigenthümlichen Ideen, die in seinem Gemüthe entweder durch die Betrachtung der einzelnen Momente der Geschichte Jesu besonders lebhaft entzündet worden, oder die ihm sonst schon von seiner alexandrinischen Bildung her eigen waren. So malt er gewisse Thatsachen, die ihm vermuthlich die Sage schon in verschwommener Gestalt darbot, die ihm aber eben in dieser magischen Beleuchtung am Meisten zusagten, bis ins schlechthin Uebernatürliche aus, so daß man nur noch sehr im Allgemeinen zu vermuthen vermag, was dabei Thatsächliches zu Grunde gelegen haben dürfte.

Dagegen kündigt sich fast in jedem von ihm erzählten Wunderereignisse eine höhere Wahrheit an, die er durch seine eigenthümliche Darstellung sinnlich zu exemplificiren und in mystischer Weise zu verkörpern sucht. So erscheint z. B. die Verwandlung des Wassers in Wein auf der Hochzeit zu Cana als ein geschichtlich eingekleidetes Sinnbild der Idee, daß der Glaube an Christus selbst den sinnlichen Lebensgenüssen eine höhere Weihe verleiht. Oder vielleicht liegt dieser Erzählung auch die Idee zu Grunde, worauf schon Origenes hindeutet, daß die Menschheit durch Christus von dem unerquicklichen Standpunkte des Gesetzes, welches kein wahres Leben, kein fröhliches Bewußtsein zu wecken vermag, zu dem beseligenden Standpunkte des Evangeliums hinübergeführt worden ist, auf welchem die unkräftigen Elemente des jüdischen Gesetzes sich in die kräftige, herzerquickende Substanz des lebendigmachenden Geistes verwandeln.

Dabei ist nicht ausgeschlossen, daß dieser Erzählung wirklich Thatsächliches zu Grunde liege, daß Jesus wirklich auf der Hochzeit zu Cana mit mehreren seiner nachmaligen Jünger, die aus dem Kreise des Täufers ihm dorthin gefolgt sein mochten, gegenwärtig gewesen sei, und daß sie dort einen tiefen Eindruck von der herzerquickenden Menschenfreundlichkeit Jesu bekommen hatten, ein Eindruck, wodurch ihnen der Unterschied, der zwischen Jesu und dem Täufer obwaltete, zum ersten Male zum Bewußtsein gekommen war. Unter dieser Voraussetzung erklärt sich, wie die, vom vierten Evangelisten so zuversichtlich als wahr berichtete, aber symbolisch von ihm verwerthete Tradition aufkommen konnte, daß Jesus zu Cana das erste Zeichen vollbracht, wodurch er seine Herrlichkeit bewährt und die Jünger zum Glauben erweckt habe (Joh. 2, 11).

Ebenso dürfte auch der Auferweckung des Lazarus ein wirklich geschichtlicher Vorgang, vielleicht der wirkliche Tod des Freundes, den die Tradition nachher unter dem Namen Lazarus feierte, zu Grunde liegen. Wenn Jesus nämlich durch sein persönliches Erscheinen im Hause der trauernden Schwestern, sei es sofort nach dem Tode ihres Bruders, sei es vielleicht auch erst später, mit Beziehung auf den Verstorbenen den Glauben an ewiges Leben und Wiedersehen nach dem Tode in ihnen lebendig gemacht hatte, wenn sie durch ihn, durch seine Gegenwart, zu dem freudigen Gefühl und Bewußtsein gelangt waren, daß der Tod nur ein Uebergang zum wahren Leben sei, wenn dieses Bewußtsein fortan auch in der Martha, in deren Seele es wohl noch am Wenigsten lebendig gewesen, kräftig hervorbrach, so daß sie nun den geliebten Todten im Geiste wiedergewonnen hatte, so hatte Jesus ihn in Wahrheit für sie vom Tode erweckt. Wie leicht konnte nun dieser Hergang allmählich durch die Tradition aus einem innerlichen in einen äußerlichen umgesetzt werden. Vielleicht ist der Evangelist an dieser Umbildung durch seine schriftstellerische Thätigkeit selbst sehr stark mitbetheiligt, indem es ihm zu thun war um eine dem Geschmack der Zeit entsprechende Versinnlichung jener, durch die Richtung des Christenthums erst nach ihrer ganzen Stärke ins Bewußtsein der Menschheit getretenen Wahrheit, daß der Tod für den Gläubigen, für den Vertrauten des himmlischen Christus, nur ein Uebergang ins wahre Leben ist. Die Idee selbst ist dem Verfasser offenbar die Hauptsache. Um sie zu versinnlichen, läßt er den verstorbenen Bruder der beiden bekannten Schwestern zu Bethanien, auf Grund der bezeichneten innerlichen Thatsache auch äußerlich, auch für die sinnliche Anschauung, also leibhaftig, mit einem neuen, durch ein absolutes Wunder erzeugten Körper aus dem Grabe hervorgehen. Er konnte um so eher dazu kommen, da Jesus wirklich auch Scheintodte (z. B. Marc. 5, 38 ff.) wieder belebt zu haben scheint. Lazarus, der Verstorbene, muß aber, der ganzen Anlage der Darstellung zufolge, bereits mehr oder weniger in Verwesung übergegangen sein, muß schon mehrere Tage im Grabe gelegen haben, damit die Wirklichkeit seines Todes und seiner wunderbaren Wiederbelebung recht augenfällig hervortrete. Gleichwohl darf die Verwesung noch nicht so weit fortgeschritten sein, daß die Anschauung der Identität des Verstorbenen darunter litte. Der ganze Hergang illustrirt so die große Wahrheit, daß Christus die Auferstehung und das Leben ist, daß durch die Glaubensgemeinschaft mit ihm selbst der Tod seine Schrecken verliert, daß ein Freund Christi nicht im Tode bleiben kann (Joh. 11, 25 ff.).

In ähnlicher Weise begreift sich die Erzählung von der Heilung des Blindgebornen, auf den die Pharisäer, in ihrer Einbildung, die allein Sehenden zu sein, mit Verachtung herabsehen. Sie erscheint als eine Illustration des damit in Verbindung gesetzten Ausspruches Jesu, daß er zum Gericht auf diese Welt gekommen sei, auf daß, die da nicht sehen, sehend, und die da sehen, blind werden. Das Herausströmen von Wasser und Blut aus der durchbohrten Seite Jesu weist hin auf Taufe und Abendmahl, deren mystische Bedeutung sich die damalige Zeit bereits in solcher Weise zu versinnlichen suchte.

Ungeachtet dieser symbolisirenden Tendenz verdient das vierte Evangelium dennoch den vollsten Glauben in Betreff aller solchen Mittheilungen, welche nackte geschichtliche Data zum Inhalte haben. In dieser Hinsicht sind seine Berichte öfter genauer, als die der Synoptiker. Dies ist z. B. der Fall bei der Bestimmung des Tages der Kreuzigung, welche nach ihm nicht erst am Tage nach dem Passahabend, wie nach den Synoptikern, sondern am Tage vor demselben fällt (Joh. 18, 28). Eben so weicht es, wie schon erwähnt, hinsichtlich der Angabe wiederholter Reisen Jesu nach Jerusalem und seines öftern Aufenthalts daselbst von den übrigen ab, indem diese den Herrn nur erst zum Schluß seiner Wirksamkeit die für seine Zwecke so wichtige Metropole des jüdischen Cultus betreten lassen. In beider Beziehung dürfte die Darstellung des vierten Evangeliums den drei ersten gegenüber in vollem Rechte sein. Denn einmal läßt sich gar nicht einsehen, wie der Verfasser sich sollte haben beigehen lassen, ohne die gewichtigsten historischen Gründe, der bereits durch die drei ersten Evangelien fixirten und ihm selber offenbar nicht unbekannten Tradition in diesen Punkten schnurstracks entgegen zu treten. Sodann aber finden sich auch wirklich Spuren davon, daß in diesen Abweichungen die geschichtliche Wahrheit auf seiner Seite liegt. Daß z. B. der Tag der Kreuzigung nicht ein hoher Festtag gewesen sein kann, was er doch nach der synoptischen Darstellung gewesen sein müßte, folgt schon daraus, daß ein solcher, namentlich der erste Tag des Passah, ganz eben so heilig gehalten wurde, wie der Sabbath. Auch sprechen dafür Stellen wie Marcus 15, 21 u. 40, Luc. 23, 56; vergl. Matth. 26, 4 ff.

Gleicherweise finden sich auch von der öftern Anwesenheit Jesu in Jerusalem mehrfache Andeutungen bei den Synoptikern (z. B. Luc. 13, 1 ff.; Matth. 23, 37; Luc. 13, 34). Und auch die vertraute Stellung Jesu zu der

Familie in Bethanien (Luc. 10, 38 ff.), sowie auch der Reisebericht des Lucas, worin sich, wenn auch auf unklare Weise, Reminiscenzen von mehreren Reisen nach Judäa abspiegeln, lassen sich nur unter dieser Voraussetzung begreifen. Daß auch den übrigen Berichten des Evangeliums Thatsächliches zu Grunde liegt, daß der historische Stoff in denselben, wie sehr er auch von den subjectiven Ideen des Verfassers durchtränkt und durch denselben modificirt erscheint, nicht aus der Luft gegriffen ist, habe ich schon erwähnt. Der Verfasser scheint den Stoff zu allen jenen ihm eigenthümlichen Erzählungen über die Hochzeit zu Cana, über das Gespräch mit Nicodemus, mit der Samariterin, über die Heilung des Kranken am Teiche Bethesda, über die Heilung des Blindgebornen, über die Erweckung des Lazarus u. s. w., theils aus der Ueberlieferung, theils aus Mittheilungen des Apostels Johannes und dessen Schule geschöpft und dann weiter für den Zweck seiner symbolischen Darstellungen modificirt zu haben. Freilich wird sich das rein Factische in diesen Darstellungen nur sehr schwer, weil meist ohne sicher objective Anhaltspunkte, aus der subjectiven Verbrämung desselben durch den Schriftsteller herausscheiden und nach seinem wirklichen historischen Gehalte vollständig verwerthen lassen. Als exegetische Monstra sind aber alle derartigen, lediglich subjectiven Vermuthungen über das Thatsächliche im vierten Evangelium zurückzuweisen, die ein falsches Licht auf den Charakter Jesu werfen, dessen Größe und Lauterkeit in aller Weise auch unabhängig vom vierten Evangelium unerschütterlich fest steht. In dieser Hinsicht hat sich besonders Renan nicht selten in sträflicher Weise an der Geschichte Jesu versündigt. So ist vor Allem seine Auffassung der Erweckung des Lazarus sittlich durchaus verwerflich, indem sie darauf hinausläuft, Jesum eines zwischen ihm und Lazarus verabredeten Betruges zu bezüchtigen. Es ist sehr erfreulich, daß dieses Verfahren Renans schon von Seiten mehrerer seiner Freunde die gebührende Züchtigung empfangen hat, und daß dieselbe, wie es scheint, nicht ohne heilsame Wirkung auf ihn geblieben ist.

Auf Grund solcher Quellen läßt sich nun zu einem im Wesentlichen ganz sichern Ergebnisse über die Hauptmomente des Lebens Jesu und über das Einzigartige seiner Erscheinung vom geschichtlichen Standpunkte aus gelangen. Es läßt sich durch Benutzung des kritisch gesicherten Materials, das uns in den Schriften des Apostels Paulus und den vier Evangelien vorliegt, wirklich der historische Beweis liefern, daß Jesus der Christus der Menschheit ist. Einen kleinen Beitrag dazu gedenke ich im Folgenden zu geben.

Fünfzehnter Brief.

In diesem und dem nächstfolgenden Briefe will ich zunächst erst die wichtigsten Resultate der gegenwärtigen Forschung über das Leben, die weltgeschichtliche Stellung und den Entwickelungsgang des Stifters der christlichen Religion den allgemeinsten Umrissen nach von meinem eigenen theologischen Standpunkte aus hinzuzeichnen suchen.

Lassen Sie uns zuerst einen Blick werfen auf den Anfang seines öffentlichen Wirkens und auf den Charakter der Landschaft, wo er auftrat.

Erst nachdem Johannes der Täufer vom öffentlichen Schauplatze abgetreten war, scheint Jesus Christus selbständig als öffentlicher Lehrer aufgetreten zu sein und den Anfang mit der Begründung der von ihm beabsichtigten neuen religiös-sittlichen Gemeinschaft gemacht zu haben.

Nicht die Landschaft Judäa, in welcher sich der verderbliche Einfluß der herrschsüchtigen Häupter des damaligen jüdischen Parteiwesens von Jerusalem, dem Mittelpunkte der Hierarchie, aus in starken Wellenschlägen über die ganze Bevölkerung der Provinz ergoß, den Geist des Volkes mit den Ablagerungen seiner starren Satzungsgebilde überschwemmend, sondern Galiläa, sein schönes Heimathland, wählte er zum Schauplatze seiner beginnenden Thätigkeit. Galiläa charakterisirt sich seiner natürlichen Beschaffenheit und Lage nach nicht nur als die blühendste Landschaft Palästinas, sondern es gehört zu den lieblichsten Gegenden der Erde überhaupt. Als fruchtbares, für den Ackerbau geeignetes Hügelland, von Bergen durchzogen, die nach Norden hin immer mächtiger ansteigen, war es in jener Zeit ungemein bevölkert und trefflich angebaut. Seine Berge und malerischen Höhen ziehen sich längs der Westseite des lieblichen Sees Genezareth, als Ausläufer des im höchsten Norden majestätisch emporsteigenden Libanon und Antilibanon nach Süden hin, wo sie, angesichts des waldgekrönten, blumenreichen Carmel, der verbunden mit den waldigen Hügelzügen des Gebirges Ephraim die nordöstliche Grenze Samarias bildet, in das weit offene Fruchtgefilde von Jesreel (Esdralom) abfallen. Am nördlichen Rande dieser Ebene, ungefähr in der Mitte der Linie, die man vom Südende des Galiläischen Sees bis zum Vorsprung des Carmel am Meerbusen von Akko gezogen denkt, erhebt sich nach Nordwesten ziehend über zwölfhundert Fuß hoch der Ismail-Berg (Wely Neby), an welchem der Weg ins nördliche Galiläa vorbeiläuft. Auf seinem Gipfel entfaltet sich vor dem betrachtenden Auge ein bezaubernd schönes Panorama. Damals schweifte der Blick des Betrachters von diesem Bergesgipfel nach allen Richtungen hin zu lachenden Gefilden hinüber, an deren Städten, Flecken und Bergen noch immer frisch lebendige, von heiligen Hoffnungen durchklungene Erinnerungen an eine wunderbare Vergangenheit hafteten. Nach Südwesten lagert sich jenseits des Kison der schon genannte Eliasberg mit seinem herrlichen Vorsprunge im Westen. Dort badet er als Wächter am weiten Eingangsthor in die grasreiche Ebene seinen Fuß im Mittelländischen Meere, dessen sonnenbeglänzte Fläche bis zu diesen Höhen hinüberblitzt. Ganz nahe im Osten, in der Richtung nach dem Jordan zu, wo derselbe vom Südende des Galiläischen Sees sich eilenden Laufes in den mannigfaltigsten Windungen nach dem Todten Meere hinabwälzt, ragt wie ein mächtiger Altar Gottes mitten im Tempel der Natur der vereinzelt stehende, waldesfrische Bergkegel Tabor zum Himmel empor. Weiter rechts nach Süden, wo Nain und Endor zu seinen Füßen liegen, erhebt sich der kleine Hermon, der noch mehr südlich das Gebirge Gilboa hinter sich hat. Weiter nach Osten, jenseits des Sees von Tiberias, wogt ein wahrer Ocean größerer und kleinerer Berge herüber und über sie schauen aus noch weiterer Ferne die düsteren Basaltmassen von Hauran daher. Im Norden wechseln die lieblichsten Ebenen mit fruchtbaren Bergrücken, die von Osten nach Westen ziehend, sich immer höher hinter einander erheben, bis das Auge endlich auf den Bergen von Saphet ruht, wo über dreitausend Fuß hoch auf der Fortsetzung des Antilibanon, unweit der Straße von Akko nach Damaskus, „die Stadt auf dem Berge liegt, die nicht verborgen bleiben mag“ (Matth. 5, 14). Von Nordost aber schaut, als Beherrscher der ganzen Landschaft, mit seinem weißen Schneehaupt der majestätische Hermon, der höchste Gipfel des Antilibanon, herüber. Aus seinem Schooße und in seinen Umgebungen entspringen die Quellen des Jordan, des Leontes und Orontes, und von seinen Himmelshöhen fällt der Thau, Segen verbreitend, auf die Berge und Gefilde Galiläas und Zions (Psalm 133) herab.

In dieser großartigen Naturumgebung, eingebettet am südöstlichen Fuße des Berges Ismail in ein Amphitheater von weißen Kreidehügeln, von wo aus ein enges Thal eine Stunde lang in die Ebene Israel hinabläuft, liegt das Städtchen Nazareth. Da stand die Wiege des Weltheilandes, da war er in stiller Verborgenheit herangewachsen; von da war er zum Todten Meere herabgezogen, als der Ruf des Täufers in seiner Seele wiederklang; von da aus siedelte er jetzt, wo er seine messianische Laufbahn antreten wollte, an das Gestade des Sees Genezareth nach Kapernaum über. „Die natürliche Umgebung seines Heimathsortes ist, wie Ritter bemerkt, heute noch wie damals dieselbe geblieben und konnte durch ihre Herrlichkeit wohl einen Einfluß üben auf die Entwickelung eines jugendlichen Gemüthes, die uns freilich ganz als ein göttliches Geheimniß verhüllt geblieben. Der Blick schweift von hier weithin über Land und Meer und trägt wohl von hier aus noch einmal den Gedanken, wie vielleicht damals schon, über die ganze Welt.“ [1])

In Galiläa wohnte damals eine dichte Bevölkerung, meist noch unverdorben, weil nicht so ausgesetzt dem verderblichen Einflusse des Pharisäismus und Sadducäismus. Hineingesprengt seit alten Zeiten in heidnische Umgebung, schöpfte sie aus der täglichen Berührung mit den heidnischen Culturelementen starke Gegenwirkungen gegen den Einfluß der pharisäischen Satzungen. Hier konnte Jesus daher die meiste Empfänglichkeit für seine tief eingreifende Wirksamkeit erwarten.

Als volksthümlicher Lehrer trat er auf, indem er zunächst wohl die Synagogen Kapernaums und der freundlichen Uferlandschaft Genezareth zu Stätten seiner Lehrthätigkeit erkor. Zugleich aber liebte er es auch unter freiem Himmel, besonders an den lachenden Gestaden des Galiläischen Sees, oftmals empfängliche Hörer um sich zu sammeln. Und hier war es, wo er sehr bald nach seinem Hervortreten zwei der Fischerei obliegende Brüderpaare, die Söhne Jonas' und Zebedäi, Simon und Andreas, nebst Jacobus und Johannes für immer an sich fesselte, um sie zu Menschenfischern in seinem Reich zu bilden.

Sogleich bei seinem ersten selbständigen Hervortreten nach dem Ableben des Täufers wies er durch einen gewaltigen, inhaltschweren Ausspruch auf den Kern und Nerv seiner Lehre und die durch dieselbe zu begründende Stiftung hin. Gewiß wiederholte er den in diesem Ausspruch liegenden Grundgedanken über das Wesen und Ziel des im Kommen begriffenen Gottesreiches sofort in den verschiedensten Wendungen, um ihn den ersten Jüngern, und wer ihn sonst hören wollte, nach und nach geläufig zu machen. Eine der prägnantesten und markigsten Wendungen desselben hat uns Marcus (1, 15) offenbart. So lautet sie: **Die Zeit ist erfüllt und das Reich Gottes nahe. Thut Buße und glaubet an das Evangelium.** [2])

---

[1]) Vergleichende Erdkunde der Sinai-Halbinsel, von Palästina und Syrien, von C. Ritter. 1852. S. 740.

[2]) Vgl. über das erste Auftreten Jesu und den Gehalt dieses tiefsinnigen Apophthegma's, das „nur aus einem von göttlicher Offenbarung erleuchteten Bewußtsein

Um uns die tiefe Bedeutsamkeit dieses Ausspruches und des mit demselben gesetzten großartigen Anfanges der evangelischen Verkündigung Jesu einigermaßen zu vergegenwärtigen und um sogleich von vornherein wenigstens annäherungsweise in den innersten Kern des Selbstbewußtseins und Geistes Jesu einzubringen, der sich schon in dessen erstem öffentlichen Auftreten tiefsinnig ankündigt und von da ab in allen seinen Aussprüchen und Thaten mit steigender Energie und immer bedeutsamer hervorbricht, lassen Sie uns zuerst einen Rückblick thun auf den providentiellen Gang der vorchristlichen Entwickelungsgeschichte der Menschheit. Nun spricht aber Alles dafür, daß die Tendenz der Menschheitsentwickelung vom Anfang darauf gerichtet war und immer bestimmter dahin zielte, im Laufe der Jahrhunderte durch stufenweises Fortschreiten allmählich die geistigen Elemente und Bedingungen hervorzurufen, durch deren harmonisirende Zusammenfassung in den tiefsten gottmenschlichen Mittelpunkt seines Wesens, Jesus der Erfüller der Zeit und eben damit der Christus der Menschheit wurde.

Je öfter und gründlicher man sich nachdenkend in die vorchristliche Geschichte versenkt, desto unabweislicher und klarer drängt sich der Gedanke auf, daß es auf einem göttlichen Plane beruht, wenn der allgemeine Entwickelungsgang der Menschheit von den ersten geschichtlichen Anfängen an, wie sich nicht verkennen läßt, zwei polar entgegengesetzte Richtungen einschlägt, die sich auf der Höhe ihres geschichtlichen Processes gegenseitig immer stärker anziehen und erregen und endlich gegenseitig zu durchdringen beginnen.

Der eine Strom der Entwickelung verläuft innerhalb des gebildeten Heidenthums. Von seinen Ursprungsquellen im Orient bewegt er sich allmählich zum Occident hinüber, wo die frischen Saaten ursprünglicher, eigenthümlicher Bildungskeime, durch sein Gewässer befruchtet, unter Hellas heiterem Himmel endlich in den edelsten Blüthen schöner Humanität aufsprießen. Das Charakteristische dieser vorzüglich durch japhetitische Völkerstämme vertretenen Richtung war eine zu immer höheren Zielen humaner Bildung fortstrebende, freilich überall mehr oder weniger auf Kosten des Gottesbewußtseins einseitig verlaufende und daher zu unvollkommenen Ergebnissen führende Entwickelung des Weltbewußtseins. Der andere Bildungsstrom dagegen spiegelt in seinem geschichtlichen Verlaufe immer tiefer und klarer den Himmel des monotheistischen Gottesbewußtseins in sich ab, indem er vor Allem die höheren Keime der religiösen Ahnung und der prophetischen Begeisterung weckt. Er nahm seinen Ursprung nnd aufsteigenden Entwickelungsverlauf im Volke Israel, dem edelsten Repräsentanten der semitischen Völkerfamilien, und sein herrlichstes

herausgesprochen sein kann", die trefflichen Andeutungen des seligen Weiße in seiner philosophischen Dogmatik. Band III. 1862. S. 289 ff.

Erzeugniß war auf Grundlage der ersten höheren Offenbarungsanfänge im Bewußtsein der Patriarchen das mosaische und prophetische Jahvethum, d. i. der Glaube an den Einen lebendigen Gott, der als allmächtiger Schöpfer Himmels und der Erde nicht nur die sichtbare Natur, sondern als heiliger Gesetzgeber der sittlichen Weltordnung auch die Region des Gewissens und Gemüthes innerlich durchwaltet. So herrlich indessen das jahvistische Gottesbewußtsein in Israel gedieh, es lief demselben in allen seinen Phasen eine entgegengesetzte Verkümmerung des Weltbewußtseins als dunkler Schatten zur Seite.

Als endlich beide Richtungen, jede auf einseitige Weise, die Höhe ihrer Entwickelung erreicht und bereits überschritten hatten, da traten sie durch den providentiellen Gang der Geschichte, indem jede die ihr anklebende Einseitigkeit immer stärker zu empfinden bekam, mehr und mehr in gegenseitige Berührung. In Folge davon gab das hebräische Gottesbewußtsein bereits vom Exil ab seine bisherige Abgeschlossenheit gegen die heidnische Welt auf, indem es, namentlich unter der Einwirkung des Parsismus und Hellenismus immer mehr heidnische Bildungselemente, z. B. die persische Dämonenlehre und gewisse speculative Ideen der griechischen Philosophie in sich aufnahm. Der Hebräismus verwandelte sich unter diesen Einflüssen des gebildeten Heidenthums in den Judaismus.

Umgekehrt wurde aber auch das heidnische Weltbewußtsein in manchen Gegenden durch das jüdische Gottesbewußtsein sehr stark verändert und neigte in Folge davon, kurze Zeit vor der Entstehung des Christenthums, mehr und mehr dem Monotheismus zu.

In aller Weise entstand durch diese fortschreitende Wechselwirkung beider ein eigenthümlicher religiöser Gährungsproceß, der vorzüglich im letzten Jahrhundert vor Christo und zur Zeit der sich bildenden christlichen Kirche an vielen Orten eine tiefe Sehnsucht nach einer neuen Gestaltung des religiösen und sittlichen Lebens unter Juden und Heiden zur Folge hatte. Besonders war es die mit dem babylonischen Exil begonnene, nachher unter der wechselnden Herrschaft der Perser, Aegyptier (Ptolemäer), Syrer (Seleuciden) und Römer mehr und mehr beförderte Zerstreuung der Juden unter die heidnischen Culturvölker, welche Juden und Heiden in die lebhafteste Berührung mit einander brachte. Dazu kam, daß seit Alexanders des Großen Eroberungszuge durch die Kriege seiner Nachfolger und namentlich durch die wachsende Verbreitung des römischen Reiches über alle Culturvölker der damaligen Welt, die Communication der letzteren unter einander immer lebhafter wurde. Durch diesen gegenseitigen Austausch aller wichtigsten Culturelemente zwischen den verschiedenen Völkerschaften des großen römischen Reiches erregten und befruchteten sich auch die beiden großen Gegensätze der orientalischen und occidentalischen Bildung immer allgemeiner, und das hatte dann noch eine lebhaftere Vermischung der Erzeugnisse des jüdischen Gottesbewußtseins und des heidnischen Weltbewußtseins zur Folge. Die Bedeutung dieses Mischungsprocesses für die Vorbereitung des Christenthums, für die Herbeiführung der Fülle der Zeit, kann nicht hoch genug angeschlagen werden. Denn derselbe verlief bei den einzelnen Völkern und Individuen nicht ohne schwere Kämpfe zwischen dem Alten und Neuen, zwischen dem Eigenen und Fremden, und führte dadurch zu geistigen Krisen und Wehen, unter welchen sich zugleich mit dem Bewußtsein der Nichtigkeit und Unhaltbarkeit so mancher bis dahin im Schwange gewesener Religionsansichten und Glaubenssätze auch eine tiefere Sehnsucht nach höheren Wahrheiten, ein steigendes Verlangen nach Enthüllung des verborgenen Wesens der Innenwelt Bahn brach, ein Ringen und Streben, das dann in den verschiedensten Gegenden, besonders in solchen, wo sich geistige Brennstoffe gehäuft hatten, wie vorzüglich in Aegypten und Palästina, hell aufloderte, und in einzelnen bedeutenden Persönlichkeiten und Genossenschaften eine kräftige Vertretung fand. Und so sehen wir die Vorbereitung der Menschheit für die Erfüllung der Zeit endlich in ihr höchstes Stadium treten.

Zwar ging auf jüdischer Seite die Theokratie durch jene, trotz jeweiliger Abwehr immer weiter um sich greifende Berührung mit dem Heidenthum, nach einem kurzen, im Kampf mit den Syrern, während der glorreichen Tage der Makkabäer, noch einzelne schöne Früchte zeitigenden Nachsommer, endlich ihrer allgemeinen Auflösung entgegen. Allein gleichermaßen, wie der weit umher gestreute Samen der verwesenden Hülle des alten Jahvethums zur religiösen Befruchtung des gebildeten Heidenthums diente, indem das Judenthum theils unabsichtlich, theils durch die eifrigen Bestrebungen des mächtig aufstrebenden Proselytismus der aufkeimenden höheren Sehnsucht des Heidenthums monotheistische Elemente zuführte, so nahm umgekehrt auch das Judenthum willig oder widerwillig mancherlei Bildungselemente aus dem Heidenthum in sich auf. Das war besonders der Fall seit der Zeit der beginnenden Uebersiedlung zahlreicher Judenfamilien in die hellenistisch gebildeten Städte Aegyptens, Syriens, Kleinasiens und weit bis in Europa hinein. Diese Periode der sich bildenden Diaspora fiel eben zusammen mit dem Zeitalter jenes seit Alexanders Zügen immer lebhafter aufstrebenden, durch die einheitliche Zusammenfassung aller damaligen Culturvölker im großen römischen Reiche sich in immer breiteren Strömen ergießenden allgemeinen Völkerverkehrs.

In Aegypten, zumal in Alexandrien, führte das zur Entwickelung einer eigenthümlichen jüdischen Gnosis, einer Art Religionsphilosophie, die dort kurze Zeit vor der Entstehung des Christenthums, z. B. bei den Therapeuten, vorzüglich aber durch den platonisirenden, jüdischen Denker Philo (etwa um 20 v. Chr. geboren) und mehrfach auch in der aufkommenden apokryphischen Literatur der Juden, sowie bei den Essenern in Palästina in Schwung kam.

Denn auch in Palästina fühlte sich der jüdische Geist durch die Rückwirkungen der von allen Seiten her eindringenden heidnischen Cultur stark erregt. Ein lebhaftes Entgegenkommen fand die griechische Bildung vorzüglich in Galiläa, dem Heimathlande Jesu, wo die Bevölkerung am Wenigsten unter pharisäisch-hierarchischer Bevormundung stand. Und eben in diesem Brennpunkte jüdisch-heidnischer Culturentwickelung sollte es nun unter dem providentiellen Zusammentreffen der wichtigsten geschichtlichen Factoren des geistigen Lebens, aber freilich zugleich auch nicht ohne eine neue, schöpferische Bethätigung des die Menschheit durchwirkenden gottmenschlichen Princips, zur Geburtsstunde der neuen Menschheit, zur Erfüllung der Zeit kommen.

Den immer wieder von Neuem aus dem alten, gebrochenen Stamme des Jahvethums hervorsproßenden Trieben des wahren Gottesbewußtseins strömte in Palästina und besonders in Galiläa eine belebende Fülle humaner Bildungselemente und geistiger Anregungen aus dem Schooße des dort eingebürgerten gebildeten Heidenthums zu. Einerseits nun diente das zwar zur Schädigung der im Judenthum heimischen religiösen Gesinnung, denn dieselbe wurde dadurch entweder heidnisch verunreinigt und theilweise sogar zu einer gewissen fatalistischen und epikureistischen Richtung verleitet, wie in der Partei der Sadducäer, oder sie reagirte in einseitiger, schroffer Weise gegen alle heidnischen Einflüsse, auch gegen die heilsamsten, und verhärtete sich dadurch immer mehr im Buchstabenglauben, Traditionalismus und todter Werkheiligkeit, wie bei den Pharisäern. Andererseits aber hatte jener Mischungsproceß auch die heilsame Folge, daß der Geist des Judenthums sich mit neuem Aufschwung und erfrischten Kräften in das ihn lebendig durchwirkende gottmenschliche Princip vertiefte, welches einst im Prophetismus, als lebendiger Geist Jahves, so herrliche Blüthen getrieben hatte. Und so ging aus dieser letzten Richtung kurze Zeit vor Christo in manchen frommen Gemüthern des alten Gottesvolkes eine gesteigerte Sehnsucht nach endlicher Herbeikunft der längst erwarteten messianischen Zukunft und im Zusammenhange damit jenes wachsende Gefühl tiefer Unbefriedigtheit durch die religiösen und sittlichen Zustände der Gegenwart hervor, das wir um die Zeit des entstehenden Christenthums hier und da in Palästina so mächtig rege sehen.

In dieser geistigen Atmosphäre, in der Umgebung dieser Herzbedrängten und geistlich Armen (עֲנָוִים, אֶבְיוֹנִים, *πτωχοὶ τῷ πνεύματι*, Matth. 5, 3. 4), bildete sich nun zunächst als die edelste Frucht dieser tiefen Concentration des höheren Sehnens der letzte Vorläufer der beginnenden Heilszeit und zugleich der großartigste Vertreter jenes religiösen Dranges, der dem Himmelreich Gewalt anzuthun (Matth. 11, 12; Luc. 16, 16) und das Messiasideal durch alle Mittel strenger Askese zu verwirklichen suchte. Das war die mächtige Persönlichkeit Johannes des Täufers. Er ist der letzte, prophetische Genius des alten Bundes. Wie der Prophetismus einst mit einem Elias begonnen hatte, so schloß er durch ihn mit einem zweiten solchen ab.

Die eigenthümliche Ausprägung seines Wesens weist auf einen gewissen Zusammenhang mit den Essäern zurück. Diese bildeten eine streng in sich abgeschlossene Sekte, indem sie in völliger Absonderung vom Volke und ausgeschlossen wegen ihrer oppositionellen Stellung zum Opferdienst von der Theilnahme am Tempelcultus, einen fest organisirten Orden darstellten. Die Glieder desselben lebten meist im Cölibat, hielten Gütergemeinschaft, verwarfen den Eid und widmeten sich, unter strenger Regelung der gemeinsamen Arbeit, dem Ackerbau und den friedlichen Künsten. Sie übten die strengste Enthaltsamkeit und versagten sich jeden sinnlichen Genuß, indem sie denselben, zufolge ihrer asketischen Grundsätze, für seelenverderblich hielten. Den Leib betrachteten und behandelten sie als Kerker der Seele und die sinnlichen Triebe als hemmende Fesseln, von deren Banden man sich durch die äußerste Enthaltsamkeit zu lösen habe, um sie endlich im Tode ganz abzustreifen. Ihre eigenthümliche Lebensauffassung bekundete sich selbst in ihrer weißen Kleidung, sowie durch ihre täglichen Waschungen in kaltem Wasser, denen sie religiöse Bedeutung beilegten. Ihre Zahl belief sich beiläufig zur Zeit des Täufers auf etwa 4000, von denen die meisten abgesondert von den übrigen Juden in einzelnen Colonien an den östlichen Ufern des Todten Meeres lebten, andere aber auch in Verbindung mit den Juden in Städten und Dörfern. Was ihren Ursprung betrifft, so macht sich immer mehr die Ansicht geltend, daß die Sekte schon zur Zeit der Makkabäer entstanden sei und ihre Eigenthümlichkeit unter dem Einflusse des sich immer mehr verbreitenden Hellenismus, namentlich durch Aneignung orphisch-pythagoräischer Religionsideen gewonnen habe. In Aegypten waren ihnen die Therapeuten verwandt.

Johannes der Täufer nun hatte voll heiligen Ernstes sich mit immer größerer Gewißheit in die Ahnung des nahe bevorstehenden Anbruchs der messianischen Zeit hineingelebt. Er fühlte sich von Gott bestimmt und im Geist gedrungen, der Bahnbrecher des kommenden Heils zu werden. Daher bezeichnet er sich selbst als die Stimme eines Rufenden, der dem erwarteten Messias durch die Predigt der Buße den Weg zu bereiten habe. Und er irrte sich nicht, obwohl das innerste Wesen des messianischen Heils sich seinen Blicken niemals völlig erschloß. Er war eben nur der Vorläufer, der auf die sich öffnenden Pforten der neuen Zeit nur hinweisen sollte, ohne selbst in sie einführen zu können.

Zum centralen Träger für den vollständigen Durchbruch des im Kommen begriffenen Geistes der neuen, der vollendeten Religion, hatte die Vorsehung einen Anderen und viel Höheren ersehen. Das war Jesus von Nazareth, der Zimmermannssohn, dem es Keiner äußerlich ansah, daß in ihm der Mensch als solcher, der Menschensohn, zur vollen Verwirklichung gelangen sollte. In seiner reinen Seele gewann der im Judenthum bewahrte, durch die Einwirkung des Hellenismus mit neuen Kräften befruchtete und immer völliger entwickelte höhere Wahrheitssamen endlich den geeigneten Boden, um seine tiefste, innerste Gottesmacht zu entfalten und damit die Zeit der Erfüllung herbeizuführen.

Um aber zu begreifen, wie das gottmenschliche Princip in seiner Persönlichkeit sich endlich das angemessene Gefäß zurichten konnte für den vollen Erguß seiner innersten, bis dahin noch immer transcendental in die Tiefen der Gottheit zurückgezogenen Heilskraft, haben wir einerseits vorauszusetzen, was auch durch die Idee des gottgedachten, einheitlichen Organismus der Menschheit gefordert scheint und von der Geschichte bestätigt wird, daß die Seele Jesu von Gott selbst durch ein Wunder der Schöpfung zum centralen Genius der Menschheit auf dem allumfassenden Geistesgebiete, nämlich im Bereich der Religion und Sittlichkeit, geordnet worden war. Andererseits muß aber doch die Aneignung der durch den Gang der Geschichte nach und nach entwickelten und zu jener Zeit in das höchste Stadium der geschichtlichen Vorbereitung getretenen religiösen Bedingungen ganz entschieden auf die freie sittliche Selbstbestimmung der Persönlichkeit Jesu zurückgeführt werden, wobei es im Allgemeinen denkbar bleibt, daß er in persönlicher Verwickelung mit den widerstrebenden Elementen seiner Zeit, daß er mit einem Worte, im Kampfe mit der Sünde hätte unterliegen und von seiner Bestimmung abfallen können. Wie aber einerseits die volle Möglichkeit zur endlichen Erringung des vollkommenen Sieges im Kampfe mit der Sünde durch göttliche Urthat in seine Seele gesetzt war, so spricht zugleich Alles dafür, daß er es auch andererseits an der religiös-sittlichen Aneignung aller durch die Geschichte ihm zugeführten Bedingungen für seine volle und reine Selbstentwickelung in keinem Stücke fehlen ließ, und daß sich demnach göttliches und menschliches Thun im Innersten seiner Persönlichkeit auf das Tiefste begegneten und durchdrangen. Und so ist er das in ursprünglichster und vollkommenster Weise geworden, wozu alle Menschen der Idee nach von Gott veranlagt sind, der echte Menschen- und Gottessohn und eben damit der **Erfüller der Zeit.**

Die vorbereitende religiös-sittliche Entwickelung Jesu ging bis zu dem Zeitpunkte, wo er sich endlich berufen fühlte, den öffentlichen Schauplatz für die Verwirklichung der in seiner Seele aufgegangenen Idee des vollendeten Gottesreiches zu betreten, in stiller Verborgenheit vor sich, und wir können die einzelnen Phasen dieses sittlichen Bildungsprocesses nicht mehr geschichtlich nachweisen. Indessen gewahren wir doch noch einzelne Spuren davon. Wir überzeugen uns dadurch, daß die Seele Jesu sich nur allmählich und in echt menschlicher Weise zur vollen Höhe des vollendeten Gottesbewußtseins hindurchgerungen hat. Alles spricht dafür, daß Jesus sich durch unermüdetes, geistiges

Ringen, durch stets erneute religiös-sittliche Selbstvertiefung immer völliger in das die Menschheit durchwaltende, in seiner Persönlichkeit zur vollen Erschließung strebende Princip der göttlichen Sohnschaft hineingelebt habe. So gelangte dasselbe endlich nach seiner innersten Grundwesenheit, als vollendeter religiös-sittlicher Weisheits- und Liebesgeist in seiner Seele zum vollen Durchbruch und all sein Denken und Streben ging nun dahin, dasselbe durch darstellendes und verbreitendes Handeln fortan zur bewegenden Seele, zum Odem und Heilsprincip der neuen, der aus Gott geborenen Menschheit zu machen.

Wir können so wirklich und im vollen Sinne behaupten, mein Freund, daß das ewige Wort Gottes selber in ihm Fleisch geworden, daß er in der Vollkraft desselben die Macht der Sünde, die bis dahin ungebrochen in der Menschheit fortbestand, dem innersten Princip nach überwunden hat. Wie wir uns das schöne Wort des Dichters aneignen dürfen:

Was sich als Wahrheit tröstend senkt in Weh her,
Und was als Irrthum sich um Wahrheit windet,
Was irrend schweift und was zurecht sich findet,
Was irgend ist, birgt dich, o Wort, von jeher
Und alles Endliche besteht durch dich nur,

so können wir auch mit ihm hinzusetzen:

Im Menschen Jesu aber strahlt und brennt
Dein Licht, daß nur, wer blind ist, es verkennt!
Er war's, der dich zuerst in sich erkannte,
Und dir Gestalt und Namen mochte geben,
So wie du ihm; denn du bist er, er du ja,
Des menschlichen Bewußtseins Licht und Leben.
Und wie bisher ihm unser Weihrauch brannte,
So tönet ihm der Zukunft Halleluja.[1])

Zum größten Genius der Menschheit veranlagt, hatte sich die Seele Jesu, unter der Einwirkung des geschichtlichen Gotteswortes, immer mehr zum entsprechenden Gefäß des sie durchwirkenden, zur tiefsten Enthüllung in ihr fortstrebenden göttlichen Offenbarungsgeistes ausgeweitet. So konnte die göttliche Offenbarung zur Erfüllung und zum Abschluß aller ihrer bisherigen Vorbereitungen nach dem allgemeinen Gesetz einer organisch fortschreitenden Entwickelung endlich in ihm zu der ihrer Idee entsprechenden persönlichen Darstellung gelangen, und das ist es nun, was sich Alles in dem Worte zusammenfaßt: die Zeit ist erfüllt.

---

[1]) Der deutsche Christus. 15 Canzonen von Karl Candidus. Leipzig 1854. Seite 36.

Die Befähigung, das Organ dieser abschließenden Offenbarung, dieser Erfüllung der Zeit zu werden, haben wir, wie schon gesagt, auf eine ewige Gottesthat, haben wir darauf zurückzuführen, daß die Vorsehung, wie sie die Menschheit von Ewigkeit her auf die vollendete persönliche Selbsterfassung in einem höchsten Genius veranlagt hatte, einen solchen nun auch zur rechten Zeit hervorgehen ließ, ihn ausrüstend mit dem Vermögen, sich in Wechselwirkung mit den Kräften der Natur und Menschheit schon im bewußtlosen Werden die entsprechenden Kräfte des Leibes und der Seele anzueignen. Gleichwie er aber so die nothwendigen, geschichtlichen Bedingungen und Anregungen zu der religiös-sittlichen Reproduction des in seinem reinen Herzen wirkenden Gottesgeistes in directer Weise schon von Kindheit an im Verkehr mit den Schriften des alten Bundes, namentlich mit den großen Geistern der Propheten, sowie durch Berührung mit den Schulen des Judenthums seiner Zeit gefunden haben wird, so ist er, wenn auch nur indirect, gewiß auch von der in Palästina überall verbreiteten, und namentlich in Galiläa gepflegten griechischen Zeitbildung schon früh berührt worden. Man hat freilich den Einfluß der heidnischen Cultur auf die Person und Lehre Jesu nicht selten auch zu hoch angeschlagen. Es widerspricht der Geschichte und der ganzen Eigenthümlichkeit Jesu, wenn Strauß ihn neuerdings halb und halb zu einem Griechen zu stempeln suchte und von dem „Hellenischen“ in seinem Wesen sprach.

Dennoch wird man nicht leugnen können, was jüngst E. Zeller, im Anschluß an Renan's und Strauß's Leben Jesu wieder geltend gemacht hat,[1]) daß manche von den Gedanken, welche die griechische Philosophie zuerst in Umlauf gesetzt hat, auch nach Palästina übergingen und sich dort auch in solchen Kreisen einbürgerten, in denen der Stifter des Christenthums heimisch war. Vielmehr muß man Zeller darin beistimmen, daß auch das Heidenthum dazu beigetragen habe, dem Stifter des Christenthums in jüngeren Jahren die Bildungsstoffe zu liefern, deren er, wie jeder Mensch, zur Entwickelung seiner schöpferischen Eigenthümlichkeit nicht entbehren konnte.[2]) Ja, es ist geradezu etwas Providentielles, dem Begriff der in Jesu Christo gesetzten Vollendung der göttlichen Offenbarung in aller Weise Entsprechendes darin zu erkennen, daß für seine Entwickelung zum Erlöser sowohl der tiefreligiöse Geist des Judenthums, wie auch die edelsten Kräfte der heidnischen Weltbildung gemeinschaftlich zusammenwirken mußten. Nur unter diesen Bedingungen konnte er als die Blüthe der Menschheit organisch aus dem Schooß derselben nach der ewigen Ordnung der Weltentwickelung hervorgehen. Allein man darf dabei

---

[1]) Historische Zeitschrift von H. v. Sybel. Jahrgang 1864. 3. Heft. Nr. III. S. 100 ff.

[2]) A. a. O.

nicht, wie Renan und Strauß, die schöpferische Thätigkeit des in der Person Jesu zum Durchbruch gekommenen neuen, seine principielle Fortentwickelung mit ihm abschließenden, gottmenschlichen Offenbarungsgeistes verkennen, wenn man sich nicht an dem theistischen Princip, an der Ursprünglichkeit des Christenthums schwer versündigen will.

Daß Johannes der Täufer mehrfach mit Essenern in Berührung gestanden, und in seiner religiös-sittlichen Entwickelung durch ihren Einfluß stark mit bestimmt worden sei, läßt sich wohl kaum leugnen. Auch dürfte nicht schlechthin abzuweisen sein, daß sie bei der Entwickelung Jesu selber ein Mittelglied abgegeben haben mögen, wodurch sein Geist, behufs einer allseitigen Anregung seiner einzigartigen Veranlagung, in providentieller Weise mit der religiös-sittlichen Blüthe des hellenischen Heidenthums in irgend welche Berührung kam. Allein, wie das Eigenthümliche und Einzigartige, wodurch Lehre und Leben Jesu zum vollendeten Ausdruck der Vollоffenbarung Gottes im Menschengeiste wurden, seinen Ursprung nicht einer äußerlichen Anregung, weder von Seiten des Judenthums, noch des Heidenthums verdankt, sondern einem neuen schöpferischen Durchbruch des nach Entfaltung seines Vollwesens strebenden gottmenschlichen Princips, so ist auch die Einwirkung des Essenismus, und durch ihn des Hellenismus, auf seine Bildung nicht zu hoch anzuschlagen.[1])

---

[1]) Vgl. über den letzten Punkt besonders Keim: der geschichtliche Christus. 3. Aufl. S. 79 ff.

Sechzehnter Brief.

Lassen Sie uns jetzt, mein Freund, nach der im vorigen Briefe versuchten allgemeinen Orientirung über die specifische Dignität der Person Jesu und über seine eigenthümliche Stellung im Organismus der Menschheit noch einen näheren Einblick in die Hauptmomente seiner öffentlichen Wirksamkeit zu gewinnen suchen. Wir müssen für die Würdigung derselben wieder anknüpfen an die letzte und höchste Vorbereitung des Christenthums durch die Sendung Johannes des Täufers.

In der Person dieses wunderbaren Mannes durchdrangen sich auf alttestamentlicher Grundlage, im Geist des noch einmal gewaltig auflodernden alten Prophetismus die besseren Elemente des Pharisäismus und Esseismus zur höheren Einheit. So bezeichnet er sich selbst als die Stimme eines Bahn brechenden Herolds. Im Geist einer gesteigerten prophetischen Schauung, worin sich die dem aufgehenden Lichte vorausgehenden Zeitschwingungen morgenröthlich abspiegelten, wies er auf das nahe bevorstehende Auftreten Dessen hin, dem er nicht werth sei, die Schuhriemen aufzulösen, und von dem er den vollen Anbruch des messianischen Tages erwartete. Zwar kannte er ihn wahrscheinlich noch nicht persönlich, aber er sah Alles für sein Hervortreten in Vorbereitung und erwartete dasselbe daher mit der vollen Zuversicht des prophetischen Geistes in jedem Augenblick. Mit der Predigt der Buße, wodurch er die Herzen zu bereiten suchte, verband er, sich anlehnend an den Gebrauch der schon längst üblichen und besonders bei den Essenern weiter ausgebildeten symbolischen Waschungen (Lustrationen), die Wassertaufe, als Sinnbild der nothwendigen, allgemeinen Reinigung, aber zugleich in dem Gefühl, daß die Verwirklichung des Wesens der Taufe, die Erfüllung dessen, was die Wassertaufe nur schattenartig andeutete, erst durch die bevorstehende Feuertaufe des Geistes geschehen werde. So gewaltig war der Eindruck, den die Erscheinung und

Wirksamkeit des Täufers hervorrief, daß die besseren, einer neuen Gestaltung harrenden Elemente des jüdischen Volks sich auf das Tiefste von ihm bewegt fühlten. Bald hatte sich ein Kreis von ergebenen Anhängern um ihn gebildet, und schaarenweise strömte das Volk, selbst einzelne Pharisäer und Sadducäer in seiner Mitte, aus Judäa und Peräa zu ihm in die Wüste hinaus; denn er hatte sich zurückgezogen in jene schaurigen Gegenden des todten Meeres, durch deren Anblick die Erinnerungen an die göttlichen Gerichte, welche einst über Sodom und Gomorra ergangen waren, lebhaft geweckt wurden und wodurch die allgemeine Bußstimmung der Gemüther noch gesteigert werden mußte. Selbst der hohe Rath (Sanhedrin, Synedrium) zu Jerusalem konnte die Wirksamkeit des gewaltigen Propheten nicht länger ignoriren und auch bis nach Galiläa hinüber erstreckten sich die Wogen der von ihm ausgegangenen, mächtigen Bewegung.

So wurde auch Jesus endlich mit von ihnen ergriffen. Hervortretend aus seiner bisherigen stillen Verborgenheit zu Nazareth, hatte er sich dem Zuge angeschlossen, welcher eine zahlreiche Menge hinausführte zu den Ufern des Jordans in die Wüste, um auch seinerseits sich taufen zu lassen.

Daß der Täufer Jesum schon vor der Taufe persönlich gekannt habe, ist, wie schon erinnert, nicht mit vollkommener Sicherheit zu entscheiden. Nach dem vierten Evangelisten scheint es nicht so (Joh. 1, 35). Er hegte nur die lebhafte Zuversicht und das Vorgefühl in seinem Geist, daß der lang Erwartete jetzt endlich in der Mitte seines Volks hervortreten werde, und daß er selbst, der Täufer, bestimmt sei, ihn heraus zu erkennen und dann Alle auf ihn zu verweisen. Dabei bewegten sich seine näheren Vorstellungen vom Wesen und Amt des Messias noch überwiegend innerhalb der Schranken des damaligen Judenthums. Indessen lebte er sich immer tiefer in die höhere, prophetische Ahnung ein, und wie diese wahrhaft göttlichen Ursprungs war, so täuschte sie ihn auch nicht. Jesus kam und die prophetische Ahnung des Täufers wurde bei seinem Anblicke zur Gewißheit, zu prophetischer Schauung.

Wir dürfen wohl voraussetzen, daß Jesus die Taufe von Johannes nicht in dem Sinne empfing, als ob er sich bestimmter Sünden bewußt gewesen wäre. Die Johannestaufe hatte, nach Josephus, zugleich die Bedeutung der Weihe und des Gerechtigkeitsgelübdes. So unterzog Jesus sich ihr wohl in dem Gefühle, daß er bei seinem Zusammenhange mit der sündlichen Welt und angesichts der in seinem künftigen Berufe ihm bevorstehenden schweren Kämpfe und Versuchungen einer besonderen feierlichen Weihe bedürfe.

Als der Täufer bei der Taufe mit Jesus in jenen tieferen Seelen- und Geistesrapport trat, der zwischen providentiell geordneten Persönlichkeiten dann und wann wunderartig als plötzliches Aufblitzen einer schon längst in unbewußten Anfängen begriffenen gegenseitigen Geistesbeziehung aus den verborgenen Geistestiefen hervorbricht, wurde die ihn bewegende prophetische Ahnung zur lebhaftesten Gewißheit. Er erkannte Jesum als den erwarteten Christus. Eine göttliche Intuition blitzte durch seine Seele und in ihr bemächtigte sich seiner eine bis zu den letzten Tiefen vordringende Ahnung vom Wesen und der Bestimmung dessen, der jetzt mit einmal in seiner ganzen persönlichen Größe vor ihm stand, ein momentanes proleptisches Bewußtsein, das die Schranken seines eigenen Ichs und den Gesichtskreis seiner judaisirenden Denkweise auf Augenblicke und nachmals noch in einzelnen vorübergehenden Nachschwingungen wunderartig durchbrach. In solchem Momente konnte er sehr wohl Aeußerungen thun, deren voller Tragweite sein eigenes Selbstbewußtsein noch nicht gewachsen war, die daher bald wieder in seiner Seele verklangen. Der vierte Evangelist hat die Erinnerung an diesen großen Moment im Wesentlichen treu wiedergegeben, aber freilich mit stark subjectiver Färbung (Joh. 1, 29 ff.; 3, 26 ff.). Daß Jesus selbst im Augenblicke der Taufe sich auf das Gottinnigste bewegt fühlte, daß er in diesem Zustande tiefster Geistesconcentration das in seinem innersten Ich lebendig wirksame gottmenschliche Princip in solcher Stärke und Unmittelbarkeit in sein Gefühl und Bewußtsein treten fühlte, wie noch nie, so daß sein frommes Gefühl der Gemeinschaft mit Gott sich in diesem Momente bis zu einer tief innerlichen, ihren verklärenden Widerschein bis in die Sinnenwelt hinüberwerfenden Schauung steigerte, in welcher er den Himmel offen sah und die Stimme des Vaters, der ihn zum Sohne erklärte, in und über sich vernahm, ist ein Vorgang, dessen geschichtliche Wahrheit auf Grund psychologischer Analogien unmittelbar für sich selbst spricht.

Nach der Taufe zog Jesus sich in die Einsamkeit der Wüste zurück, um die Aufgabe seiner Sendung, deren innerste Bedeutung bei der Taufe mehr in der Form einer prophetischen Intuition durch seine Seele gezogen war, nach ihren näheren Bestimmungen an sich vorübergehen zu lassen. Er machte sie so zum Gegenstande seines weiteren Nachdenkens und einer selbstbewußten sittlichen Aneignung. Zugleich vergegenwärtigte er sich aber auch die Kämpfe und Versuchungen, die ihm dem fleischlichen und weltlichen Sinne der Zeit, sowie deren verkehrten messianischen Erwartungen gegenüber bevorstehen würden, und stärkte sich für dieselben durch Gebet und Vertiefung in die Fülle des göttlichen Geistes.

Es ist ebenfalls durchaus den Verhältnissen entsprechend, wenn der vierte Evangelist erzählt, daß Jesus nach seiner Rückkehr aus der Wüste den Täufer noch einmal am Jordan besucht und die vorläufige Bekanntschaft mehrerer Jünger desselben gemacht habe. Und nicht minder glaubwürdig ist der Bericht desselben, daß Jesus sich dann nach Jerusalem begeben habe, um die Stadt der Verheißung, den alten Ursitz der Prophetie und den Mittelpunkt aller bisherigen Geistesbewegungen, sammt dem geistlichen Zustande des Volks in Judäa näher kennen zu lernen. Der vierte Evangelist verlegt auch die Tempelreinigung in die Zeit dieses ersten Besuchs in Jerusalem. Man hat darin auch neuerdings mehrfach wieder einen argen Anachronismus erblickt; aber mit Unrecht, denn dieser Vorgang paßt so viel besser in den geschichtlichen Zusammenhang der Begebenheiten, als nach der synoptischen Darstellung, wonach die Tempelreinigung erst in die Zeit des letzten Besuches Jesu gefallen wäre. Die Begebenheit ist, wie Weizsäcker bemerkt, in die Entwickelung der Dinge in den letzten Tagen nicht verknüpft und stimmt auch nicht zu dem übrigen gemessenen und zurückhaltenden Benehmen Jesu während derselben. Wohl aber „hat sie den Charakter eines erstmaligen Auftretens, einer kühnen, die Laufbahn eröffnenden That, entsprechend der Stellung, welche sie im vierten Evangelium einnimmt.[1])

Nach dieser That zog Jesus sich in weiteres Warten zurück, da er das Volk sammt den Häuptern desselben, namentlich in Jerusalem, für seine Absichten und Bestrebungen noch sehr wenig empfänglich fand. Daß er zunächst in ein engeres Verhältniß zu Johannes dem Täufer trat und sich mit mehreren Schülern desselben, die im Verkehr mit ihm die Johannestaufe noch fortsetzten, in nähere Beziehung einließ, wie der vierte Evangelist erzählt, hat durchaus die geschichtliche Wahrscheinlichkeit für sich. Jesus mußte für angemessen halten, das vorbereitende Wirken des Täufers erst noch weiter gedeihen zu lassen und dasselbe von seiner Seite kräftig zu unterstützen, bevor er selbständig und für höhere Ziele auftrat.

Der Zeitpunkt des Beginns seiner eigenen, selbständigen Wirksamkeit kam erst, nachdem Johannes der Täufer zufolge seiner Gefangennahme vom öffentlichen Schauplatz abgetreten war. Jesus kehrte nun nach Galiläa zurück und schlug seinen Wohnsitz in Kapernaum auf, von wo aus er zunächst die Uferlandschaften des galiläischen Sees zum Schauplatz seiner evangelischen Verkündigung machte. Von Tiberias freilich, wo damals der tückische Herodes Antipas sein Wesen hatte, scheint er sich für immer geflissentlich fern gehalten zu haben. So wirkte er vorzüglich in Kapernaum und dessen nächster Umgegend, indem er seine dortige Lehrthätigkeit nur durch einzelne kleinere und größere Reisen nach verschiedenen Städten und Flecken Galiläa's und bisweilen, zur Zeit der hohen Feste, auch nach Jerusalem dann und wann unterbrach.

Dieser sein gewöhnlicher Aufenthalt an der westlichen Seite des Sees Genezareth dauerte so lange, bis in Folge des steigenden Conflikts, worin er immer mehr mit den pharisäischen und sadducäischen Parteien gerieth, der Vierfürst Herodes nach vollbrachter Hinmordung des Täufers sein Augenmerk auch auf ihn hinlenkte.

Obgleich Jesus sich von Anfang an in aller Weise durch Wort und That von Johannes dem Täufer auf das Bestimmteste unterschied und über denselben

[1]) Weizsäcker a. a. O. S. 325.

durchweg hinausging, so daß er dem Volke mehrfach schon als der gekommene Messias erschien, so lehnte er doch die im Geist der damaligen Zeit auf ihn übertragene messianische Bezeichnung noch entschieden ab, sei es nun, daß er über seine messianische Sendung selbst noch nicht in jeder Hinsicht sicher geworden war, sei es, daß er die messianischen Zeiterwartungen mit seiner von ihm selbst bereits in ihrer vollen Tiefe erkannten religiös-sittlichen Aufgabe im Widerspruch fand. Insgemein hielt man ihn im Volke, namentlich anfänglich, aber auch noch später, für einen Propheten, oder für einen Mann wie Johannes der Täufer, oder auch für den wiedergekommenen Täufer selber. Nirgends aber finden sich Spuren in den drei ersten Evangelien, daß er sich selbst oder daß seine Jünger und die Leute aus dem Volke ihn für den Sohn Gottes in übermenschlichem Sinne gehalten hätten (Marc. 6, 14, 15; 8, 28). Auch zeigt er sich nach Temperament und Charakter durchaus als ein echter Mensch. So wechseln auch seine Gemüthsstimmungen auf das Lebhafteste zwischen Mitleid und Zorn, zwischen Freude und Betrübniß (Marc. 3, 5; 8, 12, 23; 9, 19; 11, 14). Ja, sein Auftreten ist hier und da, wenigstens anfänglich, nicht ohne den Anflug cholerischer Heftigkeit (Marc. 1, 40—44). Er selbst aber ist so weit entfernt, sich Gott gleich zu stellen, oder sich für einen Mensch gewordenen Gott, wie es hier und da nach dem vierten Evangelisten scheinen kann, auszugeben, daß er sich in echter Demuth sogar die Anrede „guter Meister“ mit Entschiedenheit verbittet.

In Folge seiner wunderbaren Heilungen sah Jesus sich bald von einer zahllosen Menge Hülfe Suchender umdrängt, so daß er befürchten mußte, durch die eingehende Befassung mit der äußeren Noth des Volks und durch die in demselben aufgeregte Wundersucht von seiner Hauptaufgabe, die er in die geistige Anregung und Belehrung des Volkes setzte, mehr und mehr abgezogen zu werden. Daher zog er sich zu neuer Sammlung und innerlicher Selbstvertiefung im Gebet eines Tages plötzlich schon vor Anbruch des Morgens in die Wüste zurück (Marc. 1, 33—35). Von da aus trat er sodann mit seinen Jüngern eine Rundreise für den Zweck der Lehrthätigkeit in die umherliegenden Städte an (Marc. 1, 36 ff.).

Als er bald darauf nach Capernaum zurückgekehrt war, wurde er vom Volke förmlich umlagert, so daß ein herbeigetragener Gichtbrüchiger, der bei ihm Heilung suchte, nur vom Dach des Hauses aus, wo sich Jesus aufhielt, in seine Nähe gelangen konnte. Jesus stillt vor Allem erst das Gewissen des Leidenden, dessen Krankheit vermuthlich eine Folge früherer Sünden war, indem er ihm den Trost der Sündenvergebung spendet. Die bereits auf ihn vigilirenden Pharisäer und Schriftgelehrten schöpften neue Nahrung ihres Widerwillens aus diesem Verhalten Jesu und ließen sich in demselben auch nicht durch den von Jesu mittelst einer wunderbaren Heilung gelieferten Beweis seiner höheren Mission beirren (Marc. 2, 8 ff.). Kurze Zeit darauf zieht er noch einen fünften Jünger an sich, einen gewissen Levi, den er vom Zoll abruft. Bei Gelegenheit eines von demselben zu seinen Ehren veranstalteten Gastmahles, an welchem auch noch andere Zollbeamte und derartige Personen, denen im öffentlichen Urtheil ein Makel anhing, Theil nahmen, machte sich der im Steigen begriffene Widerwille der herrschsüchtigen Satzungsmänner gegen ihn bereits seinen Jüngern gegenüber Luft. Sie suchen das liberale, über jedes gesellschaftliche Vorurtheil erhabene Wesen des Meisters in aller Weise zu bemängeln. Aber weit entfernt, sich dadurch zu irgend welchen Anbequemungen an die herrschenden Vorurtheile herabstimmen zu lassen, nimmt er von nun an mehr und mehr selber eine kampfgerüstete, angriffsweise verfahrende Stellung zu den gehässigen Schul- und Parteihäuptern ein. Schon jetzt thut er den tiefeinschneidenden Ausspruch, daß die Starken des Arztes nicht bedürfen, sondern die Kranken; daß er nicht gekommen sei, die Gerechten, sondern die von ihrem Schuldgefühle ergriffenen Sünder zur Buße zu leiten. Er verschmäht so den boshaften Widersachern gegenüber auch die Waffen der Ironie nicht.

Fortan tritt das in Jesu Lehre und Leben zur Verkörperung strebende neue Princip der freien Innerlichkeit und der Anbetung Gottes im Geist und in der Wahrheit in immer offeneren und schärferen Gegensatz nicht nur zu dem äußerlichen Satzungswesen der pharisäischen Partei, sondern auch zu der noch mehr oder weniger in Aeußerlichkeit befangenen, der freien Geistigkeit ermangelnden Denkweise der Johannes-Schule, ja selbst zu gewissen gesetzlichen Bestimmungen des alten Testaments. Jesus erklärt sich in tief bedeutsamer Weise gegen die gedrückte Stimmung und das unfreie Wesen der Johannesjünger, sowie gegen deren noch fortdauernde Anhänglichkeit an den Buchstaben des Gesetzes, Fasten und äußerliche Bußübungen. Er fordert für solche Epochen des inneren Lebens, die sich im Entwickelungsgange des Einzelnen und der Gesammtheit als befruchtende, herzerquickende Heimsuchungen des Genius und Bräutigams der inneren Menschheit ankündigen, eine hochzeitliche Stimmung, ein fröhliches, hingebungsvolles Entgegenkommen (Marc. 2, 18 ff.). Zugleich aber bringt er für den sich Bahn brechenden Geist der freimachenden Wahrheit und Liebe auch auf die dem Wesen desselben entsprechende neue Form (Marc. 2, 21 ff.).

Weiterhin zeigt er bei jeder Gelegenheit durch Wort und That, wie er mit seinen Jüngern im Dienst dieses neuen Geistes der Innerlichkeit und echten Menschenliebe auch den Bruch mit den Anstalten und Ordnungen des alten Bundes, ja selbst mit dem alttestamentlichen Sabbathsgesetz nicht scheut, so oft dergleichen Dinge, die auf Gewohnheit und Sitte beruhen, der Entwickelung des neuen Princips zur Hemmung zu werden drohen. Indem er sich aber so über jede äußerliche Autorität hinwegsetzt und fortan auch keine Schonung mehr übt weder gegen die wider ihn aufsässig gewordenen Parteihäupter, noch gegen die durch Gesetz und Tradition geheiligten Satzungen und Ordnungen, so oft er dieselben in Widerspruch findet mit den Forderungen des innerlichen Wahrheitsgesetzes, so mehren sich in Folge davon auch seine Feinde von Tage zu Tage und nehmen immer mehr eine erbitterte Stellung wider ihn ein. Der Haß der hierarchischen Partei stieg bald bis zu dem Grade, daß sie, im verschärften Gefühl ihrer sittlichen Ohnmacht, schon nicht mehr davor zurückbebte, sich zu tödtlichen Anschlägen wider ihn mit der Herodianischen Hofpartei zu verbinden.

Jesus wich, so viel er es mit seiner Mission im Einklang fand, dem Zusammentreffen mit seinen Widersachern aus, um mit der neuen Lehre erst noch tiefere Wurzeln im Volksgeiste zu fassen. Und dazu schien die beste Aussicht vorhanden. Denn schon lockte sein wachsender Ruf als großer Prophet und wunderthätiger Helfer eine große Menge aus allen Gegenden Palästina's herbei. Als er eines Tages die Volksmassen, die aus Jerusalem, Idumäa, Peräa und den Gegenden von Tyrus und Sydon herbeigeströmt waren, heilsbedürftig um sich geschaart sah, wandte er sich in einer größeren Rede an sie, die uns im Wesentlichen, aber freilich untermischt mit einer Menge kurzer Sprüche und einigen weiteren Ausführungen aus späteren Reden, im ersten Evangelium aufbewahrt worden ist. Jesus weist in dieser sogenannten Bergpredigt auf das Reich Gottes als ein noch immer erst im Herannahen begriffenes Reich der vollendeten Gerechtigkeit hin. In großartigen Zügen, mit Worten und Sentenzen, die durch ihren unendlich tiefen Gehalt die besten Lehren und Lehraussprüche der ganzen Vergangenheit aufwiegen, während sie durch ihre sinnige, seelenvolle Faßlichkeit und körnige Kürze sich mit unwiderstehlicher Kraft in jedes einigermaßen empfängliche Gefühl einwurzeln, bringt er die Kernpunkte und Hauptwahrheiten der neuen Lehre zur Darstellung. Sein Vortrag zielt vor Allem auf die Erweckung der rechten, heilsbedürftigen Gemüthsstimmung hin, auf einen Seelenzustand, der sich als nothwendige Vorbedingung für den Eintritt in sein Reich der himmlischen Gerechtigkeit und für den stufenweisen Fortschritt in demselben verhält. Die innerlichen, durch die Scheingüter des irdischen Lebens unbefriedigten, aus innerstem Herzen nach dem wahren, geistigen Lebensgehalt verlangenden Seelen, sie sind es, die er selig preist und denen er das Himmelreich zusichert. Eine unendlich entwickelungsfähige, zu immer höheren Stufen der Fortentwickelung fortstrebende Gesinnung soll die Genossen seines Reiches beseelen. Er charakterisirt diese Gesinnung nach ihren Anfängen und in ihrer Wurzel als das Gefühl geistlicher Armuth, ferner als ein diesem Gefühl entsprechendes, innerliches Leidtragen, aber auch als ein seines Zieles gewisses höheres Sehnen und Verlangen, als ein Hungern und Dursten nach der wahren Gerechtigkeit. In ihrer Vollendung bezeichnet er sie als die Gerechtigkeit selber, und zwar als eine solche Gerechtigkeit, die sich als thatkräftige, vom Geist der Herzensreinheit und Gottinnigkeit getragene Sittlichkeit, die sich eben damit aber auch als der völligste Gegensatz zu der bloßen Scheingerechtigkeit der Pharisäer und Schriftgelehrten erweist. Das Reich Gottes ist nach den großartigen, ewiggültigen Andeutungen dieser ersten Reichsrede ein religiös-sittliches Gemeinschaftsleben im Geist der Demuth und selbstverleugnenden Liebe, und alle seine Genossen sind von dem Streben beseelt, Söhne Gottes und unter einander Brüder zu werden. Sie sollen durch die Uebung in der Liebe vollkommen werden, wie ihr Vater im Himmel vollkommen ist, der seine Sonne aufgehen läßt über die Bösen und Guten, und regnen läßt über Gerechte und Ungerechte. Aber sie sollen dem Widerstande der verderbten, von sittlicher Fäulniß durchfressenen, des echten Salzes zumeist ermangelnden Masse gegenüber auch von vornherein auf Feindschaft, Lästerung, Schmach und Verfolgung gefaßt sein, ohne sich dadurch in ihrem fröhlichen Muth irgendwie trüben zu lassen.

Mit dem Namen „Himmelreich“ ist, wie Weizsäcker treffend bemerkt, die Erwartung eines bloß irdischen, von Gott groß gemachten Königthums im Volke von vornherein ausgeschlossen und an dessen Stelle das Reich gesetzt, in welchem die himmlischen Geister herabkommen, sich mit den Menschen verbindend (Matth. 16, 27; 22, 30) und einen Gottesstaat nach der Weise ihres himmlischen, gerechten Lebens begründend, ein Reich, dessen himmlisch geistige Natur eben dadurch bezeichnet ist.[1])

In der Bergpredigt gipfelt der mehrfach gemachte Versuch Jesu, sich an das Volk im Großen und Ganzen zu wenden, um die bessern Elemente desselben zur Bildung des Reiches Gottes um sich zu sammeln und sauerteigartig mit dem Geiste seiner Lehre zu durchdringen. Aber der Versuch hat nicht den erwünschten Erfolg. Das Volk zeigte sich noch zu unempfänglich, daher beschloß er zunächst erst noch mehr vorbereitend auf dasselbe einzuwirken. Zu dem Ende zieht er erst noch mehrere Jünger an sich. Er wählte sie aus dem weiteren Kreise von Anhängern, der sich um ihn gesammelt hatte, und vollzog diese Auswahl in der Einsamkeit auf einem Berge, wohin er sich mit dem ihm ergebenen Theil der Volksmassen von diesen selbst zurückgezogen hatte. Die Zwölfzahl erinnert an die zwölf Stämme Israels, und er sprach damit aus, daß sie ihre Mission zunächst auf diese beschränken, daß sie selbst die Erstlinge des im Volke Israel anhebenden Himmelreichs darstellen sollten.[2]) Zunächst nun mußte ihm vor Allem die weitere Ausbildung der gewählten Jünger zu

[1]) Weizsäcker a. a. O. S. 337.
[2]) Derselbe a. a. O. S. 404.

tüchtigen Werkzeugen für seine großen Zwecke am Herzen liegen. Um ihnen die wichtigsten Wahrheiten in kürzester Form ins Gemüth zu pflanzen, um ihnen zugleich, auf ihren Wunsch, eine Anweisung zum rechten Gebet mitzutheilen, lehrte er sie das Vaterunser. Dieses Gebet ist nach Weizsäcker in seiner ursprünglichen kurzen Fassung (Luc. 11, 2—4) „der einfache Inbegriff der bisherigen Predigt Jesu, und zeigt zugleich, wie die ganze Grundlage, auf welcher sich die zunächst durch die Jünger zu bildende neue Gemeine gestalten sollte, nichts Anderes ist, als die Aussicht auf das bevorstehende Reich.“ [1])

Inzwischen sollte Jesus, bevor er die Jünger wirklich aussenden und damit auch praktisch in die Arbeit des Reiches Gottes einführen konnte, erst noch tief erschütternde Erfahrungen machen, in Folge welcher er sich von den Synagogen, wo die Pharisäer ihn überall umlauerten, mehr und mehr zurückzog. Die Pharisäer nämlich, als sie sahen, daß seine Einwirkung auf das Volk immer allgemeiner wurde, daß besonders seine wohlthätigen Heilungen einen mächtigen Eindruck auf dasselbe machten, nahmen in ihrer feindlichen Stellung zu ihm gelegentlich die boshafte Wendung, ihn des Bündnisses mit Beelzebub, dem obersten Haupte der bösen Geister, zu verdächtigen, indem sie die ihm innewohnenden Wunderkräfte als dämonische darzustellen suchten. Vergebens beruft sich Jesus auf das Widersinnige dieser Beschuldigung, da es undenkbar sei, daß ein Teufel den andern austreibe, während doch eben die Dämonischen sich besonders durch ihn der Heilung erfreuten. Vergebens weist er hin auf die heilsamen Wirkungen seiner Thätigkeit. Er muß sich immer mehr überzeugen, daß seine Feinde sich wissentlich gegen die Wahrheit verhärten, daß sie nicht mehr davor zurückbeben, die höchste Sünde, die Sünde wider den heiligen Geist zu begehen.

Aber auch auf anderem Wege suchten sie gegen ihn zu operiren und zu intriguiren. Selbst die nichtswürdigsten und freventlichsten Eingriffe in sein Familienleben verschmähten sie nicht, wenn sie ihm nur schaden und das Vertrauen zu seiner Wirksamkeit in der Wurzel vergiften konnten. Und leider fanden sie damit Eingang in seiner eigenen Familie. Schon vor jener argen Beschuldigung vor dem Volke und um den Angriff auf den ihnen so tief Verhaßten von mehreren Seiten zugleich in Scene zu setzen, hatten sie seine Mutter und seine Brüder in Nazareth wider ihn einzunehmen gewußt (Mc. 3, 21, 31 ff).

Durch dies alles sah Jesus sich das öffentliche Feld seiner Wirksamkeit mehr und mehr verkümmert. Daher stellte er nach diesen Vorgängen seine Lehrthätigkeit in den Synagogen nach und nach ganz ein, und wandte sich nur noch gelegentlich unter freiem Himmel an größere Volksmassen, um sich desto

---

[1]) Weizsäcker a. a. O. S. 406.

angelegentlicher dem engeren Jüngerkreise zu widmen. Es drängte sich ihm immer mehr die schmerzliche Erfahrung auf, daß das Volk im Großen und Ganzen unter den bestehenden Verhältnissen für seine Lehre unempfänglich sei, er sprach das auch in mehreren Gleichnissen aus, worin er auf diese Unempfänglichkeit sowie auf den nur sehr allmählichen Entwickelungsgang des Reiches Gottes in so treffender Weise hindeutet, wie namentlich in der Parabel vom Senfkorn und von viererlei Acker. Er gibt die nähere Auslegung dieser Gleichnisse nur noch im Kreise seiner Jünger. Es spiegeln sich darin die von ihm selbst gemachten schmerzlichen Erfahrungen in anschaulicher Weise ab. Nicht nur in Kapernaum und der Umgegend, sondern auch in andern Gegenden und Städten Galiläas, die er auf einer größeren Wanderung besucht, hatte er die schmerzlichsten Eindrücke bekommen. Einen großen Theil des Volkes fand er geistig so sehr herunter gekommen, so stumpf gegen alle höheren Eindrücke, so vollständig in Gleichgültigkeit und geistigen Tod versunken, daß er ihn dem hartgetretenen Wege vergleicht. Andere sind viel zu tief in ihre weltlichen Angelegenheiten, Händel und Sorgen verstrickt, oder die Erregung, der sie sich fähig zeigen, ist viel zu oberflächlich, als daß sie sich den höheren Wahrheiten mit ganzem Ernst hätten zuwenden können. Indessen finden sich doch auch überall etliche besser gesinnte, empfänglichere Gemüther, in denen der Samen des göttlichen Wortes aufgeht und hundertfältig Früchte bringt. Und diese scheinen sämmtlich oder doch überwiegend jenen Kreisen angehört zu haben, die das Evangelium als die Armen und Unmündigen bezeichnet. Es waren meist solche, in deren Herzen durch den äußeren Druck des Lebens ein Sehnen und Verlangen nach höheren Gütern geweckt und lebendig geworden war.

Die gemachten trüben Erfahrungen bestärkten Jesum immer mehr in dem Gedanken und Entschlusse, sich mit seiner Wirksamkeit überwiegend auf die Jünger zu beschränken und sich der Belehrung und Ausrüstung zu ihrer künftigen Thätigkeit ferner fast ausschließlich zu widmen. Er thut das in der gewissen Zuversicht, daß das senfkornartige Gewächs des Reiches Gottes, wenn es nur erst im engern Kreise tiefere Wurzeln gefaßt habe, durch seine innere Gotteskraft fortwachsen und als geistiger Sauerteig auch die Massen immer mehr durchsäuern werde.

Die schon erwähnten mehrfachen Reisen von Kapernaum aus scheint Jesus bald nach dem ersten verhängnißvollen Auftritt mit den Pharisäern angetreten zu haben (Matth. 9, 35 ff.). Er lernte während derselben das Volk überall als eine hirtenlose, verschmachtete und zerstreute Heerde kennen. Zunächst wandte er sich über den See in die östlichen Gegenden zu den Gadarenern berührte dann auf der Rückkehr Kapernaum nur flüchtig (Heilung der Blutflüßigen, Belebung oder Erweckung der Tochter des Jairus), um eine Wanderung nach dem Westen anzustellen, auf welcher er auch Nazareth besuchte. Aber hier, in seiner geliebten Vaterstadt, fand er erst recht kein Entgegenkommen und keine Empfänglichkeit, sondern statt dessen die schnödeste Zurückweisung. Darauf versuchte er es in den Flecken und Städten der Umgegend (Marc. 6, 6.).

Unterdessen war die Ausbildung der Jünger so weit vorgeschritten, daß er den Versuch machen konnte, dieselben nun auch praktisch nach und nach in ihren künftigen Beruf einzuführen. Er that das in der Weise, daß er sie, nachdem er ihnen gewisse allgemeine Verhaltungsmaßregeln mitgetheilt und Anweisungen zu gewissen Krankenheilungen gegeben hatte, je zwei und zwei zur Ausübung der vorbereitenden Bußpredigt aussandte (Marc. 6, 6—13). Naturgemäß beschränkte er ihre Sendung zunächst völlig auf das jüdische Volk (Matth. 10, 5 ff.), da er den Zeitpunkt für die Einladung der Samariter und Heiden in das zu stiftende Himmelreich, dessen Herannahen sie verkünden sollten, noch nicht für gekommen hielt.

Vermuthlich unternahm Jesus während der Zeit dieser ersten Missionsthätigkeit seiner Jünger in Galiläa selbst eine eigene, größere Reise nach Jerusalem, zu dem, im vierten Evangelium Cap. 5, 1 ff. genannten unbestimmten Feste. Nach seiner Zurückkunft in Galiläa traf er mit den Jüngern wieder in Kapernaum zusammen, wo dieselben ihm über den Erfolg ihrer Wirksamkeit Bericht erstatteten (Marc. 6, 30 ff.). Ihre Freude über so Manches, was ihnen gelungen war, namentlich über die Erfolge gewisser Heilungsversuche, war sehr groß. Jesus nun sucht ihren Gedanken und Wünschen eine höhere Wendung zu geben und kann ihre mehr auf äußerliche Erfolge hingerichtete Gesinnung nicht billigen (Luc. 10, 17 ff.). Gleichwohl fühlt auch er sich durch den glücklichen Erfolg der ersten Probethätigkeit seiner Jünger und durch die hoffnungsreichen Aussichten, die sich daran knüpfen, in freudigster, dankbarster Weise bewegt. Das tiefe Gefühl der Erhebung, das ihn bei dieser Gelegenheit mächtig ergriff, sowie das gesteigerte Bewußtsein von der Größe und Einzigkeit seiner Aufgabe und von der Versiegelung seines Werks durch den göttlichen Geist, scheint sich eben damals in jenem erhabenen Gebete ausgesprochen zu haben, das uns im ersten und dritten Evangelium erhalten ist und worin sich das Bewußtsein seiner Einheit mit dem himmlischen Vater in großartigster Weise abspiegelt (Matth. 11, 25 ff.; Luc. 10, 21 ff.).

Um diese Zeit, d. h. ein wenig früher, etwa kurz vor der Probemission der Jünger, scheint auch die Botschaft Johannes des Täufers gefallen zu sein. Dieser sandte damals vom Gefängnisse aus zwei seiner Jünger an ihn und erhielt die bekannte Antwort. Wahrscheinlich geschah es während der Abwesenheit Jesu von Galiläa, damals, als er, kurz vor Ostern, zum Purimfeste nach Jerusalem gereist war, daß das Schicksal des Täufers seinen blutigen Ausgang nahm. Nicht nur die Jünger Jesu, sondern auch ihn selbst berührte dies tragische Ereigniß auf tieferschütternde Weise. Ahnungsvoll sah er darin den blutigen Ausgang seines eigenen Lebens vorgebildet. Schon wußte er das tückische Auge des Herodes Antipas lauernd auf sich gerichtet. Da suchte er sich den Gefahren, die ihn fortan in Galiläa bedrohten, schleunigst zu entziehen, um sein Werk noch erst zu weiterer Vollendung zu führen. Er verließ daher den Schauplatz seiner bisherigen Wirksamkeit, wenn auch zunächst nur auf kurze Zeit, um sich in das Gebiet des mild gesinnten, über Batanäa, Gaulonitis u. s. w. herrschenden Tetrarchen Philippus zu begeben, des bei Weitem besten unter den Söhnen Herodes des Großen. Zunächst zog er sich in die bei Bethsaida Julias auf der nordöstlichen Seite des Tiberiassees gelegene Wüste zurück. Dort speiste er die fünftausend Mann und rief durch diese That, sowie durch sein ganzes Auftreten bei derselben, einen mächtigen Eindruck im Volk hervor. Als er darauf in die Landschaft Genezareth zurückgekehrt war, wirkten dort mehrere Ereignisse zusammen, die ihn bestimmten, seine Heimath alsbald ganz zu verlassen. Die Motive dazu waren, außer der Aufmerksamkeit des Herodes, die Ansätze zu einer Volksbewegung nach jener Speisungsscene und die mit einmal veränderte Haltung der Pharisäer, die sich der mächtig erregten Volksstimmung jetzt anzubequemen suchten. Das Volk nämlich war durch jenes Ereigniß zu der bestimmten Ueberzeugung gekommen, daß Jesus wirklich der Messias sei, und es wollte ihn nun als solchen proclamiren, denn es hoffte, im Vertrauen auf seine wunderbaren Machtthaten, unter seiner Anführung die messianische Weltherrschaft herbeizuführen, oder doch wenigstens das Joch des römisch gesinnten Tyrannen Herodes abzuwerfen. Die Pharisäer ihrerseits begehrten jetzt nur erst „noch das entscheidende Zeichen von ihm zu sehen, um ihn sofort an ihre Spitze zu stellen und ihm zu folgen zu den Siegen, zu welchen sie der Messias führen würde". „Dies war, wie Weizsäcker treffend hervorhebt, der Augenblick einer entscheidenden Krisis für Jesus. Nie konnte die Versuchung größer an ihn herantreten." Aber er kannte sie und wies sie mit der ganzen Energie seines tief besonnenen und allein auf das echte Gottesreich gerichteten Geistes zurück. Seinen Jüngern rief er damals mit nachdrücklicher Warnung zu, daß sie sich hüten sollten vor dem Sauerteig der Pharisäer. „Auch das geringste Eingehen auf diese Forderung der Pharisäer und des Volkes hätte das wahre Leben für das Reich Gottes ganz zerstören, hätte dem Glauben eine ganz andere Richtung und Gestalt geben müssen. Das waren, nach Weizsäcker's überzeugenden Nachweisungen, die Motive, weshalb er sich aus Galiläa entfernte und sich in ein heidnisches Land begab. [1])

Mit dem Abschiede von seinem geliebten Heimathlande, wohin er seitdem nur noch ein paar Mal vorübergehend zurückkehrte, tritt ein bezeichnender

[1]) Weizsäcker a. a. O. S. 442 ff.

Wendepunkt in der Wirksamkeit Jesu ein. Seine Stellung nach Außen hin wird fortan eine andere. Er zieht sich von nun an fast ganz auf die kleine Gemeinde der Jünger zurück.

Während dieser Zeit, in welche auch die Reise in das phönicische Grenzgebiet fällt, reiften nun allmählich die ersten Blüthen und Früchte des himmlischen Samens, den er auf den Herzensacker der Jünger nach und nach ausgestreut und nahezu an anderthalb bis zwei Jahre (wie es scheint) durch täglichen Umgang auf das Sorgfältigste gepflegt hatte. Als er eines Tages mit ihnen auf der Wanderung von Bethsaida aus nach dem Norden begriffen war und die Flecken der Umgegend von Caesarea Philippi durchzog, da kam für sie dort im erhabenen Tempel der Natur, in jenem hehren Alpenlande, wo auf immer höheren Bergspitzen die Quellen des Jordans entspringen, der große Augenblick, wo sie zum ersten Mal einen tieferen Blick in sein himmlisches Werk und Wesen thun sollten. Bis dahin hatte er sich selbst noch nicht für den Messias ausgegeben, denn er wollte die messianische Zeitvorstellung nicht auf sich angewandt wissen. Jetzt sah er die tiefere Ahnung seiner Mission in ihnen lebendig werden, und das war die seligste Stunde seines Lebens, das war die Stunde seiner beginnenden Verklärung im Bewußtsein und vor den geistigen Augen seiner Jünger. Er freute sich, daß sie in die Bedeutung seiner Sendung einzudringen begonnen, aber er fügte auch sogleich hinzu, wie die volle Verwirklichung seines Reiches durch seinen Hingang in den Tod bedingt sei. Um den in den Jüngern bereits begonnenen inneren Läuterungsproceß, namentlich in den drei empfänglichsten, durch kräftige Impulse zu unterstützen, zog er sich mit ihnen auf einen der dortigen höheren Berge zurück. Und hier, in der Stunde stiller Weihe, angesichts der glänzenden Schneegipfel des majestätischen Hermons, drang ihr geistiger Blick bis in die innersten Tiefen seines Wesens vor. Sie erkannten seinen Zusammenhang mit Moses und Elias, den beiden größten Propheten der Vergangenheit, und sahen ihn hoch über beide hinausgehoben, indem sie sich durch die Ahnung der Bedeutung seines bevorstehenden Todes und der darauf folgenden Verherrlichung zur wunderbaren Entzückung in höhere Regionen erregt fühlten. Indessen waren es doch nur erst einzelne, zwar hellleuchtende und ihr innerstes Gemüthsleben warm durchsonnende, aber auch eben so schnell wieder verklingende Lichtblicke, die dort, das Bild des geliebten Meisters vor ihren Augen verklärend, durch ihr tieferregtes Seelenleben blitzten. Erst mußten sie dem demüthigen Menschensohne bis unter's Kreuz hinfolgen, bevor ihr höheres Bewußtsein sich vollständig lichten, bevor der echte Christenglaube für immer in ihnen zum vollen Durchbruch gelangen konnte. Er selbst aber, Jesus, schaute dort zum ersten Mal mit dem ganzen siegreichen Vollbewußtsein des Christus der Menschheit auf die heilige Nothwendigkeit seines Leidens und Sterbens, auf das Kreuz und die ihm durch den Tod bevorstehende Verklärung im Geiste der Menschheit hin. So hatte er auf dem Berge der Verklärung die Höhe seines irdischen Lebens bestiegen. „Vom hohen Berge steigt Jesus wieder herunter (Marc. 9, 9), aber auch seines Lebens Sonne neigt sich jetzt abwärts, und er wandert von nun an in südlicher Richtung nach Galiläa und durch Galiläa und Peräa dem Schicksale, das zu Jerusalem seiner harrt, entgegen.“ [1])

Ich fühle mich der Schilderung jener Scenen, welche ihn in Jerusalem erwarten, nicht gewachsen, mein Freund, und schließe hiermit diesen Brief.

---

[1]) Worte Hitzig's. Vgl. die synoptischen Evangelien von Holtzmann. S. 484.

Siebenzehnter Brief.

O wie gern, mein Freund, verweile ich noch etwas länger mit Ihnen im betrachtenden Anschauen des „Schönsten unter den Menschenkindern". Auch ist es mir ganz aus der Seele gesprochen, wenn Sie sagen, daß die göttliche Kraft seiner Mission, daß die Wahrheit seiner göttlichen Sohnschaft sich vor Allem an der Einzigkeit und Fleckenlosigkeit seines sittlichen Charakters erproben lassen müsse. Aber so gern ich nun die Hand dazu biete, daß wir uns den Charakter Jesu etwas näher vergegenwärtigen und dabei zugleich die neuerdings in so vielfachem Sinne behandelte Frage nach der Sündlosigkeit Jesu näher in Betracht ziehen, so sehr fühle ich doch auch, wie unzureichend meine Kräfte sind im Verhältniß zu diesem höchsten Gegenstande der christlichen Erkenntniß. Indessen, ich will versuchen, was ich vermag.

Zugleich aber will ich auch das offene Geständniß — und ich darf es ja angesichts der jetzt herrschenden Theologie wohl ein Bekenntniß nennen — nicht zurückhalten, daß ich die Ansicht, als ob Jesus von Geburt an über die Sünde und ihre Versuchungen erhaben gewesen sei, schon längst aufgegeben. Ich konnte über die Unhaltbarkeit derselben nur so lange noch zweifelhaft sein, als ich noch nicht über den mythischen Charakter der Kindheitsgeschichte völlig im Klaren war. Seitdem ich aber meinen Standpunkt in dieser Beziehung geändert habe, ist mir auch die Schleiermacher'sche Auffassung, wonach der Erlöser zwar in echt menschlicher Weise geboren, aber doch dem Zusammenhang mit der allgemeinen Sündhaftigkeit der menschlichen Natur durch das Wunder einer neuen Schöpfung von vornherein enthoben gewesen sein soll, immer mehr bedenklich geworden.

Ich habe mich überzeugt, daß die Sündlosigkeit Jesu, d. i. die Freiheit seiner religiös-sittlichen Selbstbestimmung von jeder Art sinnlicher Verunreinigung und hemmender Beeinflussung durch untergeordnete geistige Mächte, wofern man nicht den Begriff seiner wahren Menschheit beeinträchtigen will, nur als das Ergebniß einer allmählichen sittlichen Selbstentwickelung begriffen werden kann. Er konnte die Macht der Sünde nur dann in religiös-sittlicher Weise, d. i. als wahrer Mensch und in einer für die Menschheit heilskräftigen Bedeutung überwinden, wenn er den „Zunder der Sünde" in sich selber fand und denselben auf dem Wege eines continuirlich fortschreitenden religiös-sittlichen Processes endlich vollständig in sich tilgte. Nur unter dieser Voraussetzung bezeichnet er den höchsten religiös-sittlichen Wendepunkt der Geschichte und nimmt die Stellung des Vollenders der menschlichen Natur im Organismus des Menschheitslebens ein, worauf schon der Apostel Paulus Röm. 8, 3 (κατέκρινε τὴν ἁμαρτίαν ἐν τῇ σαρκί) so tiefsinnig hindeutet. Ohne diese individuell persönliche Betheiligung am Kampf mit der Sünde, die zugleich ein persönliches Verflochtensein in ihre, der menschlichen Natur inhärirende Wesenheit voraussetzt, würde Jesus nicht im vollen Sinne Mensch gewesen sein, ungeachtet, daß die ganze Annahme auf einer Hypothese beruht, die sich weder geschichtlich, noch psychologisch, noch religiös-ethisch erhärten läßt.[1])

Zugleich aber bin ich auch überzeugt, daß es ihm wirklich gelungen ist, die Sünde endlich bis in ihre letzte Wurzel hinab in sich zu tilgen. Und in dieser seiner That besteht mir eben der innerste Kern seines Erlösungswerkes, besteht mir zugleich die Wahrheit der Lehre von der Rechtfertigung durch den Glauben. Denn diese Lehre kann doch wesentlich nichts Anderes besagen wollen, als daß man die Gnade Gottes und den Trost der Sündenvergebung nur unter der Bedingung der völligen Hingebung an das durch den Erlöser der Menschheit zur sündentilgenden, heilskräftigen Macht gereifte gottmenschliche Princip erlangen könne. Wer dies Princip in sich aufnimmt und zum Bestimmungsgrunde seines ganzen sittlichen Seins macht, der ist seiner innersten Persönlichkeit nach über die Sünde hinaus, der kann daher gewiß sein, wie das ihm auch sein Gewissen und innerstes Gefühl bezeugt, daß der Gott, der sich als Liebe und Gnade in Christo Jesu offenbart hat, ihm die Sünde der Vergangenheit und die noch fortdauernden Nachwirkungen derselben nicht zurechnen werde.

Indem ich nun übergehe zu dem Nachweis des allmählichen Sieges Jesu über die Macht der Sünde, will ich Sie zuerst kurz auf die Zeugnisse seiner Zeitgenossen über seine sittliche Größe und Reinheit hinweisen, um dann zum Zweiten etwas länger bei der Betrachtung der Gesammterscheinung seines sittlichen Charakters zu verweilen.

Was zuerst die Zeugnisse der Zeitgenossen Jesu über seinen sittlichen Charakter betrifft, so sehen wir aus den glaubwürdigsten Berichten über sein Leben,

---

[1]) Vgl. über die Unmöglichkeit des Nachweises der Sündlosigkeit Jesu besonders Baur's Bemerkungen in der Christlichen G n o s i s und am anderen Orte gegen Schleiermacher.

1) daß die verschiedensten Personen aus den verschiedensten Kreisen und Ständen des Volks den tiefsten Eindruck von seiner sittlichen Größe und innigen Verbindung mit Gott bekamen; 2) daß selbst seine bittersten Feinde keine Schuld auf ihn zu bringen vermochten; 3) daß die Ueberzeugung seiner Anhänger von seiner einzigen Größe und Reinheit um so bewußter und lauterer wurde, je reiner der Geist der Wahrheit und Sittlichkeit in ihnen selber sich entwickelte.

In Betreff des ersten Punktes ist besonders Folgendes von Gewicht. Der strengste Sittenrichter seiner Zeit, Johannes der Täufer, der so wenig Rücksicht auf Menschenansehen kannte, daß er sogar den Landesfürsten offen und mit Gefahr seines eigenen Lebens des Ehebruchs anklagte: er beugte sich so tief vor der sittlichen Größe Jesu, daß er sich nicht für würdig hielt, die Taufe an ihm zu vollziehen, und daß er, obgleich er sich in die erhabene und freisinnige Auffassung des Reiches Gottes von Seiten Jesu nicht zu finden wußte, sich dennoch auch noch vom Gefängnisse aus auf das Tiefste von ihm angezogen fühlte.

Außerdem wenden sich die verschiedensten Persönlichkeiten aus den verschiedensten Volksklassen an Jesum als einen Mann, der nicht nur gewisse leibliche Krankheiten, namentlich solche, die durch krankhafte Seelenzustände bedingt waren, wunderbar zu heilen, sondern der auch Sünden im Namen Gottes zu vergeben die Macht habe. Sie fühlten sich durch seine geistige Einwirkung auf das Kräftigste beruhigt und athmeten in seiner Gemeinschaft durch sittliche Umwandlung oder durch das Schöpfen aus der Quelle des reichsten Trostes zu neuem geistigen Leben auf. Denken Sie nur an die Maria Magdalene, an den Zachäus, an den Schächer am Kreuze, an das Volk unter dem Kreuze u. s. w.

Sodann konnten aber, zweitens, auch selbst die bittersten Feinde keine Schuld auf ihn bringen. Wie sehr sie ihn auch umlauerten und auf Entdeckung von Flecken in seinem Charakter ausgingen: immer wieder sehen wir ihre Anschuldigungen gegen ihn zu Schanden werden. Ja, obgleich Jesus selbst zu den stärksten sittlichen Angriffen gegen sie fortging, namentlich in der letzten Zeit seiner Wirksamkeit, so daß er sie sogar der Heuchelei und der ärgsten Sünde zieh und sie dadurch auf das Aeußerste gegen sich erbitterte: sie konnten selbst in dieser Erbitterung nur nichtige Anklagen gegen ihn zusammenstoppeln.

Nun ist kaum denkbar, daß die verschiedenen, durch List und Einfluß ausgezeichneten Parteihäupter des jüdischen Volks, die ihn schon früh als den gefährlichsten Gegner ihrer hierarchischen und selbstsüchtigen Bestrebungen erkannten, bei dem ausgebildeten Systeme der Auskundschafterei und Spionirerei, womit sie ihn umgaben, sowie bei den immer wiederkehrenden Versuchen, Widersprüche und sittliche Mängel in seinem Wesen und Charakter auszuspüren und ihn in seinen eigenen Worten zu fangen, es ist, sage ich, kaum denkbar, daß sie nicht irgend welche Schwächen des Charakters an ihm entdeckt hätten, wenn er wirklich damit behaftet gewesen wäre. Was endlich, drittens, seine Jünger betrifft, die täglich mit ihm verkehrten und nicht selten auf das Strengste von ihm gezüchtigt wurden, so blickten diese immer ehrfurchtsvoller an ihm hinauf und gelangten endlich zu der Ueberzeugung, daß er Christus, der Sohn des lebendigen Gottes sei, und als solcher selbst Moses und Elias noch weit überrage. Wir sehen sie im Verkehr mit ihm und nach seinem Abschiede von der Erde durch das Andenken an ihn, sowie durch die von ihm ausgegangenen geistigen Einwirkungen in einen sittlichen Umbildungsproceß hineingezogen, durch den sie immer mehr zu echten Gotteskindern werden. Je mehr sie in der Erkenntniß und Ausübung des Guten fortschritten, um so gewisser wurden sie in ihrer Ueberzeugung, daß Jesus selbst das vollendetste Vorbild aller Tugend gewesen sei, ja daß er durch seinen vollkommenen Gehorsam das göttliche Ebenbild zur vollkommenen Darstellung in sich gebracht und die Welt durch sein heiliges Liebesopfer mit Gott versöhnt habe. Obgleich die Jünger in ihren immer wieder auftauchenden weltlichen Erwartungen in Betreff des Reiches Christi sich zuletzt durch den schmachvollen Ausgang seines Lebens bitter enttäuscht sahen, so war dennoch der von ihm ausgegangene Eindruck so übermächtig, daß sie sich durch denselben mitten in ihrer Verzweiflung zu einem neuen sittlichen Leben aufgerichtet fühlten und daß sie, je tiefer sie in das Verständniß seines Wesens eindrangen, um so zweifelloser in dem Gekreuzigten das Lamm Gottes erkannten, das die Sünden der Welt hinwegzunehmen bestimmt sei. Selbst ein Saulus, der als pharisäisch gebildeter Jude ihn als Irrlehrer haßte, fühlte sich durch das Bild seines Lebens und Todes, trotz seines Widerstrebens, endlich zur Anbetung niedergeworfen. Daß er fähig wurde, mit geistigem Auge den Auferstandenen zu schauen, zeigt sich durchweg bei ihm bedingt durch den religiös-sittlichen Proceß, den die Kunde von der religiös-sittlichen Größe Jesu in seiner Seele hervorgerufen hatte.

Doch ich komme jetzt zur Hauptsache. Das ist eine näher eingehende Vertiefung in das Gesammtbild des sittlichen Wesens Jesu. Lassen Sie uns die Grundzüge desselben nach und nach ins Auge fassen. Diese Betrachtung ist in der That eben so wichtig, als das Zeugniß der Zeitgenossen Jesu über seinen Charakter, da sich ja auf diesem Wege erst gewiß darüber werden läßt, ob sie sich nicht etwa in parteiischer Voreingenommenheit über ihn getäuscht haben. Nun leuchtet aber aus den uns berichteten, durch sich selbst für ihre geschichtliche Echtheit sprechenden Reden und Lebenszügen Jesu ein Bild seines Charakters hervor, an dessen Beurtheilung sich bereits viele Jahrhunderte hindurch die verschiedensten Geister versucht haben, ohne daß die strengste Kritik im Stande gewesen wäre, wirklich einen sittlichen Flecken in demselben nachzuweisen.

Vergegenwärtigt man sich die Grundzüge des Charakterbildes Jesu, so bekommt man immer wieder den Eindruck von einer Persönlichkeit, die, erstens, auf der Höhe ihrer menschlichen Entwickelung zur vollen Herrschaft über die Macht der Sünde gelangt erscheint; die sich sodann, zweitens, auch frei zeigt von allen verderblichen Nachwirkungen, welche sonst als Nachwehen und Narben eigner, früher begangener Sünden zurückzubleiben pflegen. Dagegen fühlt man sich, drittens, immer mehr in der Ueberzeugung bestärkt, daß Jesus sich allmählich die Kraft und Fülle einer heiligen Liebe angeeignet hatte, welche als Ausdruck seiner innigsten Vereinigung mit Gott, dem Urquell aller Liebe und Heiligkeit, für die Sünde keinen Raum mehr in seiner Seele ließ.

Lassen Sie uns zuerst die Momente zu würdigen suchen, welche darauf hindeuten, daß Jesus auf der Höhe seiner Entwickelung sich nach keiner Seite hin der Macht der Sünde verhaftet zeigt.

Die Wurzel oder der eigentliche Zunder der Sünde, mein Freund, liegt doch offenbar in der dem Menschen angeborenen Neigung zur Selbstsucht oder in der bösen Lust. Die Selbstsucht aber gestaltet sich theils als persönliche, theils als sociale, d. i. als Familien- und Standesselbstsucht, theils als nationale. Jesus aber zeigt sich auf der Höhe seiner irdischen Lebensentwickelung erhaben über alle denkbaren Gattungen derselben.

Setzen wir, wie wir müssen, wenn wir ihn nicht für einen bloßen Scheinmenschen halten wollen, die Möglichkeit der Sünde auch in der Seele Jesu, so dürfen wir ihn auch nicht frei denken von dem angeborenen natürlichen Hange zur Selbstsucht. Dieser aber bethätigt sich überall, sobald der Wille ihm Raum gibt, als das aus den selbstischen Naturtrieben hervorbrechende Streben der Seele, das Nächste, Beste, wodurch sie sich angelockt und zur Begierde gereizt fühlt, zu ihrem höchsten Gut, d. i. zu ihrem Götzen zu machen, um demselben die höheren geistigen Güter, ja selbst das höchste Gut, die Sohnschaft bei Gott, sammt dem Frieden des Gewissens zum Opfer zu bringen. Das innerste Selbst des Menschen, sein erwachendes Ich, fühlt sich nämlich zunächst leer, weil es nicht, wie Gott, in sich selbst vollendet ist und daher auch nicht an sich selber Genüge hat. Es sucht daher nach einem Inhalt von außen, der die Seele befriedige. Nun kann der Mensch aber seine volle Befriedigung nur in Gemeinschaft mit Gott und seinem Reiche gewinnen. Da die menschliche Seele sich aber zunächst ganz in die Elemente der Sinnlichkeit versenkt findet, so ist sie zufolge ihrer natürlichen Triebe geneigt, das Sinnliche selbst, sei es in irgend einer besondern oder allgemeinern Gestalt, zum Gegenstand ihrer höchsten Liebe zu machen und dadurch die Liebe zu Gott und dem höchsten Gut zu verunreinigen oder ganz zu verdrängen. Nur eine solche Seele dagegen, die schon früh, bevor die natürlichen Triebe sich zu herrschenden Begierden und Leidenschaften zu verhärten pflegen, der wahren Idee Gottes mächtig wird und sich in inniger

Aufgeschlossenheit für die Einwirkungen des göttlichen Geistes warm und kräftig vom Gefühl ihrer gottmenschlichen Bestimmung durchglühen läßt, indem sie zugleich vom sittlichen Pflichtbewußtsein aus die natürlichen Triebe sammt den aus denselben hervorwuchernden Begierden und Leidenschaften durch stete Uebung in der Tugend unter die Zucht des sittlichen Willens nimmt, gelangt allmählich zu der Befähigung, den angebornen Hang zur Selbstsucht immer mehr und am Ende völlig zu überwinden. Im Allgemeinen liegt diese Befähigung in jeder menschlichen Seele. Und wie sie nur im steten Kampfe zur sittlichen Charakterstärke gedeihen kann, so haben wir einen solchen Proceß auch in der Seele Jesu vorauszusetzen und sehen ihn selbst erst auf der Höhe seines Lebens als vollendeten Sieger hervorgehen. Gewisse Spuren der Fortdauer dieses Kampfes erblicken wir zwar auch dann noch bei ihm; allein niemals gewahren wir irgend welche Anzeichen des Unterliegens seines moralischen Willens und der Ermattung seiner sittlichen Thatkraft.

Treten wir zunächst der ersten Gattung der Selbstsucht etwas näher, nämlich der persönlichen, so bethätigt sich dieselbe in niedrigster und gemeinster Form als Fleischeslust. Dies ist der Fall, so oft der Mensch, sei es in mehr roher, sei es in feinerer Weise, der Befriedigung derjenigen Triebe, die er mit dem Thiere gemein hat, auf Kosten des Gewissens oder in völliger sittlicher Gleichgültigkeit nachgeht. Ueber diese Art der gemeinen Selbstsucht zeigen sich auch die edleren Heiden erhaben und bei Jesu kann davon nicht die Rede sein.

Es gibt aber auch eine mehr geistige Form der individuellen Selbstsucht, welcher gerade edle Naturen so leicht verfallen, indem sie gewisse höhere, auf geistigem Grunde ruhende Güter zum höchsten Gegenstande ihres Strebens machen, wie z. B. persönliche Ehre, hohe Stellung unter den Menschen, die Genüsse der Wissenschaft und Kunst, das Streben nach Macht und Herrschaft, zuhöchst nach Macht und Herrschaft über die Welt. Jesus nun zeigt sich durchaus empfänglich für Ehre und Ansehen. Er will sogar als der vollendete Mensch, als Menschensohn und Messias, ja als Gottessohn, anerkannt sein. Er strebt auch nach der höchsten Herrschaft über die Welt. Aber niemals sehen wir ihn dieser Ehre und Herrschaft in selbstischem Sinne, im Widerspruch mit dem höchsten Gebote der Wahrheit und Liebe, sondern nur im Dienste des allumfassenden Gottesreichs, im Interesse des Heils der ganzen Menschheit nachgehen. Er will die Seinen, ja er will jede Menschenseele zu den höchsten Ehrenstufen, zur Herrschaft über die Welt im Geist der Wahrheit und Liebe erheben. Aber er bezeichnet als den Weg dazu die tiefste Selbsterniedrigung in der dienenden Liebe und er selbst geht auf diesem Wege ohne Wanken voran (Luc. 9, 23 ff.; Marc. 10, 42 ff.; Luc. 18, 28 ff.) und unterzieht sich auf demselben selbst der äußersten Schmach und Verachtung. Wir sehen ihn alle irdischen Güter, Besitz, Bequemlichkeit, Familienglück, ja selbst das Leben und die Ehre zu untergeordneten Mitteln im Dienst des höchsten Guts, im Opferdienst der Liebe, für die Interessen des Reiches Gottes verwenden und völlig dahingeben. Das Feuer dieser selbstverleugnenden heiligen Liebe mußte nothwendig durch die steigende Kraft seiner Entwickelung jeden Samen der angebornen Selbstsucht, jeden Ansatz zur Bethätigung derselben von den sinnlichen Trieben aus nach und nach in seiner Seele völlig verzehren.

Die andere Form der Selbstsucht besteht in der Erweiterung der persönlichen zur socialen Selbstsucht, zur selbstsüchtigen Familien- und Standesliebe.

Nun wurzelt auch Jesus mit warmer Liebe im Schooß seiner Familie und seiner galiläischen Umgebung. Als gehorsamer Sohn seiner Eltern war er denselben in seinen jungen Jahren in kindlicher Liebe und Unterthänigkeit ergeben. Selbst noch in der Stunde des Todes legte er die zärtlichste Liebe für seine Mutter an den Tag. Ebenso wurzelt sein sittliches Leben in einem bestimmten Standesinteresse. Der Beruf eines Lehrers gilt ihm sehr hoch und er widmet demselben seine besten Kräfte. Aber wie er denselben lediglich im Dienst der idealen Menschheit verwaltet, jede Regung des Standeshochmuths, wo er sie treffen mag, in aller Weise bekämpfend, so scheut er auch nicht die Opposition gegen Mutter und Brüder (Marc. 3, 31ff.), wo er dieselben in kleinliche und beschränkte Denkweise verstrickt sieht.

Jesus hat von den verschiedensten Geistesrichtungen seiner Zeit gelernt und sich im allseitigen Verkehr mit denselben bewegt. Aber eben in dieser seiner Allseitigkeit sehen wir ihn jeder einseitigen Parteibestrebung bei jeder Gelegenheit kräftig entgegentreten. Dabei findet und fügt er sich mit eben so vieler Umsicht und Anbequemung in die Verhältnisse als sittlicher Erhabenheit über ihre Schranken, in die Zustände seiner Zeit und Umgebung. Er ist der Obrigkeit unterthan und verzichtet auf jede Anwendung von Gewalt gegenüber ihren Anordnungen, auch wo diese noch so ungerecht sind. Aber zugleich vertritt er die Wahrheit ohne Wanken mit allen sittlichen Mitteln, auch den drohendsten Bestrebungen der geistlichen und weltlichen Mächte seiner Zeit gegenüber. Den Hochmuth der Parteihäupter, den Dünkel der Priester und Leviten, den Kastengeist der Vornehmen und die Ungerechtigkeit der Machthaber hat er bei jeder Gelegenheit gezüchtigt, ohne sich jemals in Erbitterung vom öffentlichen Leben zurückzuziehen. Er wohnt selbst gelegentlich den Gastmahlen der vornehmen Stände mit bei, während er in völliger Erhabenheit über alle Standesvorurtheile sich dem liberalsten Verkehr mit der verachtetsten Klasse der Gesellschaft, nämlich mit Zöllnern und Sündern, hingibt.

Eben so frei zeigt er sich endlich noch drittens von jedem Anflug nationaler Selbstsucht. Zwar liegt ihm vor Allem sein eigenes Volk am Herzen. Er findet sich zunächst nur zur Rettung der verlorenen Schafe vom Hause Israel gesendet. Auch fügt er sich der volksthümlichen Sitte, wo er sie nicht im Widerspruch findet mit dem Geiste der Wahrheit und Freiheit, dem er Geltung zu verschaffen sucht. So betheiligt er sich mit Liebe an den nationalen Festen und hängt so innig an seinem Volke, daß der Gedanke über den bevorstehenden Untergang desselben ihm heiße Thränen auspreßt. Gleichwohl räth er, sich mit Besonnenheit in das Unvermeidliche und Selbstverschuldete ohne eitle Widerstandsversuche zu fügen und dem Kaiser zu geben, was des Kaisers ist, aber freilich nur im Einklange mit den Pflichten gegen Gott. Im Gegensatz zu der nationalen Beschränktheit des Judenthums aber erstrebt er ein Reich der Liebe und Gerechtigkeit, worin Jeder in Jedem, weß Standes und Volks er sein möge, den Bruder, und so oft er ihn hülfsbedürftig sieht, den Nächsten anerkennen soll. Er bricht auch die nationale Sitte und erweist sich als ein Herr über den Sabbath u. s. w., wo es die Menschenliebe fordert. Niemals aber zeigt er sich als beschränkter Jude, sondern überall als Mensch im weitesten Sinne, als Menschensohn, der in jedem zeitlichen Menschen den ewigen Menschen gepflegt sehen will (Matth. 25, 31 ff.). Wenn er sich dem kanaäischen Weibe gegenüber, die nicht ohne Zudringlichkeit und Selbstsucht an ihn herantritt,[1]) hart zeigt und dieselbe auf die Vorrechte der Juden hinweist, so ist er ihren Bitten doch alsobald zugänglich, als er sich überzeugt von dem Vorhandensein eines höheren Glaubenskeims in ihrem Gemüthsleben.

Wir sehen den Stifter des Christenthums so auf der Höhe seiner persönlichen Entwickelung völlig erhaben über die verschiedenen Formen und Arten der Selbstsucht, in denen sich das Wesen der Sünde kundgibt. Jetzt fragt sich aber, ob sich nicht etwa Nachwirkungen und Narben früher begangener Sünden in seinen geistigen Zuständen und sittlichen Lebensäußerungen nachweisen lassen. Wir müssen auch darauf noch etwas näher eingehen.

Die Folgen und Nachwirkungen der Sünde, sowohl der eigenen als auch der gemeinsamen, kommen bei jedem Menschen, der sich nicht schon früh siegreich über die Macht der Sünde erhoben hat, sowohl auf geistigem, wie auf leiblichem Gebiete zum Austrage oder doch zur Anzeige, besonders aber spiegeln sie sich ab in den Kämpfen der Seele mit den Begierden des Fleisches, indem die letzteren immer mehr als Leidenschaften und sündliche Gewohnheiten die Uebermacht über den Geist erlangen, wenn sie nicht schon von Jugend auf in Zucht genommen worden sind. Jesus aber zeigt sich in allen diesen drei Beziehungen von den Folgen der Sünde frei.

Was zunächst die Freiheit Jesu von den Folgen und Narben der Sünde auf **geistigem Gebiete** betrifft, so kommt in dieser Beziehung Folgendes in Betracht.

[1]) Vgl. die treffliche Predigt von Holtzmann über diesen Gegenstand in dessen Predigtsammlung.

Der Bereich des persönlichen Geisteslebens umschließt sowohl das Verhältniß des menschlichen Geistes zum göttlichen Geiste, wie auch die Wechselwirkung mit dem jedesmaligen Zeitgeiste.

Im Verhältnisse des menschlichen Geistes zum göttlichen Geiste zeigen sich die Folgen der Sünde einerseits durch Verdunkelung und Beschränkung des religiösen Gottesbewußtseins, insonderheit durch Verkümmerung der Erkenntniß Gottes und des Vertrauens auf Gott, andererseits durch den Zwiespalt im sittlichen Selbstbewußtsein, der sich als Schuldgefühl im Gewissen bethätigt und entweder zur Buße treibt oder zur sittlichen Selbstverhärtung führt.

Was nun die Beschaffenheit des Gottesbewußtseins Jesu anbetrifft, so steht er in dieser Hinsicht durchaus einzig da, denn die Kräftigkeit und Reinheit desselben zeigt sich bei ihm stets ungeschwächt. Die Idee Gottes ist in solcher Vollendung in seiner Seele aufgegangen und er hat sie dabei so einfach ausgesprochen, daß er schon dadurch über alle menschlichen Persönlichkeiten erhaben ist.

Für das Gottesbewußtsein der vorchristlichen Zeit hatte die Sünde innerhalb des gebildeten Heidenthums die Verwechslung der Gottheit mit den Kräften der Natur zur Folge. Von dieser Verwechslung machten sich auch die tiefsten Denker erst sehr schwer und fast nirgends völlig frei. Innerhalb des Jahvethums aber konnten selbst ein Mose und die größten Propheten sich nicht völlig zur reinen Gottesidee erheben. Vielmehr blieb ihnen dieselbe noch mehr oder weniger verborgen unter der Hülle sinnlicher Visionen und Theophanien, und immer wieder trat bei ihnen der Gedanke der allgemeinen, göttlichen Vaterliebe, sowie das Gefühl des hingebenden, freudigen Vertrauens zurück vor einer particularistischen Auffassung Gottes und vor der Empfindung der Angst und des Schreckens im Verkehr mit dem göttlichen Geiste. Die eminentesten Denker in der Heidenwelt dagegen gelangten zwar nach und nach dahin, einen gewissen geistigen Gottesbegriff auszubilden; aber wie inhaltsleer war derselbe, wie selten erhob er sich auch nur einigermaßen über den Pantheismus, wie leer und trostlos erscheint er selbst bei Geistern wie Sokrates, Plato und Aristoteles! Und doch enthüllt ihre Philosophie recht eigentlich den Silberblick der gesammten heidnischen Denkbestrebungen auf religiös-sittlichem Gebiete, während wir das antike Gottesbewußtsein nach dem Zeitalter des Aristoteles bei den Stoikern, Epikuräern und Skeptikern bald wieder gedämpft und endlich in den gebildeten Kreisen ganz erlöschen sehen. Zur Zeit Christi, welche Verkümmerung des Gottesbewußtseins unter Heiden und Juden, ungeachtet einer gewissen reinigenden Wirkung, die vom Platonismus aus auf die jüdische Denkweise ausgegangen und wodurch die jüdische Gottesidee hier und da freier geworden war von ihrer sinnlichen Bestimmtheit und von der ihr noch immer anhaftenden, nur durch die größesten Propheten einigermaßen gelichteten particularistischen Beschränktheit! Wie particularistisch und äußerlich faßten die Pharisäer das Wesen Gottes, wie fatalistisch dachten die Sadducäer, wie trübe und gedrückt war der Gottes- und Weltbegriff der Essener! Selbst Johannes der Täufer gelangte nie zur rechten Freudigkeit im Gedanken und Gefühle der göttlichen Nähe, da er in seiner asketischen Richtung immer wieder nur die richterliche und strafende Thätigkeit der Gottheit ins Auge faßte. Da trat Jesus hervor. Was für eine ganz andere Stellung nimmt er im innersten Brennpunkte seiner Persönlichkeit zu Gott ein und mit welcher Klarheit, Kräftigkeit und Ursprünglichkeit bricht das Gottesbewußtsein, als Ausdruck seiner unmittelbarsten Selbsterfahrung, aus den Tiefen seines Geistes hervor! Der unsichtbare Herr und Schöpfer des Himmels und der Erde hat sich ihm als Vater aller Menschen, als sein Vater enthüllt, und er fühlt sich in der innigsten Gemeinschaft von Du und Ich mit ihm. Immer ungetrübt und ohne alle sinnliche Verhüllung, als der Urgeist der Wahrheit und Liebe, der seine Sonne scheinen läßt über Böse und Gute und ohne dessen Willen kein Sperling vom Dache fällt, erschaut und erfährt er das Wesen der Gottheit in sich und außer sich, in der Natur und in seinem eigenen Herzen. Als die Quelle aller sittlichen Vollkommenheit, als den vollkommenen Geist, der allein schlechthin gut ist und nur das Gute, nämlich ein Reich der vollendeten Wahrheit, Gerechtigkeit und Liebe zum Ziele seiner Wirksamkeit und Offenbarung macht, so erkennt und verkündigt er den Schöpfer und Regierer der Welt. Und nicht etwa bloß in einzelnen gehobenen Momenten, sondern beständig in jedem Augenblicke ist er von dem Gefühl der Gemeinschaft mit Gott getragen. Er liebt und verehrt ihn als ein Wesen, das in seiner reinen Geistigkeit und unendlichen Erhabenheit über die Welt zugleich in innigster Weise allgegenwärtig mit jeder menschlichen Seele in das Wechselverhältniß von Vater und Sohn zu treten strebt. In wie einfacher, jedem frommen Gemüthe unmittelbar verständlicher Weise spricht er die tiefsten Erfahrungen und Wahrheiten über Gott und sein Reich aus! Diese Reinheit und Einzigkeit seines Gottbewußtseins liefert mit den directesten Beweis, daß die Schatten der Sünde seine Seele niemals verdunkelt haben können, daß sein Herz sich von Jugend auf in reinster Weise zum Gefäß für die ungetrübte und unverkümmerte Aufnahme des göttlichen Offenbarungsgeistes gebildet haben muß.

Was sodann die Gewissensstellung Jesu zur Gottheit anlangt, so steht er ihr in seinem innersten Selbstbewußtsein stets aufrecht gegenüber und fühlt sich als der echte, erstgeborne Sohn im Reiche seines Vaters. Wie höchst empfindlich und zart sein Gewissen auch geartet ist, wie stark es bei jeder Wahrnehmung fremder Sünde reagirt, wie lebhaft ihn die geringste Trübung der sittlichen Motive berührt, was für durchdringende Blicke er auch thun mag in den sündlichen Hintergrund des menschlichen Herzens, aus welchem böse

Gedanken aufsteigen, ja wie sehr er überall auf Erkenntniß der Sünde und auf gründliche Buße als die wesentlichen Bedingungen für den Eintritt in das Reich Gottes bringt: nirgend zeigt sich eine Spur, daß er selbst sich irgendwie vor Gott schuldig und der Buße bedürftig gefühlt hätte. Während die Geschichte beweist, daß gerade die zartfühlendsten und gebildetsten Geister von jeher dem allgemeinen Schuldbewußtsein aus eigener, individueller Erfahrung den bestimmtesten Ausdruck gegeben haben, finden wir in den Aeußerungen Jesu auch nicht die leisesten Andeutungen eines eigenen Schuldgefühls. Zwar hat er sich, wie Keim bemerkt, den Titel des guten Lehrers ausdrücklich verbeten; er hat von seinen Versuchungen, von der Willigkeit des Geistes und der Schwachheit des Fleisches geredet. Aber wer über das einzelne Wort sich in das Ganze der Reden und Thaten Jesu versenkt, der kommt, wie Keim weiter bemerkt, unfehlbar mit dem Eindruck heraus: hier ist ein Bewußtsein, welches den Stachel der Sünde nicht fühlt, hier ist kein laxer Moralist. Selbst das Auge, den Blick, das bloße unnütze Wort und hinter allen Thaten das unreine Herz hat er der Sünde geziehen; seine Zeit hat er arg und eine Sünderin gescholten; seine Jünger hat er an ihren Schwächen beschämt und ins Gebet um Vergebung der Sünden geführt. Er aber, der Mann des zerreibendsten Weltberufs, der in der Eminenz seines Geistes tagtäglich in den Entschluß der Demuth und Selbsterniedrigung, des mitleidigen Tragens, des stillen Duldens unterzutauchen hatte, er betet nie um Vergebung, auch nicht in Gethsemane und nicht auf Golgatha; er genießt das ungebrochene, ewig helle Sonnenlicht der Kindschaft, er vergibt im Namen Gottes den Sündern, stirbt für die Sünder, und wir können nicht sagen, daß sein Leben ihn widerlegt hätte. [1])

---

[1]) Keim, der geschichtliche Christus, S. 108.

Achtzehnter Brief.

Nachdem ich Sie im vorigen Briefe zuletzt auf die Freiheit der sittlichen Persönlichkeit Jesu von den verderblichen Folgen der Sünde auf dem höchsten Geistesgebiete, in den Regionen des Gottesbewußtseins und des Gewissens, hingewiesen, lassen Sie uns jetzt auch einen Blick werfen auf seine Stellung zum Geiste seines Zeitalters.

Nun geben sich aber die Folgen und Wirkungen der Sünde im Verhältniß des persönlichen Geistes zu dem jedesmaligen Zeitgeiste vorzüglich darin kund, daß die meisten Menschen hinter den religiös-sittlichen Forderungen ihrer Zeit zurückbleiben, daß aber auch die wenigen, welche auf der Höhe der Zeit stehen, sich immer irgendwie von einer bestimmten Geistesrichtung einseitig ergriffen und im Zusammenhang damit der vollen Harmonie in der Entwickelung des eigenen Personlebens ermangelnd zeigen. So gewahren wir bei vorherrschender Entwickelung des Phantasielebens, wie sie den künstlerischen Naturen eigen ist, gewöhnlich eine mangelhafte Ausbildung der sittlichen Selbstbeherrschung. Zeigt sich dagegen die Willenskraft stark ausgeprägt, wie bei den Herrschernaturen, so fehlt es nur zu häufig an Tiefe und Innigkeit des Herzens und Gemüthes. Daher ist den starken Charakteren nur zu häufig eine gewisse Eigenwilligkeit und Starrköpfigkeit eigen. Oder sie sind schlau und vorsichtig, wissen die Schwächen Anderer zu schonen, um sie für sich auszubeuten. Sie sind muthig und tapfer, aber auch hart und herrschsüchtig; großmüthig, aber auch kalt und rückhaltend, ja nicht selten stolz bis zur Menschenverachtung. Umgekehrt verhält es sich mit denen, bei welchen das Gefühl das Uebergewicht bildet. Der Regel nach ist das Vorherrschen des Gemüthslebens das Eigenthümliche der weiblichen Natur. Es gibt aber auch männliche Naturen mit stark ausgeprägtem Gemüthsleben, die dann leicht für das Schöne und Gute offen und zugänglich, aber auch leicht zu weich, zu nachgiebig und schwankend, zu reizbar und unstät sind. Ist endlich die Intelligenz vorwiegend entwickelt, so zeigt sich die Charakterschwäche in andern Formen, die verschieden sind, je nachdem die Intelligenz als sinnliche oder abstracte Verständigkeit, als grübelnde oder speculirende Vernunft auftritt, oder je nachdem sie zugleich mehr ein praktisches oder mehr ein gemüthliches Interesse verfolgt.

Doch es ist unmöglich, auch nur die Hauptnüancen in der Einseitigkeit der Charaktere sammt den Modificationen derselben durch Temperament, Nationalität, Zeitgeist, sociale Stellung u. s. w., abzuleiten und näher zu bestimmen, da eine unberechenbare Menge von Factoren und Einflüssen die Mischung, sowie die dadurch bewirkte gegenseitige Hemmung oder Förderung der einzelnen Geistesvermögen bedingen und vermitteln. Genug, daß wir nach dem allgemeinsten Zeugnisse der Geschichte auch die edelsten Charaktere und selbst diejenigen, welche sich bei großer Begabung und unter glücklichen Verhältnissen eine harmonische Entwickelung aller ihrer Geisteskräfte zur angelegentlichsten Aufgabe machten, denken Sie z. B. an Männer wie Sokrates, Goethe, Fichte, Schleiermacher u. A., nicht frei sehen von großen Einseitigkeiten, indem sie sich abwechselnd einem Uebermaß von Härte oder Weichheit, von Ueberspanntheit oder Lauheit, von zu großer Schärfe oder Gleichgültigkeit verfallen und eben dadurch Schwankungen und Wandlungen aller Art unterworfen zeigen. Sokrates hatte seine Stärke in einem hohen, mit Weisheit gepaarten, auch auf inniger Frömmigkeit beruhenden, sittlichen Ernste. Man fühlte sich wunderbar heimisch bei ihm und seine Schüler verehrten ihn als den besten aller Menschen. Aber wie oft reißt ihn seine Opposition gegen die Sophisten bei seinem Hange zur Ironie ebenfalls zu sophistischen Spitzfindigkeiten fort, wie stoisch kalt läßt er Weib und Kind in der letzten Stunde aus seiner Nähe hinwegführen. Selbst der größte der Apostel, der so ernstlich der Heiligung beflissene Paulus, zeigt sich nicht frei von Gereiztheit und läßt sich von seiner cholerischen Natur öfter über das rechte sittliche Maß fortreißen. Daß sein stürmisches Naturell und seine Neigung zu rabbinischen Deuteleien und Spitzfindigkeiten auch nach jenem wunderbaren Umschwunge, der nach seiner Bekehrung eintrat, ihm noch oft zu schaffen machten, dessen ist er sich selbst auf das Bestimmteste bewußt. Noch weniger sind die großen Persönlichkeiten des reformatorischen Zeitalters, sowie aller frühern und spätern christlichen Jahrhunderte, von Einseitigkeiten und Auswüchsen des Charakters freigeblieben. Gleichwohl konnten sie alle schon aus dem Quell des reinen, sittlichen Geistes schöpfen, der durch Jesum von Nazareth das neue sittliche Princip der Menschheit geworden ist.

Lassen Sie uns nun, nach diesem Einblick in die wunden Stellen der edelsten Naturen, noch etwas näher an die Persönlichkeit Jesu selber herantreten. Was bekommen wir da für einen Eindruck von harmonischer Vollendung! Wie verstärkt sich derselbe, wenn wir bedenken, daß seine geistige Entwickelung gerade in die gährungsvollste Epoche der Menschheit fällt, in jene Zeit, wo Judenthum und Heidenthum sich gegenseitig durcheinander zersetzen! Was für krampfhafte Zuckungen durchwühlten damals den tiefkranken, von sittlicher Fäulniß durchdrungenen Körper des hinsterbenden Judenthums! Wie zerklüftete sich das geistige Leben der Nation in allerlei einseitigen Gegensätzen! Selbst Johannes der Täufer blieb mehr oder weniger im Conflict derselben befangen.

Aber siehe, mitten aus diesem Chaos erhebt sich wunderartig, gleich dem Gebilde einer neuen Schöpfung, alle Gegensätze seiner Zeit vom sittlich-religiösen Brennpunkt eines vollendeten Gottesbewußtseins aus bewältigend, der harmonische Charakter Jesu! Und können wir es anders sagen, mein Freund, als daß er, sowohl nach seiner Ursprünglichkeit, sofern wir vergeblich nach einem geschichtlichen Vorbilde oder prophetischen Ideale für seine Erscheinung suchen, wie auch in seiner, alles frühere und spätere Maß menschlicher Güte und Tugend überschreitenden, und dabei doch so einfachen Größe, wirklich als ein Wunder Gottes dasteht? Dennoch erweist er sich zugleich auch als die echt geschichtlich vermittelte, alle bisherigen menschheitlichen Entwickelungen harmonisch in sich zusammenfassende Blüthe; als die Vollendung des von Anfang an in der Menschheit wirksamen religiös-sittlichen Dranges. In seiner herrlichen Erscheinung sehen wir die beiden großen Gegensätze des Gottesbewußtseins und des Weltbewußtseins, deren polare Entwickelung an das Jahvethum und Heidenthum wie an die beiden Hälften der werdenden Menschheit vertheilt war, sich in theoretischer und praktischer Weise vereinheitlich durchbringen, sehen wir außerdem alle übrigen Dissonanzen des persönlichen Geisteslebens, die dadurch entstanden waren, daß selbst in den einzelnen großen Trägern des weltgeschichtlichen Lebens die eine Geistesrichtung sich immer auf Kosten der andern entwickelt hatte, zur vollen Seelen- und Geistesharmonie zusammenklingen. Vermöge dieser geistigen Volltönigkeit seines Personlebens verwirklicht er in sich das gottgedachte Ideal des Menschen und ist, wie er sich selbst am liebsten bezeichnet, der vollendete M e n s ch e n s o h n. Es ist in der That der ewige Gottesgedanke selber, mein Freund, und nicht ein bloß menschlicher Weise entworfenes Ideal, es ist die objective, ewige Idee des Menschen, die wir in ihm verkörpert sehen. Sie ging nicht nur als prophetische Schauung in ursprünglicher Weise in seiner eigenen Seele auf, sondern er nahm von vornherein eine solche Stellung in der Menschheit ein und war mit solchen Kräften ausgerüstet, d. h. die gegensätzlichen Kräfte der Menschheit faßten sich derartig nach göttlicher Ordnung zur Einheit in ihm zusammen, daß er die ihm innerlich aufgegangene Idee auch in sittlicher Weise zum vollen Austrage brachte. Daß er das vermochte, ist die Folge seiner einzigartigen Stellung im Brennpunkte des Menschheitsorganismus. Daß er aber, was er vermochte, auch wirklich vollbracht hat, ist sein persönliches Verdienst, ist die Folge seines unausgesetzten Gehorsams gegen den Willen und die Ordnung des himmlischen Vaters, dessen Wort er ununterbrochen und ungetrübt im Herzen und Gewissen vernahm.

Theoretisch und prophetisch waren die Grundzüge des Ideals eines vollendeten Menschen freilich einigermaßen auch schon in der vorchristlichen Zeit entworfen worden. So hatte Platon auf heidnischem Boden das Ideal des vollendeten Gerechten aufgestellt, der, um sich als solcher vollständig zu beweisen, und um sich von allen selbstischen Motiven frei zu zeigen, um der Wahrheit und Gerechtigkeit wegen selbst den Schein der Ungerechtigkeit auf sich zu nehmen habe. Der vollkommen Gerechte, läßt Platon den Glaukus sagen, muß nicht gut scheinen wollen, sondern gut sein. Das Scheinen müsse man ihm also nehmen. Ohne irgend Unrecht zu thun, müsse er den Schein der Ungerechtigkeit auf sich nehmen, damit sich zeige, wie er auch durch die übele Nachrede, und Alles was daraus entsteht, nicht bewegt werde. Daher erwarte ihn nothwendig Verfolgung und Tod. Er werde gefesselt, gegeißelt, gefoltert, geblendet werden an beiden Augen und zuletzt, nachdem er alles mögliche Uebel erduldet, werde er noch aufgeknüpft werden.[1]) Allein, abgesehen davon, daß Platon dieses Ideal nur nebenbei aufstellt, daß er es nicht dem Sokrates, sondern einem Sophisten in den Mund legt, daß er also an die Verwirklichung desselben nicht denken läßt: so fehlt demselben noch Vieles, um die in Jesu verkörperte sittliche Höhe und Vollendung zu erreichen, es fehlt ihm vor Allem die tiefere, religiöse Unterlage. Dazu kommt, daß das gebildete Heidenthum sich immer wieder für die Unmöglichkeit einer unsündlichen Erscheinung in der Menschheit ausspricht.[2]) Dagegen erscheint das Ideal eines Knechtes Gottes im alten Testament mehr nur als ein allgemeiner, die Idee des göttlichen Bundesvolks symbolisch in sich verkörpernder Gattungsbegriff, nicht aber als das concrete Bild einer bestimmten Persönlichkeit, ist daher auch nur sehr allgemein gehalten.

So steht Jesus ohne Vorbild und eben damit schlechthin ursprünglich da. In religiös-sittlicher Beziehung gilt in der That von ihm, was der Hebräerbrief mit Hinblick auf die mythische Gestalt des Melchisedek von ihm aussagt, daß er ohne Vater und ohne Mutter gewesen sei (Hebr. 7, 3). Und nun beachten Sie, wie sein Lebensbild in jedem Zuge mit der Farbe historischer Wirklichkeit gesättigt ist und dabei über den religiös-sittlichen Horizont seiner Zeit nach jeder Seite hin hinauswächst. In aller Weise bekommen wir so durch den

[1]) Platon's Werke, übersetzt von Schleiermacher. Der Staat. 2. Buch. S. 128.

[2]) Vgl. die betreffenden Stellen aus Cicero, Epictet rc. in Ullmann's Sündlosigkeit Jesu, S. 127 ff., und bei Keim: der geschichtliche Christus, S. 115.

Anblick seiner Erscheinung, und zwar um so unabweislicher, je reiner wir kritisch das echt Menschliche derselben aus den mythischen Zuthaten der Sage und Poesie heraussondern, den Eindruck einer Persönlichkeit, die immer siegreicher alle Dissonanzen, welche die Entwickelung des menschlichen Personlebens im Denken, Fühlen und Wollen durchläuft, in den harmonischen Einklang sämmtlicher Grundkräfte ihres menschlichen Vollwesens auflöst. Ueber jede einseitige Bestimmtheit, wie sie der menschlichen Persönlichkeit durch Temperament, Nationalität und Erziehung, sowie durch die gegensätzliche Entwickelung von Denken, Fühlen und Handeln anklebt, sehen wir sein sittliches Sein und Wirken nach und nach triumphiren. Sein dem Cholerischen zuneigendes Temperament zeigt sich auf der Höhe seiner Charakterentwickelung vollständig umgriffen und durchdrungen von der Machtherrlichkeit des religiös-sittlichen Wollens. Von Natur für alles echt Menschliche offen und aufgeschlossen und dabei ebenso entfernt von sanguinischer Leichtfertigkeit wie von melancholischer Schwerfälligkeit und Düsterheit, läßt er seiner cholerischen Raschheit des Temperaments niemals den Zügel schießen. Er zürnt und straft zwar mit gewaltigem Ernst, er zeigt sich bei jeder Gelegenheit von dem stärksten Pathos bis in jeden Nerv durchzittert. Sein Temperament neigt den raschesten Aufwallungen zu. Aber immer wieder sehen wir das stürmische Andrängen seiner Natur an der Grenze der beginnenden Leidenschaft sich legen unter der Macht der sittlichen Selbstbeherrschung und sich lösen in Mitleid, Nachsicht, Sanftmuth und vergebender Liebe.

Was die Grundklänge betrifft, die uns aus seiner volltönigen Charakterharmonie immer wieder von Neuem so wohlthuend und erhebend ansprechen, so zeigt jeder Blick auf seine Eigenthümlichkeit, wie er an Scharfblick und Tiefsinn, und zwar nicht minder auf dem höchsten Erkenntnißgebiet als auf dem Gebiete der praktischen Seelenkunde, selbst die größesten Genien aller Zeiten überstrahlt. Von seinem einzigen Gottesbewußtsein habe ich schon gesprochen. Dieselbe Eminenz zeigt er als Herzenskündiger. Er fühlt schnell heraus, was im Menschen ist, und gibt doch, vermöge seines Glaubens an den Adel der menschlichen Natur und in dem Bewußtsein, daß die Bekehrung niemals zur absoluten Unmöglichkeit wird, das verlorene Kind, das er in Judas kennen lernen sollte, erst ganz zuletzt auf. Er durchschaut die Fuchsnatur des Herodes nicht minder, wie das heuchlerische Gebahren und die verborgene Herzensstücke der Pharisäer und Sadducäer. Er bringt sie alle zum Verstummen, wie giftig sie auch die Zähne wider ihn knirschen. So wenig die mit den Pharisäern verbundenen Herodianer, welche ihn mit der Frage nach dem an den römischen Kaiser zu entrichtenden Zins in Verlegenheit zu setzen suchten, als die Sadducäer mit ihrer Chicanirfrage über die Auferstehung vermögen ihn auch nur einen Augenblick außer Fassung zu bringen. Mit klarem Geist sieht er das Schicksal seines Volkes voraus und deutet, ohne sich irgend welchen Illusionen über die Zukunft hinzugeben, mit treffenden Zügen auf den allmählichen Entwickelungsgang seiner eigenen, senfkornartig beginnenden Pflanzung hin. Er verbirgt sich die tausend Schwierigkeiten nicht, mit denen sein Reich zu kämpfen haben wird. Es ist ihm um die Zukunft desselben oftmals bange, denn er weiß, daß seine Religion der Liebe auch dem bittersten Hasse zum Vorwande dienen wird. Aber immer wieder eröffnen sich ihm die erhebendsten Blicke in die Tiefen der Religion und Gottheit, in den göttlichen, immerdar wieder neu hervorbrechenden Urgrund der menschlichen Natur. Zwar verhehlt er sich das Verderben des menschlichen Herzens in keiner Weise (aus dem Herzen kommen sie), aber er kennt auch ebenso die göttliche Lichtseite der menschlichen Natur (τὸ φῶς ἐν σοί). Bei dem allen zeichnet er sich durch eine Lehrweisheit aus, daß ihm auch die Weisen der Weisen in dieser Beziehung die Palme reichen. Immer aber ist sein intellectuelles Wesen zugleich im Einklang mit den tiefsten Anforderungen der Gemüthssphäre und vor allem mit den heiligen Zumuthungen des Gewissens. Mit unermüdetem Eifer wendet er sich stets wieder von seiner innern Selbstvertiefung im Gebetsumgange mit seinem Gott der religiös-sittlichen Praxis zu und bewährt sich bei jeder Gelegenheit als ein vollendet sittlicher Praktiker. Nichts liegt ihm ferner als graue Theorie oder sentimentale Velleitäten. Als Wohlthäter der Menschheit im Leiblichen nicht minder wie im Geistigen zieht er umher von Stadt zu Stadt und übt selbst noch auf seinem letzten Gange nach Jerusalem, als ihm schon der Gedanke an sein tragisches Ende wie ein Schwert durch die Seele ging, Wohlthun und Barmherzigkeit in der menschenfreundlichsten Weise. Aber obgleich er sich am Liebsten der Armen, sowie der Zöllner und Sünder annimmt und selbst mit ihnen zu Tische sitzt, so verschmäht er doch auch die Gastmahle der Großen und Vornehmen nicht. Er weint mit den Weinenden und hat ein tiefempfängliches Herz für die Noth der armen Menschheit, insonderheit für das Elend seines Volkes; aber er ist nicht minder aufgeschlossen für gesellige Freuden und gibt sich selbst auch der fröhlichen Stimmung bei heiteren Festen rückhaltslos hin (Matth. 11, 19; 9, 10 ff.; Joh. 2, 1 ff.). Und unter all seinen Mühen und Arbeiten, welch ungebrochne Willenskraft, welche Geduld und Ausdauer und immer wieder was für eine Hoheit des Charakters! Wenn die mit Spießen und Stangen wider ihn ausziehenden Schergen vor ihm zu Boden stürzen, wenn er den Simon Petrus anblickt, daß sich ihm sein Herz umwendet, wenn er vor dem hohen Rathe sein schlichtes Bekenntniß thut, wenn er sich gegenüber dem Pilatus zuletzt in Schweigen hüllt, wenn er den Töchtern von Jerusalem zuruft: Weinet nicht über mich, weinet über euch und euere Kinder, denn wenn man solches am grünen Holze thut, was will am dürren werden? — wer kann ihn sehen und hören, mein Freund, ohne den Eindruck zu bekommen, daß hier die vollkommenste Tugend, daß hier sittliche Majestät im Einklange mit vollendeter Seelenschönheit zur Verwirklichung gekommen sei.

Er kennt keine Rücksicht auf Hohe und Niedrige, selbst nicht auf Mutter und Brüder, noch auf seine Jünger und am Wenigsten auf sich selbst, so oft es gilt, mit ganzer Persönlichkeit für die heilige Wahrheit einzutreten. Er muthet Jedermann zu, für sie Alles daran zu setzen und sich selber in ihrem Dienste völlig aufzugeben. Nur wer sein Leben verliert, wird es gewinnen; nur wer sein Kreuz auf sich nimmt und ihm nachfolgt, kann sein Jünger sein (Luc. 9, 23 ff., 17, 33). So ist er der sittlich Gestrenge. Aber wie frei zeigt sich dieser heilige Ernst von allem herzlosen Rigorismus, von aller stoischen Kälte! Sein Herz schlägt ihm immer wieder in Mitleid und erbarmender Liebe. Er will das zerknickte Rohr nicht zerbrechen, den verglimmenden Docht nicht verlöschen; er weist die Jünger bei jeder Gelegenheit, wo sie sich vom falschen Eifer erfüllt und von engherzigen Ansichten bewegt zeigen, auf den Geist der Milde und Freiheit hin, den er zu verwirklichen strebt. Wisset ihr nicht, weß Geistes Kinder ihr seid? ruft er ihnen zu; und abermals spricht er: Wer nicht wider mich ist, der ist für mich. All sein Denken und Thun ist so von wärmster Gefühlsinnigkeit beseelt, während er sich doch bei dieser Aufgeschlossenheit für das Wehe und Wohl der Menschheit zugleich auch völlig frei zeigt von aller Schwächlichkeit und falschen Nachgiebigkeit, von aller Unklarheit, Reizbarkeit und Ueberspanntheit der Empfindung, von aller Sentimentalität und allem Fanatismus. Durch nichts so sehr, als eben durch diese harmonische Entwickelung seines Gefühlslebens, durch diese liebende Versetzungsfähigkeit in die geistige und leibliche Noth der leidenden Menschheit, war er geeignet, der große Dulder zu werden, der die Schuld der Welt auf sich zu nehmen und durch seine Liebe und vollendete Gerechtigkeit zu sühnen bestimmt war.

Und so ging in Wahrheit erst durch ihn die großartige Prophetie des Deutero-Jesaja von dem durch Leiden zu verherrlichenden Knechte Gottes, die dann auch die Seele des Täufers vorahnungsvoll bewegte, in Erfüllung (Jes. 53. Joh. 1, 29. 35).

Neunzehnter Brief.

Bevor wir bis in die innerste Voraussetzung des Charakters Jesu vorzudringen suchen, die in seiner vollendeten Gottes- und Menschenliebe liegt, lassen Sie uns, nachdem wir die geistige Seite seines Wesens mit Rücksicht auf die Folgen der Sünde in Betracht gezogen, auch noch erst einen prüfenden Blick auf sein leibliches und seelisches Leben werfen. Denn auch da muß sich zeigen, ob und wie weit er die Macht der Sünde schon früh nach allen Seiten in sich gebrochen hat, oder doch gewissen störenden Einwirkungen derselben durch göttliche Fügung von Kindheit an enthoben worden ist.

Auf leiblichem Gebiete zeigen sich die Folgen der Sünde als körperliche Kränklichkeit und Schwächlichkeit, die der davon Betroffene entweder selbst verschuldet hat, oder die das Erbe der Abstammung von einem durch eigene oder gemeinsame Schuld entkräfteten Geschlechte sind. Jesus nun ist offenbar aus einem kräftigen, unverdorbenen Volksstamme entsprossen und sein Jugendleben hat sich auch in leiblicher Hinsicht unter glücklichen Verhältnissen entwickelt. Er fand die Bedingungen für eine gesunde Entwickelung an Leib und Seele in dem kleinen, reizend gelegenen Bergstädtchen Nazareth, unter dem heiteren Himmel des galiläischen Alpenlandes, angesichts einer großen Natur und inmitten eines durch Einfachheit der Sitten vor Entkräftung und Erschlaffung bewahrten Volksstammes. Dort wuchs er unter mehr ländlichen als großstädtischen Verhältnissen in einer dem Mittelstande angehörigen Familie heran. Ob er aus dem Geschlechte Davids stammt, muß geschichtlich dahin gestellt bleiben, da die Stammtafeln beim ersten und dritten Evangelisten unüberwindliche Bedenklichkeiten hinsichtlich ihres geschichtlichen Werths erregen, während Jesus selbst die Ansicht, daß der Messias nothwendig von David abstammen müsse, mehr zu verwerfen als zu billigen scheint (Matth. 22, 42 ff.). Daß er aber, als Erbe einer urkräftigen Natur, von Kindheit an sich einer sowohl leiblich wie geistig gesunden Entwickelung erfreut hat, dafür spricht vor Allem die seiner Leiblichkeit innewohnende, insonderheit an sein Nervenleben, wie es scheint, gebundene Fülle von höhern Naturkräften, die, der Einzigkeit seines Geisteslebens entsprechend, mit ihren heilungskräftigen Ueberschüssen als Wundergabe an ihm hervortrat.

Noch wichtiger ist die Freiheit Jesu von den verderblichen Folgen der Sünde auf seelischem Gebiet. In dieser Beziehung spricht Alles dafür, daß keine frühere sittliche Verschuldung eine Narbe in seinem Gewissen und eine Schwäche in seinem Charakter zurückgelassen hat.

Das menschliche Seelenleben ist so recht die zusammenhaltende Mitte des leiblichen und geistigen Lebens. Zur individuellen Seele gestaltet sich die zur Persönlichkeit veranlagte monadische Substanz, welche dem menschlichen Ich als reale Trägerin der geistigen und leiblichen Lebenseinheit zu Grunde liegt, sofern sie sich im Zusammenhange mit der Natur und in ihrer Bedingtheit durch dieselbe materiell verleiblicht, während sie in ihrer Empfänglichkeit für die Gemeinschaft mit Gott unter der Einwirkung des gottmenschlichen Geistes sich zum Selbst- und Gottbewußtsein und eben damit als persönlicher Geist entwickelt. Die Aufgabe der persönlichen Seele ist, die durch den Naturzusammenhang ihr innewohnenden natürlichen Triebe (das Fleisch) unter die Macht des Geistes zu beugen und vom Mittelpunkt des höhern Selbstbewußtseins und Willens aus nach den Forderungen des Gewissens und der Vernunft sittlich zu beherrschen und zu verklären. Nun zeigen sich die Folgen der Sünde, der eigenen sowohl wie der gemeinsamen, auf seelischem Gebiete darin, daß die Seele nicht als Geist Herr über das Fleisch zu werden vermag. Je mehr die Sünde zu einer Macht über das Seelenleben wird, um so völliger fühlt sich der Mensch nach seinem innern Wesen mit der höheren Potenz seines Ichs unter die Herrschaft der sinnlichen Triebe und Begierden gefangen genommen und diese lassen sich dann, bei fortschreitender Erstarkung, immer weniger unter die Macht des sittlichen Willens beugen. Der letztere verliert so immer mehr die Kraft, die aus der Sinnlichkeit (aus dem Fleische) aufsteigenden Begierden, Affecte, Neigungen, Abneigungen und Leidenschaften dem Gesetze der Vernunft und des Gewissens vollständig zu unterwerfen.

Jesus nun zeigt sich in aller Weise als Herrscher über die Macht des sündlichen Fleisches. Zwar entwickelt sich auch sein sittliches Leben nicht ohne schwere Kämpfe und selbst auf der Höhe seiner messianischen Laufbahn treten noch starke Versuchungen an ihn heran, unter deren Wucht er würde erlegen sein, wenn er es einen Moment an der rechten Wachsamkeit, Gebetskräftigkeit und sittlichen Tapferkeit hätte fehlen lassen. Wenn er darauf hinweist, daß der Geist willig, das Fleisch aber schwach sei, so spricht er dies zugleich aus eigener Erfahrung. Allein wir sehen seine Seele aus jedem Kampfe des Geistes mit dem Fleische stets als geistige Siegerin hervorgehen. Dabei ist er den

Versuchungen niemals ausgewichen, ohne sie anderseitig fürwitzig zu suchen (Matth. 4, 5 ff.). Er hat sich dem Leben und dessen natürlichen und sittlichen Ansprüchen niemals einsiedlerisch entzogen, hat aus der Tugend niemals ein düsteres Büßerleben (Askese) gemacht, hat vielmehr der sinnlichen Natur innerhalb der Schranken des sittlichen Gesetzes ihre volle Berechtigung zugestanden und war durchaus frei davon, dieselbe, gleich den Essenern und griechischen Stoikern, gewaltsam zu unterdrücken. Daher wurde er im Gegensatz zu dem Täufer ein Fresser und Weinsäufer, ein Freund der Zöllner und Sünder (Matth. 11, 19) gescholten. Wir sehen seine Seele auch fortwährend eingetaucht in das Ebben und Fluthen der psychischen Lust und Unlust, der natürlichen Triebe und Affecte. Er ist in seinem Gemüth ebenso zugänglich für die sinnlichen und geistigen Freuden, als für die Stimmungen und Affecte der Trauer, des Zorns, des Abscheues, des tiefsten Schmerzes. Ja, diese Zustände ergreifen ihn nicht selten mit großer Heftigkeit und im raschen Wechsel ihrer Gegensätze, wie darauf besonders Holtzmann und Weizsäcker, nach manchen Andeutungen des Marcus-Evangeliums, aufmerksam gemacht haben. (Vgl. Marc. 1, 25; 3, 5. 12; 8, 12. 33; 9, 19. 25; 10, 14. 21; 11, 14; 5, 40.) Diese Stärke seiner Triebe und Affecte bildete die naturartige Grundlage seines starken, männlichen Charakters und der Complexus derselben verhält sich als die psychische Kehrseite seiner eigenthümlichen, somatischen Wunderbegabung. Aber eben aus dieser Fülle des Naturartigen in seinem Seelenwesen, aus dieser so zu sagen dämonischen Unterlage seines einzigartigen Genius, welche er sittlich zu bewältigen und göttlich zu verklären berufen war: wie mußten ihm daraus zugleich immer wieder die gefährlichsten Versuchungen zu selbstsüchtigen Bestrebungen, zu leidenschaftlichen Wagnissen, zu Ehr- und Herrschsucht hervorwachsen! Tiefsinnig hat die Versuchungsgeschichte dies symbolisirt. Er muß sich daher schon früh mit aller sittlichen Spannkraft in der Wachsamkeit und Selbstbeherrschung, in dem Streben nach ruhiger und klarer Besonnenheit geübt haben. Anwandlungen zu leidenschaftlicher Erregung kann man hier und da auch noch in seinem öffentlichen Leben bemerken. Denken Sie an die Scene im Tempel bei seinem ersten öffentlichen Hervortreten. Kaum kann man in dem heftigen Ausbruch des Eifers, der ihn um das Haus seines himmlischen Vaters verzehrend ergreift, eine starke, naturartige Beimischung verkennen und gewiß hat er dieses rasch aufwallende Ungestüm im Drange für seinen Beruf und gegenüber gewissen Zudringlichkeiten, namentlich gegenüber den unsittlichen Machinationen der Parteihäupter seiner Zeit, erst allmählich und nur unter fortdauernder sittlicher Anstrengung in seine volle Gewalt bekommen. Denken Sie ferner an die bis zum äußersten Unwillen gesteigerten Angriffe auf die Pharisäer und Schriftgelehrten, namentlich in der letzten Zeit; ferner an den Auftritt mit

Simon Petrus, als er ihm das „Satan, hinter mich!“ zurief; endlich an die Scene in Gethsemane und zuletzt an den dunkeln Augenblick, als er ausrief: Mein Gott, mein Gott, warum hast du mich verlassen! Immer wieder aber sehen wir ihn über alle diese Mächte der Versuchung triumphiren durch die ungebrochene Kraft seines gottgeeinten Willens. Immer wieder sind Gottvertrauen, Sanftmuth, Geduld, Liebe, Menschenfreundlichkeit, Mitleid, Selbstverleugnung, demüthige Ergebung und der himmlische Frieden des Stilleseins in Gott die leuchtenden Sterne, die beschwichtigend in die bewegten Wogen seines Seelenlebens strahlen.

Alle diese Tugenden weisen sich als sittliche Errungenschaften seines Charakters aus. Sie sind ihm nicht angeboren, nicht mechanisch anerzogen worden, sondern er hat sie sich sittlich erworben und wir begegnen noch manchen Spuren in den Nachrichten der Evangelisten, namentlich bei Marcus, welche davon zeugen, daß er sie sich nur unter sehr ernsten Anstrengungen angeeignet hat. Sein strenges, herbes Wort gegen Simon Petrus (Marc. 8, 33) erklärt sich nur daraus, daß ihm die ruhige, hingebende Fassung in das bevorstehende harte Geschick erst große Anstrengung gekostet hatte. Er zürnt dem Petrus besonders deßhalb, weil derselbe sich von Neuem erregend an seine kaum erst beschwichtigte sinnliche Natur wendet. Aber eben weil er sie sich mit Anstrengung errungen hatte, alle diese Tugenden hoher Sittlichkeit, so schmückten sie seinen Charakter um so mehr als echtes sittliches Verdienst. Dagegen würden jene hohen Eigenschaften seines Denkens und Handelns, die wir als die Blüthe seines gotteinigen Lebens bewundern, sämmtlich sittlich werthlos sein, wenn sie ihm unmittelbar aus seiner angeborenen Einheit mit Gott zugeflossen wären, wenn er sie als ein Gott besäße und nicht als ein Mensch durch Nachdenken und frommen Aufschwung aus der übersinnlichen Tiefe des ihn durchwaltenden, gottmenschlichen Princips geschöpft und seiner sinnlichen Natur durch Uebung und Ausdauer im Kampf mit dem Fleisch sittlich eingebildet hätte.

Am Ergreifendsten spiegelt sich der Fortschritt seiner sittlichen Entwickelung im Kampf mit der sinnlichen Natur in den letzten Scenen seines Lebens ab. Da treten die Versuchungen zur Ablenkung von dem steilen Pfade seiner gottmenschlichen Laufbahn noch einmal in der gefährlichsten Gestalt an ihn heran. In Gethsemane bäumt sich nicht bloß seine physische Natur gegen die immer dunkler und banglicher über seine Seele hereinbrechenden Schrecken der nahenden Entscheidungsstunde; sondern es ist zugleich seine sittliche Natur selber, sein tief entwickeltes sittliches Zartgefühl, das ihn angesichts der ihm bevorstehenden Berührungen mit allem Schmutz und Greuel der Bosheit, des Verraths, der Treulosigkeit, der Heuchelei, der Rohheit, auf das Tiefste erbeben macht. Er sieht sich von seinem Volke verworfen, sieht sich selbst, sieht das von ihm begründete Reich, soweit der irdische Blick reicht, der Uebermacht des Reiches der Finsterniß unterliegen.

Es steht klar vor seinem über alle schwärmerischen Täuschungen erhabenen Geiste, daß die Heuchelei, der geistlose Buchstabendienst, der weltliche Despotismus im Bunde mit unsittlicher Priesterherrschaft, daß Lüge, Gewalt und Ungerechtigkeit jeglicher Art weit und breit, trotz seiner endlosen Seelenarbeit für das neue Menschheitsprincip, noch Jahrhunderte hindurch ungebrochen fortbestehen werden. Hat er doch die tief erschütternde Erfahrung machen müssen, daß sogar einer seiner eigenen Jünger, trotz seines täglichen Umgangs mit ihm, zum Verräther entartete. Noch immer kann er sich auf keinen von ihnen ganz verlassen; er kennt ihre Schwäche und ihren Wankelmuth nur zu gut, er hat erst noch kurz vorher (Marc. 10, 35 ff.) erleben müssen, wie sie stets von Neuem in jüdische Vorurtheile, in eitelen Hochmuth und fleischliche Messiaserwartungen zurückfallen. So hat es ganz den Anschein, als solle sein Werk mit ihm selbst in Grabesnacht versinken. Jetzt eröffnen sich ihm derartige grauenvolle Einblicke in die Macht der Finsterniß, durch die schon mancher edle Geist im zuversichtlichen Glauben an das Walten der Vorsehung und an den endlichen völligen Sieg des Guten beirrt oder doch innerlich verdüstert worden ist. Denken Sie an die trüben Stimmungen, von denen selbst ein so muthiger und gottvertrauender Geist, wie unser großer Reformator Preußens und Deutschlands, Freiherr von Stein, in seinen späteren Jahren im Hinblick auf die Zukunft öfter befallen wurde, nachdem er das von ihm so heiß erstrebte Ziel für unsere Nation wieder verrückt werden sah. Auch Jesus Christus fühlte sich von dieser dunkeln Macht umrungen, fühlte sich ihr gegenüber, als er sich von keinem seiner Zeitgenossen, auch unter seinen vertrautesten Jüngern nicht, verstanden sah, in seiner ganzen menschlichen Vereinsamung.[1]) Was für bange Zustände und in Folge davon, was für versucherische Gedanken mußten sich da über seine Seele lagern! Wohin er seinen Blick auch wandte, um Hoffnung für den zukünftigen Sieg seines großen Unternehmens zu schöpfen, ob auf die zweifelhafte Gesinnung und den Wankelmuth seiner eigenen Jünger, ob auf die Unempfänglichkeit und stumpfe Gleichgültigkeit der Massen, oder auf die Bosheit und Selbstsucht der herrschenden Parteien und auf die wachsende Macht des sittlichen Verderbens unter den gebildeten Völkern: er sah nur Nacht und Dunkel. Mußten da in seiner zart beweglichen Seele aus diesen Schauern der Finsterniß nicht (Hebr. 12, 3) auch solche Gefühle und Stimmungen aufsteigen, die ihm zuflüsterten, daß die Menschheit im Grunde seiner nicht werth sei, daß er Perlen vor die Säue geworfen habe? War es denn so leicht, sich

[1]) Vgl. die herrliche Predigt Schleiermacher's über die Einsamkeit des Erlösers in seinem Leiden.

in dieser Lage jeder Anwandlung von Bitterkeit, Verzagtheit und Verachtung gegen sein Geschlecht zu erwehren? Mußten nicht auch Wünsche in ihm wach werden, die ihn auf irgend einen Ausweg aus diesem Thal des Todes sinnen hießen? Wie, wenn er dem sicheren und wie es scheinen konnte, vergeblichen Tode durch irgend einen Seitenschritt auszuweichen suchte? Freilich war er schon längst auf diesen tragischen Ausgang gefaßt. Er hatte denselben zuerst dunkler und dann immer bestimmter vorausgesehen, hatte auch seine Jünger mit Bestimmtheit darauf hingewiesen. Aber das geschah in einer Zeit, wo seine Gefühle noch nicht so unmittelbar durch die hereinbrechenden Ereignisse selbst erschüttert waren. Er hatte diesen Ausgang damals von den Höhen seines Glaubenslebens betrachtet und von da herab hatten sich ihm auch immer wieder lichte, frohe Ausblicke durch die Nacht seines Todes in den anbrechenden Morgen der neuen Menschheit, der allgemeinen Zukunft des Menschensohnes eröffnet. Auf solchen hellen Höhen der inneren Gottesoffenbarung war ihm der Tod als die Bedingung sowohl für die Vollendung seiner selbst, wie auch für die Entwickelung des von ihm gesäeten himmlischen Weizenkorns entgegengetreten (Joh. 12, 24 ff.). So hatte er seinen Tod immer entschiedener aus dem Gesichtspunkte eines Sühnopfers für die Sünde der Welt betrachtet, als das vollendende Opfer der Liebe, das seine göttliche Bestätigung durch seine Auferstehung vom Tode finden werde. In der Begeisterung für diese große Opferidee hatte er die qualvollen und abschreckenden Einzelnheiten, durch die er sich würde hindurchringen müssen, noch nicht näher ins Auge gefaßt, noch nicht in die Unmittelbarkeit der Empfindung aufgenommen. Auch hatte er in der innern Nöthigung, die ihn, nach Vollendung seiner Laufbahn in Galiläa, zum letzten entscheidenden Gange nach Jerusalem drängte, auf das Unmittelbarste und Klarste den Willen des himmlischen Vaters erkannt. Jetzt aber waren nun die Augenblicke gekommen, wo diese himmlische Stimme, wo ebenso auch die durch sie immer neu geweckte selig befriedigte, todesmuthige Grundstimmung seiner Seele mehr und mehr in den Hintergrund der Empfindung und des Bewußtseins trat. Unter dem stürmisch bewegten Wogendrange seines tief umnachteten Gefühls mußte sie fast ganz verklingen. Da überkam ihn die schwerste Stunde seines Lebens. Sie war allmählich näher gerückt, immer näher, bis sie ihn in Gethsemane mit ihrer ganzen Wucht überfiel. Jetzt drohte der himmlische Lichtgedanke seines Geistes ganz verschlungen zu werden von den versucherischen Stimmungen und Gedanken, die in solchen Augenblicken aus Fleisch und Blut aufsteigen. Jetzt machte er die Erfahrung in einem Maße wie noch nie, daß der Geist willig, aber das Fleisch schwach ist! Er sucht sich auf seine vertrautesten Jünger zu stützen. Umsonst, sie fassen ihn auch diesmal nicht und ihre Augen sind voll Schlafs. Dreimal wirft er sich unter diesem Durcheinanderwogen seiner stürmisch bewegten Empfindungen und

Gedanken im heißen Gebete vor Gott nieder! Dreimal ruft er: Vater, ist es möglich, so gehe dieser Kelch vorüber. Aber jedesmal und immer unabweislicher tönt auf seinen flehenden Ruf aus der Tiefe ein entschiedenes „Nein" aus der Höhe! Und siehe, er ringt sich empor aus dieser dunklen Tiefe, wenn auch unter Zittern und Zagen. Und nicht so bald hat der Lichtgedanke seines Lebens durch diese vollständige Selbstverneinung seiner Seele in Gott seine volle Kraft wieder gewonnen und ist wie ein Engel von Oben in seine umnachtete Seele getreten, so ergreift er ihn auch schon mit der ganzen Energie seines gottgeheiligten Willens. Wie sehr sich sein natürliches Gefühl unter der Macht der freien Selbstentschließung auch noch bäumen mag, er stellt sich darüber mit dem Gedanken und Entschlusse: der Vater will's, so will auch ich es! Und so durch Gebet und klare sittliche Selbstbestimmung seinen eigenen Willen versiegelnd in den Willen des himmlischen Vaters, tritt er mit der Energie des unbedingten Gehorsams den Weg der Marter und Qualen an, der sich nun vor ihm aufthut. Schritt vor Schritt, in hellster Geistesklarheit, mit der ganzen Entschlossenheit einer in Gott gefestigten Seele, aber zugleich auch mit der vollen Aufgeschlossenheit aller Fasern seines Gefühls für die kommenden Ereignisse, steigt er tiefer und immer tiefer hinein in das Meer von Leiden, das sich mit den Wogen der boshaftesten Verdächtigungen und Anklagen und in der Gestalt des Verraths (Judas), der Verleugnung (Petrus), des Spottes und Hohns (Pharisäer und Priester), der Rohheit (Soldaten), der Feigheit und vornehmen Kälte (Pilatus), unter steigenden Körperqualen am Stamme des Kreuzes, immer grauenhafter über ihn ergießt. So gelangt er auf diesem Gange der völligen Selbstverleugnung endlich bis zu dem Punkte, wo sein Gebein zu fiebern, sein Bewußtsein zu schwinden beginnt, wo in der Umnachtung desselben auch sein Gottesbewußtsein, sein Gefühl der Einheit mit dem Vater zu erlöschen droht. Da ruft er aus: Mein Gott, mein Gott, warum hast du mich verlassen! Aber nun beachten Sie wohl, mein theurer Freund, wie sich auch bei diesem Uebermaß von geistigen und körperlichen Leiden keine Spur zeigt, daß in seinem Herzen auch nur ein Tropfen Bitterkeit aufgekommen wäre gegen seine Peiniger. In edlem Schweigen läßt er das Härteste über sich ergehn. Und so oft er dieses Schweigen bricht, athmet jedes seiner letzten Worte wunderbare Gelassenheit, herzinnige Menschenfreundlichkeit, vergebende Liebe und immer wieder neu durchbrechendes Gottvertrauen. Wie erhaben erscheint er uns, wenn er in seinen bittern Qualen am Stamme des Kreuzes immer sich selbst wieder vergißt und sich nur das Elend seines Volks am Herzen liegen läßt; wenn er die Vergebung des himmlischen Vaters auf dasselbe herabfleht, weil es nicht wisse, was es thue; wenn er die edleren Empfindungen selbst in den rohen Kriegesknechten zu wecken sucht und denselben Gelegenheit gibt, ihm noch einen Dienst durch die Befriedigung seines Durstes zu erweisen.[1]) Sein Herz ist selbst in der Gluth der Schmerzen noch voll zärtlicher Liebe für Mutter und Freund, voll Erbarmen für den reumüthigen Schächer. Noch zweimal bricht die ganze Vollkraft seines Gottes- und Selbstbewußtseins hervor in den Worten: „Es ist vollbracht," und in dem letzten Ausruf: „Vater, in deine Hände befehle ich meinen Geist!" Er ruft, und seine Seele scheidet. Sie scheidet als vollständige Siegerin über Sünde und Tod.

[1]) Vgl. hierüber Schleiermacher's meisterhafte Predigt: des Herrn unbefangenes Geständniß seines Bedürfnisses in dem Worte: „Mich dürstet," über Joh. 19, 28. 29. 4. Band. S. 293.

Zwanzigster Brief.

Gewiß, mein Freund, die heilige Schrift eröffnet uns den fruchtbarsten und tiefsten Gesichtspunkt für die Würdigung des Todes unsers Herrn Jesu Christi, wenn sie denselben als das Gericht über die Sünde (Röm. 3, 23; 8, 3; vgl. Joh. 12, 31), d. i. als die principielle Vernichtung und Ueberwindung derselben und eben damit als den Anbruch und die Verwirklichung der **Gerechtigkeit**, die vor Gott gilt, und als die wirksamste Quelle des neuen Lebens der Menschheit darstellt. Werden wir es aber von diesem Gesichtspunkte aus nicht auch in der Wahrheit begründet finden und die Erfüllung eines höheren Gesetzes darin erkennen, wenn der Tod des Erlösers sich vor Allem auch in seiner eigenen Geschichte als **positiver** Abschluß derselben, also an seiner eigenen Person selber als die Hinaufhebung in die Fülle göttlichen Lebens, als der Uebergang in den Zustand der himmlischen Verklärung darstellt und wenn demnach dem Tode Jesu Christi jene wunderbaren, objectiven Bethätigungen und Erweisungen seiner verklärten Persönlichkeit folgten, welche die evangelische Tradition als seine Auferstehung feiert? — Konnte Gott, so muß ich hier unwillkürlich fragen, konnte der himmlische Vater diesem, in religiös-sittlicher Hinsicht so vollständig durchgeführten Siege des besten seiner Söhne über die Sünde die entsprechende Krönung versagen? Mußte dieser Tod, der nichts anders war, als die Vollendung der religiös-sittlichen Entwickelung des Personenlebens Jesu durch rückhaltslose Hingabe an den Geist der göttlichen Wahrheit und Liebe, mußte er sich nun nicht in der Erfahrung der Jünger, dieser Repräsentanten der neuen Menschheit, thatsächlich, also nicht bloß in ihrer Einbildung, sondern durch die objectiven Einwirkungen des im Tode verklärten Menschensohnes, als **Das** entfalten und für den Glauben der neuen Menschheit offenbaren, was er an sich selbst, was er in Wahrheit und Wirklichkeit war, nämlich als der persönliche Uebergang Jesu Christi in den Zustand der himmlischen Verklärung?

Doch über diese Thatsache der Auferstehung werde ich mich erst in einem späteren Briefe noch näher verbreiten. Jetzt eile ich zum Schlusse meiner Betrachtung über das Charakterbild Jesu, indem ich Sie nun noch auf den eigentlichen Herzpunkt desselben, auf den innersten Pulsschlag seines religiös-sittlichen Lebens hinweise. Der liegt aber in der selbstverleugnenden, heiligen Liebe, die er im Dienste des Reiches Gottes als herrschenden Grundzug seines Lebens bethätigt hat. O, diese heilige Liebe, sie bildete so sehr den Odem seines Denkens und Handelns und sie entfaltete sich im gesteigerten Kampfe mit den Hindernissen des Reiches Gottes in fortschreitender Entwickelung zu solcher Energie und bewußten Entschiedenheit in allem seinem Denken, Fühlen und Handeln, daß sie das Aufkommen und Festwerden oder das Fortbestehen irgend welcher selbstischer Ansätze und sündlicher Regungen im Wesen seines Charakters immer mehr zur Unmöglichkeit machte. Niemand hat das im gebildeten Gewissen sich bezeugende und schon im jüdischen Gesetz als sittliche Grundforderung aufgestellte Gebot der Liebe zu Gott über Alles (5. Mos. 6, 5) und zum Nächsten, wie zu sich selbst (3. Mos. 19, 8. 34), so durchweg zum Alles beherrschenden Grundsatz und Geist seines Lebens gemacht (Marc. 12, 29) und so vollkommen erfüllt, als er.

Vergegenwärtigen wir uns zunächst die einzigartige Gottesliebe Jesu, so sehen wir ihn unausgesetzt und bis in sein innerstes Herz in allen seinen religiös-sittlichen Lebensäußerungen von derselben erfüllt. Er weiß und fühlt sich mit dem Wesen aller Wesen auf jedem Schritt und Tritt im Verhältniß der innigsten Gemeinschaft. Sein Verhältniß zu Gott stellt sich nach allen Beziehungen hin als das Verhältniß des liebenden, gehorsamen Sohnes zu seinem Vater dar. Jedes Winkes, den er in seinem Gewissen und religiösen Bewußtsein vom Vater empfängt, in hingebender Willigkeit gewärtig, läßt er auch unter den größesten Gefahren, die seinen Lebensweg umdrohen, sein Gottvertrauen nicht wanken. Er zeigt sich überall von dem, von der innigsten Frömmigkeit und klarsten Besonnenheit durchleuchteten Vorgefühl durchdrungen, daß keine Macht der Erde, weder eine feindliche Macht auf sittlichem Gebiete, noch ein widriges Ereigniß der Natur, sein gottmenschliches Ziel verrücken könne. Er kennt ein Reich und gründet dasselbe auf einen Felsen, von dem er gewiß ist, daß die Wogen der Hölle sich dran brechen müssen (Matth. 16, 17 ff.). So streift er durch seine unbedingte Gottesliebe auch den ihm bevorstehenden, immer klarer vorausgeschauten gewaltsamen Tod, durch die religiöse Zurückführung der sittlichen Nothwendigkeit desselben auf den ewigen Heilsrathsschluß Gottes alle äußere Zufälligkeit und Menschenwillkür ab, und verklärt ihn durch seine rückhaltslose Hingabe an den göttlichen Liebeswillen wie einerseits zum vollgültigen Sühnopfer im Namen der Menschheit, so andererseits zum höchsten, ergreifendsten Ausdruck der wesentlichen Liebesoffenbarung im Namen der Gottheit.

So völlig durchdringt ihn dieser, aus tiefster Ueberzeugung hervorgegangene Liebesgehorsam, daß er keine andere, der Liebe zu Gott irgend widerstreitende Lust und Liebe in sich aufkommen läßt. Er entäußert sich in seinem Dienste für das Reich Gottes jedes irdischen Gutes, dessen an sich erlaubter Besitz ihm zur Hemmung in der Wirksamkeit für das von ihm zu stiftende Gottesreich hätte werden können. Er gibt nicht nur sein Eigenthum und das Glück eines ruhigen Familienlebens, er gibt auch die Gunst der herrschenden Parteien, sowie die Sicherheit und den Frieden seiner bürgerlichen Stellung im Dienst der göttlichen Wahrheit und Liebe rückhaltslos daran. Selbst das Leben, ja, was noch höher geschätzt wird als das Leben, selbst die Ehre ist ihm nicht zu theuer, daß er nicht beide Güter willig hinopfern sollte, sobald er ihren Besitz nicht mehr mit der unbedingten Liebespflicht gegen seinen himmlischen Vater zu vereinigen vermag. Er stirbt den Tod eines Verbrechers und endet mit Schmach bedeckt sein Leben im göttlichen Gehorsam.

Je mehr nun aus seiner Lehre und seinem ganzen sittlichen Verhalten auf das Unzweideutigste hervorgeht, daß Jesus nach Temperament und Gesinnung gegen keinen erlaubten irdischen Genuß, gegen kein irgendwie werthvolles Gut der Erde stoisch gleichgültig war, daß er vielmehr jedes irdische Gut als ein anvertrautes Pfund und jeden Menschen, also auch sich selbst, als unendlichen Selbstzweck, als berufen zur Herrschaft im Reiche Gottes betrachtet (die Parabel von den anvertrauten Centnern Matth. 25, 14—23), desto zweifelloser liefert seine stufenweis fortschreitende Selbstentäußerung im Opferdienst der Wahrheit und Liebe den Beweis, daß er keinen Götzen der Selbstsucht für sich in seiner Seele geduldet hat, daß daher die Liebe zu Gott als ein heiliges Feuer in derselben brannte, welches jeden denkbaren Ansatz zur Selbstsucht und Sünde bis in die letzten Keime verzehrte.

Daß jede Bethätigung seines Gehorsams gegen Gott lediglich aus reiner Gottesliebe, also aus dem höchsten sittlichen Motiv hervorging, daß er also das Gute allein um des Guten willen vollbrachte, zeigt sich auch darin, daß er stets im Geiste der klarsten Besonnenheit handelte, ohne jeden Anflug von schwärmerischer Frömmigkeit und Sucht nach Märtyrerthum. Zwar kommt es auch sonst vor, daß Menschen Armuth, Verlassenheit, ja selbst Qual, Tod und Schmach um der Religion und des Glaubens willen erwählen. Fast immer aber zeigen sich auch Spuren, welche dafür zeugen, daß derartige religiöse Handlungen nicht aus reiner sittlicher Liebe zu Gott und seinem Reich hervorgingen, daß vielmehr irgend welche sinnliche Triebfedern und Vorurtheile dabei im Spiele waren, sei es Furcht vor der Hölle, sei es schwärmerische, sinnlich gefärbte

Hoffnung auf das Jenseits, sei es Leidenschaft und Fanatismus. Selbst bei Luther mischte sich der Liebe zu Gott noch immer ein gut Theil Furcht vor dem Teufel und der Hölle mit bei, und ebenso neigte er immer wieder zur Verunreinigung der geistigen Auffassung Gottes und der göttlichen Dinge durch sinnliche Beimischung und durch das Hangen am Buchstaben hin. Keine Spur davon bei Jesu. Daß seine Liebe zu Gott von derartigen Beimischungen völlig rein ist, tritt besonders darin klar ans Licht, daß sie sich beständig in der reinsten und kräftigsten Menschenliebe wirksam erweist. Religiösität und Frömmigkeit sind bei ihm zugleich die Quelle der reinsten Humanität und Sittlichkeit.

Das ganze Wirken Jesu ging auf in der reinsten Liebe zu den Menschen, die er ohne Unterschied des Alters, Geschlechts, der Charakterbeschaffenheit, des Standes, der Nationalität und des Glaubens als seine Brüder betrachtete und behandelte. Er ist der zärtlichste Kinderfreund, er nimmt sich auch des verworfensten Sünders an, ohne erst nach einem bestimmten religiösen Bekenntniß zu fragen. Jenes herrliche Bild der reinsten Nächstenliebe, das er mit Anspielung auf die Erhabenheit der Liebe über das Fragen nach dem religiösen Bekenntniß so unaussprechlich schön und rührend im Gleichniß von dem barmherzigen Samariter hingezeichnet hat, findet seine vollendete Verkörperung in seiner eigenen thatkräftigen Menschenliebe.

Die Reinheit und Vollendung derselben zeigt sich besonders in folgenden Grundzügen. Zum Ersten charakterisirt sie sich dadurch, daß sie stets das erhabenste Ziel im Auge hat. Denn sie geht nicht auf die sinnliche Erscheinung, sondern auf das Wesen, auf den Menschensohn im Menschen (Matth. 25, 40), sie zeigt sich überall gerichtet auf Seelenrettung. Zum Andern, sie übersieht und unterschätzt im Hinblick auf das höchste Ziel der Menschheit, auf den innern Menschen im äußern, auch niemals die äußern Bedingungen für rechtes Menschenwohl, sowie die leibliche Hülfsbedürftigkeit. Jesus läßt sich überall auch zur Abhülfe der äußern Noth bereit finden, aber immer freilich zugleich mit der Absicht, die leibliche Hülfe wo möglich zum Anknüpfungsmittel für die geistige zu machen. Zum Dritten zeigt sich die Menschenliebe Jesu erhaben über alle Schranken der Selbstsucht, und zwar sowohl durch ihre Allgemeinheit (Universalität, Extensivität), wie auch durch ihre Innigkeit und Tiefe (Intensivität). Durch dies alles aber erweist sich seine Liebe zu den Menschen als der reinste Widerblick der in ihm verkörperten, umfassenden und unerschöpflichen Liebe, womit Gott selber die Menschen liebt und jede menschliche Seele des ewigen Lebens theilhaftig zu machen strebt.

Zwar beschränkt Jesus sich mit seiner Liebeswirksamkeit zunächst auf sein Volk und in demselben auf einen engern Kreis empfänglicher und bedürftiger Seelen. Allein so oft sich eine Veranlassung bietet, wendet er sich auch an

Samariter und Heiden, und wie er die echte Probe der Liebe in ihrer ungetrübten Bewährung gegenüber den Feinden sieht (Matth. 5, 43 ff.), so hat er selbst diese Probe noch am Kreuze bestanden.

Bei dieser Weitherzigkeit ist seine Liebe zugleich im Verhältnisse zu jedem Einzelnen, der ihm näher tritt, so innig und tief, daß er auch der zärtlichste Freund sein kann (Johannes an seiner Brust, die Familie in Bethanien). Daher folgen ihm mehrere fromme Frauen bis unter das Kreuz in hingebendster, zärtlicher Verehrung. Und wie unerschöpflich an Geduld zeigt er sich stets, obgleich er immer wieder mißverstanden und verkannt wird. Daß seine Liebe dabei zugleich frei ist von aller Schwächlichkeit, falschen Nachsicht rc., so oft Zurechtweisung und Zucht oder eine einschneidende Aeußerung Noth thut, darauf habe ich Sie schon in den vorhergehenden Briefen aufmerksam gemacht.[1])

Zu ihrer höchsten Vollendung erhebt sich die reine Menschenliebe Jesu endlich durch seine Hingabe für die sündige Menschheit in den Tod. Als der große Dulder, wozu er sich als Menschensohn bestimmt fühlte, nimmt er auf der Höhe seiner Laufbahn den ganzen Fluch und Jammer, den die Sünde mit sich führt, auf sich selber, um ihn durch seine Alles besiegende Liebe in Segen zu verwandeln. Obgleich er selbst ohne Sünde ist, oder vielmehr zum Zeugniß, daß er, frei von aller Selbstsucht, nichts für sich, sondern nur das Heil der Menschheit will, versetzt er sich in den sündhaften Zustand der Menschheit so rückhaltslos, und läßt die Folgen der Sünde: Haß, Verfolgung, Tod rc. über sich ergehen, so hingebend und selbstverleugnend, als hätte er sie verschuldet und träte ganz für sein eigenstes Interesse ein. Alles, was Gerechte jemals durch die Sünde gelitten, gewinnt in seinem Schicksale seinen höchsten zusammenfassenden Ausdruck. Aber gerade in dieser tiefsten Selbstentäußerung, in dieser leidenden Hingebung, womit er seine Seele zur Seele der Menschheit erweitert, um ihr mit seiner Liebe durch tiefstes Mitleiden ans Herz zu kommen und auch die stumpfsten Sündenknechte zu rühren, gerade darin entfaltet sich zugleich die ganze Hoheit seines Charakters, gipfelt zugleich sein eigener Sieg über die letzte Versuchung zur Sünde; denn durch dies alles erweitert sich seine Liebe zum herzergreifenden Ausdruck der Liebe Gottes selber, zum allgemein gültigen, durch sein Blutvergießen so lebendig sprechenden Symbol der schrankenlosen, barmherzigen Liebe, womit Gott der sündigen Menschheit nachgeht und sich in den Schmutz und Jammer jeder Seele allgegenwärtig versetzt, um die durch die Sünde gesetzte Kluft zwischen sich und der Menschheit seinerseits aufzuheben (Röm. 5, 6—10; 2. Cor. 5, 18 ff.).

Doch hier eröffnen sich Tiefen für Glauben und Denken, mein Freund, deren Ergründung selbst die gründlichsten Geister nicht gewachsen sind. Es sind

---

[1]) Vgl. besonders Matth. 16, 22 ff., Marc. 7, 27 ff.

eben die Tiefen der Liebe Gottes selber, die im Tode Jesu Christi ihren entsprechendsten Ausdruck gefunden hat. Wer mag sie schildern! Lassen Sie mich schließen mit den inhaltsschweren Worten der Schrift: Also hat Gott die Welt geliebt, daß er seinen eingebornen Sohn gab. Ist Gott für uns, wer mag wider uns sein, welcher auch seines eigenen Sohnes nicht hat verschonet, sondern hat ihn für uns alle dahin gegeben. Als Versöhner wirkte Gott in Christo, indem er der Welt ihre Sünde nicht zurechnete. (Joh. 3, 16. Röm. 8, 31 ff.; 2. Cor. 5, 19.)

Einundzwanzigster Brief.

Ueber das Wunder soll ich Ihnen nun meine Ansicht noch etwas näher entwickeln, sowohl über das Wesen desselben im Allgemeinen, wie über die Wunderthaten Jesu im Besondern. Ich bin gern dazu erbötig, mein Freund, muß aber zu dem Ende etwas weiter ausholen.

Lassen Sie uns also zuerst den Begriff des Wunders feststellen, um zu sehen, wiefern der Wunderglaube der wahren Frömmigkeit wesentlich ist oder nicht. Nun gibt es allerdings auch einen unfrommen Wunderglauben und derselbe hat sich in unsern Tagen sogar der Unterstützung und des Schutzes durch den weltlichen Arm des Kirchenregiments zu erfreuen, dessen er freilich um so mehr benöthigt ist, je weniger er sich des Schutzes durch den Geist der Wahrheit rühmen darf. Unfromm aber wird der Wunderglaube jedesmal dann, wenn man den Glauben an Gott und Christum abhängig macht von gewissen singulären Ereignissen, deren Thatsächlichkeit sich im besten Falle nur zu einiger Wahrscheinlichkeit erheben läßt. Nicht nur unfromm, sondern zugleich auch unsittlich artet sich der Wunderglaube bei denen, die ihn zum Prüfstein und Maß des rechten Bekenntnisses machen. Denn mit dem eigentlichen Kern des evangelischen Glaubens hat der Glaube an einzelne Wunderthaten des alten und neuen Bundes direct nichts zu thun. Glaubenswahrheiten muß man innerlich erleben, ihre Heilskräfte muß man unmittelbar im Herzen und Gewissen erfahren und durch ein göttliches Leben bewähren können. Das geht aber mit Wundern, über die wir nur noch dürftige, sich selbst widersprechende Berichte besitzen und die in ihrer Singularität fast sämmtlich einer für immer entflohenen Vergangenheit angehören und dabei hinsichtlich ihrer Geschichtlichkeit vielfach sehr fraglich sind, in keiner Weise an. Unmittelbarer Gegenstand und Inhalt des christlichen Glaubens kann selbstverständlich nur das sein, was noth ist zur Seelen-Seligkeit, was von heilskräftigem Einfluß ist auf Herz und Geist. Das besteht nun lediglich aus solchen Kräften und Wirkungen, die wir uns persönlich anzueignen vermögen und durch deren Aneignung die Persönlichkeit in ihrer religiös-sittlichen Entwickelung wesentlich gefördert wird. Dahin gehören vor Allem diejenigen Kräfte und Wirkungen, welche an das Wort Gottes, d. h. an die Verkündigung solcher Wahrheiten gebunden sind, die sich als von Gott ausströmende heilige Lebensquellen segensreich im Herzen und Gewissen jedes Gläubigen bethätigen, während sie ihren reinsten, kräftigsten Ausdruck in der heiligen Schrift, vorzüglich in den Schriften des neuen Bundes gefunden haben. Der Kern und Stern der Schrift ist aber Christus, ist die Fülle aller himmlischen Licht- und Lebenskräfte, die in der Person Jesu von Nazareth vollkräftig in die Menschheit eingetreten und durch ihn immer mehr das Heil der ganzen Menschheit geworden sind. Von der Wahrheit und göttlichen Heilskräftigkeit dieser Gottesoffenbarung können wir noch immerdar die Probe am eigenen Herzen machen. Im Glauben an Jesum als den Christus der Menschheit, im Hinschauen auf die durch ihn persönlich vollendete Lebens- und Liebesgemeinschaft zwischen Gottheit und Menschheit, gelangen wir zu der freudigen Zuversicht, daß nun Jeder dieser Versöhnung und Einigung mit Gott in Christo theilhaftig werden kann, nachdem der Anfänger und Vollender unsers Glaubens uns den Weg zum Vaterherzen gebahnt hat. Und über die Echtheit und Glaubwürdigkeit des religiös-sittlichen Lebensbildes Jesu Christi können wir so gewiß werden, wie nur über irgend eine andere geschichtliche Thatsache, welche für die Entwickelung der Menschheit bedeutsam geworden ist.

Ganz anders verhält es sich mit derartigen einzelnen Erzählungen über angebliche Ereignisse und Handlungen aus dem Leben Jesu oder aus der Geschichte seiner Vorläufer und Nachfolger im alten und neuen Bunde, welche von jenem Kern der evangelischen Verkündigung weit abliegen oder doch nur sehr mittelbar mit demselben zusammenhängen. Das ist aber der Fall mit einer großen Anzahl biblischer Wundererzählungen, namentlich solcher, die mit aller Analogie der menschlichen Erfahrung im Widerspruche stehen.

Indessen giebt es auch einen frommen Wunderglauben, mein Freund, und im rechten Sinne verstanden ist das Wunder ein unabweisliches Postulat der wahren Religion und Frömmigkeit selber. Denn der Glaube an Wunder in frommem und vernunftgemäßem Sinne will nichts Anderes besagen, als daß Wirkungen und Erscheinungen vorkommen im Gebiete der Natur und Geschichte, und daß es Erlebnisse gibt sowohl im Leben einzelner Persönlichkeiten wie auch in der Geschichte einzelner Völker, die sich in ganz besonderem Sinne als Ausdruck und Zeichen göttlicher Nähe und Hülfe und ebendamit als Merkmale göttlicher Offenbarungen und Heilswirkungen darbieten. Man nennt sie Wunder, um damit anzudeuten, daß sie nicht auf bloße Naturkräfte zurückzuführen sind, wenn sie auch nur durch Mitwirkung und in Gemäßheit der allgemeinen Naturgesetze zu Stande kommen.

Nur auf dem Standpunkt des Pantheismus und Materialismus wird der Wunderglaube zur völligen Undenkbarkeit, denn beide, der Pantheist sowohl wie der Materialist, leugnen das Dasein eines von der Welt verschiedenen Gottes, und erblicken daher in den Erscheinungen der Weltentwickelung entweder nur die nothwendigen Erzeugnisse eines bewußt- und willenlos waltenden allgemeinen Weltgeistes oder die zufälligen Resultate des blinden Zusammenwirkens der ewigen Atome. Der Materialist kennt in Wahrheit gar keine wirkliche Fortentwickelung des Lebens der Natur und der Geschichte, sondern nur eine bald so bald anders geartete, überall aber durchaus zufällige Combination der ewig vorhandenen Summe von Stoffen und Kräften.

Aber auch der Pantheist kann nur eine scheinbare Fortentwickelung statuiren. Mag er das Absolute als ewig fertiges Sein anschauen, an dessen Substanz sich die endlichen Erscheinungen nur als wesenlose Modificationen verhalten, oder mag er es als den endlosen Proceß der Weltentwickelung selber auffassen: in beiden Fällen denkt er das Absolute als etwas Unpersönliches. Das Eigenthümliche der pantheistischen Weltanschauung besteht ja in der Vereinerleiung Gottes mit dem ideellen Weltganzen. Wenn man aber nicht die persönliche Erhabenheit Gottes über die Welt und ihre Entwickelung, wenn man eben damit auch kein urgedachtes, vom Schöpfer in freier Liebe selbstbewußt gesetztes Ziel der Schöpfung anerkennt, so kann man auch keine Heranbildung der Welt zu ihrer ewigen Vollendung und eben damit auch keine fortschreitende Offenbarung Gottes in dem Sinne statuiren, wie es der rechte Wunderbegriff fordert. Zwar faßt die Hegel'sche Philosophie die absolute Idee bekanntlich als einen ewigen Proceß, der aus dem Ansichsein zum Fürsichsein des Geistes fortstrebend zu immer höheren Stufen der geistigen Selbstentwickelung auf Erden fortschreitet. Allein auch so ist der Fortschritt nur ein illusorischer. Jener Proceß nämlich ist weiter nichts, als der ewig wiederkehrende Wechsel sich gegenseitig setzender und aufhebender Individuen, bei dem immer wieder nur dieselbe leere Allgemeinheit herauskommt, wovon er ausgegangen. Der Pantheismus führt folgerecht zu dem Glauben, daß auch die Geschichte der Menschheit irgend einmal schlechthin resultatlos enden werde; denn nach seiner Lehre sind nicht nur die individuellen Geschöpfe der Erde, sondern auch der Erdkörper selbst, wie alle übrigen Gebilde des Weltraums nur vorübergehende Individualisationen des allgemeinen Weltprocesses. In jeder Weise fehlt dem Pantheismus der Gesichtspunkt für das Wunder, sofern dasselbe gewisse Wendepunkte im Entwickelungsgange der natürlichen und geistigen Schöpfung bezeichnet, in welchen höhere Principien zum Durchbruche kommen und wo sich daher ein neues, übernatürliches, unmittelbar aus dem transcenbenten Wesen Gottes hervorquellendes Offenbarungs= und Entwickelungs=moment enthüllt.

Ganz anders der Theist. Mag er mit dem Pantheisten auch die Annahme einer ewigen Schöpfung gemein haben, wie Origines, Schleiermacher, Krause u. A.; oder mag er sich demselben auch in der Beziehung entgegensetzen, daß er, wie für alle einzelnen Weltkörper und kosmischen Bildungsprocesse, so auch für die Welt als Ganzes gedacht, für das Weltall, einen bestimmten Anfang mit der Zeit, eine allmählich fortschreitende Individualisation der ewigen Grundsubstanzen durch die Erzeugung und fortschreitende Vergeistigung der Materie annimmt: in jeder Weise sieht er sich genöthigt, Gott und Welt auf das Bestimmteste zu unterscheiden. Denn es ist eins der Grundaxiome des Theismus, daß sich in der endlichen Welt, wegen ihrer materiellen Räumlichkeit und Zeitlichkeit, nur successive entwickeln könne, was Gott, als der selbstbewußte und schöpferische Urgrund der Welt von Ewigkeit als ideelle Totalität mit seinem Denken umfaßt, oder was er als seine ewige Natur überräumlich und überzeitlich aus seinem Wesen erzeugt. Somit erkennt der Theismus außer und über dem Inbegriff derjenigen göttlichen Kräfte und Wirkungen, die sich jederzeit immanent in der Welt als die principiellen Factoren ihres jedesmaligen Bildungszustandes bethätigen, auch ein noch unerschlossenes Mysterium, eine unendliche Fülle von übersinnlichen Substanzen und Kräften im Wesen Gottes an, die nur Gott selber mit seiner absoluten Persönlichkeit umfaßt. Der Theist betrachtet diese unendliche Lebensfülle der überweltlichen Natur Gottes eben als die Wesenheit der göttlichen Transcendenz, als den übernatürlichen Grund der Schöpfung, den Gott vermöge der schöpferischen Macht und Weisheit seines unendlichen Liebeswillens in fortschreitender Selbstmittheilung und Offenbarung immer tiefer und reicher erschließt, um die raumzeitliche Welt immer völliger mit seiner unendlichen Lebensfülle zu durchdringen, um so alle zu seinem Ebenbilde veranlagten Wesen, indem er dieselben immer mehr für eine bewußte Wechselwirkung mit seinem Geiste empfänglich macht, von Stufe zu Stufe höher zu sich empor zu ziehen.

Mit dieser Anerkennung des durch den Begriff der Transcendenz geforderten, persönlichen Unterschiedes Gottes von der Welt muß sich der Theist nun schon von vornherein geneigt fühlen, auch dem Wunder eine nothwendige Stellung in der Schöpfung zuzugestehen und demnach eine von Stufe zu Stufe wiederkehrende Bethätigung desselben zu gewärtigen. Zugleich ergibt sich aber daraus auch die Berechtigung des religiösen Bewußtseins, alle Erscheinungen und jedes Ereigniß, worin sich dem frommen Gemüth die göttliche Wirksamkeit in der Welt im besonderen Sinne, auf eine Herz und Gewissen lebhaft berührende Weise offenbart, als bedeutsames Zeichen des göttlichen Heils=

willens, sei es als eine warnende Ankündigung nahender Gerichte und damit als eine Mahnung zur Buße, sei es als ein Unterpfand der helfenden Gnade oder als eine Verheißung künftigen Heils und Segens aufzufassen.

Nun tragen zwar in diesem Sinne eigentlich alle Erscheinungen, welche göttliche Macht und Weisheit in sich abspiegeln, sowohl die dem Gebiete der Natur, als auch die dem Gebiete des geistigen Lebens angehören, den Stempel des Wunderbaren an sich, und man kann daher vom religiösen Gesichtspunkte aus jedes beliebige Ereigniß als ein Zeichen und Wunder von Gott betrachten, sofern sich dasselbe weder als eine Folge menschlicher Berechnung und Veranstaltung noch als ein bloßes Erzeugniß blindwirkender Naturkräfte begreifen läßt, sofern sich vielmehr die Wirkungen und Spuren göttlicher Fügung und Weltregierung, sei es zur Warnung und Zucht, sei es zum Trost und zur Stärkung des frommen Herzens, kräftiglich darin offenbaren. Allein nicht alle Ereignisse eignen sich in gleicher Weise dazu, dem menschlichen Bewußtsein und Gefühl diesen Wiederblick der weltdurchwirkenden und erziehenden Thätigkeit der göttlichen Vorsehung in ergreifender Weise zu vergegenständlichen. Denn einmal kommt es auf das subjective Maß der religiösen Empfänglichkeit und frommen Stimmung an, wie stark und lebendig ein Mensch sich der göttlichen Wirksamkeit und Selbstbezeugung in irgend einer äußern oder inneren Thatsache bewußt wird und wiefern er also in derselben ein Zeichen und Wunder von Gott erblickt oder nicht; sodann aber gibt es auch gewisse objective Thatsachen und Ereignisse, in denen das göttliche Wirken in der Welt principiell und schöpferisch hervortritt, oder doch einmal in einer gewissen Periode der Vergangenheit hervorgetreten ist, während die göttliche Wirksamkeit in andern Erscheinungen, während sie namentlich in dem constanten Fortbestande der bereits vorhandenen, nach gewissen Gesetzen gleichmäßig fortwirkenden Kräfte und Phänomene sich vorherrschend unter dem Gesichtspunkte der erhaltenden Thätigkeit darbietet und daher für das unfromme, gänzlich in die empirische Erscheinung versunkene Bewußtsein völlig verhüllt bleibt.

Wir können daher Wunder im weiteren und engeren Sinne unterscheiden und wollen nun, nach Feststellung des allgemeinen Wunderbegriffs, sofort auf den letzteren etwas näher eingehen, indem wir aber zugleich auch stets den Wunderbegriff im weitern Sinne nicht vernachlässigen dürfen.

Lassen Sie uns nun, für die Erkenntniß des Wunders im engern Sinne, einen nähern Einblick zu gewinnen suchen in den Entwickelungsgang der gesammten irdischen Schöpfungsgeschichte. Wir haben dieselbe zu dem Ende durch ihre wichtigsten Epochen hindurch bis zum Eintritt des in der Erscheinung Jesu Christi persönlich verkörperten gottmenschlichen Princips übersichtlich zu begleiten, um dann auf der Höhe dieser Entwickelung die Wunderthaten Jesu selbst etwas näher zu würdigen.

Die Wichtigkeit dieser Untersuchung leuchtet von selbst ein, wenn man sich vergegenwärtigt, wie dieselbe nicht nur zur Gewinnung einer auf den Einklang mit sämmtlichen Erfahrungswissenschaften gestützten Unterlage für die rechte Würdigung und Beantwortung der wichtigsten Fragen der gegenwärtigen Christologie dient, sondern wie sie auch geeignet ist zur Würdigung und eventuell zur Lösung gewisser Dissonanzen, die sich in Folge der immer stärker hervorgetretenen Entfremdung zwischen der herrschenden Theologie und den modernen Naturwissenschaften von Tag zu Tag bedenklicher hervorgebildet haben, und zwar sowohl zum Nachtheile des Glaubens wie auch der Wissenschaft. Wenigstens werden wir uns auf diesem Gange darüber orientiren können, ob der richtig verstandene christliche Offenbarungsglaube, dem der Wunderglaube in dem angegebenen Sinne stets immanent ist, ob mit einem Worte auch der echte christliche Theismus die modernen Naturwissenschaften und deren sichere Ergebnisse wider sich hat oder nicht.

Sogleich an der Schwelle dieser Untersuchung drängt sich mir nun die Nothwendigkeit auf, einer gewissen Hypothese der modernen Naturforschung zu gedenken, und es liegt mir ob, dieselbe entweder ganz zu beseitigen oder doch für den wahren Wunderbegriff unschädlich zu machen, wenn wir uns nicht in die Nothwendigkeit versetzt sehen sollen, den letzteren selber aufzugeben. Es ist das die schon vor einem Vierteljahrhundert von dem theistisch gesinnten englischen Naturforscher Whewell aufgestellte, neuerdings aber von dessen Landsmann Charles Darwin weiter begründete und von mehreren seiner Anhänger im materialistischen Geiste durchgeführte sogenannte **Transmutations-Hypothese**. Sie tritt der Annahme, welche die Grundlage des echten Wunderbegriffs bildet, der Annahme nämlich, daß jede neue Epoche der Schöpfung durch das Eintreten neuer, übernatürlicher Kräfte von Seiten der Gottheit bedingt sei, schnurstracks entgegen.

Ich will Ihnen kurz die Grundzüge der betreffenden Ansicht mittheilen, und zwar so, wie sie auf Grund der von Darwin [1]) begründeten Hypothese immer mehr im materialistischen Sinne ausgebildet worden ist. Von der allgemein zugestandenen Thatsache ausgehend, daß sich keine bestimmte Grenze ziehen lasse zwischen Art und Unterart, zwischen Unterart und Spielart, zwischen Spielart und individuellen Beschaffenheiten, daß vielmehr alle diese Unterschiede mittelst unmerklicher Abstufung ineinander fließen und daher dem Verstande nur die Vorstellung von Uebergängen hinterlassen, sodann weiter sich stützend auf gewisse Resultate der künstlichen Züchtung, wonach es Tauben-, Schaf- und Rinderzüchtern gelungen ist, schon innerhalb eines Lebensalters

[1]) Ch. Darwin: On the Origin of Species by means of Natural Selection. London 1859. Ins Deutsche übersetzt von G. H. Bronn. Stuttgart 1860.

die Racen beträchtlich umzugestalten, kommt Darwin zu dem Schluß, daß die mannigfaltigsten Thier- und Pflanzenformen sich lediglich durch äußere Umstände, und zwar im Lauf von Billionen Jahren, aus der ersten Urzelle entwickelt und zu immer höhern Stufen der Entwickelung hinaufgebildet haben. Im materialistischen Sinne ist diese Hypothese vorzüglich von Männern wie Owen, Lyell, C. Vogt, L. Büchner u. A. fortgebildet worden. Nicht durch den Eintritt höherer Principien von oben, sondern lediglich von unten her hat sich die Bildung der Stoffe und Kräfte, welche miteinander den Erdkörper ausmachen, durch das den Atomen und Kräften von Natur innewohnende Streben nach Gleichgewicht, vorzüglich durch das nie ruhende Wechselspiel der gegenseitigen Anziehung und Abstoßung der Atome, mit der Zeit, im Verlauf von Billiarden Jahren, durch zufällige günstige Ereignisse und Umstände, so geartet, daß, nachdem einmal, man weiß nicht wie, die erste Urzelle entstanden war, die Fortentwickelung von der Pflanze bis zum Menschen hinauf sich ohne jede Mitwirkung göttlicher, sei es immanenter, sei es transcendenter Vernunftfactoren ganz von selbst ergab. Man hat also für die Erklärung der zu immer höheren Formen fortschreitenden Weltbildung von einem persönlichen Lenker der Welt, auch wenn man das Dasein eines solchen statuiren sollte, ganz abzusehen. Von den aus der Urzelle nach und nach hervorgegangenen niedrigsten Arten der Agamen und Kryptogamen verwandelten sich hier und da unter günstigen Umständen gewisse Exemplare in Phanerogamen, während andere Zellen in Folge desselben glücklichen Zufalls und unter der Einwirkung lediglich mechanischer Kräfte, statt zu Pflanzen zu werden, zu empfinden und sich willkürlich zu bewegen anfingen. Weiterhin verzweigte sich die eine oder andere Art der Gastrozoen (Bauchthiere) hier und da in die Typen der Arthrozoen (Glieder- und Brustthiere), und von gewissen Exemplaren der letztern mochten sich dann nach und nach die Uebergänge in die verschiedenen Arten und Gattungen der Vertebraten (Wirbelthiere) herausbilden. So gipfelte die zufällige Fortentwickelung unter günstigen Umständen endlich in der Erzeugung des Menschen, jedoch so, daß auch der menschliche Organismus vom niedrigsten Typus bis zur kaukasischen Race hinauf erst noch mehrere Transmutationsstufen durchlief, bevor er seinen Abschluß fand.

Während dieses gesammten, viele Jahrbillionen umfassenden Entwickelungsverlaufs haben sich in Folge gewisser, mit den angeborenen Bedürfnissen der Individuen und Arten zugleich erwachender Strebungen und Triebe die einzelnen Glieder und Eigenthümlichkeiten der Thiere allmählich so gestaltet und vervollkommnet, wie es der Kampf mit den Elementen, wie es die Wechselwirkung mit Licht und Wasser sammt der Verschiedenheit des Bodens, Klimas ꝛc. nach blinder Nothwendigkeit mit sich brachte. Diejenigen Stoffe und Kräfte, welche sich irgend einmal zufällig zur Bildung gewisser Sinnesorgane, z. B. der

Augen, Gehörwerkzeuge 2c., mit einander vereinigt hatten, behaupteten diese Richtung mit immer wachsender Stabilität. Mit der beginnenden und zunehmenden Uebung der Kräfte und Functionen der einzelnen zunächst noch sehr roh gearteten Organe, sowie mit der Vermehrung und Steigerung der Bedürfnisse und Triebe, vervollkommnete sich auch der Bau und die Gestalt des Organismus. Die Glieder desselben paßten sich durch ihre natürliche Bestrebungen den verschiedenen Elementen und Naturverhältnissen immer mehr an, setzten sich mit den allgemeinen Naturkräften immer völliger ins Gleichgewicht. Thiere, die sich für die Befriedigung ihrer Bedürfnisse auf die über ihnen hängenden Baumfrüchte angewiesen fühlten, längten ihren Hals durch immer wiederholtes Emporrecken desselben; andere Arten haben nach derselben Analogie durch fortgesetzte Strebungen lange oder kurze Beine und an den Enden derselben Krallen, Klauen, Hufe, Flossen, Flügel 2c. bekommen, je nach der Wechselwirkung mit den vorhandenen Elementen. Indem sich nun von den verschiedenen Arten und Gattungen, welche im blinden Drange der Kräfte und Triebe mit einander um die Existenz kämpften, nur diejenigen zu erhalten vermochten, die sich am kräftigsten arteten, während die schwächeren nach und nach verkümmerten und zu Grunde gingen, so erscheint uns die gegenwärtige Einrichtung der Pflanzen- und Thierwelt, obgleich sie nur das Product des nach und nach entstandenen mechanischen Gleichgewichts blindwirkender Kräfte ist, als Erzeugniß einer vorbedachten zweckmäßigen Combination, als die Wirkung eines die Welt nach Ideen regierenden Gottes. Allein das ist eben nur Schein und Einbildung, und beide entstehen, wenn man absieht von der unendlichen Menge von Zufälligkeiten und Möglichkeiten, die miteinander concurrirten und die durch ihre fortschreitende gegenseitige Beschränkung zuletzt die gegenwärtige Gestalt der Welt zum Resultate hatten.

Mit der bisherigen teleologischen Auffassung tritt also von diesem Standpunkte aus ein völliger Bruch ein, und selbst der neueste Kritiker des Materialismus, F. A. Lange, steht nicht an, dieselbe vollständig zu verwerfen. „Die ganze Teleologie, sagt er,[1]) hat ihre Wurzel in der Ansicht, daß der Baumeister der Welten so verfährt, daß der Mensch nach Analogie menschlichen Vernunftsgebrauches sein Verfahren zweckmäßig nennen muß. So faßt es im Wesentlichen schon Aristoteles, und selbst die pantheistische Lehre von einem „immanenten" Zweck hält die Idee einer, menschlichem Ideal entsprechenden Zweckmäßigkeit fest, wenn auch die außerweltliche Person aufgegeben wird, die nach Menschenweise diesen Zweck erst erdenkt und dann ausführt. Es ist nun aber gar nicht mehr zu bezweifeln, daß die Natur in einer Weise fortschreitet, welche mit

[1]) Geschichte des Materialismus und Kritik seiner Bedeutung in der Gegenwart. Von Friedr. Alb. Lange. Iserlohn 1866. S. 400 ff.

menschlicher Zweckmäßigkeit keine Aehnlichkeit hat; ja, daß ihr wesentlichstes Mittel ein solches ist, welches, mit dem Maßstabe menschlichen Verstandes gemessen, nur dem blindesten Zufall gleichgestellt werden kann. Ueber diesen Punkt ist kein zukünftiger Beweis mehr zu erwarten. Die Thatsachen sprechen so deutlich und auf den verschiedensten Gebieten der Natur so einstimmig, daß keine Weltansicht mehr zulässig ist, welche diesen Thatsachen und ihrer nothwendigen Deutung widerspricht. Wenn ein Mensch, um einen Hasen zu schießen, Millionen Gewehrläufe auf einer großen Haide nach allen beliebigen Richtungen abfeuerte; wenn er, um ein Haus zu haben, eine Stadt baute, und die überflüssigen Häuser dem Wind und Wetter überließe; so würde wohl Niemand dergleichen zweckmäßig nennen und noch viel weniger würde man irgend eine höhere Weisheit, verborgene Gründe und überlegene Klugheit hinter diesem Verfahren vermuthen. Wer aber in den neuern Naturwissenschaften Kenntniß nehmen will von den Gesetzen der Erhaltung und Fortpflanzung der Arten, — selbst solcher Arten, deren Zweck wir überhaupt nicht einsehen, wie z. B. der Eingeweidewürmer, der wird allenthalben eine ungeheure Vergeudung von Lebenskeimen finden. Vom Blüthenstaub der Pflanzen zum befruchteten Samenkorn ꝛc., sehen wir stets den Mechanismus wiederkehren, welcher auf dem Wege der tausendfältigen Erzeugung für den sofortigen Untergang und des zufälligen Zusammentreffens der günstigen Bedingungen das Leben soweit erhält, als wir es in dem Bestehenden erhalten sehen. Der Untergang der Lebenskeime, das Fehlschlagen des Begonnenen ist die Regel; die „naturgemäße" Entwickelung ist ein Specialfall unter Tausenden; es ist die Ausnahme, und diese Ausnahme schafft jene Natur, deren zweckmäßige Selbsterhaltung der Teleologe bewundert.

Zweiundzwanzigster Brief.

Ich habe Ihnen in meinem letzten Briefe die berühmte Darwin'sche Transmutations-Hypothese nach ihren Grundzügen vorgeführt und auch bereits darauf hingewiesen, wie sie, richtig verstanden, durchaus keine Instanz bilden kann gegen den christlichen Schöpfungsbegriff. Man kann im gewissen Sinne sogar F. A. Lange beistimmen, wenn er sagt, Darwin habe einen wichtigen Schritt zu der Vollendung einer naturphilosophischen Weltanschauung gethan, welche Verstand und Gemüth in gleicher Weise zu befriedigen vermag, indem sie sich auf die feste Basis der Thatsachen gründe, und in großartigen Zügen die Einheit der Welt darstelle, ohne mit den Einzelheiten in Widerspruch zu gerathen. [1]) Allein gegen die materialistische Ausbeutung dieser Hypothese muß man sich im Namen der Wissenschaft selber auf das Entschiedenste erklären und ebensowenig kann man sich wissenschaftlich durch eine pantheistische Verwerthung derselben befriedigt fühlen. Die Hypothese enthält ohne Frage manches fruchtbare Wahrheitsmoment, soweit sie aber mit den religiösen und ethischen Postulaten des christlichen Theismus und mit dem wissenschaftlich berechtigten Wunderglauben in Widerspruch tritt, zeigt sie sich zugleich in sich selber wissenschaftlich durchaus hinfällig.

Vergegenwärtigen Sie sich nur einmal die schmale, empirische Basis, welcher man so ungeheure Schlußfolgerungen zu tragen zumuthet, und Sie werden, um ein Wort Lessings zu gebrauchen, den Eindruck bekommen, daß man hier ein Weltall am Faden einer Spinne aufzuhängen versucht habe. Weil es hier und da durch künstliche Züchtung gelingt, den allgemeinen Typus der Arten zu modificiren, und weil die charakteristischen Unterschiede der Arten sich nicht überall streng festhalten lassen, da es auch Mittelarten, Spielarten und ganz individuelle Formen gibt, die in verschiedene Arten und Gattungen

[1]) A. a. O. S. 399.

hinüberschillern, so glaubt man, vermöge des Aberglaubens an die Allmacht des Zufalls, daraus ein Recht zu gewinnen, die Grenzen und Unterschiede überall zu verwischen und zu verrücken? Ist das nicht die blaueste Metaphysik? Oder gibt es auch nur eine einzige Thatsache, durch die sich die Umbildung einer niedrigeren Art in eine höhere als eine bleibende und fruchtbare erhärten ließe? Sind nicht so ziemlich alle Maulesel ganz eben so steril, als diese ganze Theorie selber? Ist jemals, soweit mehrtausendjährige Erfahrung reicht, irgend eine Pflanzenart bleibend in eine andere übergegangen? Hat sich jemals aus einer Pflanze ein Thier und aus irgend einer niedrigen Thierart eine höhere entwickelt? Wie Mauern Gottes stehen die Grundtypen der Klassen, Gattungen und Arten. Selbst C. Vogt hat die Unhaltbarkeit der Theorie von der freiwilligen Zeugung seinerseits mit nachgewiesen, wenigstens in seinen physiologischen Briefen, [1]) trotz seines gröbsten Materialismus. Man kann zugeben, daß die höheren Arten ihre ersten Anfänge nur auf Grundlage der niedereren und im unmittelbaren Zusammenhange mit denselben gewonnen haben, da dies selbst eine Forderung der Vernunft zu sein scheint. Man kann auch die Ansicht approbiren, daß die ersten Menschen wirklich von Affen gefallen sein und noch viele Generationen hindurch den Typus des Affen nicht völlig überwunden haben mögen, wie das bei gewissen Stämmen der Neger bis jetzt der Fall ist. Gleichwohl ist doch der Unterschied der Gattungen und Arten mit der Zeit ein qualitativer geworden, der gewisse Grenzen nicht überschreitet. Ist nun ein solcher Fortschritt, der von dem allmählichen Hervortreten qualitativ höher gearteter Principien zeugt, ohne die Mitwirkung dieser höher gearteten Principien und Gedanken selber irgendwie denkbar? Kann das Eintreten dieser höheren Principien und die vernünftige Darbildung derselben, da diese an sich selbst vernunftlos sind und dabei doch soviel Spuren von Absicht, Plan und zukunftsschwangeren Ideen in sich tragen, anders begriffen werden, als aus der Voraussetzung des schöpferischen Willens eines selbstbewußten Vernunftwesens, das bei seiner Immanenz in der Welt zugleich noch immer mit einer unendlichen Fülle von Gedanken und Kräften transcendental über ihr waltet? Spricht nicht das tiefere Denken dafür, daß die nacheinander hervorgetretenen höheren Principien der kosmischen und tellurischen Entwickelungsgeschichte sich ursprünglich als übersinnliche Realitäten verhalten, die der ewigen Natur Gottes entstammend durch göttliche Schöpfungswunder in den Wendepunkten der Entwickelung aus dem göttlichen Lebensgrunde hervorgegangen sind, um transmutirend in die bereits bestehenden Ordnungen der Schöpfung einzutreten?

---

[1]) Späterhin freilich scheint seine Ansicht eine andere geworden zu sein. Vgl. z. B. die Bilder aus dem Naturleben vom Jahre 1852.

Sie sehen, mein Freund, daß die Transmutationshypothese sich auch theistisch verwerthen läßt. Es liegt ihr in der That eine gewisse Wahrheit und Berechtigung zu Grunde, wie das auch Männer von so echt christlicher Gesinnung, wie der jüngst verstorbene, große Denker Chr. H. Weiße und der ansehene Physiker C. Snell hervorgehoben haben. Nur in ihrer materialistischen Richtung entbehrt sie jeder thatsächlichen und rationellen Begründung. Es widersprechen ihr durchweg, wie besonders Ulrici geltend gemacht hat, [1]) alle bisherigen Resultate der paläontologischen Forschung. Denn paläontologisch lassen sich nicht nur keine Uebergänge im Darwin'schen Sinne nachweisen, sondern es steht auch fest, daß in den ältesten primären Schichten der Erde bereits die fünf Hauptgattungen der höheren Thiere in festgestellter Unterschiedenheit sich vorfinden, und namentlich, daß bei jeder großen Revolution überall oder doch fast überall die älteren Thiergeschlechter sämmtlich zu Grunde gingen, die neuen Gattungen also nicht durch bloße Abartung von den älteren entstehen konnten. Ebenso steht es fest, daß im Allgemeinen die Bastarde von einigermaßen scharf geschiedenen Arten gar nicht oder doch nicht fortgesetzt fruchtbar sich vermehren können, sondern entweder in die eine der beiden Arten zurückfallen oder an Unfruchtbarkeit zu Grunde gehen.

Zu ganz andern Resultaten als Darwin ist der berühmte, aus der Schweiz stammende Ichthyologe (wissenschaftlicher Forscher über die Klasse der Fische) Agassiz gelangt. Die Klassen, Ordnungen, Familien, Gattungen und Arten sind nach einer der neuesten Schriften dieses großen Naturforschers ursprünglich feststehende Typen und Gestaltungsnormen des Organisationsplanes, nach denen die einzelnen Exemplare in mannigfaltiger Variation sich bildeten.[2]) Für diese Ansicht weist er zunächst auf die Thatsache hin, daß bei den Thieren vielfach Organe vorkommen, die aus der Nothwendigkeit der sich auf einander beziehenden Functionen nicht erklärt werden können, Organe ohne Function, wie z. B. die nicht durchbrechenden Zähne der Wallfische, die Brustwarzen der männlichen Säugethiere, die Backenknochen der männlichen Beutelthiere u. s. w. Es sind das lauter Organe, die offenbar nur die Bedeutung architektonischer Elemente haben, die nur der Symmetrie wegen dem allgemeinen Plane der Gestaltung gemäß gebildet und festgehalten werden, obwohl sie praktisch überflüssig sind. Agassiz weist ferner nach, daß die verschiedensten Typen von Thieren und Pflanzen unter völlig identischen äußern Umständen und Bedingungen gefunden werden, und daß umgekehrt unter den verschiedensten physikalischen und klimatischen Bedingungen dieselbe Thierart den Typus ihrer

---

[1]) Gott und die Natur. Von Dr. H. Ulrici. 1862. S. 303.

[2]) Agassiz: An Essay on Classification. London 1859. Vgl. Ulrici a. a. O. S. 305.

Organisation unveränderlich festhält. Und dennoch stehe fest, „daß selbst die außerordentlichsten Veränderungen in der Lebensweise und den äußern Bedingungen, unter denen die Thiere sich befinden, eben so wenig Einfluß auf die Veränderung ihrer wesentlichen Charaktere haben, als der Zeitverlauf." Agassiz behauptet daher wiederholentlich, daß diese ursprünglichen, constant fest gehaltenen, die ganze Organisation bedingenden Typen der Classification, der Ordnungen, Familien und Geschlechter nur zu erklären seien, wenn man sie als die „Kategorien" des schöpferischen Denkens Gottes fasse.

Auch angesehne deutsche Naturforscher haben sich entschieden gegen die Darwin'sche Theorie erklärt. Ich will Ihnen hier nur die treffliche Rede von Spieß nennen, die in kurzen, klaren Zügen die Unhaltbarkeit derselben nachweist. [1]) Von besonderem Gewicht aber ist, daß selbst ein Forscher, wie der ausgezeichnete Geologe Burmeister, der dem theistischen Standpunkte nicht eben sehr hold ist, sich zu der Annahme berechtigt hält, daß jede geologische Epoche sofort mit einer qualitativ verschiedenen Bildung, mit Formen und Typen der organischen Entwickelung begonnen habe, die nicht aus allmählicher Umbildung der früheren abzuleiten, die also als unerklärliche Verkörperungen neuer Principien hervorgetreten seien. Die Entstehung der organischen Geschöpfe hängt nach Burmeister nicht, wie bei den unorganischen Körpern, von der bloßen Mischung ihrer Grundbestandtheile ab, sondern ist immer durch einen andern, uns bis jetzt völlig unbekannten Einfluße bedingt. Burmeister entscheidet sich zwar für die von vielen Naturforschern bestrittene freiwillige Zeugung organischer Körper. Nach ihm haben sich die Zellen von selbst aus dem Urschlamm durch generatio originaria gebildet. Diese Ansicht acceptirt er aber nur darum, weil ohne dieselbe die Entstehung der Organismen auf der Erde nur durch unmittelbares Eingreifen einer höhern Macht denkbar sei, was Burmeister in seiner Abneigung gegen den Theismus eben abzulehnen sucht. [2]) Gleichwohl redet er dann doch wieder von einem einheitlichen Plane im Entwickelungsgange des Thierreichs; und selbst die eigenthümliche Gestaltung der einzelnen Gattungen und Arten in derselben Hauptclasse während der verschiedenen Schöpfungsperioden erscheint nach ihm nicht willkürlich oder zufällig, sondern von einer zweckmäßigen Berücksichtigung der obwaltenden Umstände bedingt und stets in Uebereinstimmung mit dem Charakter derjenigen Bildungsepoche des Erdkörpers, welcher sie angehören. So zeigt er, wie nicht zufällig, sondern nach Plan und Absicht, die ältesten Arten

---

[1]) Ueber die Grenzen der Naturwissenschaft mit Beziehung auf die Darwin'sche Lehre von der Entstehung der Arten im Thier- und Pflanzenreiche durch natürliche Züchtung. Festrede von Dr. G. A. Spieß. Frankfurt a. M. 1863.

[2]) Burmeister: Geschichte der Schöpfung. 3. Aufl. S. 311 ff.

aus der Ordnung der Strahlthiere (Echinodermen), nämlich die Krinoiden, auf langen, vielgliedrigen Stielen am Boden wachsen mußten, weil sie sonst an den fast noch überall schroffen und harten Felsen, da es noch wenig sandige Ufer gab, zerschellt sein würden. [1]) Weiter hebt er einen äußerst merkwürdigen Umstand hervor, der eben so sehr gegen die Annahme einer bloß durch die Länge der Zeit und zufällige Umstände herbeigeführten Entwickelung der vollkommneren Typen von unten her, als für das wunderartige Hereintreten höherer Schöpfungsprincipien von oben her Zeugniß ablegt. Er zeigt nämlich, daß während der antediluvianischen Periode die Schöpfung der einzelnen Gattungen durchgängig mit einem Prototyp der ganzen dieselben unter sich begreifenden Classe, d. h. mit der Bildung von Thieren begonnen habe, in deren Organisation sich alle die Merkmale noch unentwickelt zusammengefaßt, also gleichsam keimartig und in ursprünglich thetischer Weise gesetzt finden, die später vereinzelt an den verschiedenen Gattungen und Arten der betreffenden Classe, als die verschiedenen specifischen Unterschiede hervorgetreten sind. Eben so merkwürdig ist nach Burmeister der Bildungshergang der ältesten Amphibien. Sie entstanden in der Secundärperiode, die sich recht eigentlich als Uebergangsperiode in der Thierbildung charakterisirt, indem die Erde während derselben immer mehr ihren Insularcharakter verlor und sich continentalartig gestaltete. Die Amphibien bilden demgemäß ebenfalls nur eine Durchgangsgruppe in der Entwickelung der Rückgratthiere. Ihre Entstehungsweise war nun merkwürdigerweise derart, daß die Idee der ganzen Classe von vornherein als leitendes Princip auftrat, daß also die Einheit, der einheitliche Begriff, das Prius war, aus dem sich die Unterschiede dann erst gleichsam analytisch entwickelten. Das zeigt sich am auffallendsten an der ältesten von allen Amphibienarten, nämlich an den Labyrinthodonten. Denn sie waren nicht bloß Frösche oder Eidechsen oder Schildkröten, sondern dieses alles zugleich, also Amphibien überhaupt; sie besaßen nämlich die ganze Summe von Eigenschaften noch in ureinheitlicher Thesis, die sich in der zahlreichen Classe der spätern Amphibien an die einzelnen Gattungen und Arten vertheilt zeigen. [2])

Wenn also ein so gründlicher Forscher, wie Burmeister, trotz seiner Abneigung gegen die theistische Gottesidee, die fortschreitende Entwickelung der Schöpfung nach maßgebenden Ideen wahrheitsgemäß zugestehen muß, wenn er trotz seiner Sympathie für den Materialismus eine Menge Thatsachen nachweist, welche die Annahme, als ob die Fortentwickelung der Schöpfungstypen ein Werk des Zufalls und der Länge der Zeit sei, als Absurdität erscheinen lassen, ja wenn, im Anschluß an Élie de Beaumont, als Ueber-

[1]) A. a. O. S. 160.
[2]) A. a. O. S. 190 197.

setzer und Bearbeiter von dessen Geologie, sogar ein C. Vogt, der sich doch als ein wahres Urbild der modernen Materialisten exhibirt, nicht umhin konnte, das Walten eines einheitlichen Organisationsplans in der Schöpfung anzuerkennen, eines Planes, der von Stufe zu Stufe mehr zur Verwirklichung gekommen sei, so ist das ein unverkennbares Zeichen, daß die Transmutations-Hypothese, sofern man dieselbe, was ursprünglich nicht in Darwin's Sinne lag, materialistisch zu verwerthen und als Instanz gegen die theistische Idee einer durch das schöpferische Einwirken der Gottheit bedingten Fortentwickelung der Schöpfung zu gebrauchen sucht, in sich selbst ohne Halt ist und so weit sie Wahrheit enthält, von höheren, mit ihren materialistischen Voraussetzungen in Widerspruch stehenden Vernunftideen zehren muß.

Der schon genannte treffliche Forscher William Whewell verwendet sie sogar ganz entschieden im Interesse des wahren Theismus, und ich kenne kaum ein Werk, welches tiefere Blicke in die göttliche Weltregierung vom naturwissenschaftlichen Standpunkte eröffnet, als seine „Indications of the Creator", sowie sein „Vestiges of the Natural History of Creation". [1])

Auch gegen die schon vor einer Reihe von Jahren von Schwann, Mulder und anderen Physiologen eingeführte Hypothese von der Entstehung der Zelle nach Analogie des Krystallisationsprocesses, die ich schon in meinen „Vorhöfen" bekämpfte, haben sich mehrere der angesehensten Naturforscher unserer Zeit entschieden erklärt. Sie verwerfen damit überhaupt die Ansicht von dem Ursprung des organischen Lebens lediglich aus denselben allgemeinen Naturkräften, die das große Gebiet der unorganischen Natur beherrschen. In sehr geistvoller Weise sprach sich schon vor dreißig Jahren ein ausgezeichneter holländischer Naturforscher, nämlich Schroeder van der Kolk, dagegen aus. [2]) Ebenso die größten Physiologen des Jahrhunderts vom Anfang desselben bis auf die Gegenwart, ein Cuvier, Joh. Müller, Burdach, R. Wagner, Bischoff in München, Schmidt in Dorpat und einer der gegenwärtigen Hauptvertreter der physiologischen Wissenschaft in Frankreich, P. Flourens. Sie alle erklären sich für die Wirksamkeit von Kräften im Zellen- und Organisationsproceß, die der unorganischen Natur durchaus fremd sind, deren ursprünglichen Eintritt in die irdische Natur wir also auf ein göttliches Schöpfungswunder zurückzuführen haben. Selbst unter Physikern und Chemikern der Gegenwart findet diese An-

---

[1]) Beide Werke sind in eins zusammengearbeitet durch den Uebersetzer derselben, A. Seubert: Spuren der Gottheit in der Entwickelungs- und Bildungsgeschichte der Schöpfung, nach William Whewell. Stuttgart 1846.

[2]) Schroeder van der Kolk, Professor der Medicin in Utrecht: Ueber den Unterschied zwischen todten Naturkräften, Leben und Seele. Uebersetzt von Dr. Albers. Bonn 1836.

sicht gewichtige Vertreter. Freilich haben sich dagegen Forscher wie der scharfsinnige Denker Lotze und nicht minder der ihm geistesverwandte philosophisch gebildete Physiker G. Th. Fechner, obgleich beide entschieden dem christlichen Theismus huldigen, von Anfang auf die Seite Derer gestellt, welche die Lebenskraft leugnen. Nach dem Ersteren ist der Organismus nur ein Mechanismus, und wenn auch ein Mechanismus von ganz besonderer Art, aus einer ganz besonders complicirten Zusammenordnung der Stoffe hervorgegangen und mit besonderen daraus resultirenden Kräften ausgestattet, so doch als Mechanismus immer nur ein derartiges Product, bei dessen Entstehung und Erhaltung keine anderen, als die allgemeinen Kräfte concurriren, die sämmtlich auch schon in der unorganischen Natur und zwar nach denselben allgemeinen Gesetzen wirksam sind. Ebenso wie Lotze bestreitet auch Fechner die Annahme, daß in der organischen Natur höhere Gesetze walten als in der unorganischen. Und doch muß er die Unerklärlichkeit des Uebergangs aus der unorganischen in die organische Natur aus allgemeinen Naturkräften indirect zugestehen. Zur Entwickelung einer Eiche, einer Henne, sagt er, gehört eine Eichel, ein Hühnerei, und wer mag leugnen, daß diese Entwickelung gesetzlich von der Organisation der Eichel, des Eies abhänge, wenn wir das Gesetz auch noch nicht auszusprechen wissen? Konnten aber ein Vogel oder Ei, sagt er dann schließlich, in einer Urzeit einmal zuerst entstehen, so mußten überhaupt ganz andere und in anderer Weise zusammenhängende Urbedingungen, d. h. Zusammenstellungen der Materie, vorhanden sein, als jetzt bestehen. [1]) Allein heißt das etwas Anderes, als an ein durch höhere Krafteinwirkungen vermitteltes Wunder appelliren? Denn zu den einst hervortretenden Urbedingungen, welche im Gegensatze zu dem bis dahin herrschenden Chemismus und Krystallisationsproceß der unorganischen Natur den Hervorgang ganz anderer Wirkungen vermittelten und einen zu ganz anderen Zielen hinstrebenden, sowie nach ganz anderen Gesetzen verlaufenden Bildungsproceß der organischen Zellen hervorriefen, müssen doch vor Allem die bildenden und leitenden Principien selbst gerechnet werden, die sich in den Organismen verkörpern. Nun können aber diese höheren Principien wegen ihrer von den Gesetzen der unorganischen Natur völlig abweichenden gesetzlichen Wirksamkeit aus den Gesetzen und Kräften der letzteren gar nicht begriffen werden, sondern man sieht sich für die Ableitung ihres Ursprunges eben auf übernatürliche Kräfte, die dann allerdings in den Complexus der natürlichen mit eingetreten sind, hingewiesen.

Es muß auffallen, mein Freund, daß noch immer auch Männer von so entschieden theistischer Denkweise, wie Lotze und Fechner, sich gegen das

---

[1]) Ueber die physikalische und philosophische Atomenlehre von G. Th. Fechner. 2. vermehrte Auflage. 1864.

successive Eintreten höherer Schöpfungsprincipien mit solcher Hartnäckigkeit sträuben. Wie wenig indessen Lotze den Thatsachen der Erfahrung und den Forderungen des logischen Begriffes, trotz seiner ausgezeichneten Tüchtigkeit im Beobachten und Denken, gerecht geworden, daß er vielmehr die Thatsachen seiner Theorie zu Liebe künstlich zurecht gestutzt hat, ist in überzeugender Weise nachgewiesen worden von J. H. Fichte [1]) und H. Ulrici. [2])

Um so erfreulicher ist es, daß sich so gründliche Kenner der Gesetze der Physik und Chemie, wie Carl Snell und Justus von Liebig, mit größester Entschiedenheit für die Nothwendigkeit der Annahme höherer Principien beim Ursprung des Organismus aussprechen. Daß der Organismus, sagt der Erstere, seine allgemeine Form bewahrt, während innerhalb dieser stehenden Form der Stoff fortwährend wechselt und fließt; daß er trotz alles Verkehrs und Austausches mit der Außenwelt sich selbst gleich bleibt, sich selbst erhält und dadurch überhaupt ein Selbst wird; daß er sich selbst erhält nicht bloß als Individuum, sondern auch als Gattung, als Allgemeines, und einen Proceß des Allgemeinen, den Gattungsproceß, in sich schließt; daß er nicht bloß seine fertig gebildeten Organe gebraucht, wie die Theile einer Maschine, sondern daß er diese Organe selbst erst bildet, daß er in diesem Sinne sich selbst voraus geht, sich selbst Ursache und Wirkung, eine causa sui ist, und dies nicht bloß in seinem Entstehen und seiner Bildung, sondern auch in seinem Bestande, in jeder willkürlichen und unwillkürlichen äußeren und inneren Bewegung; daß die Producte seines Lebens zugleich Factoren desselben sind, daß die Mittel zu Zwecken und die Zwecke zu Mitteln werden; daß jeder Theil nur durch das Ganze besteht und folglich auch jeder Theil nur durch jeden Theil —: dies alles hat nicht nur gar nichts Analoges in der unorganischen Natur, sondern ist in jeder Hinsicht das gerade Gegentheil desselben. [3]) Zwar sei es, fährt er fort, ebenfalls nur ein Spiel mit Worten, wenn man dies alles aus der sogenannten Lebenskraft „erklären" wolle. Denn nichts könne klarer sein, als daß das Leben erklären durch eine Kraft, von der man nichts weiter wisse, als daß sie Leben producire, eben heiße, das Leben nicht erklären. Aber fast komisch sei es, zu sehen, wie Diejenigen, welche mit der hellen Fackel der mechanischen, physikalischen und chemischen Kräfte die Finsterniß eines dunkeln Ortes vor sich her treiben, ganz unbefangen das Wort „chemische Kraft" oder „chemische Verwandtschaft" brauchen, als wenn dies um ein Haar besser wäre, als das Wort „Lebenskraft". [4])

In ähnlicher Weise spricht sich Liebig aus über das Unzureichende der

[1]) Zur Seelenfrage. Eine philosophische Confession von J. H. Fichte. Leipzig 1859. Vgl. dessen „Anthropologie". 2. Auflage. 1860.

[2]) Ulrici a. a. O. S. 182—196.

[3]) C. Snell: Die Streitfrage des Materialismus. S. 144 ff.

[4]) Ebendaselbst.

Stoffe und Kräfte der unorganischen Natur zur Erzeugung und Fortbildung der organischen Körper. Daß noch immer von Manchen die Existenz einer besonderen, in den organischen Wesen wirkenden Kraft geleugnet werde, daß man also den unorganischen Kräften Wirkungen zuschreibe, die ihrer Natur entgegengesetzt sind, die also ihren Gesetzen widersprechen, erklärt er für das Zeichen einer mangelhaften Kenntniß der unorganischen Kräfte. Sie wissen nicht, sagt Liebig wörtlich, daß die Entstehung einer jeden chemischen Verbindung nicht eine, sondern drei Ursachen voraussetzt. Immer ist es, fährt er fort, die formbildende Kraft der Cohäsion oder Krystallisation, welche unter Mitwirkung der Wärme die chemische Affinität in ihren Aeußerungen regelt, die Ordnungsweise des Krystalls und damit seine Eigenschaften bedingt. Im lebendigen Körper kommt eine vierte Ursache hinzu, durch welche die Cohäsionskraft beherrscht wird, durch welche die Elemente zu neuen Formen zusammengefügt werden, durch die sie neue Eigenschaften erlangen, Formen und Eigenschaften, die außerhalb des Organismus nicht bestehen. Wenn es wahr ist, daß in einer unorganischen Natur eine Cohäsionskraft formenbildend besteht, so ist es eben so wahr, daß in den Organismen eine Kraft wirkt, eine Ursache der Bewegung und des Widerstandes, welche der Cohäsionskraft und ihren Aeußerungen entgegentritt, welche die Wirkungen des Sauerstoffs und die stärksten chemischen Anziehungen aufhebt und geradezu umkehrt. — Zwar wirken unter dem Einfluß dieser nicht chemischen Ursache in dem Organismus auch chemische Kräfte. Aber nur in Folge dieser beherrschenden Ursache und nicht von selbst ordnen sich die Elemente und treten zu Harnstoff, zu Taurin ꝛc. zusammen. Eben darum kann auch der intelligente Wille des Chemikers sie zwingen, außerhalb des Organismus zu solchen Verbindungen zusammenzutreten, die wie Harnstoff, Taurin, Chinin, Caffin, die Farbstoffe der Gewächse ꝛc. keine vitalen, sondern nur chemische Eigenschaften haben, deren kleinste Theilchen sich zu Krystallen ordnen. Aber nie wird es der Chemie gelingen, eine Zelle, eine Muskelfaser, einen Nerv, mit Einem Worte, einen der wirklich organischen, mit vitalen Eigenschaften begabten Theile des Organismus in ihrem Laboratorium darzustellen. Wer jemals kohlensaures Ammoniak, kohlensauren, phosphorsauren Kalk, ein Eisenerz, ein kalihaltiges Mineral gesehen hat, der wird es von vornherein für ganz unmöglich halten, daß aus diesen Stoffen durch die Wirkungen der Wärme, Elektricität oder einer anderen Naturkraft ein organischer, der Fortpflanzung und höheren Entwickelung fähiger Keim sich bilden könne. [1])

---

[1]) Justus von Liebig: Chemische Briefe. Heidelberg 1855. 3. Aufl. I. Bd. S. 355 ff., 367 ff.

Dreiundzwanzigster Brief.

Nach Allem, was wir uns bisher über den in Frage stehenden Gegenstand vergegenwärtigt haben, werden Sie mir gewiß beistimmen in dem Urtheile, daß es entweder auf einer sehr gekünstelten Theorie beruht oder schon die Folge einer naturalistisch voreingenommenen Auffassung der Natur ist, wenn noch immer manche Naturforscher der Gegenwart und sonstige moderne Schriftsteller den stufenweisen Fortschritt der Weltentwickelung lediglich aus der Länge der Zeit und aus dem zufälligen Zusammentreffen äußerer Umstände zu erklären suchen. Denn man sieht gar nicht ein, wie die Zeit, ohne die Dazwischenkunft höherer, transcendentaler Principien, in dem einen ihrer Momente vor dem andern etwas voraus haben sollte. Während es eine Thatsache der Erfahrung ist, daß überall aus einem blinden, gesetzlosen, durch keine Vernunft und Absicht geregelten Zusammentreffen heterogener Kräfte, Stoffe und Elemente nur Chaos und Verwirrung, und zwar in steigendem Maße, hervorgehen, dauerhafte, den Schein von Zweckmäßigkeit tragende Producte aber nur ausnahmsweise und vorübergehend, indem die einmal herrschende Unordnung durch das Uebergewicht ihrer Gewalt das hier und da durch Zufall, ja selbst das absichtlich Geordnete sofort wieder in seinen Wirrwarr hinabzieht; während man also z. B. die in einem Staatswesen mit der Zeit wachsende Verschlechterung der Dinge und Verhältnisse bei nachlassender Wachsamkeit und Energie seiner vernünftigen Leitung, oder die Erkrankung und den Verfall des leiblichen Organismus, wenn dessen einzelne Theile sich der Direction durch das einheitliche Lebensprincip entzogen haben, sehr wohl begreift: so läßt sich dagegen durchaus nicht erklären, wie die bloße Zeit, die in keinem Momente vor dem andern etwas voraus hat, sollte rein durch sich selbst eine zu immer höheren Zielen hinaufstrebende Ordnung hervorgerufen, sollte eine derartig fortschreitende Steigerung der allgemeinen Kräfte und ihrer zweckmäßigen

Verbindungen herbeigeführt haben, deren Producte, im Unterschiede von den Erzeugnissen der vorhergehenden Epochen, als Wesen ganz anderer Art dastehen, als Individuen, in denen sich, im Vergleich mit den vorhergehenden Entwickelungsstufen, eine viel reichere Fülle tiefsinniger Zweckbeziehungen und wunderbarer Schönheit abspiegelt. Niemand wird zugeben, daß durch ein Billionen von Jahren hindurch fortgesetztes Durcheinanderwürfeln der vierundzwanzig Sorten von Buchstaben jemals eine Odyssee oder Ilias, geschweige denn eine in fortschreitender Entwickelung begriffene Literatur hätte entstehen können. Nun spiegelt aber allein schon der Bau eines einzigen Sinnenwerkzeuges der höheren Thierklassen, z. B. des Gehör- oder des Lichtsinnes, eine solche Fülle von Ordnung, Schönheit und Weisheit in sich ab, wie kein menschliches Meisterwerk, auch das größeste nicht.

Vergegenwärtigen Sie sich nur einmal den Bau eines der Sinnesorgane aus den höheren Thiergeschlechtern, und Sie müssen staunen über den darin sich offenbarenden Gedankentiefsinn. Sie sehen bei der Einrichtung der Sinne alle denkbaren Verhältnisse und Beziehungen der betreffenden Organe auf die Außenwelt, sowie auf die zukünftigen Bedürfnisse des leiblichen und psychischen Lebens ihres Besitzers im voraus auf das Feinste berechnet und festgestellt. Bei der Entwickelungsgeschichte jedes Sinnesorganes sind alle Naturgesetze, denen das Individuum mit seinen Sinnesfunctionen von der Geburt an unterworfen ist, schon im voraus, ehe jene Gesetze in Anwendung kommen und bevor die denselben unterstellten Kräfte bestimmend auf die werdenden Organe einwirken konnten, nämlich schon bei deren Bildung im Mutterschooße, auf das Feinste und Allseitigste mit in Rechnung gebracht worden.

Lassen Sie uns einmal den Bau und die Bildung des Auges etwas näher in Betracht ziehen, und wir werden die wunderbarsten Vorgänge, sowohl in dem fertigen Auge, wie besonders auch bei der allmählichen Entstehung desselben, soweit der Physiologie ein Blick in dieselbe gestattet ist, zu gewahren bekommen. Da sind überall Kräfte und Tendenzen im Spiele, die weit über den Bereich der Schwerkraft, der Cohäsion, des Chemismus, der Elektricität u. s. w. hinausweisen, die aber auch nicht aus dem Einfluß des mütterlichen Organismus, in dessen Schooß sich der werdende Embryo entwickelt, erklärt werden können. Das Auge der Mutter und des Vaters concurrirt nicht im Mindesten bei der Bildung des Auges im Leibe des Kindes. Auch die Keimzelle selbst, woraus das Auge sich zugleich mit den übrigen Organen entwickelt, enthält ursprünglich ebensowenig den geringsten Ansatz zu einem Auge en miniature, wie der befruchtende männliche Samen. Die Keimzelle oder das Eichen besteht im Eierstocke und nach seiner Versetzung durch den Eileiter in den Fruchthalter zunächst aus nichts, als aus zwei mikroskopisch kleinen, concentrischen Gebilden, nämlich der Dotterhaut oder Zone und dem Dotter, welcher sich als eine körnige, hohlkugelförmige Schicht darbildet, die nebst dem zwischen den Körnern eingebetteten Keimbläschen eine wasserhelle Flüssigkeit in sich begreift. Der Samen aber ist nichts weiter, als eine homogene Flüssigkeit mit den sogenannten Spermatozoen oder Samenthierchen, die sich nur als bewegliche, einfache organische Fädchen verhalten. Dazu kommt, daß der Inhalt des Eichen, nämlich der Dotter sammt dem Keimbläschen, erst völlig zu Grunde gehen muß, um sich nach der Befruchtung, durch den Zerklüftungsproceß, zur Keimhaut zu bilden. Erst die letztere bildet den Ausgangspunkt für den werdenden Embryo, indem sie von der Keimstelle oder dem sogenannten Fruchthofe aus sich in zwei neuen Schichten darbildet, wovon die eine, nämlich die innere Schicht, als Schleimblatt, zum Ausgangspunkte für die vegetativen Lebensgebilde, für Herz, Lunge, Magen, Leber u. s. w., die äußere, als seröses Blatt, zum Bildungsherde für die animalen Gebilde, für Nerven, Muskeln, Knochen und deren Umkleidungen durch die Haut dient.

Jetzt erst, nachdem sich durch fortschreitende Metamorphose mittelst allerlei Auswucherungen und Einschnürungen des serösen Blattes die Rudimente der Wirbelsäule und des Kopfes, die des letzteren nämlich in drei hintereinander liegenden Blasen, entwickelt haben, jetzt erst gewinnt auch das Auge einen bestimmten Ausgangspunkt für seine Entstehung. Was ist also bis dahin als Keim für dasselbe vorhanden gewesen? Nichts als die übersinnlich waltende Idee, die es will und allmählich bewirkt, daß sich zwei Augen im Embryo bilden. Und wie geht nun der Bildungsproceß dieses Lichtorganes vor sich? Empfindet etwa der Embryo bereits ein Bedürfniß zum Sehen, oder wird das Licht selbst in materieller Weise zur Causalität für ein seinen Qualitäten entsprechendes Organ? O nein, denn das Auge bildet sich, in völliger Absperrung gegen Luft und Licht, im dunkeln Mittelpunkte einer der drei Hirnblasen des Embryo, und dieser selbst entwickelt sich, von mehreren Häuten hermetisch umschlossen, in der völlig finstern Kammer des Mutterschooßes, wohin kein Lichtstrahl dringt. Also ohne alle materielle Mitwirkung des kosmischen Lichtprincipes entsteht im Organismus das Organ für das Licht, so daß es nur die Idee des Lichtes ist, welche die Empfänglichkeit des Auges für die künftigen Lichtwirkungen bewirkt. Und von welcher tiefsinnigen Weisheit, klaren Erkenntniß und Voranschauung aller zukünftigen Verhältnisse zeigt sich der Bildungshergang des Auges in seiner harmonischen Wechselwirkung mit der Genesis aller übrigen Organe geregelt? Obgleich die Seele des Embryo selbst noch in tiefster Bewußtlosigkeit versunken ist, und also selbst noch keine Ideen hat, so ist sein Werden doch in allen seinen Momenten ein durch und durch ideal bestimmtes. Mit der exactesten Vorausberechnung und in einer, alle Grenzen menschlicher Einsicht und Combinationsfähigkeit weit übersteigenden Weise nimmt die Entwickelung Bedacht auf alle künftigen Verhältnisse, und zwar nicht nur auf die geheimnißvolle Natur des Lichtes und dessen für die Zukunft mögliche mannigfaltige Beziehungen zum Auge und des Auges zum Lichte, sondern auch auf die Verhältnisse des Auges zur Luft, mit einem Worte, zur gesammten Naturumgebung, sowie auch zu den übrigen Organen und Systemen des Leibes.

Der äußere Verlauf dieses wunderbaren Processes ist im Großen und Ganzen folgender. Aus der mittleren jener genannten drei Blasen, welche die Rudimente des dreigliederigen Gehirnes abgeben, aus der Blase des künftigen Mittelgehirnes also, schnürt sich schon früh auf jeder Seite ein kleines Seitenbläschen ab, welches je durch ein zartes Mittelstück stielartig mit derselben zusammenhängen bleibt. Jedes abgeschnürte Bläschen umgibt sich sodann äußerlich mit Nervenmasse und bildet sich so zu der unendlich zart nüancirten, aus den Endungen unzählig vieler Primitivfasern zusammengesetzten Netzhaut, während der Stiel desselben sich zum Augennerv individualisirt und als solcher viele Millionen Primitivfasern in sich begreift, welche von ihren Endpunkten in der von denselben constituirten Netzhaut aus die Lichteindrücke in das Hirncentrum zu übertragen bestimmt sind.

Während dieses Bildungsherganges an der mittleren Hirnblase stülpt sich die peripherische Kopfhaut, welche unterdessen als Ueberzug für den sich bildenden, noch immer weichen Schädel entstanden ist, an einer entsprechenden Stelle von außen her grubenartig ein und zwar dergestalt, daß der eingestülpte Theil sich ebenfalls nach innen hin zu einem Hohlbläschen abschnürt, um auf diese Weise jene ganz eigenthümlich geartete Substanz in sich gerinnen zu lassen, die sich zur Krystallinse des Auges gestaltet. Die letztere zeigt sich nach Gestalt, Zusammensetzung und stofflicher Beschaffenheit so wunderbar zweckmäßig veranlagt, daß man wiederum ganz offenbar sieht, wie bei ihrem Bildungsprocesse auf die feinsten zukünftigen Verhältnisse des Auges zu der Natur und den mannigfaltigen Lebensäußerungen des Lichtes und der Luft Bedacht genommen ist. Man erkennt, daß es bei ihrer Construction ganz besonders auf die künftige Erzeugung möglichst reiner Bilder im dunkeln Hintergrunde der Netzhaut abgesehen war. Dazu war aber die genaueste Berücksichtigung der Gesetze der Lichtbrechung bei dem zur Linse sich absondernden und gerinnenden Stoffe erforderlich. Es handelt sich bei einer vollkommenen Linse besonders darum, daß bei der verschiedenartigen Brechung der verschiedenen Strahlen des Lichtes, z. B. des rothen und violetten, die Entstehung farbiger Ränder an den Bildern möglichst vermieden werde. Dieser sogenannte Achromatismus der Linsen, d. h. diese Eigenthümlichkeit derselben, vermöge welcher sie im Stande sind, die Zerstreuung der Farben im erforderlichen Maße zu vermeiden, ist bekanntlich, ungeachtet aller Bemühungen und Berechnungen der ausgezeichnetsten Physiker, z. B. eines Euler, D'Alembert u. A., bei künstlichen Linsen nur dadurch annähernd erzielt worden, daß man Substanzen von verschieden starken Brechungswinkeln nach einem bestimmten, fein auscalculirten Princip zusammensetzte.[1] Der Bildungsproceß des Auges nun erzeugt gerade eine solche höchst eigenthümliche chemische Zusammensetzung des aus dem Blute sich immer verjüngenden Stoffes der Linse, wodurch der Achromatismus in möglichst vollkommener Weise erreicht wird.

Allein auch das würde noch nicht ausreichen zu der Erzeugung reiner Bilder, sondern dazu ist auch noch die Vermeidung der sphärischen Aberration des Lichtes nothwendig. Diese tritt stets bei künstlichen Linsen ein, deren Oberfläche Kugelabschnitte darstellen. Solche Linsen lassen nämlich nicht alle Strahlen eines gesehenen Punktes in ein und denselben entsprechenden Brennpunkt der Netzhaut gelangen, namentlich die nicht, welche durch die Ränder der Linsen gehen, und dadurch entstehen eben verworrene Bilder. Das Bildungsprincip des Auges umkleidet daher, zur Vermeidung dieser Nachtheile, die Ränder der Linse mit jener sehr empfindlichen und veränderlichen Blendung, die sich als Regenbogenhaut zu diesem Zwecke schon früh mit darbildet. Aber auch das würde den abzuwehrenden Nachtheilen noch nicht hinreichend vorbeugen, wenn nicht die Krystallinse zugleich von vornherein eine derartige Rundung ihrer Flächen erhielte, die kein Schleifer seiner künstlichen Linse zu geben im Stande ist. Dieser einzigartige Vorzug der Form der Augenlinse vor allen künstlichen Linsen besteht darin, daß die hintere Linsenfläche parabolisch, die vordere dagegen elliptisch gerundet ist, und daß außerdem die Substanz der Linse nach ihren Rändern zu in eigenthümlicher, auf ihre Functionen genau berechneter Weise verdünnt ist.

Man muß blind am Geiste sein, mein Freund, um in solchen Wirkungen und Erscheinungen nicht die Wirksamkeit einer übernatürlichen Vernunft und Weisheit zu erkennen, die aus transcendentalen Regionen allgegenwärtig und allsehend mit ihren zwecksetzenden und leitenden Thätigkeiten in den blindwirkenden Naturzusammenhang hineingreift, um die Strebungen der organisirenden Naturkräfte, die an sich selbst ohne alles Bewußtsein und also für solche tiefsinnige, selbst die menschliche Fassungskraft noch weit übersteigende Berechnungen und Combinationen an sich selbst völlig außer Stande sind, wunderartig und in unbegreiflicher Weise zu leiten.

Diese wunderartig wirkende Intelligenz der Gottheit spiegelt sich nun aber nicht bloß in der Bildung des Auges ab, sondern tritt ebenso einleuchtend in der Bildung des Ohrs und jedes anderen Organs hervor und reflectirt sich überhaupt unausgesetzt in jedem besonderen Bildungsmomente. Sieht das nun wohl irgendwie darnach aus, mein Freund, als ob der Organismus ein

---

[1] Vgl. J. Müller: Grundriß der Physik ꝛc. 1846. S. 203, 231 ff., 241 ff.

zufälliges Erzeugniß bewußtlos und blind wirkender Kräfte ohne geistige Unterlage wäre? Es ist wahr, daß das dem Organismus immanente, einheitliche Bildungsprincip, das ich mir nur als einen Inbegriff innerlich zusammenwirkender, auf ein Ziel hinarbeitender Substanzen denken kann, unter welchen die zur herrschenden Seele bestimmte Substanz vermuthlich schon vom ersten Zellenbildungsprocesse an den Principat geführt hat, — es ist wahr, sage ich, daß dasselbe an sich selbst ursprünglich bewußtlos wirkt, ja daß es auch häufig in den Fall kommt, falsche, zweckwidrige Gebilde zu erzeugen, Fehlbildungen sowohl in Betreff des Auges, als in Betreff anderer Organe des Leibes. Aber ist das ein Beweis, daß der ganze Bildungshergang, trotz seiner unendlichen Zweckmäßigkeit und wunderbar weisen Einrichtung, im Vergleich zu welcher sich solche einzelne Abirrungen der Bildung im organischen Leben wie verschwindende Schattenpunkte in einem allgemeinen Lichtmeere erhalten, auf Zufall beruht und nur durch blind wirkende Kräfte erzielt wird? Ebensowenig, ja verhältnißmäßig noch weniger, als die Sünde ein Beweis ist, daß es kein Gewissen und kein sittliches Gesetz und keinen geistigen, heiligen Urheber des Gewissens und seines Gesetzes gibt. Wie die Thatsache der Sünde vielmehr nur dies beweist, daß der Mensch in seinen sittlichen Handlungen nicht unter den deterministischen Gewalten einer, die Freiheit aufhebenden Nothwendigkeit steht, daß er sich vielmehr in freier Weise, aus dem Geiste des Glaubens und der Liebe bestimmen lassen und selbst bestimmen soll, so beweisen ebenso auch jene einzelnen Fehlbildungen und Uebelstände in der Entwickelung besonders des organischen Lebensprincips, die um so häufiger vorkommen, je höher die Stufe im Bereiche der Natur ist, auf der es sich entfaltet, sie beweisen nur, daß der Schöpfer die Natur nicht nach der Schablone zuschneidet, daß er vielmehr die einzelnen Substanzen und Bildungskräfte, die sich, gemäß seines schöpferischen Willens und von seinem Geiste getragen, nach leitenden Ideen entwickeln, von Anfang an auch zum Streben nach Selbstständigkeit und Eigenthümlichkeit angeregt und aus der unmittelbaren Einheit mit sich entlassen hat. In diesem eigenleblichen Streben, das sich endlich in der menschlichen Seele zur bewußten Freiheit entwickelt, stehen die Dinge und Wesen nach ihrer Gesammtentwickelung im Großen und Ganzen zwar überall und stets unter weisen Gesetzen und müssen, wie die Anordnung unseres Planetensystems so überraschend zeigt, auch schon im Stadium ihrer mechanischen Stoff- und Kraftbildung, idealen Impulsen folgen; allein sie reagiren auch ins Endlose hin gegen einander, und je höher hinauf an der Stufenleiter der Entwickelung, um so mannigfaltiger und individueller reagiren sie in selbstheitlicher Weise. Sie fördern sich daher nicht nur, sondern sie hemmen und beeinträchtigen sich auch gegenseitig und erheben ohne Unterlaß, bis zu der Höhe der Entwickelung hinauf, wo über dem Reiche der Natur das Reich der Gnade und in ihm der Frieden Gottes zu regieren beginnt,

Streit und Kampf wider einander. Das hat aber die nothwendige Folge, daß auf allen Gebieten der raumzeitlichen Entwickelung, namentlich wo die einzelnen Wesen anfangen, sich über den Bereich der mechanischen Gleichgewichtsbestrebungen zu erheben, immer wieder von Neuem eine Menge solcher Erscheinungen auftreten, in denen sich die leitende Idee nur erst sehr trübe abspiegelt, ja bei deren Bildungen dem Zufall in der That ein weiter Spielraum gelassen scheint. Je höher wir aber hinaufsteigen an der Scala der individuellen Bildungen, desto mehr Spuren der immer siegreicher hervortretenden Herrschaft des vernünftigen, an die Ideen des Guten und Schönen gemahnenden Zweckes erblicken wir.

Sie sehen, mein lieber Freund, auf wirkliche Thatsachen der naturwissenschaftlichen Forschung kann sich der Materialismus bei seiner Opposition gegen die christliche Weltanschauung sowie gegen den auf christlichem Standpunkte sich ergebenden Begriff eines fortschreitenden Schöpfungswunders nicht stützen, denn die unbefangene Auffassung der naturwissenschaftlichen Thatsachen spricht gar zu klar für das Walten der Vorsehung und den successiven Eintritt höherer Schöpfungsprincipien in der allmählichen Weltentwickelung. Aber vielleicht hat er noch gewichtigere Gründe und die müßten dann in der metaphysischen Unterlage seiner allgemeinen Weltansicht liegen. Lassen Sie uns auch dieser Wendung etwas weiter nachgehen.

Nun besteht aber die Metaphysik des Materialismus bekanntlich in seiner Theorie von den Atomen, und es liegt uns daher ob, auch diese einer Prüfung zu unterziehen, um zu sehen, ob und wie weit sie haltbar ist. Ich darf es aber getrost aussprechen, daß der christliche Schöpfungs- und Wunderbegriff auch von der naturwissenschaftlichen Atomistik nichts zu fürchten hat. Denn soweit man dieselbe materialistisch verwendet, verwickelt man sich mit ihr in die schreiendsten logischen Widersprüche; soweit sie sich aber wirklich berechtigt zeigt, ist sie für den theistischen Schöpfungsbegriff durchaus ungefährlich.

Ich will Sie zuerst auf die Widersprüche aufmerksam machen, in die sich die materialistische Atomistik verwickelt. Nach dem Materialismus besteht das alleinige Reale im sinnlich palpabelen Stoff mit den demselben innewohnenden Kräften, und der Stoff ist zusammengesetzt aus einer unendlichen Anzahl kleinster, nicht weiter theilbarer Theilchen, den sogenannten Atomen. Von den letzteren aber behauptet der Materialist, daß sie von Ewigkeit her schlechthin durch sich selbst sind, auf blind nothwendige Weise. Aber trotz dieser ihrer absoluten Vernunftlosigkeit und obgleich sie nach der materialistischen Voraussetzung auch nicht unter der Einwirkung einer allwaltenden göttlichen Urvernunft stehen, sollen sie die Welt doch auf höchst vernünftige Weise mit einander zusammengesetzt und eingerichtet haben; ja, sie sind, trotz ihrer absoluten Bewußtlosigkeit, zugleich die einzig vorhandenen Ursachen des menschlichen Bewußtseins und alles dessen, was man als Seele und geistige Thätigkeit bezeichnet. Nun ist es aber ohne Weiteres offenbar, daß solche Behauptungen auf den vollkommensten logischen Widerspruch hinauslaufen. Gleichwohl sucht der Materialismus geltend zu machen, daß er nur die Consequenzen ziehe, welche sich mit apodiktischer Nothwendigkeit aus der atomistischen Grundlage seiner Weltanschauung ergeben, daß diese selbst aber das Resultat der exactesten Forschung sei, ein Resultat, das sich zugleich durch seine Einfachheit und Klarheit allgemein empfehle. Allein auch das muß bestritten werden, mein Freund, und wir werden sogleich sehen, daß sich der logische Widersinn des Materialismus bis in die feinsten Elemente seiner atomistischen Grundlage hinabzieht. Die Atome sind nämlich, noch so klein gedacht, für den logischen Begriff, sofern sie die letzten, einfachen Ureinheiten darstellen sollen, doch immer noch unendlich zu groß. Denkt man sie sich dagegen so klein, daß sie nicht mehr aus materiellen Theilen bestehen, also auch nicht mehr räumlich ausgedehnt sind, so faßt man sie entweder als reines Nichts und ist damit in die Region der leeren Abstraction gerathen; oder man sieht sich genöthigt, sie als übersinnliche, immaterielle Kraftcentra und eben damit als unkörperliche Substanzen zu bestimmen, zu denen sich die Atome nur als die primitivsten Verkörperungsansätze verhalten, so daß die letzteren demnach zu raumzeitlichen Lebensäußerungen der ersteren, d. i. zu bloßen Erscheinungen herabsinken, denen man dann aber ebensowenig, wie jeder andern individuellen Erscheinung, ein ewiges, absolutes Beharren zuzuschreiben Grund hat. Werden die Atome, im materialistischen Sinne, wirklich als sinnlich existirende, als stofflich in sich substanzirte Realitäten gefaßt, von denen man annimmt, daß sie von Ewigkeit her rein durch sich selbst und zwar in unendlicher Zahl außer und neben einander vorhanden sind, so sieht man sich genöthigt, auch noch einen unendlichen leeren Raum als umschließenden Behälter zu ihnen hinzudenken, muß sie außerdem mit Kräften, man weiß nicht wie und wodurch, ausgerüstet denken, vermöge deren jedes Atom über sich selbst hinauswirkt, um die ihm zunächst liegenden, durch den leeren Zwischenraum von ihm getrennten Atome entweder anzuziehen oder abzustoßen. Das führt aber eben zu lauter logischen Widersprüchen und Undenkbarkeiten. Denn einerseits werden sie so als Existenzen gedacht, die auch da wirken und mithin, da nach der materialistischen Voraussetzung die Kraft nur im und am Stoffe ist, auch da *sind*, wo sie *nicht* sind, nämlich in den leeren Zwischenräumen. Andererseits ist der leere Raum, nach der atomistischen Voraussetzung des Materialismus, ebenfalls nichts an sich selber, weder etwas Stoffliches, noch etwas Kraftartiges, da ja der Stoff nur als Atom, und die Kraft nur im Atom und nicht unabhängig von demselben, oder außerhalb desselben, an sich selber existiren soll. Somit sinkt auch der Begriff des leeren Raumes zu einer wesenlosen Abstraction herab, zu einem reinen Nichts, das ebensowenig, als die anderweitige Abstraction der reinen, wesenlosen Zeit, irgendwie zu einem formirenden, schöpferischen Princip für die Erklärung der Weltentwickelung brauchbar ist. Somit sind die Atome, sofern man darunter todte, selbstlose Kraftträger versteht, in Wahrheit völlig subjective, d. i. nur fictive Anhaltspunkte für das faule sinnliche Denken. Wollte man sie dagegen als lebendige, von inneren Strebungen erfüllte Kraftquellen bestimmen, so würde man damit, wie gesagt, schon über den Standpunkt des Materialismus hinausgegangen sein. Sie verwandeln sich dann für das vernünftige Denken sofort in übersinnliche Principien, wodurch man sich zu theistischen Voraussetzungen zurückgeführt sieht.[1])

Ich will hiermit durchaus nicht eine gewisse Berechtigung der Atomistik bestreiten, sofern sich dieselbe nur ihrer Grenzen bewußt bleibt und nicht selbst schon die letzten und höchsten Principien mit ihren sinnlich physikalischen Grenzbestimmungen gegeben zu haben glaubt. Es sprechen in der That eine Menge Data dafür, daß alle materiellen Erscheinungen bis in die letzten raumzeitlichen Punkte hinab nach Maß und Gewicht geformt sind und demnach aus kleinsten, materiellen Stofftheilchen zusammengesetzt sein müssen. Allein ein Anderes ist eine derartige Atomistik, die sich dieser ihrer Grenze bewußt bleibt, ein Anderes eine solche, die sich anmaßt, von physikalischen und chemischen Gesichtspunkten aus auch über metaphysische und theologische Probleme abzuurtheilen. Die erstere Art kann man auch vom theistischen Standpunkt aus gelten lassen. Auch huldigen ihr in der That manche Physiker, die man durchaus nicht zu den Materialisten rechnen darf. Ich will hier statt Vieler nur G. Th. Fechner nennen. Derselbe hat eine Menge der exactesten Nachweisungen darüber zu geben gesucht,[2]) daß die atomistische Theorie sich besser eigne, gewisse Eigenthümlichkeiten der physikalischen und chemischen Naturerscheinungen zu erklären, als die dynamische. Doch wir wollen uns die atomistische Theorie, da sie in der Physik noch immer eine so große Rolle spielt und so ziemlich allgemein angenommen wird, ihren Grundzügen nach im nächsten Briefe nach Fechners Resümé etwas näher ansehen.

---

[1]) Vgl. meine Abhandlung über das Reich Gottes in der „Protestantischen Kirchenzeitung.“ Januar und Februar 1866.

[2]) Vgl. G. Th. Fechner: Ueber die physikalische und philosophische Atomenlehre. 2. verm. Auflage. Leipzig 1864. S. 44 ff.

Vierundzwanzigster Brief.

Folgendes also, mein Freund, ist das Resümé, welches Fechner über die physikalische Atomistik gibt. Die wägbare Materie, schreibt er, [1] ist räumlich in discrete Theile getheilt zu denken, wozwischen eine unwägbare Substanz (Aether) sich findet, über deren Natur und Verhältnisse zur wägbaren Materie zwar noch in vieler Hinsicht Unsicherheit besteht, die aber jedenfalls nicht minder als jene räumlich zu localisiren und in discrete Theile getheilt zu denken ist, wozwischen nun entweder ein absolut leerer Raum besteht oder ein Etwas ist, was von der Philosophie angenommen werden mag, aber keinen Einfluß mehr auf die physischen Erscheinungen hat. Sämmtliche kleinste Theile (Atome), sowohl die dem Wägbaren als dem Unwägbaren angehören, stehen, wie die Weltkörper, an denen man überhaupt viele ihrer Verhältnisse erläutern kann, durch Kräfte mit einander in Beziehung, und gehorchen denselben allgemeinsten Gesetzen des Gleichgewichts und der Bewegung, die in jeder exacten Mechanik für große und kleine, wägbare und unwägbare Massen als geltend aufgestellt werden. Die letzten Atome sind entweder an sich unzerstörbar oder es sind wenigstens im Bereiche der Physik und Chemie keine Mittel gegeben, sie zu zerstören, und liegen keine Gründe vor, eine jetzt eintretende Zerstörung oder Verflüssigung derselben anzunehmen. Von diesen letzten Atomen vereinigen sich im Gebiete des Wägbaren mehrere oder wenigere zu kleinen Gruppen (sog. Moleculen oder zusammengesetzten Atomen), die weiter von einander entfernt sind, als die Atome in jeder Gruppe für sich; eine Stufenleiter, die sich noch höher bauen kann, so daß kleinere Gruppen sich abermals zu größeren vereinigen. Diejenigen Gruppen, in welche ein Körper zunächst zerfällt, nennt man wohl seine integrirenden Partikeln. Diese zusammengesetzten Atome,

[1] A. a. O. S. 93 ff.

d. i. die sogenannten Molecule, können allerdings disaggregirt werden und ihre Bestandatome sich in neuen Verbindungen zusammenstellen. In umgekehrter Richtung verfolgt, kann man sagen, die Körper gliedern und untergliedern sich im Allgemeinen in größere und kleinere Gruppen von Theilchen herab bis zu letzten Atomen, von denen wohl jene, aber nicht diese zerstörbar sind. Vom Abstande der letzten Atome ist nur so viel gewiß, daß er sehr groß ist im Verhältniß zu den Dimensionen der betreffenden Atome. Von den absoluten Dimensionen der Atome, ja, ob die letzten Atome angebbare Dimensionen haben, ist nichts bekannt. Den Moleculen oder zusammengesetzten Atomen kann eine bestimmte Gestalt als Umriß der von ihnen befaßten Gruppe beigelegt werden, von der Gestalt der letzten Atome dagegen ist nichts bekannt. Die Kräfte der Atome sind theils anziehender, theils abstoßender Natur; mindestens ist es bis jetzt noch nicht geglückt, sie auf bloß anziehende zurückzuführen. Sie wirken nach Functionen der Distanz der Theilchen. Das genaue Gesetz der Kräfte ist nicht bekannt. Im Allgemeinen herrscht jetzt unter den Physikern die Annahme vor, daß die wägbaren Atome sich gegenseitig anziehen, die Aetheratome sich abstoßen, zwischen wägbaren Atomen und Aetheratomen aber Anziehung stattfindet. Jedes wägbare Atom oder Molecul hält man von einer verdichteten Aetheratmosphäre umgeben, und die zwischen den Aethersphären stattfindende Abstoßung mit der Anziehung der wägbaren Kerne unter einander in Conflict tretend. Uebrigens ist noch nicht ins Sichere und Klare gebracht, weder wie die Wirkungen des Ponderabeln und Imponderabeln in den Körpern auseinander zu halten, noch wiefern die Mokularkräfte, auf die man recurrirt, Grundkräfte oder resultirende sind, noch wiefern die Körperwärme auf Schwingungen der wägbaren oder unwägbaren Atome oder beider zu beziehen sei, und selbst wiefern es sich dabei wesentlich um Schwingungen handele.

Was die Constitution des Aethers im Himmelsraume und in den Körpern insbesondere anlangt, so besteht er bemerktermaßen nicht minder als die wägbaren Körper aus Theilchen, die in Entfernungen von einander befindlich sind. Diese Entfernungen sind so groß, daß die Dimensionen der Theilchen dagegen verschwinden. Eine Schwere des Aethers kann, wenn sie stattfindet, bei allen Erscheinungen des Lichts gegen die anderen Kräfte, wovon diese Erscheinungen abhängen, vernachlässigt werden, so daß der Aether in diesem Bezuge sich als nicht schwer ansehen läßt. Ob er den Bewegungen der Weltkörper einen Widerstand entgegensetzt, ist noch nicht ganz entschieden. Er ist zwar nicht ganz incompressibel, seine Theilchen lassen sich aber ohne Vergleich leichter gegen einander verschieben, als durch Zusammendrückung einander nähern. Er ist im Besitze der vollkommensten Elasticität, d. h. die Kraft, mit der ein aus der Lage seines Gleichgewichts (Ruhepunkt) gebrachtes Aetheratom in diese Lage zurückzukehren strebt, ist der Entfernung vom Ruhepunkt genau proportional. Vermöge seiner

Elasticität sind die Theilchen des Aethers ebenso einer Schwingung fähig, als die Theilchen der Luft, wenn sie durch irgend eine Ursache aus der Lage des Gleichgewichts gebracht sind, und diese Schwingungen pflanzen sich von Theilchen zu Theilchen auf analoge Weise fort, als die Schallschwingungen in der Luft, und bringen dadurch die Erscheinungen des Lichts und der Strahlwärme hervor, welche sich, wie es scheint, wesentlich nur durch eine verschiedene Schnelligkeit der Schwingungen unterscheiden. Die Schwingungen, durch welche diese Erscheinungen hervorgerufen werden, sind transversal, nicht longitudinal, d. h. nicht nach der Länge des Strahls, sondern quer dagegen gerichtet, und so klein, daß sie nur sehr wenig im Verhältniß zum gegenseitigen Abstande der Aethertheilchen betragen.

So sieht man nun freilich, sagt Fechner zum Schluß seines Resümé's, daß die Atomistik auf ihrem heutigen Stande noch gar Vieles unbestimmt läßt. Ja, gerade das, was der Philosoph am Liebsten wissen möchte, die Ansichten des Physikers über Gestalt, Größe, Dichtigkeit, Masse der letzten oder Grundatome, die Grundverhältnisse des Wägbaren und Unwägbaren, läßt sie bis jetzt dahingestellt, weil sie darüber noch nicht zu entscheiden weiß, wenn auch schon nicht ohne Hoffnung, es werde künftig noch gelingen.

Um die atomistische Auffassung des Wesens der Dinge auch aus ästhetischen Gesichtspunkten zu rechtfertigen und gegen den Vorwurf des Materialismus zu vertheidigen, bemerkt Fechner zunächst, daß nur die Atomistik die Welt im Kleinen nach denselbigen Grundzügen als schmuckvollen Bau, als Kosmos aufzuzeigen vermöge, wie die Astronomie dies mit der Ordnung der Weltkörper im Großen thue. Nach der atomistischen Ansicht, sagt er, [1]) ist jeder Körper ein gegliedertes System, ist Alles individualisirt bis ins Einzelne und doch verbunden bis zum haltbarsten Ganzen. Jeder Anstoß eines Körpers regt jedes seiner Theilchen zu einer besonderen Bewegung an; aber die Kraft- und Gesetzesbeziehungen, in denen alle stehen, verknüpfen die Oscillationen aller zu einem gemeinschaftlichen und successiven Tanze, mit dem der Ton sich gattet, im Kleinen vorspielend, was im Menschenreiche im Großen mit Sinn und Gefühl nachgethan wird. Jeder Ton, der einfach in den Raum hineinklingt, bezeugt nichts weiter als eben den Einklang der Bewegungen aller. Die Harmonie der Sphären, eine Fabel in der großen Welt, verwirklicht sich hier in der kleinen. In der Atomenwelt weicht jedes Theilchen anmuthig bei Seite oder tritt zurück, je nachdem mehr Platz hier oder da, wenn sich ein anderes nähert, und gönnt ihm zeitweise seine Stelle, verlangt sie aber auch wieder und nimmt sie wieder ein, so lange die allgemeine Ordnung des Dinges nicht zerbricht oder sich nicht dauernd verschiebt (Elasticität und deren Grenze). Aber auch ein-

[1]) A. a. O. S. 79 ff.

trächtig rücken sie bald zusammen, bald von einander, je nachdem es kalt oder warm, wie es die Menschen nachthun, und gatten sich wie sie, und verkehren wie sie mit einander, nicht indem sie durch einander, sondern zwischen einander durchgehen und darum auch wieder ungeändert zwischen einander hervorgehen (chemische Verhältnisse). Und nicht bloß indem sie sich mit diesen oder jenen anderen zusammenstellen, auch indem dieselben sich in andere Ordnung stellen, gibt es ein anderes Ding (Isomerie). Und wo sie sich nach einer Richtung anders ordnen als nach der anderen, erlangt das Ding nach verschiedenen Richtungen verschiedene Eigenschaften (Verschiedenheit der Ausdehnbarkeit, des Blätterdurchganges, der Härte u. s. w.). Von der Sonne zur Erde stehen in langer Reihe die Boten und rufen sich des Lichtes Botschaft zu, und rufen sie noch fort durch die Straßen der Luft und des Krystalls, bis sie gelangt in den inneren Haushalt der Erde, wo der Ruf darin sein Ende findet, daß er das Wirken und das Schaffen anregt (Fortpflanzung und Absorption des Lichts).

Zur Abweisung des Materialismus bemerkt er Folgendes. Freilich können, sagt er, [1]) die Atome weder die Schönheit noch die Einheit, weder die Kraft noch den Geist der Welt durch sich selbst allein machen; sie sind nichts als das unterwürfigste Substrat. Sie bleiben als solche immer nur Elemente der Körperwelt; die Physik hat sie also auch nur zu Constructionen des Körperlichen zu verwenden; doch leugnet sie darum noch nicht Geist und Gott, und verlangt nur dagegen, daß man um Gottes und Geistes willen nicht die Atome leugne, die keinen Widerspruch dagegen enthalten, vielmehr den Boden pflastern, auf dem das Höchste steht und geht.

Sie werden gewiß mit mir die Genugthuung theilen, die darin liegt, aus dem Munde eines so gründlichen Kenners der Natur, ihrer Kräfte und Gesetze das Bekenntniß zu vernehmen, daß die Naturwissenschaft auch von atomistischen Voraussetzungen aus den höheren Glauben nicht zu beeinträchtigen vermag. Man kann sich in der That eine solche Auffassung der Atome auch vom theologischen Standpunkte gefallen lassen. Und wenn die moderne Naturwissenschaft in solcher Weise überall ihre Grenzen inne hielte, daß sie diejenigen Resultate, welche sich durch Reflexion über die Thatsachen der sinnlichen Erfahrung ergeben, nicht ohne Weiteres auch für maßgebend auf dem Gebiete der inneren Erfahrung und des geistigen Lebens ausgäbe; wenn sie also auch die Aussagen des **Gewissens** und **frommen Gefühls**, sowie die Erlebnisse der prophetischen und epochemachenden **Genien** auf religiös-sittlichem Gebiete mit solchem Ernste respectiren wollte, wie das allerdings manche, und zwar meistens die ausgezeichnetsten Naturforscher ganz entschieden thun; wenn sie sich stets auf das Gewissenhafteste hütete, das heilige Recht und die hohe Aufgabe der Geistes-

---

[1]) A. a. O. S. 22 ff., S. 92.

wissenschaften, insonderheit der Theologie und Philosophie, zu unterschätzen; wenn sie stets eingedenk bliebe, daß an diejenigen Probleme des Glaubens und Wissens, welche, dem Gebiete der inneren Welt angehörend, sich als die Bezeugungen übersinnlicher Geistesmächte im Herzen und Gewissen, sowie in den höheren Vernunftideen ankündigen, andere Maßstäbe zu legen sind, als die Kategorien der raumzeitlichen Endlichkeit und Aeußerlichkeit, über die auch die Mathematik mit ihrer Analysis des Unendlichen nicht hinaus kann; wenn sie sich also stets erinnern wollte, daß das auf sinnliche Facta gestützte, sogenannte exacte Wissen überall schon zu Ende geht, wo die tiefsten Interessen und Probleme des geistigen Lebens, ja, der Natur selbst, erst recht beginnen: so würden wahrlich auch die besonnenern Vertreter der Geisteswissenschaft, so würden insonderheit auch Theologie und Philosophie sich bescheiden, nicht lediglich aus höheren Ideen und a priori über die Gesetze, Stoffe, Kräfte und Hergänge der sinnlichen Erscheinungswelt, deren nähere Erforschung nur den besonderen Fachwissenschaften zugänglich ist, fernerhin vornehm abzuurtheilen.

Muß aber die Naturwissenschaft das Dasein und die Berechtigung einer übersinnlichen Glaubens- und Wissenssphäre vernünftiger Weise anerkennen, so kann sie auch nichts dawider haben und wird es nicht befremdlich finden, wenn die Philosophen und philosophischen Theologen sich immer wieder genöthigt fühlen, die von der Naturwissenschaft postulirten Atome, soweit dieselben noch mit der Farbe der Sinnlichkeit behaftet sind und also schon mehr oder weniger dem Gebiete der sinnlichen Erscheinungswelt angehören, ganz ebenso nur als raumzeitliche und damit abwechselnd entstehende und vergehende Erscheinungen zu fassen, wie alle übrigen materiellen Dinge und Erscheinungen, die aus den Atomen zusammengesetzt sind. Gleichwie also die Weltkörper im unendlichen Himmelsraume nicht nur alle einmal zeitlich entstanden sind und sich bis zu einem gewissen Hochpunkte der Entwickelung hinaufbilden werden oder schon hinaufgebildet haben, sondern wie sie, nach der Analogie aller endlichen Erscheinungen, nothwendig früher oder später auch einmal wieder in Dunst vergehen werden, so sind auch die Atome, als die kleinsten und primitivsten Körpererscheinungen, unter dasselbe Gesetz des flüssigen Werdens gestellt zu denken. Als das Ewige und Bleibende aber, was sich in ihnen individualisirt und verkörpert und was von Stufe zu Stufe zu höheren Formen der Entwickelung fortstrebt, hat man gewisse übersinnliche, durch die göttliche Schöpfungsthat mit dem selbstheitlichen Triebe eigenleblicher Individualisation begabte Substanzen oder Monaden vorauszusetzen. Von diesem Gesichtspunkte aus sind die Atome dann aber nur als die primitivsten Verkörperungsansätze, als die ersten phänomenellen Individualisationsbestrebungen der ihnen zu Grunde liegenden höheren Mächte und Principien zu fassen. Es ist dann nicht bloß denkbar vom speculativen Standpunkte aus, sondern es ist auch ein Postulat jener höheren Ahnung, welcher

Fechner mit so viel Geist in anderen Beziehungen Rechnung zu tragen weiß, und das sogenannte exacte Wissen kann nichts dagegen haben, daß jede der sich atomisirenden und individualisirenden höheren Substanzen noch unendlich mehr, wenn zunächst auch nur als Potenz, als unentwickelte Anlage oder als Idee in sich trägt, als sie innerhalb eines bestimmten Umfanges ihrer raumzeitlich beschränkten Erscheinung empirisch zur Darstellung bringt. Die Substanzen warten eben nur auf den Eintritt der raumzeitlichen Bedingungen, um ihre höhere Wesenheit, unter dem Einathmen neuer Wunderkräfte von Oben, zur Entfaltung zu bringen. Man sieht dann auch nicht ein, warum jede einzelne Substanz, wie der geistvolle Philosoph Lotze sich die Sache vorstellt, [1]) indem er die Seelen der Menschen und Thiere mit einfachen, räumlich discreten Atomen identificirt und jeder Seele selbst einen punktförmigen Sitz im Gehirn gibt, [2]) man sieht, sage ich, nicht ein, warum jede Substanz sich nur als Ein Atom sollte darbilden, warum nicht vielmehr ein und dieselbe Substanz, da sie doch irgendwie an der Unendlichkeit der göttlichen Natur in ihrem übersinnlichen Ansichsein participiren muß, sich nicht in mehrere Atome zugleich sollte verkörpern oder bethätigen können. Man kann dann auch nichts gegen die Ansicht haben, daß gewisse Substanzen gewisse Atome gemeinsam mit einander bilden oder beseelen, daß dabei die höher entwickelten Substanzen sich die noch weniger entwickelten sammt deren Atomen nicht nur äußerlich subsummiren und die Atome selbst einander aggregiren, sondern daß sie dieselben auch innerlich und ungetheilt, kraft ihrer ansichseienden Ueberräumlichkeit, durchwirken. Es ergibt sich dann auch erst ein fruchtbarer Gesichtspunkt für die ungetheilte, ganzheitliche Immanenz der Seele im Leibe, indem dieselbe, nach dieser speculativen Auffassung des Wesens der Substanz, gedacht werden muß als ein Wesen, das sich zwar nur in Wechselwirkung mit anderen durch göttliche Ordnung ihm untergeordneten Substanzen mittelst seines immanenten plastischen Bildungstriebes, gemäß der göttlichen Idee, den seiner Bestimmung entsprechenden leiblichen Organismus erwirkt, das aber denselben in fühlender Lebendigkeit einheitlich und allgegenwärtig durchwaltet und durchwirkt, wenn auch immer nur von gewissen Centralisationsherden, z. B. vom Gehirn, Rückenmark und von den Ganglіengeflechten aus und im Einklange mit den allgemeinen Gesetzen.

Im gewissen Sinne leugnet auch Fechner den Begriff der übersinnlichen Substanz nicht, die, ohne Erscheinung zu sein, den Erscheinungen bleibend und unveränderlich bedingend unterliegt. [3]) Indem er denselben aber auf ganz klare Thatsachen zurückzuführen sucht und als solche Thatsachen nur diejenigen Phänomene anerkennt, die der sinnlichen Anschauung zugänglich sind, läßt

---

[1]) Mikrokosmus. Bd. I. S. 374 ff.

[2]) A. a. O. Bd. I. S. 316.

[3]) A. a. O. S. 115.

er sich verleiten, den Begriff der Substanz selbst erst recht dunkel zu machen und von dem Wesen der Seele, für deren Unsterblichkeit er so entschieden eintritt, nach der von ihm eingeführten „synechologischen Ansicht" in einer Weise zu reden, daß man nicht weiß, wie man ihre Selbständigkeit an sich selber festhalten und ihre Wesenheit von der Wesenlosigkeit einer selbstlosen Resultante, als welche der Materialismus sich die Seele denkt, noch unterscheiden soll. So z. B., wenn er die Seele nur als „die innere Erscheinlichkeit und physische Einheit desselben Systems einfacher gegenseitig auf einander wirkender Atome" definirt, welches nach seiner „äußeren Erscheinlichkeit" sich als Leib darstellt. [1]) Das Verhältniß von Substanz und Atom, von Kraft und Materie, von Raum, Zeit und Gesetz bleibt überhaupt nach Fechner durchaus unklar. Von Substanzen und Wesen, die in gewisser Weise auch eine transcendentale Seite im Verhältniß zur sinnlichen Erscheinung haben, will er nichts wissen und leugnet damit eigentlich auch den Begriff der potenziellen Unendlichkeit im Seelenleben. „Hinter meiner Seele, sagt er, [2]) ist so wenig als hinter den Körpern ein dunkles Ding an sich zu suchen, was ihre mannigfaltigen und wechselnden Erscheinungen einheitlich zusammenhielte. Sondern was ihre Erscheinungen zusammenhält, ist etwas diesen Erscheinungen selbst Immanentes und zugleich das Klarste, was es gibt, ist das Bewußtsein der Erscheinungen, dessen Einheit in und mit ihnen erscheint." Sehr wohl, wenn nur das Wesen des Bewußtseins, sowie die unendliche Entwickelungsfähigkeit der gesammten geistigen Persönlichkeit nicht selbst das tiefste Räthsel wäre, dem wir nur durch den Begriff einer übersinnlichen, vom Urbewußtsein Gottes, von göttlichen Ideen durchstrahlten Substanz einigermaßen beizukommen vermögen.

Auf derselben Abstraction beruht es und dient keineswegs, Klarheit in die Sache zu bringen, wenn Fechner sich überhaupt weigert, über die Erscheinung hinaus zu gehen und noch Qualitäten und Wesenheiten anzuerkennen, die, als die letzten Principien des Constanten, Gesetzlichen und Allgemeinen der Erscheinung nicht nur in, sondern transcendental über derselben walten. [3]) Als ob die Erscheinungen nicht selbst etwas noch sehr Unaufgeschlossenes und Relatives für unser Wahrnehmen und Begreifen blieben, trotz der mathematischen Formeln der Atomistik; als ob wir nicht den Dingen noch viel tiefer würden ins Herz sehen können, wenn wir bereits mit einem weiter entwickelten Anschauungsvermögen begabt wären, während uns jetzt ihr Ansichsein, ungeachtet aller durchsichtigen Begriffe der Physik und Atomistik, noch fast ganz verhüllt bleibt.

---

[1]) A. a. O. S. 248.

[2]) A. a. O. S. 114.

[3]) A. a. O. S. 140.

Ganz einverstanden kann man sich mit Fechner damit erklären, was er mehrfach im Einverständniß mit den meisten antimaterialistisch gesinnten Atomisten über den bloßen Grenzwerth [1]) der Atome aussagt. Als ewig fertige Größen dagegen, wie sie der Materialismus faßt, sind die Atome nur ein Product des phantastischen Denkens. Diese Ansicht bricht sich selbst hier und da schon unter den bedeutendsten Physikern Bahn. Gerade diejenigen Männer, sagt Fr. A. Lange in seiner Kritik des Materialismus, welche auf diesen Gebieten mit dem höchsten Erfolge gearbeitet haben, sind weit davon entfernt, die Atomlehre, wie der sanguinische Materialist es liebt, mit der Lehre von der Bewegung der Himmelskörper gleich zu stellen. Schönbein geht so weit, der Chemie die Bezeichnung „Wissenschaft" in dem Sinne, in welchem wir die Astronomie, Optik u. s. w. als solche bezeichnen, noch nicht beilegen zu wollen. Nach ihm ist ganz besonders in der Chemie mit Moleculen und ihrer Gruppirung seit Cartesius' Zeiten ein arger Mißbrauch getrieben worden. Ebenso hat neuerdings auch Kekulé versucht, die Grenze zwischen Hypothese und Thatsache den Chemikern ins Bewußtsein zurückzurufen. Er zeigt, daß die Proportionszahlen der Mischungsgewichte den Werth der Thatsache haben, und daß man die Buchstaben der chemischen Formeln allerdings als den einfachen Ausdruck dieser Thatsache betrachten kann. Legt man aber, sagt er, den Buchstaben der Formeln eine andere Bedeutung unter, betrachtet man sie als den Ausdruck der Atome und der Atomgewichte der Elemente, wie dies jetzt meistens geschieht, so wirft sich die Frage auf: wie groß oder wie schwer (relativ) sind die Atome? Da die Atome weder gemessen noch gewogen werden können, so ist es einleuchtend, daß nur Betrachtung und Speculation zur hypothetischen Annahme bestimmter Atomgewichte führen kann. [2])

---

[1]) Vgl. besonders S. 151 und 162.

[2]) Fr. Alb. Lange: Geschichte des Materialismus. 1866. S. 362 ff.

Fünfundzwanzigster Brief.

Lassen Sie uns jetzt mit einander den Höhepunkt der irdischen Naturentwickelung beschreiten, indem wir nun auch das Wesen des Bewußtseins, sowie überhaupt die Genesis des über der bewußtlosen Natur sich erhebenden, persönlichen Geistes ein wenig in Betracht ziehen.

Sollte es uns wirklich vergönnt sein, den christlichen Wunderbegriff auch auf dieser Höhe sich bewähren und namentlich allen Instanzen des Materialismus gegenüber sich siegreich behaupten, den letzteren aber am eigenen Widerspruche sich aufzehren zu sehen, so würden wir damit seine Wahrheit für völlig erwiesen halten dürfen und hätten damit zugleich eine sichere Basis gewonnen für eine wissenschaftliche Würdigung der höchsten Potenzirung des Wunderganges der irdischen Schöpfung in der Erscheinung des Stifters der vollendeten Religion.

Um zuerst die Auffassung des Wesens und Ursprunges der seelischen Thätigkeiten, so wie des Bewußtseins und geistigen Lebens von Seiten des Materialismus ins Auge zu fassen, so tritt gerade hier die innere Unhaltbarkeit und Widersinnigkeit des letzteren am Auffallendsten zu Tage. Ich habe schon in meinem fünften Briefe das Nähere angegeben, wie der Materialismus das Bewußtsein, sowie das Wesen der Persönlichkeit überhaupt als eine, an sich wesenlose Resultante, als ein zufälliges Product des schlechthin bewußtlosen Seins, nämlich als das mechanische Erzeugniß des Zusammentreffens einer gewissen Anzahl ewig blind wirkender Atome betrachtet, sofern dieselben sich in der Form von Nervenfäden und Ganglienkügelchen mit einander verbinden und damit das Gehirn sammt dem Nervensystem constituiren. Eine solche Erklärung der Genesis des Bewußtseins läuft aber ganz offenbar auf den barsten Widersinn hinaus. Denn im blinden Sein, sowie in Allem und Jedem, was aus demselben wird und werden kann, ist das Bewußtsein, nach materialistischer

Grundvoraussetzung, weder der Energie noch der Potenz (Dynamis) nach, irgendwie mitgesetzt, und verhält sich daher sowohl der Wirklichkeit wie der Möglichkeit nach, gleich Null. Gibt es nun wohl einen größeren Widerspruch als die Annahme der Entstehung von Etwas aus Null und Nichts? Und müßte nicht gleichwohl nach materialistischer Grundvoraussetzung der Geist als denkende und wissende Thätigkeit aus Nichts und durch Nichts in das blinde, schlechthin geistlose Sein hineingeboren, dasselbe nach und nach bewältigt und mit seinen Vernunftideen durchgeistet haben? Man entgeht allem diesem Widersinn nur durch die vom Theismus näher begründete Annahme, daß jede neue Schöpfungsepoche, daß jeder Fortschritt der Natur und Geistesentwickelung sich nicht nur als Steigerung weltimmanenter Kräfte, sondern zugleich als fortschreitende Selbstentäußerung der transcendenten Lebensfülle Gottes verhält. Denn nur von diesem Gesichtspunkte aus läßt sich die Thatsache, daß sich jede höhere Stufe der Entwickelung durch den Eintritt höherer Kräfte und Principien vermittelt zeigt, vernünftig begreifen, während der Ursprung der letzteren lediglich aus dem bereits verwirklichten Substanzen- und Kräftebereich des Gewordenen rationell durchaus unerklärlich bleibt. Wie also schon der Ursprung der organischen Schöpfung, vermittelst der Zelle, und ihre Fortentwickelung über die unorganische Natur hinaus nicht nur als *natürlicher* Hergang, sondern zugleich als ein *Wunder* Gottes zu fassen ist, so noch vielmehr der Ursprung des bewußten Seelen- und Geisteslebens. Dafür sprechen auch eine Menge physiologischer Thatsachen, sofern man dieselben nur zugleich nach ihrer psychologischen Seite hin zu würdigen versteht.

Um Ihnen dies an einem bestimmten Beispiele zu veranschaulichen, lassen Sie mich noch einmal auf das Auge zurückkommen und wie es vermittelst desselben zum Sehen, sowie dann weiter zum Anschauen, Vorstellen und Begreifen kommt. Mußten wir es nun schon als eine der größten Absurditäten bezeichnen, wenn man die Bildung des Auges sowie des Organismus überhaupt, mit Verwerfung eines eigenthümlichen Lebensprincips, auf das äußerliche, mechanische Zusammenwirken allgemeiner Naturkräfte zurückzuführen sucht: so steigert sich dieser Widersinn noch mehr, wenn man den Act des Sehens, sofern sich derselbe zugleich als Bewußtseinsact, als *geistige* Function, verhält, lediglich aus mechanischen und organischen Thätigkeiten ableitet. Denn bei reiferem Nachdenken über die Umwandlung der physischen und organischen Functionen in psychische und pneumatische, mit einem Wort, in *personelle*, muß man sich auf das Bestimmteste überzeugen, daß eine derartige Metamorphose des Leiblichen in Geistiges, des Aeußerlichen, Bewußtlosen in Innerliches, Bewußtes und Selbstbewußtes ganz unzweideutig auf ein immaterielles, übersinnliches, durch alle zeitlichen Wandlungen hindurch seine einheitliche Selbstheit behauptendes Seelen- und Geistesprincip hinweist, auf ein Princip, welches sich zugleich einer unendlichen Fortentwickelung fähig und damit über alles Sichtbare und Endliche wesentlich erhaben zeigt. Eben hierdurch sieht man sich aber wiederum an den Wunderbegriff und zwar nunmehr auf die höchste irdische Potenzirung desselben hingewiesen. Das ist das Wunder der beginnenden Welt des Geistes, das ist das Werden der individuellen Persönlichkeit, der Aufgang der sich in sich selbst erfassenden, über die Sphäre der Aeußerlichkeit sich erhebenden, von derselben sich unendlich unterscheidenden und sie von der Ichheit aus umgreifenden und durchleuchtenden Innerlichkeit und Subjectivität, von wo aus das bloße Sein nun erst als Object (für das Subject) gesetzt wird.

Schon in den dunkeln Anfängen des thierischen Seelenlebens kündigt sich die Vorbereitung dazu wie von ferne an; aber erst mit dem Aufgange des menschlichen Selbstbewußtseins und namentlich des Gottesbewußtseins bricht das Wunder des Geistes in voller Glorie hervor.

Gehen wir jetzt etwas näher ein auf gewisse Thatsachen der Physiologie, vergegenwärtigen wir uns insonderheit das physiologische und psychologische Zustandekommen des Sehens und der Gesichtswahrnehmung: so ist zunächst die Thatsache anzuerkennen, daß die Seele, die menschliche sowohl wie die thierische, da sie in ihrem individuellen Bewußtsein durch den leiblichen Organismus und insonderheit durch ein gesundes Hirnleben bedingt ist, den Stoff ihrer sinnlichen Wahrnehmungen, also auch die äußerliche Bestimmtheit der Objecte des Gesichts, aus dem Umkreise der materiellen Eindrücke schöpft. So ist das Sehen physiologisch an ein Organ gebunden, mittelst dessen die Seele durch die Sehnerven mit den Aetherschwingungen, welche als Lichterscheinungen auftreten und von jedem gesehenen Gegenstande aus eine eigenthümliche, die Verschiedenheit der Farben bedingende Modification erleiden, in Rapport tritt. Zu diesen physiologischen Bedingungen des Sehens gehört außer den äußern Vorrichtungen des Auges, z. B. der Hornhaut, der Regenbogenhaut, der Strahlkörper (Ciliarkörper), der Krystallinse, der Pupille (Sehloch), u. s. w. noch vor Allem auch der gesunde Zustand der Netzhaut (retina), auf welcher sich die von irgend einem Gegenstande ausgehenden Lichteinwirkungen durch eigenthümliche, mittelst der brechenden Wirkung der Linse bewirkte Vereinigung der zusammengehörenden Strahlen als umgekehrtes Bild desselben abmalen. Es gehören noch ferner, als die wichtigsten Bedingungen, dahin die ungehemmten Functionen der für die Vermittelung der Gesichtserscheinungen bestimmten inneren Hirnpartien, in welchen die Sehnerven ihre inneren, durch eigenthümliche zarte Bläschen (Ganglien) repräsentirten Endungen finden. Erleidet demnach der Lichtsinn in irgend einem seiner wesentlichen Bestandtheile eine erhebliche Beeinträchtigung der zum Sehen erforderlichen physiologischen und organischen Functionen, sei es, daß eine Verletzung oder Mißbildung der Krystallinse, der Netzhaut, des Sehnervs oder der diesen Nerven entsprechenden

Hirnganglien (der grauen Substanz) eintritt, so kann die Seele sich ihres Rapports mit dieser Seite der materiellen Welt nicht in entsprechender Weise bewußt werden. Daher ist es denn auch besonders hinsichtlich der Netzhaut erforderlich, daß sich die Lichtverhältnisse der Außendinge in derselben genau entsprechend, wiewohl durch ein umgekehrtes Bild, abbilden, um von hier aus durch die Sehnerven in irgend eine, nicht näher zu bestimmende Parthie des gemeinsamen Nervencentrums, nämlich des Gehirns, übertragen zu werden und dort dann zur Perception für das erwachende Bewußtsein zu gelangen.

Allein alle diese physikalischen und organischen Vorgänge, welche durch eine eigenthümliche Uebertragung der Aetherschwingungen auf die Sehnerven und durch diese auf die, wahrscheinlich zur höchst potenzirten organischen Sammlung und Bearbeitung der Eindrücke bestimmten Hirnganglien erzielt werden, sind noch weit davon entfernt, das Sehen selbst zu erzeugen, sind an sich noch himmelweit verschieden von Anschauungen, Vorstellungen u. s. w., mit einem Worte, von geistigen Functionen. Um dazu zu werden, müssen sie erst von der Seele selbst und zwar durch irgend einen, sei es auch erst ganz traumartig und völlig willenlos vor sich gehenden Bewußtseinsact percipirt, assimilirt und nach gewissen, das beginnende Bewußtsein innerlich leitenden Normen und Impulsen gestaltet und vergegenständlicht, d. h. aus der unmittelbaren Gefühlsbestimmtheit der Seele, aus dem bloßen Gemeingefühl, das ebenfalls schon als Wunder gegenüber der lediglich organischen Lebendigkeit (z. B. bei der unfühlenden Pflanze) dasteht, herausgehoben und nach außen hin projicirt, d. h. in räumlich bestimmter Weise gestaltet werden. Ohne diese Aufnahme und Reproduction durch die Seele, d. h. durch das die sinnlichen Functionen der Leiblichkeit durchwaltende, über das Bereich des Physikalischen und Organischen erhabene Bewußtseinsprincip, würden sie nur etwas Physikalisches bleiben, wie die Bilder auf der jodirten Silberplatte, würden sie höchstens organische Wirkungen in den leiblichen Lebensfunctionen hervorrufen, wie das Licht in den Keimen und Blüthenorganen der Pflanzen. Was heißt das nun aber: die Seele nimmt die Affectionen des Lichtes in sich auf, assimilirt sich dieselben und gestaltet sie zur Anschauung? — — Die einzelnen Anschauungen und zwar am Deutlichsten die durch das Gesicht und Gehör vermittelten, treten dem Bewußtsein als äußere Gegenstände, als sinnlich bestimmte Objecte im Außen- und Nebeneinander des Raums und im Nacheinander der Zeit gegenüber. Aber woher kommen Raum und Zeit selbst in das Bewußtsein? Bringen wir sie nicht überall schon als unwillkürliche Voraussetzungen, als Anschauungen von rein innerlicher, unsinnlicher Natur (a priori) oder, nach Kant, als die einfassenden Rahmen der Erscheinungen aus uns selbst mit und also aus unserer eigenen Innerlichkeit zu den Dingen hinzu? Und entstehen uns die sinnlichen

Anschauungen selber und eben damit die einzelnen sinnlichen Objecte, sowie deren Verhältnisse unter einander anders als zugleich mit den Anschauungen von Raum und Zeit und innerhalb derselben, als deren nähere Bestimmungen? Sehen wir uns also nicht offenbar bei jeder durch irgend einen Sinn, insonderheit durch den Gesichtssinn entstehenden Anschauung und Vorstellung auf ein ideelles Gebiet, auf übersinnliche, schlechthin universelle Principien verwiesen? — Was besagt weiterhin die Umbildung der nach außen hin, in das Gebiet der aus dem Innern gebornen Raum- und Zeitanschauungen hinein projicirten, noch ganz sinnlich gefärbten Einzelanschauungen in die stufenweis zu immer weiterer Entsinnlichung fortschreitenden Formen der Vorstellung, des Begriffs und der Begriffsverknüpfung, d. i. der Urtheile und Schlüsse? Was besagt die Thatsache, daß die Seele sich gedrungen fühlt, alle sinnlichen Erscheinungen, indem sie dieselben vorstellend, denkend und begreifend aus sich producirt, zu Prämissen für eine immer tiefer aus der Erscheinung in das Wesen zurückgreifende, immer höher aus dem Endlichen in das Unendliche, aus dem Sinnlichen in das Uebersinnliche aufsteigende Schlußscala zu machen und sich dabei immer klarer gewisser leitender Grundsätze und Principien bewußt zu werden, die selbst nicht durch bloße Abstraction aus der Betrachtung der Sinnenwelt abgeleitet sein können, da die abstrahirende, verallgemeinernde Thätigkeit des Begreifens, Urtheilens und Schließens von vornherein durch sie bedingt ist?

Schon aus diesen wenigen Andeutungen wird Ihnen einleuchtend werden, mein Freund, daß die sinnlichen Anschauungen, welche wir als objective Erscheinungen, als Dinge an sich, aufzufassen geneigt sind, in keiner Weise lediglich von außen in die Seele hineingelangen. Die letztere ist ja, sofern sie sich als Bewußtsein, als in sich und für sich seiendes Ich verhält, etwas schlechthin Unräumliches, Immaterielles. Das gibt selbst der Materialismus in gewissem Sinn zu, sofern er das Bewußtsein doch auch als Kraft und Act faßt. In das Innerliche aber als solches, in das Unräumliche, kann nichts Räumliches, Aeußerliches eingehen. Wie man auch über die Seele denken möge, immerhin doch hat man sie, da sie sich in sich selbst erfaßt, und sich als Selbstbewußtsein in sich selbst vergegenständlicht, als eine sehr eigenthümliche Kraft und in dieser Eigenthümlichkeit als die Negation alles Aeußerlichen zu denken; als ein dem räumlichen Außereinander und dem zeitlichen Nacheinander sich entziehendes, ungetheilt und ganz in sich selber seiendes, durch allen Zeitwechsel hindurch als identisches Selbstbewußtsein in sich und für sich selbst beharrendes Wesen, als ein über die Sphäre der äußerlichen Objectivität sich erhebendes und dieselbe durch Anschauen, Vorstellen und Denken in seine eigene Innerlichkeit aufhebendes, alles Aeußere verinnerlichendes Subject. Somit kann sie nichts weniger sein, als ein Product und Effect dieser von ihr übergriffenen Objectssphäre.

Sie faßt und setzt die letztere vielmehr erst als ein Product ihres eigenen Anschauens und Denkens, und damit sind ebenso auch die äußerlichen Elemente, Stoffe und Gesetze, sowie die Atome, aus denen man Alles zusammengesetzt denkt, vom Standpunkte des von sich selbst ausgehenden Bewußtseins — und dieses kann ja doch immer nur von sich selbst ausgehen — nichts als Voraussetzungen, die das anschauende und denkende Bewußtsein erzeugt. Wie gänzlich widersinnig ist also das Verfahren des Materialismus, wenn derselbe die Sache gradezu umkehrt und demnach das Bewußtsein für ein wesenloses Product, für die selbstlose Resultante äußerlich vorhandener Stoffe und Atome, und zwar eben der Stoffe und Atome erklärt, die dasselbe doch lediglich aus sich heraus schaut und von seiner Subjectivität aus als objective Dinge voraussetzt!

Schon die natürliche Analogie spricht gegen die materialistische Auffassung der Entstehung des Bewußtseins. Das organische Princip der Pflanze muß die unorganischen Stoffe zuvörderst in ihrer Selbständigkeit auflösen und in organische Verbindungen hinüberführen, um sich dieselben zu assimiliren. Bleibt man daher auch lediglich auf naturwissenschaftlichem Standpunkte stehen, ohne den idealistischen Voraussetzungen nachzugehen, die sich in der Betrachtung des Verhältnisses von Sein und Bewußtsein, von Object und Subject aufdrängen, so muß es doch schon verboten erscheinen, das Bewußtsein lediglich für eine Wirkung des Bewußtlosen zu erklären. Vielmehr sieht man sich dann genöthigt, den geistigen Assimilationsproceß, wodurch sich die Seele die äußern Objecte, die Einwirkungen derselben als Momente ihrer eigenen Innerlichkeit aneignet, in analoger Weise zu fassen, wie die Assimilation der unorganischen Elemente durch den organischen Zellenproceß.

In diesem Zusammenhange mit den übrigen Naturanalogien stellt sich, vom physiologischen Standpunkte aus, Folgendes als unabweisliche Thatsache heraus. Die sensuellen Affectionen der Seele haben, in ihrem Zusammenhange mit dem Leibe, als die das Bewußtsein organisch bedingenden Hirnfunctionen, noch einen räumlich stofflichen Charakter und verlaufen in ihren einzelnen Momenten als etwas Aeußerliches neben und nacheinander im Gehirn und dessen einzelnen Ganglien. Die Seele, als sich in sich selbst erfassendes Bewußtsein, muß sie daher in dieser Aeußerlichkeit negiren, um sie, wie die Pflanze bei der Zerlegung der unorganischen Verbindungen, sich erst homogen zu machen. Gleichwie aber das organische Leben den unorganischen Stoff nur dadurch negirt und dann weiterhin positiv umbildet, daß es denselben, wir wissen nicht wie, mit seinem schöpferischen Agens bewältigt und unter seine eigenthümlichen Zweckkategorien stellt: so haben wir auch für das werdende Bewußtsein, für die Seele, sofern sie das Gebiet des organischen Lebens mit ihrer Wirksamkeit überschreitend, die Einwirkungen der materiellen Welt in sich negirt und als

Momente ihrer Innerlichkeit aus sich reproducirt und objectivirt, ein eigenthümliches, selbst in seiner niedrigsten Existenzweise schon um eine Stufe höher als die organische Lebenskraft stehendes Princip vorauszusetzen.

Dies zum Bewußtsein und Selbstbewußtsein aufstrebende Seelenprincip zeigt sich nun so geartet, daß es die, bis zu seinem Eintritt allgemein herrschenden Naturgesetze sich nach gewissen Seiten hin unterwirft und in seinen Dienst nimmt. So bildet es auf der Stufe der beginnenden Menschheit als werdende Persönlichkeit die bewußtlos vor sich gehenden, den Gesetzen der Physik und der organischen Zellenthätigkeit unterworfenen Sinnes- und Gehirnaffectionen in selbstbewußte, nach höheren Gesetzen vor sich gehende Geistesactionen um, während es innerhalb der Thierheit das Seelenleben nach und nach nur bis an die Schwelle des aus dem bewußtlosen, traumartigen Gefühlsleben sich erhebenden Geisteslebens hinaufpotenzirt. Wir erkennen dann weiter, wie dieses übersinnliche Seelen- und Geistesprincip sich auch als die Quelle ganz neuer Thätigkeiten verhält. Von ihm gehen jene ganz neuen, übersinnlichen Nöthigungen und Impulse aus, die sich eben als die Grundlagen der nun eintretenden höheren Entwickelungsgesetze verhalten. Das sind eben jene innerlichen, aus keiner sinnlichen Einwirkung abzuleitenden, alle sinnlichen Wahrnehmungen und Erscheinungen vielmehr dominirend übergreifenden, allgemeinen Anschauungs- und Denknormen, zufolge deren sich die Seele getrieben und befähigt fühlt, den sinnlichen, in der Empfindung gegebenen Anschauungsstoff auf das Mannigfachste zu individualisiren, zu formiren und alles Besondere und Mannigfache unter immer höheren Gesichtspunkten zusammen zu fassen und zuhöchst von der Idee des Absoluten allgegenwärtig und vereinheitlich getragen, durchgeistet und beherrscht zu denken.

Die Seele gestaltet den in den Sinnesempfindungen durch bestimmte Eindrücke sich ankündigenden Bewußtseinsstoff von Stufe zu Stufe freier und geistiger. Zunächst formirt sie ihn zu ganz bestimmten sinnlichen Anschauungen, sodann weiter zu Vorstellungen, Erinnerungen, Begriffen, Urtheilen, Schlüssen, mit einem Worte zu Gedanken und zuhöchst zu einem nach bestimmten Principien einheitlich zusammenhängenden Systeme von Gedanken und Wahrheitserkenntnissen.

Diese höheren, normirenden Nöthigungen und leitenden Gesichtspunkte, von denen das zum Geist werdende Seelenleben sich durchleuchtet und durchwirkt findet, treten uns auf sittlichem und religiösem Gebiete als die höheren Antriebe und Forderungen des Gewissens und als die frommen Ahnungen und beseligenden Verheißungen des Gemüthes, auf theoretischem Gebiet aber als die, den Verstand und die Vernunft sammt der Phantasie durchwirkenden, sämmtliche theoretische Functionen in übersinnlicher Weise bestimmenden Leitsterne des denkenden Bewußtseins entgegen, die man als Kategorien und Ideen bezeichnet. Sie liegen gleichsam präformirt, oder wie man zu sagen pflegt, a priori im Wesen der Seele, sie entstammen nicht erst der sinnlichen Empfindung und Anschauung, sie sind kein Product der Abstraction und Combination des Verstandes, denn sie bilden die psychischen und geistigen Voraussetzungen sowohl für das Zustandekommen der Anschauungen und Vorstellungen selber, wie auch besonders für die Bildung von Begriffen, Urtheilen und Schlüssen.

Unter der Leitung dieser Kategorien, unter ihren geistigen Impulsen, empfängt die Seele mit der innern Nöthigung zugleich die Kraft, die ihr gewordenen sinnlichen Eindrücke, welche von den verschiedenen Pforten der Sinne aus im Gehirn zusammentreffen, durch geheimnißvolle, unwillkürliche Umbildung in Objecte für ihr erwachendes Bewußtsein und Selbstbewußtsein zu verwandeln und sie in dieser Gestalt als objective Erscheinungen, als sinnliche Dinge von verschiedenen Qualitäten, d. h. von verschiedener Bezüglichkeit zu den eigenen Sinnen, aus ihrer insichseienden Subjectivität heraus zu objectiviren.

Wenden wir dieses nun auf die Entstehung einer Gesichtsanschauung und eines durch den Gesichtssinn vermittelten Bewußtseins- und Erkenntnißactes an, so ist der Hergang sinnlich zwar durch die Entstehung eines durch den entsprechenden Gegenstand der Außenwelt und dessen leuchtende Thätigkeit bewirkten, umgekehrt liegenden Miniaturbildchens der Netzhaut vermittelt, durch welches das Auge sich die Lichtverhältnisse des gesehenen Objectes in eigenthümlicher Weise aneignet. Dies so entstandene Netzhautbild ist aber nichts weniger, als das von der Seele selbst wahrgenommene, räumlich vergegenständlichte Bild, welches sie als Object aus sich selbst heraus schaut. Dasselbe dient vielmehr nur dazu, die Primitivfasern der Sehnerven in der Weise in Function zu setzen, daß dieselben auch das Innere des Gehirns in entsprechender Weise erregen, daß also ebenfalls auch die im Gehirn verbreiteten Ganglien, d. i. die mikroskopischen Endbläschen der Sehnerven zur Reproduction der von der Netzhaut imitirten Lichtverhältnisse veranlaßt werden. Hier aber, in der dunkeln Werkstätte des Gehirns, hat nun erst die Seele selber die sinnlichen Eindrücke aus ihrem eigenthümlichen Innerlichkeitsprincip, nach den Nöthigungen der ihr immanenten, übersinnlichen Ideen und Kategorien des Raumes und der Zeit, der Quantität und Qualität, der Relation und Modalität u. s. w. zu reproduciren. Wie fängt sie das an? Wir wissen nichts, gar nichts darüber, mein Freund. Wir müssen uns gestehen, daß hier ein fast noch völlig verschlossenes Geheimniß vor uns liegt. Wir können nur sagen, daß sich hier die Anfänge einer innern Welt ankündigen, deren innere Wesenheiten sich uns nur erst nach einzelnen Beziehungen hin zu lichten beginnen. Soviel aber erkennen wir doch mit unzweifelhafter Gewißheit, daß die Seele den durch die Sinne, also in einem bestimmten Falle, den durch das Auge aufgenommenen Einwirkungen derartig von innen heraus aus sich selber entgegenkommen und die äußern Eindrücke, die sie passiv erleidet, durch Actionen aus ihrem Innern heraus umbilden muß, daß sie dieselben dadurch erst zu Objecten ihres Bewußtseins gestaltet und als solche aus sich selbst heraus in die Sphäre der objectiven Anschauung hineingebiert. Sie verfährt bei diesem ganzen Hergange, soweit sich aus Selbstbeobachtung ergibt, in der Weise, daß ihr bei ihrem Anschauen, Vorstellen, Erinnern, Begriffbilden u. s. w. die räumlichen Verhältnisse des Netzhautbildes, sowie deren Reproduction in den Hirnganglien nur als von außen nach innen wirkende physikalische und organische Veranlassungen, mit einem Wort, als materielle Reizmittel dienen, denen das erwachende, aus sich selbst heraus wirkende, in sich selbst substanziirte Bewußtsein und Selbstbewußtsein idealisirend und gestaltend entgegenkommt. Somit ist das Bild, das die Seele mittelst des Auges als räumliche Gestalt erschaut, und welches sie dann weiter durch die mannigfaltigsten Schlußfolgerungen als einen so und so beschaffenen, nach den drei Dimensionen des Raumes hin sich erstreckenden, in der Zeit sich darlebenden, mit bestimmten Qualitäten, Kräften und Vermögen ausgestatteten Gegenstand, oder als ein Wesen an sich selbst betrachtet und in ihr Bewußtsein einrangirt, es ist, sage ich, dies der Seele vorschwebende Gesichtsobject weder das Netzhautbild des Auges, noch das Hirnbild der grauen Substanz, noch ein Product der physikalischen Schwingungen des Hirnäthers, sondern das alles sind nur die äußerlichen Elemente und Bedingungen, wodurch sie veranlaßt wird, die Momente und Verhältnisse der Netzhautbilder aus ihrer eigenen Innerlichkeit, nach idealen Nöthigungen und Gesichtspunkten ebenso auf geistigem Wege zu reproduciren und zu einem Object ihres Bewußtseins, aber in höherer Potenz, zu gestalten, wie das Auge vermittelst der Netzhaut gewisse Momente und Verhältnisse des auf dasselbe lichtartig einwirkenden Außendinges sich aneignet.

Aus den übersinnlichen Tiefen der Seele selbst also quillen die ihr raumzeitlich vorschwebenden Gestalten der sinnlichen Wahrnehmungen und des mittelst allerlei Schlußfolgerungen nach den Principien der Logik und Erfahrung zu immer weiter entwickelten Erkenntnissen fortschreitenden Nachdenkens hervor und sie selbst ist es, die sämmtliche aus ihr selbst, zufolge der sinnlichen Eindrücke, erzeugten Anschauungen als Gegenstände und Dinge in den Raum hinausträgt. Nur was sie aus sich selbst, aus dem ihr immanenten Geistesprincip schöpft oder mit demselben durchdringt, kann sie zum Moment ihrer Innerlichkeit machen, nur darin kann sie sich ihrer selbst bewußt werden. Die sinnlichen Eindrücke aber verhalten sich eben nur als die nothwendigen Reize, wodurch sie sich genöthigt fühlt, die Dinge der objectiven Welt zu einer innerlichen, angeschauten Welt, vom Focus ihres eignen Selbstbewußtseins aus, nach allgemeinen Gesetzen schöpferisch umzubilden.

Die Seele weiß nur von dieser aus ihr selbst geflossenen Welt. Die Dinge an sich selbst dagegen sieht sie nicht und kennt sie nicht; sie fühlt sich nur gedrungen, Dinge an sich vorauszusetzen und dieselben als die Ursachen ihrer raumzeitlichen Sinneswahrnehmungen zu betrachten. Die Annahme einer von dem Ich und dessen objectivirenden Thätigkeiten unabhängigen Welt, die auch dann existiren würde, wenn das Ich nicht existirte, beruht also wesentlich auf einer im Ich selbst vorhandenen innerlichen Glaubensnöthigung. Ob diese selbst aber der Wahrheit gemäß ist, ob und wie weit also die aus des Menschen eigenem Innern herausgeschaute, von ihm selbst mit Hülfe des Verstandes, der Vernunft, der Phantasie, sowie der allgemeinen Bildung und Erfahrung immer mehr erweiterte und vertiefte subjective Welt seines Ichs sich deckt mit einer objectiven Welt, die ihrerseits bestimmend auf das Ich einwirkt, ob die Dinge also wirklich so sind, wie wir sie anschauen, vorstellen und denken, oder ob wir, wie Kant meint, das Ding an sich von unserm sublunarischen Standpunkte aus, bei der gegenwärtigen Beschaffenheit unseres Geistes niemals, auch nicht einmal annähernd erkennen können: das, mein Freund, ist eine Frage, die sich vom Standpunkte der sinnlichen Erkenntniß aus nun und nimmer entscheiden läßt. Wir glauben allerdings an die Möglichkeit, die Wahrheit immer mehr erkennen zu können; wir überzeugen uns aber auch, daß wir sehr häufig irren, daß die Menschheit vor uns Jahrtausende hindurch ganz verkehrte Vorstellungen und Gedanken über den Bau der Welt u. s. w. gehegt und dieselben doch für wahr gehalten hat, daß wir uns der rechten, wahrheitsgemäßen Erkenntniß nur sehr allmählich annähern. Im tiefsten Grunde aber beruht die Voraussetzung, daß wir die Wahrheit erkennen, daß wir zu Gedanken und Erkenntnissen zu gelangen vermögen, welche uns das Ansichsein der einzelnen Dinge und Wesen, sowie ihren Zusammenhang unter einander im Universum und unsre eigne Bestimmung in der Welt offenbar machen, diese Voraussetzung, sage ich, beruht im tiefsten Grunde auf dem Glauben, daß unser werdendes Bewußtsein von einem allgegenwärtigen, Himmel und Erde durchwaltenden Urbewußtsein durchdrungen wird und daß die Ideen und Wahrheiten, die sich in den Tiefen unsers innersten Wesens zunächst als dunkele Ahnungen ankündigen, dann aber bei fortschreitendem Nachdenken sich immer klarer und gewisser enthüllen, sich als Offenbarungen des göttlichen Geistes im menschlichen Geiste verhalten. Nur in dem Falle also, daß dieser Glaube auf Wahrheit beruht, oder mit andern Worten, nur alsdann, wenn wir uns überzeugt halten dürfen, daß es einen das Universum allgegenwärtig durchwaltenden, persönlichen Gott gibt, nach dessen Willen und Gedanken die Dinge und Wesen der Welt sich richten, dessen Ideen und Rathschlüsse sie durch ihre Fortentwickelung immer völliger zu verwirklichen bestimmt und befähigt sind, und wenn wir andrerseits auch darüber gewiß werden können, daß Gott seine Gedanken und Ideen, wonach er die Welt und unser eigenes Ich sich entwickeln läßt, im Innersten des Menschengeistes, in der nachdenkenden Vernunft wahrheitsgetreu offenbart, daß der Mensch also der göttlichen Ideen und Wahrheiten durch Nachdenken immer mehr in sich selber gewiß zu werden vermag: nur unter diesen Voraussetzungen kann von wirklicher Wahrheitserkenntniß die Rede sein, können wir hoffen, die Welt unserer subjectiven Anschauungs- und Denkweise immer mehr in Einklang zu bringen mit der objectiven Welt selbst und mit ihren gottgedachten Gesetzen.

Das ist aber der Stand des christlichen Theismus, mein Freund, und in der Weltentwickelung, wie sie sich von diesem Standpunkt aus ergibt, bildet auch das Wunder ein wesentliches Moment.

Sechsundzwanzigster Brief.

Sie haben vollkommen Recht, mein Freund, im Grunde liegt in jeder Naturerscheinung, in jedem Ereigniß überhaupt, außer oder vielmehr mitten in seiner Bestimmtheit durch den allgemeinen Causalnexus der endlichen Dinge und der vielfach von Zufälligkeiten durchzogenen Wechselwirkung der natürlichen Kräfte zugleich auch irgendwie eine Beziehung auf das Uebersinnliche und Uebernatürliche. Daher habe ich auch in meinem ersten Briefe über das Wunder (Brief 24) gesagt, daß für das fromm erregte Gefühl jedes Ereigniß zu einem Zeichen von Gott werden könne. Daß dieser allen Völkern und Individuen irgendwie innewohnende mystische Hang, in und über den endlichen, durch den natürlichen Causalnexus determinirten Erscheinungen auch eine höhere Beziehung, die dann von der Phantasie etwa als Engel, Genius u. s. w. personificirt wird, vorauszusetzen, zu phantastischen Spielereien und allerlei Aberglauben führen kann und oftmals wirklich geführt hat, ist selbstverständlich. Allein dieser Aberglaube steht nicht selten, so weit er der Ausdruck einer tiefen Ahnung von der Immanenz des Unendlichen im Endlichen ist, in einem viel näheren und positiveren Verhältnisse zur Wahrheit, als der nackte materialistische Unglaube, der sich auch alle geistigen Vorgänge in lauter Aeußerlichkeiten zersplittern läßt.

Besonders umschließt auch schon der organische Lebensproceß eine Anzahl derartiger Momente, in denen selbst die exacteste Forschung, wenn sie besonnen verfährt, einen mysteriösen Hintergrund anerkennen muß. Und so läßt sich in Wahrheit die Entstehung und Entwickelung keines einzigen Wesens, läßt sich z. B. auch nicht die natürliche Fortpflanzung einer und derselben Gattung, sowie die eigenthümliche Ausstattung jedes neuen Individuums, insonderheit der höheren Arten, aus bloßen Naturkräften begreifen. Vielmehr hat man für die Genesis jedes individuell gestalteten, die Gattung in eigenthümlicher Weise ausprägenden Wesens überall auch die Mitwirkung der zwecksetzenden, erhaltenden und leitenden Thätigkeit Gottes und den Eintritt einer, nach Selbstbethätigung verlangenden, übersinnlichen Substanz vorauszusetzen. Und so wird man nicht nur durch die Entstehung der höheren Gattungen und Arten über den niedereren, sowie durch den Hervorgang der organischen Natur aus und über der unorganischen, und endlich durch die Erhebung des Menschengeistes über alle Naturwesen, sondern man wird durch jede organische Genesis überhaupt, die, aus der einfachen Zelle entspringend, sich zu immer reicheren und höheren Verhältnissen entfaltet, an jene übernatürliche Thätigkeit des Schöpfers gemahnt, die sich Schritt vor Schritt durch immer klarer hervortretende Weisheit und Herrlichkeit immanent-transcendent im eigenthümlichen Bildungsgange jedes Geschöpfes offenbart. Nur unter dieser Voraussetzung lassen sich gewisse Erscheinungen der Natur erklären, die ohne sie völlig räthselhaft dastehen. Was ist es z. B. für eine merkwürdige Thatsache, die besonders von F. G. Giebel in ein helles Licht gesetzt worden ist, [1]) daß die Keimzellen der Individuen verschiedener thierischer Arten und Gattungen stofflich, chemisch und physikalisch, ja auch morphologisch, wesentlich sich ganz gleich sind? Selbst diejenige Keimzelle, die sich zum Wundergebilde des menschlichen Leibes entwickelt, unterscheidet sich wesentlich nicht von den Keimzellen der niedrigsten Thierarten. Da nun die äußeren Umstände nicht entfernt ausreichen, um das Gesetz begreiflich zu machen und die Vorgänge zu erklären, welche es bedingen, daß aus wesentlich gleichartigen natürlichen Elementen so unendlich verschieden geartete Geschöpfe hervorgehen und zwar dergestalt hervorgehen, daß jede Keimzelle einer bestimmten Gattung den Typus eben der Gattung und Art, der sie angehört, der allgemeinen Idee nach aber doch zugleich auf individuell ganz bestimmte Weise in sich reproducirt; da sich somit aus der bloßen materiellen Naturbeschaffenheit der Zellen gar nicht deduciren läßt, wie es zugeht, daß z. B. aus dem Samen einer Rose immer nur ein Rosenstock und zwar ein Individuum dieser bestimmten Art, niemals aber eine Eiche, ferner, daß aus der Keimzelle der einen Thiergattung nie ein Individuum einer andern entsteht; da endlich jede höhere organische Entwickelung sich zugleich durch eine unendliche Fülle eigenthümlicher Zweckbestimmungen, d. h. durch Zukunftsgedanken geleitet zeigt: so legt damit die Bildung jedes neuen Individuums, welcher von den höheren Arten dasselbe auch angehören möge, mit jedem neuen Schritt auf der Bahn der Entwickelung Zeugniß davon ab, daß sie unter der wunderartigen Leitung einer allumfassenden, aus übernatürlichen Regionen in die natürliche Welt unausgesetzt hineinwirkenden Weisheit und Macht steht.

Fassen wir alles Bisherige zusammen, so müssen wir sagen, daß schon der Hervorgang der Pflanzenwelt mit ihren Anfängen aus der Zelle als ein Wunder

[1]) Tagesfragen aus der Naturgeschichte. II. Aufl. Berlin 1858. S. 309.

dasteht gegenüber der unorganischen Schöpfung. Denn die Zelle entwickelt sich nach andern Gesetzen als der Krystallisationsproceß. Der Organismus, der aus der Zelle entsteht, setzt kraft des in ihm waltenden höhern Princips und nach den bestimmten Zweckgedanken, die sich in ihm verwirklichen, die physikalischen und chemischen Processe der unorganischen Natur zu untergeordneten Momenten in sich herab. In der unorganischen Natur herrschen, wie J. v. Liebig nachweist, Mechanismus und Chemismus. Im Organismus der lebendigen Pflanzen dagegen verlieren Luft, Wasser, Sauerstoff und Kohlensäure ihren chemischen Charakter. Der Lebensproceß der Pflanze ist nach Liebig der Gegensatz des Oxydationsprocesses, der in der unorganischen Natur vor sich geht; er ist ein Reductionsproceß. [1])

Nun steht aber die Pflanze nur als Anfangspunkt einer aufsteigenden Entwickelungsreihe von Wundererscheinungen in der Schöpfung da, welche sich von der Natur in die Geschichte hinüberzieht, in jeder neuen Phase Zeugniß davon ablegend, daß der empirische Causalnexus sich nicht als todte Summe ewig vorhandener, blindwirkender Naturkräfte, sondern als das lebendige Werk der Gottheit, als aufwärts strebende Totalität von Wesen verhält, die durch die auf die Welt einwirkende Regierung Gottes, nach den Zwecken seiner Offenbarung, immer höhere Kräfte von oben her in sich aufnehmen. Und so ist denn bereits innerhalb der fortschreitenden Entwickelung der Organisation, namentlich innerhalb des Bereichs der Thierwelt, der werdenden Schöpfung ein höherer Einschlag nach dem andern von oben her eingewoben worden, bis die Naturentwickelung endlich mit dem Menschen in leiblicher Beziehung zu ihrem höchsten organischen Abschlusse gelangte. Von da ab beginnt nun die geistige, auf übersinnliche und überirdische Ziele, auf das Reich Gottes und dessen Zukunft gerichtete Schöpfungsperiode. Sie beginnt wesentlich mit den religiös-sittlichen Anfängen der Menschheitsgeschichte, und diese können sammt allen auf sie folgenden wichtigsten Epochen der geistigen Fortbildung ebenfalls nur als Wunder begriffen werden.

Den Uebergang aus der Natur in das Reich des menschlichen Geistes erblicken wir in jenen merkwürdigen Vorgängen, die, noch der Naturgeschichte des menschlichen Geschlechts angehörend, ihren Verlauf fast gänzlich im Dunkel der vorgeschichtlichen Vergangenheit genommen haben. Sie sind der Entwickelung der Menschheit zum geistigen Bewußtsein vorausgegangen und standen somit noch vorherrschend unter dem Typus bewußtloser Naturprocesse, wie noch jetzt die Entwickelung des menschlichen Embryos, während sich andererseits doch auch schon die ersten Regungen des werdenden Geistes in ihnen bethätigten.

[1]) J. v. Liebig: Chemische Briefe. Band I. S. 356 ff.

Sie sehen, mein Freund, daß ich den Hervorgang der ersten Mensch[en], die Entstehung der Sprache und die stufenweis fortschreitende Entwickelung de[s] echt menschlichen Typus durch die untergeordneten Racen hindurch bis [zu] ihrer Vollendung in der kaukasischen Race im Sinne habe.

Die neuere Naturwissenschaft vom Menschen dringt, nach den Forderung[en] der Naturwissenschaften überhaupt, mit Recht immer wieder darauf, daß ma[n] auch in Betreff dieser Entwickelungen überall auf immanente Causalitäte[n] zurückgehe und somit jeden natürlichen Fortschritt der leiblichen und seelisch[en] Bildung der Urmenschheit in Analogie mit der Entwickelung der gesammte[n] Natur durch die eigenen, ursprünglichen Strebungen der im Werden begriffenen Wesen und Kräfte vermittelt denke. Demnach werden wir sage[n] müssen, daß mit dem Eintritt der entsprechenden Bedingungen, also nach de[r] Bildung der Kontinente unseres Planeten und nach dem Hervorgange de[r] höchsten Thiergeschlechter, der immanente Trieb, sich in menschlichen Leiber[n] darzubilden, in den von Ewigkeit mit der subjectiven Vernunftanlage versehenen Substanzen, welche Gott zu individuellen Persönlichkeiten, zu vernünftigen Menschenseelen bestimmt hatte, die aber bis dahin sich nur in bewußtloser Weise an den unorganischen und organischen Processen der irdischen Schöpfung gleichsam als höhere Genien, als Engel, unpersönlich mitbetheilig[t] hatten, ganz wie von selbst hervorbrach. Der höhere, allgemeine Genius unsere[s] Planeten, wie man den einheitlichen Complexus aller von göttlichen Ideen durchgeisteten, aber ihrerseits bewußtlos wirkenden, der künftigen Selbstdarlebung in menschlichen Persönlichkeiten entgegenstrebenden, immateriellen Substanzen des tellurischen Lebensgebiets füglich bezeichnen darf, dieser höhere Geniu[s] rief im unbewußten, anerschaffenen Drange, von göttlichen Ideen geleitet, die verschiedenen leiblichen und seelischen Vorbedingungen und Vorstufen seiner menschlichen Zukunft ins Dasein, bis er sich endlich im Schluß der bewußtlosen Weltentwickelung als Menschengeist darüber zu erheben begann. In diesem allgemeinen Zusammenhange wird man es immer wieder wahrscheinlich und natürlich finden, daß jene erste naturartige Darbildung der Menschheit, da sie nach aller organischen Analogie von mikroskopischen Keimzellen ausgehen mußte, ihre erste Bildungsstätte im mütterlichen Schooße eines oder mehrerer der höchsten Thiergeschlechter gefunden habe. Ebenso ist nichts dagegen einzuwenden, wenn man von naturwissenschaftlichen Gesichtspunkten aus auch die weitere leibliche und seelische Fortbildung der Menschheit, also das stufenweise Hervortreten der höheren Racen bis zur kaukasischen hinauf, und endlich den Anfang des eigentlichen Geisteslebens und der Geschichte in der kaukasischen Race auf immanente Naturtriebe zurückführt. Ja, selbst die Thatsache, daß die geistige Entwickelung der Menschheit unter göttlicher Leitung jene beiden Grundrichtungen einschlug, von denen die eine, welche ihre allgemeinste Naturbasis in den semitischen Stämmen fand, vorherrschend der Ausbildung des Gottesbewußtseins diente und zu ihrer Blüthe im Hebräismus gelangte, während die andere, welche die fortschreitende Vertiefung des Weltbewußtseins und die classische Vollendung desselben im Hellenen- und Römerthum zur Aufgabe hatte, von Natur den japhetitischen Völkerfamilien zufiel: — selbst diese so äußerst bedeutsame Wendung der Menschheitsgeschichte zeigt sich durchweg von natürlichen Factoren bedingt und vermittelt. Ferner bildeten sich auch die Sprachen von ganz natürlichen Anfängen aus, und entwickelten sich weiter nach bestimmten Naturgesetzen.

Endlich hatte nicht nur die Entwickelung des Jahvethums, sowie die Entstehung und Entfaltung der aus dem Boden desselben hervorbrechenden schönsten Blüthen, ich meine vorzüglich die messianischen Hoffnungen, wie neuerdings Riehm sehr anschaulich nachgewiesen, [1]) einen ganz menschlichen und eben damit natürlichen Ursprung und Verlauf, sondern auch der kommende Messias selber, der Vollender des Gottesbewußtseins, wuchs ganz naturgemäß als ein volksthümliches Reis am Baume der Menschheit hervor, indem seine Seele mit der, ihrer Substanz immanenten, einzigen Begabung sich unter der Einwirkung der natürlichen und geschichtlichen Elemente jener Zeit, theils durch Assimilation, theils durch Umbildung derselben, völlig menschlich darlebte.

Allein alle diese natürlichen und geschichtlichen Processe standen doch zugleich unter der fortwährenden Einwirkung der göttlichen Providenz und können nur durch den Gedanken an das wunderbarliche Hinzuströmen höherer, aus übernatürlichen Regionen quellender Schöpfungskräfte vernünftig begriffen werden.

Was insonderheit den Ursprung der ersten Menschen betrifft, so haben wir denselben, wie schon aus allem Vorhergehenden folgt, einerseits durchaus als eine neue Schöpfung zu denken, andererseits aber können wir diese neue Schöpfung doch nur in Continuität mit der bisherigen Schöpfung, also als eine fortschreitende Abzweigung der Menschheit von der Thierheit begreifen. In jeder Weise aber kündigt sich der Anfang und selbst die weitere Entwickelung der Menschheit als ein Wunder an. Denn das erste Hervortreten des Menschen als Menschen setzt immer wieder eine unmittelbare göttliche Thesis voraus, die sich dann freilich mit den bereits vorhandenen Naturkräften in aller Weise vermittelte. Man kann geneigt sein, sich diese göttliche Thesis etwa so vorzustellen, daß man annimmt, Gott habe den ersten Menschen sofort in völliger Getrenntheit vom Thierreich und ohne organische Vermittelung mit demselben hervorgehen lassen. Allein immer wieder muß man doch auf einen

[1]) Studien und Kritiken. Jahrgang 1865. Heft 1 u. 3.

natürlichen Zellenbildungsproceß recurriren, wofern man nicht ein der Idee nach unzulässiges, durch keine Natur- und Geschichtsanalogien gerechtfertigtes zauberartiges Wirken Gottes bei der Bildung des ersten Menschen statuiren will. Damit drängt sich aber auch sofort die Annahme des Vorhandenseins der entsprechenden Bedingungen auf, unter denen sich die Keimzellen des ersten Menschenpaares oder mehrerer derselben organisch entwickeln konnten. Erforderte dieser Entwickelungsproceß nun nicht nothwendig, damit er nicht in den ersten, pflanzenartigen Anfängen stehen blieb, außer den bloß elementaren Bedingungen der Luft, des Wassers und aller übrigen unorganischen Bestandtheile, vor allem einen warmen, geschlossenen, der höheren leiblichen Fortentwickelung entsprechenden Mutterschooß? Und kommt man so nicht unvermeidlich dahin, mit Anlehnung an die Transmutations-Hypothese die Entstehung der ersten Menschen doch als das Resultat einer gesteigerten, über die Schranken des bisherigen Typus hinausschreitenden Entwickelung irgend eines thierischen Embryos der höchsten Thierklassen, also etwa des Affen anzusehen? Kaum wird Jemand, der zu einigermaßen klarem Begriffe von der Continuität der fortschreitenden Schöpfungsentwickelung und der Stabilität der allgemeinen Naturgesetze gelangt ist, sich dieser Annahme entziehen können.

Allein damit schwindet gleichwohl der Begriff des Wunders nicht, mein Freund. Denn wenn der erste Mensch auch wirklich nur im Schooße einer thierischen Mutter und durch thierische Zeugung entstehen konnte und wenn die ersten Menschengeschlechter zunächst auch, vielleicht sogar viele Jahrhunderte oder selbst Jahrtausende hindurch, noch einen vorherrschend thierischen Typus getragen haben: das endliche Ausbrechen ihres Seelenlebens in geistigen Lebensacten, die Umwandlung der thierischen Organisation in die menschliche, sowie die eingetretene völlige Scheidung der Menschheit von der Thierheit, das alles kann in keiner Weise als ein Werk lediglich äußerer Umstände und bloßer Naturkräfte begriffen werden. Sondern einerseits mußte der Keim des werdenden Menschen, es mußte namentlich die der menschlichen Keimzelle zu Grunde liegende seelische Substanz selber, die sich als reale Trägerin des vernünftigen Selbstbewußtseins verhält, nothwendig schon der ursprünglichen Veranlagung nach unendlich höher geartet sein, als beim Thiere; sonst würde die Entwickelung nicht über die Thierheit hinausgeschritten sein. Die menschliche Seele mußte also aus höheren Regionen der göttlichen Natur hervorgehen, oder mußte doch Kräfte aus höheren Regionen in sich aufnehmen, als diejenigen Substanzen, die sich als Seelen thierischer Leiber darbildeten. Andererseits kann die Hinüberführung der dem Menschen von Anfang an immanenten Vernunftbegabung aus der bloßen Potenzialität zur Energie der religiös-sittlichen Entwickelung nur aus höheren Einflüssen und Impulsen, d. h. aus der continuirlichen Einwirkung und der immer tiefer in Gefühl und Gewissen eindringenden Einsprache des erziehenden Gottesgeistes erklärt werden. In aller Weise also ist der Anfang der Menschheit, als wirklicher Menschheit, durch den Eintritt höherer Kräfte und Principien bedingt, die sich, ihrem Ursprunge nach, zu den bis dahin herrschenden Naturkräften und deren Gesetzen transcendental verhielten, die sich daher zunächst als Wunder verwirklichten.

Ebenso verhält es sich auch mit dem Ursprunge der Sprache. Dieselbe ist sowohl nach ihrem Wesen, wie auch nach ihrer Entstehung eins der schwierigsten Probleme für den forschenden Geist. Sie kann dem Menschen nicht auf übernatürliche Weise angeschaffen sein; denn sie hat sich zugleich mit dem menschlichen Denken allmählich entwickelt. Das Denken beruht aber, obwohl es durch göttliche Einwirkungen bestimmt ist, die sich als Denkgesetze und höhere Vernunftideen im denkenden Bewußtsein wie auch im religiösen Gefühl und Gewissen manifestiren, auf der eigenen, selbstigen Thätigkeit des menschlichen Geistes, auf dem Streben, die objectiven Schauungen, die durch innere und äußere Wahrnehmungen ins Bewußtsein treten, vom Focus des Ichs, vom Selbstbewußtsein aus bewußt zu reproduciren. Mit dieser Erzeugung bestimmter Gedanken geht aber auch sofort und zwar unwillkürlich, zufolge der präformirten Disposition der organischen Sprachwerkzeuge, die Bildung von Wörtern, worin sich die Gedanken verkörpern, Hand in Hand, und so ist die Sprache ein menschliches Product, ein Product, bei dessen Bildung naturartige und geistige Factoren zugleich wirksam gewesen sein müssen. Andererseits setzt sich der menschliche Geist, um sich der Gedanken in bestimmten Formen bewußt zu werden, um sich mit ihnen auf leichte Weise vertraut zu machen, die Verkörperung derselben in entsprechenden Worten und Wortarten, setzt er sich also die Sprache schon voraus. Es ist eine Thatsache, daß der Mensch erst selbst durch die Sprache menschlich gebildet und zum vernünftigen Denken angeleitet wird. Somit kann die Sprache nicht das Product menschlicher Erfindung sein, da das Denken die Sprache voraussetzt. Umgekehrt kann sie nicht einen schlechthin übernatürlichen Ursprung haben, da die Gedanken, deren Verkörperung sie ist, sich als menschliche Functionen verhalten, und endlich ist sie auch kein bloßes Naturproduct, da sie durchweg von logischen, ethischen, ästhetischen und religiösen Elementen durchwebt ist.

Wie ist aus diesem Zirkel herauszukommen? Nur dadurch, daß man sich an die Idee des in der Menschheit immanent-transcendent waltenden gottmenschlichen Princips hält.

Die Sprache ist ebenso, wie das Denken und Erkennen der Wahrheit, als dessen Vehikel sie sich verhält, ein lebendig fortwachsendes Gebilde, das der göttliche Geist im Vereinwirken mit dem naturbestimmten Menschengeiste erzeugt hat und irgendwie immerbar fortbildet. Sie hat daher ebenso eine natürliche wie eine übernatürliche Seite an sich und ihr Ursprung beruht in letzterer Beziehung auf Offenbarung und Wunder. Die Gedanken, die sich in Worte kleiden, sind zwar Ausstrahlungen des menschlichen Geistes, sind der Ausdruck seiner tiefsten, innerlichsten Selbstbethätigung und kleiden sich, soweit der endliche Geist zugleich in bewußtloser, instinctiver Weise noch durch die allgemeinen Naturkräfte bestimmt wird, unwillkürlich vermittelst der dazu organisirten natürlichen Sprachwerkzeuge, in gewisse Wortgebilde. Aber schon die den natürlichen Sprachwerkzeugen innewohnenden Triebe und Gesetze verhalten sich als Kräfte und Faktoren, die dem thierischen Organismus wesentlich fremd sind und somit nach ihrem ersten Ursprunge auf göttliche Einrichtung, auf das Wunder einer transcendentalen Einwirkung zurückweisen. Noch entschiedener trägt der Ursprung der Gedanken, ungeachtet seiner natürlichen Bedingtheit, zugleich ein übernatürliches Gepräge. Vergegenwärtigen Sie sich nur, daß der Mensch, je tiefer er in sich selbst hinabsteigt, desto unmittelbarer in seinem innersten Wesen, in Vernunft und Gewissen, sowie in den höheren Ahnungen und Gefühlen, von göttlichem Geist bewegt und getragen ist.

Die Gedanken und Ideen des Menschen sind somit als sein eigenes Erzeugniß doch wesentlich und principiell zugleich das Erzeugniß der übersinnlichen Einwirkungen Gottes. Sie verhalten sich als der vom menschlichen Ich innerlich empfangene, persönlich angeeignete Widerschein und Widerhall der übernatürlichen Einwirkung des göttlichen Geistes auf den menschlichen und beruhen überall und immerdar nach ihrem übersinnlichen Grunde auf göttlicher Offenbarung. So ist auch die Sprache einerseits, sofern sie die Verkörperung der menschlichen Gedankenwelt darstellt, ein Product der naturgeistigen Selbstentwickelung des menschlichen Geistes und schon in dieser Beziehung ist sie nicht eine willkürliche Erfindung, sondern das Meiste in ihr hat sich unwillkürlich gestaltet. Indessen ist sie in dieser Hinsicht auch mit manchen Unvollkommenheiten behaftet; denn Manches in ihr beruht doch auch auf menschlicher Willkür, während Anderes ein Erzeugniß blinder und zufälliger Naturwirkungen und noch Anderes ein Product der Gewohnheit oder eine Folge geschichtlicher Conflicte und Verwickelungen ist. In wie fern aber das menschliche Gedankenbilden in seiner innersten, übersinnlichen Wurzel durch transcendent-immanente Acte des den menschlichen Geist als ewiges Wort durchwebenden Gottesgeistes, mit einem Worte, durch Inspiration bedingt ist, in wie fern weiter diese höheren Gedanken sich unwillkürlich, nämlich vermöge des ihnen innewohnenden, plastischen Triebes mittelst der productiven Phantasie in entsprechende Worte, Wortverbindungen und Redefiguren einkleiden: in so fern ist die Sprache andererseits eine Gabe Gottes. Und je mehr ein Volk sich in religiöser Empfänglichkeit den unmittelbaren Einwirkungen des göttlichen Geistes hingibt, desto mehr wird auch seine Sprache zugleich zum lebendigen Widerhall der inneren Sprache

Gottes im Herzen und Gewissen, desto mehr birgt sie also nach ihrer geschichtlichen Vollendung einen Quell und Schatz höherer Gotteswahrheiten in sich, aus dem die kommenden Geschlechter ihre tiefsten Bildungselemente schöpfen. Dieser Widerhall der höheren Gotteswahrheiten hat sich am Unmittelbarsten in der Sprache des alten und neuen Testaments verkörpert, so daß die heilige Schrift sich daher als der entsprechendste Ausdruck der Sprache des göttlichen Geistes im menschlichen Geiste und damit als lauterstes Gotteswort verhält.

Siebenundzwanzigster Brief.

Durch ein Schöpfungswunder Gottes also ist die Menschheit ins Dasein getreten und nicht bloß durch eine That der Natur! Aber auch mit dieser Ursprungsthat bricht die Kette göttlicher Wunder noch nicht ab. Zum höchsten Zielpunkt ihrer Entwickelung gelangt sie erst mit der Erscheinung Jesu Christi, des vollendeten Menschensohnes, gelangt sie mit dessen Erhebung über die Schranken der natürlichen, dem Leben aus Gott noch mehr oder weniger entfrembeten Menschheit. Er steht da als der siegreiche Anfänger der neuen, aus dem Geist geborenen Menschheit.

Gleich wie die Wesenheit des Menschen sich in jeder einzelnen Persönlichkeit zuerst vorherrschend nach ihrer Naturseite hin entwickelt, so finden wir die Menschheit auch als großes, geschichtliches Ganzes im ersten Stadium ihres geschichtlichen Daseins noch überwiegend in ihre Naturbestimmtheit versunken. Nur erst sehr allmählich ringt sich das höhere Bewußtsein und Leben in ihr hervor und zwar nur unter beständigen Kämpfen mit der anfänglichen Uebermacht der sinnlichen Natur, sowie nicht ohne wiederholte krankhafte Entwickelungskrisen. Diese erste Periode der allgemeinen Menschheitsentwickelung umfaßt das gesammte vorchristliche Weltzeitalter. Darauf deutet auch die heilige Schrift (1. Cor. 15, 45 ff.) tiefsinnig hin, indem sie betont, daß der erste Mensch, als Repräsentant der vorchristlichen Zuständlichkeit des gesammten Menschengeschlechts, nur erst ein psychischer Mensch gewesen sei, der des lebendig machenden Geistes noch ermangelt habe. Zwar besaß die Menschheit bereits von Anfang an die Befähigung des von Gott aus sie durchwirkenden gottmenschlichen Princips, kraft ihrer Veranlagung für die Aneignung desselben, immer mehr in sich selber mächtig zu werden. Auch ließ dieses selbst es seinerseits niemals und nirgends an höheren Anregungen fehlen, wie denn die heilige Schrift diese allgemeine, auch den heidnischen Völkern zugängliche Offenbarung Gottes in Natur und Gewissen auf das Nachdrücklichste hervorhebt (Joh. 1, 4 ff.;

Röm. 1, 18; 2, 14). Demnach war auch bereits in der vorchristlichen Welt, und zwar sowohl unter Heiden als Juden, eine providentielle Pädagogie lebendig wirksam, welche überall darauf ausging, die immanente Anlage der Menschheit zur gottähnlichen Persönlichkeit, zur göttlichen Sohnschaft durch Befruchtung mit dem höheren Wahrheitssamen heranzubilden. Durch diese allgegenwärtige Einwirkung und durch allerlei innere und äußere providentielle Erziehungsmittel zur Aneignung der höheren Wahrheiten, sowie auch zum immer steigenden Verlangen nach göttlicher Geistesmittheilung angeregt, sollte die Menschheit durch fortschreitende Erkenntniß sich ihrer gottmenschlichen Bestimmung immer mehr bewußt werden, um auch ihrerseits immer mehr durch freie, sittliche Thätigkeit für die Verwirklichung der Idee des Reiches Gottes auf Erden einzutreten. Nun ist es aber eine Thatsache, daß das gottmenschliche Princip sich nicht ohne die vielfachsten Hemmungen, Gegensätze, Kämpfe und Krisen in der Menschheit zu entwickeln vermag, daß seine Entwickelung, mit einem Worte, überall durch die Sünde gehemmt erscheint. Das ist die unvermeidliche Folge davon, daß sich die sinnliche Seite der menschlichen Persönlichkeit, da sie als natürliche Basis für die Entwickelung der Seele zum Geiste dem Aufblühen der höhern Ichheit zeitlich vorausgeht, sich zuerst überwiegend naturartig und geistlos und dann weiter, vermöge ihrer Selbstbehauptungstendenz, im Widerspruch mit den Forderungen des göttlich bewegten Geistes, d. i. als Fleisch, ausbildet.[1]) Das Fleisch wurde dann zunächst immer mehr zu einer beherrschenden Macht des Geistes. Selbst die vorchristliche Culturentwickelung trat so fast überall, unter den Juden nicht minder wie unter den Heiden, immer wieder in den Dienst des Fleisches und daraus ging dann jene steigende Macht der Sünde und des sündlichen Verderbens hervor, von welcher wir die Saaten des höheren Geistes in der vorchristlichen Menschheitsgeschichte immer wieder so kläglich überwuchert sehen.

Um nun diese der ursprünglichen Thesis des gottmenschlichen Princips in der menschlichen Persönlichkeit sich entgegenwerfende und immer mehr zur Herrschaft gelangende Antithesis der natürlichen Menschheit im Princip zu überwinden, um eine Krisis im Leben der Menschheit herbeizuführen, die nicht nur zur Verdammung, sondern zur Umbildung des natürlichen Menschen aus dem Elemente des Geistes, sowie zur Kräftigung und zur Erlösung des geistigen Menschen selber ausschlage, die also den inwendigen Menschen befähige, das Gefühl der Entzweiung mit der Gottheit, die Kluft der Angst und Furcht, durch die er im Bewußtsein und Gefühl seiner Schuld sich von der vollen Liebesgemeinschaft mit dem göttlichen Geiste ausgeschlossen sah, im freudigen Glauben zu überbrücken: mußte ein neues, mußte das letzte und größte Wunder im Entwickelungsgange der Menschheit vor sich gehen, mußte das gottmenschliche Princip

---

[1]) Vgl. Schleiermacher's christliche Glaubenslehre. Bd. I. S. 361. §. 66 ff.

sich in einer neuen abschließenden Thesis verkörpern, welche vom ersten Momente an darauf angelegt war, dem Geist die Macht über das Fleisch zu sichern. Und dieses Wunder, mein theurer Freund, tritt uns nun im höchsten Wendepunkte der Geschichte der Menschheit, tritt uns mit der Stiftung des Christenthums, tritt uns als persönliche Verkörperung des gottmenschlichen Princips im Leben, Leiden, Sterben und Auferstehn Jesu Christi entgegen.

Zwar war auch dieser höchste Wendepunkt, wie ich bereits angedeutet, schon allmählich vorbereitet und hatte besonders in der Geschichte des Volkes Israel die näheren Vorbedingungen für sein Hervortreten gewonnen. Aber auch das war nicht ohne mancherlei Zeichen und Wunder geschehen. Denn das Eintreten der wichtigsten Epochen, welche die Geschichte Israels von vornherein ganz besonders providentiell kennzeichnen, vorzüglich also die Berufung Abrahams und Moses, die Rettung beim Durchzuge durch's rothe Meer, die Entstehung des Prophetismus u. s. w., und die durch dies alles bedingte Heranbildung eines eigenthümlichen, von der gesammten Heidenwelt durch Religion und Sitte, sowie durch die ausgezeichnete Eigenthümlichkeit und geographische Lage des von ihm in Besitz genommenen Landes abgesonderten und doch im Verlauf seiner Geschichte mit allen wichtigsten heidnischen Culturvölkern in Reibung gerathenen Gottesvolks: das alles kann nur auf ein fortdauerndes, göttliches Wunderwirken im engeren Sinne zurückgeführt werden. Denn es sind höhere Offenbarungskräfte, welche sich in diesen Wendepunkten aus dem transcendentalen Grunde des überall in der Menschheit waltenden gottmenschlichen Princips beim Eintritt der entsprechenden Bedingungen ergießen. Wie naturgemäß die Geschichte des Volkes Israel daher auch einerseits verläuft, wie sehr wir auch berechtigt sind, die primitive Entstehung des Monotheismus im religiösen Gefühl und Bewußtsein Abrahams und der Patriarchen, sowie die weitere religiös-ethische Vertiefung und Läuterung desselben durch den Mosaismus und Prophetismus zugleich natürlich, also etwa mit Renan aus der semitischen Naturbestimmtheit des Volkes Israel, aus den besonderen Umständen und geschichtlichen Ereignissen, welche das Eigenthümliche seines geschichtlichen Entwickelungsganges ausmachen, zu erklären: so reichen doch diese bloß natürlichen Factoren allein nicht aus, um die Entstehung und weitere Entfaltung jenes höheren Princips selber begreiflich zu machen. Vielmehr haben wir in dem Hervortreten jedes neuen Knotenpunktes der geschichtlichen Entwickelung, jeder neuen These des dieselbe beherrschenden gottmenschlichen Princips zugleich die Mitwirkung neuer, höherer, aus bloß subjectiven und psychologischen Processen nicht vollständig zu begreifender, also transcendentaler Factoren mit in Anschlag zu bringen. [1])

[1]) Vgl. mein Werk: Die Idee der absoluten Persönlichkeit, oder Gott und sein Verhältniß zur Welt 2c. 2. Aufl. Hannover 1865. Bd. I. S. 196 ff. und besonders S. 214—217.

Zu seinem tiefsten und letzten Durchbruch nun gelangte das gottmenschliche Princip erst mit dem Auftreten Jesu von Nazareth, der sich in aller Weise als der persönlich gewordene **Christus** der Menschheit bewährt hat und immerdar von Neuem bewährt. Immer gähnender hatte sich die Kluft aufgethan zwischen dem einseitig entwickelten Weltbewußtsein des classischen Heidenthums und der ebenso einseitigen Gestaltung des Gottesbewußtseins im Judenthum. Immer höher hatte sich dadurch die Macht der Sünde und des sündlichen Verderbens in der Menschheit gesteigert. Dem hochentwickelten Weltbewußtsein des classischen Heidenthums ging als dunkler Schatten ein falsch entwickeltes Gottesbewußtsein zur Seite und im Conflict mit demselben entartete die heidnische Bildung immer mehr in weltlichen Fleischessinn. Umgekehrt lief auch das jüdische Gottesbewußtsein in einseitige, falsche Tendenzen aus und verfiel daher endlich einem verderblichen Zersetzungsprocesse. Diese Kluft sollte nun durch eine letzte, abschließende Grundthesis des gottmenschlichen Princips überbrückt werden und das konnte nur geschehen durch ein letztes und höchstes Urwunder der Geschichte. Das gottmenschliche Princip, oder mit andern Worten, der die Geschichte der Menschheit durchwirkende ideale Christus, dessen zukünftige Verwirklichung schon im alten Bunde erahnt und immer bestimmter in bedeutsamen Symbolen vorausgeschaut worden war, mußte, um mit der ganzen Vollkraft des persönlichen Lebens und der lebenzündenden Thatsächlichkeit in die Geschichte der Menschheit einzugreifen, erst zur unmittelbarsten vollwesentlichen Erfahrung, zum herrschenden religiösen Gefühl und sittlich thatkräftigen Leben einer völlig mit Gott geeinten, historischen Persönlichkeit werden. So lag es, wie wir sagen dürfen, im Rathschlusse der Gottheit von Ewigkeit vorbedacht. Damit die gottgedachte Idee des wahren Menschen nach ihrem ganzen Vollwesen in einer Persönlichkeit und von diesem Einen aus dann nach und nach in alle Menschen zur vollen, persönlichen Verwirklichung gelange, mußte auf Grund aller bisherigen Vorbereitungen, durch völliges Zusammentreffen, durch harmonisches Ineinanderaufgehen des göttlichen und menschlichen Wirkens, der Hervorgang einer Persönlichkeit erzielt werden, die alle Hauptmomente jener beiden, bis zu ihrer Spitze entwickelten, aber einseitig auseinanderklaffenden Pole der Persönlichkeit, nämlich sowohl die im classischen Heidenthum repräsentirte weltliche, wie auch die im Jahvethum verkörperte göttliche Richtung derselben principiell zur concreten, lebensvollen Einheit in sich zusammenfaßte.

Und so geschah es durch die Verwirklichung der religiös-sittlichen Grundbestimmungen der Idee des gottgeeinten Menschen im Bewußtsein und persönlichen Leben Jesu von Nazareth. Er hat sich durch sein Handeln und Leiden, durch Wort und That, durch Sterben und Auferstehen, im Gegensatz zu der noch überwiegend naturbestimmten Menschheit, oder, wie die Schrift sagt (1. Cor. 15, 45), im Gegensatz zum ersten Adam, als der zweite, von der synthetischen Fülle des gottmenschlichen Geistes allseitig durchdrungene, neue Adam ausgewiesen. Die Geschichte zeugt mit der ganzen Macht der Thatsache dafür, daß durch ihn und mit ihm ein bis dahin noch nie dagewesenes und seitdem nicht überschrittenes Princip, nämlich der Geist der göttlichen Sohnschaft und Liebesgemeinschaft, ins Dasein getreten ist. Die gebildete Vernunft aber erkennt das in Jesu Christo persönlich verkörperte gottmenschliche Princip als ein solches, das der tiefsten Idee der Religion und Sittlichkeit vollkommen entspricht, über das daher nicht hinausgegangen werden kann.

Wir vermögen den Eintritt dieser Persönlichkeit in den Zusammenhang der Geschichte, sowie den Anfang des von ihr ausgegangenen Umgestaltungsprocesses der Menschheit mit Schleiermacher nur als den Anfang einer neuen Schöpfung und eben damit als Wunder zu begreifen. Zwar können wir willig zugestehen, daß Jesus, wie jeder andere Mensch, nach den bestehenden Gesetzen der Natur erzeugt und geboren worden ist und daß er sich in durchaus menschlicher Weise entwickelt hat. Ja, es liegt sogar im Interesse unseres religiösen Verhältnisses zu ihm, daß wir seinen Ursprung und seine Entwickelung in völliger Analogie mit der menschlichen Entwickelung überhaupt auffassen; daß wir ihn also auch ebenso, wie alle übrigen Menschen, von der Sünde berührt, der Versuchung zugänglich, und erst durch lange und schwere Kämpfe als vollständigen Sieger im Namen des Geistes über das Fleisch hervorgegangen denken. Als Herzog und Führer der Menschheit auf der Bahn zur religiös-sittlichen Vollendung, als Anfänger und Vollender unseres Glaubens (Hebr. 12, 2 ff.), hat er nur dann heilskräftige Bedeutung für uns, wenn wir ihn in allen Stücken als echten Menschen erkennen (Hebr. 2, 17), wie denn auch der Apostel Paulus ihn niemals als einen Gott, sondern überall nur als vollendeten Menschen, als den Erstgebornen unter vielen Brüdern bezeichnet. Allein wir haben, wegen seiner einzigen Stellung in der Menschheit, außer dem unendlichen Ernst seines religiös-sittlichen Strebens, zugleich eine ganz besondere Begabung, ein ganz eigenthümliches, schon auf ursprünglicher Veranlagung beruhendes Verhältniß seiner Seele zu Gott und zu den Menschen vorauszusetzen. Und das ist es, was uns berechtigt, seinen Ursprung in der Menschheit und seine ganze Erscheinung zugleich aus dem Gesichtspunkt des Wunders und zwar des höchsten und schönsten, das sich jemals ereignet hat, zu betrachten.

Achtundzwanzigster Brief.

Ja wohl lohnt es sich der Mühe, mein Freund, sich recht oft wieder und aus den verschiedensten Gesichtspunkten in diesen großen Gegenstand des christlichen Glaubens denkend zu versetzen, um dessen, was erquicklich und erhebend im frommen Gefühl und in der tiefsten Sehnsucht und Ahnung davon widerklingt, auch in wissenschaftlicher Weise nach und nach mächtig zu werden. So lassen Sie uns denn den Versuch wagen, die religiös-sittliche Einzigkeit Jesu nach ihrem specifischen Princip vom speculativen Standpunkt der Gegenwart aus begrifflich zu erkennen. Nun kann aber nur ein solcher Begriff genügen, welcher sowohl den Anforderungen der Geschichte als auch der christlichen Erfahrung in aller Weise entspricht. Darauf also kommt es an, daß man, während man einerseits mit Recht die volle Wirklichkeit der menschlichen Natur des Erlösers betont, darüber andererseits nicht seine einzigartige Dignität begrifflich aufhebt und daß man umgekehrt seine Erlöserwürde nicht auf Kosten seiner vollen Theilnahme an der Menschennatur geltend macht. Der rechte christologische Begriff muß somit die beiden, von Schleiermacher bezeichneten Klippen zu vermeiden suchen, nämlich den Ebionitismus auf der einen und den Doketismus auf der andern Seite.

Nun läßt sich nicht leugnen, daß der vulgäre Rationalismus immer wieder in die Scylla des Ebionitismus gerathen ist, während dagegen die kirchlich orthodoxe Christologie niemals die Charybdis des Doketismus zu vermeiden gewußt hat. Nur der Pantheismus darf sich rühmen, über beide Gefahren von vornherein hinaus zu sein. Aber das kommt nur daher, weil er das Christenthum selbst im Princip aufhebt. Wie es für ihn kein Wunder überhaupt gibt, so leugnet er auch die Thatsächlichkeit des mit Jesu Christo eingetretenen Wunders einer neuen geistigen Schöpfung, so leugnet er insonderheit das Wunder der Auferstehung Christi und ist damit sofort über alle Schwierigkeiten hinaus, welche sich in Betreff des Glaubens an Jesus als den Christus der Menschen erheben. Dem Theismus dagegen tritt in der Erscheinung des Erlösers eins der wichtigsten und schwierigsten Probleme des menschlichen Denkens entgegen. Er sieht sich genöthigt, dasselbe von ganz anderen Prämissen aus zu lösen, als die orthodoxe Kirche, denn er achtet vor Allem die geschichtliche Wirklichkeit des Erlösers, er widerstrebt mit heiliger Scheu jeder Versuchung, an die Stelle derselben ein ungeschichtliches Phantom (Doketismus) zu setzen. Aber er ist auch zu tief durchdrungen von heiliger Ehrfurcht vor der einzigen Größe des Stifters der christlichen Religion, als daß ihm der empirische Gesichtspunkt des Rationalismus für die Erkenntniß der gottmenschlichen Würde Christi genügen könnte (Ebionitismus). Dennoch sucht er der endlichen Lösung dieses höchsten und herrlichsten Problems der christlichen Theologie immer näher zu kommen, und er sieht dazu vorzüglich durch Schleiermacher eine neue Bahn gebrochen.

Um Ihnen nun über die letzte speculative Voraussetzung der Christologie meine eigene Ansicht kurz darzulegen, will ich Sie auf eine Idee hinweisen, die sich als die übersinnliche Voraussetzung für die Entwickelung der Menschheit zu einem mannigfach gegliederten, mit einem bestimmten Mittelpunkte versehenen sittlichen Gesammtorganismus darbietet. Das ist der Gedanke einer schon ursprünglich, vor der zeitlichen Schöpfung begründeten, verschiedenartigen Veranlagung der ewigen Substanzen, welche als die übersinnlichen Factoren der Körperwelt nach dem göttlichen Schöpferwillen aus dem ewigen Wesen der göttlichen Natur hervorgingen, um sich in stufenweis fortschreitender Gliederung und Erhebung über einander, zunächst im Bereich der irdischen Natur zu verkörpern, zu individualisiren und dann innerhalb der Sphäre der geschichtlichen Menschheit das Reich Gottes als ein Reich gottähnlicher, durch den gottmenschlichen Geist der Wahrheit und Liebe innig verbundener Persönlichkeiten, als einen religiös-sittlichen Organismus mit einander zu constituiren, der seinen persönlichen Mittelpunkt sowohl für das Diesseits, wie auch für das Jenseits in einer bestimmten, das gottmenschliche Princip auf vollendete Weise in sich repräsentirenden Persönlichkeit gewinne. Ihre factische Bestätigung findet diese metaphysische Idee durch mancherlei naturartige und geschichtliche Analogien, vorzüglich durch die Thatsache, daß an der Spitze jeder geschichtlichen Epoche besonders begabte Genien stehen und daß jeder weltgeschichtliche Volksgeist seine vollendetste Verkörperung und Repräsentation auf verschiedenen geistigen Lebensgebieten in einer oder mehreren großen Persönlichkeiten gewonnen hat, z. B. der Geist der freien griechischen Humanität in S o k r a t e s, der Geist des Römerthums in C ä s a r, der Geist des geschichtlich-schöpferischen Jahvethums in Mose und des prophetischen in Jesaja u. s. w. An der Hand dieser Analogien steigt man mit Rücksicht auf den Stifter der christlichen Religion ganz folgerecht zu der Annahme eines, von der göttlichen Providenz geordneten, aus der Menschheitsentwickelung organisch resultirenden höchsten und allgemeinsten Genius der Menschheit hinauf, eines Genius, der sofern er sich als der hervorragendste Führer auf dem allgemeinsten geistigen Lebensgebiete, nämlich auf dem Gebiete der Religion und des religiös-sittlichen Gottesreichs bewährt, geradezu eine centrale und universelle Stellung in der Geschichte der Menschheit einnimmt. Demnach werden wir, um die Einzigkeit Jesu Christi im Einklange mit der allgemeinen menschlichen Entwickelung zu begreifen und um seine Genesis aus dem aufgestellten Gesichtspunkt des vernünftigen Wunders denkbar zu machen, wir werden, sage ich, auf Grundlage der entwickelten Prämissen zu dem Schlusse berechtigt sein, daß die Menschheit, sofern sie uns im Lichte des christlichen Glaubens als der werdende Leib des Geistes Christi, als ein successiver, in der Zeit ganzheitlich und einheitlich sich darbildender, zu ewigen Zielen hinauf wachsender geistiger Organismus entgegentritt, ihrer ewigen Grundlage nach aus einer bestimmten Anzahl, aus einem göttlich-geordneten Complexus höher gearteter immaterieller Substanzen besteht, welche, hervorgegangen aus dem göttlichen Lebensgrunde, von Gott schon ursprünglich, beim Beginn der Schöpfung, die Bestimmung und Befähigung empfingen, sich nach und nach, vermittelst des geschlechtlichen Zusammenhanges als werdende, zur Sohnschaft berufene Persönlichkeiten und eben damit als Erben des Himmels und seiner ewigen Güter auf Erden darzuleben. Wir werden ferner auch den Gedanken als berechtigt anerkennen, daß unter diesen Substanzen die eine, welche sich im Unterschiede von den besonderen Volksgenien als der allgemeinste Genius der Menschheit, als vollendeter Repräsentant des gottmenschlichen Princips, in Jesu Christo dargelebt hat, schon ursprünglich im Complexus aller menschlichen Substanzen zur centralen Persönlichkeit für das höchste geistige Lebensgebiet von Ewigkeit her durch Gott ersehen, oder daß sie bei ihrem geschichtlichen Eintritt in die Menschheit durch ein Wunder dazu veranlagt worden war. Denn zur Erklärung der unzweifelhaften Thatsache, daß Jesus Christus der persönliche Vollender des seit dem Beginn der Menschheit zu immer höheren Stufen seiner geschichtlichen Verwirklichung hinauf potenzirten, bis auf Jesum aber erst in einseitigen Gegensätzen realisirten gottmenschlichen Princips geworden ist, reicht die Voraussetzung seiner einzigartigen subjectiven Frömmigkeit und sittlichen Energie, sofern dieselbe als das Product seiner freien sittlichen Selbstbestimmung und seiner Wechselwirkung mit dem Geist seiner Zeit gedacht werden muß, nicht aus. So hoch dies subjective Moment des eigenen Strebens und der geschichtlichen Beeinflußung im Leben des Erlösers auch anzuschlagen ist, so haben wir doch auch immer zugleich auf eine göttlich geordnete, eigenthümliche Veranlagung der Substanz seiner Persönlichkeit, sowie auf eine neue, seiner Empfänglichkeit entsprechende göttliche Offenbarung zurückzugreifen. Eben jene Urveranlagung nun, meine ich, können wir, wenn wir ihn in seiner Einzigkeit nicht dem allgemeinen Gattungsumkreise der Menschheit entrücken und dadurch auf die Fährte des Doketismus gerathen wollen, nur durch die Annahme erklärlich finden, daß er entweder schon von Ewigkeit zur Centralpersönlichkeit des höchsten geistigen Lebenskreises der Menschheit von Gott ersehen und veranlagt worden war, oder aber daß diejenige Substanz, welche sich endlich als Seele Jesu von Nazareth darlebte, schon auf ihren vormenschlichen Entwickelungsstufen und dann weiter bei den Anfängen ihrer menschlichen Verleiblichung diejenige Energie und Empfänglichkeit durch ihre unbewußte Wechselwirkung mit den übrigen Lebenskräften und unter der Leitung der göttlichen Weltregierung gewonnen hatte, wodurch Jesus leiblich und geistig befähigt wurde, beim Aufbrechen der Knospe seines religiös-sittlichen Selbstbewußtseins in Wechselwirkung mit der edelsten Blüthe des Geistes seines Volks das gottmenschliche Princip nach dessen ganzer Vollkraft in sich zu reproduciren. Der ersteren Ansicht fühle ich mich immer weniger geneigt, da sie zu einem gewissen transcendentalen Determinismus führt, der die sittliche Größe Jesu zu beeinträchtigen droht. Wir müssen nämlich, um die echte Menschheit Jesu in aller Weise zu gewahren, auch die Möglichkeit festhalten, daß er die ihm von Gott überwiesene Aufgabe hätte irgendwie durch eigene oder gemeinsame Schuld verfehlen können und daß also dann doch noch ein höherer Genius der Menschheit nach ihm nothwendig geworden wäre. Ohne diese Möglichkeit zu setzen, würde man seine menschliche Entwickelungsgeschichte mehr oder weniger zu einem mechanischen Product, zu einer Art Marionettenspiel übergeschichtlicher Factoren herabsetzen. Um also der Person des Erlösers den menschlichen Gattungscharakter doch nicht irgendwie abzusprechen, würde man zur Erklärung seiner geschichtlichen Einzigkeit etwa sagen müssen, daß der, in der Menschheitsgeschichte sich darbildende Complexus höher gearteter, für die Entwickelung des höchsten geistigen Lebenskreises, nämlich des religiös-sittlichen Lebens berufener Substanzen von Ewigkeit so veranlagt und geordnet worden sei, um im Verlauf der geschichtlichen Fortentwickelung des menschlichen Geistes endlich eine derartige centrale Persönlichkeit aus sich hervorgehen zu lassen, die sich, um mit Schleiermacher zu reden, als die höchste Blüthe der Menschheit entfalten konnte.

Thatsächlich nun ist es Jesus, der diese in der ursprünglichen Anordnung der Substanzen und in dem Gange ihrer menschlichen Entwickelungsgeschichte göttlicher Weise gesetzte Möglichkeit des Hervorganges einer religiös-sittlichen Centralpersönlichkeit der Menschheit, welche das gottmenschliche Princip nach seiner vollen Wesenheit sich anzueignen befähigt war, in der Zeiten Fülle verwirklicht hat.

Mit dieser Annahme seiner Einzigkeit auf dem höchsten Gebiete des geistigen Lebens, nämlich auf dem Gebiete der religiösen Entwickelung, mit dieser

Anerkennung, daß das Verhältniß des menschlichen Geistes zu Gott durch ihn persönlich zur wesentlichen Vollendung gelangt ist, werden wir nun auch von vornherein geneigt sein, sein Verhältniß zur Natur und zu den Kräften des leiblichen Lebens unter höhere Normen gestellt zu denken, wie bei allen anderen, ihm untergeordneten menschlichen Geistern. Wir werden es natürlich finden, wenn ihm nur einige Wenige, sei es als Vorläufer, sei es als Nachfolger, auf religiös-sittlichem Gebiete an Kraft und Begabung einigermaßen nahe kommen; wir werden ihm daher eine derartige unmittelbare Macht des Geistes und Willens über die Natur zuerkennen, zu welcher sich der in der Sünde und Natürlichkeit befangene Geist, mit Ausnahme einzelner sporadisch an gewisse Persönlichkeiten geknüpfter wunderbarer Kraftäußerungen, wie sie z. B. als thierischer Magnetismus auftreten, nur durch allerlei Vermittelungen und auf Umwegen zu erheben vermag. Wir werden ihm, mit einem Worte, auch ein höheres Maß natürlicher Kräfte zugestehen. Und das führt mich nun zur Besprechung seiner höheren Machtthaten, d. i. der persönlich von ihm verrichteten Wunder. Davon das Nähere im nächsten Briefe.

Neunundzwanzigster Brief.

Ich bringe Ihnen zuerst eine Schilderung der Wunder Jesu aus der Feder eines unserer geistvollsten und gelehrtesten Theologen.[1])

Als Christus, heißt es bei demselben, mußte Jesus auch seine sozureden täglichen Werke haben. Diese konnten aber nicht bloß im Verkünden, Lehren und Reden bestehen. Die Werke, welche beständig von einem Könige erwartet werden, sind Machtthaten, Siege über seine und seines Reiches Feinde, kraftvolle Beschützung der Seinigen, nachdrückliche Ausrottung der Uebel, welche die Blüthe oder gar das Emporkommen des Reiches hindern. So sehr nun hier ein ganz anderer König sich erheben sollte, als alle übrigen bisher gewesenen, so sollte er doch König sein und als solcher ein Reich einziger Art gründen. Bei der Wahl seiner königlichen Geschäfte haben wir ebenso wie bei allen Spuren seines Wirkens, das sicher Treffende seines königlichen Geistes rein zu bewundern. Das Reich der vollendeten Religion muß die Gewalt und die zerstörenden Folgen der Sünde brechen. Mit der Sünde aber hangen alle die menschlichen Uebel so zusammen, daß auch die leiblichen durch sie erst recht gefährlich und recht schwer werden. Aller der Uebel Wucht zu heben, ist so der würdige Gegenstand sowohl des beständigen ruhig gleichmäßigen Wirkens, als insbesondere der Machtthaten des echten Königs dieses wie jedes seinem Geiste nicht widerstrebenden Reiches! Christus richtete seine Machtthaten aber zunächst nur gegen die in den Einzelnen wüthenden schweren Uebel, sicher vertrauend, daß die allgemeineren Uebel der menschlichen Reiche sich schon mindern würden, wenn nur die Einzelnen erst gebessert seien. Und welche leiblich und geistig höchst schädliche, grauenvolle Uebel fand er bei den Einzelnen vor!

---

[1]) Geschichte des Volkes Israel bis Christus. Von Heinrich Ewald. V. Band. Geschichte Christus. Göttingen 1855. S. 189 ff.

Unzählige Krankheiten der Menschen sind noch jetzt ihren letzten Gründen nach sehr geheimnißvoll. Sie galten aber dem Alterthum nicht nur als geheimnißvoll, sondern auch leicht als widrig und alles Abscheues werth. Dazu hatte sich seit den letzten Jahrhunderten ein Glaube in den tiefer gesunkenen Nachkommen des alten Volkes verbreitet, welcher allein schon für sich viele Krankheiten noch schwerer machte und neue hinzufügte. Dies war der Glaube an das Besessenwerden durch böse Geister. Solche Kranke litten an heftigen, bösartigen Gemüthsbewegungen, an bösen Reden und Einbildungen, grauenvollen Zuckungen u. s. w., sei es daß solche krankhafte Seelenstimmungen zugleich mit besondern leiblichen Fehlern verbunden waren, oder daß sie allein für sich bestanden, wo sie dann wohl immer am Entsetzlichsten waren, und mehr oder weniger der Tobsucht glichen. Nichts war für die Schattenseite jener Zeit bezeichnender, als gerade diese Leiden. Denn Aehnliches fand sich zwar zerstreut schon unter dem ältern Volke; aber streng genommen ist der Glaube an ein ungeheures, selbständiges Reich von bösen Geistern unter einem obersten bösen Geiste, so wie er jetzt in das ganze Volk eingedrungen war, mit der alten wahren Religion schwer vereinbar. Erst durch den immer stärkern Eindrang der Vorstellungen der östlichen Religionen war auch er nach Palästina gekommen. Aber bei den aus so vielfachen Ursachen viel gedrückten, zerrissenen und verkommenen Zuständen der Geister dieser Zeiten hatte er jetzt in Palästina längst ein überaus fruchtbares Feld gefunden.

Mitten in den Abgrund aller dieser entsetzlichen Leiden begab sich Jesus, als Christus, mit der ganzen Liebe und der ganzen Kraft seines Geistes hinab. Hier durch die That zu helfen wurde sein tägliches Geschäft. Niemand, soviel wir wissen, hatte zuvor eine solche tägliche Arbeit und eigne Beschäftigung von ihm erwartet, aber er wußte, warum er so handelte. Denn wie er durch die Anstrengung des eigenen Redens und Lehrens den Grund des vollendeten Gottesreiches auf Erden legte, ebenso arbeitete er täglich an ihm durch dieses mühenvollste Geschäft der Hebung der tiefsten Uebel der einzelnen Menschen.

Bei dem geheimnißvollen Zusammenhange von Uebel und Sünde verstand sich, zumal bei ihm als Christus, von selbst, daß er die Kranken auch darum heilte, um sie zugleich für das Reich der vollendeten wahren Religion zu gewinnen. Wie ihn selbst, indem er sich stets des Maßes und der Richtung seiner Heilkräfte wohl bewußt war, nur der reinste und seelenvollste Glaube an den letzten rein himmlischen Heiler erfüllte, und ein leuchtender Aufblick zum Himmel ihn stets zum wirklichen Werke zuvor erleuchtete und stärkte, so forderte er auch da, wo sein Heilwirken helfen sollte, vor Allem Glauben an das Dasein des vollendeten Gottesreiches mit allen seinen unendlichen Kräften und Mächten. Er konnte und mochte nicht heilen, wo er solchen Glauben nicht fand. Eben dies ist hier unstreitig die Hauptsache, um die ganz ungewöhnlichen größten Erfolge zu verstehen. Und welche Erfolge waren hier möglich, wenn der höchste Glaube von ihm auf den gespanntesten Glauben an ihn als den Christus stieß! Von der andern Seite aber wäre es ebenso an sich verkehrt, wie den deutlichen geschichtlichen Merkmalen widersprechend, zu meinen, Jesus habe bei seinen Heilungen keine entsprechende äußere Mittel angewandt. Schon das Berühren, das Handauflegen, das möglichste Ungestörtsein bei der Heilung, welches er suchte, weisen überall darauf hin, daß sein menschliches Thun wie sich von selbst versteht, an die allgemeinen Gesetze göttlicher Ordnung gebunden war und daß er diese keineswegs anmaßlich überspringen wollte. Allmählich aber steigerte sich dieses mit Gewissen und Ernst unternommene schwierigste und verantwortlichste Geschäft bei ihm an Kraft zu seiner äußersten Höhe, so daß jede Heilung von ihm als eine Machtthat gelten konnte.

So urtheilt Ewald vom geschichtlichen Standpunkte über die Wunder Jesu. Und nun lassen Sie uns dieselben auch noch aus andern Gesichtspunkten ins Auge fassen. Wie wir aber auch das Eigenthümliche der wunderbaren Kräfte Jesu auffassen mögen, ob wir sie nach Analogie des auch sonst vorkommenden thierischen Magnetismus zu bestimmen suchen, oder mit Weiße „als directes Correlat seiner göttlichen Genialität, als Steigerung seiner sinnlichen Natur zur Gleichartigkeit mit der inneren Natur der Gottheit, zur Theilhaftigkeit an dem schöpferischen Vermögen Gottes“ [1]) auffassen: immer werden wir es dem Wesen seiner vollendeten geistigen Persönlichkeit entsprechend finden, wenn er, namentlich zu denjenigen Naturkräften, die sich innerhalb seiner eigenen Leiblichkeit, vermittelst des höheren Nervenlebens, unmittelbar mit seiner einzigartigen Geisteskraft berührten, eine gewisse Herrscherstellung einnimmt. Es wird Sie somit gar nicht befremden können, mein Freund, wenn die geschichtlichen Nachrichten über ihn von allen Seiten einstimmig dahin lauten, daß er über gewisse höhere, an das Nervenleben gebundene Kräfte zu gebieten gehabt habe. Vermöge derselben wirkte er in einzigartiger, das gewöhnliche Maß sündlicher Menschennatur überschreitender Weise auf gewisse Lebensgebiete der menschlichen Natur kräftig bestimmend ein. Diese Einwirkung erstreckte sich vorzüglich auf die der menschlichen Leiblichkeit innewohnenden Reactionskräfte gegen leibliche und physische Uebel, und zwar namentlich bei solchen Persönlichkeiten, die mit ihm in persönlichen Rapport traten und sich glaubensvoll an ihn wandten.

Es scheint, als ob er dieser Kräfte mehr und mehr direct vom Centrum seiner geistigen Persönlichkeit, vom sittlichen Willen aus, mächtig geworden sei.

[1]) Philosophische Dogmatik, oder Philosophie des Christenthums. Von Ch. H. Weiße. III. Band. Die Heilslehre des Christenthums. 1862. S. 316.

Wenigstens verwandte er sie, seinen höheren Zwecken gemäß, überall im Einklange mit seiner religiös-sittlichen Heilsmission. Damit eröffnet sich uns nun, mein lieber Freund, ein ebenso fruchtbarer als rationeller, mit allen tieferen Naturanalogien im Einklang stehender Gesichtspunkt für die einzelnen sogenannten Wunderhandlungen Jesu Christi. Es muß nach allem Vorhergehenden nun ganz naturgemäß erscheinen, wenn Der, welcher nach seiner ganzen Persönlichkeit als ein Wunder und zwar als ein durchaus vernünftiges, mit der ganzen Schöpfungs- und Menschheitsentwickelung im Einklang stehendes Wunder, ja als höchster Abschluß jener durch alle Stufen der Schöpfung sich hindurch ziehenden Kette höherer Ereignisse dasteht, wenn Der diese, seine höhere Dignität nun auch in einzelnen, über das gewöhnliche Maß menschlicher Wirksamkeit weit hinausragenden, aus empirischen Naturkräften nicht zu erklärenden persönlichen Wirkungen documentirt. War seine Stellung auf dem höchsten Geistesgebiete durchaus eine einzige, und ist er der Genius aller Genien, der Genius der Menschheit, so ist damit auch gesagt, „daß in Folge jenes allgemeinen Entwickelungsprocesses, dessen organische Knotenpunkte überall durch das Hervortreten von Geistern genialer Begabung in Wissenschaft und Kunst, in sittlicher und religiöser That bezeichnet werden, die vereinzelten Strahlen solcher Begabung sich in ihm wie in einem Focus sammelten.“ [1]) Wir werden also nur die Verwirklichung oder Bethätigung eines gottgeordneten, mit den allgemeineren und niedereren Naturgesetzen im Einklange stehenden, aber dieselben sich subsummirenden höheren Naturgesetzes darin erblicken, wenn Jesus als Christus nicht nur auf geistigem, sondern auch auf leiblichem Gebiete, namentlich soweit das letztere vermittelst der Nervensubstanz mit dem geistigen Wesen der Persönlichkeit in mehr directer Beziehung steht, durch einzigartige Wirkungen und Kraftäußerungen sich auszeichnet und wenn er diese höheren Kräfte im Dienste seiner gottmenschlichen Mission, zur Bethätigung seiner erlösenden Liebe, heilskräftig verwendet. So nahm er sich denn insonderheit der leidenden, unter dem Druck leiblicher Noth tief gebeugten Menschheit an und suchte Kranke aller Art durch leibliche Heilung für das höhere, geistige Heil empfänglich zu machen.

Ich habe diesen Brief mit dem Worte eines großen Gelehrten über das Wunder eröffnet. Hören Sie jetzt auch die Ansicht eines tiefsinnigen Philosophen darüber. Weiße erklärt die Wundergabe Jesu geradezu für eine „Signatur seines specifisch geistigen Berufs“. Er urtheilt, daß der Inbegriff jener höheren Naturkräfte, die sporadisch zerstreut auch sonst an einzelnen Stellen des Menschheitslebens in einzelnen leibgeistig begabten Persönlichkeiten wunderartig hervorbrechen, in der leibgeistigen Seite seiner Persönlich-

---

[1]) Weiße a. a. O. S. 117.

keit sich auf das Tiefste concentrirte.[1]) Das ist mir aus der Seele geschrieben, mein Freund. Nur darin kann ich dem edlen Denker nicht beistimmen, daß er diese Kräfte der Leiblichkeit Jesu mehr nur unwillkürlich entströmen läßt. Sondern ich denke sie mir, wie schon angedeutet, als Ausdruck einer Naturbegabung, die er von Stufe zu Stufe mehr in die Gewalt seines gottgeheiligten Willens brachte, die er sich also sittlich aneignete. Auch scheint angenommen werden zu müssen, daß er durch eigenthümliche Einwirkung diese höheren Kräfte in gewissem Maße auch auf seine Jünger übertrug, oder die allgemeine Potenz derselben, sofern von ihr etwas in jeder Persönlichkeit zu ruhen scheint, für ihre künftige Mission kräftig in ihnen aufrief, worauf auch Weiße hindeutet. Ebenfalls aus der Seele geschrieben ist es mir, wenn Weiße geistvoll hervorhebt, daß der Genius Jesu schon durch ein unbewußtes Weben in den Processen seiner natürlichen Erzeugung sich das Rüstzeug dieser eigenthümlichen Begabung ausgewirkt habe, ganz ebenso, nur in noch höherem Sinne, wie andere weltgeschichtliche Genien die zu ihrer Ausrüstung gehörigen physischen Talente.[2])

„Kein sinniger Betrachter, heißt es weiter, wird in den Heilungswundern des Heilandes die innewohnende teleologische Beziehung auf seinen Beruf vermissen, durch welche sich überall das Verhältniß der physischen Ausrüstung genialer Naturen zu der Mission, die in der Geschichte ihnen übertragen war, bezeichnet.“[3]) Daß die Bethätigung jener Kräfte sich, nach übereinstimmender Angabe der evangelischen Berichte, vorzugsweise der Heilung von sogenannten Besessenen zuwandte und also auf die Beseitigung von Krankheiten gerichtet war, bei welchen man, wie man auch über Ursprung und Natur derselben denken möge, nach Weiße „einen unmittelbareren Antheil sündhafter Leidenschaft und Ausschreitung als bei andern, nur leiblichen Krankheiten vorauszusetzen berechtigt ist,“ dürfte wohl mit als eines der sichersten Kriterien für die Glaubwürdigkeit, für den ungeschwächten Reflex historischer Thatsächlichkeit in jenen Berichten erscheinen. Ebenso wird aber auch die Glaubwürdigkeit der übrigen evangelischen Wunderberichte aus dem Leben Jesu, namentlich soweit die erzählten Wunder dem Gebiete wohlthätiger, aus reiner Menschenliebe erzeugter und in religiös-sittlichem Interesse vollbrachter Krankenheilungen angehören, im Allgemeinen und mit einzelnen Ausnahmen, kaum zu beanstanden sein. Daher halten auch Schenkel, Holtzmann u. A., vorzüglich aber Keim, an der Geschichtlichkeit dieser Berichte im Wesentlichen fest. Auch ist kaum denkbar, wie Jesus gegenüber den Machinationen der ihm feindlich gesinnten,

---

[1]) A. a. O. S. 319.

[2]) Ebendaselbst.

[3]) Ebendaselbst.

einflußreichen Parteien sollte so allgemein als Messias vom Volke anerkannt worden sein, wenn er den Erwartungen desselben vom Messias bei dem großen Gegensatze, worin er sich in religiös-sittlicher Beziehung zu demselben befand, nicht würde durch seine Wunderthaten in hinreichender Weise entsprochen haben. Daß die zunächst mündlich fortgepflanzten, aber höchst wahrscheinlich doch auch bald schriftlich fixirten Berichte über die Wunder Jesu mit der Zeit immer mehr sagenhaft entstellte und weiterhin selbst mythische Elemente in sich aufnahmen, Elemente, die dann das vierte Evangelium, anknüpfend an gewisse historische Thatsachen, mit gewissen speculativen Ideen nach einem künstlerischen Plane durchwob, begreift sich sehr wohl. Aber auch dies, daß die Erscheinung Christi die unerschöpfliche Triebkraft zur Ausbildung so äußerst sinniger und religiös bedeutsamer Mythen und so einfach schlichter, mit so viel Zuversicht auftretender Darstellungen werden konnte, wie sie uns in den poetisch gefärbten Erzählungen über die wunderbare Geburt und Kindheit Christi und in den, immer stärker der sinnlichen Anschaulichkeit zuneigenden Berichten von seiner Auferstehung entgegentreten, zeugt unverkennbar für die einzigartige Größe derselben. Die Entstehung des allgemeinen Glaubens an diese Ueberschwänglichkeit, an dies Uebermaß der Wunderkräfte Christi in der Urgemeinde läßt sich nicht wohl begreifen, wenn man die thatsächliche Erscheinung Christi mit Strauß und Andern so sehr in das Niveau der natürlichen Gewöhnlichkeit herabzieht, daß man für die Entstehung des urchristlichen Wunderglaubens dadurch aller geschichtlichen Anhaltspunkte in der Person Jesu verlustig geht. Selbst die sittliche Eminenz und Einzigkeit des Erlösers läßt sich bei der Annahme solch einer schwärmerischen, vom Boden der echten Geschichtlichkeit, von der Wurzel religiös-sittlicher Besonnenheit losgerissenen Stimmung und Zuständlichkeit, die man, der Theorie des Mythus und der ungeschichtlichen Sage zu Liebe, schon bei den Jüngern Jesu selbst voraussetzen müßte, nicht wohl festhalten. Denn die religiös-sittliche Einwirkung Jesu auf die Apostel wäre unter dieser Voraussetzung nur eine äußerst dürftige, ja sogar eine schädliche gewesen, insofern sie mehr zur unnatürlichen Aufregung ihrer Sinnlichkeit und ihres sinnlichen Phantasielebens, als zur sittlichen Reinigung, Belebung und besonnenen Normirung ihres höheren Gottes- und Selbstbewußtseins gedient hätte. Dazu kommt die ganz unleugbare Thatsache, die nur durch kritische Gewaltstreiche zu beseitigen steht, daß Jesus sich selbst als Wunderthäter geltend machte, daß er z. B. den Abgesandten des Täufers gegenüber und auch sonst sich auf seine Wunderthaten berief, daß er gewisse von ihm verrichtete Heilungen eben in der Eigenschaft ihrer Unerklärlichkeit aus bloßen Naturkräften als Kriterien und Zeugnisse seiner göttlichen Sendung aufstellte (Marc. 2, 10 ff.; Matth. 9, 6 ff.; Luc. 5, 24 ff.). Es geht durchaus nicht an, die große Mehrheit der evangelischen Wundererzählungen mit Strauß in Mythen zu verflüchtigen oder mit der Tübinger Schule auf spätere Tendenzschriftstellerei zurückzuführen. Denn die Prämissen für ein solches kritisches Verfahren beruhen auf Willkür und gehen von der aprioristischen, nur auf pantheistischem Standpunkte berechtigten Voraussetzung aus, daß Wunder unmöglich sind.[1]

Die Versuche aber, die biblischen Wunder in rationalistischer Weise natürlich zu erklären, sind von Strauß selbst bereits als unzulässig abgewiesen worden. Wenn Renan in seinem, auch in Deutschland weit verbreiteten und viel gelesenen Leben Jesu, trotz seiner sonstigen Abhängigkeit von Strauß, bei der gewonnenen Einsicht in den frühen Ursprung der Evangelien, und bei der dadurch begründeten Erkenntniß der Unzulässigkeit sowohl der unbewußten Mythenbildung als auch der bewußten Tendenzschriftstellerei wieder auf die rationalistisch natürliche Erklärung der evangelischen Wunder zurückkommt, so thut er dies auf Kosten des sittlichen Charakters Jesu. Er verdächtigt ihn dadurch des widerlichsten Charlatanismus. Mag es daher immerhin sein, daß einzelne Wundererzählungen durch sagenhafte und mythische Elemente entstellt, daß andere, wie z. B. Weiße in Betreff der Verfluchung des Feigenbaumes, des Wandelns Jesu auf dem Meere 2c. annimmt, aus Mißverständniß desfallsiger Parabeln Christi hervorgegangen sind; mag man zugeben müssen, daß die meisten Wundererzählungen des vierten Evangeliums bereits stark über das Thatsächliche hinausgegangen sind, und daß dies auch bei einzelnen Berichten der Synoptiker, z. B. bei den Erzählungen vom Stater im Maul des Fisches, von der Auferweckung des Jünglings zu Naim, von der materiellen Körperlichkeit der Erscheinungen des Auferstandenen und sonst der Fall ist, so bleibt doch ein echter Kern von evangelischen Wundern zurück, der kritisch nicht zu beanstanden ist. Unter diesen nimmt aber der paulinische Bericht über die wunderbaren, aus höheren Regionen herab wirkenden Erscheinungen des Erlösers nach der Trennung seiner Seele von der materiellen Leiblichkeit und nach ihrer Ueberkleidung mit einem pneumatischen Leibe den höchsten Rang ein. Doch darüber will ich mich in meinen nächsten beiden, die Betrachtung über das Wunder abschließenden Briefen noch etwas näher verbreiten.

[1]) Vgl. Strauß: Leben Jesu. 2. Aufl. 1837. Bd. I. S. 75—84.

Dreißigster Brief.

Daß manche theistisch gesinnte Theologen der Gegenwart, und zwar auch solche, die an der religiös-sittlichen Einzigkeit Jesu festhalten, mit der materiellen Auferstehung, die ja allerdings von unüberwindlichen rationellen und exegetischen Schwierigkeiten gedrückt erscheint, zugleich auch die Annahme realpersönlicher Selbstbezeugungen des verklärten Erlösers verwerflich finden und sich durch die besonders von Holsten und Strauß entwickelte Visions-Hypothese befriedigt fühlen können, ist mir völlig befremdlich, mein Freund, und ich kann darin, trotz des immer nachdrücklicher wiederholten Verdicts der „Zeitstimmen", weder einen Fortschritt der Theologie noch geschichtliche Gerechtigkeit und Besonnenheit erblicken. Vom pantheistischen Standpunkte freilich finde ich eine solche Aufräumung mit einer der wichtigsten geschichtlichen Voraussetzungen des christlichen Glaubens durchaus begreiflich. Wird nämlich das Absolute selber als unpersönliches Sein gedacht, gibt es demnach als Erstes und Höchstes vor allem Werden und aller zeitlichen Entwickelung keine absolute Persönlichkeit: ja, dann kann freilich die Persönlichkeit auch nicht als letztes, bleibendes Ziel des religiös-sittlichen Entwickelungsprocesses gefaßt werden. Es ist dann überhaupt nie und nirgends ein Höchstes in der Entwickelung, eine vollendet persönliche Verwirklichung der Idee denkbar, sofern die absolute Idee ja selbst nichts ist, als die endlose Unruhe des ziellosen Werdens. Und wie von dieser Voraussetzung aus der Standpunkt des christlichen Glaubens nur ein früher oder später zu überschreitendes Stadium des menschheitlichen Entwickelungsprocesses bezeichnet, so kann demzufolge als die Macht, die überall und stets das letzte Wort hat, nur der Tod gelten. Man kann daher folgerechter Weise in Jesu Christo weder das Licht der Welt noch den Ueberwinder des Todes anerkennen. Wie sollte man bei solcher Gemüthsstimmung Anstand nehmen, selbst den heiligsten Kernpunkt der urchristlichen Verkündigung anzutasten, nämlich die Auferstehung des Erlösers vom Tode? Man muß sich gedrungen fühlen, den apostolischen Glauben an diese Thatsache, soweit man ihn nicht auf Mythen und reine Dichtung zurückzuführen vermag, aus ekstatischen Zuständen der Jünger, aus Visionen, die lediglich aus subjectiven Gemüthsstimmungen hervorgingen und daher auf Selbsttäuschung beruhten, abzuleiten. Nun habe ich zwar nichts dagegen, wenn eine solche Denkweise sich mit den schönsten ethischen Floskeln verbrämt, ja, ich kann mich sogar freuen, wenn ich sie wirklich mit sittlicher Gesinnung gepaart finde. Aber Niemand wird mich überreden, daß diese Theorie selbst etwas Weiteres sei, als die Frucht geschichtswidriger Abstractionen und psychologischer Gewaltacte. Wie haltlos aber ihr innerstes metaphysisches Princip in sich selber ist, haben wir schon bei Gelegenheit der näheren Beleuchtung des Pantheismus gesehen.

Steht man auf theistischem Boden, so stellt sich Alles ganz anders, ohne daß man deshalb auf die orthodoxe Vorstellung von der Auferstehung zu recurriren braucht. Dem theistischen Glauben drängt sich immer wieder das Postulat einer abschließenden Vollendung der göttlichen Offenbarung in der Geschichte der Menschheit auf. Wo nun könnte man die wohl anders suchen, als in der Erscheinung des sittlichen Vollenders der Menschheit, als in der dem christlichen Glauben als Voraussetzung für seine geschichtliche Entstehung zu Grunde liegenden Thatsache, wodurch Jesus Christus an seiner eigenen Persönlichkeit den siegreichen Uebergang des Todes in das ewige Leben offenbar gemacht hat?

Nein, mein Freund, ich sehe nichts Widersprechendes und Undenkbares in dem Glauben an die objective Thatsächlichkeit der Auferstehung unseres Heilandes, weder vom theologischen noch vom anthropologischen, weder vom philosophischen noch vom geschichtlichen Gesichtspunkte aus. Wohl aber muß ich die umgekehrte Annahme, daß die heilskräftige Ueberzeugung der Jünger Jesu von der Realität seiner Erscheinung nach dem Tode des Leibes, und zwar bei dem Apostel Paulus nicht minder wie bei allen übrigen Aposteln, lediglich nur eine subjective gewesen sei, ohne entsprechende Objectivität, daß sie also bloß auf Einbildungen beruht habe, und daß diese sich nach und nach zu Visionen gesteigert hätten, ich muß diese Ansicht als eine widerspruchsvolle, als ein Phantasiespiel der negativen Kritik bezeichnen.

Daß das Christenthum sich gründet auf die Predigt von der Auferstehung Christi, gesteht selbst der scharfe Kritiker F. Ch. Baur zu. Die Auferstehung Jesu ist nach ihm „für den Glauben der Jünger zur festesten und unumstößlichsten Gewißheit geworden, und das Christenthum hat erst in diesem Glauben den festen Grund seiner geschichtlichen Entwickelung gewonnen." Die Auferstehung Jesu war, wie er schließlich sagt, „was auch das Vermittelnde dabei gewesen sein mag, eine Thatsache des Bewußtseins der Jünger geworden und hatte alle Realität einer geschichtlichen Thatsache für sie.“ [1]) Wenn man aber diese Thatsache dann lediglich auf psychologische oder sogenannte phänomenologische Hergänge im Bewußtsein und Glaubensleben der Jünger zurückführt, bei welchen, statt der realen Persönlichkeit des verklärten Erlösers, als objective Factoren nur phantastische Zeitvorstellungen, zufällige sinnliche Phänomene, abergläubige Erwartungen oder das semitische Naturell im Spiele gewesen seien, so heißt das doch, die Apostel für Phantasten erklären und somit die Grundwurzel des Christenthums und der christlichen Kirche auf Phantasterei zurückführen. Und was bleibt zuletzt übrig, als den Stifter des Christenthums selber dafür verantwortlich zu machen, da er, wie sich nicht bezweifeln läßt, beim Herannahen seines Todes mit immer steigender Entschiedenheit auf seine Auferstehung nach dem Tode hingewiesen hatte?

Auch was Dr. Strauß mit gewohntem Scharfsinn neulich wieder geltend gemacht und weiter ausgeführt hat, um die Auferstehungserlebnisse der Apostel auf subjective Gemüthsprocesse, ohne reale Einwirkungen von Seiten des verklärten Erlösers, zurückzuführen, vermag mich nicht im Glauben an dies geschichtliche Fundament der apostolischen Kirche und der weltgeschichtlichen Begründung des Christenthums irre zu machen. Strauß sucht zunächst die dem Apostel Paulus zu Theil gewordenen Erscheinungen des Auferstandenen zu leeren Visionen herabzusetzen. Er weist darauf hin, wie der Apostel uns selbst sage (2. Cor. 12, 1 ff.), daß gewisse überschwängliche Seelenzustände bei ihm nichts Seltenes gewesen. „Hierbei, fährt er dann fort, an krampfhafte, vielleicht epileptische Zufälle zu denken, liegt nahe, und damit stimmt auch, was er sonst von der Schwäche seines Körpers, der Unscheinbarkeit seiner äußeren Erscheinung sagt (2. Cor. 10, 10; Galat. 4, 13). Auf eine nervöse Anlage führt außerdem das Zungenreden, worin er, wie er sagt (1. Cor. 14, 18), alle Mitglieder der corinthischen Gemeinde übertraf; denn das war ein ekstatisches Reden, das ohne Dolmetscher Niemand verstehen konnte. Versetzen wir uns nun in die Zeit vor seiner Bekehrung zurück und denken an die Aufregung, in welche ihn, den Eiferer für die väterlichen Satzungen des Judenthums (Galat. 1, 14), die bedrohlichen Fortschritte des werdenden Christenthums versetzen mußten. Nun könnte man freilich denken, aus solchen Gemüthsbewegungen hätte am Ende eher ein visionärer Moses oder Elias, als eine Christuserscheinung herspringen sollen; doch nur wenn man die andere Seite der Sache außer Acht läßt. Daß die Befriedigung, welche Paulus in seinem pharisäischen Gerechtigkeitseifer zu finden meinte, keine nachhaltige war, zeigte der Erfolg.

---

[1]) Baur: Das Christenthum und die christliche Kirche der drei ersten Jahrhunderte. Tübingen 1853. S. 39. 3. Ausg. 1863. S. 40.

Es zeigte sich aber auch schon damals in der leidenschaftlichen Unruhe, der zelotischen Hast seines Treibens. Bei seinen verschiedenen Berührungen mit den neuen Messiasgläubigen konnte es nicht fehlen, daß er sich ihnen gegenüber in zweifacher Beziehung im Nachtheile fand. Die Thatsache, auf welche sie ihren ganzen, von dem hergebrachten Judenthum abweichenden Glauben bauten, war die Auferstehung Jesu. Er war Pharisäer, glaubte mithin an eine Auferstehung, freilich erst am Ende der Tage; aber daß sie in diesem einzelnen Falle bei einem heiligen Manne ausnahmsweise auch früher erfolgt sein könne, machte auf dem Standpunkte damaligen jüdischen Denkens keine Schwierigkeit. Er mußte sich also vornehmlich daran halten, daß dies bei Jesu deswegen nicht anzunehmen sei, weil er kein heiliger Mann, vielmehr ein Irrlehrer, ein Betrüger gewesen. Eben dies aber mußte ihm, seinen Bekennern gegenüber, täglich zweifelhafter werden. Sie meinten es nicht nur offenbar ehrlich, waren von seiner Wiederbelebung, wie von ihrem eigenen Leben, überzeugt, sondern sie zeigten auch eine Gemüthsverfassung, einen stillen Frieden, eine ruhige Freudigkeit auch im Leiden, die das fried- und freudelose Eifern ihres Verfolgers beschämte. Konnte es ein Irrlehrer gewesen sein, der solche Anhänger hatte, ein lügenhaftes Vorgeben, was solche Ruhe und Sicherheit gab? Sah er nun einerseits die neue Sekte trotz aller Verfolgungen, ja, in Folge derselben, immer weiter um sich greifen, und empfand er andererseits als ihr Verfolger die innere Befriedigung immer weniger, die er bei den Verfolgten so vielfach wahrnehmen konnte, so darf es uns nicht Wunder nehmen, wenn er sich in Stunden des Unmuths und inneren Unglücks bisweilen die Frage stellte: wer hat denn am Ende Recht, du oder der gekreuzigte Galiläer, von dem diese Menschen schwärmen? Und war er einmal so weit, so ergab sich bei seiner leiblichen und geistigen Eigenthümlichkeit leicht eine Ekstase, in welcher ihm eben der Christus, den er bisher so leidenschaftlich verfolgt hatte, in all der Herrlichkeit, von der seine Anhänger zu sagen wußten, erschien, ihn auf das Verkehrte und Vergebliche seines Treibens aufmerksam machte und zum Uebertritt in seinen Dienst berief. Hatte es mit der Christuserscheinung, welche den Uebergang des Apostels Paulus vom pharisäischen Judenthum zu der neuen Messiasgemeinde vermittelte, diese Bewandtniß, und waren diejenigen Erscheinungen, welche den Aufgang des Glaubens an Jesum als den auferstandenen Christus in den älteren Jüngern begleiteten, von wesentlich gleicher Art mit jener: so sind auch sie lediglich innere Vorgänge gewesen, die wohl den Betheiligten als äußere sinnliche Wahrnehmungen sich darstellen mochten, aber von uns als Thatsachen des aufgeregten Gemüthslebens, als Visionen zu begreifen sind.“ [1])

---

[1]) Das Leben Jesu. Für das deutsche Volk bearbeitet von D. F. Strauß. Leipzig 1864. S. 302 ff.

Um nun beurtheilen zu können, was an dieser Behauptung wahr und was daran falsch ist, müssen wir uns die Entstehung des Glaubens der Jünger Jesu an seine Auferstehung noch etwas näher vergegenwärtigen. Wie ging es also damit zu? — Mit einer Dornenkrone bedeckt war Der vor ihren Augen am Kreuze erblichen, den sie im Geiste schon mit Scepter und Diadem geschmückt gesehen. Sie fühlten sich von Verzweiflung ergriffen und zerstreuten sich wie Schafe, die den Hirten verloren, ein Jeder in das Seine, um etwa im Stillen den Täuschungen nachzudenken, in denen sie befangen gewesen, und sie dann zu verwinden. Das Band der Gemeinschaft war gelöst, was konnte sie noch länger zusammenhalten? Von Christo hatten sie ferner nichts mehr zu hoffen. Nur kummervolle Thränen konnten sie seinem Andenken nachweinen. Aber siehe, mit einmal schaaren sich die Zerstreuten von Neuem zusammen. Und wie sehen wir sie angethan? — Ihr Auge strahlt Freude und Zuversicht. Ihr Herz erglüht von Muth und unbedingtem Vertrauen auf die Macht Dessen, der am Kreuze erblaßte. Die Flamme der Begeisterung athmet aus ihren Mienen, strömt aus ihren Reden. Sie sind vollständig umgewandelt. Wie denn? Hat sie etwa der Geist der Rache ergriffen? O nein, mein Freund, sondern es ist der stille, himmlische Geist der demüthigen Liebe und Geduld, welcher sie in den Schranken des ruhigen Wartens hält. Zwar greifen sie schon nach dem Schwerte, um sich Bahn zu brechen mitten in einer feindlichen Welt; sie nähren auch schon im Stillen jenes Feuer, von welchem ihr Meister einst gesagt, daß er wolle, es brenne schon. Aber es ist kein fleischliches Schwert, womit sie kämpfen, sondern das zweischneidige Schwert des göttlichen Wortes, das hindurch dringt, bis daß es scheidet Mark und Gebein. Und nicht die Flamme des Fanatismus und Hasses wird von ihnen geschürt, sondern es ist das Züngeln des heiligen Pfingstgeistes, dessen Liebesglut die kalte Welt zu neuem Leben entzündet. Blicken Sie hin auf diese Verwandelten! Wie einstmals der dürre Stab Aaron's in Lilien ausschlug, so entsproßt dem zerknickten Rohre ihrer zagenden Herzen durch wunderbaren Einfluß der Lilienflor himmlischer Gedanken und heiliger, thatkräftiger Entschlüsse. Bei klarem, nüchternem Bewußtsein und bei stetem Innehalten der Schranken sittlicher Besonnenheit fühlen sie sich von überschwänglicher Begeisterung ergriffen. So ziehen sie guten Muthes in die Wüsten des Lebens hinaus und durchschiffen auch unter drohenden Stürmen die hochgehenden Wogen der Anfechtung und Verfolgung ohne Zagen, indem sie festhalten an der dargebotenen Hoffnung „als einem sicheren und ewigen Anker der Seele", der sie mit der unsichtbaren Welt verknüpft. Gestehen Sie nur, mein Lieber, das ist eine sehr auffallende Umwandlung. Die Apostel stehen in dieser Gestalt ganz einzig da. Wodurch ist sie bewirkt worden, diese wunderbare Umwandlung? Nun, die Verwandelten sagen's uns selbst. Vor ganz Jerusalem verkünden sie's; in alle Städte Judäa's tragen sie die frohe

Botschaft. Und Paulus? O, der zieht in der Kraft dieses Evangeliums nach Kleinasien und Europa, erfüllt damit ganz Griechenland und stirbt dafür den Märtyrertod in Rom. Der Herr ist wahrhaftig auferstanden und Maria und Simoni, und Jacobi und allen Zwölfen und dem Paulus und noch mehr denn fünfhundert Brüdern erschienen: das ist der Inhalt ihrer Botschaft. So jubeln sie daheim und in der Ferne, in ihren frommen Versammlungen und in der einsamen Nacht der Kerker. Jesum von Nazareth, so hebt Petrus die erste Predigt an, den Mann von Gott, unter euch mit Thaten und Wundern und Zeichen erwiesen, den ihr an's Holz gehangen habt, den hat Gott auferwecket von den Todten, deß sind wir Zeugen! Und fortan hallt diese Predigt in allen Landen wieder, und sie ist noch immer die einzig genügende Antwort auf die Frage nach dem Grunde der Kirche. [1])

Und das soll alles nichts als eitles Phantasiespiel gewesen sein? Wir sollen es einer, nicht selten das rechte Maß der Besonnenheit überschreitenden, phantasiereichen Kritik glauben, daß die Jünger sich mit einem Mal alle, und zwar eben nach der völligen, herzbrechenden Vereitelung aller ihrer messianischen Hoffnungen, zu inhaltleeren Selbsttäuschungen aufgelegt gefühlt und daß sie aus denselben solche Kraft der religiös-sittlichen Erhebung geschöpft hätten? Ist es denkbar, daß sich nicht nur dieser oder jener unter ihnen mit solcher Zuversicht und Hartnäckigkeit dieser Einbildung hingab, der Gestorbene sei ihm wirklich lebendig wieder erschienen, sondern daß sie insgesammt und immer von Neuem wieder sich's einbildeten; daß auch ein Saulus sich von diesen Einbildungen überwältigen ließ und durch sie in die Lichtgestalt eines Paulus verwandelt ward? Nein, mein Freund, für mich wenigstens sind das Zumuthungen, gegen die sich mein innerstes Bewußtsein sträubt. Denn es ist mir völlig unbegreiflich, daß solche Visionäre, die Traum und Wirklichkeit vollständig miteinander verwechseln, sollten mit solchem klaren Frieden im Herzen, mit solcher Brünstigkeit und Geduld der Liebe, mit solcher Ausdauer und Fülle des Glaubens wie wir sie den Jüngern Jesu eigen sehen, in die Welt gezogen sein. Wie paßt doch zu dem Zustande der Phantasterei und einer aus dunkler Glut des Aberglaubens geborenen Geistesverwirrung dies lichte, geistesklare Wesen der Apostel? Wie paßt dazu, daß sie durchaus nicht als Exaltirte auftreten, daß sie auch niemals an sich selbst und an der objectiven Wirklichkeit ihres Glaubensinhalts irre werden, trotz Schmach und Verfolgung, Spott und Hohn, trotz und gegenüber der ungläubigen Hartnäckigkeit des hohen Raths und aller strengen Gesetzesmänner? Statt wilden Hasses und hochfahrenden, fanatischen Geredes ist es immer nur die stille Demuth der opfernden Liebe und des ausharrenden Glaubens, wovon wir sie bewegt sehen. So angethan setzen sie dem

[1]) Vgl. meine Vorhöfe zum Glauben. Zweiter Theil. Jena 1850. S. 91 ff.

Widerstand der Welt nur flehende, ermahnende, überzeugende Worte entgegen. Wenn man sie verflucht, so segnen sie, wenn man sie martert und höhnt, so beten sie und danksagen Gott und seinem Sohne Jesu Christo mit Mund und Herzen und sind vor Jedermann zur Rechtfertigung des Grundes ihres Glaubens und ihrer Hoffnung bereit. Wenn man sie unter Verfolgung und schnöden Worten aus der einen Stadt herausjagt, so ziehen sie sanften Geistes und mit erneuter Liebe in die andere wieder ein. Werden sie zurückgewiesen von den Juden, so wenden sie sich predigend zu den Heiden. Keine Spur bei ihnen von exaltirten, die Besonnenheit des Gedankens beeinträchtigenden Zuständen. Zwar berichtet der Apostel Paulus über gewisse ihm eigene ekstatische Seelenzustände (2. Cor. 12), in welchen er Unaussprechliches vernommen habe und bis in den dritten Himmel entzückt worden sei. Aber in keiner Weise leitet er aus denselben den Ursprung seines Glaubens an Jesum als den auferstandenen Christus ab, sondern er führt sein Glaubensbewußtsein auf klare Erkenntnisse zurück, zu welchen er sich durch die Erscheinungen des Auferstandenen hingeleitet sah. In aller Weise treten uns die Apostel als eben so helle und ruhige wie demüthige und gottergebene Männer entgegen, ihr Herz zeigt sich immer nur ergriffen von jener stillen Glaubensmacht, vermöge welcher sie, alle äußeren Mittel der Ueberredung verschmähend, lediglich auf die innere Kraft der Wahrheit ihres schlichten Zeugnisses bauen. Sind das Merkmale von Schwärmerei, mein Freund? Deutet das auf habituelle Zustände der Ekstase hin, wie die Erfinder der Visions-Hypothese sie den Jüngern insinuiren? — Der Verdacht der Schwärmerei trifft die Jünger in der That ebenso wenig, als der Vergleich zutreffend ist, mit welchem Strauß den Einwurf Keim's abweist, daß es dem nüchternen, christlichen Bewußtsein von heute widerstrebe, aus der Exaltation visionärer Zustände abstammen zu sollen. „Als wäre unser jetzt so gründlich abgekühlter Planet, entgegnet Strauß, nicht auch einmal eine glühende Masse gewesen, und als wüßten wir über die Zeit und die Art der Verkühlung des urchristlichen Bewußtseins nicht ungefähr so viel, als wir über den Hergang bei der Abkühlung unserer Erde wissen.“ [1]) — Wohl, aber so viel wissen wir doch mit größter Sicherheit, daß die Erde in jenem Glutzustande eben nur Dunst und Schlacken, organische und animalische Lebensgebilde dagegen ebenso wenig zu erzeugen vermochte, als aus schwärmerischen, phantastischen Seelenzuständen solche sittlich-lebenskräftige Pflanzungen hervorgehen, wie wir sie dem Boden der apostolischen Urgemeinde entsprossen sehen. Am Wenigsten läßt sich die Bekehrung des Apostels Paulus, ohne Verdächtigung seines religiös-sittlichen Charakters, aus bloßen Visionen begreifen. Oder sind wir wohl irgendwie zu solcher Verdäch-

---

[1]) Der Christus des Glaubens und der Jesus der Geschichte. Eine Kritik des Schleiermacher'schen „Lebens Jesu“ von D. F. Strauß. 1865. S. 193.

tigung berechtigt? Wie abhold zeigt er sich jedem falschen Subjectivismus! Mit welchem Nachdruck dringt er überall auf das Objective! Wie bestimmt unterscheidet er seine persönlichen Entzückungen (2. Cor. 12) von den Offenbarungen Christi? Wie verwahrt er sich stets gegen alles Menschenansehen und gegen alle selbsterfundene Predigt in überredenden Worten menschlicher Weisheit, damit der Glaube nicht auf Menschenweisheit, sondern auf Gotteskraft bestehe. Wenn er von den Geistesgaben spricht und auf das Zungenreden kommt, so empfiehlt er vor Allem die besonnene, nüchterne Rede, welche aus klarer Anschauung und Erkenntniß hervorgeht. Wenn er den theoretischen Glauben hochhält, wenn er nicht minder die Bedeutung der Weissagung, der Erkenntniß und der Wunderkraft zu würdigen versteht, so stellt er doch noch viel höher die echte, sittliche Liebe (1. Cor. 13). Und ein so besonnener Geist, der überall auf reine Gesinnung, auf Hingebung an den Geist der Heiligung, auf ruhige Nüchternheit in der Hoffnung und auf sittliche, besonnene Praxis dringt, der dabei bis in die tiefsten Gründe des Gedankens hinabsteigt: der sollte sich so arg getäuscht haben, daß er ein leeres Hirngespinnst, eine pure Hallucination für eine objective Offenbarung und Erscheinung des verklärten Christus aufgenommen und geltend gemacht hätte? Nein, mein Freund, das werde ich wenigstens mir nicht einreden lassen und am Allerwenigsten von solchen, die selbst noch mehr oder weniger von pantheistischen Hirngespinnsten eingenommen sind, die meistens auch den Glauben an ein höheres Jenseits für leere Einbildung halten und daher lieber zu Analogien aus dem Gebiete psychischer Krankheiten greifen, ehe sie die Möglichkeit einer persönlichen Offenbarung aus dem Jenseits zugestehen.

Einunddreißigster Brief.

Sie fragen mich, mein Freund, was denn doch wohl eigentlich der Grund sei, daß man sich so entschieden weigere, die thatsächliche Wahrheit der Auferstehung Christi, die objective Wirklichkeit seiner von Paulus und den übrigen Aposteln so einmüthiglich bezeugten himmlischen Erscheinungen anzuerkennen? Ob man sich etwa noch immer an den Widersprüchen stoße, worin die einzelnen Berichte über dies Ereigniß sich miteinander verwickeln, ungeachtet doch schon Lessing darauf hingewiesen, wie man dann an aller Geschichte irre werden müsse, da in dem ganzen weiten Umfange derselben kein einziges Exempel anzutreffen, daß irgend eine Begebenheit von Mehreren, die weder aus einer gemeinsamen Quelle geschöpft, noch sich einer nach dem Andern gerichtet, ohne die offenbarsten, unauflöslichsten Widersprüche erzählt worden.[1]) — Nein, mein Lieber, diese Widersprüche schlägt man nicht so hoch an und kann es auch in der That nicht. Denn wenn sie allerdings zwar beweisen, daß sagenhafte Elemente in die Berichte eingedrungen, so folgt daraus doch noch keineswegs, daß die ganze Auferstehungsgeschichte auf bloßen Visionen beruht. Sondern nur so viel folgt, daß die mündliche Sage, aus welcher die evangelischen Auferstehungsberichte geschöpft, immer mehr dazu hinneigte, Erscheinungen, die einer höheren, übersinnlichen Sphäre angehörten und die immer nur flüchtig vor den Sinnen vorüberzogen, für die Bedürfnisse der sinnlichen Denkweise jener Zeit mehr und mehr in materielle Erscheinungen umzusetzen. Für die Visionshypothese weiß man wesentlich nur den Einen Grund geltend zu machen, daß es keine analogen Ereignisse solcher objectiven Manifestationen aus dem Jenseits gibt, daß die Erscheinungen Christi demnach ganz singulär dastehen würden, wenn man sie nicht nach der Analogie aller übrigen sogenannten

[1]) Lessing's Duplik. W. W. Berlin 1827. Bd. V. S. 107.

Geistererscheinungen beurtheilen, d. h., wenn man sie nicht als lediglich subjective Visionen fassen wollte.

Allein ist es denn wirklich so ausgemacht, daß alle derartigen Erscheinungen, welche dem Gebiete einer höheren Wahrnehmung angehören und die man, soweit sie von einem unheimlichen Eindrucke begleitet sind, als Gespenster bezeichnet, lediglich auf Aberglauben, auf Einbildungen oder Hallucinationen beruhen? Männer wie Lessing, Kant, Wilhelm v. Humboldt, Jean Paul und selbst Goethe sind anderer Ansicht. Ebenso denken viele Andere und unter ihnen selbst gediegene Naturforscher. Nur daß Manche aus Furcht, für abergläubig gehalten zu werden, nicht wagen, dergleichen Ansichten zu äußern. Die genannten großen Männer aber haben sich auch davor nicht gescheut. Wie sie die Dogmen des religiösen Aberglaubens bekämpften, so ließen sie auch kein Dogma der oberflächlichen Verstandesaufklärung auf bloße Aussagen der öffentlichen Meinung hin gelten. Dem Ausspruche Voltaire's und seiner Zeitgenossen, daß man an Gespenster nicht mehr glaube und daß die Erscheinung der Todten in den Augen einer erleuchteten Nation nicht anders als kindisch sein könne, setzt Lessing Folgendes entgegen. Wir glauben, fragt er, keine Gespenster mehr? Wer sagt das? Oder vielmehr, was heißt das? Heißt es so viel: wir sind endlich in unseren Einsichten so weit gekommen, daß wir die Unmöglichkeit davon erweisen können; gewisse unumstößliche Wahrheiten, die mit dem Glauben an Gespenster im Widerspruche stehen, sind so allgemein bekannt geworden, sind auch dem gemeinsten Manne immer und beständig so gegenwärtig, daß ihm Alles, was damit streitet, nothwendig lächerlich und abgeschmackt vorkommen muß? Das kann es nicht heißen. Wir glauben jetzt keine Gespenster, kann also nur so viel heißen: in dieser Sache, über die sich fast eben so viel dafür als dawider sagen läßt, die nicht entschieden ist und nicht entschieden werden kann, hat die gegenwärtig herrschende Art zu denken den Gründen dawider das Uebergewicht gegeben. Einige Wenige haben diese Art zu denken, und Viele wollen sie zu haben scheinen. Diese machen das Geschrei und geben den Ton an; der größte Haufen schweigt und verhält sich gleichgültig und denkt bald so, bald anders, hört beim hellen Tage mit Vergnügen über die Gespenster spotten und bei dunkler Nacht mit Grausen davon erzählen. Der Same, sie zu glauben, liegt in uns Allen.[1]) In ähnlicher Weise urtheilen Kant, Goethe, Jean Paul, Wilhelm v. Humboldt u. A., wie Sie in meinen „Vorhöfen zum Glauben“ nachgewiesen finden.[2])

---

[1]) Lessing's sämmtliche Schriften. Band XXIV. Berlin 1827. Hamburgische Dramaturgie. Erster Theil. Nr. XI. S. 82 ff.

[2]) Bd. III. S. 350 ff.

Ich will Ihnen hier nur noch die Ansichten eines der geistvollsten und bedeutendsten Naturforscher der Gegenwart, nämlich Fechner's, über diese Gegenstände mittheilen. Ein jeder abgeschiedene Geist, sagt er, nachdem er diese Idee durch mancherlei Analogien zu begründen gesucht hat, verknüpft eine ganze Schaar Lebender und hilft sie führen. Und indeß er irgend einen Menschen in seine Richtung führt, so weit er es vermag, empfängt er selbst Bestimmungen durch dessen Leben, sieht mit durch sein Auge, hört mit durch sein Ohr, was ihn gemeinsam mit demselben angeht, und nimmt den Gedanken, zu dem er ihn bestimmt hat, umgestimmt zurück. Denn der diesseitige Mensch ist nicht bloß ein passiver Tummelplatz jenseitiger Geister, indeß es ja faktisch ist, daß er in unzähligen Dingen durch die Fortwirkungen früherer Geister bestimmt wird. — — Wie Gott im höchsten und allgemeinsten Sinne in uns lebt und webt und ist, und wir in ihm, so die Geister der Abgeschiedenen in uns und wir in ihnen nach den besonderen Beziehungen, die sie zu uns haben. Sie werden eben damit zu Vermittlern zwischen ihm und uns. Die größten und besten Geister werden es auch im größten und besten Sinne, nach höchsten religiösen Beziehungen für die Christen, über Alles Christus, mit Recht darum schlechthin der Mittler genannt. — — Je mehr wir unser Sinnen, Denken, Trachten nach Einem, den wir lieb hatten oder hoch hielten, richten, in seinen Sinn eingehen, seine Werke fortsetzen, so mehr, dürfen wir glauben, werden wir Theil an ihm und er an uns gewinnen, desto inniger und fester mit ihm verwachsen und uns schon im Diesseits auf die Bewußtseinsgemeinschaft, die wir dadurch im Jenseits mit ihm gewinnen, freuen können. — — Mit je hellerem Bewußtsein wir der Abgeschiedenen gedenken, so bewußter und lebendiger wird der Verkehr zwischen ihnen und uns. Auch das hat schon der Christenglaube darin, daß die bewußte Hinwendung zu Christo auch eine bewußte Wendung desselben zu uns mit sich führt, und Christus wird auch hierin nur ein Vorbild für Alle. — — Allgemein gesprochen, liegt in unserer gründlichen Unkenntniß der Grundbeziehungen von Leib und Seele noch ein ungeheurer Schatz verborgen, den die Zukunft zu heben hat. Der Materialismus liegt wie ein Cerberus über diesem Schatze, wachend, daß er nicht idealistisch verzettelt, aber auch, daß er nicht der Religion zum Gewinn gehoben werde, weil er damit selbst wird aufgehoben sein.[1])

Doch lassen Sie mich nun das religiöse Moment der Auferstehung Jesu Christi erst noch etwas näher zu würdigen suchen. Schon Lessing macht in dieser Beziehung beherzigenswerthe Andeutungen. Er faßt Christus als den ersten praktischen, zuverlässigen Lehrer der Unsterblichkeit der Seele.

---

[1]) Die drei Motive und Gründe des Glaubens, von G. Th. Fechner. 1863. S. 173 ff., 229.

„Zuverlässig durch seine eigene Wiederbelebung nach einem Tode, durch den er seine Lehre versiegelt hatte." [1]) Lessing will freilich den Beweis für diese Wiederbelebung dahingestellt sein lassen. Das entspricht ganz seiner großen, liberalen Denkweise, zufolge welcher er in diesen und ähnlichen Dingen ein abgeschlossenes Wissen für unmöglich hält. Und das ist auch das Richtige. Nur darf der Glaube keinen bestimmt erkannten Vernunftwahrheiten widersprechen. Und das thut der Glaube an die Auferstehung Christi entschieden nicht; vielmehr hat er die höheren Vernunftahnungen und den ganzen Entwickelungsgang der Geschichte entschieden für sich. Es kann ja nichts natürlicher, nichts dem großen, in der Erscheinung Jesu Christi gipfelnden Erziehungsplane, welcher nach Lessing's tiefsinniger Conception der Menschheitsgeschichte zu Grunde liegt, angemessener erscheinen, als die Annahme, daß Jesus zufolge einer anderen Stellung zur Gottheit, namentlich nach errungener sittlicher Vollendung seiner Persönlichkeit, auch eine andere Stellung zur Natur und zu den Mächten derselben eingenommen habe. Es muß ganz in der Ordnung erscheinen, daß er insonderheit immer mehr zur Herrschaft über die Mächte des natürlichen Verderbens, also vor Allem über die dunkele, schreckenerregende Macht des Todes hindurchgedrungen sei. War er wirklich der Vollender der Menschheit, so mußte auch der Tod eine andere Bedeutung durch ihn und an ihm gewinnen. Und er hat sie gewonnen.

Ohne das Licht des evangelischen Glaubens, das seine volle Kraft erst aus der Thatsache der Auferstehung Christi schöpft, steht der Tod als der letzte, unüberwundene Feind der Menschheit da, als ein thatsächlich ungelöst gebliebener Widerspruch. Umgekehrt könnten wir den Vollender der Menschheit kaum noch in Jesu erblicken, wenn wir den Glauben aufgeben müßten, daß er mit der Sünde auch den Tod an seiner eigenen Persönlichkeit thatsächlich zum überwundenen Moment herabgesetzt hätte. Denn die Sehnsucht und Hoffnung der Menschheit ging von jeher doch am Stärksten auf die Lösung dieses letzten Widerspruches im Wesen und in der Entwickelung der menschlichen Persönlichkeit. Als den Heiland und Erlöser der Menschheit im vollen Sinne können wir daher nur einen solchen gottgesandten Genius anerkennen, der die Entwickelung ihres immanenten Wesens, in Folge eines letzten abschließenden Ergusses transcendentaler Gotteskräfte, also vermöge eines bis jetzt letzten und höchsten Wunders, bis zu dem Punkte fortführte, wo sich auch dieser letzte Widerspruch thatsächlich zu lösen beginnt. Oder sollte nicht gerade dieser tiefste Trieb der menschlichen Natur, welcher ihrem Wesen so unvertilgbar innewohnt, sollte nicht gerade das immanente Streben des Geistes der Menschheit, sich als verklärende Macht des Todes zu erweisen und den Tod als Anfangspunkt einer

[1]) Die Erziehung des Menschengeschlechts. §§. 58, 59.

höheren Menschheitsentwickelung thatsächlich darzustellen, sollte es nicht endlich in der Person Jesu Christi, als der Centralpersönlichkeit der Menschheit, zugleich mit der religiös-sittlichen Vollendung derselben, zu seiner vollen Kraftentfaltung und Erfüllung gelangt sein? Liegt der Gedanke nicht so nahe, daß Gott ihm die Macht gegeben, ja daß er selbst diese Macht aus der Fülle der auf ihn einströmenden, transcendentalen Gotteskräfte geschöpft und endlich ganz zu seinem Eigenthume gemacht habe, die Macht nämlich, wie er es erwartet und vorausgesetzt hatte, sich den Seinen am dritten Tage, d. h. binnen einem bestimmten, kurzen Zeitverlauf nach seinem Tode als persönlichen Sieger über den Tod darzustellen, sich also durch gewisse, als objective Erscheinungen auftretende, persönliche Einwirkungen auf ihr Inneres ihnen vernehmlich zu machen? — Allerdings sind diese Erscheinungen bei den Aposteln zugleich subjectiv sinnlich vermittelt zu denken. Die Jünger schauten dieselben eben aus sich selbst, aus ihrer Innerlichkeit in die Aeußerlichkeit hinaus. Aber diese Schauungen entstanden in ihnen nicht durch krankhafte, überspannte Zustände ihrer Empfindungen und Sinnesnerven, sondern als naturgemäßer Ausdruck des auf ihr Gemüthsleben kräftiglich einwirkenden, verklärten Christus. Sofern die Erscheinungen Christi in der Wahrnehmung der Apostel zugleich subjectiv vermittelt zu denken sind, waren sie allerdings Visionen, herausgeschaut aus ihrem eigenen Innern in die raumzeitliche Objectivität. Sie beruhten eben auf inneren Erlebnissen, die sich ihnen nach einem bestimmten höheren Gesetze zu objectiven Anschauungen gestalteten, wie das auch schon bei jedem, der gemeinen Sinnenwelt entstammenden Erlebniß der Fall ist (vgl. den fünfundzwanzigsten Brief). Wie der besonnene Mensch aber sich ganz zweifellos darüber vergewissern kann, ob die Erfahrungen, Zustände und Persönlichkeitsbeziehungen, deren Totalitäter von innen heraus zugleich als objective Erscheinung, als die Gegenständlichkeit und Gegenwart einer anderen, bekannten oder unbekannten Persönlichkeit, eines Naturphänomens u. s. w. anschaut und näher betrachtet, ein Erzeugniß traumartiger Phantasiethätigkeit oder des krankhaft aufgeregten Nervensystems sind, oder ob ihnen Wahrheit und Wirklichkeit zukommt, ob sie also das Product der gesunden Wechselwirkung der subjectiven Persönlichkeit mit den Einwirkungen der objectiven Welt sind: gleichermaßen dürfen wir auch den Aposteln und zumal dem Apostel Paulus, nach der sonstigen Beschaffenheit ihres Charakters und geistigen Zustandes, eine solche, jedem gesunden Menschen wesentliche Unterscheidungsgabe nicht absprechen. Sie fühlten sich zu Schauungen bestimmt, deren nächste Quelle zwar in ihrem eigenen Innern lag, in den innerlichen Zuständen und Bewegungen ihres Seelenlebens, in eigenthümlichen Erfahrungen, die sich ihnen für ihre Wahrnehmung in gewisser Analogie mit der sinnlichen Anschauung überhaupt, wenn auch zu eigenthümlichen Visionen modificirt, äußerlich darstellten, bei deren Bildung also auch ihr Empfindungs- und Nervenleben und gleichermaßen ihre Phantasie, wie auch bei jeder anderen sinnlichen Anschauung, mit betheiligt war. Aber sie hatten das klare, nüchterne Bewußtsein, daß diese Gesichte auf höherer Offenbarung beruhten; sie fühlten und erkannten in denselben den unzweideutigen Ausdruck und die unmittelbarste Gewähr der Einwirkungen ihres verklärten Herrn und Meisters; von ihm selber, von seinem überirdischen, im Tode verklärten, aber auf ihr inneres Leben in wunderbar kräftiger Weise einwirkenden Personleben fühlten und wußten sie sich und zwar bei solcher Gemüthsbeschaffenheit, daß sie Traum und Wirklichkeit sehr wohl von einander unterscheiden konnten, auf das Zweifelloseste bewegt.

Gewisse Spuren solcher Hereinwirkungen abgeschiedener Seelen aus übersinnlichen Regionen in das Gebiet der sinnlichen Anschauung kommen, wie ich schon bemerkt habe, nach Aussagen glaubwürdiger Menschen, dann und wann auch sonst wohl, aber freilich immer nur vorübergehend und sporadisch vor, was unzweifelhaft vor Allem darin seinen Grund hat, daß es eben keine andere Seele von gleicher Kraft und gleicher universeller Bedeutung gibt, wie die völlig verklärte Seele Jesu Christi. Daß aber auch die Erscheinungen des verklärten Erlösers nur kurze Zeit hindurch dauerten, daß sie nur in der Zeit der beginnenden Urkirche dann und wann zur Stärkung und Befruchtung des erst im Keime begriffenen Glaubens einzelnen hervorragenden Persönlichkeiten und Gemeinschaften (1. Cor. 15) zu Theil wurden, erklärt sich hinreichend daraus, daß sie eben nur so lange nothwendig und heilsam waren, bis die Apostel, als die primitiven Träger des von Jesu Christo ausgegangenen, neuen Geistes der Menschheit, im Glauben an das überirdische Ziel dieser Geistesentwickelung hinreichend erstarkt waren. Denn immer mehr sollte die christlich wiedergeborene Menschheit dahin gelangen, der Wahrheiten des Christenthums rein von innen heraus durch freie Vertiefung in das durch den Stifter desselben offenbar gewordene allgemeine gottmenschliche Princip mächtig zu werden. Und so sollte auch die höhere Hoffnung immer mehr in jedem Einzelnen lediglich aus eigener religiös-sittlicher Erfahrung hervorgehen und damit von allen immer nur jeweiligen, nur unter gewissen, einzigartigen Bedingungen eintretenden Ereignissen unabhängig werden. Jetzt sind solche persönliche Erscheinungen des Geistes Christi nicht mehr nöthig, weil die christliche Wahrheit, welche zugleich die Grundlage der auf die Verklärung der wiedergeborenen Persönlichkeit nach dem Tode hinausschauenden Hoffnung bildet, sich bereits so tief und allgemein in die Menschheit eingewurzelt hat, daß Jeder, der will, aus immanenter Erfahrung, in Wechselwirkung mit den Erfahrungen der Gegenwart und Vergangenheit, ihrer geistig in sich selber gewiß werden kann. Das Christenthum besteht jetzt vermöge seines in die allgemeine Erfahrung aufgenommenen Princips durch sich selber, und man kann über den göttlichen Ursprung desselben jetzt lediglich durch immanente Vertiefung in dasselbe schlechthin gewiß werden.

Daher sollen alle Offenbarungswahrheiten sich immer mehr in selbstgewisse Vernunftwahrheiten ausbilden. Als sie geoffenbart wurden, sagt Lessing, waren sie freilich noch keine Vernunftwahrheiten; aber sie wurden geoffenbart, um es zu werden. Sie waren gleichsam das Facit, welches der Rechenmeister seinen Schülern voraussagt, damit sie sich im Rechnen einigermaßen darnach richten können. Wollten sich die Schüler an dem vorausgesagten Facit begnügen, so würden sie nie rechnen lernen, und die Absicht, in welcher der gute Meister ihnen bei ihrer Arbeit einen Leitfaden gab, schlecht erfüllen.[1])

Für den Anfang des Christenthums dagegen war jene Thatsache von der größesten Bedeutung. Sie ist das in gewisser Beziehung auch noch. Denn immer wieder, so oft das christliche Bewußtsein vermöge der dem Glauben innewohnenden Hoffnung über das irdische Ende sowohl des Einzelnen, wie auch der ganzen Menschheit hinausschaut und dabei im Gebiete der höheren Erfahrung nach festen Anhaltspunkten für die Vorstellung vom jenseitigen Zustande der erlösten Seelen sucht, immer wieder wird es die Beschaffenheit des künftigen Lebens im Spiegel dieser Thatsache sich näher zu bringen und irgendwie zu veranschaulichen bestrebt sein. In der Auferstehung des Menschensohnes wird der christliche Glaube stets die einfachste Bürgschaft für die Wahrheit der tiefwurzelnden Hoffnung erblicken, daß die von der Vergänglichkeit des irdischen Leibes befreite Seele in einem gewissen fortgesetzten Zusammenhange mit der diesseitigen Menschheitsgeschichte bleiben werde, in einem Zusammenhange, kraft dessen sie sich an der Fortentwickelung derselben in irgend welcher Weise betheiligen wird, gleichwie Jesus Christus sich nach seiner Verklärung, wie das eben seine Offenbarungen an die Apostel beweisen, von der diesseitigen Menschheit nicht völlig abgewandt hat. Indessen liegt die Hauptbedeutung dieser evangelischen Thatsache doch wesentlich in der Vergangenheit. Wir haben sie in den Einfluß zu setzen, den der Auferstandene auf die Entstehung und Befestigung des Glaubenslebens der Apostel und durch sie auf den Glauben der werdenden Christenheit ausübte. Wie man die Auferstehung Christi auch fassen möge, ob als Wiederbelebung und allmähliche Verklärung seines irdischen Leibes, oder, was der Idee der von den Banden der irdischen Leiblichkeit befreiten Seele mehr entspricht, als eine, wenn auch geheimnißvolle und für uns unerklärliche, so doch reale Einwirkung seiner den Schranken der irdischen Räumlichkeit enthobenen Persönlichkeit: die geschichtlich verbürgte Urpredigt des Christenthums wurzelt in der gewissen Ueberzeugung der Jünger, daß der Herr wahrhaftig auferstanden sei und als Auferstandener dem Tode die Macht genommen habe. Die Apostel sämmtlich predigen das Evangelium in der frohen Gewißheit, durch die Erscheinung ihres verklärten Herrn und Meisters

---

[1]) Lessing a. a. O. §. 76.

mit einer Macht in Rapport getreten zu sein, die über den **Tod hinausreicht**. Als den verherrlichten Führer zum Vater, der wirklich durch **Alles** hindurch zum Vater führt, der ihnen vom jenseitigen Ufer des **Todes herüber wiederholte** Zeichen seines himmlischen Personlebens gegeben und sich dadurch **als der** von Gott bestätigte Christus erwiesen habe, so verkünden sie ihn unter Juden und Heiden. Und wie ging ihnen durch diesen Triumph ihres Herrn und Freundes über den Tod nun erst die volle Bedeutung des in ihm **verwirklichten** gott-menschlichen Principes auf! Nun erst erkannten sie ihn als das Haupt der neuen Menschheit, als den Anfänger und Vollender des Glaubens im tiefsten Sinne. Nun erst verbreitete sich ihnen das rechte Licht über die himmlische Zukunft jeder geisterfüllten Persönlichkeit; nun erst konnten sie mit der ganzen Zuversicht des Glaubens und der Hoffnung davon zeugen, wie weder Tod noch Leben, weder Gegenwärtiges noch Zukünftiges, weder Hohes noch Tiefes sie scheiden könne von der Liebe Gottes, die in Christo Jesu sich offenbart habe, und wie der Christ ebenso befähigt als berufen sei, schon auf Erden *für den Himmel* und *wie im Himmel* zu leben.

Da haben *Sie*, mein Freund, in kurzen Zügen meine Auffassung dieses höchst wichtigen, in unseren Tagen so vielfach erörterten Problems der gegenwärtigen Christologie. Im Wesentlichen habe ich dasselbe schon vor zwanzig Jahren aus diesem Gesichtspunkte aufgefaßt und andeutungsweise zur Darstellung gebracht.[1]) Ich kann Ihnen zwar auch nicht bergen, daß man über diesen wichtigen Gegenstand auch auf dem Standpunkte der liberalen Theologie noch sehr verschieden denkt. Es gibt manche scharfsinnige und hochbegabte Theologen, die in Betreff der Auferstehungsberichte, ungeachtet ihrer theistischen Denkweise, mit Strauß, Baur und mehreren Schülern desselben der Visionshypothese beitreten. Ich halte sie trotzdem für echte Christen, sofern sie mit entschiedener Ueberzeugung für die Realität der Offenbarung des persönlichen Gottes in Jesu von Nazareth und für den Glauben an das ewige Leben eintreten. Ich halte aber ihre Auffassung des Urchristenthums in diesem Punkte für irrig und lebe der gewissen Zuversicht, daß der Glaube an den Auferstandenen, der die historische Grundlage des Christenthums bildet, sich nach seinem wahren Gehalt immer wieder bewähren und des Herzens der gebildeten Christenheit sich von neuem wieder bemächtigen werde.[2])

---

[1]) In meinem Buche: Der freie Glaube im Kampf mit den theologischen Halbheiten unserer Tage. Braunschweig 1846. S. 53 ff.

[2]) Vgl. Die protestantische Freiheit in ihrem gegenwärtigen Kampf mit der kirchlichen Reaction. Von Dr. Dan. Schenkel. Zweite Auflage. 1865. S. 180 ff.

Zweiunddreißigster Brief.

Ich eile jetzt zum Schluß meiner protestantischen Briefe. Lassen Sie mich den machen mit einer Betrachtung über die Erforbernisse, welche erfüllt werden müssen, wenn die überall in Regung begriffenen Bestrebungen für die Genesung und Verjüngung unserer evangelischen Kirche — ihres Ziels nicht abermals verfehlen sollen.

Ich komme damit zu dem zweiten Stücke, von dem ich in meinen Thesen gesagt habe, daß es unserer schwer erkrankten Kirche noth sei; das ist die anzustrebende volksthümliche Verfassung derselben.

Um aber über dieses Bedürfniß einigermaßen klar zu werden, müssen wir uns zuvörderst einen näheren Einblick in das Wesen und die geschichtliche Entwickelung der bisherigen kirchlichen Verfassung zu verschaffen suchen. [1])

Der eigentliche Krebsschaden unserer evangelischen Kirche, mein Freund, liegt in ihrer bisherigen Consistorialverfassung, die ihr Wesen in der oberbischöflichen Gewalt des Landesfürsten hat. Bekanntlich beruht dieselbe auf der sogenannten Uebertragung von Seiten der Reformatoren. Es ging durch dieselbe die bis zur Zeit der Reformation von den katholischen Bischöfen geübte kirchliche Verwaltung (jurisdictio ecclesiastica) als sogenanntes jus episcopale auf die weltliche Obrigkeit über, also auf den Landesherrn in monarchischen Staaten, auf die obersten Behörden in Republiken, wie z. B. in Lübeck. Dem geistlichen Amt sollten dabei die ihm zustehenden Rechte (jura ordinis)

---

[1]) Vgl. das soeben erschienene, im Geiste echter christlicher Frömmigkeit und Wissenschaftlichkeit verfaßte Werk: Die Verfassung der Kirche nach evangelischen Grundsätzen von Friedrich Brandes, reformirtem Pfarrer in Göttingen. 2 Bände, der erste die Geschichte, der zweite die systematische Darstellung der Verfassung der Kirche enthaltend. Elberfeld. R. L. Friderichs. 1867.

ebenso gesichert bleiben, wie den Gemeinden die ihrigen (jura collegialia). Dieser letzte Punkt aber blieb gänzlich unbeachtet, oder kam doch nur hier und da zu einer sehr dürftigen Ausführung. Selbst die Rechte des geistlichen Standes wurden immer mehr illusorisch, da sich die Landesfürsten auch das jus reformationis vorbehielten und also auf die Gestalt der Agenden, ja selbst auf den Inhalt der Predigt durch die Begünstigung dieser oder jener kirchlichen Richtung den immensesten Einfluß üben konnten.

Das landesherrliche Kirchenregiment (jus episcopale) umfaßt nach den Grundsätzen des Bekenntnisses und der Kirchenordnung der lutherischen Kirche, außer der kirchlichen Gesetzgebung und der kirchlichen Aufsicht, welche der Landesherr durch dazu bestellte Behörden, z. B. durch königliche Superintendenten und Generalsuperintendenten übt, auch das Recht der Anstellungen (die Provision der Aemter), sowie die kirchliche Gerichtsbarkeit und die obere Verwaltung der Kirchengüter. Diese Gerechtsame sollten unter Mitwirkung der Kirche selbst geübt werden. Aber die Kirche als solche, als Inbegriff der Gemeinen, erlangte in den kirchenregimentlichen Behörden, den Consistorien, keine Mitvertretung und so wurden diese lediglich zu Werkzeugen der weltlichen Macht. Dies war zwar nicht die ursprüngliche Absicht der Reformatoren, aber sie haben doch diese Verkümmerung des kirchlichen Gemeindeprincips wesentlich mitverschuldet. Ich habe schon in einem früheren Briefe darauf hingewiesen, wie Luther in seiner ersten reformatorischen Periode eine freie Volkskirche, eine Verfassung derselben auf der Grundlage des allgemeinen Priesterthums im Sinne hatte, während Melanchthon immer eine gewisse Vorliebe für die Bischöfe behielt.[1]) Je älter Luther aber wurde, desto mehr verlor er den Glauben an den freien Geist. Wie er auf dogmatischem Gebiet im Gegensatz zu der freieren Richtung der reformirten Kirche immer entschiedener auf den Buchstaben der Schrift zurückging, so klammerte er sich auf dem Verfassungsgebiet, nachdem ihn der Bauernkrieg tief erschreckt hatte, an die fürstlichen Stützen der politischen Ordnung. Ja, während er anfänglich der fürstlichen Macht, sobald sie sich in die kirchlichen Angelegenheiten mischte, mit so viel ritterlichem Muth entgegentrat, wie davon nicht nur seine kühnen und derben Streitschriften gegen Heinrich VIII. von England, gegen den Herzog Heinrich von Braunschweig und gegen den Herzog Georg von Sachsen, sondern auch sein glaubensmuthiger Brief von der Wartburg an den edlen Kurfürsten Friedrich den Weisen kräftig Zeugniß ablegen, so überkam ihn späterhin, im Gegensatz zu dem freimüthigen Wesen der reformirten Kirche, immer mehr der Geist der Devotion, und selbst dem König Heinrich VIII. von England, diesem lasterhaften und ehebrecherischen Tyrannen, gegenüber erniedrigte er sich so tief, daß er denselben wegen seines eigenen

[1]) Luther's Lehre von der Kirche, von Jul. Köstlin. 1853. S. 47 ff., 151.

früheren Angriffs auf ihn, um ihn für das Werk der Reformation günstig zu stimmen, in kläglicher Weise um Verzeihung bat.

Schon im Jahre 1526 ging Luther den Kurfürsten Johann den Beständigen darum an, sich der kirchlichen Ordnung, vermöge seiner Stellung und göttlichen Berufes dazu, als Fürst anzunehmen. Er beantragte zunächst eine Kirchen- und Schulvisitation und wollte die kirchlichen Einrichtungen selbst mit Gewalt durchgesetzt wissen. Es ist, als ob er an seinem früheren Glauben an die Macht des Geistes schon halb und halb Schiffbruch gelitten hätte. Während er früher auf kirchlichem Gebiet und in Glaubenssachen die unbedingteste Freiheit verlangte und Alles auf die sittliche Selbstbestimmung der Gemeinde stellte, will er jetzt die kirchlichen Angelegenheiten schon ganz wie weltliche Dinge, wie Brücken- und Wegebau, behandelt wissen.[1])

Es war der nähere Einblick in die grenzenlose Rohheit der Gemeinden, die Luther an der Wirksamkeit geistiger Mittel verzweifeln und ihn seine Zuflucht zu Gewaltmaßregeln nehmen ließ. Er vergaß, daß man auch von evangelischer Seite dazu beigetragen hatte, das Volk und namentlich die Bauern in diese Widerwilligkeit gegen die kirchlichen Dinge hineinzutreiben, nachdem man ihnen, nach Beendigung der Bauernkriege, die Gewährung auch der billigsten Forderungen versagt hatte.

Der Kurfürst ging auf Luther's Idee ein; die Visitation kam zu Stande; Luther selbst hielt sie mit ab, nebst Jonas und Bugenhagen in Meißen, Spalatin im Voigtlande, Melanchthon und Andern in Thüringen. Sie geschah in den Jahren 1528 und 1529, indem auch weltliche Räthe daran Theil nahmen. Und damit war der Grund zu dem weltlichen Kirchenregiment in der sächsischen Kirche gelegt. Denn fortan kam es nun zur Errichtung von Consistorien, als den Behörden für die Vollziehung der landesherrlichen Kirchengewalt. Der eigenthümliche weltliche Charakter derselben entstand dadurch, daß sie zugleich die Behörden für die Ehegerichte wurden; denn als solche mußten sie unter den überwiegenden Einfluß der Juristen gerathen. Daß die bürgerliche Seite, die Rechtsseite der Ehe, rein dem Staat zu überlassen sei und daß die Kirche sich rein auf die religiöse Seite der Ehe zu beschränken habe, davon hatte die damalige Zeit noch keine Ahnung. Man machte die kirchliche Seite der Ehe somit, wie auch jetzt noch, zu einem Zwangs- und Rechtsobject und verwickelte die evangelische Kirche dadurch mit dem Staat. So wurden auf Vorschlag der Reformatoren Ehegerichte eingesetzt. Zuerst 1539 nur eins mit zwei geistlichen und zwei weltlichen Räthen. Das übrige Kirchliche blieb noch den Visitatoren. Dann erweiterte sich 1542 das Collegium für die Ehegerichte zu

---

[1]) Vgl. Dr. M. Luther's Briefe, von De Wette. 3. Th. S. 135.

einem förmlichen Consistorium, dem auch die kirchliche Disciplin überwiesen wurde, und nach und noch entstanden mehrere derselben Art.

Ursprünglich sollten die Consistorien nur die Behörden für die kirchlichen Rechtsverhältnisse sein. Aber bald erweiterte sich ihr Geschäftskreis. Es fiel ihnen auch die Ueberwachung der reinen Lehre im Namen des Landesherrn zu. Da nun der landesherrliche Gesichtspunkt vorherrschend der weltliche ist, das heißt, die mit Zwang verbundene Handhabung des Rechtes, so konnte es nicht fehlen, daß die Consistorien, als Organe der Landesfürsten, auch immer mehr weltliche Elemente, das heißt, eben Zwangselemente in sich aufnahmen und daß die weltlichen Räthe immer mehr das Uebergewicht in ihnen bekamen. Die Consistorien wurden so zu förmlichen Staatsbehörden, oder vielmehr, da der vernünftig organisirte Staat selbst noch nicht existirte, zu Organen der fürstlichen Macht über die Kirche. Als solche entzogen sie den Gemeinden das denselben zugesicherte Recht, wonach sie mit den Geistlichen durch Kirchenväter in kleineren und größeren Synoden zusammentreten und sich an der Gestaltung der Kirche mitbetheiligen sollten.

Die Absicht der Reformatoren war dahin gegangen, daß die Fürsten das Kirchenregiment persönlich im frommen Geiste handhaben und sich in dieser Function durch geistliche Räthe unterstützen lassen sollten. Nicht als Ausfluß ihrer politischen Machtvollkommenheit, sondern als ein Amt, als ein Dienst und Officium, womit die Kirche ihn betraut habe, sollte der Landesherr das Kirchenregiment üben. Aber wie konnte man sich versichert halten, daß die Landesfürsten diese Anschauung selbst immer theilen und die Kirche im frommen Geiste regieren würden? Was für ein gefährliches Spiel war es also, der fürstlichen Macht und Willkür auch das Terrain der Kirche zu unterstellen? Es zeigte sich bald, wie unmöglich es sei, zu verhindern, daß die der fürstlichen Gewalt innewohnende Tendenz, sich immer mehr zu verabsolutiren, sich aller ethischen und corporativen Gebundenheit zu entziehen, nicht auch in der Kirche zum Absolutismus entarte. Dieser kirchliche Absolutismus entwickelte sich sofort, nachdem die deutschen Fürsten sich nach obenhin immer mehr vom Kaiser und Reich, nach unten hin von der Beschränkung durch die ständischen Rechte emancipirt hatten und dadurch zur vollen Souveränität gelangt waren.

An die Stelle der Bischöfe und Päpste traten so in der lutherischen Kirche die weltlichen Obrigkeiten, vorzüglich die Fürsten. Anfänglich hatten manche derselben ein wirkliches Herz für die Kirche und nahmen sich der kirchlichen Dinge in edlem Eifer an, indem sie sich zugleich an den Rath frommer Geistlichen banden. Aber selbst das Verhalten frommer Fürsten zeigt schon früh, was für ein gefährliches Ding für die Kirche die oberbischöfliche Gewalt sei. Der Herzog Julius von Braunschweig, der fromme Sohn des bittersten Feindes von Luther, der sich auszeichnete durch seinen Eifer für die Einführung der

Concordienformel und der zugleich der Urheber des noch jetzt im Braunschweigschen und einem Theil des Hannoverschen zu Recht bestehenden, nach ihm benannten corpus doctrinae ist, verfuhr in kirchlichen Dingen mit der größten Willkür und ganz nach seinen persönlichen Interessen. Er erlaubte sich die willkürlichsten Eingriffe in die Lehre und umgab sich nur mit solchen Theologen, die sich, wie Heßhusen, dieser Prototyp fürstendienerischer Hierarchie, seinen persönlichen Gelüsten fügten. Als Chemnitz, den er sich von der Stadt Braunschweig, wo derselbe Superintendent mit bischöflichem Ansehn war, erbeten und zu seinem Consistorialrath gemacht hatte, dem Herzoge freimüthige Vorstellungen darüber machte, daß derselbe, um dem Papste gefällig zu sein und für seinen Sohn geistliche Güter zu erwerben, den letzteren die Tonsur hatte annehmen lassen, verlor er sein Amt und wäre auf ein Haar vom Herzoge verhaftet worden, wenn er nicht Schutz in der Stadt Braunschweig gefunden hätte. Das ist eine Probe von dem frommen, der Kirche so heilsamen landesherrlichen Regiment der früheren Zeit, nach dessen Segnungen Kliefoth vor einigen Jahren auf der Eisenacher Conferenz die dort versammelten Väter der lutherischen Kirche nicht ohne Erfolg lüstern zu machen suchte.

Seit dem dreißigjährigen Kriege verfolgten die deutschen Fürsten nach dem Vorbilde der französischen Könige, eines Ludwig XIII. und XIV., als Hauptziel ihres Strebens die Erlangung der autokratischen Souveränität. Je entschiedener sie sich so als unverantwortliche und ungebundene Stellvertreter Gottes auf Erden geltend zu machen wußten, je mehr sie dahin gelangten, ihren souveränen Willen als die Quelle der gesammten Gesetzgebung respektirt zu sehen, desto mehr führten sie fortan auch das Kirchenregiment ganz im Geist Heinrich VIII. von England. Indessen findet da auch noch ein großer Unterschied statt zwischen der episkopalen Kirche Englands und der deutschen Staatskirche. Die kirchliche Hierarchie Englands bestand bis auf die abgebrochene Spitze des Papstthums ungebrochen fort und stellte sich vermöge der episkopalen Machtentfaltung ihres Amts und Regiments der weltlichen Machtherrlichkeit des Staats gleichberechtigt gegenüber, während beide, Kirche und Staat, durch ihre Vertretung im Parlament sich bei der Gesetzgebung betheiligten. In Deutschland dagegen war das episkopale Element vollständig beseitigt worden, während sich das presbyteriale gar nicht oder hier und da nur sehr kümmerlich und unselbständig entwickelte. Somit mußten die Consistorien, die den weltlichen Behörden bis zum dreißigjährigen Kriege mit einer gewissen Gleichberechtigung zur Seite gestanden hatten, indem sie unmittelbar mit dem Fürsten als Berather desselben in kirchlichen Angelegenheiten communicirten, sie mußten immer mehr zu untergeordneten Staatsbehörden, zu völlig unselbständigen Mittelbehörden oder bloßen Büreaux der Staatsbehörden herabfallen. So gerieth die Kirche nicht bloß unter die fürstliche Willkür, sondern auch in die Fesseln der Büreaukratie. Dazu kam, daß leider auch die protestantische Wissenschaft und zwar nicht nur die theologische, sondern sogar auch die philosophische, mehr oder weniger dem Absolutismus zu huldigen begann. Seit Hobbes und Spinoza griff jene eigenthümliche Denkweise um sich, die sich bei ihrem Schwanken zwischen Deismus und Pantheismus immer mehr dem Sensualismus zuneigte. Indem sie sich demzufolge vorherrschend an das empirisch Gegebene, an die sinnliche Wirklichkeit hielt, mußte sie sich immer mehr geneigt fühlen, auch den Absolutismus und zwar sowohl auf weltlichem wie auf geistlichem Gebiet zu rechtfertigen. Schon Thomas Hobbes (geb. 1588, † 1679) stellte den Satz auf: Cujus regio, illius religio. Damit war der Grund zum sogenannten kirchlichen **Territorialsystem** gelegt, dessen oberster Grundsatz dahin lautet, daß Der, welchem das Land (territorium) gehört, kraft seiner Souveränität über Alles, also auch über die kirchlichen Angelegenheiten zu verfügen habe. Selbst der Vorkämpfer der beginnenden Aufklärung und Popularphilosophie, der berühmte Leipziger Professor Christian Thomasius (geb. 1655, † 1728), der erste deutsche Universitätslehrer, welcher sich (seit 1687) in seinen akademischen Vorträgen der deutschen Sprache bediente und die Abschaffung der Tortur und Hexenprocesse anbahnte, huldigte dieser Anschauung und entwickelte die Theorie des Territorialismus noch näher. Der Rationalismus des 18. Jahrhunderts hat dieselbe dann dahin ausgebildet, daß die Kirche wesentlich als Bildungsanstalt für den Staat zu fassen sei, daß sie für die Erziehung loyaler Unterthanen, für die Ausbildung eines vernunftgemäßen Christenthums und insonderheit eines loyalen und rechtlichen Bürgerthums zu sorgen habe.

Schon vor dem Rationalismus hatten manche orthodoxe Hoftheologen sich nicht entblödet, das Territorialsystem selbst aus der Schrift durch das Beispiel der israelitischen Könige zu rechtfertigen. [1]) Es genirte sie dabei wenig, daß die Fürsten nicht überall von derselben Confession waren wie das von ihnen beherrschte Land; wenn sie nur ihre Zwecke erreichten. Man fühlte sich eben außer Stande, das Dogma ferner auf dem Wege der bloßen Lehre zu schützen und vor Auflösung zu bewahren; der protestantische Geist, der sich auf philosophischem Gebiete und in der Form der beginnenden Aufklärung Bahn brach, wurde der hinter der Zeit zurückbleibenden Kirche zu mächtig. Daher appellirten die Leiter der letzteren an die weltliche Macht, zu welcher sie immer mehr eine servile Stellung annahmen. Vergebens erhob sich gegen diese Verweltlichung des Kirchenregiments der edle Geist eines Spener, dem es um ein

---

[1]) Vgl. die Theokratie Israels. Rede zur Feier des Allerhöchsten Geburtsfestes Seiner Majestät des Königs Wilhelm I. am 22. März 1864, gehalten von Professor Dr. L. Diestel.

wirklich frommes evangelisches Leben und um eine lebensvolle, organische Gestaltung der Kirche aus ihrem innern Geiste zu thun war. Er war ein Mann, dem es bei wahrer Demuth und Milde auch nicht an dem echten evangelischen Glaubensmuth gebrach, so daß er, als Hofprediger in Dresden, selbst auf die Gefahr hin, in Ungnade zu fallen, der er auch nicht entging, dem Kurfürsten Johann Georg III. (1690) Vorhalt wegen seines Lebenswandels zu machen wagte. Mit ebenso großer Freimüthigkeit sprach er sich in seinen Schriften über das Widerevangelische des landesherrlichen Kirchenregiments, das jus episcopale der protestantischen Fürsten aus. Er nannte dasselbe in seinen theologischen Bedenken (1700) eine „unrechtmäßige Gewalt", „ein rechtes Pabstthum und Antichristenthum, dabei auch die Wahrheit nicht erhalten werden könnte." „Daher erachte ich, sagte er weiter, solche Cäsareopapien und weltliches Antichristenthum recht vor diejenige Pest, die der Kirche den Garaus machen mag." [1])

Eine nähere wissenschaftliche Begründung gewann diese freiere Ansicht vom Wesen der Kirche in dem sogenannten **Collegialsystem** des Tübinger Kanzlers Ch. M. Pfaff (geb. 1686, † 1760), eines der edelsten und freisinnigsten, auch vom Pietismus beeinflußten, aber zugleich vom freien, wissenschaftlichen Geiste durchdrungenen Theologen Würtembergs. Mit einer für seine Zeit seltenen Unabhängigkeit ging er auf das Vorbild und die Idee der freien, apostolischen Gemeinschaft zurück und bestimmte die Kirche als eine freie Gesellschaft Derer, welche sich nach Christi Vorschrift über ihre Glaubensbekenntnisse verbinden und Gottes Dienst nach ihrer Willkür einrichten. [2]) Alle Kirchengewalt beruht darnach auf der Gemeinde; ihr steht die Ausübung der Gemeinschaftsrechte (exercitium jurium collegialium) zu; der Prediger ist Organ der gläubigen Gemeinde, die Gemeinde hat bei seiner Berufung mitzuwirken, ist berechtigt, seine Lehre nach Gottes Wort zu prüfen, und die Kirchengewalt der Fürsten kann nur auf Uebertragung zurückgeführt werden, folgt aber nicht aus der Qualität der fürstlichen Gewalt und begründet auch kein oberbischöfliches Recht. Das landesherrliche Kirchenregiment ist hiernach nur ein **Nothstand**.

Leider fand diese Anschauungsweise keinen Widerhall im Geiste der Zeit. Auch der Rationalismus fand es bequemer, die Gemeinden zu bevormunden und seine Vertreter waren vielfach dependente Charaktere und lagen in den Fesseln der Büreaukratie.

---

[1]) Spener's theologische Bedenken. III, 411.

[2]) Vgl. Pfaff's akademische Reden über das protestantische Kirchenrecht. Tübingen 1742. S. 159.

Erst in der neueren Zeit, seit Schleiermacher, ist man in der Theorie wieder auf das Collegialsystem zurückgegangen. Aber dem ist dann die kirchliche Restauration sofort auf das Entschiedenste entgegengetreten. Nach Stahl ist das Collegialsystem ein Ergebniß der rationalistischen Richtung und schon deshalb verwerflich.[1]) Es läuft damit auf Beseitigung der höheren Autorität und auf Massenherrschaft in der Kirche hinaus. Aehnlich urtheilt Kliefoth. Er findet in der Ansicht, daß der Inhaber des Kirchenregiments dasselbe nur als Mandatar Derer besitze, die regiert werden, eine freventliche Auflehnung gegen das vierte Gebot.[2]) Nach Kliefoth hat nämlich der Fürst das Kirchenregiment durch geschichtliche Entwickelung bekommen. Die geschichtliche Entwickelung ist aber das Werk Gottes selber, folglich hat der Fürst die oberste Kirchengewalt sowohl wie die oberste Staatsgewalt unmittelbar von Gott. Wer im Wege der geschichtlichen Rechtsbildung die Kirchenregierung überkommt, sagt er, der hat dies Amt nicht als Mandatar Derer, die regiert werden, sondern von Gottes wegen. Die Form der kirchlichen Verfassung wird innerhalb der geschichtlichen Entwickelung der Kirche; aber die gewordene Kirchenverfassung ist dann auch eine Rechtsordnung, und dies zu Recht bestehende Kirchenregiment tritt unter das vierte Gebot, wie jedes Regiment.[3]) Ich brauche Sie nicht erst darauf aufmerksam zu machen, mein Freund, wie diese Sätze selbst auf dem Standpunkte der Reaction zu viel beweisen. Denn daraus würde folgen, daß auch die Republik, wo sie sich Bahn gebrochen hat, daß überhaupt jede Gestalt der Dinge und des öffentlichen Lebens, die sich geschichtlich eine Zeitlang zu behaupten vermag, daß selbst die Revolution sich auf das zu Recht Bestehen berufen und sich durch ihre Facticität mit dem Schilde des göttlichen Willens decken könnte. Das ist auch oft genug geschehen. Der Radikalismus hat sich ebenso gut und mit demselben Recht auf sein göttliches Recht, ja hier und da selbst auf die heilige Schrift berufen, wie die Reaction. Die Wahrheit aber ist, daß das Vernünftige und Gute, das Reich Gottes, als der harmonische Inbegriff aller religiös-sittlichen Güter, sich immer mehr auf ethischem Wege entwickeln soll. Nur im Kampf mit den hemmenden Gewalten der Natur und Geschichte durch die That des Glaubens und der Liebe kann das Reich Gottes in Staat, Gesellschaft und Kirche zu immer höheren Zielen gelangen. Was aus diesem religiös-sittlichen Processe hervorgeht, das ist oder vielmehr das wird immer mehr gut; das besteht allein wahrhaft zu Recht, und ist um so völliger im Recht, je mehr es seinen Ursprung aus dem der Gegenwart immanenten gottmensch-

---

[1]) Die Kirchenverfassung der Protestanten, von Dr. Fr. Jul. Stahl. 1840. S. 44.

[2]) Ueber das Verhältniß der Landesherren als Inhaber der Kirchengewalt zu ihren Kirchenbehörden. Von Dr. Th. Kliefoth. Ein in der Sitzung der Eisenacher Kirchenconferenz vom 4. Juli 1861 gehaltener Vortrag. Schwerin 1861.

[3]) A. a. O. S. 23.

lichen Princip bewährt. Denn aus diesem allein gewinnt es die Kraft segensreicher Wirksamkeit und heilsamer Fortentwickelung, aber es gewinnt sie nur durch immererneute Reformen. Darum allein handelt es sich, daß der wahre und wirkliche Gotteswille, daß das Gute und Vernünftige, was auch zugleich das Gemeinwohl, das Heil Aller ist, sicher erkannt und von möglichst Vielen mit der innersten Ueberzeugung ergriffen und mit Liebe und Begeisterung ausgeführt werde. Das ist aber nicht möglich, wenn der Wille und das subjective Dafürhalten eines Einzelnen, oder einer isolirten Behörde in Staat und Kirche das Bestimmende ist; sondern wenn der Einzelne, er stehe hoch oder niedrig, sich mit seinem subjectiven Denken und Wollen dem vernünftig organisirten, sittlichen Gesammtwillen unterordnet, wenn also die Gesetze und Ordnungen in Staat und Kirche aus der Wechselwirkung aller sittlichen und geistigen Faktoren eines gegliederten Volksganzen resultiren und sich immer wieder aus dem Geist des Ganzen verjüngen.

Auch Kliefoth hat das Verderbliche des Territorialsystems zugestanden und die Conferenz zu Eisenach vom Jahre 1861 ist einmüthiglich auf seine Seite getreten. Man hat dort von allen Seiten zugegeben, daß die gegenwärtige Consistorialverfassung noch überall mehr oder weniger mit dem Territorialismus behaftet sei. Selbst der Oberkirchenrath der preußischen Landeskirche dependire, meint Kliefoth, noch zu sehr vom Staate. Allein was will man denn nun von Seiten dieser hochkirchlich Gesinnten? Will man der Kirche eine wirkliche Organisation aus dem Volksgeiste geben? — Nimmermehr! Man versicherte zwar auf der Eisenacher Conferenz und hat es bis jetzt noch öfter versichert, der Frage, in welchem Umfange und mit welchen Rechten der Gemeinde neben den kirchenregimentlichen Behörden eine Mitwirkung in den kirchlichen Angelegenheiten gebühre, nicht vorgreifen und den bereits bestehenden Rechten derselben nicht präjudiciren zu wollen. [1]) Aber man präjudicirte dennoch und präjudicirt noch immer in aller Weise. Man verdächtigt bis auf den heutigen Tag die Bestrebungen für die Entwickelung des Gemeindeprincips als Ausflüsse verderblicher, der Massenherrschaft in die Arme arbeitender, demokratischer Tendenzen. [2]) Was kirchliche Organisation auf Grundlage des Gemeindeprincips sei, davon hat man keine Ahnung oder will doch nichts davon wissen; davon hat auch der in der Anmerkung genannte deutsche Theologe keine Ahnung. Man will eben die Verabsolutirung der Hierarchie in der Spitze des

---

[1]) A. a. O. S. 60.

[2]) Vgl. unter Anderem die jüngst ausgesprochenen Anschuldigungen wider die kirchlichen Verfassungsbestrebungen der liberalen Richtung in der Broschüre: Die politische Lage und die Zukunft der evangelischen Kirche in Deutschland. Gedanken zur kirchlichen Verfassungsfrage, von einem deutschen Theologen 2. Aufl. Gotha 1867. Conf. S. 23 ff., 37 ff.

souveränen Fürsten und bietet Alles auf, um den Consequenzen des constitutionellen Princips, wo man sie im Staate nicht mehr beseitigen kann, wenigstens auf kirchlichem Gebiete zu entgehen. Es ist solchen Männern, wie Kliefoth und Genossen, im Grunde um nichts weniger zu thun, als um Beseitigung des Territorialsystems. Das hat ja ohnehin in einem constitutionellen Staate keinen Sinn und Bestand mehr. Sie suchen sich zwar den Anschein zu geben, als ob sie der Kirche zur Selbständigkeit in sich selber, zur Befreiung von der Heteronomie der weltlichen Gewalt verhelfen wollen. Die Wahrheit aber ist, daß sie, als die wirklichen oder eventuellen Organe des Kirchenregiments, unabhängig sein wollen von den Einflüssen des modernen Constitutionalismus. Sie wollen unter keinem constitutionellem Cultusministerium stehen, weil sie sonst den Forderungen des Zeitgeistes Rechnung zu tragen hätten. In keiner Weise ist es ihnen aber zu thun um die Befreiung der Kirche zu ihrem eigenen Wesen. Auch die kirchlichen Verfassungseinfälle der schon angeführten Broschüre, deren Verfasser sich als einen deutschen Theologen bezeichnet, zielen auf ein Kirchenregiment hin, das seinen Trägern (den autonomen Bischöfen) Spielraum genug gewährt, sich in jeder Weise über den sittlichen Gesammtwillen hinauszusetzen. Seine Bischöfe wollen sich bei ihren hierarchischen Bestrebungen sicher gestellt sehen gegen die unwiderstehlichen Einflüsse eines allseitig organisirten Volksgeistes, mögen dieselben nun ausgehen von politischen Kammern oder von kirchlichen Synoden. Jene zu Eisenach angenommenen Resolutionen aber lauten mit den denselben hinzugefügten Wünschen dahin, „daß das landesherrliche Kirchenregiment bestehen bleiben solle, daß die evangelischen Landesherren dasselbe aber nicht durch staatliche Organe, sondern durch von ihnen bestellte, besondere kirchliche Behörden ausüben; daß sie durch diese Behörden die Kirchengewalt in ihrem ganzen Umfange verwalten, und daß dieselben eine nicht durch Staatsbehörden vermittelte, sondern eine unmittelbare und directe Stellung zu der Person des Landesherrn, als Räthe desselben und als die Organe der Kirchenhoheit einnehmen möchten.“ [1]) Sie sehen, mein Freund, daß, wenn diese Wünsche, die immer wieder von Neuem im Herzen der gegenwärtig am Ruder des Kirchenregiments sitzenden Häupter der orthodoxen und halb orthodoxen Geistlichkeit lebendig werden, zur Erfüllung gelangten, was hier und da schon nahezu, in Mecklenburg aber schon völlig der Fall ist, daß wir alsdann in einen kirchlichen Absolutismus gerathen würden, wie er schlimmer und verderblicher niemals existirt hat. Der landesherrliche Bischof bekäme damit die Macht, nach Belieben auch seinen eigenen Unglauben oder Aberglauben zur Herrschaft in der Kirche zu bringen, durch Anstellung von Personen, die er für seine Zwecke geeignet fände. Oder es könnte auch geschehen,

---

[1]) A. a. O. S. 59.

was die eigentliche Hoffnung unserer lutherischen Hierarchie ist, die jetzt den Untergang der Union schon nah in Aussicht stellt, es könnte sich dann gar wohl ereignen, daß der eine oder andere der landesherrlichen Bischöfe, statt sich persönlich für die Kirche zu interessiren und autonomisch in das Regiment derselben einzugreifen, dasselbe vollständig den von ihm ernannten kirchenregimentlichen Räthen und Organen überließe und dieselbe damit zu autonomen Bischöfe erhöbe. Das ist das eigentliche Ideal des modernen Hierarchismus. Aber wie doch, wenn überall Männer wie Kliefoth, Krabbe, Vilmar, Hengstenberg u. s. w. ans Ruder kämen; was sollte dann wohl werden aus der großen Mehrzahl derjenigen Christen, welche die Anschauung solcher Kirchenfürsten nicht theilen und nicht gesonnen sind, diese Unterjochung des freien Evangeliums ohne kräftigen Protest zu tragen? Es ist klar, was für Zustände uns dann in Aussicht ständen. Man braucht nur an den mecklenburgischen Kirchenrath und an das Schicksal Baumgartens zu denken. — Und das nennt man ein Zurückgehen auf die zu Recht bestehende, gottgewollte Gestalt des Kirchenregiments, während man dasselbe doch nur in derjenigen Form zu restauriren sucht, die den eigenen hierarischen Sympathien entspricht. Statt sich in den Geist des Rechtes zu versenken und diejenige Gestalt der Kirche als die wahrhaft berechtigte anzuerkennen und anzustreben, die der ewigen Idee des Evangeliums und den Bedürfnissen unserer Zeit entspricht, sucht man die niedrigste, geschichtliche Form der evangelischen Kirchenverfassung wieder herzustellen und gibt die dann für die wahre, für die gottgewollte Gestalt der Kirche aus. Das ist doch ganz dasselbe, wie wenn man einen Embryo im ersten Stadium seiner Entwickelung fixiren und für den eigentlichen gottgewollten Typus des Menschen erklären wollte. Man geht eben auf den unentwickelten und noch dazu bereits krankhaft gearteten Embryonalzustand der evangelischen Kirche im 16. Jahrhundert, oder gar, wie der deutsche Theologe, auf das altkirchliche Episkopalsystem zurück. Was späterhin daraus geworden, die territorialistische Gestalt der Kirche, ist diesen Herren unbequem und fatal, obgleich das die Consequenz der durch die Reformatoren gepflegten, kirchenregimentlichen Keime war. Sie greifen allein diejenige temporäre Gestalt des Kirchenregiments aus dem flüssigen Strome der Geschichte heraus, die ihrem Subjectivismus zusagt. Und dabei wagt man es von dieser Seite, die Vertreter des liberalen Protestantismus, wegen ihres Recurses auf das schon vom Stifter der Kirche proclamirte Gemeindeprincip (Matth. 18, 17) des Experimentirens mit politischen Formen in der Kirche zu bezüchtigen?[1]) Wunderbare Verblendung!

[1]) Die politische Lage rc. a. a. O. S. 38.

Dreiunddreißigster Brief.

Es ist in den letzten Jahren gegenüber den kirchlichen Verfassungsbestrebungen unserer Zeit mehrfach gesagt worden, namentlich von Seiten der widerstrebenden kirchlichen Behörden und der mit denselben sympathisirenden, orthodoxen Geistlichkeit, daß die im landesherrlichen Kirchenregimente gipfelnde Consistorialverfassung nicht nur der Idee der Kirche, als des Leibes Christi, entspreche, sondern daß sie auch für die Bedürfnisse der evangelischen Kirche der Gegenwart vollkommen ausreiche, daß es dagegen auf eitle Täuschungen und gefährliche Experimente hinauslaufe, oder wohl gar auf politische Zielpunkte im demokratischen Sinne abgesehen sei, wo man wie in Oldenburg und Baden und neuerdings einigermaßen auch im Hannover'schen, das Heil der Kirche hauptsächlich von einer freien Verfassung, von einer Durchführung der Presbyterial- und Synodalverfassung auf Grundlage des kirchlichen Gemeindeprincips erwarte. Was der Kirche einzig Noth thue, das sei, sagt man, eine echt gläubige, der Schrift und den symbolischen Büchern gemäße, durch die kirchliche Behörde überwachte Predigt des göttlichen Worts. Die Verfassungsform der Kirche dagegen sei im Grunde etwas sehr *Aeußerliches* und Gleichgültiges. Sie verhalte sich zum geistigen Körper derselben nur wie ein knapper oder weiter anliegendes, in seinem Zuschnitt durch Zeit und Umstände bestimmtes Gewand. Die evangelische Kirche der Gegenwart erfordere, um sich den destructiven Tendenzen des Unglaubens der Zeit gegenüber behaupten zu können, ein *starkes* Kirchenregiment. Das sei aber nur möglich durch eine monarchische, auf die fürstliche Oberbischofsgewalt begründete, von der *Massenherrschaft* oder dem *Majoritätsterrorismus* der *Gemeinden* dagegen völlig unabhängige kirchliche Verfassung.

Wir haben die völlige Unhaltbarkeit dieses Gerebes schon hinreichend kennen gelernt, mein Freund, und ich will dadurch nur Veranlassung nehmen, mich noch über einige Punkte der kirchlichen Organisation etwas näher auszulassen. Lassen Sie mich dabei zunächst die Mißkennung und Unterschätzung der bestehenden Gefahr der Kirche, sodann zweitens die falsche Auffassung des Wesens und Zieles einer volksthümlichen Presbyterial- und Synodalverfassung noch etwas weiter ins Licht setzen; denn das sind die hervorstechenden Irrthümer, die jenem Gerede zu Grunde liegen.

Was zunächst das Bedenkliche und Gefahrvolle des gegenwärtigen Zustandes der Kirche betrifft, so liegt dasselbe, wie ich schon in mehreren Briefen hinreichend nachgewiesen habe, hauptsächlich in dem Unvermögen des bisherigen Kirchenregiments und des ihm unterstellten Pastorats, die weitverbreitete kirchliche Gleichgültigkeit der Gemeinen und den vieler Orten daraus hervorgehenden Unglauben des Volks im Wege der bisherigen Amtsthätigkeit zu überwinden. Das können sich auch die Männer der Behörden selber nicht mehr verbergen, und noch weniger die Inhaber der geistlichen Aemter. Die Klagen, daß es in den Gemeinden weit und breit um das kirchliche Leben sehr traurig bestellt sei, daß also die bisherigen Aemter und Einrichtungen sich als unzureichend ausweisen, werden immer allgemeiner und lauter. Und auch das ist bereits allgemein constatirt, daß eine derartige Durchführung der Presbyterial- und Synodalverfassung, wie sie neuerdings in den östlichen Provinzen Preußens von Seiten des Kirchenregiments angestrebt worden ist, die Sache wesentlich nicht ändert. Man klagt überall über die Lauheit und Lahmheit der Gemeindekirchenräthe, über den Mangel an geeigneten Persönlichkeiten für die kirchlichen Gemeindeämter. Man wird dieselbe Erfahrung in Betreff der neueingerichteten Kreissynoden machen. Es liegt das eben an der unvolksthümlichen Einrichtung dieser Institute. Die Gemeindekirchenräthe sind von vornherein so gestellt, daß sie weder Lust noch Kraft gewinnen können, sich der kirchlichen Dinge lebendig anzunehmen. Die kirchlichen Vertreter der Gemeinden gehen nicht hervor aus der freien Wahl der Gemeinden, und sowohl die ihnen übertragenen kirchlichen Rechte, als die ihnen aufgelegten Verpflichtungen sind so unbedeutend, sind so losgelöst vom Geist der Gemeinde, daß die kirchlichen Gemeinderäthe es kaum der Mühe werth halten können, dafür mit ganzer Seele einzutreten. Von derselben Bedeutungslosigkeit sind die Kreissynoden. Auch sie sind nicht dazu angethan, kräftig anregend auf die Gemeinden zurückzuwirken, da diese sich durch sie gar nicht vertreten fühlen und außerdem nichts von ihnen gewahr werden. Ich habe schon anderweitig darauf hingewiesen, wie unmöglich es sei, daß das Gefühl des Eingegliedertseins in eine große kirchliche Gemeinschaft, daß die Sympathien mit den Freuden und Leiden der Gesammtkirche, daß der Geist der kirchlichen Opferfreudigkeit in den Gemeinden lebendig werde, wo die einzelnen Glieder derselben sich so selten an den Aufgaben und

Interessen der eigenen Localkirche, niemals aber an den Aufgaben und Interessen der größeren Gesammtkirche direct und activ mitbetheiligen können; wo ihnen kaum nur dann und wann durch dritte und vierte Hand dürftige Notizen von den Bestrebungen der Synoden zufließen.[1])

Was zweitens die Furcht einer durch volksthümliche Synoden begünstigten Massen- und Majoritätsherrschaft betrifft, so beruht die auf völliger Mißkennung der neuerwachten, volksthümlichen Organisationstendenz der evangelischen Kirche. Es ist selbstverständlich, daß eine Erneuerung der evangelischen Kirche nicht aus blinden Massenbewegungen oder aus glaubenslosen Majoritäten hervorgehen kann. Das wissen auch die Vertreter der volksthümlichen Organisation der Kirche. Aber gerade die Organisation der Kirche vom **Gemeindeprincip** aus soll das Mittel werden und ist allein das geeignete Mittel, um das evangelische Volk über den Zustand der dumpfen Masse, worin dasselbe, je mehr es der religiös-sittlichen Antriebe in sich selber ermangelt, um so leichter für unsittliche Motive von außen empfänglich wird, zu erheben. Um aber dazu im Stande zu sein, muß die Kirche als Leib des Geistes Christi dergestalt im Volksleben wurzeln und sich volksthümlich vergliedern, daß sie überall lebendige Lebensherde in den Gemeinden selber erzeugt, daß sie die Gemeinden und weiter hinauf die Gemeindebezirke u. s. w. durch entsprechende Communicationsorgane in gegenseitige Wechselwirkung mit einander setzt. Nur eine **volksthümlich** organisirte Kirche kann religiös begeistigend und sittlich bildend auf die Massen einwirken. Sie allein ist im Stande, durch intensiv verbreitendes Handeln von lebensvollen, innerhalb des Volks selber sich bildenden Organisationsherden aus, das religiös-sittliche Geäder nach allen Richtungen hin und bis in alle Schichten der Gesellschaft hinab zu erweitern und dadurch die Masse als Masse hinweg zu organisiren, während die bisherige Staatskirche sich weder durch ihre ordentlichen noch durch ihre außerordentlichen, von der sogenannten innern Mission erzeugten Mittel dazu befähigt gezeigt hat.

Was zunächst vor Allem noth thut, mein Freund, das ist die Belebung des durch das bisherige Regiment gänzlich trocken gelegten, kirchlichen Gemeindeprincips, ist die organische Verkörperung desselben in lebensvollen, aus unbedingt freien aber gesetzlich regulirten Gemeindewahlen hervorgehenden Gemeindevorständen. Nun ist aber die Befruchtung des kirchlichen Organisationstriebes in der einzelnen Gemeinde, zumal bei dem jetzt weit und breit herrschenden kirchlichen Indifferentismus, wesentlich bedingt durch die kirchlich

[1]) Vgl. meine Bekenntnisse, oder drei Briefe vom Glauben. 2. Aufl. Hannover 1865. S. XV.

bildende Wirksamkeit der Synoden. So lange aber die wahren kirchlichen Synoden, zu welchen sich gesunde Anfänge erst in Oldenburg und Baden und jetzt sogar auch in der evangelischen Kirche Oesterreichs gebildet haben, noch nicht zur Verwirklichung gelangt sind und bis daß sie soweit gediehen sein werden, um ihre volle Kraft durch ihre Zusammenfassung in einer allgemeinen Generalsynode aller deutsch-evangelischen Landeskirchen zu entfalten, müssen freie kirchliche Vereine vicarirend und vorbereitend für die Belebung des Gemeindeprincips eintreten, und diese müssen miteinander in Wechselwirkung treten durch allerlei Vergliederungen und Repräsentationen unter der einheitlichen Leitung eines evangelisch-kirchlichen Gesammtvereins.

Sie sehen, mein Freund, daß wir uns so mit religiös-sittlicher Nothwendigkeit auf den Weg des Protestantenvereins gewiesen sehen. Auf einem andern Wege ist keine Genesung unserer evangelischen Kirche möglich. Es muß ein Wunder der freien Liebe geschehen, damit sich aus dem kirchlichen Chaos der Gegenwart wieder neues kirchliches Leben gestalte. Und dies Wunder bricht sich eben im deutschen Protestantenverein Bahn. Ich kenne daher gegenwärtig keine höhere und heiligere Pflicht für alle Theologen und Geistliche, die wirklich eine sittliche Reorganisation der evangelischen Kirche erstreben, und für alle die Volksmänner, die zugleich religiös bewegt sind, die da fühlen und erkennen, daß das sittliche und also vor Allem auch das politische und sociale Gedeihen des Volkslebens seine tiefste Voraussetzung in der Religion und wahren Kirche hat: ich kenne für sie keine heiligere Verpflichtung, als daß sie mit dem deutschen Protestantenverein auf Regeneration des kirchlichen Gemeindeprincips und eben damit auf die Herbeiführung einer protestantischen Volkskirche hinarbeiten. Die Mission des deutschen Protestantenvereins ist offenbar noch viel wichtiger und umfassender, als die des Gustav-Adolph-Vereins. Daß der deutsche Protestantenverein von Seiten der bisherigen Träger des Kirchenregiments nur erst sehr vereinzelt einige Anerkennung, dagegen selbst bei angesehenen Vermittelungstheologen stets wieder Mißkennung erfährt,[1]) dient nur mit zum Erweise, daß wir für die Verjüngung der evangelischen Kirche im volksthümlichen Sinne von dort her wenig Förderung, sondern zumeist nur Widerstand zu gewärtigen haben. Man fürchtet dort noch immer oder gibt doch vor, zu fürchten, daß freie, volksthümliche Versammlungen, daß demnach auch volksthümliche, überwiegend aus Laienelementen zusammengesetzte Synoden nur zu leicht dazu gemißbraucht werden könnten, als Sammelpunkte glaubensloser Volksmänner die Agitationen für politische Zwecke auch auf das kirchliche Gebiet zu übertragen. Allein das ist eine Furcht, die aus dem Unglauben stammt und wider die Liebe ist. Zwar scheint das Verhalten der orthodoxen Geistlichkeit während der

[1]) Vgl. Geschichte der protestantischen Theologie von Dr. J. A. Dorner. München 1867. S. 826.

politischen Reactionsperiode der jüngsten Vergangenheit diese Furcht zu rechtfertigen. Denn es ist eine leidige Wahrheit, daß viele Glieder derselben den Einfluß des geistigen Amts für politische Parteizwecke verwandt haben. Die können es sich nun nicht anders denken, als daß man, um Gleiches mit Gleichem zu vergelten, auch von liberaler Seite Alles aufbieten werde, die Kirche zum Tummelplatze politischer Wühlereien zu machen. Aber daran denkt von Seiten des Protestantenvereins kein Mensch. Auch macht sich immer allgemeiner das Verlangen nach Abgrenzung gewisser in Betreff der politischen Zeitbestrebungen neutraler Gebiete geltend, wohin man sich aus dem Kampfe der politischen Parteien und aus dem ermüdenden Gewühle der materiellen Tagesbestrebungen zu geistiger Abkühlung und religiös-sittlicher Erhebung zurückziehen könne. Man sucht solche geistige Erquickstätten in den freien Vereinen für Kunst, Wissenschaft und gesellige Erholung; man fühlt aber immer allgemeiner, daß es ganz besonders der evangelischen Kirche obliege, einen solchen, allen Menschen ohne Unterschied gleichmäßig zugänglichen Gemeinschaftstempel höherer Erquickung zu bauen und zwar zu erbauen auf solchen geistigen Höhen, die sich hoch erheben sowohl über die Unruhe und Hitze der materiellen Zeitinteressen als auch über die Region der politischen Leidenschaften. Und so wird es immer mehr in allen Kreisen, in denen noch religiöse und kirchliche Bedürfnisse vorhanden sind, zu einem Axiom werden, daß die kirchlichen Bestrebungen dahin gerichtet sein müssen, die Kirche von aller und jeder Verwickelung mit der Politik und ihren Parteikämpfen frei zu halten und immer mehr zu befreien. Gesetzt aber auch, daß durch die unbedingte Freigebung der Wahl für die kirchlichen Synoden so wie bei volksthümlicher Zusammensetzung derselben aus einer quantitativ überwiegenden Anzahl von Laien auch manche derartige Vertreter der Gemeinden Zutritt zu denselben fänden, bei denen die liberalen Bestrebungen auf politischem Gebiete Hand in Hand gehen mit einem gewissen Mangel des evangelischen Glaubenslebens, mit Gleichgültigkeit oder gar mit Feindseligkeit gegen die Kirche: welchen geraderen Weg doch könnte es wohl geben, solche ungläubige oder kirchlich indifferente Vertrauensmänner des Volks wieder zur Kirche zurückzuführen, als eben die Abordnung derselben im Namen der evangelischen Kirche zu den Synoden? Oder wagt man es, allen diesen Männern religiöse Empfänglichkeit und das Gewissen abzusprechen? Wenn man das aber nicht wagt, kann man dann leugnen, daß es auf Synoden Erfahrungen zu machen gibt, wie sonst nirgends; Erfahrungen, die schon manche Persönlichkeit mit neuer Liebe zur evangelischen Kirche durchdrungen haben? Denn unfehlbar werden doch zu den größern, einflußreichen Synoden außer den begabtesten Geistlichen auch manche wirklich echt christlich gesinnte und dabei zugleich über die modernen Culturelemente mit klarem Geist gebietende Volksmänner entboten werden.

Gibt es nun wohl eine unwiderstehlichere Macht für das menschliche Gemüth, als die Wirkung des begeisterten Glaubensworts in der Mitte großer, öffentlicher Versammlungen für religiöse und kirchliche Zwecke; zumal wenn die Begeisterung das besonnene Erzeugniß eines Glaubens ist, der Vernunft und Wissenschaft sammt Herz, Gewissen und Phantasie nicht wider sondern für sich hat?[1]) Man muß in der That den Glauben an die weltüberwindende Macht des Christenthums aufgeben, man muß sich also entweder auf die Seite der Indifferentisten und Gottesleugner unserer Zeit stellen, welche die Kirche im Princip bereits für abgethan halten und daher auch in Wirklichkeit immer mehr abzuthun suchen, oder man muß, was ziemlich auf dasselbige hinausläuft, mit Hengstenberg annehmen, daß das Weltregiment Gottes in unserer Zeit überwältigt sei durch das Regiment des losgebundenen Teufels, wenn man der Kirche nicht die Macht zutraut, sich durch die ihr innewohnende göttliche Geistesmacht, ohne alle polizeiliche Ueberwachung und ohne alle weltlichen Zwangsmittel zu halten und immer weiter zu entwickeln.

Wenn doch Diejenigen, welche sich zu Wächtern der Kirche und des evangelischen Glaubens bestellt fühlen, selbst mehr wahren Glauben und Gottververtrauen bezeigen, wenn sie sich doch von der Ueberzeugung regieren lassen wollten, daß der Geist Gottes und Christi seine Kraft nicht verloren hat, daß er vielmehr das christliche Völkerleben noch immer lebendig durchwaltet und daß er zur Bethätigung seiner wunderbaren Macht nicht der Arme von Fleisch bedarf (Jeremias 17, V. 5), sondern allein des freien evangelischen Worts! Warum doch können sie sich nicht dazu erheben, dem Worte Christi von der Macht des geistlichen Schlüsselamtes der Kirche (Matth. 16, 18 ff.) und seinen Verheißungen von der siegreichen Gewalt derselben über alle Mächte der Hölle mehr Glauben zu schenken, als den Verkündigungen jener Unheilspropheten, welche das Heil der Kirche von fleischlicher Machtentfaltung und von einer Handhabung des Amtes der Schlüssel im Geiste weltlicher Zwangsmittel abhängig machen? Die Handhabung des Rechts, die dem Staat obliegt, ist ja nothwendig auch durch die Entfaltung einer imponirenden physischen Machtfülle bedingt, und der Staat muß auch zur Anwendung physischer Zwangsmittel greifen, da sein sittliches Regiment im Interesse des Rechts und der Freiheit sich auch über Diejenigen erstreckt, die noch nicht zur innern Freiheit im Elemente der Wahrheit hindurchgedrungen sind, die daher als Knechte ihrer rohen, selbstsüchtigen Triebe nur durch physische Gewaltmittel in den gebührenden Schranken gehalten werden können. Aber auf dem Gebiete des Glaubens, das wegen seiner absoluten Innerlichkeit allen äußern Eingriffen unzugänglich ist, vermag allein der völlig freigelassene, innerliche Wahrheitsgeist den Kampf

---

[1]) Vgl. Bekenntnisse S. XVIII.

auszukämpfen, und dies gelingt nur da, wo er die gehörige Anzahl von Organen findet, die in ihrer Arbeit für das Werk des reinen Geistes unabhängig genug sind, um sich lediglich durch Ueberzeugung und Gewissen leiten zu lassen. Ist nun das Gewissen unserer Nation wirklich nicht abhanden gekommen, hat sich der Geist der Wahrheit, der von Christo ausgeht, seines Regiments nicht begeben, um dasselbe dem Teufel abzutreten, wohnt er also dem Worte des Evangeliums, wo dasselbe frei verkündigt wird und recht viele Organe seiner Verkündigung in allen Ständen findet, wirklich noch immer mit seiner ursprünglichen Gotteskraft inne, wohl, so lasse man doch die Geister auf einander platzen! Das wird am Sichersten dahin führen, daß Alles, was keinen innern Wahrheitskern hat, zerplatzt und verdunstet. Man gebe dem Geiste der christlichen Wahrheit nur den ihm gebührenden freien Spielraum, man lasse die Kirche, den Forderungen ihres innersten Bewußtseins und Lebensgeistes gemäß, sich in freien, volksthümlichen Synoden organisiren, und die freigelassenen Local-, Provinzial- und Landeskirchen werden nicht verfehlen, in dem Verlangen nach gegenseitiger Ergänzung, sich sofort mit einander in organische Wechselwirkung zu setzen, um sich dadurch unter die Strömung und den belebenden Einfluß eines kirchlichen Gesammtgeistes zu stellen, der sich seinen organischen Ausdruck ebenfalls in einem gemeinsamen Centralisationsherde, d. i. in einer allgemeinen deutschen Generalsynode geben wird. O wenn doch die Männer, die jetzt am Steuerruder der Kirche sitzen, wenn sie doch einmal alle Segel des lebendig machenden Geistes schwellen lassen und mit dem vollen Glauben an die Macht des freien Evangeliums, an Herz und Gewissen der evangelischen Nation appelliren und diese selbst zum Ausbau der Kirche vertrauensvoll aufrufen, wenn sie zu dem Ende doch mit allem Ernst auf die demnächstige Zusammenberufung eines allgemeinen Concils der deutsch-evangelischen Kirche hinwirken wollten! Seien Sie überzeugt, mein Freund, daß wir dann die rechten Wunder des Glaubens wieder erleben würden. Der evangelische Glaube würde wieder eine allgemeine, die Nation lebendig durchwirkende sittliche Lebensmacht werden, würde als solche wieder jene Kräfte aus sich entwickeln, die wir kaum noch dem Namen nach kennen; würde wieder Berge versetzen, Todte erwecken, Blinde sehend, Lahme gehend machen und den Armen das Evangelium predigen. Und unter den Lahmen, die sich dann in neuer Kraft freudig und hüpfend erheben würden, würde ein verjüngter evangelischer Cultus nicht der letzte und geringste sein!

Zwar wird es vielleicht auch nicht fehlen, daß sich dann, besonders im Anfange der freigegebenen Bewegung, die einzelnen religiösen Richtungen, die bisher chaotisch durch einander gährten oder indifferent neben einander lagen, erst von einander sondern und scheiden. Aber wenn die zusammengehörigen Elemente sich nur erst durch diese Scheidung von dem Heterogenen näher zusammengefunden und dadurch gekräftigt haben, so wird und kann es nicht fehlen, daß auch die freigelassenen kirchlichen Gegensätze sich gar bald gegenseitig suchen und ergänzen durch das Wechselverhältniß der freien Liebesgemeinschaft, wie das die freien Kirchengemeinschaften Amerika's beweisen, wo die einzelnen Denominationen schon anfangen, sich für gewisse gemeinsame Zwecke mit einander in nähere Verbindung zu setzen.

Es geht schon aus diesen Bemerkungen hervor, mein Freund, wie unwahr und flach die Ansicht ist, als ob die Verfassung der Kirche etwas bloß Aeußerliches, etwas für das innere Leben derselben Gleichgültiges sei, als ob sie sich zu dem Körper der Kirche nur wie ein demselben von außen angelegtes Kleid verhielte. Sie ist vielmehr das Aeußere und die organische Entfaltung des Innern der Kirche selber, und sie ist als solche von der größesten Wichtigkeit für das gesunde Gedeihen derselben. Sobald ein inneres, geistiges Princip sich nicht in den seinem Wesen entsprechenden Formen und Institutionen verkörpert, sobald der Trieb dieser Verkörperung beträchtliche Hemmungen erleidet, so ist davon die Folge, daß es selbst verkümmert und erkrankt. Und ist diese Krankheit nicht bereits schlimm genug? Bedroht sie nicht schon jetzt den Leib der evangelischen Kirche mit partiellem Tode, wofern man sich nicht mit ganzem Ernst beeilt, die in ihr schlummernden Kräfte der Genesung aufzurufen? —

Der deutsche Protestantenverein hat sich das Letztere zur Aufgabe seiner Wirksamkeit gemacht. O lassen Sie uns Jedermann, der noch ein Herz für evangelische Dinge hat, mit den Worten der Schrift (Neh. 2, 17) zurufen: „Ihr sehet das Elend, worin wir sind; wie Jerusalem wüste liegt und seine Thore mit Feuer verbrannt sind. Kommt, laßt uns die Mauern Jerusalems bauen, daß wir nicht mehr eine Schmach sein!" —

Vierunddreißigster Brief.

Die evangelische Predigt, mein Freund, als lebensfrische Verkündigung des göttlichen Wortes, sammt einer allseitig eingreifenden Seelsorge in den einzelnen Gemeinden, das sind allerdings immer wieder die wichtigsten Stücke für die Erbauung der evangelischen Kirche, und auf ihre gesunde Entwickelung und vollständige Entfaltung kommt daher auch für die gegenwärtig so dringliche Erneuerung derselben das Meiste an. Allein, können Sie sich eine volle Entfaltung ihrer Kräfte von Seiten der Predigt und Seelsorge und eine allgemeine und nachhaltig eingreifende Wirkung beider auf Seiten der Gemeinden wohl denken, wenn die letzteren nicht lebendig organisirt sind, wenn ihre Glieder nicht in einem derartigen Zusammenhange stehen, sowohl unter einander wie mit dem gemeinsamen Lebensherde des geistlichen Amtes, daß sie die von dem letzteren ausströmenden Kräfte sich selbstthätig assimiliren und gegenseitig auf einander übertragen? — Somit ist offenbar, wie auch in dieser Beziehung die rechte Verfassung der Kirche von der wichtigsten Bedeutung ist. Die Predigt wird doch jedenfalls um so allgemeiner und eingreifender werden, je unmittelbarer sie aus den Erlebnissen und Erfahrungen der Gemeinden selbst hervorwächst, je mehr sie aus dem Gesammtgeist der Gemeinden, und zwar der Gemeinden im weitesten Sinne, geboren wird; je unmittelbarer die Träger des Amtes, die Verkündiger des göttlichen Wortes mit allen Schichten des Gemeindelebens in Berührung stehen, je lebendiger und markiger die Predigt des Gesetzes und Evangeliums sammt Trost und Ermahnung überall und stets Hand in Hand gehen mit der sogenannten seelsorgerischen Thätigkeit, mit der praktischen Einwirkung auf die sittlichen Verhältnisse der Gemeinde. — Aber geht eine solche Aufgabe des geistlichen Amtes nicht weit hinaus über die Kräfte des vereinzelt stehenden oder doch nur von vereinzelten Hülfskräften und nur jeweilig unterstützten Geistlichen? — O gewiß, eine tief und allgemein eingreifende Wirksamkeit ist nur da möglich, wo der religiös-sittliche Geist der Gemeinde sich derartig organisirt, daß er sich aussprechen und bethätigen kann durch jedes seiner lebensvollen Glieder. Oder läßt sich wohl viel erwarten, wo in einer Gemeinde von tausend, zehntausend und noch mehr Seelen bloß Einer predigt und seelsorgert, und das noch dazu unter einer jenseits der Gemeinde stehenden gesetzlichen Bevormundung? Nein, das Wort Gottes kann nur da zu einer lebensvollen Macht in der Gemeinde erstarken, wo jedes Glied der Gemeinde, welches durch Begabung und wahre Frömmigkeit dazu befähigt und berufen ist, zu einem Organ seiner Verkündigung und Bethätigung wird; wo Jeder, der sich vom Geist der christlichen Wahrheit und Liebe dazu getrieben fühlt und des Vertrauens der Gemeinde oder eines Theiles derselben genießt, durch die gliedliche Organisation der Kirche zu bestimmten, kirchlichen Functionen und sittlichen Aufgaben im Namen derselben berechtigt und verpflichtet wird.

Jeder irgendwie mündig gewordene und eben damit den Vormündern und Pflegern (Gal. 4, 1—5) entwachsene Christ, der den Geist des Sohnes in sich aufgenommen hat (Gal. 4, 6) und der damit selber ein Sohn Gottes zu werden anfängt (Gal. 4, 7), hat, sein äußerer Beruf sei welcher er wolle, als lebendiges Glied einer gesund organisirten Gemeinde, das Recht und die Pflicht, und eben damit auch den geistlichen Beruf: das Amt des Geistes mit zu führen und zu verwalten (2. Kor. 3, 5. 6; 1. Petr. 2, 9. 10). Gesund und vernünftig organisirt und geordnet ist aber nur eine solche Gemeinde, welche Kraft und Freiheit besitzt, jedem ihrer lebendigen Glieder eine den Kräften desselben entsprechende, durch keinen gesetzlichen Buchstaben im Voraus bestimmte, nur durch den Geist der freien Liebe zu regulirende Stellung im Organismus des geistlichen Gemeindelebens anzuweisen. Jede einzelne christliche Gemeinde soll, nach der Idee des Reiches Gottes und der Kirche, einen Mikrokosmos des Gesammtleibes Christi, d. i. der Universalkirche darstellen. Dem zufolge hat jeder lebendige Christ sich als Mitträger des geistlichen Amtes zu bethätigen. Denn dieses ruht nach seiner Einheit und allgemeinen Wesenheit im Geist der gesammten Gemeinde und die wesentliche Aufgabe desselben besteht im Dienen, in der Diakonie des Glaubens und der Liebe (Matth. 20, 25—28; 23, 8—12; Joh. 13—17).

Die rechte Predigt kann also nur in einer allseitig organisirten Gemeinde zu Stande kommen. Nun ist für diese allseitige Gliederung der einzelnen Gemeinden offenbar Zweierlei erforderlich, was sich gegenseitig bedingen und zur höheren Einheit durchdringen muß. Einerseits nämlich hat das Amt, als System der kirchlichen Leitung, die höhere, kirchliche Einheit in sich zu verkörpern. So gestaltet es sich als Pastorat. Denn der geistliche Hirt der Gemeinde hat offenbar die Aufgabe, den Zusammenhang der Localkirche mit der Universalkirche zu wahren, indem er das theologische Bewußtsein der Kirche, d. h. den universellen, zum wissenschaftlichen Selbstbewußtsein auf der Höhe der Zeit gelangten Geist der Gesammtkirche an der Ortskirche vertritt. Andererseits muß aber auch ebenso nothwendig die Mannigfaltigkeit und die Getheiltheit der besonderen Aufgaben und Functionen des Gemeindelebens durch ein reich gegliedertes, aus den Laien aller Stände organisch zusammengefügtes Diakonat und Presbyteriat im Amte vollständig vertreten sein.

Aber auch das genügt noch nicht für das allseitige Zustandekommen der Predigt des Wortes und für die Verwirklichung der wahren Seelsorge. Sondern weil die Kirche bestimmt ist, sich als der Leib Christi auf Erden darzuleben, als ein universeller Gliedbau, von dessen Geiste erfüllt nicht nur jeder einzelne Christ, sondern auch jede Christengemeinde sich als organischer Bestandtheil eines großen, ins Unendliche hin wachsenden Ganzen empfinden und bethätigen soll, so darf kein besonderer Theil der Kirche nur sich selbst und seinem kleineren Gliederkreise leben wollen, sondern jede kleinere oder größere kirchliche Genossenschaft soll durch Wort und That, durch Glauben und Liebe, durch Geben und Nehmen in Wechselwirkung treten mit dem Ganzen, und zwar zunächst mit der Repräsentation desjenigen Ganzen, dem jeder kleinere oder größere Theil unmittelbar eingegliedert ist. Im wahrhaft fruchtbringenden Sinne kann somit die Predigt des Evangeliums, als unmittelbarster Ausdruck für das dem Haupt und Herzen Christi entquellende, von Glied zu Glied, von Gemeinde zu Gemeinde strömende Leben des christlichen Glaubens nur da in angemessener Weise zu Stande kommen, wo auch die eine Gemeinde der anderen, wo hinwiederum ebenso jeder kleinere oder größere Inbegriff von Gemeinden, sei es eine Diöcese, eine Provinzial- oder eine Landeskirche, einem anderen eben solchen Vereinsganzen von Gemeinden das Wort predigt und sich predigen läßt; wo also viele und zuhöchst alle größeren und kleineren kirchlichen Gemeindekreise und zwar zunächst innerhalb eines und desselben Sprachgebietes, also in der Umgrenzung einer ganzen Nation, mit einander in die ununterbrochene lebendige Wechselwirkung des Glaubens und der Liebe treten. Da das aber nur durch kirchliche Abgeordnete von Seiten der einzelnen Gemeinden, Bezirke und kirchlichen Provinzen zu ermöglichen steht, so müssen in den mannigfaltigsten Abstufungen Synoden hervorgehen.

Synoden also, mein Freund, volksthümlich gegliederte, aus allen Ständen und Kreisen des Volkslebens zusammengesetzte Synoden, deren einheitliches theologisches Selbstbewußtsein die Erwählten des geistlichen Standes sammt den Abgeordneten der theologischen Facultäten zu verkörpern haben, während die mancherlei Bedürfnisse und Begabungen der Gemeinden ihre Vertretung vermittelst der verschiedenen kirchlichen Gemeindeabgeordneten, also vermittelst der Repräsentation der Totalität sämmtlicher Laienelemente finden müssen: sie sind der Kirche so nothwendig, wie das liebe Brot. Ja wahrlich, sie allein sind im Stande, im Namen und in der Kraft Christi das echte himmlische Lebensbrot (Joh. 6, 27 ff.) sammt dem Kelch der heiligen Gemeinschaft

(1. Kor. 10, 16) Allen und Jedem, je nach Bedürfniß, zum nährenden, erquickenden Liebesmahle im wesentlichen Sinne zu bereiten, zu spenden. Sie allein sind vermögend, jenes herrliche Gleichniß vom hochzeitlichen Mahle des Sohnes Gottes (Matth. 22, 1 ff.) in voller Wahrheit zur Darstellung und Ausführung zu bringen. Denn sie verhalten sich in der That als die entsprechenden Gefäße und Organe, durch welche der Geist Christi das Blut und Lebenswasser seiner nährenden Liebe, die himmlische Kraftfülle seines vom Vater gepflanzten Weinstockes (Joh. 15, 1 ff.) in lebensfrischer Strömung durch den ganzen Leib der Kirche zu ergießen strebt. Ach, was würde sich schon längst für ein ganz anderes kirchliches und christliches Leben entwickelt haben in den einzelnen evangelischen Gemeinden, mein theurer Freund, wenn die Organisation der evangelischen Kirche nicht in aller Weise gehemmt worden wäre, wenn ein verfehltes Kirchenregiment nicht immer wieder ihre Lebensadern nach allen Richtungen hin unterbunden hätte, wenn wir uns, statt des todten Mechanismus der Consistorialverfassung, der Wirksamkeit volksthümlicher Synoden erfreuten, welche, indem sie den Organismus der Kirche nach allen Seiten hin und auf allen seinen Abstufungen netzartig durchflechten, jedem kleineren und größeren Theile derselben die lebendig circulirende Fülle des gemeinsamen Geistes zuführen, die gesunden Glieder zu wirksamen Organen weihend, die todten und kranken aber mit Auferstehungs- und Genesungskräften überströmend.

Oder ist es nicht klar bis zur Handgreiflichkeit, daß nur Synoden, und zwar volksthümliche Synoden, geeignet sind, gleich dem überall sich kreuzenden und mit einander communicirenden Nervengewebe und Blutgeäder eines lebendigen Organismus den Leib der Kirche mit gesundem, kräftigen Gemeingefühl belebend zu durchdringen, indem nur sie allein das entsprechende, überall verbreitete organische System für die Ernährung jedes einzelnen Gliedes, sowie jede besondere Abtheilung von Gliedern der Kirche abzugeben befähigt sind? — Nur vermöge einer allseitigen, in alle Schichten der Gesellschaft sich herabgliedernden Verkörperung des kirchlichen Gemeindelebens kann jenes gesunde und urkräftige Gemeingefühl, kann das Gefühl und Bewußtsein der Einheit im Geiste (Eph. 4, 3 ff.) sich bilden, vermittelst dessen die Zustände der Leere oder Fülle, des Mangels oder Reichthums sammt den Leiden, Gefahren, Kämpfen, Nöthen, Fortschritten, Siegen und Freuden der einen Gemeinde und des einen Bezirkes von Gemeinden durch allseitig geordnete Communicationsorgane das lebendige Mitgefühl des gemeinsamen Glaubens und den Bethätigungstrieb der helfenden Liebe wecken und aufrufen im Bewußtsein und Geist aller übrigen. Und ist das nicht eben diejenige Idee und Gestalt des kirchlichen Gemeinwesens, die der Apostel als das Ziel der christlichen Kirche hinstellt, für deren Verwirklichung er alle Kräfte der einzelnen Glieder der Gemeinde angespannt wissen will? — „Gleichwie der Leib Einer ist, schreibt er an die korinthische Gemeinde (1. Kor. 12, 12 ff.), und hat doch viele Glieder, alle Glieder aber des Einen Leibes, wiewohl ihrer viele sind, sind doch Ein Leib; also auch Christus. Denn wir sind durch Einen Geist alle zu einem Leibe getauft, wir seien Juden oder Griechen, Knechte oder Freie und sind alle zu Einem Geiste getränket. So nun der Fuß spräche: ich bin keine Hand, darum bin ich des Leibes Theil nicht, sollte er um deswillen nicht des Leibes Theil sein? Und so das Ohr spräche: ich bin kein Auge, darum bin ich nicht des Leibes Theil, sollte es um deswillen nicht des Leibes Theil sein? Wenn der ganze Leib Auge wäre, wo bliebe das Gehör? So er ganz Gehör wäre, wo bliebe der Geruch? Nun aber sind der Glieder viele, aber der Leib ist Einer. Gott aber hat den Leib also vermenget und dem geringeren Gliede mehr Ehre gegeben, auf daß nicht eine Spaltung im Leibe sei, sondern die Glieder für einander gleich sorgen. Und so Ein Glied leidet, so leiden alle Glieder mit; und so ein Glied wird herrlich gehalten, so freuen sich alle Glieder mit. Und Gott hat Etliche gesetzet in der Gemeine auf's Erste zu Aposteln, auf's Andere zu Propheten, auf's Dritte zu Lehrern; darnach die Wunderthäter, darnach die Gaben gesund zu machen, Helfer, Regierer, mancherlei Sprachen. Sind sie alle Apostel? Sind sie alle Propheten? Sind sie alle Lehrer? Sind sie alle Wunderthäter? Haben sie alle Gaben gesund zu machen? Reden sie alle mit Sprachen? Können sie alle auslegen? Strebet aber nach den besseren Gaben. Und ich will euch noch einen trefflichen Weg zeigen." — Welches ist nun dieser treffliche, unfehlbare, zum Ziele führende Weg, den er im Sinne hat? O das ist der Weg der Liebe, mein Freund, und der Apostel beschreibt und feiert das Wesen derselben im folgenden (13.) Capitel in einer Weise, daß Einem die Seele davon aufgehen muß. Der unerschöpflich sprudelnde Urquell dieser Liebe liegt im christlichen Glauben, denn dieser besteht ja in nichts Anderem, als in der vertrauensvollen, aufnehmenden Hingabe des Herzens an den Gott, der die Liebe ist, und der diese seine unendliche Liebesfülle in Christo Jesu vollwesentlich offenbart hat. Nun ist es aber eben die evangelische Predigt, welche diese Liebe Gottes als frohe Botschaft (Evangelium) zu verkünden und den Glauben an sie, sowie die aus dem Glauben hervorwachsende Liebe im harmonischen Zusammenwirken mit allen Mitteln des kirchlichen Cultus und als der begeistende Odem desselben zu wecken und zu pflegen hat. Bedarf es aber nicht vor Allem einer reichen Anzahl bereitender und leitender Gefäße und Organe, welche den wahren Glauben öffentlich und sonderlich in allen Kreisen des Gemeindelebens nähren, pflegen und überwachen, um die in seinem zunächst vorwiegend empfangenden Verhalten noch verborgene, weil fleischlich gebundene christliche Liebesthätigkeit in aller Weise zu wecken und auf die rechten Ziele im vielgestaltigen Leben hinzuleiten?

So tritt uns hier abermals die Nothwendigkeit volksthümlicher Synoden entgegen. Denn nur sie sind befähigt, im Namen und in der Kraft des kirchlichen Gesammtgeistes sich als die kräftigsten Pfleger und Leiter des gemeinsamen Glaubens- und Liebeslebens und zugleich als die ausführenden Organe und Vermittler jener helfenden Liebe zu bethätigen, welche den leidenden, hülfsbedürftigen, durch leibliche oder geistliche Noth gefährdeten Gemeinden und Gemeindekreisen die nothwendige Hülfe schafft. — Sie allein haben die Kraft, den Gemeindegeist mit lebendigen Impulsen zur helfenden und rettenden Liebe zu durchwirken, mit Reizen zur Liebe und guten Werken (Hebr. 10, 24), im Vergleich mit welchen alle andere Aufforderungen und Antriebe, wie sie von einzelnen sporadischen Vereinen ausgehen oder durch die von den jetzigen kirchlichen Behörden verordneten Kirchen- und Hauscollecten kümmerlich und vielfach nur höchst widerwillig zu Stande kommen, nur dürftiges Schein- und Schattenwerk sind.

Sie wird also und kann nur kommen mit den Synoden und durch die Synoden, die Zeit eines neuen Aufschwunges des kirchlichen Lebens und der kirchlichen Erbauung unseres evangelischen Volkes. Sie wird aber gewiß nicht durch solche Synoden kommen, die selbst kein organisches Erzeugniß und Gewächs der Kirche und ihres gemeinsamen Geistes sind, die nur von außen als mechanische Hebel angesetzt oder als gesetzliche, disciplinarische Gängelbänder um ihre Glieder gelegt werden. Das Volk muß sich überzeugen, daß es mit den Synoden nicht auf Erhaltung oder gar Verstärkung der bisherigen kirchlichen Bevormundung von Seiten des consistorialen Kirchenregimentes abgesehen ist, oder es wird sich völlig gleichgültig gegen sie verhalten und die Synoden werden sich von vornherein als todtgeborene Kinder ausweisen.

Nicht mechanisch zusammengesetzte und von außen gemachte, sondern organisch gegliederte und lebendig fortwachsende Synoden, die sich aus dem inneren Geiste der Kirche, aus den neu belebten, kirchlichen Elementen und Trieben der Gemeinde ganz wie von selbst hervorzubilden haben und die sich auch sicher hervorbilden werden, wo der Staat den freien Impulsen des Glaubensgeistes nur Raum verschafft und sie durch seinen Rechtsschutz gegen Störungen von außen sichert: nur solche Synoden können unserer armen Kirche neues Leben bringen. Sie müssen sich, nach demselben Gesetze des organischen Werdens, das bei der Bildung der organischen Naturkörper göttlich waltet und von innen heraus wirkt, aus dem christlich geschwängerten Stoff des Volkslebens herausbilden. Die Organisation des kirchlichen Lebens muß, nach dem Vorbilde des Bildungsprocesses der organischen Naturkörper, in den einzelnen deutschen evangelischen Kirchen so anheben und verlaufen, daß sofort die Idee und der Geist des höheren Ganzen der Kirche bei der Bildung jedes besonderen Institutes und Theiles derselben in Action tritt, indem dieses Ganze seine Vertretung sofort mit dem Beginne des allgemeinen Bildungsprocesses durch eine Generalsynode findet.

Die Kirche ist kein äußeres, mechanisch zusammengesetztes Gebäude, sondern sie ist ihrer Idee nach, als der Leib Christi, ein organisches Ganzes im höchsten und tiefsten Sinne, ein Lebensganzes, dessen einzelne Theile und Gliederungen sich nicht nach einander, sondern mit einander, vom einheitlichen Triebe, von der leitenden Idee des Ganzen beseelt, entwickeln und vom Allgemeinen zum Besonderen fortschreitend, immer mehr individualisiren müssen. Auf dem Gebiete der mechanischen Bildungen, wo man es mit fertigen Stoffen zu thun hat, ist es in der Ordnung, daß das Ganze erst aus den einzelnen fertigen Theilen zusammengesetzt wird. Auf dem Gebiete des Lebens und sonderlich des geistigen Lebens kann das Einzelne und Besondere nur in und mit dem Ganzen und getragen von der gestaltenden Idee des Ganzen sich entwickeln. Hier gilt im vollsten Sinne der tiefe Satz des Aristoteles, daß das Ganze vor den Theilen ist. Nie wird eine lebensvolle Landeskirche, geschweige denn eine deutsch-evangelische Nationalkirche, in der Weise und nach der Methode organisch zu Stande kommen, daß man, wie man das nennt, von unten auf baut; daß also, wie bei einem mechanischen Bauwerk, ein Stück und Institut nach dem andern fertig gemacht und dann aus den fertigen Theilen das Ganze äußerlich zusammengestückelt wird. Die kirchlichen Gemeininstitute, die Kirchenvorstände oder Presbyterien sammt den Organen für die Bezirksgemeinden bezeichnen, als Glieder des Ganzen einer nationalen Confessionskirche, die individuellsten Spitzen und Besonderungen der kirchlichen Organisation. Sollen sie wirklich das Leben des höheren Ganzen der Kirche in sich fühlen und in sich bethätigen, will man sie nicht von vornherein trocken legen und dadurch das Bewußtsein der Zusammengehörigkeit mit einem höheren kirchlichen Ganzen, sowie das Gefühl des Getragenseins durch den Geist des Ganzen in ihnen dämpfen oder geradezu unmöglich machen, will man sie nicht zu mechanischen Gebilden eines von außen wirkenden Regimentes herabsetzen und dadurch von vornherein lahm, überflüssig, ja für die weitere Entwickelung sogar hinderlich machen, so muß man die Organisation der Kirche nicht mit ihnen anfangen, sondern mit ihnen beschließen. Sie müssen, um lebendig zu werden, bei ihrem ersten Auftreten sich sofort als Organe eines kirchlichen Gesammtgeistes empfinden, der sich den Ausdruck für sein lebendiges Einheitsleben bereits in den höchsten allgemeinsten Lebenskreisen gegeben hat; sie müssen also zwar aus der Selbstbestimmung der einzelnen Gemeinden, aber zugleich aus dem einheitlichen kirchlichen Gesammtgeiste hervorgehen, der die besonderen Gliederkreise von dem Brennpunkte einer deutsch-evangelischen Generalsynode aus belebend und erneuernd durchgeistet. Wann werden wir dahin kommen, mein Freund? Ich meine so etwas von Morgenluft zu wittern, die hier und da zu strömen beginnt. Glück auf!